재개발 · 재건축 조합의 운영

변호사 맹 신 균 편저

법률&출판

머리말

본 책자는 '(제7판) 도시 및 주거환경정비법 해설'의 '제3편 추진위원회 및 조합의 운영' 부분에 일부 내용을 수정 및 추가(조합원 분양권)한 것이다. 추진위원회 부분은 국토교통부가 고시한 '정비사업 조합설립추진위원회 운영규정'에 의거 서술하였고, 조합의 운영부분은 서울시가 보급한 '서울특별시 공공지원 정비사업조합 표준정관'에 의거 기술하였다.

도시정비법은 2003년 시행 이후 22년 동안 수차례에 걸쳐 개정되었고, 추진위원회 및 조합의 운영에 관한 규정이 일부 신설되었으나, 해당 조문이 많지 않아 분쟁이 발생한 경우 민법의 규정 또는 대법원 판례에 의존해 해결하였다. 이에 본 책자는 전문가들 뿐만 아니라 재개발·재건축에 투자하는 투자자(혹은 향후 조합원)들도 쉽게 이해할 수 있도록 도시정비법, 표준정관, 대법원 및 하급심 판례 등을 주제별로 정리하여 편집하였다.

본 책자의 주요 특징은 다음과 같다.

첫째, 추진위원회의 승인절차 뿐만 아니라 승인 이전의 추진위원회 법률문제를 정리하였다. 또한 추진위원회가 조합설립인가 이전 해산된 경우의 법률문제도 해설하였다.

둘째, 조합설립인가절차, 토지등소유자 수의 산정방법 및 조합설립인가취소소송 등에 관련된 쟁점을 정리하되, 대법원 판례 등에 의해 정리된 부분은 구체적인 내용보다 간략히 언급만 하였다.

셋째, 조합원 분양권 부분은 각 사례별로 구분하여 자세하게 기술하였고, 하급심 판결을 충실히 반영하려고 노력하였다. 다만 하급심 판결들간에 모순되는 것도 일부 있으므로, 실무에서 해당 판례를 언급함에 있어 주의를 요한다.

넷째, 조합임원의 선임절차, 해임절차 및 이와 관련된 법적 분쟁에 관한 내용을 정리하였고, 임원선임의 하자를 다투는 직무집행정지가처분에 관하여도 언급하였다.

다섯째, 조합원 총회와 관련 새로 도입된 전자투표, 온라인총회에 관한 내용을 반영하였다. 특히 전자투표는 조합원들의 진정한 의사를 반영함과 동시에 실무상 총회의 관행등을 변경할 것으로 예상된다.

여섯째, 정보공개, 조합의 해산와 관련된 최신 판례를 반영함과 동시에 그 내용을 쉽게 이해할 수 있도록 정리하였다.

일곱째, 협력업체 선정관련 입찰절차 뿐만 아니라 시공사와의 공사도급계약의 체결, 변경계약, 계약해제, 공사비검증 등에 관한 내용을 자세히 설명하였다.

본 책자가 나오기까지 도와준 많은 동료 변호사님, 관련 주제에 관하여 함께 토론한 전문가님들, 강의과정에서 많은 질문을 함으로써 저의 지식을 넓혀준 수강생분 등 여러 분들에게 감사를 드린다. 또한 저의 아내, 진영, 지윤에게도 고마움을 전하며, 법률&출판 사장님에게도 감사를 표한다.

2025년 8월
서초동 사무실에서
맹 신 균 변호사

일러두기

문장내 일부 법령은 아래와 같이 약칭함
'도시 및 주거환경정비법'은 '도시정비법'으로, '도시 및 주거환경정비법 시행령'은 '도시정비법 시행령'으로, '도시 및 주거환경정비법 시행규칙'은 '도시정비법 시행규칙'으로 각각 약칭함
'서울특별시 도시 및 주거환경정비조례'는 '서울시 조례'로 약칭함
'집합건물의 및 관리에 관한 법률'은 '집합건물법'으로 약칭함

각 문장의 끝의 인용법령( )의 표시는 다음과 같음
'도시 및 주거환경정비법'은 '법'으로, '도시 및 주거환경정비법 시행령'은 '시행령' 또는 '같은 법 시행령'으로, '도시 및 주거환경정비법 시행규칙'은 '시행규칙' 또는 '같은 법 시행규칙'으로 각각 표시함
'서울특별시 도시 및 주거환경정비조례'는 '서울시 조례'로 표시함
'정비사업조합설립추진위원회 운영규정'은 '운영규정'으로 표시함
'○○정비사업조합설립추진위원회 운영규정'은 '운영규정안'으로 표시함
'서울특별시 공공지원 재개발정비사업조합 표준정관'은 '서울시 재개발 표준정관'으로 표시함
국토교통부의 '정비사업 공사표준계약서'는 '공사표준계약서'로 표시함

<목 차>

제1절 추진위원회의 승인 및 운영

I. 추진위원회의 법적 성격과 쟁송

1. 추진위원회의 의의

재개발사업 또는 재건축사업은 조합이 시행하거나 조합이 조합원 과반수의 동의를 받아 건설업자등과 공동으로 시행할 수 있다. 시장・군수등, 토지주택공사등 또는 지정개발자가 아닌 자가 재개발사업 또는 재건축사업을 시행하는 경우 토지등소유자로 구성된 조합을 설립하여야 한다. 조합을 설립하려는 경우 정비구역 지정・고시 후 토지등소유자 과반수의 동의를 받아 조합설립을 위한 추진위원회를 구성하여 시장・군수등의 승인을 받아야 한다.

도시정비법 제정이전 조합설립추진위원회는 개별법상 법적 근거를 가진 것이 아니었고 단지 정비사업을 추진하기 위해 일부 토지등소유자들이 결성한 사실상의 집합체였기 때문에 동시에 여러 추진위원회가 구성되어 대립하거나 추진위원회에 반대하는 자들이 이른바 비상대책위원회를 구성하여 분쟁을 야기하고, 추진위원회 등의 시공사 선정등과 관련하여 각종 비리가 발생하였다.

이에 사업초기 단계에서 발생되는 각종 비리 및 주민간 갈등을 해소하기 위하여 도시정비법 제정 당시 조합설립추진위원회를 제도화하였고, 재개발.재건축 사업을 위한 추진위원회의 난립을 방지하고자 1개 정비구역에 1개의 추진위원회만을 구성토록 하였다.

추진위원회 승인시 토지등소유자 과반수의 동의가 필요하므로, 하나의 정비구역 안에서는 하나의 추진위원회만 승인이 되고, 복수로 승인되지 않는다.[1)]

---

1) 승인받은 추진위원회가 있음에도 불구하고 임의로 추진위원회를 구성하여 도시정비법에 따른 정비사업을 추진한 자는 2년 이하의 징역 또는 2천만원 이하의 벌금에 처함(법 제137조 제4호).

추진위원회는 조합설립인가의 신청권을 가지고, 추진위원회가 행한 업무와 관련된 권리와 의무는 조합에 포괄승계된다. 이와 같이 도시정비법은 추진위원회에 특별한 법적 지위를 인정하고 있다.

추진위원회는 정비사업을 추진하고자 하는 토지등소유자들이 결성하는 단체로서 조합의 설립인가가 이루어지면 그 목적을 달성하고 해산하게 되는 한시적 기구이다.[2)]

추진위원회는 주무관청인 시장·군수로부터 추진위원회 승인을 받은 날부터 20일 이내에 사업자등록을 하여야 한다.

2. 승인된 추진위원회의 법적 성격

(1) 비법인 사단

도시정비법상 추진위원회는 추진위원장 등 대표기관이 구성되고, 운영규정을 마련하여 신고하여야 하는 등 사단성 또는 단체성을 갖는다. 다만 법인설립등기를 하지 않으므로, 비법인 사단의 성격을 가지게 된다.[3)].

운영규정안 제37조 제1항은 "추진위원회에 관하여는 법에 규정된 것을 제외하고는 민법의 규정 중 사단법인에 관한 규정을 준용한다."라고 명시하고 있다.[4)]

민법은 재산귀속관계를 총유로 한다는 규정을 두고 있을 뿐이고(민법 제275조), 그 밖에는 아무런 규정을 두고 있지 않다. 통설은 권리능력없는 사단에 관하여는 사단법인에 관한 규정 가운데서 법인격을 전제로 하는 것(예 : 법인등기)을 제외하고는 모두 유추적용되어야 하고, 민법상 조합에 관한 규정을 준용할 것이 아니라고 한다.[5)]

---

2) 조합이 설립되었는데도 불구하고 추진위원회를 계속 운영한 자는 2년 이하의 징역 또는 2천만원 이하의 벌금에 처함(법 제137조 제5호).
3) 대법원 2009. 1. 30. 선고 2008두14869 판결, 대전고등법원 2008. 7. 24. 선고 2008누387 판결
4) 대법원 1996. 10. 25. 선고 95다56866 판결
5) 대법원 1992. 10. 9. 선고 92다23087 판결

비법인 사단의 내부관계는 민법의 사단법인에 관한 규정이 유추적용되는바, 1차적으로 그 추진위원회의 내부규정 즉 추진위원회 운영규정(안)이 정하는 바에 따르고, 2차적으로 민법의 사단법인의 내부관계에 관한 규정이 유추적용된다.

비법인 사단인 추진위원회는 그 대표자인 위원장이 소송상의 당사자능력을 가지며, 제3자는 추진위원회에 대한 채무명의로 추진위원회의 재산에 대하여 강제집행을 할 수 있다.

(2) 재산귀속관계

민법은 법인 아닌 사단(비법인 사단)의 사원이 집합체로서 물건을 소유할 때에는 총유로 한다고 규정하고 있다(민법 제275조 제1항). 재산의 관리 및 처분은 추진위원회의 운영규정에 의하고, 그 정함이 없는 경우 민법의 총유에 관한 규정(민법 제275조 내지 제277조)이 보충적으로 적용된다.

운영규정에 정함이 없을 경우 재산의 관리 및 처분은 주민총회의 결의에 의하고(민법 제276조 제1항), 각 토지등소유자는 운영규정 기타의 규약에 따라 총유물을 사용, 수익할 수 있다(민법 제276조 제2항).

총유물의 관리 및 처분에 관하여 정관이나 규약에서 정한 바가 없다면 사원총회의 결의에 의하여야 하는바, 사원총회의 결의 없이 한 총유물의 관리.처분행위는 무효이다.[6]

비법인 사단이 준총유관계에 속하는 비법인 사단의 채권.채무관계에 관한 소를 제기하기 위하여는 달리 특별한 사정이 없는 한 민법 제276조 제1항이 정하는 총회의 결의를 거쳐야 한다.[7]

총유재산에 관한 소송은 '법인 아닌 사단'이 그 명의로 사원총회의 결의를 거쳐 하거나 또는 그 구성원 전원이 당사자가 되어 필수적 공동소송의 형태로 할 수 있다. 따라서 사단의 '구성원'은 설령 그가 사단의 대표자라거나 사원총회의 결의를 거쳤다 하더라도 그 소송의 당사자가 될 수 없다.[8]

---

6) 대법원 2007. 4. 19. 선고 2004다60072, 60089 판결
7) 대법원 1996. 10. 25. 선고 95다56866 판결, 수원지방법원 2025. 1. 7. 선고 2024가단507018 판결
8) 대법원 2005. 9. 15. 선고 2004다44971 전원합의체 판결

추진위원회가 제3자와 체결하는 용역계약 등은 단순 채무부담행위에 불과할 뿐 총유물의 관리 및 처분행위에 해당하지 않으므로 사원총회의 결의가 필요하지 않다.[9]

총유물에 관한 토지등소유자의 권리의무는 토지등소유자의 지위를 취득.상실함으로써 취득.상실된다(민법 제277조).

재산귀속관계의 공시방법에 관해서는, 부동산에 한하여 부동산등기법에 특별규정이 있다. 부동산등기법 제30조 제1항은 종중.문중 기타 대표자나 관리인이 있는 법인 기타 사단이나 재단에 속하는 부동산의 등기에 관하여서는 그 사단 또는 재단을 등기권리자 또는 등기의무자로 한다고 하고, 동조 제2항에서는 전항의 등기는 그 사단 또는 재단의 명의로 그 대표자 또는 관리인이 이를 신청한다고 규정하고 있다. 따라서 추진위원회도 추진위원회의 명의로 등기를 할 수 있다.

그러나 그 밖의 재산(동산.채권 등)에 대한 공시방법에 관하여는 규정이 없다. 예금채권 등에 관하여는 대표자의 성명에 추진위원회 위원장임을 표시하거나 동산에 관하여는 추진위원회의 위원장이 점유하는 수 밖에 없을 것이다.

추진위원회가 대외적으로 부담한 채무에 관해서는 추진위원회 자체의 재산이 집행의 대상이 되며, 이 경우 그 구성원인 토지등소유자는 책임을 부담하지 않는다.[10] 즉 각 토지등소유자는 연대보증인이 되어 있는 경우가 아니라면 경비 기타 부담금 외에는 개인적으로 따로 대외적인 책임을 부담하지 않는다.

9) 대법원 2003. 7. 22. 선고 2002다64780 판결, 대법원 2012. 4. 12. 선고 2011다107900 판결
10) 인천지방법원 2008. 4. 25. 선고 2007가합 12926 판결

3. 승인전 추진위원회의 법률문제

(1) 민법상 조합 또는 비법인 사단의 구별

추진위원회를 구성하였으나, 시장・군수로부터 승인을 받지 못한 경우 위 추진위원회를 비법인사단으로 볼 것인지 민법상 조합으로 볼 것인지가 문제된다.

민법상의 조합(민법 제703조)과 비법인 사단의 구별은 일반적으로 그 단체성의 강약을 기준으로 판단한다.

비법인 사단은 법인격을 부여받지는 못하였다 하더라도 사단으로서의 실체를 갖추어야 한다. 즉 단체로서의 조직을 갖추고, 구성원의 변경에 관계없이 단체가 존속하며, 그 조직에 있어서 다수결의 원칙, 대표의 방법, 총회의 운영, 재산의 관리 등 주요한 점이 갖추어져 있을 것을 요한다.[11] 위와 같이 사단으로서의 실체를 갖추지 못한 경우 민법상 조합에 해당한다.

승인전 추진위원회가 사단으로서의 실체(단체성)를 갖추고 있을 경우(위원장, 감사 구성 및 운영규정 작성) 승인전 추진위원회의 채권・채무는 추진위원회에 귀속되나, 단체성이 없을 경우(위원장은 있으나 운영규정이 작성되지 않은 경우) 승인전 추진위원회의 채권・채무는 개인들에게 귀속된다.

갑 아파트의 일부 구분소유자들이 '재건축추진준비위원회'라는 명칭으로 갑 아파트 재건축 추진을 위하여 활동하여 왔는데, 위 준비위원회가 사단의 실체를 갖춘 비법인사단으로서 당사자능력이 있는지 문제 된 사안에서, 위 준비위원회는 회원 가입 절차를 거치지 않아 구성원을 특정할 수 없고, 유효한 규약이 존재하지 않으며, 규약에 기초하여 의사결정기관 및 대표자를 선임하는 등의 조직행위가 이루어진 사실도 없어 사단의 실체를 갖춘 비법인사단이라고 볼 수 없으므로 당사자능력이 없다고 한 사례가 있다.[12]

---

11) 대법원 1999. 4. 23. 선고 99다4504 판결

12) 서울고등법원 2021. 1. 20. 선고 2020나2014107, 2020나2014114 판결, 비법인 사단을 인정한 예 : 부산고등법원 2024. 7. 25. 선고 2023나54658 판결

(2) 승인전 추진위원회 업무의 승계 여부

추진위원회 승인 이전에 사용한 비용(사무실 운영비 등)이 추진위원회 승인을 위해 사용한 것이라면 위 비용은 승인된 추진위원회에 승계된다.[13]

실무상 승인된 추진위원회는 추진위원회 의결 또는 주민총회의 의결로 승인전 추진위원회의 업무 및 재산을 추인 또는 승인하고 있으며, 추인 또는 승인된 범위내에서 승인전 추진위원회의 권리의무는 승인된 추진위원회에 승계된다.[14]

(3) 승인전 추진위원회와 승인된 추진위원회의 동일성 여부

승인전 추진위원회의 업무 또는 계약이 승인된 추진위원회로 승계되기 위해서는 승인전 추진위원회와 승인된 추진위원회의 동일성이 인정되어져야 한다.

법인격이 동일한 것인지의 여부는 단순히 추진위원회 명칭을 동일하게 사용하고 있다는 점이나 위원장이 동일하다는 점만으로 동일성을 인정할 수 없는 것으로서, 결국 승인전 추진위원회와 승인된 추진위원회 사이의 추진위원들의 인적 구성, 대표자, 운영규정의 내용, 동의자 현황, 사무실의 사용관계, 예정구역 등을 종합적으로 고려하여 법인격의 동일성 여부를 판단할 수밖에 없다.

2개의 추진위원회가 경쟁하다가 통합에 관한 합의가 이루어져서 그간 징구한 추진위원회설립동의서를 취합하여 하나의 추진위원회로 설립승인을 받았는데, 2개의 추진위원회 중 하나의 행정용역계약을 체결한 회사가 설립승인을 받은 추진위원회를 상대로 용역대금의 지급을 청구한 사안에서 통합전 추진위원회와 승인된 추진위원회의 동일성이 인정되지 않아 행정용역업체는 승인된 추진위원회에게 용역비를 청구할 수 없다고 판시한 사례가 있다.[15]

갑 업체는 다 (가칭) 추진위원회와 용역계약을 체결한 후 동의서 징구 등의 업무를 수행하였으나, 가 (가칭)추진위원회가 먼저 추진위원회 승인을 받았는데, 갑 업체가 가 추진위원회에게 용역비를 청구한 사안에서 갑 업체의 업무수행으로 인하여 가 추진위원회가 이득을 얻었다고 볼 수 없으므로 갑 업체의

---

13) 대법원 1996. 3. 12. 선고 94다56401 판결
14) 유사취지 : 대법원 2021. 12. 10. 선고 2021다253598 판결, 부산고등법원 2024. 7. 25. 선고 2023나54658 판결
15) 서울중앙지방법원 2006. 10. 13. 선고 2006가합7957 판결

부당이득반환청구를 기각한 사례가 있다.[16]

(4) 승인전 추진위원회의 운영과 벌칙규정

추진위원회의 승인을 얻지 아니하고 추진위원회의 업무(정비사업전문관리업자의 선정, 설계자의 선정 및 변경, 조합의 설립인가를 받기 위한 준비업무 등)를 수행한 자는 2년 이하의 징역 또는 2천만원 이하의 벌금에 처한다(법 제137조 제3호).

승인전 추진위원회가 주민총회를 개최하여 시공사를 선정한 사안에서 법원은 승인전 추진위원회의 위원장에게 도시정비법 제85조 제3호(현 제137조 제3호)를 적용하여 벌금 50만원을 부과한 바 있다.[17]

추진위원회설립동의서 징구행위 또는 정비계획 입안을 제안하기 위한 토지등소유자의 동의서 징구행위는 추진위원회의 업무에 해당되지 않아 처벌대상에 해당하지 않는다.

현실적으로 토지등소유자가 자발적으로 구성한 승인전 추진위원회는 업무 또는 자금을 지원받기 위해 정비사업전문관리업자를 선정하고, 정비계획의 입안을 제안하기 위해 건축사사무소 또는 정비계획 수립업체를 선정하고 있는바, 위와 같은 승인전 추진위원회의 행위는 현실적인 필요성에도 불구하고 도시정비법 제137조 제3호에 해당될 가능성이 있다.

---

16) 의정부지방법원 남양주지원 2024. 7. 5. 선고 2022가합50766 판결
17) 대전지방법원 2006. 4. 11. 선고 2006고약6661 결정

4. 추진위원회 승인처분과 쟁송방법

(1) 추진위원회 승인의 법적 성격

추진위원회 구성승인은 조합의 설립을 위한 주체인 추진위원회의 구성행위를 보충하여 효력을 부여하는 처분이다.[18] 시장 · 군수의 추진위원회 승인처분은 행정처분으로서의 성격을 가지며, 추진위원회 승인에 대한 쟁송은 항고소송의 대상이 된다.

토지등소유자 과반수의 동의를 얻었는지 여부는 추진위원회 설립승인권자가 그 승인 여부를 결정함에 있어 반드시 확인해야 되는 사항이다. 위 동의요건을 갖추지 못하였음에도 추진위원회 승인처분이 이루어졌을 경우에는 그 인가처분에 고유한 위법이 있는 것이 된다.[19]

토지등소유자의 동의에 하자가 있다는 주장은 추진위원회의 설립 자체에 관한 하자의 주장임과 동시에 추진위원회 승인처분에 관한 하자의 주장으로 볼 수 있다.[20]

(2) 추진위원회 승인 취소소송의 원고적격

정비구역내 추진위원회의 구성에 동의하지 아니한 토지등 소유자는 조합설립추진위원회 설립승인처분에 대하여 도시정비법에 의하여 보호되는 직접적이고 구체적인 이익을 향유하므로 그 설립승인처분의 취소소송을 제기할 원고적격이 있다.[21]

비법인사단(교회)의 대표자가 위 사단의 명의가 아닌 개인 명의로 추진위원회의 취소소송을 제기할 경우 위 대표자 개인은 토지등소유자에 해당되지 않아 원고적격이 인정되지 않는다.[22]

토지등소유자가 아닌 세입자는 추진위원회의 승인처분에 의한 직접적이고

---

18) 대법원 2013. 1. 31. 선고 2011두11112,2011두11129 판결, 대법원 2014. 2. 27. 선고 2011두2248 판결
19) 서울고등법원 2008. 1. 8. 선고 2007누15904 판결, 수원지방법원 2008. 1. 16. 선고 2007구합1584 판결, 서울행정법원 2009. 9. 25. 선고 2009구합9192 판결
20) 대법원 2009. 6. 25. 선고 2008두13132 판결
21) 대법원 2007. 1. 25. 선고 2006두12289 판결
22) 서울행정법원 2010. 5. 26. 선고 2010구합184 판결

구체적인 이익을 침해받았다고 볼 수 없어 원고적격이 인정되지 않는다.

(3) 추진위원회 승인 취소소송의 법원 심리

행정소송에서 행정처분의 위법 여부는 '행정처분이 행하여졌을 때'의 법령과 사실상태를 기준으로 하여 판단하여야 하고, 처분 후 법령의 개폐나 사실상태의 변동에 의하여 영향을 받지는 않는다.[23]

법원은 행정처분 당시 행정청이 알고 있었던 자료뿐만 아니라 사실심 변론종결 당시까지 제출된 모든 자료를 종합하여 처분 당시 존재하였던 객관적 사실을 확정하고 그 사실에 기초하여 처분의 위법 여부를 판단할 수 있다.[24]

시장·군수의 추진위원회 승인처분 당시 토지등소유자 정수 산정이나 동의자수 계산에 일부 오류가 있다 하더라도, 실제로 추진위원회의 승인신청이 토지등소유자 과반수의 동의를 얻은 것이 맞다면, 시장·군수의 추진위원회 승인처분은 결과적으로 적법하다.

법원은 우선 추진위원회승인처분에 원고가 주장하는 구체적인 하자 사유들이 존재하는지 여부를 판단한 후 추진위원회승인처분에 관하여 적용되어야 할 적법한 기준에 비추어 추진위원회의 승인신청이 과반수 동의 요건을 갖춘 것인지를 다시 판단하게 된다.[25]

추진위원회의 동의율 산정의 기준시점은 '추진위원회 승인신청 시점'이고, 추진위원회 승인신청 시점을 기준으로 전체 토지등소유자 수 및 동의자수를 확정해야 한다.[26] 따라서 승인신청 이후 토지등소유자가 된 사람을 동의율 산정을 위한 정족수에 포함시켜서는 아니 되고, 승인신청 이후 동의자도 동의율에서 제외하여야 한다.

하자 있는 행정행위의 치유는 행정행위의 성질이나 법치주의의 관점에서 볼 때 원칙적으로 허용될 수 없는 것이고, 예외적으로 행정행위의 무용한 반복을

---

23) 대법원 1993. 5. 27. 선고 92누19033 판결, 2002. 7. 9. 선고 2001두10684 판결, 대법원 2007. 5. 11. 선고 2007두1811 판결, 대법원 2008. 3. 13. 선고 2006두2954 판결

24) 대법원 2014. 10. 30. 선고 2012두25125 판결

25) 서울고등법원 2008. 1. 8. 선고 2007누15904 판결, 서울행정법원 2009. 9. 25. 선고 2009구합9192 판결

26) 대법원 2014. 4. 24. 선고 2012두21437 판결

피하고 당사자의 법적 안정성을 위해 이를 허용하는 때에도 국민의 권리나 이익을 침해하지 않는 범위에서 구체적 사정에 따라 합목적적으로 인정하여야 한다.[27] 실무상 추진위원회 승인의 하자치유는 허용되지 않는다.[28]

(4) 추진위원회 승인과 적용법령

행정처분은 원칙적으로 '처분시의 법령'에 근거하여 행해져야 하므로, 당해 행정작용이 행정처분에 해당하는지 여부도 특단의 사정이 없는 한 그 행정작용이 행하여질 당시 시행되던 법령에 따라 판단되어야 하며, 법령의 개정으로 행정처분의 기준이 변경된 경우에도 달리 특별한 정함이 없는 한 처분시의 개정법령에서 규정하고 있는 기준이 적용되어야 한다.[29]

(5) 추진위원회설립동의의 철회와 추진위원회의 승인 취소

도시정비법 제35조에서는 조합설립인가에 필요한 요건을 강화하고 있을 뿐 그 사이에 일단 승인을 받은 추진위원회가 계속 정족수 요건을 구비하고 있는지 여부에 대하여 관계기관으로 하여금 이를 감독하고, 통제할 아무런 법적 근거를 마련해 두지 않고 있다.

추진위원회가 승인을 받은 이후에도 토지등소유자의 조합설립에 관한 동의가 철회되어 설립인가시까지 강화된 동의율이 충족되지 않으면 결국 조합설립인가가 자동적으로 불가능하게 된다.

위와 같은 점에 비추어보면, 도시정비법 제31조 제1항에서 정한 동의율 요건(토지등소유자 과반수 동의)은 추진위원회의 승인요건에 불과할 뿐 승인 이후 조합설립인가시까지도 계속 유지되어야 할 요건이라고 보기는 어렵다.[30]

---

27) 대법원 2002. 7. 9. 선고 2001두10684 판결, 대법원 2010. 8. 26. 선고 2010두2579 판결
28) 서울행정법원 2007. 11. 14. 선고 2007구합1767 판결
29) 대법원 1984. 5. 22. 선고 84누77 판결, 대법원 2001. 3. 15. 선고 99두4594 전원합의체 판결, 대법원 2008. 3. 13. 선고 2006두2954 판결
30) 서울고등법원 2005. 6. 24. 선고 2005누885 판결

(6) 추진위원회 변경승인과 기존 추진위원회 승인의 취소 쟁송

추진위원회 변경승인이 최초 추진위원회의 승인처분을 그대로 둔 채 승인된 토지등소유자와 동의자를 초과하는 부분에 해하여만 단순히 변경승인을 한 경우라면 토지등소유자는 최초 추진위원회 처분의 하자를 다툴 수 있다.

추진위원회 변경승인처분이 기존의 정비(예정)구역의 인접 토지를 새로이 편입함으로서 정비(예정)구역 범위의 본질적인 변경을 초래하고, 확정된 사업구역에 대하여 새로이 토지등소유자들로부터 징구한 동의서에 터잡아 이루어진 경우 위 변경승인처분은 추진위원회 설립승인의 주요 부분을 변경한 실질적인 새로운 추진위원회 설립승인에 해당한다.

실질적인 새로운 설립승인에 해당하는 추진위원회 변경승인은 기존의 설립승인 처분을 그대로 둔 채 기존의 토지등소유자와 동의자를 각 초과하는 부분에 대하여만 변경승인을 한 것이 아니라 새로운 추진위원회 설립승인에 해당한다. 따라서 기존의 설립승인 처분은 위 변경승인처분에 흡수되어 더 이상 존재하지 않은 것으로 보아야 한다.[31]

이 경우 추진위원회 변경승인 이후에도 토지등소유자가 최초 추진위원회 승인처분의 취소 또는 무효를 다투게 된다면 이는 과거의 법률관계를 다투는 것으로서 소의 이익이 없어 각하될 것이다[32].

(7) 조합설립인가시 추진위원회의 취소를 다툴 수 있는지

추진위원회 구성승인처분은 조합의 설립을 위한 주체인 추진위원회의 구성행위를 보충하여 그 효력을 부여하는 처분으로서 조합설립이라는 종국적 목적을 달성하기 위한 중간단계의 처분에 해당한다.

그렇지만 추진위원회 구성승인처분의 법률요건이나 효과가 조합설립인가처분의 그것과는 다른 독립적인 처분이기 때문에, 추진위원회 구성승인처분에 대한 취소 또는 무효확인 판결의 확정만으로는 이미 조합설립인가를 받은 조합에 의한 정비사업의 진행을 저지할 수 없다.

---

31) 대법원 2012. 9. 27. 선고 2011두17400 판결, 서울고등법원 2010. 12. 16. 선고 2010누4638 판결, 서울고등법원 2011. 3. 29. 선고 2010누38105 판결

32) 대법원 2012. 9. 27. 선고 2011두17400 판결, 서울고등법원 2010. 12. 16. 선고 2010누4638 판결, 서울고등법원 2011. 3. 29. 선고 2010누38105 판결

따라서 추진위원회 구성승인처분을 다투는 소송 계속 중에 조합설립인가처분이 이루어진 경우에는, 추진위원회 구성승인처분에 위법이 존재하여 조합설립인가 신청행위가 무효라는 점 등을 들어 직접 조합설립인가처분을 다툼으로써 정비사업의 진행을 저지하여야 하고, 이와는 별도로 추진위원회 구성승인처분에 대하여 취소 또는 무효확인을 구할 법률상의 이익은 없다.[33]

(8) 조합설립인가의 취소와 추진위원회의 지위 회복

조합설립인가처분이 취소된 경우 추진위원회가 그 지위를 회복한다고 보더라도, 정비사업의 계속 추진에 반대하는 토지 등 소유자로서는 추진위원회가 다시 조합설립인가신청을 하기 이전까지 법령이 정한 바에 따라 동의를 철회할 수 있으므로, 토지 등 소유자의 권익 보호에 중대한 지장을 초래하지 않는다.

조합설립인가처분이 법원의 판결에 의하여 취소된 경우에는 조합설립인가처분이 소급하여 효력을 상실한다. 이러한 경우 추진위원회가 그 존립목적을 달성하였다고 보기 어렵다.

따라서 조합설립인가처분이 법원의 판결에 의하여 취소된 경우에는 추진위원회가 지위를 회복하여 다시 조합설립인가신청을 하는 등 조합설립추진 업무를 계속 수행할 수 있다.[34]

---

33) 대법원 2013. 1. 31. 선고 2011두11112 판결, 대법원 2013. 1. 31.자 2011아73 결정

34) 대법원 2016. 12. 15. 선고 2013두17473 판결

Ⅱ. 추진위원회 승인절차

1. 추진위원회의 구성

(1) 추진위원회를 구성하는 경우

시장·군수 또는 주택공사 등이 아닌 자가 정비사업을 시행하고자 하는 경우에는 토지등소유자로 구성된 조합을 설립하여야 하고, 위 조합을 설립하고자 하는 경우에는 토지등소유자 과반수의 동의를 얻어 조합설립추진위원회를 구성하여야 한다(법 제31조 제1항, 제2항, 제35조 제1항).

추진위원은 위원장을 포함한 5명 이상이어야 한다(법 제31조 제1항 제1호). 운영규정상 추진위원의 수는 토지등소유자 10분의 1 이상으로 하되, 5인 이하인 경우에는 5인으로 하며, 100인을 초과하는 경우에는 토지등소유자의 10분의 1 범위안에서 100인 이상으로 할 수 있다(운영규정 제2조 제2항 제3호).

정비사업조합설립추진위원회 운영규정은 도시정비법 제34조에 의하여 추진위원회의 운영에 관한 수권을 받아 규정한 것일 뿐 추진위원회 설립승인요건 관련한 규정은 아니다. 운영규정 제2조 제2항 제3호(위원의 수는 토지등소유자의 10분의 1 이상으로 함)는 단지 추진위원회의 구성을 정하는 일응의 기준규정에 불과하므로 법규명령으로 볼 수 없다.[35] 따라서 추진위원회 승인당시 추진위원이 토지등소유자의 10분의 1에 미달되더라도 추진위원이 5인 이상이라면 추진위원회 승인에 하자가 있다고 볼 수 없다.[36]

아파트와 단독주택이 혼재된 지역에서 아파트 또는 단독주택 중 어느 한쪽의 소유자들이 대부분 추진위원이거나 여러 동으로 구성된 아파트 단지에서 어느 동의 소유자들이 대부분 추진위원일 경우 대의기관인 추진위원회가 전체 토지등소유자를 대표하기보다 일부 특정 토지등소유자의 이익을 대변할 수 있다. 따라서 추진위원의 선임방법은 추진위원회에서 정하되, 동별.가구별 세대수 및 시설의 종류를 고려하여야 한다(운영규정안 제15조 제6항).

---

35) 울산지방법원 2007. 6. 27. 선고 2006구합 2897 판결
36) 대법원 2008. 7. 24. 선고 2007두12996 판결

(2) 추진위원회 구성이 가능한 지역

추진위원회는 다음의 어느 하나에 해당하는 지역을 대상으로 구성한다(법 제31조 제2항, 시행령 제25조 제2항).

① 정비구역으로 지정.고시된 지역

② 정비구역으로 지정.고시되지 아니한 지역으로서 다음의 어느 하나에 해당하는 지역[37]

1) 기본계획을 수립하지 아니한 지역 또는 기본계획에 법 제5조 제1항 제9호(정비예정구역의 개략적 범위) 및 제10호(단계별 정비사업 추진계획)의 사항을 생략한 지역 + 시행령 별표 1.에 해당하는 지역

- 지구단위계획구역으로서 향후 정비사업을 추진하기에 적합하도록 지구단위계획이 수립되어 있는 지역
- 재건축 대상인 것으로 재건축진단 판정 결과가 통보된 재건축사업 예정 지역
- 그 밖에 시 · 도조례로 정하는 기준에 적합한 지역

2) 기본계획에 정비예정구역이 설정된 지역

3) 정비계획의 입안 요청 및 입안 제안에 따라 정비계획의 입안을 결정한 지역

4) 정비계획의 입안을 위하여 주민에게 공람한 지역

(3) 추진위원회 구성 생략(공공지원에 의한 조합설립)

정비사업에 대하여 공공지원을 시행하려는 경우에는 추진위원회를 구성하지 아니할 수 있다(법 제31조 제7항).

공공지원 방식으로 시행하는 정비사업중 추진위원회를 구성하지 않는 경우에는 ① 토지등소유자의 동의서 접수, ② 창립총회의 개최, ③ 조합정관의 초안 작성에 필요한 사항을 시.도 조례에 정할 수 있다(시행령 제27조 제6항).

서울특별시장은 추진위원회를 구성하지 아니하는 경우에 조합설립 방법 및

---

37) 2024. 12. 3. 개정법에 따라 정비구역으로 지정된 지역 이외 정비예정구역에서도 추진위원회 구성이 가능해 졌음.

절차 등에 필요한 사항을 고시하여야 한다. 고시내용에는 다음의 사항이 포함된다(서울시 조례 제82조 제1항).

① 토지등소유자의 대표자 등 주민협의체 구성을 위한 선출방법

② 참여주체별 역할

③ 조합설립 단계별 업무처리 기준

④ 그 밖에 조합설립 업무지원을 위하여 필요한 사항

구청장은 토지등소유자의 과반수가 추진위원회 구성 단계 생략을 원할 경우 위 방법에 따라 조합을 설립하여야 한다(서울시 조례 제82조 제2항).

서울시는 '조합설립 지원을 위한 업무기준(서울특별시 고시 2016 11. 10. 제2016- 354호)' 를 제정하여 고시하였다.

서울시의 '조합설립 지원을 위한 업무기준' 주요내용

- 공공지원자의 조합설립계획 및 공고
- 공공지원자의 정비사업전문관리업자 선정
- 주민협의체 구성(부위원장 포함 토지등소유자의 20분의 1 이상, 20분의 1 이상 범위안에서 50인 이상, 최소인원 10명 이상, 공공지원자가 선임함)
- 위원장은 공공지원자, 변호사 등의 전문가로 공공지원자가 위촉함.
- 부위원장은 선거를 통해 당선된 주민대표자로 선임함(전체 토지등소유자 과반 참여).
- 주민협의체의 업무는 ① 개략적 추정분담금 산정, ② 조합정관(안) 작성, ③ 조합의 행정업무, ④ 예산·회계, 선거관리규정(안) 등의 작성, ⑤ 조합설립동의서 징구, ⑥ 선거관리위원회 구성, ⑦ 그 밖에 필요한 사항임.
- 부위원장은 공공지원 창립총회 소집권한을 가짐.
- 창립총회 의결사항은 ① 조합정관의 확정, ② 조합의 행정업무규정의 확정, ③ 조합의 예산·회계규정의 확정, ④ 조합선거관리규정의 확정, ⑤ 조합임원의 선임, ⑥ 대의원의 선임, ⑦ 그 밖에 필요한 사항으로서 주민협의체 의결을 거친 사항 등임.

2. 추진위원회 구성을 위한 공공지원

(1) 추진위원회 구성을 위한 공공지원제도

공공지원제도는 정비사업의 투명성 강화와 효율성 제고를 위해 시장・군수가 사업시행 과정을 지원하는 제도를 말한다. 정부는 공공지원자가 재개발・재건축조합에 전문성 부족의 부분을 지원하고, 조합원들이 사업 추진사항을 명확하게 알고 의사결정을 할 수 있도록 하기 위해 2010. 4. 15. 공공지원제도를 도입하게 되었다.

서울시의 경우 조합이 시행하거나 조합이 건설업자 또는 등록사업자와 공동으로 시행하는 정비사업에 대해 공공지원의 대상사업으로 정하고 있다. 다만 정비구역지정・고시가 있은 날의 토지등소유자의 수가 100명 미만으로서 주거용 건축물의 건설비율이 50% 미만이고, 주거용 건축물의 건설비율이 50% 미만인 도시정비형 재개발사업은 제외한다(서울시 조례 제73조).

시장・군수 및 위탁관리자는 추진위원회의 구성을 위한 업무를 지원하며(법 제118조 제2항 제1호), 서울시는 '추진위원회 구성을 위한 위원 선출업무의 선거관리위원회 위탁' 업무를 지원업무로 정하고 있다(서울시 조례 제75조 제1호).

시장은 추진위원회 위원, 조합임원 또는 토지등소유자의 대표자 선출을 위하여 ① 선거관리위원회의 업무위탁에 관한 사항, ② 주민설명회 개최에 관한 사항, ③ 입・후보자 등록공고 및 등록에 관한 사항, ④ 합동연설회 개최에 관한 사항, ⑤ 주민선거 실시에 관한 사항, ⑥ 그 밖에 선거관리를 위하여 필요한 사항의 내용을 포함한 선거관리기준을 정할 수 있다(서울시 조례 제76조).

서울시의 경우 '공공관리 추진위원회 구성 선거관리기준'(서울특별시 고시 2011. 6. 2. 제2011-140호)에 따라 예비추진위원장과 예비감사를 선임한 후 위 예비추진위원장이 추진위원을 선정하도록 지원하고 있다.

(2) 서울시의 선거관리위탁등

공공지원자가 추진위원회 구성을 위한 선거를 할 경우에는 선거관리위원회의 위탁선거관리규칙에 따라 위탁하여야 한다. 공공지원자는 선거를 위탁할 경우 관할위원회와 협약서를 작성하여야 한다.

공직선거 등으로 선거실시제한 기간에 해당하여 관할위원회가 선거일을 정할 수 없는 경우에는 공공지원자가 직접 선거를 주관하여 실시할 수 있다.

공공지원자가 선거인명부를 작성하거나 선거인명부를 확정한 경우에는 즉시 선거인명부 등본을 선거관리규칙이 정하는 바에 따라 관할위원회에 송부하여야 한다.

공공지원자는 관할위원회에 송부한 선거인명부에 오기가 있는 때, 선거권이 없는 자나 사망자가 있는 때 또는 정당한 선거권자의 누락이 발견된 때에는 선거인명부확정 후 지체없이 선거관리규칙이 정하는 바에 따라 관할위원회에 그 사실을 통보하여야 한다.

구청장은 추진위원회 구성을 위한 선거관리위원회 위탁비용을 부담하고(서울시 조례 제74조 제1항), 시장은 추진위원회 구성을 위한 소요비용의 70% 범위내에서 '서울특별시 지방보조금 관리조례' 제4조에 따라 자치구 재정력을 감안하여 구청장에게 지원할 수 있다(서울시 조례 제84조).

(3) 토지등소유자 명부 작성 및 관리

선거인은 선거가 실시되는 정비사업구역내 토지등소유자를 말한다. 선거권은 선거인명부 확정일 기준 당해 구역 토지등소유자로서 선거인명부에 등재된 자에게 있다.

공공지원자는 선거인명부를 작성하고 선거인명부 확정공고 14일전까지 열람공고하여야 한다. 이 경우 토지등소유자 또는 선거인명부에 기재된 자는 자신의 정보에 한하여 열람할 수 있다.

공공지원자는 선거인명부를 선거일 10일부터 14일전까지 확정하여야 하며, 클린업시스템에 선거인명부 확정사실을 공고한다. 공공지원자가 확정공고한 선거인명부는 당해구역의 선거에 한하여 효력을 가진다.

(4) 후보자 등록

후보자가 되고자 하는 자는 후보자 추천서에 의거 선거권자의 추천을 받아야 한다. 당해구역 토지등소유자가 300인 이상 1000인 미만인 경우에는 예비추진위원장, 예비감사 후보는 30인 이상의 추천을 받아야 한다.

공공지원자는 예비추진위원장 및 예비감사의 후보자를 등록받고자 하는 경우에는 클린업시스템에 후보자 등록공고를 하여야 한다. 후보자등록은 공고일 이후 7일이 경과한 날부터 기산하여 2일 이상의 후보자등록기간을 정하여야 한다.

공공지원자는 후보자의 자격을 확인한 후 즉시 후보자를 확정하고 후보자등록명부에 작성하여야 하며, 클린업시스템에 확정 공고해야 한다. 공공지원자는 후보자등록 후에 후보자의 피선거권이 없는 것이 발견된 때에는 후보자등록을 무효로 하고, 당해 후보자에게 그 사유를 지체 없이 통보한다.

(5) 예비추진위원장 및 예비감사 선거

공공지원자는 입후보자의 홍보를 위하여 선거운동 기간내 합동연설회를 개최할 수 있다. 입후보자는 특별한 사유가 없는 한 합동연설회에서 홍보를 위한 연설을 하여야 하고, 입후보자 연설순서는 추진위원장, 감사 순이며, 배정된 기호순으로 한다.

공공지원자가 선거통지를 하는 경우에는 선거일시, 투표시간, 투표장소, 약도, 유의사항 등이 기재된 투표안내문과 후보자의 사진, 성명, 기호, 경력·학력 및 정견 등 후보자별 홍보물을 포함하여 통지하여야 한다.

선거는 기표방법으로 투표하며, 선거인명부에 기재된 토지등소유자 1인이 1표로 직접 선거한다.

예비추진위원장, 예비감사는 선거에서 다수의 유효투표를 얻은 자를 선임하고, 단 투표결과 유효투표가 동수일 경우에는 연장자를 당선자로 한다. 단독입후보자는 예비추진위원장, 예비감사에 당선된 것으로 본다.

공공지원자는 선거일로부터 3일 이내에 선거결과 및 당선자를 공고한다. 당선자는 당선자공고로서 그 지위를 득한다. 당선자는 추진위원회 승인전까지 예비추진위원장 또는 예비감사의 지위를 갖는다. 추진위원장, 감사의 임기는 추진위원회 승인을 받는 날부터 개시한다.

(6) 예비추진위원 선정

예비추진위원의 추천은 예비추진위원장 당선자가 통별, 가구수, 세대수 및 시설의 종류와 운영규정 제2조 제3항을 고려하여 110% 이상 추천해야 한다. 이 경우 선거의 낙선자는 거부의사를 표시하지 않는 한 당연직 예비추진위원으로 추천하여야 한다.

공공지원자는 예비추진위원을 추천받아 추진위원회 설립동의서에 연번을 부여하여 제공하여야 한다.

(7) 서울시 예비추진위원장 및 예비감사 선거절차도

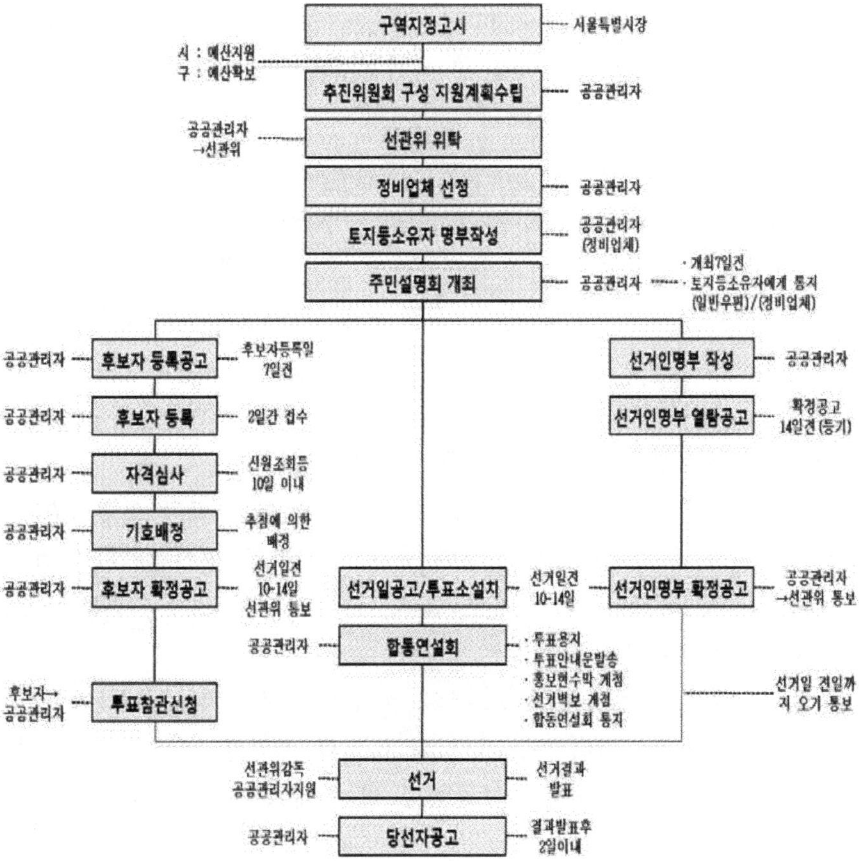

3. 운영규정 작성

(1) 운영규정의 동의

조합을 설립하고자 하는 경우 추진위원 및 운영규정에 대하여 토지등소유자 과반수 동의를 받아야 한다(법 제31조 제1항). 2009. 2. 6. 이전에는 추진위원회 구성과 운영규정을 분리하여 동의를 각각 받았을 수 있었으나, 현재는 추진위원회 구성과 운영규정에 관한 동의를 동시에 받아야 한다.

국토교통부장관은 추진위원회의 공정한 운영을 위하여 ① 추진위원의 선임방법 및 변경, ② 추진위원의 권리・의무, ③ 추진위원회의 업무범위, ④ 추진위원회의 운영방법, ⑤ 토지등소유자의 운영경비 납부, ⑥ 추진위원회 운영자금의 차입, ⑦ 추진위원회 운영경비의 회계에 관한 사항, ⑧ 정비사업전문관리업자의 선정에 관한 사항을 포함한 추진위원회의 운영규정을 정하여 고시하여야 한다(법 제34조 제1항, 시행령 제28조).

국토교통부장관은 '정비사업 조합설립추진위원회 운영규정'을 고시하였다(국토교통부 고시 제2025-283호, 개정 2025. 6. 4.).

(가칭) 추진위원회가 작성한 운영규정안이 도시정비법, 관계법령 및 관련행정기관의 처분에 위배되는 경우에는 효력을 갖지 아니한다(운영규정 제3조 제3항).

(2) 국토교통부장관이 고시한 운영규정의 법적 성격

운영규정은 국토교통부장관 고시의 형태로 발령되었으나 도시정비법에서 위임받은 사항, 즉 추진위원회의 공정한 운영을 위하여 추진위원회의 구성, 업무범위, 운영방법, 위원의 권리.의무 등에 관한 사항을 구체적으로 규정한 것으로서 법규명령으로 볼 수 있다[38].

그러나 운영규정이 법규명령으로서의 효력을 가지는 것은 상위법인 도시정비법이 위임한 사항의 범위 내로 한정된다고 할 것인바, '별표 ○○정비사업 조합설립추진위원회 운영규정' 부분이나 별지 대표소유자 선임동의서 양식은

---

38) 대법원 2011. 9. 8. 선고 2009두23822 판결, 부산고등법원 2009. 4. 16. 선고 2008나16905 판결, 서울서부지방법원 2009. 8. 14. 선고 2009가합3227 판결

하나의 예시로서 들고 있는 것에 불과할 뿐 법규명령으로서의 효력을 가진다고 볼 수 없다.39)

(3) 운영규정의 변경

운영규정의 변경은 토지등소유자 4분의 1 이상 또는 추진위원회 의결로 발의한다. 운영규정이 변경된 경우에는 추진위원회는 시장.군수에게 이를 신고하여야 한다(운영규정안 제10조).

운영규정이 법령의 개정으로 변경되어야 할 경우 운영규정의 개정절차에 관계없이 변경되는 것으로 본다. 다만 관계법령의 내용이 임의규정인 경우 주민총회의 의결에 따라 운영규정을 변경하여야 한다(운영규정안 제37조 제3항).

4. 추진위원회 구성동의서 작성 등

(1) 구성동의서의 작성

토지등소유자의 동의를 받으려는 자는 국토교통부령으로 정하는 동의서에 조합설립추진위원회의 위원장, 위원, 추진위원회의 업무 및 운영규정을 미리 쓴 후 토지등소유자로부터 동의를 받아야 한다(시행령 제25조 제1항).

도시정비법 시행규칙 별지 제4호서식은 '정비사업 조합설립추진위원회 구성동의서' 양식이다(시행규칙 제7조 제2항).

전자서면동의서는 2024. 12. 3. 개정법에 의해 도입되었다.

추진위원회 구성동의서에는 '행정기관에서 부여한 연번범위'가 있다. 이는 추진위원회 동의서를 징구하는 과정에서 동의서를 매매하는 행위를 방지하기 위한 것이다.

추진위원회 구성동의서에는 위원장, 감사, 부위원장, 추진위원을 기재하도록 되어 있다. 위 추진위원란을 공란으로 받은 동의서는 무효가 된다.

---

39) 부산고등법원 2009. 4. 16. 선고 2008나16905 판결

(2) 설명.고지의무 및 동의방법

토지등소유자의 동의를 받으려는 자는 추진위원회 동의자를 조합설립에 동의한 것으로 간주하는 것과 관련 ① 동의를 받으려는 사항 및 목적, ② 동의로 인하여 의제되는 사항, ③ 동의의 철회 또는 반대의사 표시의 절차 및 방법을 설명.고지하여야 한다(법 제31조 제6항, 시행령 제25조 제4항).

조합설립을 위한 추진위원회를 구성하는 경우 동의는 서면동의서에 토지등소유자가 성명을 적고 지장을 날인하는 방법으로 하며, 주민등록증, 여권 등 신원을 확인할 수 있는 신분증명서의 사본을 첨부하여야 한다(법 제36조 제1항 제6호).

토지등소유자가 해외에 장기체류하거나 법인인 경우 등 불가피한 사유가 있다고 시장・군수등이 인정하는 경우에는 토지등소유자의 인감도장을 찍은 서면동의서에 해당 인감증명서를 첨부하는 방법으로 할 수 있다(법 제36조 제2항).

(3) 서면동의서와 검인

추진위원회 구성에 관한 서면동의서 또는 전자서명동의서를 작성하는 경우 시장・군수로부터 검인 또는 확인한 동의서를 사용하여야 하며, 검인 또는 확인을 받지 아니한 동의서는 그 효력이 발생하지 아니한다(법 제36조 제3항).

서면동의서에 검인(檢印)을 받으려는 자는 ㅅ면동의서에 기재할 사항을 기재한 후 관련 서류를 첨부하여 시장・군수등에게 검인을 신청하여야 하고, 시장・군수등은 서면동의서 기재사항의 기재 여부 등 형식적인 사항을 확인하고 해당 서면동의서에 연번(連番)을 부여한 후 검인을 하여야 한다. 시장・군수등은 신청일부터 20일 이내에 신청인에게 검인한 서면동의서를 내주어야 한다(시행령 제34조 제1항 내지 제3항).

(4) 전자서면동의서와 검인

전자서면동의서의 확인을 받으려는 자는 시장.군수등에게 다음의 사항에 대한 확인을 신청해야 한다(시행령 제34조 제4항).

① 전자서명동의서의 보관 및 위조・변조 방지에 관한 사항

② 전자서명동의서를 다음의 어느 하나에 해당하는 방법에 따라 작성한 사실

- 서면동의서를 정보처리시스템에 의하여 전자적 형태로 변환하는 방법
- 정보처리시스템에 의하여 전자적 형태로 작성하는 방법

③ 전자적 형태로 작성하는 방법으로 작성된 전자서명동의서의 경우 동의서에 기재할 사항의 기재 여부 등 형식적인 사항을 갖추었다는 사실

시장 · 군수등은 신청일부터 20일 이내에 신청인에게 전자서명동의서의 확인결과를 알려주어야 한다. 이 경우 시장 · 군수등은 전자적 형태로 작성하는 방법으로 작성된 전자서명동의서에 대해 연번을 부여해야 한다(시행령 제34조 제5항).

전자서명동의서의 본인확인은 전자서명인증사업자가 제공하는 본인확인의 방법을 따라야 한다(시행령 제34조 제6항).

(5) 추진위원회 구성동의서의 연번부여 거부사례

압구정지구 지구단위계획 구역지정시 갑 아파트, 을 아파트가 소재한 지역을 '특별계획구역'으로 결정하였고, 위 특별계획구역에 통합추진위원회의 구성을 승인하였다. 위 특별계획구역의 지형도면에 의하면 갑 아파트와 을 아파트의 '특별계획구역 분할 가능성'이 존재한다. 갑 아파트 소유자들은 분리 재건축을 추진하면서 시장에게 추진위원회 설립을 위한 동의서 검인 및 연번부여를 신청하였으나, 시장은 위 신청을 거부하였다.

위 사안에서 특별계획구역을 실제로 분할하는 별도의 정비구역 변경 지정이 없는 한, '특별계획구역 분할 가능선'이 존재한다는 이유만으로 특별계획구역에 각각 별개의 추진위원회를 구성하거나 특별계획구역 중 일부 지역의 토지등소유자의 과반수의 동의를 얻어서 추진위원회를 구성할 수도 없다.[40]

재정비촉진구역의 지정.고시에 의하여 확정된 사업구역 면적은 약 89%, 토지등소유자 수는 약 106% 증가한 사안에서 추진위원회는 승인처분이 실효되지 않는 한 변경승인 절차를 밟아 그 업무를 수행할 수 있는바, 일부 토지등소유자들의 추진위원회 구성동의서 제공신청을 반려한 것은 적법하다.[41]

---

40) 서울행정법원 2024. 12. 13. 선고 2024구합55167 판결

5. 추진위원회 승인

(1) 추진위원회의 승인신청 및 시장·군수의 심사

추진위원회의 구성승인을 얻으려는 자는 추진위원회 승인신청서에 ① 토지등소유자의 명부, ② 토지등소유자의 동의서, ③ 위원장 및 위원의 주소 및 성명, ④ 위원선정을 증명하는 서류를 첨부하여 시장 · 군수등에게 제출하여야 한다(시행규칙 제7조 제1항).

추진위원회를 구성함에 있어 서면동의서를 제출토록 한 취지는, 서면에 의한 토지등소유자 등의 동의 여부를 명확하게 함으로써 동의 여부에 관하여 발생할 수 있는 관련자들 사이의 분쟁을 미연에 방지하고 나아가 행정청으로 하여금 추진위원회 승인 신청시에 제출된 동의서에 의하여서만 동의 요건의 충족 여부를 심사하도록 함으로써 동의 여부의 확인에 불필요하게 행정력이 소모되는 것을 막기 위한 데 있다[42].

시장·군수는 토지등소유자 과반수의 동의여부를 서면심사의 방법에 의하며, 서면심사는 동의서에 토지등소유자의 지장이 날인되어 있는지, 자필로 서명이 있는지, 신분증명서의 사본이 첨부되어 있는지 여부를 심사하는 방법으로 한다.[43]

추진위원회의 설립 승인요건을 판단함에 있어 토지등소유자 및 그 동의의사는 처분시점이 아닌 '승인신청 당시를 기준'으로 하여야 할 것이다.[44] 따라서 추진위원회 인가신청 후에 토지등소유자가 된 사람 또는 동의자를 위 동의율 산정을 위한 정족수에 포함시켜서는 아니 된다.[45]

행정청이 추진위원회의 설립승인 심사에서 위법한 행정처분을 한 선례가 있다고 하여 그러한 기준을 따라야 할 의무가 없는 점 등에 비추어, 평등의 원칙이나 신뢰보호의 원칙 또는 자기구속의 원칙 등에 위배되고 재량권을 일

41) 서울고등법원 2014. 3. 27. 선고 2013누28109 판결
42) 대법원 2010. 1. 28. 선고 2009두4845 판결
43) 2012. 7. 31. 이전에는 인감도장날인과 인감증명서를 첨부하도록 되어 있었으므로, 시장·군수는 인감증명서의 인영과 동의서의 인영이 동일한지 여부를 심사하였다.
44) 대법원 2014. 4. 24. 선고 2012두21437 판결, 서울고등법원 2008. 1. 8. 선고 2007누15904 판결, 부산고등법원 2007. 7. 6. 선고 2006누3841 판결
45) 대법원 2014. 4. 24. 선고 2012두21437 판결

탈 · 남용하여 자의적으로 조합설립추진위원회 승인처분을 한 것으로 볼 수 없다.[46)]

(2) 서류의 보완요구

시장.군수는 구비서류의 미비 등 흠이 있는 경우에는 보완에 필요한 상당한 기간을 정하여 지체없이 신청인에게 보완을 요구하여야 하고, 신청인이 보완기간 내에 보완을 하지 아니한 때에 그 이유를 명시하여 접수된 신청을 되돌려 보낼 수 있다(행정절차법 제17조 제5항). 그 과정에서 승인요건을 충족하지 못하는 하자를 발견하면 보완을 명하고, 보완이 이루어지지 아니하면 승인신청을 반려하여야 할 것이다[47)].

보완요구의 대상이 되는 사항은 원칙적으로 신청에 필요한 기본적 사항으로서 그 서식과 기재사항 또는 관련 구비서류의 제출 등과 같이 보완 가능한 형식적 · 절차적 사항에 한정되고, 신청의 주요 실체적 내용에 대한 사항이나 그 변경에 대한 사항까지 대상이 되는 것은 아니다.[48)]

토지등소유자 과반수 동의요건의 미달은 보완요구의 대상이 아니며, 추진위원회 승인신청 이후 추가 동의서를 제출한다 해도 위 동의서를 동의에 포함해서는 안 된다.[49)] 다만, 시장 · 군수는 신청자에게 변개된 동의서가 해당 토지등소유자의 의사에 의하여 작성된 것인지 확인하고 이에 대한 보완을 명하여야 한다.[50)]

(3) 복수의 추진위원회 승인 신청과 관련

동일구역내 복수의 추진위원회 승인 신청이 있을 경우 시장.군수는 접수순서에 따라 처리하여야 한다. 선 접수된 추진위원회 승인신청이 추진위원회 승인요건을 미비하였을 경우 시장.군수는 위 승인신청을 반려하여야 하나, 다만 서류상 경미한 하자로 치유될 수 있는 경우에는 시장.군수는 보완에 필요한

46) 대법원 2009. 6. 25. 선고 2008두13132 판결
47) 서울고등법원 2008. 1. 8. 선고 2007누15904 판결
48) 대법원 2004. 10. 15. 선고 2003두6573 판결
49) 대법원 2014. 4. 2. 선고 2012두21437 판결
50) 서울행정법원 2007. 11. 14. 선고 2007구합1767 판결

상당한 기간을 정하여 지체없이 신청인에게 보완을 요구하여야 하며, 신청인이 보완 기간 내에 보완하지 않을 경우 그 이유를 명시하여 신청을 반려할 수 있다[51].

2개의 가칭 추진위원회에 대한 중복동의한 경우 중복동의자의 기본적인 의사는 자신들의 중복동의를 각각 유효한 것으로 처리하여 복수의 추진위원회중 어느 것이라도 추진위원회로부터 설립을 위한 승인을 받아도 무방하다는 것으로 해석함이 상당하다. 다만 일방의 추진위원회 설립이 적법하게 승인된 경우에는 아직 승인을 받지 못한 다른 추진위원회에 대한 동의는 무효로 처리하는 것이 타당하다.[52]

(4) 추진위원회 승인처분 등

시장.군수는 추진위원회 설립승인신청이 법적 요건을 갖추었다고 판단될 경우 추진위원회의 설립을 승인하여야 한다.[53] 법원은 행정청의 기속행위로 보고 있다. 서울시는 추진위원회의 설립을 승인할 경우 '조합설립추진위원회승인서'를 교부하고 있다.

시장 · 군수등은 승인 이후 ① 추진위원회가 승인된 구역경계의 위치 및 구역 면적, ② 추진위원회 위원장 및 위원의 성명 및 주소, ③ 토지등소유자의 수를 해당 지방자치단체 공보에 고시하여야 한다(법 제31조 제1항, 시행규칙 제7조 제3항).

순환정비방식에 의한 재개발사업구역에서 시장·군수를 사업시행자로 정할 수 있음을 이유로 추진위원회의 승인신청을 반려한 것이 적법하다고 판시한 사례가 있다.[54]

---

51) 서울고등법원 2008. 1. 8. 선고 2007누15904 판결
52) 서울고등법원 2008. 1. 8. 선고 2007누15904 판결
53) 대법원 2009. 6. 25. 선고 2008두13132 판결
54) 서울고등법원 2006. 4. 28. 선고 2005누13072 판결

6. 추진위원회의 변경승인

(1) 추진위원회 변경승인의 필요성

추진위원회가 설립승인을 받은 후 정비구역의 변경 지정・고시에 따라 사업시행예정구역이 확대되고, 토지등소유자의 수가 증가됨에 따라 종전의 추진위원회설립승인에 대한 변경을 위하여 추진위원회의 변경승인이 필요하다. 시장・군수의 추진위원회 승인처분에는 당연히 그 변경사항을 승인할 수 있는 권한도 포함되어 있다.55)

(2) 정비구역의 확장과 기존 추진위원회의 효력

처분의 적법 여부 및 효력 유무의 판단은 원칙적으로 처분시를 기준으로 하여야 하므로, 정비구역의 변경 등이 있다고 하더라도 기존의 추진위원회에 대한 승인처분이 당연히 위법・무효로 된다고 볼 수 없다.56) 또한 기존의 추진위원회 승인처분의 효력이 소멸한다고 볼 수도 없다.

다만, 정비예정구역과 정비구역의 각 위치, 면적, 토지등소유자 및 동의자 수의 비교, 정비사업계획이 변경되는 내용과 정도, 정비구역 지정 경위 등을 종합적으로 고려하여 당초 승인처분의 대상인 추진위원회가 새로운 정비구역에서 정비사업을 계속 추진하는 것이 도저히 어렵다고 보여 그 추진위원회의 목적 달성이 사실상 불가능하다고 인정되는 경우에 한하여 추진위원회 승인의 효력이 소멸될 수 있다.57)

(3) 추진위원회 변경동의서의 징구 대상

사업시행예정구역 면적이 경미하게 증가되어 면적 변경 전후로 정비사업의 동일성이 인정되는 경우 확장된 정비구역을 대상으로 추진위원회 설립동의서를 징구하면 된다.

사업시행예정구역이 동일성을 인정할 수 없을 만큼 변경된 경우 기존 동의

---

55) 대법원 2014. 2. 27. 선고 2011두2248 판결
56) 대법원 2013. 10. 24. 선고 2011두28455 판결, 서울행정법원 2024. 12. 13. 선고 2024구합55167 판결
57) 대법원 2013. 9. 12. 선고 2011두31284 판결

자들을 포함한 '토지등소유자 전체를 상대'로 하여 새로 받은 동의서가 제출된 상태에서 조합설립추진위원회 변경승인처분이 이루어져야 한다.[58] 다만, 추가된 범위내에서만 동의서를 징구한 후 추진위원회의 변경승인을 받았을 경우 위 추진위원회 변경승인이 당연 무효사유에 해당하지 않는다.[59]

(4) 정비예정구역 면적과 정비구역 면적의 차이가 10% 이상인 경우

정비예정구역 등에서 추진위원회를 구성하여 승인 받은 후 승인 당시의 정비예정구역과 정비구역의 면적 차이가 10% 이상인 경우 추진위원회는 변경승인을 받아야 한다(법 제31조 제4항, 시행령 제25조 제3항).

추진위원회는 ① 추진위원, ② 운영규정에 대하여 토지등소유자 과반수의 동의를 받아야 하고, 토지등소유자의 동의를 받으려는 자는 ① 동의를 받으려는 사항 및 목적, ② 동의로 인하여 의제되는 사항, ③ 동의의 철회 또는 반대의사 표시의 절차 및 방법을 설명.고지하여야 한다(법 제31조 제4항, 제6항, 시행령 제25조 제4항).

종전 추진위원회 구성에 동의한 자는 정비구역 지정 · 고시 이후 1개월 이내에 동의를 철회하지 아니하는 경우 추진위원회 변경에 동의한 것으로 본다(법 제31조 제4항).

추진위원회 변경승인이 있는 경우 기존의 추진위원회의 업무와 관련된 권리 · 의무는 승인받은 추진위원회가 포괄승계한 것으로 본다(법 제31조 제5항).

---

58) 서울고등법원 2011. 4. 13. 선고 2010누26034 판결 등

59) 대법원 2013. 11. 28. 선고 2012두15777 판결, 서울고등법원 2011. 4. 13. 선고 2010누26034 판결

Ⅲ. 추진위원장 및 추진위원

1. 추진위원의 수 등

(1) 추진위원의 수

추진위원회는 추진위원회를 대표하는 위원장 1인과 감사를 두어야 하며(법 제33조 제1항), 부위원장은 임의로 둘 수 있다(운영규정 제2조 제2항 제2호). 도시정비법은 위원장을 포함한 5인 이상의 위원으로 추진위원회를 구성하도록 규정하고 있다(법 제31조 제1항).

운영규정에 의하면 위원의 수는 토지등소유자의 10분의 1 이상으로 하되, 5인 이하인 경우에는 5인으로 하며, 100인을 초과하는 경우에는 토지등소유자의 10분의 1 범위안에서 100인 이상으로 할 수 있다(운영규정 제2조 제2항 제3호).

재적위원의 수는 추진위원회 승인 당시의 추진위원 수를 기준으로 한다. 이후 사임, 토지등소유자 자격 상실, 추진위원 자격 상실, 사망 등에 해당하는 자는 재적위원 수에서 제외된다.[60]

추진위원회의 위원이 임기 중 궐위되어 위원 수가 이 운영규정 본문 제2조 제2항에서 정한 최소 위원의 수(토지등소유자의 10% 이상)에 미달되게 된 경우 재적위원의 수는 이 운영규정 본문 제2조 제2항에서 정한 최소 위원의 수(토지등소유자 10%)로 본다(운영규정안 제15조 제3항).

(2) 추진위원의 자격

위원장, 부위원장, 추진위원은 추진위원회 설립에 동의한 자 중에서 선출하며(운영규정안 제15조 제2항), 추진위원회 설립에 동의하지 않은 자는 위원의 피선임권.피선출권을 갖지 못한다(운영규정안 제13조 제1항). 추진위원에 입후

60) 서울북부지방법원 2010. 12. 22.자 2010카합1287 결정 : 최초 100명의 추진위원으로 구성되었으나, 사임등의 사유로 회의 당시 추진위원 수가 62명인 경우 재적위원을 62명으로 산정함.

보하고자 하는 자는 피선출일 이전까지 추진위원회 설립동의서를 제출하여야 한다.61)

위원장, 부위원장 또는 감사는 다음 어느 하나에 해당하는 자이어야 한다(운영규정안 제15조 제2항).

① 피선출일 현재 사업시행구역 안에서 3년 이내에 1년 이상 거주(또는 영업)하고 있는 자

② 피선출일 현재 사업시행구역 안에서 5년 이상 토지 또는 건축물을 소유한 자, 주택재건축사업의 경우 토지 및 건축물 모두를 소유한 자이어야 함

위원장, 부위원장 또는 감사의 후보자에게 일정기간의 거주 또는 소유 등의 제한을 두는 것은 외부 투기세력을 차단하고, 정비사업구역내 주민들이 주체가 되어 사업을 추진할 수 있도록 하기 위함이다.

위원장, 부위원장 또는 감사를 제외한 추진위원은 토지등소유자로서 추진위원회 설립에 동의한 자중에서 선임되며 별도로 자격을 제한하고 있지 않다.

법인인 토지등소유자가 대리인을 지정한 경우 법인의 대리인은 권한을 대리할 수 있고, 이 경우 법인의 대리인은 추진위원으로 선임될 수 있다(운영규정안 제13조 제2항 제3호).

(3) 추진위원의 결격사유

다음의 사항에 해당하는 자는 추진위원회의 위원이 될 수 없다(법 제33조 제5항, 제43조 제1항).

① 미성년자.피성년후견인 또는 피한정후견인

② 파산선고를 받고 복권되지 아니한 자

③ 금고 이상의 실형을 선고받고 그 집행이 종료(종료된 것으로 보는 경우 포함)되거나 집행이 면제된 날부터 2년이 경과되지 아니한 자

④ 금고 이상의 형의 집행유예를 받고 그 유예기간 중에 있는 자

⑤ 도시정비법을 위반하여 벌금 100만원 이상의 형을 선고받고 10년이 지나지 아니한 자

---

61) 서울북부지방법원 2010. 7. 30.자 2010카합866결정

⑥ 조합설립 인가권자에 해당하는 지방자치단체의 장, 지방의회 의원 또는 그 배우자.직계존속.직계비속

운영규정(안) 제16조 제1항 제5호는 "법 또는 관련 법률에 의한 징계에 의하여 면직의 처분을 받은 날부터 2년이 경과되지 아니한 자"에 대해서도 위원의 결격사유로 정하고 있다.

현행 도시정비법, 시행령, 시행규칙에는 추진위원회 위원에 대한 징계규정이 없다. 다만 자체 운영규정에 징계규정을 두고 있다면 자체 운영규정에 의한 징계는 위 규정상의 '법 또는 법률에 의한 징계'에 해당한다고 볼 수도 있다. 즉 '법 또는 법률'에는 자치법규도 포함된다고 보아야 할 것이다.[62]

추진위원장의 결격사유에 관하여 도시정비법 제41조 제1항이 준용되지 않으므로, 추진위원장은 선임일부터 관리처분계획인가일 까지 해당 정비구역에 거주하지 않아도 된다.

(4) 당연 퇴임사유

위원의 당연퇴임사유는 다음과 같다(법 제33조 제5항, 제43조 제2항).

① 위원의 결격사유(도시정비법 제43조 제1항 각호)에 해당하게 되거나 선임 당시 그에 해당하는 자이었음이 밝혀진 경우

② 위원장.부위원장 및 감사가 선임자격요건(운영규정안 제15조 제2항의 거주요건 등)을 갖추지 못한 경우

당연 퇴임한 위원은 해임 절차 없이 선고받은 날부터 그 자격을 상실한다(운영규정안 제18조 제2항). 이 경우 퇴임된 위원이 퇴임 전에 관여한 행위는 그 효력을 잃지 아니한다(법 제33조 제5항, 제43조 제3항).

---

62) 수원지방법원 안양지원 2010. 10. 22.자 2010카합139 결정은 '추진위원장 해임을 법 또는 법률에 의한 징계에 의하여 면직의 처분을 받은 경우에 해당하는 것으로 볼 수 없다.'고 판시하였다.

2. 추진위원(위원장, 감사 포함)의 선임 등

(1) 추진위원회 승인 이후 위원장.감사의 선임 등

추진위원회 승인 '이후' 위원장·감사의 선임·변경·보궐선임·연임은 주민총회의 의결을 거쳐야 한다(운영규정안 제21조 제1호). 추진위원회 승인 '이전' 위원장.감사의 선임방법은 별도로 규정된 바가 없으므로, (가칭) 추진위원회(또는 승인전 추진위원회)에서 자율적으로 정하면 된다.

임기가 만료된 위원장.감사의 후임자는 임기만료 2개월 이내에 선임하여야 한다. 위 기한 내에 후임자를 선임하지 않을 경우 토지등소유자 5분의 1 이상이 시장.군수등의 승인을 얻어 주민총회를 소집하여 위원장.감사를 선임할 수 있다(운영규정안 제15조 제4항).

토지등소유자 5분의 1이상은 주민총회 개최 14일 전부터 회의목적.안건.일시 및 장소 등을 게시판에 게시하여야 하며, 토지등소유자들에게 회의개최 10일 전까지 등기우편으로 발송.통지하여야 한다. 주민총회는 통지한 안건에 대하여만 의결할 수 있다(운영규정안 제15조 제4항, 제20조 제5항, 제6항).

위원장.감사의 선임은 주민총회에서 추진위원회 구성에 동의한 토지등소유자 과반수 출석으로 개의하고 출석한 토지등소유자의 과반수 찬성으로 의결한다(운영규정안 제22조 제1항). 출석한 토지등소유자에는 미동의자도 포함된다.

운영규정안을 개정하여 추진위원 선임결의를 다득표로 정할 수도 있다.

서울시의 경우 '서울특별시 정비사업 표준선거관리규정(서울특별시 고시 제2017-243호, 2017. 7. 6.)'을 제정 및 고시하였다.

추진위원회는 주민총회 의결을 거쳐 추진위원의 선출에 관한 선거관리를 선거관리위원회법 제3조에 따라 선거관리위원회에 위탁할 수 있다(법 제33조 제2항, 제41조 제3항).

(2) 추진위원(위원장.감사 제외)의 선임

추진위원의 선임방법은 추진위원회에서 정하되, 동별.가구별 세대수 및 시설의 종류를 고려하여야 한다(운영규정안 제15조 제6항). 따라서 동별.가구별 세대수 및 시설의 종류를 고려하여 추진위원을 어떻게 구성할 것인지는 추진

위원회의 내부결정에 따라야 할 것이다.[63)]

운영규정안 제15조 제4항의 해석상 위원장.감사를 제외한 임기만료된 추진위원은 추진위원회 또는 주민총회에서 선임될 수 있다.

추진위원회에서는 임기가 만료된 위원의 후임자를 임기만료 전 2개월 이내에 선임하여야 한다(운영규정안 제15조 제4항).

토지등소유자 10분의 1 이상 또는 재적 추진위원 3분의 1 이상이 추진위원회의 소집을 청구한 경우로서 위원장이 14일 이내에 정당한 이유없이 추진위원회를 소집하지 아니한 때에는 감사가 지체없이 이를 소집하여야 한다. 감사가 추진위원회를 소집하는 경우 의장은 부위원장, 추진위원 중 연장자가 된다(운영규정안 제15조 제4항, 제17조 제6항, 제24조 제2항). 감사가 소집하지 아니하는 때에는 소집을 청구한 자의 공동명의로 추진위원회를 소집하며 이 경우 의장은 발의자 대표의 임시사회로 선출된 자가 그 의장이 된다(운영규정안 제15조 제4항, 제24조 제2항).

토지등소유자 10분의 1 이상 또는 재적 추진위원 3분의 1 이상이 소집한 추진위원회에서 추진위원을 선임할 수 있다.

임기만료 전 2개월 이내 추진위원회에서 후임자를 선임하지 않을 경우 토지등소유자 5분의 1이상이 시장 · 군수등의 승인을 얻어 주민총회를 소집하여 위원을 선임할 수 있다(운영규정안 제15조 제4항).

(3) 추진위원회 위원 선출시 금품 수수등 금지

누구든지 추진위원회 위원선출과 관련하여 ① 금품, 향응 또는 그 밖의 재산상 이익을 제공하거나 제공의사를 표시하거나 제공을 약속하는 행위, ② 금품, 향응 또는 그 밖의 재산상 이익을 제공받거나 제공 의사표시를 승낙하는 행위, ③ 제3자를 통하여 ① 또는 ②에 해당하는 행위를 하는 행위를 할 수 없다(법 제132조 제1항).

도시정비법 제132조 제1항에서 말하는 '추진위원회 위원의 선출'에는 추진위원회의 일반 위원인 추진위원의 선출뿐만 아니라 위원장을 포함한 임원(부위원장, 감사)인 위원의 선출도 당연히 포함된다.[64)]

---

63) 울산지방법원 2007. 6. 27. 선고 2006구합2897 판결

(4) 추진위원의 임기

위원장, 부위원장, 감사를 포함한 위원의 임기는 선임된 날부터 2년까지이다(운영규정안 제15조 제3항). 추진위원회 승인 당시의 위원의 임기개시시점은 추진위원회의 승인시점이다.

임기가 만료된 위원은 그 후임자가 선임될 때까지 그 직무를 수행할 수 있다(운영규정안 제15조 제4항). 즉, 임기가 만료된 위원장, 위원은 운영규정에 별도의 규정이 없는 한 종전 위원장, 위원의 직무를 동일하게 수행할 수 있다(임기만료된 위원장의 총회소집권한 등).

(5) 추진위원의 보궐선임

위원이 자의로 사임하거나 해임되는 경우에는 지체없이 새로운 위원을 선출하여야 한다(운영규정안 제18조 제3항).

위원장, 감사의 보궐선임은 주민총회의 의결에 의한다(운영규정안 제15조 제5항, 제21조 제1호).

위원장.감사를 제외한 위원이 임기 중 궐위된 경우에는 추진위원회에서 재적위원 과반수 출석과 출석위원 3분의 2 이상의 찬성으로 이를 보궐선임할 수 있다(운영규정안 제15조 제5항).

추진위원의 재적위원 수는 추진위원회 회의 당시 적법한 추진위원을 기준으로 한다. 즉 추진위원이 토지등소유자 자격을 상실하거나 사망한 경우 추진위원 수에서 제외된다. 추진위원회의 위원이 임기 중 궐위되어 위원 수가 운영규정 본문 제2조 제2항에서 정한 최소 위원의 수에 미달되게 된 경우 재적위원의 수는 이 운영규정 본문 제2조 제2항에서 정한 최소 위원의 수(토지등소유자의 10분의 1 이상)로 본다(운영규정안 제15조 제3항).

보궐선임된 위원(위원장, 감사 포함)의 임기는 전임자의 잔임기간으로 한다(운영규정안 제15조 제5항).

---

64) 대법원 2019. 2. 14. 선고 2016도6497 판결

(6) 추진위원의 연임

위원장.감사는 주민총회의 의결로 연임할 수 있다(운영규정안 제15조 제3항, 제21조 제1호).

위원장이나 감사의 임기가 만료한 경우에 선임 또는 연임의 결정은 주민총회의 의결을 거쳐야 하지만, 추진위원회가 새로운 입후보자등록공고 등의 절차를 밟아 주민총회에 위원장, 감사의 선임 안건을 상정하든지, 그렇지 아니하고 주민총회에 위원장, 감사의 연임 안건을 상정할 것인지를 선택할 수 있다고 해석된다.

추진위원회가 주민총회에 임기가 만료된 위원장이나 감사를 연임하는 안건을 상정하는 때에는 새로운 입후보자가 등록하는 것이 아니므로 입후보자등록공고 등의 절차를 거치지 않았다고 하더라도 그것이 토지 소유자들의 위원장이나 감사에 대한 선출권 내지 피선출권을 침해하였다고 볼 수 없다.[65)]

추진위원회의 위원장이 위원장 등의 연임이나 선임을 위한 주민총회를 개최할 수 있는 시기를 임기만료 전 2개월 이내로 한정되지 않는다.[66)] 토지등소유자들이 관할 관청에 대하여 추진위원 등의 선임을 위한 총회소집요구권을 행사하였을 때 기존의 위원장이 주민총회 소집권한을 상실한다고 볼 수 없다.[67)]

위원장.감사를 제외한 위원은 추진위원회에서 재적위원 과반수의 출석과 출석위원 3분의 2 이상의 찬성으로 연임할 수 있다.

재적위원 수와 관련 추진위원회의 위원이 임기 중 궐위되어 위원 수가 운영규정 본문 제2조 제2항에서 정한 최소 위원의 수에 미달되게 된 경우 재적위원의 수는 운영규정 본문 제2조 제2항에서 정한 최소 위원의 수(토지등소유자 10% 이상)로 재적위원으로 본다(운영규정안 제15조 제3항).

(7) 전문조합관리인 선정

추진위원장이 사임, 해임, 임기만료, 그 밖에 불가피한 사유 등으로 직무를 수행할 수 없는 때부터 6개월 이상 선임되지 아니한 경우 시장.군수등은 전문

---

65) 대법원 2010. 11. 11. 선고 2009다89337 판결, 서울동부지방법원 2010. 5. 7. 선고 2009가합22585 판결도 동일취지

66) 대법원 2010. 11. 11. 선고 2009다89337 판결

67) 서울동부지방법원 2010. 5. 7. 선고 2009가합22585 판결

조합관리인으로 하여금 추진위원장의 업무를 대행하게 할 수 있다(법 제33조 제3항, 제41조 제5항 단서).

(8) 위원장 및 감사의 변경과 시장·군수의 승인

추진위원회는 추진위원회 설립승인 후에 위원장 및 감사를 변경하고자 하는 경우 시장.군수의 승인을 얻어야 하며, 그 밖의 경우(추진위원의 변경) 시장·군수에게 신고하여야 한다(운영규정 제4조 제2항). 위원의 선임과 관련된 의사록을 관할 시장.군수에게 송부하고자 할 때에는 위원의 명부와 그 피선자격을 증명하는 서류를 첨부하여야 한다(운영규정안 제27조 제2항).

새로 선임된 위원의 자격은 위원장 및 감사의 경우 시장.군수의 승인이 있은 후에, 그 밖의 위원의 경우 시장.군수에게 변경신고를 한 후에 대외적으로 효력이 발생한다(운영규정안 제18조 제3항).

(9) 위원장 선임에 관한 다툼과 직무집행정지가처분

민법상 법인의 이사 선임 결의에 하자가 있는 경우에는 당해 이사 개인을 상대로 한 직무집행정지 가처분을 통해 권리 구제를 꾀하여야 하고, 법인을 상대로 한 선임결의의 효력정지가처분은 허용되지 않는다.[68]

그러나 추진위원회는 비법인 사단이고, 위원장 및 감사는 등기의 대상이 아니므로, 위원장 및 감사를 상대로 한 직무집행정지가처분만 허용될 뿐만 아니라 추진위원회를 상대로 한 선임결의의 효력정지가처분이 허용된다.

---

68) 서울고등법원 2010. 6. 21. 자 2009라2534 결정

3. 위원의 해임 등

(1) 토지등소유자의 해임요구

토지등소유자는 추진위원회의 운영규정에 따라 추진위원회에 추진위원의 교체 및 해임을 요구할 수 있다(법 제33조 제3항). 추진위원의 교체 · 해임절차 등에 관한 구체적인 사항은 운영규정이 정하는 바에 의한다(법 제33조 제4항).

(2) 추진위원의 해임사유

위원의 해임사유는 ① 직무유기 및 태만 또는 관계법령 및 이 운영규정에 위반하여야 하고, ② 위 위반행위로 인하여 토지등소유자에게 부당한 손실을 초래한 경우이다(운영규정안 제18조 제1항).

만약 해임사유가 없음에도 불구하고 해임결의가 있는 경우 위 해임결의는 유효하고, 다만 잔여임기 동안의 임금 상당의 손해배상만이 인정된다.

(3) 추진위원회에서의 추진위원 해임

추진위원 또는 위원장.감사에 대한 해임은 추진위원회에서 결의할 수 있다.(운영규정안 제18조 제4항).

토지등소유자의 해임요구가 있는 경우 재적위원 3분의 1 이상은 위원의 해임을 위한 추진위원회를 소집할 수 있다(운영규정안 제18조 제4항). 발의자 대표의 임시사회로 선출된 자는 추진위원회의 소집 및 진행에 있어 추진위원장의 권한을 대행한다(운영규정안 제18조 제4항).

해임대상이 된 위원은 해당 추진위원회에 참석하여 소명할 수 있다.

추진위원은 위원정수의 과반수 출석과 출석위원 3분의 2 이상의 찬성으로 해임된다. 이때 '위원정수'는 운영규정 제15조에 따라 확정된 위원의 수를 말한다(운영규정안 제18조 제4항). 해임대상이 된 위원은 위원정수에서 제외된다(운영규정안 제18조 제5항).

주민총회 의결사항에 '위원장의 변경'이 규정되어 있다는 것만으로 위원장 해임이 주민총회 의결사항이라고 볼 수 없고, 운영규정(안) 제18조 제4항의 '위원'에는 위원장도 포함된다할 것이므로, 추진위원회에서도 위원장을 해

임할 수 있다.69)

(4) 주민총회에서의 추진위원 해임

토지등소유자 10분의 1 이상은 위원의 해임을 위한 주민총회를 소집할 수 있다(운영규정안 제18조 제4항). 이 경우 시장.군수의 승인은 필요하지 않다.

발의자 대표의 임시사회로 선출된 자는 해임총회의 소집 및 진행에 있어 추진위원장의 권한을 대행한다(운영규정안 제18조 제5항).

해임대상이 된 위원은 주민총회에 참석하여 소명할 수 있다.

추진위원은 주민총회에서 토지등소유자의 과반수 출석과 출석 토지등소유자의 과반수 찬성으로 해임된다(운영규정안 제18조 제4항).

토지등소유자 10분의 1 이상이 발의한 주민총회에서 의사정족수인 '토지등소유자의 과반수 출석'에는 추진위원회 구성에 동의하지 않은 토지등소유자도 포함된다. 추진위원장이 소집하는 주민총회에서 위원을 해임하는 경우 일반 주민총회와 같이 의사정족수는 '추진위원회 구성에 동의'한 토지등소유자 과반수이다.

위원의 전원을 해임할 경우 주민총회에서 토지등소유자의 과반수의 찬성으로 해임할 수 있다(운영규정안 제18조 제4항 단서).

해임절차가 진행되거나 해임이 결의된 위원은 추진위원회의 의결로 직무가 정지되지 않는 한 새로운 위원이 선출되어 취임할 때까지 직무를 수행할 수 있다.

---

69) 서울서부지방법원 2009. 11. 11. 선고 2009가합4848 판결, 수원지방법원 안양지원 2010. 1. 20. 자 2009카합103 결정 등

4. 추진위원의 직무정지와 직무대행자

(1) 추진위원회의 추진위원에 대한 직무수행 정지결의

추진위원이 직무와 관련한 형사사건으로 기소된 경우에는 기소내용에 따라 확정판결이 있을 때까지 추진위원회 의결에 따라 그의 직무수행을 정지할 수 있다(운영규정안 제16조 제4항, 제18조 제6항).

추진위원이 직무와 관련한 형사사건으로 받은 확정판결내용이 도시정비법 제135조 내지 제138조 벌칙규정에 의한 100만원 미만[70]의 벌금형에 해당하는 경우에는 추진위원회에서 신임여부를 의결하여 자격상실여부를 결정한다(운영규정안 제16조 제4항).

사임 또는 해임절차가 진행 중인 위원이 새로운 위원이 선출되어 취임할 때까지 직무를 수행하는 것이 적합하지 아니하다고 인정될 때에는 추진위원회 의결에 따라 그의 직무수행을 정지할 수 있다(운영규정안 제18조 제6항).

직무수행정지는 추진위원회에서 재적위원 과반수 출석과 출석위원 과반수 찬성으로 의결한다(운영규정안 제26조 제1항).

(2) 직무대행자 선임 및 직무대행자의 직무범위

추진위원이 추진위원회의 의결에 따라 직무수행이 정지된 경우 위원장은 위원의 직무를 수행할 자를 임시로 선임할 수 있다. 다만 위원장이 직무가 정지된 경우 부위원장, 추진위원 중 연장자 순으로 위원장의 직무를 수행한다(운영규정안 제16조 제4항, 제17조 제6항, 제18조 제6항).

법원의 가처분명령에 의하여 선임된 직무대행자가 통상사무에 속하지 아니한 행위를 하고자 하는 경우 법원에 허가를 얻어야 한다(민법 제60조의2).

그러나 법인 내부의 규약에 의하여 직무대행자가 된 자는 법원의 허가 없이 대표자로서의 직무를 수행할 수 있다고 보일 뿐, 그에 대한 법원의 허가를 구할 법률상 근거가 없다.[71] 따라서 운영규정에 의한 직무대행자는 통상사무에 속하지 아니한 행위도 할 수 있다.

---

70) 도시정비법을 위반하여 벌금 100만원 이상의 형을 선고(확정)받게 되면 추진위원은 당연 자격을 상실하게 됨.

71) 서울남부지방법원 2010. 7. 23.자 2010비합73 결정

5. 추진위원의 직무

(1) 위원장 등의 직무

위원장은 추진위원회를 대표하고 추진위원회의 사무를 총괄하며 주민총회 및 추진위원회의 의장이 된다(운영규정안 제17조 제1항).

부위원장.추진위원은 위원장을 보좌하고, 추진위원회 회의에 부의된 사항을 심의.의결한다(운영규정안 제17조 제5항).

서울특별시가 고시한 '서울특별시 정비사업 조합 등 표준 행정업무규정'(서울특별시 고시 제2015-163호, 2015. 6. 18.)에는 ① 인사규정, ② 보수규정, ③ 업무관리규정, ④ 문서관리규정, ⑤ 복무규정이 포함되어 있다.

(2) 감사의 직무

감사는 추진위원회의 사무 및 재산상태와 회계에 관하여 감사하며, 주민총회 및 추진위원회에 감사결과보고서를 제출하여야 하고 토지등소유자 5분의1 이상의 요청이 있을 때에는 공인회계사에게 회계감사를 의뢰하여야 한다(운영규정안 제17조 제2항).

감사는 추진위원회의 재산관리 또는 업무집행이 공정하지 못하거나 부정이 있음을 발견하였을 때에는 추진위원회에 보고하기 위하여 위원장에게 추진위원회 소집을 요구하여야 한다. 이 경우 감사의 요구에도 불구하고 위원장이 회의를 소집하지 아니하는 경우에는 감사가 직접 추진위원회를 소집할 수 있다(운영규정안 제17조 제3항).

감사는 직무위배행위로 인해 감사가 필요한 경우 추진위원 또는 외부전문가로 구성된 감사위원회를 구성할 수 있다. 이 경우 감사는 감사위원회의 의장이 된다(운영규정안 제17조 제4항).

(3) 추진위원의 겸직금지의무

위원은 동일한 목적의 사업을 시행하는 다른 조합.추진위원회 또는 정비사업전문관리업자 등 관련단체의 임원.위원 또는 직원을 겸할 수 없다(운영규정안 제17조 제8항).

(4) 사무국 설치 또는 운영위원회 구성

추진위원회는 그 사무를 집행하기 위하여 필요하다고 인정되는 때에는 추진위원회 사무국을 둘 수 있으며, 사무국에 상근하는 유급직원을 둘 수 있다. 이 경우 사무국의 운영규정을 따로 정하여 주민총회의 인준을 받아야 한다(운영규정안 제17조 제7항).

실무상 일부 추진위원회에서는 위원장, 부위원장, 일부 추진위원으로 운영위원회를 구성하고 있으며, 위 '운영위원회'가 추진위원회로부터 업무를 위임받아 수행한 후 수행업무에 대해 추인을 받고 있다. 이 경우 운영규정을 개정하여 운영위원회의 구성에 관한 근거규정을 두는 것이 바람직하다.

6. 추진위원의 보수 등

상근하는 위원을 두는 경우 추진위원회의 의결을 거쳐야 하고(운영규정안 제15조 제1항), 추진위원회는 상근하지 아니하는 위원 등에 대하여는 보수를 지급하지 아니하며, 다만, 위원의 직무수행으로 발생되는 경비는 지급할 수 있다(운영규정안 제19조 제1항).

추진위원회는 상근위원 및 유급직원에 대하여 별도의 보수규정을 따로 정하여 보수를 지급하여야 한다. 이 경우 보수규정은 주민총회의 인준을 받아야 한다(운영규정안 제19조 제2항).

추진위원회와 위원장의 관계는 민법상 위임관계라 할 것이고, 민법상 위임계약은 무상계약으로서 당사자 사이의 보수의 약정이 없는 한 수임인은 위임인에 대하여 보수의 지급을 구할 수 없다.[72)]

---

72) 부산지방법원 2008. 5. 13. 선고 2007가단145895 판결

Ⅳ. 추진위원회의 운영

1. 토지등소유자의 권리 · 의무

(1) 토지등소유자의 명부 등

추진위원회는 토지등소유자의 명부와 추진위원회 구성에 동의한 토지등소유자의 명부('동의자 명부')를 작성하여 관리하여야 한다(운영규정안 제12조 제1항). 즉 추진위원회는 토지등소유자의 명부와 동의자 명부를 각각 작성하여 관리하여야 한다. 위 동의자 명부는 주민총회가 동의자 과반수의 출석으로 개의되었는지 여부를 판단하는데 중요한 근거가 된다.

추진위원회 구성에 동의하지 아니한 자를 동의자 명부에 기재하기 위하여는 추진위원회동의서를 징구하여야 한다(운영규정안 제12조 제2항). 따라서 추진위원회는 동의서를 제출하지 않고 구두로 또는 다른 방법으로 추진위원회에 동의한 자를 동의자 명부에 기재하여서는 아니된다.

(2) 토지등소유자의 권리 · 의무

토지등소유자의 권한은 평등하다(운영규정안 제13조 제2항). 따라서 부동산을 여러 필지 가지고 있거나 해당 부동산이 고액이라 하더라도 토지등소유자 1인은 1개의 의결권만 행사할 수 있다.

추진위원회 구성에 동의한 토지등소유자는 ① 주민총회의 출석권.발언권 및 의결권, ② 추진위원회 위원의 선임.선출권, ③ 추진위원회 위원의 피선임.피선출권, ④ 추진위원회 운영경비 및 그 연체료의 납부의무, ⑤ 그 밖에 관계법령 및 이 운영규정, 주민총회 등의 의결사항 준수의무를 갖는다(법 제34조 제2항, 운영규정안 제13조 제1항).

추진위원회 구성에 동의하지 아니한 자는 ① 주민총회의 출석권.발언권 및 의결권, ② 추진위원회 위원의 선임.선출권만을 갖는다(운영규정안 제13조 제1항).

신규로 추진위원회 구성에 동의한 토지등소유자는 추진위원회 구성에 동의한 다른 토지등소유자가 납부한 운영경비의 동일한 금액과 그 금액의 지연납부에 따른 이자를 납부하여야 한다(운영규정안 제12조 제2항).

토지등소유자는 공개대상 자료에 대하여 공람을 요청할 수 있고, 열람.복사를 청구할 수 있다(운영규정안 제35조 제1항, 제3항).

(3) 토지등소유자의 권리 양도와 권리 · 의무 승계

토지등소유자가 그 권리를 양도하였을 경우에는 그 양수자는 그 행위의 종료일부터 14일 이내에 추진위원회에 그 변경내용을 신고하여야 한다. 이 경우 신고하지 아니하여 발생되는 불이익 등에 대하여 해당 토지등소유자는 추진위원회에 이의를 제기할 수 없다(운영규정안 제13조 제3항). 토지등소유자의 주소 또는 인감을 변경한 경우에도 동일한다.

양도.상속.증여 및 판결 등으로 토지등소유자가 된 자는 종전의 토지등소유자가 행하였거나 추진위원회가 종전의 권리자에게 행한 처분 및 권리.의무 등을 포괄 승계한다(운영규정안 제11조).

토지등소유자가 주택 또는 토지의 소유권을 이전하였을 때에는 그 자격을 즉시 상실한다(운영규정안 제14조).

(4) 서류제출의무

토지등소유자로서 추진위원회 구성에 동의한 자는 추진위원회가 사업시행에 필요한 서류를 요구하는 경우 이를 제출할 의무가 있으며 추진위원회의 승낙이 없는 한 이를 회수할 수 없다. 이 경우 추진위원회는 요구서류에 대한 용도와 수량을 명확히 하여야 하며, 추진위원회의 승낙이 없는 한 회수할 수 없다는 것을 미리 고지하여야 한다(운영규정안 제13조 제4항).

(5) 공유자의 대표조합원 선임

소유권을 수인이 공동 소유하는 경우에는 그 수인은 대표자 1인을 대표소유자로 지정하고 대표소유자선임동의서를 작성하여 추진위원회에 신고하여야 한다. 이 경우 소유자로서의 법률행위는 그 대표소유자가 행한다(운영규정안 제13조 제5항).

2. 추진위원회의 업무범위 등

(1) 추진위원회의 업무범위

추진위원회는 법.관계법령, 제3조의 운영규정 및 관련행정기관의 처분을 준수하여 운영되어야 하며, 그 업무를 추진함에 있어 사업시행구역안의 토지등 소유자의 의견을 충분히 수렴하여야 한다(운영규정 제4조 제1항).

서울시는 추진위원회 운영과정에서 방만한 행정운영을 방지하고 내부 통제 기능 강화 등 명확하고 체계적인 운영 기준을 마련하기 위해 '서울특별시 정비사업 조합 등 표준 행정업무규정(서울특별시 고시 제2015-163호, 2015. 6. 18.)'을 제정 및 고시하였다.

추진위원회는 다음의 업무를 수행할 수 있다(법 제32조 제1항, 시행령 제26조).

① 정비사업전문관리업자의 선정 및 변경
② 설계자의 선정 및 변경
③ 개략적인 정비사업 시행계획서의 작성
④ 조합설립인가를 받기 위한 준비업무
⑤ 추진위원회 운영규정 작성
⑥ 토지등소유자의 동의서의 접수
⑦ 조합의 설립을 위한 창립총회의 개최
⑧ 조합정관의 초안 작성
⑨ 그 밖에 추진위원회 운영규정이 정하는 사항

(2) 조합설립동의서의 소유권

토지등소유자는 조합설립을 목적으로 추진위원회에 조합설립동의서를 작성하여 제출한 것이므로, 조합설립동의서의 소유권은 추진위원회에게 있다.

일부 토지등소유자가 조합설립동의서를 보관하고 있는 경우 위 토지등소유자는 추진위원회에게 조합설립동의서를 반환할 의무가 있다. 이를 거부한 경우 토지등소유자는 횡령죄로 처벌될 수 있다.

(3) 비용부담 수반 업무에 관한 토지등소유자의 동의

추진위원회는 토지등소유자의 비용부담을 수반하거나 권리·의무에 변동을 발생시키는 경우로서 대통령령으로 정하는 사항에 대하여는 그 업무를 수행하기 전에 대통령령으로 정하는 비율 이상의 토지등소유자의 동의를 받아야 한다(법 제32조 제4항).

토지등소유자의 동의방법은 서면동의서에 토지등소유자의 지장(指章)을 날인하고 자필로 서명하는 서면동의의 방법으로 하며, 주민등록증, 여권 등 신원을 확인할 수 있는 신분증명서의 사본을 첨부하여야 한다(법 제32조 제4항, 제36조 제1항 제7호).

현행 도시정비법 시행령에서는 토지등소유자의 동의를 받아야 하는 사항을 별도로 규정하고 있지 않다.

추진위원회가 자신의 의무를 위반하여 운영규정에 '토지등소유자의 비용부담을 수반하는 것이거나 권리와 의무에 변동을 발생시키는 것'에 대한 구체적인 동의 비율을 규정하지 않았을 경우, 추진위원회가 토지등소유자의 동의를 받지 않은 채 토지등소유자의 비용부담을 수반하는 것이거나 권리와 의무에 변동을 발생시키는 행위를 하면, 그 행위는 효력이 없다.

3. 추진위원회의 운영에 관한 자료 공개

(1) 추진위원회의 운영자료 공개

추진위원회는 다음의 사항을 토지등소유자가 쉽게 접할 수 있는 일정한 장소에 게시하거나 인터넷 등을 통하여 공개하여야 한다(법 제34조 제5항, 시행령 제29조).

① 재건축진단 결과

② 정비사업전문관리업자의 선정에 관한 사항

③ 토지등소유자의 부담액 범위를 포함한 개략적인 사업시행계획서

④ 추진위원회 임원의 선정에 관한 사항
⑤ 토지등소유자의 비용부담을 수반하거나 권리 · 의무에 변동을 일으킬 수 있는 사항
⑥ 추진위원회의 업무에 관한 사항
⑦ 창립총회 개최의 방법 및 절차
⑧ 조합설립에 대한 동의철회(도시정비법 제31조 제3항 단서에 따른 반대의 의사표시 포함) 및 방법
⑨ 조합설립 동의서에 포함되는 사항

추진위원회는 추진위원회의 지출내역서를 매분기별로 토지등소유자가 쉽게 접할 수 있는 일정한 장소에 게시하거나 인터넷 등을 통하여 공개하고, 토지등소유자가 열람할 수 있도록 하여야 한다(시행령 제29조 제2항).

(2) 토지등소유자 과반수 동의전 공개의무

추진위원장을 포함하여 5명 이상의 추진위원을 선정하여 토지등소유자 과반수의 동의를 받기 전에는 추진위원회가 구성되지 않는바, 추진위원회 구성을 위한 토지등소유자 과반수의 동의를 받기 전에 최초로 추진위원을 선정하는 단계에서는 추진위원회에 의무를 부여하고 있는 도시정비법 제34조 제5항 및 시행령 제29조 제1항 제4호가 적용되지 않는다.[73)]

(3) 추진위원회 운영 자료의 통지

필요한 경우 추진위원회는 토지등소유자에게 추진위원회의 운영에 관한 자료를 서면으로 통지하여야 한다(시행령 제29조 제1항).

공개.통지방법은 이 운영규정에서 따로 정하는 경우를 제외하고는 다음의 방법에 따른다(운영규정안 제9조 제2항).

① 토지등소유자에게 등기우편으로 개별 통지하여야 하며, 등기우편이 주소불명, 수취거절 등의 사유로 반송되는 경우에는 1회에 한하여 일반우편으로 추가 발송한다.
② 토지등소유자가 쉽게 접할 수 있는 일정한 장소의 게시판에 14일 이상

---

73) 법제처 2020. 9. 28. 회신 20-0449호 사례

공고하고 게시판에 게시한 날부터 3월 이상 추진위원회 사무소에 관련 서류와 도면 등을 비치하여 토지등소유자가 열람할 수 있도록 한다.

③ 인터넷 홈페이지가 있는 경우 홈페이지에도 공개하여야 한다. 다만, 특정인의 권리에 관계되거나 외부에 공개하는 것이 곤란한 경우에는 그 요지만을 공개할 수 있다.

④ ①의 등기우편이 발송되고 ②의 게시판에 공고가 있는 날부터 공개.통지된 것으로 본다.

4. 정비사업의 시행에 관한 서류 공개 등

(1) 정비사업의 시행관련 서류 공개

추진위원장의 공개대상 자료는 정비사업의 시행에 관한 다음의 서류 및 관련 자료이다(법 제124조 제1항).

① 추진위원회 운영규정
② 설계자 및 정비사업전문관리업자 등 용역업체의 선정계약서
③ 추진위원회·주민총회의 의사록
④ 해당 정비사업의 시행에 관한 공문서
⑤ 회계감사보고서
⑥ 월별 자금의 입금·출금 세부내역
⑦ 추진위원회가 자금을 차입한 후 시장.군수에게 신고한 자금차입에 관한 사항
⑧ 결산보고서
⑨ 연간 자금운용 계획에 관한 사항
⑩ 설계자.정비사업전문관리업자 등 용역업체와의 세부 계약 변경에 관한 사항

공개시기는 정비사업 관련 자료가 작성되거나 변경된 후 15일 이내이어야 하고, 공개방법은 조합원, 토지등소유자 또는 세입자가 알 수 있도록 인터넷과 그 밖의 방법을 병행하여야 한다(법 제124조 제1항).[74]

정보공개의무를 정한 취지는 도시정비사업의 투명성을 강화하여 조합임원 등의 윤리의식을 고취시킴과 동시에 사업의 합리성을 도모하고, 주민들의 알 권리 충족을 위함이다[75].

주민총회의 참석자 명부와 서면결의서도 공개의 대상이 된다. 이 경우 참석자 명부 및 서면결의서에 나와 있는 개인정보를 일부 제외하고 공개하는 방법에 의한다.[76]

주민들의 이해관계와 관련 있는 용역업체의 선정계약서도 공개의 대상이 된다.[77]

(2) 공개대상 서류의 분기별 목록 통지 및 열람·복사

정비사업의 시행관련 자료로서 공개의 대상이 되는 서류 및 관련 자료의 경우 분기별로 공개대상의 목록, 개략적인 내용, 공개장소, 열람·복사 방법 등을 조합원 또는 토지등소유자에게 서면으로 통지하여야 한다(법 제124조 제2항, 시행령 제94조 제2항).

추진위원장은 정비사업의 시행관련 자료의 공개 및 열람·복사 등을 하는 경우에는 주민등록번호를 제외하고 공개하여야 한다(법 제124조 제3항).

토지등소유자가 ① 정비사업의 시행관련 서류, ② 토지등소유자 명부에 대하여 열람·복사 요청을 한 경우 추진위원장이나 사업시행자는 15일 이내에 그 요청에 따라야 한다.[78] 복사에 필요한 비용은 실비의 범위에서 청구인이 부담한다(법 제124조 제4항, 제5항).

토지등소유자의 열람·복사 요청은 사용목적 등을 기재한 서면 또는 전자문

---

74) 공개대상 서류 및 관련 자료를 거짓으로 공개한 추진위원장은 2년 이하의 징역 또는 2천만원 이하의 벌금에 처함(법 제137조 제12호).
정비사업시행과 관련한 서류 및 자료를 인터넷과 그 밖의 방법을 병행하여 공개하지 아니한 추진위원장은 1년 이하의 징역 또는 1천만원 이하의 벌금에 처함(법 제138조 제6호).

75) 서울동부지방법원 2010. 9. 10. 선고 2010노838 판결

76) 부산지방법원 2010. 7. 2. 선고 2010노267, 844(병합) 판결

77) 서울동부지방법원 2010. 9. 10. 선고 2010노838 판결

78) 열람·복사 요청에 허위의 사실이 포함된 자료를 열람·복사해 준 추진위원장은 2년 이하의 징역 또는 2천만원 이하의 벌금에 처함(법 제137조 제13호).
토지등소유자의 열람·복사 요청에 응하지 아니한 추진위원장은 1년 이하의 징역 또는 1천만원 이하의 벌금에 처함(법 제138조 제6호).

서로 하여야 하고(시행규칙 제23조 제2항), 열람・복사를 요청한 사람은 제공받은 서류와 자료를 사용목적 외의 용도로 이용・활용하여서는 아니 된다(법 제124조 제4항, 제5항, 제6항).

(3) 정비사업관련 자료의 작성・보관 및 인계

추진위원장・정비사업전문관리업자는 정비사업의 시행관련 서류(법 제124조 제1항에 따른 서류) 및 관련 자료와 총회가 있은 때에는 속기록・녹음 또는 영상자료를 만들어 청산 시까지 보관하여야 한다(법 제125조 제1항).[79]

추진위원회는 정비사업을 완료하거나 폐지한 때에는 시・도조례로 정하는 바에 따라 관계 서류를 시장・군수등에게 인계하여야 한다(법 제125조 제2항).

5. 추진위원회의 회계 등

(1) 추진위원회의 예산.회계규정

서울시는 추진위원회의 운영과정에서 낭비적 자금처리 요인을 제거하고 효율적인 자금통제 장치를 마련하기 위하여 '서울특별시 정비사업 조합 등 표준 예산・회계규정(서울특별시 고시 제2018-248호, 2018. 8. 9.)'를 제정 및 고시하였다.

추진위원회의 회계는 매년 1월 1일부터 12월 31까지로 하고, 설립승인을 받은 당해 연도의 경우에는 승인일부터 12월 31일까지로 한다(운영규정안 제31조 제1항).

추진위원회의 예산.회계는 기업회계원칙에 따르되, 추진위원회는 필요하다고 인정하는 때에는 다음의 사항에 관하여 별도의 회계규정을 정하여 운영할 수 있다(운영규정안 제31조 제2항).

① 예산의 편성과 집행기준에 관한 사항

② 세입.세출예산서 및 결산보고서의 작성에 관한 사항

79) 이를 위반한 경우 추진위원장은 1년 이하의 징역 또는 1천만원 이하의 벌금에 처함(법 제138조 제7호).

③ 수입의 관리.징수방법 및 수납기관 등에 관한 사항
④ 지출의 관리 및 지급 등에 관한 사항
⑤ 계약 및 채무관리에 관한 사항
⑥ 그 밖에 회계문서와 장부에 관한 사항

(2) 지출내역서 및 결산보고서

추진위원회는 추진위원회의 지출내역서를 매분기별로 토지등소유자가 쉽게 접할 수 있는 일정한 장소에 게시하거나 인터넷 등을 통하여 공개하고, 토지등소유자가 열람할 수 있도록 하여야 한다(시행령 제29조 제2항).

추진위원회는 매 회계년도 종료일부터 30일내에 결산보고서를 작성한 후 감사의 의견서를 첨부하여 추진위원회에 제출하여 의결을 거쳐야 하며, 추진위원회 의결을 거친 결산보고서를 주민총회 또는 토지등소유자에게 서면으로 보고하고 추진위원회 사무소에 3월 이상 비치하여 토지등소유자들이 열람할 수 있도록 하여야 한다(운영규정안 제31조 제4항).

(3) 국가계약법 준용

추진위원회는 사업시행상 조력을 얻기 위하여 (회계관련)용역업자와 계약을 체결하고자 하는 경우에는 국가를 당사자로 하는 계약에 관한 법률을 준용할 수 있다(운영규정안 제31조 제7항).

(4) 외부회계감사

추진위원회에서 조합으로 인계되기 전까지 납부 또는 지출된 금액과 계약 등을 통해 지출될 것이 확정된 금액[80]의 합이 3억 5천만원 이상인 경우 추진위원회는 조합으로 인계되기 전 7일 이내 시장.군수에게 회계감사기관의 선정.계약을 요청하여야 한다(법 제112조 제1항 제1호, 시행령 제88조 제1호).

추진위원회는 회계감사기관의 선정ㆍ계약을 요청하려는 경우 시장ㆍ군수등에게 회계감사에 필요한 비용을 미리 예치하여야 한다. 시장ㆍ군수등은 회계감사가 끝난 경우 예치된 금액에서 회계감사비용을 직접 지불한 후 나머지 비

80) 대구지방법원 2017. 6. 15. 선고 2017고단1887 판결

용은 사업시행자와 정산하여야 한다(법 제112조 제4항).

추진위원회로부터 회계감사기관의 선정·계약을 요청받은 경우 시장·군수등은 즉시 회계감사기관을 선정하여 회계감사가 이루어지도록 하여야 한다. 회계감사기관을 선정·계약한 경우 시장·군수등은 공정한 회계감사를 위하여 선정된 회계감사기관을 감독하여야 하며, 필요한 처분이나 조치를 명할 수 있다(법 제112조 제2항, 제3항).

추진위원회는 감사인의 감사결과를 회계감사가 종료된 날부터 15일 이내에 시장·군수등에 보고하고 토지등소유자가 공람할 수 있도록 하여야 한다(법 제112조 제1항).

(5) 추진위원회의 운영비용 부담

추진위원회의 운영 및 사업시행을 위한 자금은 ① 토지등소유자가 납부하는 경비, ② 금융기관 및 정비사업전문관리업자 등으로부터의 차입금, ③ 지방자치단체의 장이 융자하는 융자금으로 조달한다(운영규정안 제32조).

추진위원회는 조합설립을 추진하기 위한 비용을 충당하기 위하여 토지등소유자에게 운영경비를 부과.징수할 수 있다(운영규정안 제33조 제1항).

운영경비는 '추진위원회의 의결'을 거쳐 부과할 수 있으며, 토지등소유자의 토지 및 건축물 등의 위치.면적.이용상황.환경 등 제반여건을 종합적으로 고려하여 공평하게 부과하여야 한다(운영규정안 제33조 제2항).

추진위원회 구성에 동의한 자는 추진위원회의 운영경비 및 그 연체료의 납부의무를 부담하고(운영규정안 제13조 제1항 제4호), 토지등소유자는 추진위원회의 운영에 필요한 경비를 운영규정이 정하는 바에 따라 납부하여야 한다(법 제34조 제2항).

추진위원회는 납부기한내에 운영경비를 납부하지 아니한 토지등소유자에 대하여는 금융기관에서 적용하는 연체금리의 범위내에서 연체료를 부과할 수 있다(운영규정안 제33조 제3항).

추진위원회 승인 이후 추진위원회에 동의한 토지등소유자는 추진위원회 구성에 동의한 토지등소유자가 납부한 운영경비의 동일한 금액과 그 금액의 지연납부에 따른 이자를 납부하여야 한다(운영규정안 제12조 제2항).

추진위원회 구성에 찬성하지 않은 자는 운영경비 납부의무 및 연체료 납부의무를 부담하지 않는다(운영규정안 제13조 제1항, 제33조 제3항).

(6) 자금차입에 관한 신고

추진위원회는 자금을 차입한 때에는 차입한 날부터 30일 이내에 자금을 대여한 상대방, 차입일, 차입액, 이자율, 상환기한 및 상환방법을 기재한 자금차입계약서의 사본을 관할 시장.군수등에게 제출하여야 한다(법 제111조의2, 시행령 제87조의2).

6. 행정관청의 감독

(1) 자료의 제출명령 및 업무조사

국토교통부장관, 시・도지사, 시장, 군수 또는 구청장은 정비사업의 원활한 시행을 감독하기 위하여 필요한 경우에는 추진위원회・정비사업전문관리업자・설계자 등 도시정비법에 따른 업무를 하는 자에게 보고 또는 자료의 제출을 명할 수 있으며 소속 공무원에게 그 업무에 관한 사항을 조사하게 할 수 있다(법 제111조 제2항).

국토교통부장관 등은 다음의 경우 자료제출 명령 등을 할 수 있다.

① 도시정비법의 위반 여부를 확인할 필요가 있는 경우

② 토지등소유자, 조합원, 그 밖에 정비사업과 관련한 이해관계인 사이에 분쟁이 발생된 경우

③ 그 밖에 시.도 조례로 정하는 경우

업무에 관한 사항의 보고, 자료의 제출, 조사 또는 검사에 관하여는 도시정비법 제107조 제2항부터 제5항까지의 규정을 준용한다(법 제111조 제3항).

(2) 처분의 취소.변경 또는 정지 등

국토교통부장관은 시・도지사, 시장, 군수, 구청장, 추진위원회 또는 정비사업전문관리업자에게 정비사업의 시행이 도시정비법 또는 도시정비법에 따른

명령・처분에 위반되었다고 인정되는 때에는 정비사업의 적정한 시행을 위하여 필요한 범위에서 처분의 취소・변경 또는 정지, 그 밖의 필요한 조치를 취할 수 있다(법 제113조 제1항)

특별시장, 광역시장 또는 도지사는 시장, 군수, 구청장, 추진위원회 또는 정비사업전문관리업자에게 처분의 취소・변경 또는 정지, 그 밖의 필요한 조치를 취할 수 있다(법 제113조 제1항).

시장・군수는 추진위원회 또는 정비사업전문관리업자에게 처분의 취소・변경 또는 정지, 그 밖의 필요한 조치를 취할 수 있다(법 제113조 제1항).

시장.군수등이 도시정비법 제113조에 의거 추진위원회 승인의 취소를 하는 경우 청문을 하여야 한다(법 제121조 제3호).

(3) 점검반 구성 및 활동

국토교통부장관, 시・도지사, 시장, 군수 또는 구청장은 도시정비법에 따른 정비사업의 원활한 시행을 위하여 관계 공무원 및 전문가로 구성된 점검반을 구성하여 정비사업 현장조사를 통하여 분쟁의 조정, 위법사항의 시정요구 또는 수사기관에 고발 등 필요한 조치를 할 수 있다. 이 경우 관할 지방자치단체의 장과 조합 등은 자료의 제공 등 점검반의 활동에 적극 협조하여야 한다(법 제113조 제2항).

V. 추진위원회의 회의

1. 추진위원회 회의의 소집권자

위원장은 필요하다고 인정하는 때에 추진위원회를 소집한다. 다만 ① 토지등소유자의 10분의 1 이상이 추진위원회의 목적사항을 제시하여 소집을 청구하는 때, ② 재적추진위원 3분의 1 이상이 회의의 목적사항을 제시하여 청구하는 때에는 위원장은 해당 일부터 14일 이내에 추진위원회를 소집하여야 한다(운영규정안 제24조 제1항).

소집청구가 있는 경우로서 위원장이 14일 이내에 정당한 이유 없이 추진위원회를 소집하지 아니한 때에는 감사가 지체 없이 이를 소집하여야 하며 이 경우 추진위원회의 의장은 부위원장, 추진위원중 연장자순으로 된다(운영규정안 제24조 제2항, 제17조 제6항).

감사가 소집하지 아니하는 때에는 소집을 청구한 자의 공동명의로 소집하며, 이 경우 의장은 발의자 대표의 임시사회로 선출된 자가 그 의장이 된다(운영규정안 제24조 제2항).

감사는 추진위원회의 재산관리 또는 업무집행이 공정하지 못하거나 부정이 있음을 발견하였을 때에는 추진위원회에 보고하기 위하여 위원장에게 추진위원회 소집을 요구하여야 한다. 이 경우 감사의 요구에도 불구하고 위원장이 회의를 소집하지 아니하는 경우에는 감사가 직접 추진위원회를 소집할 수 있다(운영규정안 제17조 제3항).

2. 추진위원회의 소집절차 및 운영

(1) 추진위원회의 소집

추진위원회의 소집은 회의개최 7일 전까지 회의목적.안건.일시 및 장소를 기재한 통지서를 추진위원에게 송부하고, 게시판에 게시하여야 한다.

사업추진상 시급히 추진위원회의 의결을 요하는 사안이 발생하는 경우에는 회의 개최 3일 전에 이를 통지하고 추진위원회 회의에서 안건상정여부를 묻고 의결할 수 있다. 이 경우 출석위원 3분의 2 이상의 찬성으로 의결할 수 있다(운영규정안 제24조 제3항).

(2) 추진위원회의 운영

주민총회운영은 추진위원회 회의에 준용할 수 있다(운영규정안 제26조 제4항). 추진위원회의 운영은 이 운영규정 및 의사진행의 일반적인 규칙에 따른다. 의장은 추진위원회의 안건내용 등을 고려하여 추진위원회 사무국 직원 등에게 추진위원회에 참석하여 발언하도록 할 수 있다.

의장은 추진위원회의 질서를 유지하고 의사를 정리하며, 고의로 의사진행을 방해하는 발언.행동 등으로 주민총회질서를 문란하게 하는 자에 대하여 그 발언의 정지.제한 또는 퇴장을 명할 수 있다.

3. 추진위원회의 의결사항

추진위원회는 이 운영규정에서 따로 정하는 사항과 다음의 사항을 의결한다(운영규정안 제25조 제1항).

① 위원(위원장·감사를 제외함)의 보궐선임

② 예산 및 결산의 승인에 관한 방법

③ 주민총회 부의안건의 사전심의 및 주민총회로부터 위임받은 사항

④ 주민총회 의결로 정한 예산의 범위 내에서의 용역계약 등

⑤ 그 밖에 추진위원회 운영을 위하여 필요한 사항

정족수의 미달로 재소집한 주민총회가 정족수의 미달로 무산된 경우 추진위원회는 주민총회의 안건을 의결할 수 있다.

4. 추진위원회의 의결방법

(1) 의사정족수 및 의결정족수

운영규정에서 특별히 정한 경우를 제외하고는 추진위원의 의사정족수는 재적위원 과반수이다(운영규정안 제26조 제1항).

추진위원에서 사임한 자의 경우 그 의사에 반하여 추진위원직의 수행을 강요할 수 없다. 사업구역내 부동산을 매각하여 토지등소유자가 아닌 자는 추진위원의 자격도 상실한다. 따라서 사임한 자와 부동산을 매각한 자는 재적위원에서 제외된다.

추진위원이 임기중 궐위되어 위원 수가 운영규정 본문 제2조 제2항에서 정한 최소 위원의 수(토지등소유자 10% 이상)에 미달되게 된 경우 재적위원의 수는 운영규정 본문 제2조 제2항에서 정한 최소 위원의 수(토지등소유자 10%)로 본다(운영규정안 제15조 제3항).

추진위원의 다수가 궐위되었음에도 불구하고 고의적으로 보궐선임을 해태하여 잔존 추진위원만으로는 토지등소유자의 이익을 제대로 대변할 수 없게 되는 등의 사정이 있어 대의기관으로서의 추진위원회의 역할과 기능을 상실하였다고 볼 만한 특별한 사정이 있는 경우 그러한 상태에서 이루어진 추진위원회의 결의는 무효라고 할 것이다.[81]

운영규정에서 특별히 정한 경우를 제외하고는 추진위원회의 의결정족수는 출석위원 과반수이다(운영규정안 제26조 제1항).

사업추진상 시급히 추진위원회의 의결을 요하는 사안으로서 회의개최 3일 전에 통지한 안건의 경우 출석위원 3분의 2이상의 찬성으로 의결할 수 있다(운영규정안 제24조 제3항).

(2) 주민총회 갈음하는 경우

정족수의 미달로 재소집한 주민총회가 정족수의 미달로 무산된 경우 추진위원회 회의로 주민총회를 갈음할 수 있으며, 이 경우 재적위원 3분의 2 이상의 출석과 출석위원 3분의 2 이상의 찬성으로 의결한다(운영규정안 제26조 제1항

81) 서울북부지방법원 2010. 12. 22. 선고 2010카합1287 결정

단서).

(3) 기타

위원은 대리인을 통한 출석을 할 수 없다(운영규정안 제26조 제2항).

위원은 서면으로 추진위원회 회의에 출석하거나 의결권을 행사할 수 있으며, 이 경우 출석으로 본다(운영규정안 제26조 제2항).

감사는 재적위원에는 포함하되 의결권을 행사할 수 없다(운영규정안 제26조 제3항). 감사는 감독기관으로서 추진위원회와 독립된 기관이므로, 감사를 추진위원의 재적위원에 포함시킨 것은 법리적으로 문제가 있다.

추진위원회는 통지한 사항에 관하여만 의결할 수 있다(운영규정안 제25조 제2항). 추진위원회가 통지하지 아니한 안건을 의결할 경우 위 추진위원회의 결의는 무효이다.

위원은 자신과 관련된 해임.계약 및 소송 등에 대하여 의결권을 행사할 수 없다(운영규정안 제25조 제3항, 민법 제74조). 즉 위원과의 관계사항을 의결하는 경우 그 위원은 의사정족수(참석자)에 포함되나 의결정족수에서 제외된다.[82]

---

82) 대법원 1991. 5. 28. 선고 90다20084 판결

5. 의사록의 작성 및 관리

추진위원회의 의사록에는 위원장.부위원장 및 감사가 기명날인하여야 하며, 위원의 선임과 관련된 의사록을 관할 시장.군수에게 송부하고자 할 때에는 위원의 명부와 그 피선자격을 증명하는 서류를 첨부하여야 한다(운영규정안 제27조).

추진위원장은 추진위원회 의사록 및 관련 자료가 작성된 후 15일 이내에 이를 토지등소유자가 알 수 있도록 인터넷과 그 밖의 방법을 병행하여 공개하여야 한다(법 제124조 제1항 제3호). 토지등소유자의 열람.복사요청이 있는 경우 위원장은 15일 이내 그 요청에 따라야 한다.[83] 복사에 필요한 비용은 실비의 범위에서 청구인이 부담한다(법 제124조 제4항, 제5항).

위원장은 매분기가 끝나는 달의 다음 달 15일까지 추진위원회 의사록, 개략적인 내용, 공개장소, 열람.복사 방법 등을 토지등소유자에게 서면으로 통지하여야 한다(법 제124조 제2항, 시행령 제94조). 위원장 및 정비사업전문관리업자는 추진위원회 의사록을 청산시까지 보관하여야 한다(제125조 제1항).[84]

83) 이를 위반한 경우 추진위원장은 1년 이하의 징역 또는 1천만원 이하의 벌금에 처함 (법 제138조 제6호).

84) 이를 위반한 경우 추진위원장은 1년 이하의 징역 또는 1천만원 이하의 벌금에 처함 (법 제138조 제7호).

VI. 주민총회

1. 주민총회의 구성의무 등

(1) 주민총회의 구성의무

토지등소유자 전원으로 주민총회를 구성한다(운영규정안 제20조 제1항). 따라서 추진위원회 설립에 동의한 자 뿐만 아니라 동의하지 않은 자도 주민총회의 구성원이 된다. 주민총회의 구성의무는 도시정비법상 명문의 규정이 없고 단지 추진위원회 운영규정(안)에 규정되어 있다.[85]

(2) 온라인총회 및 전자투표

2024. 12. 3. 개정된 도시정비법에 의하면 조합원총회와 관련 온라인 총회(법 제44조의2)와 전자적 방법에 의한 의결권 행사방법(법 제45조 제6항)을 도입하였다.

향후 운영규정안의 변경에 의해 주민총회에서도 온라인 총회와 전자투표가 허용될 수 있을 것이다.

2. 주민총회의 소집권자

위원장은 필요하다고 인정하는 경우 주민총회를 개최한다. ① 토지등소유자 5분의 1 이상이 주민총회의 목적사항을 제시하여 청구하거나, ② 추진위원 3분의 2 이상으로부터 주민총회의 개최요구가 있는 때에는 위원장은 해당 일부터 2월 이내에 주민총회를 개최하여야 한다(운영규정안 제20조 제2항).

주민총회의 개최를 청구 또는 요구가 있는 경우로서 위원장이 2개월 이내에 정당한 이유 없이 주민총회를 소집하지 아니하는 때에는 감사가 지체 없이 주

85) 도시정비법 제124조 제1항 제3호 : '주민총회' 의사록

민총회를 소집하여야 한다.

감사가 2인 이상인 경우 1인의 감사가 나머지 감사와 공동하지 않은 채 단독으로 총회를 소집하였다 하더라도 특단의 사정이 없는 한 그 총회의 결의가 부존재라거나 무효라고 할 정도의 중대한 하자라고 볼 수는 없다.[86)]

주민총회의 소집청구에 따라 감사가 총회를 소집하는 경우 감사가 의장 업무를 수행하거나 총회장에서 별도로 의장을 선임할 수 있다. 이에 반해 추진위원회의 소집청구에 따라 감사가 추진위원회를 소집하는 경우 의장은 부위원장, 추진위원중 연장자 순이다(운영규정안 제24조 제2항, 제17조 제6항).

위원장 또는 감사가 총회를 소집하지 아니하는 때에는 소집을 청구한 자의 대표가 '시장.군수의 승인'을 얻어 이를 소집한다(운영규정안 제20조 제3항).

'토지등소유자 10분의 1 이상이 추진위원을 해임'하기 위해 주민총회를 소집하는 경우 위원장에 대한 주민총회 개최요구 또는 시장.군수의 승인을 요하지 않는다(운영규정안 제18조 제4항).

3. 주민총회의 소집절차 및 운영 등

(1) 주민총회의 소집절차

주민총회를 개최하거나 일시를 변경하는 경우에는 주민총회의 목적.안건.일시.장소.변경사유 등에 관하여 미리 추진위원회의 의결을 거쳐야 한다(운영규정안 제20조 제4항).

주민총회는 추진위원회의 사전 의결을 요하고 있으므로, 추진위원회의 사전 의결 없이 주민총회에서 안건을 의결한 경우 위 총회결의는 무효가 될 수 있다.

주민총회의 개최를 청구 또는 요구에 의하여 주민총회를 소집하는 경우에는 추진위원회의 의결을 거치지 않아도 된다(운영규정안 제20조 제4항).

주민총회를 소집하는 경우에는 회의개최 14일전부터 회의목적.안건.일시 및

86) 대법원 1999. 6. 25. 선고 99다10363 판결 유사취지

장소 등을 게시판에 게시하여야 하며, 토지등소유자에게는 회의개최 10일전까지 등기우편으로 이를 발송.통지하여야 한다. 이 경우 등기우편이 반송된 경우 지체없이 1회에 한하여 추가 발송한다(운영규정안 제20조 제5항).

(2) 주민총회의 운영 등

서울특별시는 2017. 2.부터 '서울특별시 정비사업 의사진행 표준운영규정'을 보급하고 있다.

주민총회의 운영은 이 운영규정 및 의사진행의 일반적인 규칙에 따른다. 의장은 주민총회의 안건내용 등을 고려하여 ① 추진위원회 사무국 직원, ② 정비사업전문관리업자, 건축사 등 용역업체 관계자, ③ 그 밖에 위원장이 주민총회운영을 위하여 필요하다고 인정하는 자 중 토지등소유자가 아닌 자를 주민총회에 참석하여 발언하도록 할 수 있다.

의장은 주민총회의 질서를 유지하고 의사를 정리하며, 고의로 의사진행을 방해하는 발언.행동 등으로 주민총회질서를 문란하게 하는 자에 대하여 그 발언의 정지.제한 또는 퇴장을 명할 수 있다. 추진위원회는 주민총회의 의사규칙을 정하여 운영할 수 있다.

4. 주민총회의 의결사항

(1) 주민총회의 의결사항

주민총회는 다음 사항에 대한 의결권한을 가진다(운영규정안 제21조).

① 추진위원회의 승인 이후 위원장 · 감사의 선임·변경·보궐선임·연임

② 운영규정의 변경

③ 정비사업전문관리업자 및 설계자의 선정 및 변경

④ 개략적인 사업시행계획서의 변경

⑤ 감사인의 선정

⑥ 조합설립추진과 관련하여 추진위원회에서 주민총회의 의결이 필요하다고 결정하는 사항

(2) 공공지원자가 선정한 정비사업전문관리업자

정비사업을 지원하는 시장.군수등은 정비사업전문관리업자를 선정할 수 있고(법 제118조 제2항 제2호), 시장.군수등이 선정한 정비사업전문관리업자는 추진위원회 설립에 필요한 동의서 제출의 접수, 운영규정 작성 지원 업무를 수행한다(법 제102조 제1항 제7호).

추진위원회가 공공지원자가 선정한 정비사업전문관리업자를 선정하는 경우 경쟁입찰의 방법으로 선정하지 않아도 된다(법 제118조 제5항, 제32조 제2항).

따라서 추진위원회는 경쟁입찰 없이 주민총회에서 공공지원자가 선정한 정비사업전문관리업자를 추진위위원회의 정비업체로 선정할 수 있다.

(3) 주민총회의 의결없이 체결된 용역계약

추진위원회는 '주민총회 의결로 정한 예산의 범위 내에서의 용역계약등'을 의결할 수 있는바(운영규정안 제25조 제1항 제4호), '예산의 범위에 포함되지 않는 용역계약등'은 주민총회의 의결을 거쳐야 한다고 해석된다.

추진위원회가 주민총회의 의결없이 용역업체(정비구역지정업체 등)와 계약을 체결한 경우 해당 용역계약은 단순한 채무부담행위에 불과할 뿐 총유물 그 자체에 대한 관리 및 처분행위라고 볼 수 없어 유효하다.87)

추진위원장이 추진위원회의 의결없이 또는 주민총회의 의결없이 용역업체와 계약을 체결한 경우 해당 용역계약은 원칙적으로 유효하며, 다만 그 거래 상대방이 무효임을 알았거나 알 수 있었을 경우에 한해서 해당 용역계약이 무효로 된다. 거래 상대방이 무효임을 알았거나 알 수 있었음에 대한 입증책임은 추진위원회가 부담한다.88)

최근 주택법 관련 중요 판례가 나왔는바, 이는 주민총회에도 적용될 소지가 많다. 주택법 시행령 제20조 제3항 및 주택법 시행규칙 제7조 제5항에서 정한 총회결의사항은 단순히 비법인사단의 자율적·내부적인 대표권 제한의 문제가 아니라 법률행위의 상대방인 제3자와의 계약 해석에 있어서도 그 제3자의 귀

87) 대법원 2003. 7. 22. 선고 2002다64780 판결
88) 대법원 2003. 7. 22. 선고 2002다64780 판결

책을 물을 수 없는 예외적인 경우가 아닌 한 원칙적으로 그 조항의 효력이 미치도록 하려는 것으로 볼 수 있다. 따라서 주택법 등 관련 법령과 이에 근거한 조합규약에 정한 총회의결 없이 이루어진 법률행위의 상대방은 그 절차적 요건의 흠결을 과실 없이 알지 못하였다는 등의 특별한 사정을 밝히지 못하는 한 절차적 요건의 충족을 전제로 하는 계약의 효력을 주장할 수 없다.[89]

(4) 주민총회 결의 없이 정비업체 또는 설계자의 선정 등

정비업체 또는 설계자의 선정은 주민총회의 의결사항이고, 정비업체 또는 설계자는 업무의 성격상 총회의결사항임을 당연히 알았다고 추정된다할 것이므로, 추진위원장이 주민총회 의결없이 정비업체 또는 설계자와 용역계약을 체결한 경우 해당 정비용역계약 또는 설계용역계약은 원칙적으로 무효라고 할 것이다.

정비업체의 변경은 해지와 선임을 함께 하는 경우를 의미하는바, 추진위원회가 정비업체와의 계약을 해지한 것일 뿐 새로운 정비업자를 선정한 것이 아니므로, 추진위원회의 정비업체에 대한 계약해지는 주민총회의 의결사항이 아니다.[90]

(5) 추진위원회의 주민총회 갈음

주민총회 소집결과 정족수에 미달되는 때에는 재소집하여야 하며, 재소집의 경우에도 정족수에 미달되는 때에는 추진위원회 회의로 주민총회를 갈음할 수 있다(운영규정안 제22조 제5항). 주민총회의 의결을 대신하는 의결사항은 재적위원 3분의 2 이상의 출석과 출석위원 3분의 2 이상의 찬성으로 의결한다(운영규정안 제26조 제1항 단서).

---

89) 대법원 2022. 12. 15. 선고 2022다275212판결, 대법원 2022. 8. 25. 선고 2021다231734 판결

90) 대전지방법원 2023. 6. 22. 선고 2022가단145899 판결, 서울남부지방법원 2018. 6. 29. 선고 2017가합108173 판결

5. 주민총회의 의결방법

(1) 의사정족수 및 의결정족수

의사정족수는 도시정비법 및 운영규정이 특별히 정한 경우를 제외하고 추진위원회 구성에 동의한 토지등소유자 과반수이다. 의사정족수에는 추진위원회 구성에 찬성하지 아니한 토지등소유자의 수는 제외된다.[91]

'토지등소유자 10분의 1 이상의 위원해임발의' 에 의해 소집된 주민총회의 경우 위원은 주민총회에서 토지등소유자의 과반수 출석과 출석 과반수의 찬성으로 해임되는바(운영규정안 제18조 제4항), 의사정족수인 과반수 출석에는 추진위원회 구성에 찬성하지 아니한 토지등소유자도 포함된다.

의결정족수는 도시정비법 및 운영규정이 특별히 정한 경우를 제외하고 출석한 토지등소유자의 과반수이며, 의결정족수에는 추진위원회의 구성에 동의하지 않은 토지등소유자도 포함된다.

주민총회는 통지한 안건에 대하여만 의결할 수 있다(운영규정안 제20조 제6항).

(2) 서면에 의한 권한행사

토지등소유자는 서면으로 의결권을 행사할 수 있고, 서면에 의한 의결권 행사는 주민총회에 출석한 것으로 본다. 이 경우 안건내용에 대한 의사를 표시하여 주민총회 전일까지 추진위원회에 도착되도록 하여야 한다(운영규정안 제22조 제2항, 제3항).

서면결의서에 의한 의결권 행사시 운영규정상 인감증명서를 첨부할 것을 요구하는 규정이 없는 한 인감증명서가 첨부되지 않은 서면결의서도 유효하다.[92]

(3) 대리인에 의한 권한행사

① 토지등소유자가 권한을 행사할 수 없어 배우자.직계존비속.형제자매 중

91) 광주고등법원 2008. 10. 29. 선고 2008나5317 판결
92) 광주고등법원 2008. 10. 29. 선고 2008나5317 판결

에서 성년자를 대리인으로 정하여 위임장을 제출하는 경우, ② 해외거주자가 대리인을 지정한 경우 ③ 법인인 토지등소유자가 대리인을 지정한 경우 토지등소유자는 대리인을 통하여 의결권을 행사할 수 있다(운영규정안 제22조 제2항, 제13조 제2항).

토지등소유자는 출석을 대리인으로 하고자 하는 경우에는 위임장 및 대리인 관계를 증명하는 서류를 추진위원회에 제출하여야 한다(운영규정안 제22조 제4항).

6. 의사록의 작성 및 관리

주민총회의 의사록에는 위원장.부위원장 및 감사가 기명날인하여야 한다. 위원의 선임과 관련된 의사록을 관할 시장.군수에게 송부하고자 할 때에는 위원의 명부와 그 피선자격을 증명하는 서류를 첨부하여야 한다(운영규정안 제27조).

추진위원장은 주민총회 의사록 및 관련 자료가 작성된 후 15일 이내에 이를 토지등소유자가 알 수 있도록 인터넷과 그 밖의 방법을 병행하여 공개하여야 한다(법 제124조 제1항 제3호). 토지등소유자의 열람.복사요청이 있는 경우 위원장은 15일 이내 그 요청에 따라야 한다.[93] 복사에 필요한 비용은 실비의 범위에서 청구인이 부담한다(법 제124조 제4항, 제5항).

위원장은 매분기가 끝나는 달의 다음 달 15일까지 주민총회 의사록, 개략적인 내용, 공개장소, 열람.복사 방법 등을 토지등소유자에게 서면으로 통지하여야 한다(법 제124조 제2항, 시행령 제94조).

위원장 및 정비사업전문관리업자는 주민총회의 속기록, 녹음 또는 영상자료를 만들어 청산시까지 보관하여야 한다(제125조 제1항).[94]

---

93) 정비사업시행과 관련한 서류 및 자료를 인터넷과 그 밖의 방법을 병행하여 공개하지 아니하거나 조합원 또는 토지등소유자의 열람·복사 요청에 응하지 아니한 추진위원장은 1년 이하의 징역 또는 1천만원 이하의 벌금에 처함(법 제138조 제6호).

94) 속기록 등을 만들지 아니하거나 관련 자료를 청산시까지 보관하지 아니한 추진위원장은 1년 이하의 징역 또는 1천만원 이하의 벌금에 처함(법 제138조 제7호).

VII. 추진위원회의 해산

1. 조합설립인가 이전 추진위원회의 해산

(1) 민법의 해산규정 준용 및 해산사유

도시정비법은 추진위원회의 해산과 관련하여 별도의 규정을 두고 있지 않다. 도시정비법 제15조 제2항의 위임에 따라 제정된 정비사업조합설립추진위원회 운영규정 제5조는 추진위원회의 해산에 관하여 규정하고 있다.

운영규정안 제37조는 추진위원회에 관하여는 도시정비법에 규정된 것을 제외하고는 민법의 규정 중 사단법인에 관한 규정을 준용한다고 규정하고 있으므로, 사단법인의 해산을 규정한 민법 제77조 내지 제96조는 추진위원회의 해산에 준용된다.

민법 제77조 제1항은 "법인은 존립기간의 만료, 법인의 목적의 달성 또는 달성의 불능, 기타 정관에 정한 해산사유 발생, 파산 또는 설립허가의 취소로 해산한다." 라고 규정하고 있다. 따라서 추진위원회는 목적의 달성(조합설립인가)으로 인한 경우, 시장・군수의 추진위원회승인취소처분, 법원의 추진위원회 승인취소 또는 무효판결의 확정 등의 사유로 해산된다.

추진위원회는 주민총회의 결의로도 해산할 수 있고(민법 제77조 제2항), 추진위원회는 총사원 4분의 3이상의 동의로 해산을 결의할 수 있다. 그러나 운영규정에 다른 규정이 있는 때에는 해산결의 정족수를 완화하거나 강화할 수 있다(민법 제78조).

(2) 정비구역등의 해제로 인한 추진위원회 취소 간주

도시정비법 제20조 제7항 및 제21조 제2항에 따라 정비구역등이 해제.고시된 경우 추진위원회 구성승인은 취소된 것으로 보고, 시장.군수등은 해당 지방자치단체의 공보에 그 내용을 고시하여야 한다(법 제22조 제3항).

(3) 운영규정에 의한 추진위원회 해산[95]

운영규정 제5조 제3항은 "추진위원회는 조합설립인가 전 추진위원회를 해산하고자 하는 경우 추진위원회 동의자 3분의 2 이상 또는 토지등소유자의 과반수 동의를 받아 시장·군수등에게 신고하여 해산할 수 있다." 라고 규정하고 있다.

운영규정 제5조 제3항의 취지는 토지 등 소유자의 동의에 의한 추진위원회 해산규정을 둠으로써 파행적으로 운영되는 추진위원회를 해산시키고 토지 등 소유자의 대표성을 가지는 추진위원회를 구성할 수 있도록 하기 위한 것이다.

운영규정 제5조 제3항에 의하면 조합설립인가전 추진위원회의 해산의 신고는 추진위원회 뿐만 아니라 토지등소유자 과반수의 대표자도 가능하다.[96]

해산신고 동의의 의사표시를 철회할 수 있는 시한은 행정청에 해산신고 수리를 신청하기 전까지이다.[97]

운영규정 제5조 제3항은 '시장.군수에게 신고함으로써 해산할 수 있다' 고 규정함으로서, 해산을 위해 추진위원회의 시장.군수에 대한 해산신고를 의무화하고 있다.

토지등소유자가 추진위원회의 해산을 결의하면 바로 추진위원회의 해산이라는 공법상 효력이 발생하는 것으로는 볼 수 없다. 운영규정 제5조 제3항에 의한 추진위원회 해산신고를 접수한 시장·군수가 위 규정에 의한 요건을 갖추었는지 여부를 심사하여 그 요건을 갖춘 경우에 그 신고를 수리하면 비로소 추진위원회의 해산이라는 법률효과가 발생한다.

따라서 운영규정 제5조 제3항에 기하여 해산신고를 수리하는 행위[98] 또는 거부하는 행위[99]는 항고소송의 대상인 행정처분[100]에 해당한다. 즉 하급심 판결은 해산신고의 법적 성격을 '자기완결적 신고' 가 아니라 '수리를 요하는 신고' 로 보고 있다.

---

95) 2012. 8. 2. 개정전 운영규정도 동일하였음.
96) 대법원 2009. 1. 30. 선고 2008두14869 판결
97) 부산지방법원 2009. 6. 26. 선고 2009구합646 판결
98) 서울행정법원 2010. 8. 26. 선고 2009구합48234 판결
99) 서울고등법원 2009. 9. 1. 선고 2008누34629 판결
100) 행정청의 행위가 행정처분인지 여부의 판단기준은 대법원 2007. 6. 14. 선고 2005두4397 판결 참조

추진위원회 해산신고수리처분은 당해 처분의 성질상 처분의 사전통지 및 의견청취가 명백히 불필요하다.[101]

운영규정 제5조 제3항에 의한 추진위원회 해산신고의 경우 비용의 일부 보조(법 제21조 제3항)는 적용되지 않는다.

(4) 시장・군수의 직권에 의한 추진위원회 승인취소

국토교통부장관, 특별시장, 광역시장, 도지사, 또는 시장・군수는 추진위원회에게 정비사업의 시행이 도시정비법 또는 도시정비법에 따른 명령・처분에 위반되었다고 인정되는 때에는 정비사업의 적정한 시행을 위하여 필요한 범위에서 처분의 취소・변경 또는 정지, 그 밖의 필요한 조치를 취할 수 있다(법 제113조 제1항).

시장・군수는 정비사업의 계속시행이 현저히 공익을 해할 우려가 있다고 인정하는 때에는 추진위원회의 승인을 취소할 수 있다.[102]

시공사를 선정할 권한이 없는 추진위원회가 시공사를 선정한 경우 위 사유를 이유로 한 시장・군수의 추진위원회 승인취소는 적법하다고 판시한 사례가 있다.[103]

(5) 청문절차

국토교통부장관, 시・도지사, 시장, 군수 또는 구청장은 도시정비법 제113조 제1항에 의거 추진위원회 승인의 취소처분을 하려는 경우에는 청문을 하여야 한다(법 제121조 제3호). 운영규정 제5조 제3항에 의한 추진위원회 해산신고의 경우 청문절차가 적용되지 않는다.

행정절차법 제22조 제1항 제1호는, 행정청이 처분을 할 때에는 다른 법령등에서 청문을 실시하도록 규정하고 있는 경우 청문을 실시한다고 규정하고 있다. 이러한 청문제도는 행정처분의 사유에 대하여 당사자에게 변명과 유리한 자료를 제출할 기회를 부여함으로써 위법사유의 시정가능성을 고려하고,

---

101) 서울행정법원 2010. 8. 26. 선고 2009구합48234 판결, 서울행정법원 2010. 8. 13. 선고 2009구합52165 판결

102) 대법원 1995. 12. 12. 선고 94누12302 판결

103) 춘천지방법원 2009. 12. 24. 선고 2008구합1106 판결

처분의 신중과 적정을 기하려는 데 그 취지가 있다.

행정청이 특히 침해적 행정처분을 할 때 그 처분의 근거 법령 등에서 청문을 실시하도록 규정하고 있다면, 행정절차법 등 관련 법령상 청문을 실시하지 않아도 되는 예외적인 경우에 해당하지 않는 한, 반드시 청문을 실시하여야 하는 것이며, 그러한 절차를 결여한 처분은 위법한 처분으로서 취소사유에 해당한다.104)

2. 청산업무(조합설립인가 이전 추진위원회 해산)

(1) 청산인 선임 및 직무

조합설립인가전 추진위원회를 해산하는 경우 위원장, 부위원장, 감사가 청산인이 된다(민법 제82조 본문). 그러나 추진위원회 운영규정 또는 추진위원회(주민총회)의 결의로 달리 정한 바가 있으면 그에 의한다(민법 제82조 단서). 청산인이 될 자가 없거나 또는 청산인이 결원으로 인하여 손해가 생길 염려가 있는 때에는 법원은 직권 또는 이해관계인이나 검사의 청구에 의하여 청산인을 선임할 수 있다(민법 제83조).

청산인은 사임, 사망, 파산 또는 금치산, 총회에서의 해임결의 등에 의해 해임된다. 중요한 사유가 있는 때에는 법원은 직권 또는 이해관계인이나 검사의 청구에 의하여 청산인을 해임할 수 있다(민법 제84조).

추진위원회가 해산하면 위원장, 부위원장에 갈음하여 청산인이 청산법인의 집행기관이 된다. 따라서 청산인은 청산법인의 능력의 범위 내에서 대외적으로 청산법인을 대표하고, 대내적으로는 청산사무를 집행한다(민법 제87조 제2항).

청산인의 직무는 현존사무의 종결, 채권의 추심 및 채무의 변제, 잔여재산의 인도 이다. 청산인은 청산 관련 직무를 행하기 위하여 필요한 모든 행위를 할 수 있다(민법 제87조).

---

104) 대법원 2004. 7. 8. 선고 2002두8350 판결, 대법원 2007. 11. 16. 선고 2005두15700 판결등

(2) 채권.채무의 부담주체

시장.군수로부터 승인받은 추진위원회는 비법인사단의 실체를 갖추었다할 것인바, 조합설립인가 전 추진위원회가 해산되는 경우 채권자는 추진위원회에 책임을 묻는 것을 별론으로 하고 추진위원 또는 추진위원회 구성에 동의한 토지등소유자에게 직접 책임을 물을 수 없다.[105)]

그러나 용역계약 등에 연대보증을 한 위원장 또는 추진위원은 연대보증에 따른 책임을 부담하여야 할 것이다.

(3) 운영경비에 의한 채무변제

추진위원회는 추진위원회의 의결을 거쳐 추진위원회 구성에 동의한 토지등소유자들에게 운영경비를 부과할 수 있고, 추진위원회는 위 운영경비로 채권자들의 채무를 변제할 수 있다.

(4) 운영규정 등 자료의 보관

추진위원회 또는 정비사업전문관리업자는 주민총회 또는 추진위원회가 있은 때에는 운영규정안 제35조 제1항에 따른 서류 및 관련 자료와 속기록·녹음 또는 영상자료를 만들어야 하고, 청산업무가 종료할 때까지 이를 보관하여야 한다(운영규정안 제35조 제2항).

3. 조합설립인가로 인한 추진위원회 해산

(1) 당연 해산

추진위원회는 원래 조합설립을 목적으로 하는 비법인사단이어서 조합설립이 인가됨으로써 그 목적이 달성된 때에는 당연히 해산되는바(민법 제77조 제1항), 추진위원회는 조합설립인가일까지 업무를 수행할 수 있으며, 조합이 설립되면 모든 업무와 자산을 조합에 인계하고 추진위원회는 해산한다(운영규정

105) 인천지방법원 2008. 4. 25. 선고 2007가합12926판결

제5조 제1항).

(2) 회계장부 등 조합인계

추진위원회는 사용경비를 기재한 회계장부 및 관련서류를 조합 설립의 인가일부터 30일 이내에 조합에 인계하여야 한다(법 제34조 제4항).106) 추진위원회 또는 정비사업전문관리업자는 주민총회 또는 추진위원회가 있은 때에는 공개의 대상이 되는 서류 및 관련 자료와 속기록, 녹음 또는 영상자료를 만들어 이를 조합설립 인가일부터 30일 이내에 조합에 인계하여야 하여야 한다(운영규정안 제35조 제2항).

업무의 인수.인계절차는 추진위원회의 대표자인 추진위원장과 조합의 대표자인 조합장이 ① 추진위원회 업무, 자산, 회계장부 등을 확인하고, ② 인수할 업무, 자산, 회계장부 등의 목록을 작성한 후 ③ 목록상의 업무, 자료 등을 인수.인계한다는 취지의 확인서를 작성하면 될 것이다.

실무적으로 추진위원회의 추진위원장이 조합의 조합장으로 선임된 경우 조합장이 추진위원회의 사무실을 계속 사용함으로서 관련 자료 등도 함께 인계받게 되므로, 별도의 인수.인계절차를 생략하고 있다.

(3) 총회의 보고

추진위원회는 자신이 행한 업무를 조합원 총회에 보고하여야 한다(법 제34조 제3항, 운영규정 제5조 제2항 전문).

추진위원회가 창립총회에서 그 동안의 정비사업에 관한 '경과보고' 및 추진위원회의 업무를 보고하고, 총회 안건으로 ① 결산보고, ② 협력업체 계약체결 추인의 건, ③ 추진위원회의 수행업무 추인의 건 등을 상정하여 의결하고 있다. 실무적으로 조합설립인가 후 별도의 보고절차를 거치고 있지 않다.

추진위원회가 행한 업무는 조합원 총회에 보고하는 것일 뿐 별도의 조합원 총회의 의결이 필요한 것은 아니다.

---

106) 이를 위반한 경우 추진위원장은 1년 이하의 징역 또는 1천만원 이하의 벌금에 처함(법 제138조 제1호).

(4) 추진위원회 업무종료 등

추진위원회는 조합설립인가일까지 업무를 수행할 수 있으므로(운영규정 제5조 제1항 전문), 추진위원회의 업무는 조합설립인가시에 종료된다.[107] 추진위원회는 조합 설립의 인가일부터 30일 이내에 인계업무를 수행한다(운영규정안 제35조 제2항, 제36조 제1항).

(5) 포괄승계의 원칙 및 제한

추진위원회가 행한 업무와 관련된 권리와 의무는 조합이 포괄승계한다(법 제34조 제3항).

운영규정이 정하는 추진위원회 업무범위를 초과하는 업무나 계약, 용역업체의 선정 등은 조합에 승계되지 아니한다(운영규정 제6조).

시공자, 감정평가업자 등 조합의 업무에 속하는 부분은 추진위원회의 업무범위에 포함되지 아니하므로, 추진위원회에서 선정한 시공자, 감정평가업자는 조합으로 승계되지 아니한다(운영규정안 제5조 제4항).

다만 추진위원회가 조합설립 동의를 위하여 추정분담금을 산정하기 위해 선정한 감정평가업자는 승계대상에 포함된다(운영규정안 제5조 제4항).

정비사업전문관리업자와의 용역계약 승계여부는 제3편 제9절 V. 정비사업전문관리업 제도에서 설명하기로 한다.

107) 조합이 설립되었는데도 불구하고 추진위원회를 계속 운영한 자는 2년 이하의 징역 또는 2천만원 이하의 벌금에 처함(법 제137조 제5호).

제2절 조합설립인가와 쟁송방법

I. 재개발·재건축조합의 의의 및 법적 지위

1. 재개발·재건축조합의 의의

(1) 조합의 설립 목적

시장·군수 등, 토지주택공사 등 또는 지정개발자가 아닌 자가 정비사업을 시행하려는 경우에는 토지등소유자로 구성된 조합을 설립하여야 한다(법 제35조 제1항).

재개발·재건축조합이란 정비구역안에서 정비기반시설을 정비하고 주택 등 건축물을 개량하거나 건설하는 사업을 시행하기 위해 토지등소유자가 설립한 단체를 말한다. 조합은 도시기능의 회복이 필요하거나 주거환경이 불량한 지역을 계획적으로 정비하고, 노후.불량건축물을 효율적으로 개량하기 위한 목적으로 설립된다.

(2) 조합의 법인등기 및 건설사업 등록 간주

조합은 법인으로 하고, 조합설립인가를 받은 날부터 30일 이내에 주된 사무소의 소재지에서 등기하는 때 성립한다(법 제38조 제1항, 제2항). 조합에 관하여는 도시정비법에 규정된 것을 제외하고는 민법중 사단법인에 관한 규정을 준용한다(법 제49조). 따라서 조합의 운영은 도시정비법 및 조합정관에 따르며, 보충적으로 민법중 사단법인의 규정을 준용한다.

조합은 그 명칭에 '정비사업조합'이라는 문자를 사용하여야 하며(법 제38조 제3항), 이는 주택법상 직장조합, 지역조합 또는 다른 사업의 시행자와 혼동을 방지하기 위하여 규정한 것이다.

조합은 주택법상 사업주체로 보며, 조합설립인가일부터 주택법상 주택건설사업 등의 등록을 한 것으로 본다(법 제35조 제8항).

(3) 조합의 주소

법인의 주소는 그 주된 사무소의 소재지에 있는 것으로 한다(민법 제36조). 주된 사무소란 수개의 사무소 중에서 법인의 최고 수뇌부가 존재하는 장소를 말한다. 주된 사무소의 소재지는 사업시행구역이 소재하는 구의 관할구역 안에 두는 것을 원칙으로 한다(서울시 조례 제20조 제1항 제1호).

조합의 주된 사무소는 서울특별시 ○○구 ○○로 ○○ (○○동, ○○빌딩)에 둔다. 조합사무소는 이사회 의결을 거쳐 이전할 수 있으며, 사전에 조합원에게 조합사무소의 이전시기.주소 등을 명확히 알 수 있도록 통지하여야 한다(서울시 재개발표준정관 제5조).

주된 사무소가 변경되는 경우 조합은 시장·군수에게 사무소의 소재지를 신고하여야 한다(시행령 제39조 제1호).

2. 조합의 권리능력 등

(1) 권리능력

조합은 법인으로 하므로(법 제38조 제1항), 조합은 법인성이 인정된다.

조합은 법률의 규정에 좇아 정관으로 정한 목적의 범위내에서 권리와 의무의 주체가 될 수 있고(민법 제34조), 각종의 재산을 보유할 수 있으며, 또 그 대표기관이 한 의사표시에 의하여 재산에 관한 권리와 의무를 가지게 된다. 다만 조합의 권리능력은 법률과 목적에 의하여 제한을 받으며, 자연인을 전제로 한 생명권, 친권 등의 권리를 가지지 못한다.

(2) 행위능력

조합은 권리능력의 범위내에서 행위능력을 가지며, 조합은 제3자와 거래 등을 통해 권리와 의무를 갖게 된다. 조합의 행위는 대표기관인 조합장을 통해서 하고, 이 대표기관의 행위는 곧바로 조합의 행위로 평가된다.

조합장은 조합을 대표하나(민법 제59조 제1항, 법 제42조 제1항), 실질적으로 대리관계와 비슷하므로, 민법은 "법인의 대표에 관하여는 대리에 관한 규정을 준용한다."고 규정하고 있다(민법 제59조 제2항). 자연인에 있어서의 행위무능력자제도는 법인의 경우에는 없다.

조합은 정비사업을 시행함에 있어서 금융기관 또는 시공사로부터 자금을 차입하고, 정비사업전문관리업자.시공자.설계자 등 협력업체와 용역계약을 체결하며, 일반인들과 주택에 관한 일반분양계약을 체결하는 등 많은 거래행위를 한다(서울시 재개발표준정관 제12조 내지 제14조).

조합은 정비구역안의 국.공유재산을 우선하여 수의계약으로 매수할 수 있고(법 제98조 제4항), 국.공유재산은 사업시행인가의 고시가 있은 날부터 종전의 용도가 폐지된 것으로 보며(제98조 제5항), 국.공유재산의 평가는 사업시행인가의 고시가 있는 날을 기준으로 한다(제98조 제6항).

(3) 불법행위능력

조합은 조합장 기타 이사가 그 직무에 관하여 타인에게 가한 손해를 배상할 책임이 있다. 즉 대표기관이 직무에 관하여 제3자에게 가한 불법행위에 대하여 법인 스스로가 그 배상책임을 진다(민법 제35조 제1항).

여기서 "직무에 관하여"라 함은, 행위의 외형상 기관의 직무수행행위라고 볼 수 있는 행위 및 직무행위와 사회관념상 관련성을 가지는 행위를 말한다.[108]

아파트 재건축조합이 재건축사업에 반대하는 조합원들을 임의로 재산가치가 적은 1 ~ 2층에 배정한 경우 조합의 손해배상책임이 인정되고[109], 조합의 이중분양에 대한 조합의 손해배상책임은 인정되나[110], 조합원은 조합을 상대로 간접손해에 대한 손해배상을 청구할 수 없다.[111]

탈퇴자에 대한 명도단행가처분 결정에 의한 건물의 철거행위는 형법 제20조에 정한 업무로 인한 정당행위에 해당한다고 판시한 사례가 있다.[112]

---

108) 대법원 2004. 2. 27. 선고 2003다15280 판결
109) 대법원 2007. 6. 15. 선고 2005다45605판결
110) 대법원 2003. 7. 25. 선고 2002다27088 판결
111) 대법원 1999. 7. 27. 선고 99다19384 판결

3. 목적의 비영리성

조합은 도시정비법과 정관이 정하는 바에 따라 사업시행구역안의 건축물을 철거하고 그 토지 위에 새로운 건축물을 건설하여 도시 및 주거환경을 개선하고 조합원의 주거안정 및 주거생활의 질적 향상에 이바지함을 목적으로 하므로, 비영리법인으로서의 성격을 가진다.[113]

조합은 정비사업의 시행과정에서 조합원 분양분 이외에 체비시설이나 보류시설을 조합원이 아닌 사람들에게 일반 분양을 하는 등 일종을 수익사업을 하게 되며, 이때 일반분양(수익사업부분)은 영리성이 인정되어 영리사업인 과세사업으로 본다.

현재 세법상 조합의 사업업태는 주택건설업이고, 종목은 주택신축판매업(상가포함)자이며, 수익사업을 영위하는 비영리법인의 수익사업(일반분양)과 비수익사업(조합원 분양)을 구분하여 경리하고 있다(법인세법 제113조 제1항).

4. 행정주체 및 사경제주체로서의 조합

도시정비법상 정비사업조합은 관할 행정청의 감독 아래 정비구역 안에서 도시정비법상의 '주택정비사업'을 시행하는 목적 범위 내에서 법령이 정하는 바에 따라 일정한 행정작용을 행하는 행정주체로서의 지위를 갖는다.

조합은 특수한 존립목적을 부여받은 특수한 행정주체로서 국가의 감독하에 그 존립목적인 특정한 공공사무를 행하는 범위내에서는 법률상 부여받은 행정작용 권한을 행사하는 것이다. 따라서 재개발조합은 공공사무를 행하는 범위내에서는 조합원에 대한 관계에 있어서 공법상의 권리의무관계에 있다.[114]

---

112) 대법원 1998. 2. 13. 선고 97도2877 판결

113) 대법원 2005. 5. 27. 선고 2004두7214 판결, 서울고등법원 2024. 4. 24. 선고 2023누35359 판결

조합과 조합원 사이의 공법관계를 나타내는 특별한 규정을 두고 있는 경우에는 행정소송으로 다투어야 하며, 민사소송으로 다투는 것은 허용되지 않는다.

관리처분계획은 조합이 행정주체의 지위에서 행하는 행정처분이므로, 행정소송으로 다투어야 한다.[115] 또한 조합원 자격의 인정여부에 관한 다툼은 공법상 당사자 소송에 의하여야 하므로 민사소송으로 수분양권의 확인을 구할 수 없다.[116]

조합은 행정주체로서의 지위를 가지고 있을 뿐만 아니라 민법상 법인으로서의 지위도 갖고 있다. 따라서 조합이 사경제주체로서의 행위 또는 의사결정절차(대의원회 또는 총회)의 하자에 대해서는 민사법의 규율을 받으며, 이에 대한 분쟁은 민사소송으로 다투어야 한다.

주택재개발·재건축조합의 조합장 또는 조합임원 사이의 선임·해임등을 둘러싼 법률관계는 사법상의 법률관계로서 그 조합장 또는 조합임원의 지위를 다투는 소송은 민사소송에 의하여야 한다.[117]

5. 추진위원회 업무의 승계

추진위원회는 추진위원회가 행한 업무를 총회에 보고하여야 하며, 추진위원회가 행한 업무와 관련된 권리와 의무는 조합이 포괄승계한다(법 제34조 제3항). 조합설립인가일 전에 조합의 설립과 사업시행에 관하여 추진위원회가 행한 행위는 도시정비법령 및 정관이 정하는 범위 안에서 조합이 이를 승계한다.

운영규정이 정하는 추진위원회 업무범위를 초과하는 업무나 계약, 용역업체의 선정 등은 조합에 승계되지 아니한다(운영규정 제6조).

시공자, 감정평가업자 등 조합의 업무에 속하는 부분은 추진위원회의 업무

114) 대법원 2002. 12. 10. 선고 2001두6333 판결
115) 대법원 2009. 9. 17. 선고 2007다2428 전원합의체 판결
116) 대법원 1996. 2. 15. 선고 94다31235 판결
117) 대법원 2009. 9. 24.자 2009마168, 169 결정

범위에 포함되지 아니하므로, 추진위원회에서 선정한 시공자, 감정평가업자는 조합으로 승계되지 아니한다(운영규정안 제5조 제4항).

다만 추진위원회가 조합설립 동의를 위하여 추정분담금을 산정하기 위해 선정한 감정평가업자는 승계대상에 포함된다(운영규정안 제5조 제4항).

정비사업과 관련하여 토지 등 소유자에 대한 구체적인 보상방법을 정하는 업무는 추진위원회의 업무범위에 해당하지 않는바, 추진위원회가 토지 등 소유자에게 현금이나 현물 보상을 약정하는 것은 법령에 정한 추진위원회의 권한 범위에 속하지 않는 것이어서 조합에는 효력이 없다.[118)]

정비사업전문관리업자와의 용역계약 승계여부는 제3편 제9절 V. 정비사업전문관리업 제도에서 설명하기로 한다.

---

118) 대법원 2024. 12. 12. 선고 2024다260405, 2024다260412 판결, 광주지방법원 2024. 9. 26. 선고 2023가합58331 판결

Ⅱ. 조합설립인가처분의 쟁송방법

1. 조합설립인가와 취소소송

(1) 설권적 처분과 항고소송

행정청의 조합설립인가처분은 단순히 사인들의 조합설립행위에 대한 보충행위로서의 성질을 갖는 것에 그치는 것이 아니라 법령상 요건을 갖출 경우 도시정비법상 정비사업을 시행할 수 있는 권한을 갖는 행정주체(공법인)로서의 지위를 부여하는 일종의 설권적 처분의 성격을 갖는다.[1] 따라서 토지등소유자는 시장·군수(인가권자)를 상대로 행정법원에 항고소송인 조합설립인가처분에 대한 취소 또는 무효확인을 구하여야 한다.[2]

토지등소유자는 시장·군수의 조합설립인가처분이 있음을 안 날부터 90일 이내에 조합설립인가취소소송을 제기하여야 한다.[3] 조합은 조합설립인가를 받은 때에는 토지등소유자에게 그 내용을 통지하여야 하는바(시행령 제30조 제3항), 제소기간은 위 조합설립통지서가 도달된 날부터 기산된다.

토지등소유자는 시장·군수의 조합설립인가처분이 있은 날부터 1년이 경과하면 조합설립인가취소소송을 제기하지 못한다(행정소송법 제20조 제1항, 제2항).[4]

위 제소기간이 경과된 경우 토지등소유자는 조합설립인가처분의 무효소송을 제기할 수 있고, 토지등소유자는 인가처분의 하자가 중대.명백하다는 것을 입증하여야 한다.

(2) 동의자의 원고적격

현행 도시정비법하에서 재건축조합의 조합원은 정비구역내 토지 및 건축물

---

1) 대법원 2009. 9. 24. 선고 2008다60568 판결
2) 대법원 2010. 8. 26. 선고 2010두2579 판결 등 참조
3) 서울행정법원 2010. 3. 25. 선고 2009구합42946 판결
4) 서울행정법원 2010. 9. 9. 선고 2009구합46481 판결

의 소유자로서 적법한 재건축조합에 의해 정비사업이 적법하고 원활하게 수행되는 데 도시정비법이 보호하는 직접적이고 구체적인 법률상 이익이 있다고 보아야 하므로, 미동의자 뿐만 아니라 동의한 조합원도 조합설립인가처분취소소송에 있어 원고적격이 있다.[5)]

(3) 조합설립동의의 무효확인 여부

조합설립동의(결의)는 조합설립인가처분이라는 행정처분을 하는 데 필요한 요건 중 하나에 불과하므로, 직접 항고소송의 방법으로 조합설립인가처분의 취소 또는 무효확인을 구할 수 있을 뿐 조합설립동의의 무효확인을 구할 수 없다.[6)]

(4) 이전고시와 조합설립인가취소소송

조합설립인가처분의 취소나 무효확인 판결이 확정되기 전에 이전고시의 효력이 발생하였다면 더 이상 정비사업 결과를 원상으로 되돌리는 것은 허용될 수 없으므로 이전고시의 효력이 발생한 후에는 원칙적으로 조합설립인가처분의 취소 또는 무효확인를 청구할 수 없다.[7)]

2. 법원의 판단기준

항고소송에서 행정처분의 적법 여부는 특별한 사정이 없는 한 '행정처분 당시'를 기준으로 하여 판단해야 한다. 행정처분의 위법 여부를 판단할 때 처분 후 법령의 개폐나 사실상태의 변동에 영향을 받지 않는다.[8)]

처분 당시의 사실상태 등에 관한 증명은 사실심 변론종결 당시까지 할 수 있고, 법원은 행정처분 당시 행정청이 알고 있었던 자료뿐만 아니라 사실심 변론종결 당시까지 제출된 모든 자료를 종합하여 처분 당시 존재하였던 객관

---

5) 서울고등법원 2019. 5. 30. 선고 2018누52060 판결
6) 대법원 2009. 9. 24. 선고 2008다60568 판결
7) 대법원 2014. 9. 25. 선고 2011두20680 판결
8) 대법원 2007. 5. 11. 선고 2007두1811 판결

적 사실을 확정하고 그 사실에 기초하여 처분의 위법 여부를 판단할 수 있다.[9)]

시장 · 군수의 조합설립인가처분 당시 토지등소유자 정수 산정이나 동의자수 계산에 일부 오류가 있다 하더라도, 실제로 조합설립인가신청이 도시정비법상 동의율을 충족한다면, 시장 · 군수의 조합설립인가처분은 결과적으로 적법하다.

법원은 우선 조합설립인가처분에 원고가 주장하는 구체적인 하자 사유들이 존재하는지 여부를 판단한 후 조합설립인가처분에 관하여 적용되어야 할 적법한 기준에 비추어 조합설립인가신청이 도시정비법상 동의율을 충족한 것인지를 다시 판단하게 된다.[10)]

조합설립인가를 위한 동의 정족수는 조합설립인가 처분시점이 아니라 '조합설립인가신청 시점'을 기준으로 판단하여야 한다. 따라서 조합설립인가신청 이후 토지등소유자가 된 자 또는 추가로 동의한 자는 정족수에 포함시켜서는 아니 된다.[11)]

3. 조합설립인가처분과 하자 사유

(1) 추진위원회 승인 또는 변경승인의 하자

조합설립인가처분은 추진위원회구성승인처분이 적법 · 유효할 것을 전제로 한다고 볼 것은 아니므로, 도시정비법령이 정한 동의요건을 갖추고 창립총회를 거쳐 주택재개발조합이 성립한 이상, 이미 소멸한 추진위원회구성승인처분의 하자를 들어 조합설립인가처분이 위법하다고 볼 수 없다.[12)]

다만, 추진위원회 제도의 입법취지를 형해화할 정도에 이르는 경우 조합설립인가처분의 효력을 다툴 수 있다.[13)]

---

9) 대법원 2014. 10. 30. 선고 2012두25125 판결

10) 서울고등법원 2008. 1. 8. 선고 2007누15904 판결, 서울행정법원 2009. 9. 25. 선고 2009구합9192 판결

11) 대법원 2014. 4. 24. 선고 2012두21437 판결

12) 대법원 2012. 12. 27. 선고 2010다85379 판결

추진위원회 승인 이후 정비구역이 동일성이 인정되지 않을 정도로 확장된 경우 추진위원회의 변경승인을 받아야 하고, 추진위원회의 변경승인 없이 종전 추진위원회에 대한 조합설립인가처분은 위법하다고 볼 소지가 있다.[14)]

(2) 조합설립동의서와 하자

도시정비법 시행규칙 별지 제6호서식 조합설립동의서에 기재된 사업비용의 분담기준이나 사업완료 후 소유권 귀속에 관한 사항은 적법하다.[15)]

조합 설립에 대한 토지등소유자의 동의는 조합설립인가 처분이라는 행정처분을 하는 데 필요한 절차적 요건 중 하나에 불과하므로, 조합설립동의에 흠이 있다 하더라도 그 흠이 중대.명백하지 않다면 조합설립인가처분이 당연무효라고 할 수 없다.[16)]

동의서를 징구하는 과정에서 동의서의 내용이 변경되었으나 구 동의서와 신 동의서 중 비용의 분담기준이나 신축건축물의 구분소유권 귀속에 관한 배분기준이 실질적으로 변경되지 않았다면 동의자 산정시 구 동의서 제출자와 신 동의서 제출자를 합산하여야 한다.[17)]

조합설립동의서에 신축 건축물의 설계개요, 건축물 철거 및 신축비용의 개산액에 관한 사항이 누락된 상태에서 조합설립인가처분이 있었다면 위 조합설립인가처분의 하자는 중대하고 명백하여 무효다.[18)]

(3) 사업구역의 변경으로 인한 동의서의 재징구 여부

사업구역의 확대 또는 축소로 인하여 종전 사업구역과 확정된 사업구역에 대한 동일성을 인정할 수 없다면 추진위원회는 확정된 사업구역을 기준으로

---

13) 대법원 2013. 12. 26. 선고 2011두8291 판결
14) 대법원 2014. 5. 29. 선고 2012두6650 판결, 서울행정법원 2010. 10. 8. 선고 2010구합160판결, 서울행정법원 2010. 2. 17. 선고 2009구합16749 판결 : 위 판결들은 항소심에서 추진위원회의 하자가 중대·명백하지 않다고 판시되었음.
15) 대법원 2010. 4. 8. 선고 2009다10881 판결, 대법원 2014. 5. 29. 선고 2012두18677 판결
16) 대법원 2010. 12. 23. 선고 2010두16578 판결, 대법원 2011. 4. 14. 선고 2010두14282 판결, 대법원 2013. 11. 28. 선고 2012두5626 판결
17) 서울고등법원 2011. 4. 13. 선고 2010누26034 판결
18) 대법원 2011. 11. 10. 선고 2011두14883 판결

한 설계개요 및 정비사업비의 개략적인 금액을 정한 조합설립동의서를 새로이 징구하여야 한다.

시장·군수가 종전 사업구역을 기준으로 한 조합설립동의서에 기하여 조합설립인가처분을 한 경우 시장·군수는 인가신청서 및 그 첨부서류인 위치도, 신청부지현황, 조합정관, 신축건물 계획안 등과 조합설립동의서를 비교함으로서 재건축동의의 주요 내용이 되는 사항이 서로 일치하지 아니하고 현저하게 다름을 쉽게 알 수 있었을 것이므로, 위 조합설립인가처분은 중대·명백하여 무효이다.[19]

(4) 토지분할로 인한 사업구역의 변경

도시정비법 제67조 제3항에 의거 토지분할청구소송을 제기하고, 도시정비법 제67조 제4항 각호의 요건을 갖추었다면 특별한 사정이 없는 한 토지분할을 전제로 한 새로운 조합설립동의서나 특별결의, 정관변경 등이 요구되는 것은 아니다.[20]

조합설립인가처분 이후 사후적으로 위 토지분할청구소송이 당사자적격의 흠결을 이유로 부적법 각하되었다는 사정만으로 위 조합설립인가처분이 소급하여 무효라고 볼 수 없다.[21]

(5) 정관 또는 사업시행계획서의 첨부 등

조합설립동의서의 '정관에 관한 사항 부분'은 조합의 운영과 활동에 관한 자치규범으로서 정관을 마련하고 그 규율에 따르겠다는 데에 대한 동의를 얻기 위한 취지인바, 추진위원회가 조합의 정관 또는 정관 초안을 첨부하지 아니한 채 법정동의서와 같은 서식에 따른 동의서에 의하여 조합설립에 관한 동의를 받는 것은 적법하다.[22]

조합설립인가 신청시 제출된 동의서에 포함된 '조합정관'의 사항에 변경이 있다고 하더라도 조합설립의 인가에 동의하였던 토지 등 소유자가 도시정

19) 서울고등법원 2010. 8. 18. 선고 2010누6313 판결
20) 대법원 2013. 12. 12. 선고 2011두12900 판결
21) 서울고등법원 2016. 4. 5. 선고 2015누64246 판결
22) 대법원 2013. 12. 26. 선고 2011두8291 판결

비법 시행령 제33조 제2항 및 제4항에서 정한 동의 철회의 시기와 방법 등 절차에 따라 동의를 철회하지 아니하는 한 그 동의서의 효력은 그대로 유지된다.[23]

도시정비법 시행령 제31조 제2항에 의하면 토지등소유자의 동의서에 기재할 사항 중에 '개략적인 사업시행계획서'는 포함되어 있지 않으므로, 동의서를 받기 전에 개략적인 사업시행계획서를 배부하거나 첨부하지 아니하였다고 하여 그 동의서가 무효라고 할 수 없다.[24]

(6) 고의적으로 토지등소유자 수를 증가시킨 경우

오로지 재개발조합설립을 위한 동의정족수를 충족하게 하거나 재개발사업 진행 과정에서 주도적 지위를 차지하기 위한 목적으로 형식적인 증여, 매매 등을 원인으로 하여 밀접한 관계에 있는 사람 등의 명의로 과소지분에 관한 소유권이전등기를 마치는 방식을 통하여 인위적으로 토지 등 소유자 수를 늘리고 그들로 하여금 조합설립에 동의하는 의사표시를 하도록 하는 것은 조합설립을 위한 동의정족수 및 동의자 수 산정 방법을 엄격히 규정하고 있는 도시정비법령의 적용을 배제하거나 잠탈하기 위한 탈법행위에 해당한다.

따라서 위와 같이 늘어난 토지 등 소유자들은 동의정족수를 산정함에 있어서 전체 토지 등 소유자 및 동의자 수에서 제외되어야 할 것이다.[25]

---

23) 대법원 2014. 1. 16. 선고 2011두12801 판결, 대법원 2013. 1. 10. 선고 2010두16394 판결
24) 대법원 2014. 5. 29. 선고 2012두18677 판결
25) 대법원 2023. 8. 18. 선고 2022두51901 판결

4. 조합설립변경인가와 취소소송

(1) 변경인가가 새로운 조합설립처분에 해당하는 경우

조합이 종전의 조합설립인가처분에 대한 무효확인소송 또는 취소소송이 진행되고 있는 등으로 그 효력 유무 또는 위법 여부 등이 확정되지 않은 상태에서 새로 조합설립인가처분을 받는 것과 동일한 요건과 절차로 조합설립변경인가처분을 받은 경우, 그 조합설립변경인가처분은 새로운 조합설립인가처분으로서의 효력을 가진다.[26] 조합은 위 조합설립변경인가처분의 효력에 의하여 정비사업을 계속 진행할 수 있다.[27]

조합설립변경인가처분이 새로운 조합설립인가처분의 요건을 갖추었다고 보기 위하여는, 다른 특별한 사정이 없는 한 조합설립변경인가의 신청 전에 총회를 새로 개최하여 조합정관의 확정·조합임원의 선임 등에 관한 결의를 하는 등의 절차적 요건을 구비하여야 한다. 다만 이 경우 새로 개최된 총회의 의사결정은 종전의 조합설립인가의 신청 전에 이루어진 창립총회의 결의를 추인하는 결의를 하거나 총회의 진행 경과 등에 비추어 그러한 추인의 취지가 포함된 것으로 볼 수 있다.[28]

협의취득에 의하여 소유권을 상실하였던 토지 등 소유자는 새로운 조합설립변경인가처분을 위한 동의의 대상에서 제외되고,[29] 만약 법령의 개정으로 인하여 조합설립인가 당시의 동의율이 완화된 경우 새로이 징구하는 조합설립(변경)동의서의 동의율은 개정된 법령에 따른 동의율을 충족하면 될 것이다.[30]

(2) 후속행위가 있는 경우

당초 조합설립인가처분의 유효를 전제로 당해 재건축조합이 매도청구권 행사, 시공자 선정에 관한 총회 결의, 사업시행계획의 수립, 관리처분계획의 수

---

26) 대법원 2016. 12. 15. 선고 2015두51309 판결, 서울고등법원 2011. 7. 26. 선고 2010누29835 판결, 서울고등법원 2011. 7. 29. 선고 2010누25338 판결
27) 대법원 2014. 5. 29. 선고 2011다46128 판결
28) 대법원 2014. 5. 29. 선고 2013두18773 판결
29) 대법원 2014. 5. 29. 선고 2013두18773 판결
30) 서울고등법원 2010. 4. 16. 선고 2009나34124 판결

립 등과 같은 후속 행위를 하였다면 당초 조합설립인가처분이 무효로 확인되거나 취소될 경우 그것이 유효하게 존재하는 것을 전제로 이루어진 위와 같은 후속 행위 역시 소급하여 효력을 상실하게 된다.[31]

따라서 특별한 사정이 없는 한 위와 같은 형태의 조합설립변경인가가 있다고 하여 당초 조합설립인가처분의 무효확인을 구할 소의 이익이 소멸된다고 볼 수는 없다.[32] 후속행위로 토지등 소유자의 권리.의무에 영향을 미칠 정도의 공법상의 법률관계를 형성시키는 외관이 만들어졌는지 또는 존속되고 있는지 등을 개별적으로 따져 보아야 한다.[33]

조합설립변경인가 이전에 사업시행계획인가를 받고, 분양신청 절차까지 진행한 경우 원고들에게 소의 이익이 있다고 판단한 사례가 있다.[34]

조합설립변경인가 이후 총회에서 신탁사 선정을 추인하고, 사업시행변경인가를 득하였으며, 조합설립변경인가에 기하여 매도청구권을 새로이 행사한 경우 종전 조합설립인가처분의 무효를 다툴 소의 이익이 없다고 판단한 사례가 있다.[35]

(3) 조합설립인가처분과 무효 여부

① 조합설립인가 신청 당시 동의율은 74.68%로서 동의율 75%에 불과 약 0.32% 미달된 사실, ② 2개 동의서의 하자를 알아내기 어려운 점 등에 비추어 동의율 미충족 하자는 그 하자가 중대.명백하다고 보기 어려워 조합설립인가처분의 무효사유가 아니라고 판시한 사례가 있다.[36]

(4) 조합설립변경인가(경미한 사항)과 소의 이익

조합설립변경인가처분은 토지 등 건축물의 매매 등으로 인하여 조합원의 권리가 이전되거나 추가 동의서가 제출되어 동의자 수가 변경되었음을 이유로 하는 것으로서 도시정비법 시행령 제31조 제3호가 정하는 경미한 사항의 변경

31) 대법원 2012. 3. 29. 선고 2008다95885 판결 참조
32) 대법원 2012. 10. 25. 선고 2010두25107 판결, 대법원 2013. 10. 24. 선고 2012두12853 판결, 대법원 2014. 5. 16. 선고 2011두27094 판결
33) 대법원 2013. 11. 28. 선고 2011두30199 판결
34) 서울고등법원 2022. 12. 21. 선고 2021누65646 판결
35) 의정부지방법원 2025. 1. 14. 선고 2024구합11124 판결
36) 서울고등법원 2022. 12. 21. 선고 2021누65646 판결

에 대한 신고를 수리하는 의미에 불과하다.[37] 경미한 사항의 변경에 대하여 행정청이 조합설립의 변경인가라는 형식으로 처분을 하였다고 하더라도, 그 성질은 경미한 사항의 변경에 대한 신고를 수리하는 의미에 불과하다.

경미한 사항의 변경에 대한 신고를 수리하는 의미에 불과한 변경인가처분이 있다고 하더라도 설권적 처분인 조합설립인가처분을 다툴 소의 이익이 소멸된다고 볼 수는 없다.[38]

5. 토지등소유자의 동의서 재사용 특례

(1) 동의서 재사용 특례

조합설립인가(변경인가 포함)를 받은 후에 동의서 위조, 동의 철회, 동의율 미달 또는 동의자 수 산정방법에 관한 하자 등으로 다툼이 있는 경우 조합 또는 추진위원회는 동의서의 유효성에 다툼이 없는 토지등소유자의 동의서를 다시 사용할 수 있다(법 제37조 제1항).

(2) 조합설립인가의 무효 또는 취소소송중인 경우

조합설립인가의 무효 또는 취소소송 중에 일부 동의서를 추가 또는 보완하여 조합설립변경인가를 신청하는 때 조합이 토지등소유자의 동의서를 다시 사용하려면 다음의 요건을 충족하여야 한다(법 제37조 제1항 제1호, 제2항 제1호, 시행령 제35조 제1호).

① 토지등소유자에게 기존 동의서를 다시 사용할 수 있다는 취지와 반대 의사표시의 절차 및 방법을 설명 · 고지할 것

② 60일 이상의 반대의사 표시기간을 ①의 서면에 명백히 적어 부여할 것

(3) 조합설립인가의 무효 또는 취소가 확정된 경우

조합설립인가처분이 법원의 판결에 의하여 취소된 경우에는 추진위원회가

37) 대법원 2010. 12. 9. 선고 2009두4555 판결
38) 대법원 2012. 10. 25. 선고 2010두25107 판결

지위를 회복하여 다시 조합설립인가신청을 하는 등 조합설립추진 업무를 계속 수행할 수 있다.[39]

추진위원회가 토지등소유자의 동의서를 다시 사용하려면 다음의 요건을 충족하여야 한다(법 제37조 제1항 제2호, 제2항 제2호, 시행령 제35조 제2호).

① 조합설립인가의 무효 또는 취소가 확정된 조합과 새롭게 설립하려는 조합이 추진하려는 정비사업의 목적과 방식이 동일할 것

② 조합설립의 무효 또는 취소가 확정된 날부터 3년 내에 새로운 조합을 설립하기 위한 창립총회를 개최할 것

③ 토지등소유자에게 기존 동의서를 다시 사용할 수 있다는 취지와 반대의사 표시의 절차 및 방법을 서면으로 설명·고지할 것

④ 90일 이상의 반대의사 표시기간을 ③의 서면에 명백히 적어 부여할 것

⑤ 정비구역, 조합정관, 정비사업비, 개인별 추정분담금, 신축되는 건축물의 연면적 등 정비사업의 변경내용을 ③의 서면에 포함할 것

⑥ 다음의 변경의 범위가 모두 100분의 10 미만일 것

1) 정비구역 면적의 변경

2) 정비사업비의 증가(생산자물가상승률분 및 현금청산 금액 제외)

3) 신축되는 건축물의 연면적 변경

---

39) 대법원 2016. 12. 15. 선고 2013두17473 판결

6. 조합설립인가취소의 확정과 청산

조합설립인가처분이 법원의 재판에 의하여 취소된 경우 그 조합설립인가처분은 소급하여 효력을 상실하고, 이에 따라 당해 조합 역시 조합설립인가처분 당시로 소급하여 도시정비법상 정비사업을 시행할 수 있는 행정주체인 공법인으로서의 지위를 상실한다.

당해 조합이 조합설립인가처분 취소 전에 도시정비법상 적법한 행정주체 또는 사업시행자로서 한 결의 등 처분은 달리 특별한 사정이 없는 한 소급하여 효력을 상실한다.[40]

조합에 대한 설립인가처분이 무효인 경우라도 사인들의 조합설립행위를 통해 만들어진 단체로서의 실체까지도 부정되는 것이 아니므로, 민법상 법인으로 존속하게 된다.[41]

조합은 조합설립인가 취소의 효력상실로 인한 잔존사무의 처리와 같은 업무를 여전히 수행할 수 있다.

조합설립인가처분이 취소되어 추진위원회의 지위가 회복된 경우 위 추진위원회의 업무는 조합설립인가 신청을 하는 등의 업무에 한정되고, 시공사에 대한 보증금 반환사무는 인가취소된 조합의 청산업무에 해당한다. [42]

---

40) 대법원 2012. 3. 29. 선고 2008다95885 판결은 갑 조합의 조합설립인가처분 취소 전에 이루어진 결의는 소급하여 효력을 상실하였고, 추진위원회의 시공사 선정 결의도 무효라고 판시함. 대법원 2012. 11. 29. 선고 2011두518 판결

41) 서울중앙지방법원 2011. 4. 21. 선고 2009가합99469 판결 유사취지

42) 서울서부지방법원 2021. 9. 17. 선고 2020가합39856 판결

Ⅲ. 토지등소유자의 동의자수 산정방법 등

1. 토지등소유자 수 산정방법

(1) 등기사항전부증명서 기준

토지등소유자는 정비구역안에 소재한 토지 또는 건축물의 소유자 또는 지상권자이다. 토지등소유자에 해당하는지 여부는 당해 정비구역내 토지 등에 대한 소유권 유무를 기준으로 판단하여야 한다.

종전 토지를 기준으로 한 토지등소유자와 환지예정지를 기준으로 한 토지등소유자가 모두 동일하고, 환지처분이 있었다고 볼 수 있을 경우 환지예정지 소유자는 토지등소유자에 포함된다.[43]

소유권이전등기가 경료되지 않은 분양지 지정자들은 토지등소유자 수 산정에서 제외된다.[44]

동의서 작성 당시 소유권이 없었으나 인가신청 이전 소유권을 취득한 경우 위 동의자의 하자가 치유되었다고 판시한 사례가 있다.[45]

(2) 다수 필지 소유자

주거환경개선사업, 재개발사업의 경우 1인이 다수 필지의 토지 또는 다수의 건축물을 소유하고 있는 경우에는 필지나 건축물의 수에 관계없이 토지등소유자를 1인으로 산정한다(시행령 제33조 제1항 제1호 다목).

재건축사업의 경우 1인이 둘 이상의 소유권 또는 구분소유권을 소유하고 있는 경우에는 소유권 또는 구분소유권의 수에 관계없이 토지등소유자를 1명으로 산정한다(시행령 제33조 제1항 제2호 나목).[46]

---

43) 서울고등법원 2011. 6. 9. 선고 2010누17061 판결, 도시개발법 제42조 제4항
44) 서울고등법원 2011. 4. 13. 선고 2010누26034 판결
45) 서울행정법원 2010. 9. 9. 선고 2009구합46481 판결
46) 대법원 2013. 11. 14. 선고 2011두5759 판결

(3) 1세대와 토지등소유자 산정

조합설립인가 이후 수인의 토지등소유자가 1세대에 속하는 경우 그 수인을 대표하는 1인을 조합원으로 산정하나, 이는 조합원의 자격에 관한 규정일 뿐 토지등소유자 동의자 수 산정방법에 어떠한 영향을 미치는 것은 아니다. 따라서 토지등소유자 산정방법에 있어 1세대에 속하는 수인의 토지등소유자를 그 수만큼 산정하여야 한다.[47]

(4) 신탁부동산과 위탁자

신탁업자가 사업시행자로 지정된 경우 토지등소유자가 정비사업을 목적으로 신탁업자에게 신탁한 토지 또는 건축물에 대하여는 위탁자를 토지등소유자로 본다(법 제2조 제9호).

주택재건축사업과 관련하여 부동산에 관하여 담보신탁 또는 처분신탁 등이 이루어진 경우 토지등소유자는 수탁자가 아니라 위탁자로 해석함이 타당하며, 토지등소유자의 자격 및 동의자 수를 산정할 때에는 위탁자를 기준으로 한다.[48]

(5) 비법인사단(종중, 교회, 사찰)의 동의방법

교회(사찰 포함)은 일반적으로 권리능력 없는 사단이고, 그 재산의 귀속형태는 총유로 본다. 따라서 교회재산의 관리와 처분은 그 교회의 정관 기타 규약에 의하되 그것이 없는 경우에는 그 소속교회 교인들 총회의 과반수 결의에 의하여야 한다. 토지나 건축물을 소유한 교회가 재개발조합의 설립 및 사업시행에 대하여 동의를 하는 경우 정관 기타 규약이 없으면 교인들 총회의 과반수 결의에 의하여야 한다.[49]

이에 반해 권리능력 없는 사단은 인감증명을 발급받을 수 있는 제도가 마련되어 있지 아니하므로, 권리능력 없는 사단의 조합설립동의는 도시정비법 제36조 제2항에 규정된 방법에 의할 수는 없고, 권리능력 없는 사단의 대표자가 그 대표자 자격 및 대표자 본인이 작성하였음을 증명하는 개인 인감증명 등의

47) 서울행정법원 2010. 6. 10. 선고 2009구합45433 판결
48) 대법원 2015. 6. 23. 선고 2014두6784, 2014두6791 판결
49) 대법원 2001. 6. 15. 선고 99두5566 판결

서류를 첨부하거나 권리능력 없는 사단의 직인을 날인하고 그 직인의 진정 성립을 증명하는 서류를 첨부하는 등 적절한 방법으로 권리능력 없는 사단을 대표하여 조합설립동의를 하면 된다고 해석한 사례도 있다.[50)]

도시정비법 제36조 제2항이 규정한 서면동의 방법의 입법취지 등을 고려하면, 권리능력 없는 사단이 위와 같은 서면동의의 요건을 갖추어 동의서를 제출한 경우에 그 대표자의 조합설립 동의서 제출 경위, 동의서 제출 전후 권리능력 없는 사단 구성원들의 재건축 추진에 대한 의견, 동의서 제출 이후의 구체적인 정황 등 제반 사정에 비추어 권리능력 없는 사단 구성원들의 총의가 반영되어 동의가 이루어진 것으로 인정될 수 있다면 그 동의를 유효하다.[51)]

행정관청은 비법인단체 명의의 동의서와 인감증명서의 첨부여부 또는 인영의 동일여부만을 심사하면 될 뿐 비법인단체의 총회결의 여부까지 심사하는 것이 아니므로, 비법인단체의 대표자가 총회의 결의 없이 제출한 동의서도 유효하다고 판시한 하급심사례가 있다.[52)]

시장.군수는 법정동의서 외에도 종중 등이 내부적으로 적법한 총회결의를 거쳤는지까지 심사할 의무를 부담하지 않으므로, 종중의 총회결의에 하자가 있더라도 종중 명의 동의서는 유효한다.[53)]

(6) 지상권 설정된 토지

주거환경개선사업, 재개발사업에 있어 토지에 지상권이 설정되어 있는 경우 토지의 소유자와 해당 토지의 지상권자를 대표하는 1인을 토지등소유자로 산정한다(시행령 제33조 제1항 제1호 나목). 위 규정은 지상권자에게 동의 여부에 관한 대표자 선정에 참여할 권한을 부여함으로써 이해관계자를 보호하기 위함이다.

금융기관이 설정한 소위 담보지상권은 민법에서 예정한 진정한 지상권이 아니지만 법상 토지등 소유자 산정시 담보지상권자도 포함하여야 한다.[54)]

---

50) 서울고등법원 2022. 12. 21. 선고 2021누65646 판결
51) 대법원 2014. 5. 29. 선고 2011다46128, 2013다69057 판결
52) 서울고등법원 2010. 10. 14. 선고 2009누37205 판결, 대전고등법원 2009. 2. 12. 선고 2007누2355 판결
53) 서울고등법원 2023. 2. 1. 선고 2021누77717 판결
54) 부산고등법원 2007. 7. 6. 선고 2006누3841 판결

주택재건축사업에 있어 토지에 지상권이 설정되어 있다하더라도 토지 소유자의 동의만으로 족하고, 지상권자와의 대표자선임동의서는 필요하지 않다.[55]

동일인 소유인 토지와 그 지상의 건축물 중 토지에 관하여 지상권이 설정되어 있다 하더라도 토지등소유자 수의 산정에 있어서는 지상권자를 토지의 공유자와 동일하게 취급할 수 없고, 해당 토지와 그 지상 건축물에 관하여 1인의 토지등소유자가 있는 것으로 산정한다.[56]

1인이 소유하는 수필의 토지 전부 또는 일부에 지상권이 설정된 경우 토지등소유자 1인으로 산정한다.

갑이 소유한 토지에 을이 지상권을 설정하였고, 병이 그 지상 건축물을 소유한 경우 토지등소유자 수는 (갑 +을), (병) 2명으로 산정한다.

55) 대전지방법원 2010. 11. 3. 선고 2009구합3837 판결
56) 대법원 2015. 3. 20. 선고 2012두23242 판결

(7) 동의대상 건축물

도시정비법 제2조 제9호 가목 및 제39조 제1항에 의하여 소유자에게 조합원의 자격이 부여되는 건축물이라 함은 원칙적으로 적법한 건축물을 의미한다.[57)]

장기간 사용승인을 받지 못한 건축물은 무허가건축물의 소유자와 크게 다르지 않고, 재개발조합의 정관에서 미사용승인 건축물의 소유주를 조합원으로 인정하는 조항을 두고 있더라도 이는 조합이 적법하게 설립된 이후에야 미사용승인 건축물의 소유주를 조합원으로 인정할 수 있다는 것이므로, 조합설립을 위한 동의자를 계산함에 있어 미사용승인 건축물의 소유자는 토지등소유자에서 제외된다.[58)]

건축물대장에 등록되기 전에 등기관이 집행법원의 등기촉탁에 의하여 미등기건물에 관하여 소유권 처분제한의 등기를 하면서 구분건물의 표시에 관한 등기를 할 경우 그 등기된 시점에 구분소유권이 성립된다. 이러한 경우 토지등소유자로 산정된다.

건축물관리대장은 존재하지만 미등기건축물인 경우 위 건축물은 토지등소유자에 포함되어야 한다.

무허가 건물소유자는 토지등소유자의 수에서 제외된다.[59)]

건축물관리대장 또는 건물등기부등본에 실제하는 건물로 기재되어 있으나, 현재 멸실되어 위 토지상에 건물이 존재하지 않은 경우 해당 건물은 토지등소유자의 수에서 제외된다.[60)]

(8) 소재불명자

소재불명자는 토지등소유자의 수 또는 공유자 수에서 제외한다(시행령 제33조 제1항 제4호). 소재불명자가 소유한 토지면적은 동의 대상 토지면적(정비

---

57) 대법원 2009. 10. 29. 선고 2009두12228 판결, 대법원 2012. 12. 13. 선고 2011두21218 판결

58) 서울고등법원 2023. 2. 1. 선고 2021누77717 판결

59) 대법원 2009. 10. 29. 선고 2009두12228 판결, 대법원 2012. 12. 13. 선고 2011두21218 판결, 서울고등법원 2011. 4. 13. 선고 2010누26034 판결

60) 서울고등법원 2010. 10. 14. 선고 2009누37205 판결, 부산고등법원 2007. 7. 6. 선고 2006누3841 판결

구역 면적)에서 제외된다.[61]

소재불명자를 토지등소유자에서 제외하는 취지는 조합설립 등의 동의 여부에 관한 확인이 어려워 소유자들의 의사를 배제하여 정비사업의 진행을 원활하게 하기 위함이다.[62]

소재불명자의 요건은 ① 토지등기부등본 등 공부상 소유자로 등재될 당시 주민등록번호의 기재가 없고, ② 공부에 기재된 주소가 현재 주소와 상이하며, ③ 소재가 확인되지 않아야 한다.[63]

소재불명자의 확인절차는 도시정비법상 명문의 규정이 없으므로, 공부상 주소와 현재 주소가 상이하면 일응 소재불명자로 볼 수 있다. 또한 시장・군수가 토지소유자에게 소재가 확인되지 않아 종합토지세를 부과하지 못하고 있다면 해당 토지소유자는 소재불명자로 추정될 수 있다.[64]

추진위원회가 해당 토지소유자에게 추진위원회설립동의서를 포함한 우편물을 내용증명우편으로 발송한 후 수취인 불명 등의 사유로 반송되었다면 추진위원회는 해당 토지소유자가 소재불명자임을 증빙하였다고 볼 수 있다.[65]

토지등소유자가 사망한 후 상속등기가 이루어지지 않았다면 사망자의 주민등록번호를 알고 있다하더라도 상속인들의 주민등록번호와 주소, 소재를 파악하기 곤란할 것이다. 또한 추진위원회는 상속인들의 주민등록번호와 주소, 소재를 탐색적으로 조사할 의무를 부담한다고 볼 수 없다. 따라서 사망자의 주민등록번호를 알고 있다 하더라도 상속인들의 주소, 소재를 파악할 수 없다면 위 사망자를 토지등소유자에서 제외하는 것이 타당하다.[66]

토지소유자 A + B + C + D(소재불명)

61) 서울고등법원 2011. 5. 18. 선고 2010누20654 판결
62) 대법원 2017. 2. 3. 선고 2015두50283 판결
63) 서울고등법원 2011. 7. 22. 선고 2010누30231 판결
64) 서울고등법원 2008. 1. 8. 선고 2007누15904 판결
65) 부산고등법원 2007. 7. 6. 선고 2006누3841 판결
66) 대법원 2014. 5. 29. 선고 2012두11041 판결, 서울고등법원 2017. 3. 31. 선고 2016누68832 판결, 서울고등법원 2010. 12. 10. 선고 2010누9572 판결

여러 명의 공유에 속하는 토지의 공유자 중 일부가 소재불명자이면 유효한 조합설립 동의를 할 수 없다는 점에서 토지의 단독소유자가 소재불명자인 경우와 다르지 아니하므로, 공유자 중 일부가 소재불명자인 경우도 단독소유자가 소재불명인 경우와 마찬가지로 조합설립 동의 대상이 되는 토지 또는 건축물 소유자의 수에서 제외하여야 한다.[67)]

(9) 국.공유지

국·공유지에 대해서는 그 재산관리청 각각을 토지등소유자로 산정한다. 이 경우 재산관리청은 동의 요청을 받은 날부터 30일 이내에 동의 여부를 표시하지 않으면 동의한 것으로 본다(시행령 제33조 제1항 제5호).[68)]

종전 대법원 판례에 의하면 별도 반대의사표시가 없는 한 국가 또는 지방자치단체는 동의한 것으로 간주하였다.[69)]

토지대장에는 등재되어 있으나, 등기부에는 등재되지 아니하였고, 토지대장상 그 소유자도 기재되어 있지 않은 경우 위 토지는 소유자를 확인할 수 없는 무주의 부동산이라 할 것이다. 위 무주부동산은 이는 국유재산법에 따라 국유재산의 취득대상이 되므로 국·공유지와 같이 토지소유자 총수 및 동의자 수에 포함되어야 한다.

무주의 부동산이 국·공유지로 편입되기 이전인 경우 소재불명자와 같이 토지등소유자의 수에서 제외할 수 있다.[70)]

한국토지주택공사 또는 한국전력 등 공기업이 소유한 토지는 각각 토지등소유자의 수로 산정하되, 동의서를 제출한 경우에 한해서 동의자로 산정한다.[71)]

---

67) 대법원 2017. 2. 3. 선고 2015두50283 판결
68) 2024. 12. 17. 개정된 법에 따라 동의요청제도가 도입되었음.
69) 대법원 2014. 4. 14. 선고 2012두1419 전원합의체 판결
70) 부산고등법원 2007. 7. 6. 선고 2006누3841 판결
71) 서울고등법원 2023. 2. 1. 선고 2021누77717 판결

(10) 다수 부동산 소유자의 양도

① 추진위원회 승인신청 이전 토지소유자의 수 증감

A토지와 B토지를 소유하고 있던 갑(추진위원회 구성에 동의함)이 추진위원회 승인 신청 이전 A토지를 을에게, B토지를 병에게 각각 매도한 경우 토지등소유자의 수는 을과 병 2인으로 산정하고, 동의자의 수는 승인신청 전 동의철회가 없다면 을과 병 2인으로 산정한다.

② 추진위원회 승인신청 이후 토지등소유자의 수 증감

추진위원회 또는 조합의 정족수 판단은 처분시점이 아닌 '승인신청 당시'를 기준으로 한다.[72] 추진위원회 승인신청 후 처분(승인) 사이의 기간에 토지등 소유자는 언제든지 자신의 토지 및 건축물 등의 처분 등이 가능한데, 추진위원회 신청의 경우 행정청이 처분일을 기준으로 다시 일일이 소유관계를 확인하여 정족수를 판단하기는 현실적으로 어렵기 때문이다.

A토지와 B토지를 소유하고 있던 갑이 추진위원회 승인 신청 이후 A토지를 을에게 매도한 경우 '승인신청 당시'를 기준으로 갑 1인을 토지등소유자로 산정한다.

(11) 동의의 승계

추진위원회의 구성에 동의한 자로부터 토지 또는 건축물을 취득한 자는 추진위원회 구성에 동의한 것으로 본다(시행령 제33조 제1항 제3호). 다만 토지 또는 건축물을 취득한 자는 추진위원회 '승인 신청전까지' 추진위원회 구성 동의를 철회할 수 있고(시행령 제33조 제2항 제1호), 이 경우 철회자는 동의자수에서 제외된다.

조합의 설립에 동의한 자로부터 토지 또는 건축물을 취득한 자는 조합의 설립에 동의한 것으로 본다(시행령 제33조 제1항 제3호). 토지 또는 건축물을 취득한 자는 종전 소유자가 '최초로 동의한 날부터 30일 이전(또는 창립총회 이전)까지' 조합설립동의를 철회할 수 있고(시행령 제33조 제2항 제2호), 이

72) 대법원 2014. 4. 24. 선고 2012두21437 판결

경우 철회자는 동의자 수에서 제외된다.

추진위원회 승인 또는 조합설립인가 당시 토지소유권이 변동되었다 해도 신소유자의 동의서가 아닌 구 토지소유자의 동의서를 제출하였다 해도 구 토지등소유자의 동의는 동의자 수에서 포함된다.[73)]

2. 공유자의 산정방법

(1) 공유자의 산정방법

주거환경개선사업, 재개발사업의 경우 1필지의 토지 또는 하나의 건축물을 여럿이서 공유하는 경우에는 해당 토지 또는 건축물의 토지등소유자의 '4분의 3 이상의 동의'를 받아 이를 대표하는 1인을 토지등소유자로 산정한다(시행령 제33조 제1항 제1호 가목).[74)]

재건축사업의 경우 소유권 또는 구분소유권이 여러 명의 공유에 속하는 경우에는 그 여러 명을 대표하는 1인을 토지등소유자로 산정한다(시행령 제33조 제1항 제2호 가목).

(2) 둘 이상 토지의 공유자가 동일한 경우 등

주거환경개선사업, 재개발사업의 경우 둘 이상의 토지 또는 건축물을 소유한 '공유자가 동일한 경우'에는 그 공유자 수인을 대표하는 1인을 토지등소유자로 산정한다(시행령 제33조 제1항 제1호 라목). '공유자가 동일하지 않은 경우'에는 토지 또는 건축물별 대표하는 1인을 토지등소유자로 산정한다.[75)]

재건축사업의 경우 둘 이상의 소유권 또는 구분소유권을 소유한 공유자가 동일한 경우에는 그 공유자 수인을 대표하는 1인을 토지등소유자로 한다(시행령 제33조 제1항 제2호 다목). 공유자가 동일하지 않은 경우에는 소유권 또는 구분소유권별 대표하는 1인을 토지등소유자로 산정한다.

---

73) 부산고등법원 2007. 7. 6. 선고 2006누3841 판결

74) 2024. 3. 19. 법 개정에 따라 재개발사업에 있어 공유자 4분의 3 이상의 동의를 받아 대표조합원을 선정함.

75) 대법원 2010. 1. 14. 선고 2009두15852 판결

동일 수인이 2필지 이상 토지 또는 2개 이상의 건축물을 공유한 경우 부동산별로 대표자를 동일하게 하거나 다르게 선임하는 것과 관계없이 토지등소유자는 1인으로 산정하여야 한다.[76]

A, B, C가 1필지의 토지를 공유하고, A, B, C, D, E,가 다른 필지의 토지를 공유하고 있는 경우와 같이 수인이 다수 필지의 토지 또는 다수 건축물을 공유하고 있는 경우에는 A, B, C의 공유관계와 A, B, C, D, E의 공유관계는 그 소유형태를 달리하므로 그 소유형태에 따라 토지등소유자의 수를 산정하여야 할 것이다.[77]

(3) 공유자의 동의방법

소유권을 수인이 공동 소유하는 경우에는 그 수인은 대표자 1인을 대표소유자로 지정하고, 대표소유자선임동의서를 작성하여 추진위원회에 신고하여야 한다(운영규정안 제13조 제5항). 조합의 경우에도 대표조합원 선임동의서를 작성하여 조합에 신고하여야 한다(서울시 재개발 표준정관 제10조 제4항).

1필지의 토지 또는 하나의 건축물을 여러 명이 공유하고 있는 경우 ① 공유자 전원의 동의로 선임된 대표자가 조합설립에 동의한 경우, ② 대표자의 선임 없이 공유자 전원이 조합설립에 동의한 경우 ③ 공유자 중 일부만이 대표자를 선정하여 조합설립에 동의하고 나머지 공유자들은 개별적으로 동의한 경우 1인의 토지등소유자가 동의한 것으로 본다.[78]

공유자중 일부만 조합설립에 관하여 동의한 경우에는 유효한 조합설립 동의가 있다고 볼 수 없다.[79] 대표자가 선정되지 않은 상태에서 공유자 일부만이 동의서를 제출하였다면 공유 부동산은 동의면적 산정에서 전부 제외된다.[80]

2024. 3. 19.이후 재개발사업의 경우 공유자 4분의 3 이상이 대표조합원을 선정한 후 위 대표조합원이 조합설립동의서를 제출하면 동의자 수에 포함된다.

76) 대법원 2014. 5. 29. 선고 2012두18677 판결
77) 대법원 2014. 5. 29. 선고 2012두18677 판결
78) 대법원 2017. 2. 3. 선고 2015두50283 판결
79) 대법원 2017. 2. 3. 선고 2015두50283 판결
80) 수원지방법원 2018. 8. 16. 선고 2017구합70145 판결

(4) 다가구주택과 토지등소유자 수 산정

다가구주택은 단독주택이고, 소유형태가 공유이다. 비록 구분소유 부분이 독립된 주거생활을 할 수 있는 구조로 명확히 구별되어 있고 가구별 지분 또는 구분소유등기가 마쳐져 있다고 하더라도, 다가구주택의 구분소유자들은 수인의 공유에 속한다.

서울시 조례의 부칙 제7조에서 다가구주택의 구분소유자들에게 분양대상자로서의 지위를 인정한다 하더라도 다가구주택은 공유자로서 그 수인을 대표하는 1인만을 조합원으로 보아야 한다.[81]

(5) 공유의 여러 형태

① 1개 토지의 단독소유 및 다른 토지를 공유한 경우(2명 산정)[82]

토지소유자 갑　　　토지소유자 갑 + 을

② 1개의 필지 토지와 다른 토지의 지상 위 건축물 소유자가 각각 다른 경우(2명 산정)

토지 소유자 갑　　　토지 소유자 갑 | 건물 소유자 을

81) 서울행정법원 2010. 6. 10. 선고 2009구합45433판결
82) 서울고등법원 2010. 12. 16. 선고 2010누18378 판결

③ 1개 필지 토지와 그 지상 위 건물 형태에서 토지는 갑과 을이 공유하고, 건축물은 갑이 단독 소유한 경우(2명 산정)[83]

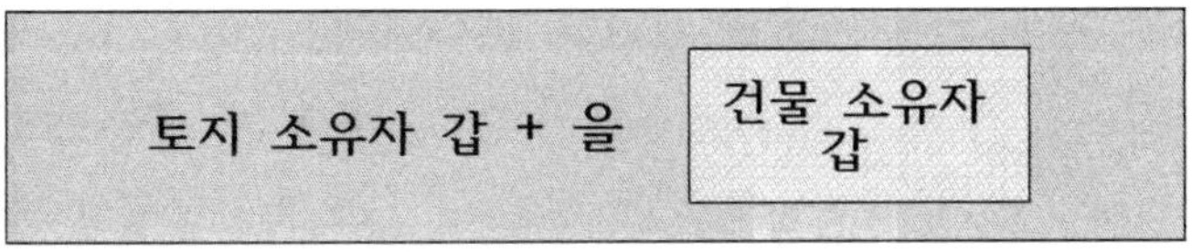

④ 1개 필지 토지 지상위에 갑과 을의 독립된 건물이 각각 있고 토지는 건물소유자 갑과 을을 포함한 병, 정, 무가 공동소유한 경우(3명 산정)

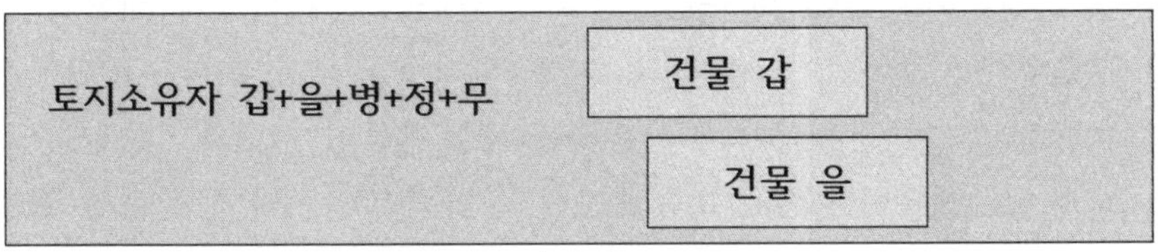

토지의 필지별 또는 토지·건물의 소유자, 공유자가 서로 다를 경우에는 각 부동산별로 1인이 토지등소유자로 산정되어야 하는바,[84] 공유의 여러 형태중 소유형태가 동일하지 않은 경우 각 필지를 별도의 토지등소유자로 산정하여야 한다.

A 부동산은 갑이, B 부동산은 을이, C 부동산은 갑과 을이 공유하는 경우 토지등소유자 2명만 인정한다 해도 갑과 을의 토지등소유자 지위에 아무런 불이익이 없으므로, 이 경우 토지등소유자는 2명으로 산정한다.[85]

---

83) 대법원 2015. 3. 20. 선고 2012두23242 판결
84) 대법원 2010. 1. 14. 선고 2009두15852 판결
85) 광주고등법원 2021. 10. 28. 선고 2020누12215 판결, 서울고등법원 2010. 12. 16. 선고 2010누18378 판결, 서울행정법원 2009구합9192 판결, 2006누3841 판결

3. 1동 건물에 대한 구분소유권

(1) 1동 건물에 대한 구분소유의 성립에 판단기준

1동의 건물에 대한 구분소유의 성립요건은 ① 객관적·물리적인 측면에서 1동의 건물이 존재하고, ② 구분된 건물부분이 구조상·이용상 독립성을 갖추어야 하며, ③ 1동의 건물 중 물리적으로 구획된 건물부분을 각각 구분소유권의 객체로 하려는 구분행위가 있어야 한다.86)

구분건물이 물리적으로 완성되기 전에도 건축허가신청이나 분양계약 등을 통하여 장래 신축되는 건물을 구분건물로 하겠다는 구분의사가 객관적으로 표시되면 구분행위의 존재를 인정할 수 있다.

1동의 건물 및 그 구분행위에 상응하는 구분건물이 객관적·물리적으로 완성되면 아직 그 건물이 집합건축물대장에 등록되거나 구분건물로서 등기부에 등기되지 않았더라도 그 시점에서 구분소유가 성립한다.87)

(2) 상가건물의 구분소유권의 인정 요건

1동의 건물이 여러 개의 건물부분으로 이용상 구분된 경우 그 건물부분(구분점포)는 집합건물법에서 정하는 바에 따라 각각 소유권을 목적으로 할 수 있다(집합건물법 제1조의2 제1항).

각각의 구분소유권이 인정되는 구분점포의 요건은 아래와 같다.

① 판매시설 및 운수시설(집배송시설 제외)일 것,

② 1동의 건물 중 구분점포를 포함하여 판매시설 등의 용도에 해당하는 바닥면적의 합계가 1천㎡ 이상일 것,

③ 경계를 명확하게 알아볼 수 있는 표지를 바닥에 견고하게 설치할 것,

④ 구분점포별로 부여된 건물번호표지를 견고하게 붙일 것

위와 같은 구분점포의 경우에는 각각 구분소유권이 인정되므로, 각각의 구분점포 소유자는 각각 조합원이 될 수 있다.

---

86) 대법원 2016. 6. 28. 선고 2016다1854, 1861 판결

87) 대법원 2019. 11. 15. 선고 2019두46763 판결, 구분소유가 인정된 예 : 서울고등법원 2024. 7. 25. 선고 2023누52934 판결

경계를 명확하게 식별할 수 있는 표지를 바닥에 견고하게 설치하고 구분점포별로 부여된 건물번호표지를 견고하게 부착함으로써 구분소유권의 객체가 될 수 있다.[88]

(3) 구분소유와 등기

1동의 건물에 대한 구분소유의 성립요건이 충족된 경우 공동주택 등이 등기부에 구분건물로 등기되지 않았더라도 구분소유가 성립한다. 공동주택 등이 구분건물이 아닌 일반건물로 등기되어 있는 관계로 구분소유자들이 구분등기를 마치지 못하고 '형식상 공유등기'를 마쳤더라도 '구분소유의 성립이 인정'된다.[89]

이 경우 구분소유자들은 구조상.이용상 독립성을 갖춘 별개의 부동산을 각각 소유한 것이므로, 토지등소유자 수는 공유자 1인이 아니라 구분소유자 모두를 개별로 산정하여야 한다.

(4) 구분건물의 독립성을 상실한 경우

1동의 건물 중 구조상 구분된 수개의 부분이 독립한 건물로서 구분소유권의 목적이 되었으나 그 구분건물들 사이의 격벽이 제거되는 등의 방법으로 각 구분건물이 건물로서의 독립성을 상실하여 일체화되고 이러한 일체화 후의 구획을 전유부분으로 하는 1개의 건물이 되었다면 기존 구분건물에 대한 등기는 합동으로 인하여 생겨난 새로운 건물 중에서 위 구분건물이 차지하는 비율에 상응하는 공유지분 등기로서의 효력만 인정된다.

구조상의 구분에 의하여 구분소유권의 객체 범위를 확정할 수 없는 경우에는 구조상의 독립성이 있다고 할 수 없고, 구분소유권의 객체로서 적합한 요건을 갖추지 못한 건물의 일부는 그에 관한 구분소유권이 성립할 수 없으므로, 건축물관리대장상 독립한 별개의 구분건물로 등재되고 등기부상에도 구분소유권의 목적으로 등기되어 있더라도, 그 등기는 그 자체로 무효이다.[90]

이 경우 추진위원회는 위 구분소유자들이 공유자에 해당되어 토지등소유자

---

88) 대법원 2010. 1. 14.자 2009마1449 결정, 대법원 2018. 3. 30. 자 2017마1291 결정
89) 대법원 2019. 11. 15. 선고 2019두46763 판결
90) 대법원 2020. 2. 27. 선고 2018다232898 판결

를 1인으로 보아야 할 것이다.

(5) 상가건물에 관한 구분소유권이 인정되지 않은 경우

집합건물법상 구분점포의 요건에 해당하지 않고, 구조상.이용상 독립됨이 없이 구획만 정하여 구분소유권으로 이용하는 이른바 상가의 평면매장(예 쇼핑매장 등)의 경우 설사 구분건물로 등기되어 있다하더라도 실질상은 구분건물의 요건을 갖추지 못하고 있으므로, 집합건물법상 구분건물로 행사할 수 없고, 건물부분이 포함된 1동 건물 전체에 대하여 실질관계에 따라 공유관계로 존재하게 된다(상호신탁관계).

이와 같이 구분건물의 요건을 갖추지 못한 평면매장의 각 소유자는 1동 전체의 소유자를 1인의 조합원으로 취급받게 되고, 상호 불가분적 관계로 재건축결의나 매도청구권 행사가 이루어지게 되는 것이 원칙이다.

따라서 이들이 현실적으로 각자 구조상.이용상 독립성을 가지고 있다 하더라도 법률적으로는 1개의 구분소유권에 대한 공유자로 취급되는 것이어서 공유자 전원이 1조합원으로 상가를 공급하게 된다. 따라서 공유자들은 하나의 상가를 공급받은 후에 수개로 나누어 각자 소유하는 방법을 택하여야 할 것이다.

(6) 공용부분과 구분소유권

공동주택의 공용부분인 지하대피소 또는 관리소 등은 본래의 용도가 공용부분으로 제공되는 것이므로 소유권의 객체가 될 수 없고, 집합건물법 제15조에 의한 공용부분의 용도 폐지 결의가 없는 한 공용부분을 주거용으로 개조하였다 해도 소유권의 객체가 될 수 없어 토지등소유자의 수에서 제외된다.[91]

---

91) 대법원 1992. 4. 10. 선고 91다46151 판결

4. 추진위원회 동의자의 조합설립 동의 간주

(1) 조합설립 동의 간주

추진위원회 동의자는 조합의 설립에 동의한 것으로 본다(법 제31조 제3항). 추진위원회의 구성에 동의한 자로부터 토지 또는 건축물을 취득한 자는 추진위원회의 구성에 동의한 것으로 간주되는바(시행령 제33조 제1항 제3호), 위 양수인도 조합의 설립에 동의한 것으로 간주된다.

추진위원회 구성을 위해 토지등소유자의 동의를 받으려는 자는 ① 동의를 받으려는 사항 및 목적, ② 동의로 인하여 의제되는 사항, ③ 반대의사 표시의 절차 및 방법을 설명·고지하여야 한다(법 제31조 제6항, 시행령 제25조 제4항).[92)]

추진위원회는 조합설립인가 신청일 60일 전까지 ① 조합설립에 대한 동의철회(반대의 의사표시 포함) 및 방법, ② 조합설립 동의서에 포함되는 사항을 추진위원회 구성에 동의한 토지등소유자에게 등기우편으로 통지하여야 한다(시행령 제29조 제1항 단서).

(2) 반대 의사표시의 시기제한

조합설립인가 신청전에 시장·군수등 및 추진위원회에 조합설립에 대한 반대의 의사표시를 한 추진위원회 동의자는 조합설립동의자 수에서 제외한다(법 제31조 제3항 단서).

반대의 의사표시는 조합설립동의에 따른 조합설립인가 신청하기 전까지 할 수 있다(시행령 제33조 제2항 제1호). 따라서 조합설립인가 신청 이후 반대 의사표시는 그 효력이 없고, 위 반대 의사표시를 한 토지등소유자는 동의자 수에 포함된다.

(3) 반대의 의사표시의 방법 및 효력발생시기

반대의 의사표시를 하려는 토지등소유자는 동의의 상대방 및 시장·군수등에게 철회서에 토지등소유자의 지장(指章)을 날인하고 자필로 성명을 적은 후

92) 서울행정법원 2011. 4. 1. 선고 2010구합33603 판결

주민등록증 및 여권 등 신원을 확인할 수 있는 신분증명서 사본을 첨부하여 내용증명의 방법으로 발송하여야 한다. 이 경우 시장・군수등이 철회서를 받은 때에는 지체 없이 동의의 상대방에게 철회서가 접수된 사실을 통지하여야 한다(시행령 제33조 제3항).

반대의 의사표시는 철회서가 동의의 상대방에게 도달한 때 또는 시장・군수등이 동의의 상대방에게 철회서가 접수된 사실을 통지한 때 중 빠른 때에 효력이 발생한다(시행령 제33조 제4항).

주택정비사업의 절차적 안정을 위하여 토지등소유자의 동의 및 동의철회의 의사가 명확하게 표시되어야 하므로, 만약 ① 토지등소유자의 지장을 날인하고 자필로 서명하지 않은 경우, ② 신분증명서 사본을 첨부하지 않은 경우, ③ 내용증명우편의 방법이 아닌 경우 토지등소유자의 반대의 의사표시는 효력이 없다.[93)]

5. 동의의 철회

(1) 동의철회의 제한 취지

동의의 철회시기를 제한한 취지는 조합설립인가신청 후 일부 조합원의 동의철회로 그 동안 진행해 왔던 절차가 무용화되는 것을 막고 조합설립절차가 원활하게 진행되도록 하기 위함이다.

동의의 철회를 서면으로 한 취지는 토지등소유자의 동의철회 여부를 명확하게 함으로써 동의철회 여부에 관하여 발생할 수 있는 관련자들 사이의 분쟁을 미연에 방지하기 위함이다. 또한 행정청으로 하여금 조합설립인가신청 전에 제출된 동의철회서에 의하여서만 동의철회 여부를 심사하도록 함으로써 동의여부의 확인에 불필요하게 행정력이 소모되는 것을 막기 위한 데 있다.[94)]

---

93) 서울고등법원 2010. 12. 16. 선고 2010누18378 판결(인감증명서 미첨부로 철회 효력 없음)

94) 대법원 2014. 3. 13. 선고 2012두14095 판결, 대법원 2012. 9. 27. 선고 2010두28649 판결, 대법원 2012. 12. 13. 선고 2011두21218 판결, 대전지방법원 2011. 7. 21. 선고 2010누2874 판결

(2) 동의철회의 시기제한

추진위원회 구성에 동의한 자는 추진위원회 승인 신청 전까지 동의의 철회를 할 수 있다(시행령 제33조 제2항 제1호).

조합설립에 관한 동의는 최초로 동의한 날부터 30일까지만 철회할 수 있다. 조합설립동의서의 내용이 변경되지 아니한 경우 조합설립동의 후 30일이 지나지 않았어도 창립총회 후에는 철회할 수 없다(시행령 제33조 제2항 제2호).

(3) 조합설립동의 사항의 변경된 경우

조합설립에 대한 동의 후 ① 건설되는 건축물의 설계의 개요, ② 정비사업비, ③ 정비사업비의 분담기준, ④ 사업 완료 후 소유권의 귀속에 관한 사항, ⑤ 조합정관이 변경된 경우 조합설립 동의자는 조합설립인가를 신청하기 전까지 철회할 수 있다(시행령 제33조 제2항 제2호 나목).

도시정비법 시행령 제30조 제2항 각호의 사항에 변경이 없다고 인정된다면 토지등소유자가 동의서를 제출한 후에 동의철회서를 다시 제출한 경우에도 위 토지등소유자는 동의자 수에 포함된다.[95)]

도시정비법 시행령 제30조 제2항 각호 사항의 변경이 있었는지 여부는 토지등소유자가 '동의철회서를 제출한 시점'을 기준으로 판단한다. 만약 토지등소유자가 동의철회서를 제출한 이후 동의내용이 변경되었다면 위 동의의 철회는 효력이 없으므로, 위 토지등소유자도 동의자 수에 포함하여야 한다.[96)]

(4) 조합설립동의 사항의 변경 여부 판단

동의서 포함 사항의 내용이 일부 변경되었다고 하더라도 사회통념상 종전의 동의서 포함 사항과의 동일성이 인정되는 경우에는, 여전히 종전의 동의서에 의한 동의는 변경된 내용에 따른 조합설립인가에 대한 동의로서 유효하다고 할 것이고, 토지등소유자는 그 동의서에 의한 동의를 철회할 수 없다.[97)]

---

95) 대법원 2012. 12. 13. 선고 2011두21218 판결, 대법원 2014. 10. 30. 선고 2012두25125 판결

96) 대법원 2012. 12. 13. 선고 2011두21218 판결

97) 대법원 2014. 3. 13. 선고 2012두14095 판결

조합설립동의서에 기재된 설계의 내용(개요)이 정비구역으로 고시된 설계의 내용과 상이하나, 그 차이가 도시정비법 시행령 제13조 제4항의 경미한 사항에 해당되어 실질적인 변경이 아니라면 동의의 철회가 인정되지 않는다.[98]

도시정비법 시행령 제30조 각호의 사항이 변동되었다 하더라도 중요사항의 변경이 없는 경우에는 그 동의철회자를 조합설립인가를 위한 동의자 수에서 제외할 수 없다.[99]

창립총회에서 의결된 조합정관(안)이 조합설립동의서 징구당시 배포한 조합정관(안)과 상이하다 하더라도, 변경된 내용이 도시정비법의 개정에 따른 것이고, 조합원들의 조합설립동의에 영향을 미치는 내용이 아니라면 동의의 철회는 인정되지 않는다.[100]

(5) 철회의 방법 및 효력발생시기

동의를 철회하려는 토지등소유자는 동의의 상대방 및 시장・군수등에게 철회서에 토지등소유자의 지장(指章)을 날인하고 자필로 성명을 적은 후 주민등록증 및 여권 등 신원을 확인할 수 있는 신분증명서 사본을 첨부하여 내용증명의 방법으로 발송하여야 한다. 이 경우 시장・군수등이 철회서를 받은 때에는 지체 없이 동의의 상대방에게 철회서가 접수된 사실을 통지하여야 한다(시행령 제33조 제3항).

시장・군수는 조합설립인가 처분권자임에 비추어 조합설립 동의 철회의 상대방은 추진위원회 뿐만 아니라 행정청도 될 수 있다.[101] 현재 철회자는 동의의 상대방(추진위원회)과 시장・군수등 모두에게 철회서를 보내야 한다.

동의의 철회는 철회서가 동의의 상대방에게 도달한 때 또는 시장・군수등이 동의의 상대방에게 철회서가 접수된 사실을 통지한 때 중 빠른 때에 효력이 발생한다(시행령 제33조 제4항).

정비사업의 절차적 안정을 위하여 토지등소유자의 동의 및 동의철회의 의사가 명확하게 표시되어야 하므로, 만약 ① 토지등소유자의 지장을 날인하고 자

---

98) 서울고등법원 2010. 12. 10. 선고 2010누9572 판결
99) 대전지방법원 2011. 7. 21. 선고 2010누2874 판결
100) 대법원 2012. 12. 13. 선고 2011두21218 판결,
101) 대법원 2010. 7. 8. 선고 2009두4449 판결

필로 서명하지 않은 경우, ② 신분증명서 사본을 첨부하지 않은 경우, ③ 내용증명우편의 방법이 아닌 경우 토지등소유자의 철회는 효력이 없다고 할 것이다.[102)]

또한 토지등소유자의 동의의 철회는 동의철회서 원본에 의하여 이루어져야 한다.[103)]

102) 서울고등법원 2010. 12. 16. 선고 2010누18378 판결(인감증명서 미첨부로 철회 효력 없음)

103) 서울고등법원 2010. 12. 10. 선고 2010누9572 판결, 의정부지방법원 2008. 8. 26. 선고 2008구합1134 판결

제3절 조합설립인가절차

조합설립인가 절차도

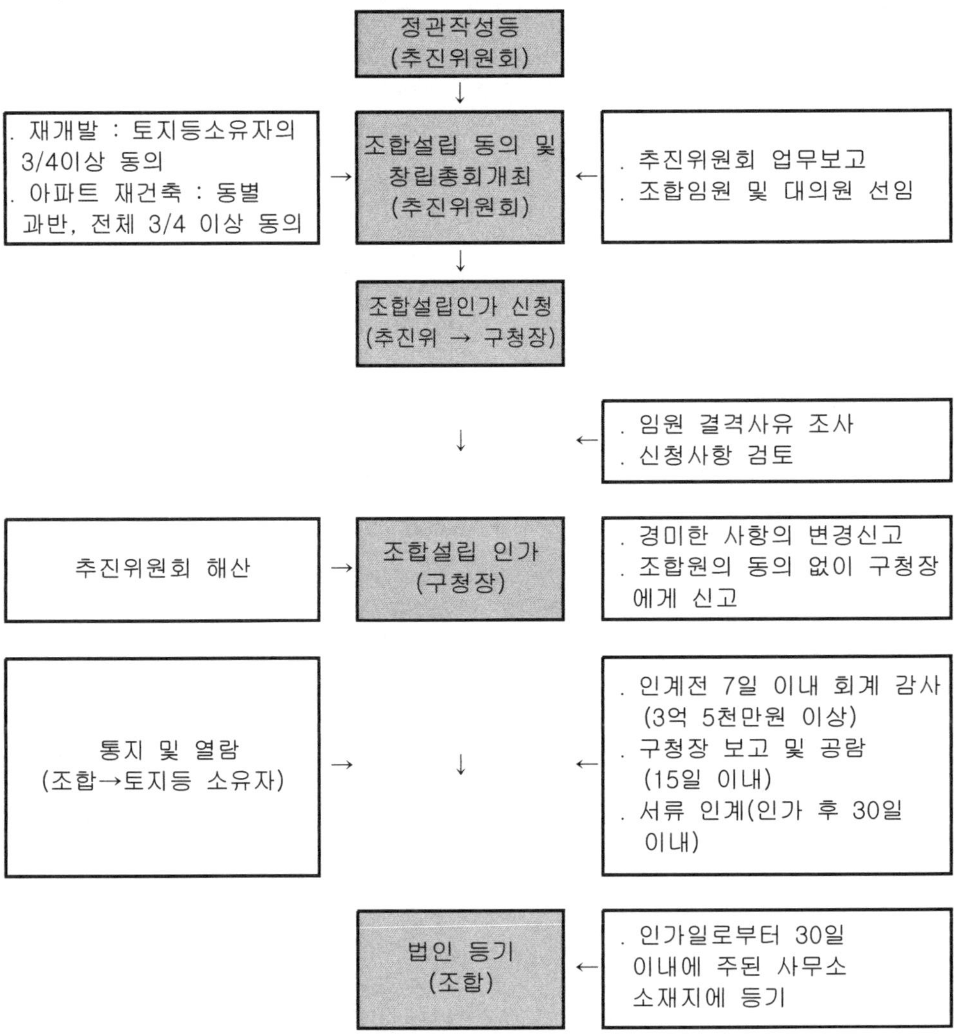

Ⅰ. 조합정관의 확정

1. 조합정관의 작성 및 확정

(1) 설립행위(정관작성)의 성격

민법상 비영리사단법인을 설립하려면, 2인 이상의 설립자가 법인의 내부조직에 관한 근본규칙(정관)을 정하여 서면에 기재하고 기명날인하여야 하며(민법 제40조), 이것이 없는 정관은 무효이다. 이러한 정관의 작성은 다름 아닌 사단법인의 설립행위이다.

정관은 단체자치에 관한 규율로서, 정관이 사원을 구속하는 것은 사원의 자기결정에서 연유되는 것이다. 법인은 기본적으로 정관에 의하여 운영된다.

토지등소유자들은 재건축정비사업조합이라는 법인의 구성원이 되는 지위에 있기 때문에 그 법인의 구성과 조직, 기능, 운영, 의사결정방법, 조합원의 자격과 지위 등의 사항에 관한 근본규칙이 되는 조합정관을 제정할 수 있고, 그 조합정관에 따라 조합을 운영하게 된다.

(2) 필요적 기재사항 및 임의적 기재사항

정관에 반드시 기재하여야 할 사항을 필요적 기재사항이라고 하는데 필요적 기재사항중 어느 한 사항이라도 빠진 경우에는 정관은 무효가 된다. 정관에는 위의 필요적 기재사항 이외에도 조합의 근본규칙이 될 수 있는 사항을 기재할 수 있다. 이러한 사항을 임의적 기재사항이라 하며, 이에 관해서는 특별한 제한은 없다. 그러나 임의적 기재사항도 일단 정관에 기재되면 필요적 기재사항과 동일한 효력이 생기고, 그 변경에는 정관변경의 절차를 밟아야 한다(민법 제42조).

도시정비법 제40조 제1항과 시행령 제38조에서 정관에 기재할 필요적 기재사항을 정하고 있다. 서울시 도시정비조례 제22조에서 필요적 기재사항을 정하고 있다.

(3) 정관의 작성

시・도지사는 필요적 기재사항의 내용이 포함된 표준정관을 작성하여 보급할 수 있다(법 제40조 제2항). 서울특별시는 2024. 11. 7. '서울특별시 공공지원 정비사업조합 표준정관'을 제정 및 보급하고 있다.

위 표준정관은 하나의 예시로 법적 구속력은 없다. 따라서 조합은 조합의 특징과 여건에 따라 관련 조항을 추가, 삭제, 수정하여 달리 규정할 수 있다. 다만 조합원의 권익과 관계되는 사항에 대한 규정완화 등은 치밀한 검토와 전체적인 합의절차 등을 거쳐 신중하게 하는 것이 바람직하며 관계법령에 위반하게 하여서는 아니된다.

서울특별시의 경우 정관은 표준정관을 준용하여 작성함을 원칙으로 한다(서울시 조례 제20조 제1항 제4호). 위 표준정관은 단지 조합이 설립시 정관을 제정함에 있어 참고로 사용하기 위하여 만들어진 것일 뿐 개별 조합이 표준정관과 다른 내용으로 작성한다 해도 그러한 정관 규정의 효력을 부정할 수 없다.

조합은 도시정비법의 강행규정에 위배되지 않거나 선량한 풍속 기타 사회질서에 위반되는 등 사회관념상 현저히 타당성을 잃은 것이 아닌 한 표준정관상의 임원 또는 대의원의 자격요건을 강화[104) 또는 완화[105)할 수 있다.

추진위원회는 조합설립동의서에 "조합정관 간인은 임원 및 감사 날인으로 대체하는 것에 동의함"이란 문구를 삽입하여 조합정관에 조합원의 날인을 생략하고 있으며, 조합설립인가신청시 첨부하는 조합정관에는 임원 및 감사의 날인으로 대체하고 있다.

(4) 창립총회의 조합정관(안) 의결

토지등소유자는 조합정관의 내용을 어느 정도 숙지한 후에 정관에 대하여 동의를 할 수 있을 것이므로, 추진위원회는 토지등소유자에게 조합설립동의서

---

104) 서울서부지방법원 2009. 9. 25.자 2009카합1983 결정, 수원지방법원 안양지원 2010. 10. 22.자 2010카합139 결정

105) 서울고등법원 2010. 11. 23. 선고 2010누18880 판결

를 징구하기 이전 또는 동의서 징구시 조합정관을 제공하여야 한다.

추진위원회는 조합설립인가를 신청하기 전에 조합설립을 위한 창립총회를 개최하여야 하고(법 제32조 제3항), 창립총회의 안건으로 조합정관의 확정을 처리하여야 한다(시행령 제27조 제4항).

창립총회의 안건중 '조합정관의 확정의 건'은 토지등소유자의 과반수 출석과 출석한 토지등소유자 과반수 찬성으로 결의한다. 재건축사업에 있어 토지등소유자는 조합설립에 동의한 자로 한정한다(시행령 제27조 제5항).[106]

철회의 의사표시를 하지 아니한 상태에서 창립총회에서 변경 후 정관안이 조합정관으로 확정되었다면 당초 동의서를 제출하였던 토지 등 소유자들은 조합설립인가 신청시 정관안이 인가관청에 제출되는 것을 예견하였다고 할 것이어서 위 동의자는 변경 후 정관안의 효력을 인정한다는 의사를 표시한 것으로 볼 수 있다.[107]

2. 정관의 효력

(1) 정관의 일반적 효력

조합정관은 조합의 근본규칙을 정한 것으로 그 규정은 내부의 규범으로서 조합원을 구속한다. 현재 대법원은 정관의 법적 성질을 계약이 아니라 자치법규로 보고 있다.[108]

법인의 정관이나 그에 따른 세부사업을 위한 규정 등 단체내부의 규정은 특별한 사정이 없는 한 유효하다. 다만, 그것이 선량한 풍속 기타 사회질서에 위반되는 등 사회관념상 현저히 타당성을 잃은 것이거나 결정절차가 현저히 정의에 어긋난 것으로 인정되는 경우해당 조항은 효력이 없다.[109]

법령의 규정이 강행규정인 경우 정관으로 달리 변경하여 규정할 수는 없다.

---

106) 서울고등법원 2011. 6. 10. 선고 2010누30231 판결, 서울고등법원 2011. 3. 29. 선고 2010누38105 판결
107) 대법원 2014. 1. 16. 선고 2011두12801 판결
108) 대법원 2019. 10. 31. 선고 2017다282438 판결
109) 대법원 2009. 10. 15. 선고 2008다85345 판결

조합정관의 일부 규정이 법령의 강행규정을 위반한 경우에는 그 정관의 규정은 무효이다.[110] 다만 일부 규정에 무효사유가 존재하는 경우에는 정관 자체가 무효로 되는 것은 아니다.

법령의 규정이 임의규정인 경우 조합은 사회관념상 현저히 타당성을 잃은 것이 아니라면 임의규정과 달리 규정할 수 있다.[111] 이 경우 법령의 임의규정보다 조합정관이 우선적으로 적용된다.

시장·군수가 조합에게 정관을 포함하여 조합설립인가를 한 경우 정관은 인가시부터 효력을 발생하며, 총회의 의결이 있었던 때로 소급하지 않는다.[112]

(2) 정관의 효력을 다투는 방법

정관 그 자체의 효력을 다투는 쟁송은 당사자 사이의 구체적인 권리 또는 법률관계의 존부확인을 구하는 것이 아니므로, 사법쟁송의 대상은 아니며, 정관의 규정에 따라 조합원이 어떠한 처분이나 불이익을 받은 경우 해당 정관조문의 무효를 주장하면서 그 처분의 무효를 주장하는 방법으로 권리구제를 받게 된다.

시장·군수의 정관개정에 대한 변경인가는 그 대상이 되는 기본행위를 보충하여 법률상 효력을 완성시키는 행위로서, 이러한 인가를 받지 못한 경우 변경된 정관은 효력이 없다.[113] 즉 정관변경절차 자체에 하자가 있는 경우 정관변경절차 자체를 다투어야지, 정관변경에 대한 인가처분을 대상으로 다툴 수 없다.

정관은 객관적인 기준에 따라 그 규범적인 의미 내용을 확정하는 법규해석의 방법으로 해석되어야 한다. 작성자의 주관이나 해석 당시의 사원의 다수결에 의한 방법으로 자의적으로 해석될 수는 없다. 따라서 어느 시점의 조합원들이 정관의 규범적인 의미 내용과 다른 해석을 조합원총회의 결의라는 방법으로 표명하였다 하더라도 그 결의에 의한 해석은 그 조합의 구성원인 조합원들이나 법원을 구속하는 효력이 없다.[114]

---

110) 대법원 1994. 10. 25. 선고 93다50635 판결
111) 대법원 2007. 7. 24. 자 2006마635 결정
112) 대법원 2014. 7. 10. 선고 2013도11532 판결
113) 대법원 2007. 7. 24.자 2006마635 결정

(3) 조합의 정관위반과 협력업체의 손해배상청구

주택재개발 정비사업조합의 단체 내부를 규율하는 자치법규인 정관에서 정한 사항은 원칙적으로 해당 조합과 조합원을 위한 규정이고, 조합 외부의 제3자를 보호하거나 제3자를 위한 규정이라고 볼 수 없다.

조합이 정관 규정을 위반하였다고 하더라도 특별한 사정이 없는 한 그 정관 위반행위만으로 바로 조합 외부의 제3자에 대한 불법행위책임을 물을 수는 없다.[115)]

114) 대법원 2000. 11. 24. 선고 99다12437 판결

115) 대법원 2019. 10. 31. 선고 2017다282438 판결

Ⅱ. 조합설립동의서의 작성 및 징구

1. 서면동의서 등

서면동의서에 의한 동의사항은 아래의 표와 같다(법 제36조 제1항).

추 진 절 차	법 적 근 거
정비구역등 해제의 연장 요청	법 제20조제6항제1호
정비구역의 해제에 동의	법 제21조제1항제4호
주거환경개선사업의 시행자를 토지주택공사등으로 지정	법 제24조제1항
토지등소유자의 재개발사업 시행	법 제25조제1항제2호
재개발사업·재건축사업의 공공시행자 또는 지정개발자 지정	법 제26조 또는 제27조
추진위원회 구성	법 제31조제1항
추진위원회의 업무가 토지등소유자의 비용부담을 수반하거나 권리·의무에 변동	법 제32조제4항
조합 설립	법 제35조제2항부터 제5항
주민대표회의 구성	법 제47조제3항
토지등소유자의 사업시행계획인가신청	법 제50조 제6항
사업시행자의 사업시행계획서 작성	법 제58조제3항
동의한 사항의 철회	법 제36조 제1항
반대의 의사표시	법 제36조 제1항, 제26조 제1항제8호 단서, 제31조 제3항 단서 및 제47조 제4항 단서

2. 조합설립동의서의 작성

(1) 서면동의 또는 전자서명동의

조합설립동의는 서면동의서 또는 전자서명동의서를 제출하는 방법으로 한다. 전자서면동의서는 '전자문서 및 전자거래 기본법' 제2조 제1호에 따른 전자문서에 '전자서명법' 제2조 제2호에 따른 전자서명을 한 동의서를 말한다(법 제36조 제1항). 전자서면동의서는 2024. 12. 3. 도입되었다.

도시정비법 시행규칙 별지 제6호 서식 조합설립동의서(재개발사업, 재건축사업)에서 동의서 양식을 정하고 있다(시행규칙 제8조 제3항).

조합설립에 대한 동의를 서면동의서에 의하도록 한 취지는 서면에 의한 토지등소유자 등의 동의 여부를 명확하게 함으로써 동의 여부에 관하여 발생할 수 있는 관련자들 사이의 분쟁을 미연에 방지하고 나아가 행정청으로 하여금 조합설립인가 신청시에 제출된 동의서에 의하여서만 동의 요건의 충족 여부를 심사하도록 함으로써 동의 여부의 확인에 불필요하게 행정력이 소모되는 것을 막기 위한 데 있다.[116]

(2) 동의내용

조합설립에 대한 동의는 국토교통부령으로 정하는 동의서에 동의를 받는 방법에 따르며(시행령 제30조 제1항), 조합설립동의서에는 ① 건설되는 건축물의 설계의 개요, ② 정비사업비, ③ 정비사업비의 분담기준, ④ 사업 완료 후 소유권의 귀속에 관한 사항, ⑤ 조합정관이 포함되어야 한다(시행령 제30조 제2항).

조합설립동의서상 '건설되는 건축물의 설계의 개요'는 정비계획의 내용에 따라 기재한다. 신축건축물의 설계는 조합원의 선호 평형의 변경, 법령의 개정, 주택시장의 변화 등 내·외부적인 사정에 의해 변동되므로, 조합설립동의 당시에는 설계의 개요만을 적시하면 된다.

---

116) 대법원 2010. 1. 28. 선고 2009두4845 판결, 대법원 2011. 11. 10. 선고 2011두14883 판결, 대법원 2012. 12. 27. 선고 2010다85379 판결

조합설립동의서상 '정비사업비'는 토지등소유자가 조합설립의 동의 여부에 지장이 없을 정도의 범위 내에서 추진위원회가 예상 가능한 비용을 검토한 후 개략적으로 정하면 될 것이다.

조합설립동의서상 정비사업비 산정의 구체적인 근거까지 포함되도록 정하지 않고 있는바, 조합설립동의서에 기재된 건축물의 철거 및 신축에 소요되는 비용의 개략적인 금액을 산정함에 있어 일부 비용항목이 누락되었거나 하자가 있다 하더라도 조합설립인가처분의 위법사유에 해당한다고 볼 수 없다.[117)]

정비사업비가 사정변경에 따라 장래 어느 정도 증감되어도 조합설립동의의 효력에는 영향이 없다.[118)]

조합설립동의서상 정비사업비의 분담기준에 관한 예시는 다음과 같다.

분양대상자별 분담금 추산방법(예시)

분양대상자별 분담금 추산액 = 분양예정인 대지 및 건축물의 추산액 - (분양대상자별 종전의 토지 및 건축물의 가격 × 비례율*)

* 비례율 = (사업완료 후의 대지 및 건축물의 총 수입 - 총사업비) / 종전의 토지 및 건축물의 총 가액

조합설립동의서상 '사업 완료 후 소유권 귀속에 관한 사항'은 신건물의 각 전유부분을 조합원에게 어떠한 방법으로 귀속(배정)시킬 것인가에 관한 사항이다. 위 소유권 귀속사항은 구체적으로 결정되어야 할 필요는 없고, 장래 신건물을 어떻게 확정하여 귀속시킬 것인가에 관한 기준을 정하면 족하다.

신축 건축물의 배정은 토지소유자의 의사가 최대한 반영되도록 하되, 같은 면적의 주택 분양에 경합이 있는 경우에는 종전 토지 및 건축물의 가격 등을 고려하여 우선 순위를 정하거나 추첨에 따르는 등 구체적인 배정방법을 정하

117) 서울고등법원 2011. 6. 10. 선고 2010누30231 판결
118) 부산고등법원 2009. 1. 23. 선고 2008누3883 판결

여 향후 관리처분계획을 수립할 때 분양면적별 배분의 기준이 되도록 정하여야 한다.

위 동의서 양식의 '정비사업비의 분담기준' 및 '사업 완료 후 소유권 귀속에 관한 사항'의 내용은 적법하다.[119] 즉 추진위원회가 법정동의서에 의하여 토지등소유자로부터 조합설립 동의를 받았다면 그 조합설립 동의는 도시정비법령에서 정한 절차와 방식을 따른 것으로서 적법·유효하다.[120]

3. 추정분담금의 제공

(1) 추정분담금 자료 제공

추진위원회는 조합설립에 필요한 동의를 받기 전에 ① 토지등소유자별 분담금 추산액 및 산출근거, ② 그 밖에 추정 분담금의 산출 등과 관련하여 시·도 조례로 정하는 정보를 토지등소유자에게 제공하여야 한다(법 제35조 제10항, 시행령 제32조).

추정분담금의 제공취지는 토지등소유자가 조합설립에 동의할 때 표준동의서에 기재된 내용만으로는 정비사업 참여에 따른 개략적인 비용분담액을 예측하는 데에 어려움이 있고, 사업시행인가 또는 관리처분계획인가를 할 때 조합원 비용분담액이 원래보다 크게 증가하는 등의 문제가 발생하므로, 토지등소유자가 정비사업으로 부담하게 될 비용을 보다 정확하게 예측할 수 있도록 하려는 것이다.

서울시의 경우 추진위원장 또는 조합임원은 조합설립 동의 시부터 최초로 관리처분계획을 수립하는 때까지 사업비에 관한 주민 동의를 받고자 하는 경우에는 분담금 추정 프로그램에 정비계획 등 필요한 사항을 입력하고, 토지등소유자가 개략적인 분담금 등을 확인할 수 있도록 하여야 하며, 토지등소유자에게 개별 통보하여야 한다. 추진위원장 또는 조합임원은 토지등소유자에게

119) 대법원 2010. 2. 25. 선고 2009다66686 판결, 대법원 2010. 4. 8. 선고 2009다10881 판결, 대법원 2010. 7. 15. 선고 2009다63380 판결

120) 대법원 2020. 9. 7. 선고 2020두38744 판결

동의를 받고자 하는 사업비의 내용과 부합하게 자료를 입력하여야 한다.[121]

(2) 추정분담금 산정의 적정성

추진위원회가 토지 등 소유자별 분담금 추산액이나 비례율에 관하여 어떤 구체적인 수치나 자료를 제시한다고 하더라도 그것은 예측・전망치일 뿐이고, 그러한 예측・전망이 합리적이고 타당한지를 행정청이나 법원이 심사하는 것은 적절하지도 않다.

토지등소유자별 분담금 추산액을 산정함에 있어 일부 비용항목이 누락되었거나 하자가 있다하더라도 추정분담금 제공의무 위반으로 인한 조합설립인가 처분의 위법사유에 해당한다고 볼 수 없다.

(3) 추정분담금과 조합설립동의서

조합설립동의서 양식에 토지 등 소유자별로 구체적인 분담금 추산액이 기재되지 않았다거나 추진위원회가 그 서식 외에 토지 등 소유자별로 분담금 추산액 산출에 필요한 구체적인 정보나 자료를 충분히 제공하지 않았다는 사정만으로 개별 토지 등 소유자의 조합설립 동의를 무효라고 볼 수는 없다.[122]

조합설립에 동의한 것으로 의제되는 추진위원회 동의자가 추진위원회로부터 추정분담금 등에 관한 정보를 제공받았고, 조합설립인가를 신청하기 전까지 반대의 의사표시를 하지 않았을 경우 동의한 것으로 의제되는 사항에 변동이 있다 하더라도 추진위원회는 위 조합설립 동의 의제자로부터 별도로 조합설립동의서를 징구하지 않아도 된다.

이에 반해 법제처는 동의한 것으로 의제되는 사항에 변동이 생기거나 중요한 내용이 추가된 경우 조합설립 동의 의제자로부터 다시 조합설립에 필요한 동의를 받도록 하고 있다.[123]

---

121) 서울시 조례 제80조

122) 대법원 2020. 9. 7. 선고 2020두38744 판결, 대법원 2014. 4. 24. 선고 2012두29004 판결, 서울고등법원 2023. 2. 1. 선고 2021누77717 판결

123) 법제처 2017. 6. 22. 회신 17-0123호 사례

4. 조합설립동의서와 검인

(1) 서면동의서(조합설립동의서)와 검인

조합설립동의에 관한 서면동의서 또는 전자서명동의서를 작성하는 경우 시장·군수로부터 검인 또는 확인한 동의서를 사용하여야 한다(법 제36조 제3항).[124)]

서면동의서(조합설립동의서)에 검인(檢印)을 받으려는 자는 조합설립동의서에 ① 건설되는 건축물의 설계의 개요, ② 정비사업비, ③ 정비사업비의 분담기준, ④ 사업 완료 후 소유권의 귀속에 관한 사항, ⑤ 조합정관을 기재한 후 관련 서류를 첨부하여 시장·군수등에게 검인을 신청하여야 한다(시행령 제34조 제1항).

시장·군수등은 서면동의서 기재사항의 기재 여부 등 형식적인 사항을 확인하고 해당 서면동의서에 연번(連番)을 부여한 후 검인을 하여야 한다. 시장·군수등은 신청일부터 20일 이내에 신청인에게 검인한 서면동의서를 내주어야 한다(시행령 제34조 제2항, 제3항).

연번 부여 제도의 취지는 동의서 발행매수를 제한함으로서 동의서를 임의적으로 사용하는 것을 방지하기 위함이다.[125)]

(2) 지장날인 및 신분증명서 사본 첨부

서면동의서(조합설립동의서)에 토지등소유자가 성명을 적고 지장을 날인하는 방법으로 하며, 주민등록증, 여권 등 신원을 확인할 수 있는 신분증명서의 사본을 첨부하여야 한다(법 제36조 제1항).

토지등소유자가 해외에 장기체류하거나 법인인 경우 등 불가피한 사유가 있다고 시장·군수등이 인정하는 경우에는 토지등소유자의 인감도장을 찍은 서

---

124) 부칙(2017. 2. 8.) 제8조 제1항 : 2016년 7월 28일 후 최초로 정비계획을 수립하는 경우부터 적용함.
제2항 : 제35조제2항부터 제5항까지의 개정규정에 해당하는 때에는 2016년 7월 28일 후 제31조제1항의 개정규정에 따라 최초로 추진위원회 승인을 받은 경우부터 적용함. 이 경우 종전의 규정에 따른 추진위원회 동의자의 서면동의서는 제31조제2항의 개정규정에 따라 유효한 것으로 봄.

125) 서울행정법원 2020. 10. 30. 선고 2020구합51631 판결

면동의서에 해당 인감증명서를 첨부하는 방법으로 할 수 있다(법 제36조 제2항).

(3) 전자서면동의서와 검인

전자서면동의서의 확인을 받으려는 자는 시장.군수등에게 다음의 사항에 대한 확인을 신청해야 한다(시행령 제34조 제4항).

① 전자서명동의서의 보관 및 위조 · 변조 방지에 관한 사항

② 전자서명동의서를 다음의 어느 하나에 해당하는 방법에 따라 작성한 사실

- 서면동의서를 정보처리시스템에 의하여 전자적 형태로 변환하는 방법
- 정보처리시스템에 의하여 전자적 형태로 작성하는 방법

③ 전자적 형태로 작성하는 방법으로 작성된 전자서명동의서의 경우 동의서에 기재할 사항의 기재 여부 등 형식적인 사항을 갖추었다는 사실

시장 · 군수등은 신청일부터 20일 이내에 신청인에게 전자서명동의서의 확인결과를 알려주어야 한다. 이 경우 시장 · 군수등은 전자적 형태로 작성하는 방법으로 작성된 전자서명동의서에 대해 연번을 부여해야 한다(시행령 제34조 제5항).

전자서명동의서의 본인확인은 전자서명인증사업자가 제공하는 본인확인의 방법을 따라야 한다(시행령 제34조 제6항).

(4) 검인 없는 동의서 효력

추진위원회 구성 동의서 및 조합설립동의서에 검인 또는 확인을 받지 아니한 동의서는 그 효력이 발생하지 아니한다(법 제36조 제3항).

5. 재개발・재건축조합의 동의요건

(1) 주택단지의 범위

도시정비법 제2조 제7호는 주택법 제2조 제6호와 달리 주택단지에 대하여 별도로 규정하고 있다.

도시정비법상 주택단지는 주택 및 부대시설・복리시설을 건설하거나 대지로 조성되는 일단의 토지로서 다음의 어느 하나에 해당하는 일단의 토지를 말한다(법 제2조 제7호).

① 주택법 제15조에 따른 사업계획승인을 받아 주택 및 부대시설・복리시설을 건설한 일단의 토지

② ①에 따른 일단의 토지 중 도시・군계획시설인 도로나 그 밖에 이와 유사한 시설로 분리되어 따로 관리되고 있는 각각의 토지

③ ①에 따른 일단의 토지 둘 이상이 공동으로 관리되고 있는 경우 그 전체 토지

④ 도시정비법 제67조에 따라 분할된 토지 또는 분할되어 나가는 토지

⑤ 건축법 제11조에 따라 건축허가를 받아 아파트 또는 연립주택을 건설한 일단의 토지

'주택법 제16조의 규정에 의하여 사업계획승인을 얻어 주택과 부대.복리시설을 건설한 일단의 토지'와 관련 1981. 8. 24. 이전 50세대 이상의 공동주택은 주택단지에 포함되고, 1981. 8. 24. - 2014. 6. 11. 20세대 이상, 2014. 6. 11. 이후 30세대의 공동주택이 주택단지에 포함될 것이다.

도시정비법상 하나의 주택단지에 해당하는지 여부는 당해 주택의 건설사업 또는 당해 주택이 건립된 부지의 대지조성사업을 할 당시 하나의 사업계획으로 승인받아 주택이 건설되거나 대지가 조성되었는지 여부에 의해 결정된다.[126)]

도시정비법 제2조 제7호 마목과 관련 건축법 제2조 제2항 제2호, 건축법 시행령(2009. 4. 21. 대통령령 제21445호로 개정되기 전의 것) 제3조의4 [별표1]

---

126) 대법원 2005. 6. 24. 선고 2003다55455 판결, 대법원 2010. 4. 8. 선고 2009다10881 판결, 대법원 2024. 9. 27.선고 2024다244762 판결

2. 나.에 의하면 연립주택은 주택으로 쓰는 1개 동의 바닥면적 합계가 660㎡를 초과하고, 층수가 4개층 이하인 주택을 말한다.[127)]

도시정비법 제2조 제7호 가목과 다목에 따른 주택단지에 각각 해당하는 경우, 사업시행자는 사업시행 대상 정비구역을 다목에 따른 주택단지로 정할 것인지 또는 가목에 따른 주택단지로 정할 것인지 여부를 토지등소유자들의 의사에 따라 자유롭게 선택할 수 있다.[128)]

재건축조합이 사업구역 내 토지들의 소유자인 교회를 상대로 매도청구권을 행사하였는데, 교회가 도시정비법 제35조 제4항에 따른 '주택단지가 아닌 지역' 안의 토지소유자의 동의를 얻지 아니한 조합에 대한 조합설립인가처분이 무효라고 주장한 사안에서, 위 토지들이 '주택단지가 아닌 지역'에 해당할 여지가 있더라도 조합설립인가처분 당시를 기준으로 위 토지들이 하나의 사업계획으로 승인받아 개발되었는지에 관한 사실관계나 도시정비법 제35조 제4항에 따른 동의요건을 갖추지 아니한 하자가 있음이 객관적으로 명백하였다고 보기 어렵다고 한 사례가 있다.[129)]

(2) 재건축조합의 동의요건

주택단지내 공동주택의 재건축조합 동의요건은 ① 각 동별 구분소유자의 과반수 동의와 ② 주택단지의 전체 구분소유자의 70% 이상 및 토지면적의 70% 이상[130)]의 토지소유자의 동의이다(법 제35조 제3항).

구분소유자의 토지면적은 전체 대지면적에 집합건물의 전유부분의 총면적(즉 공용부분을 제외한 나머지 면적의 합계)분의 구분소유자 개개인의 전유부분의 면적의 비율을 곱하여 산정한다.

다세대주택 등 집합건물의 대지의 경우 조합설립에 동의한 구분소유자 각자의 대지사용권에 해당하는 면적은 동의한 토지면적으로 산정된다.[131)]

---

127) 대법원 2014. 5. 16. 선고 2011두27094 판결, 서울행정법원 2010. 7. 1. 선고 2010구합5134 판결, 수원지방법원 2010. 10. 28. 선고 2009구합13345 판결
128) 서울고등법원 2022. 5. 11. 선고 2020누59200 판결
129) 대법원 2024. 9. 27.선고 2024다244762 판결
130) 2025. 1. 31. 법 개정으로 주택단지 전체의 동의율은 70%임(시행일 2025. 5. 1.)
종전 : 주택단지 전체 구분소유자의 3/4 이상 + 토지면적의 3/4 이상의 토지소유자
131) 서울행정법원 2010. 9. 9. 선고 2009구합46481 판결

동별 동의요건과 관련 복리시설의 경우에는 주택단지의 복리시설 전체를 하나의 동으로 보는바(법 제35조 제3항), 주택단지내 여러 개의 상가동, 유치원, 교회 등 복리시설이 있는 경우 전체의 복리시설을 하나의 동으로 보아 동별 구분소유자의 과반수 이상의 동의만 얻으면 된다.

공동주택의 각 동별 구분소유자가 5 이하인 경우는 해당 동의 과반수 동의요건이 제외된다(법 제35조 제3항).

(3) 복리시설의 구분소유자 증가와 1/3 이상 동의

기본계획의 수립.고시일[132] 이후로서 시.도지사가 따로 정하는 날[133]의 다음 날부터 조합설립인가 신청일까지 복리시설의 구분소유자가 증가한 경우 해당 복리시설의 동의율은 3분의 1 이상이다(법 제35조 제3항, 시행령 제30조 제3항).

다음의 요건을 모두 갖춘 경우에는 구분소유자가 증가한 경우로 보지 않으므로, 복리시설의 과반수 동의가 필요하다(시행령 제30조 제3항 단서).

① 영업 등 해당 복리시설의 용도로 사용하기 위해 집합건물법 제2조 제3호에 따른 전유부분을 분할하였을 것

② ①호에 따라 분할된 전유부분을 조합설립인가 신청일까지 영업 등 해당 복리시설의 용도로 사용하고 있을 것

(4) 단독주택지 포함된 재건축사업

주택단지가 아닌 지역이 재건축정비구역에 포함된 때에는 주택단지가 아닌 지역의 토지 또는 건축물 소유자의 4분의 3 이상 및 토지면적의 3분의 2 이상의 토지소유자의 동의를 받아야 한다(법 제35조 제4항).

주택단지와 주택단지가 아닌 지역이 하나의 정비구역으로 지정된 경우 주택단지에 대해 도시정비법 제35조 제3항의 요건과 주택단지가 아닌 지역에 대해

132) ① 노후계획도시정비사업의 경우에는 노후계획도시정비기본계획의 수립、고시일
② 도시재정비특별법에 따라 기본계획의 수립이 의제되는 경우에는 재정비촉진계획의 결정、고시일

133) ① 따로 정하는 날이 없는 경우에는 정비구역의 지정、고시일
② 정비구역의 지정이 의제되는 노후계획도시특별정비구역의 지정、고시일
③ 정비구역의 지정이 의제되는 재정비촉진계획의 결정、고시일

도시정비법 제35조 제4항의 요건을 모두 충족하여야 할 것이다.[134)]

도시정비법 제35조 제4항 소정의 '토지 또는 건축물 소유자'는 정비구역 안의 토지 및 건축물의 소유자뿐만 아니라 토지만을 소유한 자, 건축물만을 소유한 자 모두를 포함하는 의미이다.[135)]

(5) 정비구역내 일부 주택단지만 있고 대부분 단독주택지인 경우

단독주택지 재건축정비구역내 주택단지가 다수 존재할 경우 개별 주택단지별로 동의율을 판단하는 것이 아니라, 일정한 정비구역 안에 존재하는 주택단지들 전체를 일괄하여 그 모든 주택단지에 대한 동의율을 판단한다.[136)]

정비구역이 '대부분 주택단지가 아닌 지역이고 일부만이 주택단지로 구성된 경우'에 해당하는 경우 조합설립인가처분을 함에 있어서 도시정비법 제35조 제4항에 규정된 정비구역 전체 '토지 또는 건축물 소유자의 4분의 3 이상 및 토지면적의 3분의 2 이상의 동의' 요건을 구비하면 되고 별도로 도시정비법 제35조 제3항의 규정에 따른 동의요건을 구비해야 한다고 볼 수는 없다.[137)]

(6) 토지분할과 조합설립동의요건

도시정비법 제67조에 따라 주택단지 안의 일부 토지(예 상가부지)를 분할하려는 경우 정비구역에서 제외된 부분에 위치한 상가의 구분소유자도 조합설립에 동의권을 가지고 있고, 위 상가소유자에 대한 동의 없이 조합설립동의 요건을 충족하지 못한 경우 해당 조합설립인가는 무효이다.[138)]

다만, 도시정비법 제67조 제4항에 따라 추진위원회가 법원에 토지분할을 청구하고, 건축위원회의 심의를 거쳐 조합설립인가를 하였다면 해당 조합설립인가처분은 적법하다.

---

134) 대법원 2012. 10. 25. 선고 2010두25107, 대법원 2014. 5. 16. 선고 2011두27094 판결
135) 대법원 2012. 10. 25. 선고 2010두25107 판결
136) 서울고등법원 2019. 7. 9. 선고 2018누69525 판결 (대법원 상고기각)
137) 대전고등법원 2011. 7. 14. 선고 2010누2645, 2010누2782 판결
138) 서울고등법원 2019누47218 판결

(7) 존치구역, 2 이상 주택단지

정비구역내 존치지역이 있을 경우 도시정비법 제35조 제4항의 동의요건을 판단함에 있어 존치지역의 면적도 포함하여야 하며, 임의로 위 존치지역의 면적을 제외하여서는 아니 된다.[139]

재건축사업 정비구역 내에 둘 이상의 주택단지가 있고, 각 주택단지에 복리시설이 있는 경우, 도시정비법 제35조 제3항의 각 동별 동의 요건과 관련하여 해당 정비구역 내 전체 복리시설을 하나의 동으로 보고 그 전체 구분소유자의 과반수 동의를 받아야 한다.[140]

(8) 재개발조합의 동의요건

재개발조합의 동의요건은 토지등소유자의 4분의 3 이상 및 토지면적의 2분의 1 이상의 토지소유자의 동의이다(법 제35조 제2항).

'토지등소유자'는 토지 또는 건축물의 소유자 또는 그 지상권자이므로, 토지 또는 건축물 전체의 소유자의 4분의 3 이상의 동의를 받아야 한다.

(9) 도시정비법의 동의율 개정과 적용법령

행정처분은 원칙적으로 처분시의 법령에 근거하여 행하여져야 하고, 법령의 개정으로 그 기준이 변경된 경우에는 달리 특별한 정함이 없는 한 처분시의 개정법령에서 규정하고 있는 기준이 적용되어야 한다.

조합설립인가신청후 조합설립인가전 조합설립인가의 동의율이 변경된 경우 조합설립인가의 동의율은 조합설립인가 처분 당시의 법령에 따라야 한다.[141]

139) 대법원 2014. 5. 16. 선고 2011두27094 판결
140) 법제처 2022. 9. 30. 회신 22-0376호 사례
141) 대법원 2008. 3. 13. 선고 2006두2954 판결, 대법원 2001. 3. 15. 선고 99두4594 판결, 대법원 2000. 3. 10. 선고 97누13818 판결

Ⅲ. 창립총회의 준비 및 개최

1. 창립총회의 법적 근거 등

창립총회는 단체의 조직을 형성하기 위하여 소집되는 총회로서, 추진위원회가 조합설립인가를 신청하기 전에 조합설립을 위한 창립총회를 개최하여야 한다. 추진위원회를 구성하지 않는 경우 토지등소유자가 창립총회를 개최한다(법 제32조 제3항).

창립총회에서 결의된 사항은 조합의 총회결의에 해당하지 않고, 추진위원회의 주민총회의 결의에 해당한다.[142] 이에 반해 하급심에서는 창립총회도 조합의 조합원 총회로 볼 수 있다고 판시한 사례가 있다.[143]

추진위원회 또는 토지등소유자는 조합설립에 대한 동의요건을 충족한 이후에 창립총회를 개최할 수 있으므로(시행령 제27조 제1항), 위 동의요건을 충족하기 이전에 개최된 창립총회는 조합설립인가처분의 하자사유가 될 수 있다.[144]

창립총회 개최 당시 조합설립을 위한 동의요건에 미달된 경우, 조합설립에 대한 토지등소유자의 동의요건에 미달한 수가 극히 소수에 불과하고, 추진위원회가 통상적인 방법에 따라 토지등소유자를 산정하여 동의요건을 충족하였다는 판단하에 창립총회를 개최한 경우로서 다시 창립총회를 개최하는 것이 지극히 불합리하다고 판단되는 등의 특별한 사정이 있는 경우에는 창립총회를 다시 개최하지 않아도 된다.[145]

---

142) 대법원 2012. 4. 12. 선고 2010다10986 판결
143) 서울중앙지방법원 2008. 12. 18. 선고 2008가합69140 판결
144) 서울고등법원 2023. 2. 1. 선고 2021누77717 판결
145) 법제처 2011. 24.자 ‘도시 및 주거환경정비법 시행령 제22조의2 제1항’관련 유권해석

2. 창립총회의 소집

추진위원장은 직권으로 창립총회를 소집한다. 토지등소유자 5분의 1 이상의 요구시 추진위원장은 창립총회를 소집하여야 한다.

토지등소유자 5분의 1 이상의 소집요구에도 불구하고 추진위원장 또는 토지등소유자의 대표자가 2주 이상 소집요구에 응하지 아니하는 경우 소집요구한 자의 대표가 소집할 수 있다(시행령 제27조 제3항 단서). 이 경우 시장.군수의 승인을 요하지 않는다.

임기가 만료되었거나 연임결의가 없었던 추진위원장도 창립총회를 개최할 수 있다.[146] 추진위원장 '직무대행자'가 토지등소유자 5분의 1 이상의 요청으로 창립총회를 개최한 경우 해당 창립총회는 적법하다.[147]

추진위원회를 구성하지 아니하는 경우에는 토지등소유자의 대표자가 직권 또는 토지등소유자 5분의 1 이상의 요구로 창립총회를 소집한다(시행령 제27조 제3항).

추진위원회 또는 토지등소유자의 대표자는 창립총회 14일 전까지 회의목적·안건·일시·장소·참석자격 및 구비사항 등을 인터넷 홈페이지를 통해 공개하고, 토지등소유자에게 등기우편으로 발송·통지하여야 한다(시행령 제27조 제2항).

추진위원회 동의자가 조합설립에 동의한 것으로 간주되는 경우 추진위원회는 추진위원회 구성에 동의한 토지등소유자에게 조합설립인가 신청일 60일 전까지 ① 조합설립에 대한 동의철회(반대의 의사표시 포함) 및 방법, ② 조합설립 동의서에 포함되는 사항을 등기우편으로 통지하여야 한다(시행령 제29조 제1항 단서).

146) 서울고등법원 2011. 8. 19. 선고 2010누30323 판결,
147) 서울행정법원 2018. 2. 2. 선고 2017구합6808 판결

3. 창립총회 상정 안건 등

(1) 상정 안건과 참석대상자 등

추진위원회 또는 토지등소유자의 대표자는 창립총회에서 ① 조합정관의 확정, ② 조합임원의 선임, ③ 대의원의 선임, ④ 그 밖에 필요한 사항으로서 사전에 통지한 사항을 처리하여야 한다(시행령 제27조 제4항).

창립총회의 경우 조합원 20% 이상이 직접 참석하여야 한다(법 제45조 제10항 단서).[148)]

재개발사업의 경우 조합설립에 동의하지 않은 자도 창립총회에 참석하여 의결권을 행사할 수 있으나, 재건축사업의 경우 조합설립에 동의한 자만이 조합원으로서 창립총회에 참석하여 의결권을 행사할 수 있다(시행령 제27조 제5항).[149)]

(2) 의결정족수

조합의 정관은 창립총회에서 ① 토지등소유자의 과반수 출석과 출석한 토지등소유자 과반수 찬성(재개발사업) 또는 ② 조합설립에 동의한 토지등소유자의 과반수 출석과 출석한 토지등소유자 과반수 찬성(재건축사업)으로 결의하여야 한다(시행령 제27조 제5항).

추진위원회가 작성한 정관 초안의 내용이 창립총회에서 변경되었다 하더라도 조합설립인가처분이 위법하지 않다.[150)]

조합임원의 선임과 대의원의 선임은 창립총회에서 확정된 조합정관의 규정에 따른다(시행령 제27조 제5항 단서).[151)] 즉 정관에서 임원 또는 대의원 선임의 의결정족수를 다수결로 정한 경우 다득표 순으로 임원 등을 선임한다.

사전에 통지한 사항의 의결방법은 창립총회에서 확정된 조합정관의 규정에 따르면 될 것이다.

---

148) 2012. 2. 1. 도시정비법 개정시 도입되었음.
149) 대법원 2006. 2. 23. 선고 2005다19552, 19569 판결
150) 대법원 2014. 1. 16. 선고 2011두12801 판결
151) 원칙적으로 창립총회에서 확정된 정관은 조합설립인가시부터 효력이 있는바, 창립총회에서의 임원 및 대의원 선임과 관련 위 특별규정을 두게 되었음.

(3) 임원선거 하자와 조합설립인가

조합의 임원이나 대의원을 반드시 창립총회에서 선임할 필요는 없는바, 창립총회에서 조합장 등 조합 임원 선임의 결의가 부결되었다고 하더라도 이 때문에 창립총회가 무효라고 볼 수는 없다.[152] 따라서 창립총회에서 조합정관만 확정한 후 다음 총회에서 임원 및 대의원을 선임할 수 있다.

4. 창립총회 의사록 및 공증

추진위원회장 또는 토지등소유자의 대표자는 창립총회의 의사록을 위 의사록 작성일로부터 15일 이내에 인터넷과 그 밖의 방법을 병행하여 공개하여야 한다(법 제124조 제1항). 추진위원장 또는 조합장은 창립총회의 속기록・녹음 또는 영상자료를 만들어 청산 시까지 보관하여야 한다(법 제125조 제1항).

창립총회의 의사록에는 의사의 경과, 주요 논의내용 및 결과를 기재하고 의장 및 출석한 이사 및 감사가 서명하여야 한다(서울시 재개발 표준정관 제32조 제2항 제1호).

추진위원회가 조합설립인가를 받은 후 등기소에 조합의 설립등기를 신청할 경우 창립총회 의사록을 첨부하여 제출하여야 한다.

임원 등기를 위해 창립총회 의사록은 공증인법 제66조의2에 의거 공증인의 인증을 받아야 한다. 따라서 창립총회 또는 임원선임을 위한 총회시 공증사무실의 공증담당 변호사가 총회에 참석하여 결의절차와 내용을 검사하는 것이 바람직하다.

152) 대법원 2014. 10. 30. 선고 2012두25125 판결

Ⅳ. 조합설립인가 및 등기

1. 조합설립인가 처분

(1) 조합설립인가 신청

추진위원회 또는 토지등소유자는 조합설립(변경) 인가신청서에 조합정관, 조합원 명부 등[153]의 서류를 첨부하여 시장 · 군수등에게 조합설립인가를 신청하여야 한다(시행규칙 제8조 제1항).

(2) 행정청의 심사방법

시장 · 군수는 조합설립인가의 요건인 토지 등 소유자의 동의 여부를 심사함에 있어서 무엇보다도 동의의 내용에 관하여는 동의서에 도시정비법 시행령 제30조 제2항 각 호의 법정사항이 모두 포함되어 있는지를 기준으로 도시정비법 제36조 제1항에 의한 동의방법에 의한 것인지를 각 심사하여야 한다. 그리고 위 기준 중 어느 하나라도 충족하지 못하는 동의서에 대하여는 이를 무효로 처리하여야 하고, 임의로 이를 유효한 동의로 처리할 수는 없다.[154]

조합 설립인가 신청을 받은 행정청은 ① 추진위원회가 법정동의서에 의하여 토지 등 소유자의 동의를 받았는지(시행령 제30조 제1항), ② 토지 등 소유자가 성명을 적고 지장을 날인한 경우에는 신분증명서 사본이 첨부되었는지(법 제36조 제1항), 토지 등 소유자의 인감증명서를 첨부한 경우에는 그 동의서에

---

153) ① 조합정관, ② 조합원 명부(조합원자격을 증명하는 서류 첨부), ③ 토지등소유자의 조합설립동의서 및 동의사항을 증명하는 서류, ④ 창립총회 회의록(총회참석자 연명부 포함), ⑤ 토지 · 건축물 또는 지상권이 수인의 공유에 속하는 경우에는 그 대표자의 선임 동의서, ⑥ 창립총회에서 임원 · 대의원을 선임한 때에는 선임된 자의 자격을 증명하는 서류, ⑦ 주택건설예정세대수, 주택건설예정지의 지번 · 지목 및 등기명의자, 도시 · 군관리계획상의 용도지역, 대지 및 주변현황을 기재한 사업계획서, ⑧ 건축계획, 건축예정지의 지번 · 지목 및 등기명의자, 도시 · 군관리계획상의 용도지역, 대지 및 주변현황을 기재한 사업계획서(재개발사업의 경우에 한함), ⑨ 대도시의 시·도조례로 정하는 서류

154) 대법원 2010. 1. 28. 선고 2009두4845 판결, 대법원 2011. 11. 10. 선고 2011두14883 판결, 대법원 2013. 11. 14. 선고 2011두5759 판결

날인된 인영과 인감증명서의 인영이 동일한지(법 제36조 제2항)를 확인하고, ③ 법 제36조 제4항, 시행령 제33조에 의하여 동의자 수를 산정함으로써 도시정비법 제35조 제2항에서 정한 토지 등 소유자 동의 요건이 충족되었는지를 심사하여야 한다.[155]

또한, 추진위원회가 법정동의서에 의하여 토지 등 소유자로부터 조합설립 동의를 받았다면 그 조합설립 동의는 도시정비법령에서 정한 절차와 방식을 따른 것으로서 적법·유효한 것이라고 보아야 한다.

시장·군수는 조합설립동의서에 기재된 '건축물철거 및 신축비용 개산액'이 적정한지 여부를 구체적으로 심사할 의무를 부담하지 않는다.[156]

(3) 첨부서류의 보완

시장.군수는 구비서류의 미비 등 흠이 있는 경우에는 보완에 필요한 상당한 기간을 정하여 지체없이 신청인에게 보완을 요구하여야 하고, 신청인이 보완기간 내에 보완을 하지 아니한 때에 그 이유를 명시하여 접수된 신청을 되돌려 보낼 수 있다(행정절차법 제17조 제5항).

조합설립동의서 중 일부의 동의서에 하자가 있는 경우 시장.군수는 상당한 기간을 정하여 동의서의 하자보완을 요청할 수 있고[157], 신청인도 조합설립인가처분(반려)시까지 이미 제출된 동의서의 흠결을 보완할 수 있다.

동의자수 판단시점은 '조합설립인가 신청시'를 기준으로 하며, 추가 동의자는 동의율 산정에 포함시킬 수 없으므로,[158] 추가 동의서제출은 보완사항이 아니다. 이 경우 조합설립인가를 반려 받은 후 추가로 받은 동의서를 첨부하여 조합설립인가신청을 재접수하여야 한다.

---

155) 대법원 2020. 9. 7. 선고 2020두38744 판결

156) 서울행정법원 2010. 8. 20. 선고 2009구합56044판결

157) 변개된 동의서와 관련 서울행정법원 2007. 11. 14. 선고 2007구합1767 판결은 "피고로서는 이 사건 인가처분 이전에 마땅히 위 변개된 동의서들이 해당 조합원들의 의사에 의하여 작성된 것인지 확인하고 이에 대한 보완을 명하였어야 한다."라고 판시하였다.

158) 대법원 2014. 4. 24. 선고 2012두21437 판결

(4) 조건부 조합설립인가처분

조합설립인가처분을 함에 있어 일부 요건이 미비된 경우 시장・군수가 조건부로 설립인가처분을 할 수 있는지 문제된다. 이에 대해 조합설립인가가 재량행위인 이상 부관의 하나인 조건을 붙일 수 있다는 견해와 도시정비법에 조합설립요건 및 조합설립인가에 대한 명문의 규정을 두고 있으므로 시장・군수는 조건을 붙일 수 없다는 견해가 있다.

추진위원회가 창립총회에서 토지등소유자 10분의 1 미만의 대의원을 선정하였으나, 시장・군수로부터 대의원 수를 추가로 선임할 것을 조건으로 조합설립인가를 받은 후, 차기 총회에서 대의원을 추가로 선임함으로서, 대의원 수가 토지등소유자 10분의 1 이상이라면 최초 조건부 조합설립인가처분에 하자가 있다고 보지 않은 사례도 있다.[159]

향후 변경된 정관에 관하여 조합총회결의를 받을 것을 조건으로 조합설립인가를 하더라도 위법하지 않다고 판시한 사례가 있다.[160]

조합설립인가시 '사업시행계획 인가 신청전까지 상가 동과 공유물분할을 완료할 것' 이라는 조건을 부과한 경우 위 조건은 부담부 행정행위에 해당한다.[161]

(5) 토지등소유자에 대한 조합설립인가 내용 통지

조합설립인가를 받은 때 조합은 정관이 정하는 바에 따라 토지등소유자에게 그 내용을 통지하고, 이해관계인이 열람할 수 있도록 하여야 한다(시행령 제30조 제4항).

159) 서울행정법원 2010. 8. 12. 선고 2010구합13838 판결
160) 서울고등법원 2011. 7. 22. 선고 2010누30231 판결
161) 서울행정법원 2017. 6. 30. 선고 2015구합80345 판결

2. 조합설립등기

(1) 조합의 성립시기

법인은 외형을 가지고 있지 않으므로, 일반 제3자가 용이하게 법인의 존재여부를 알 수 없으며, 거래의 안전을 위해 법인의 조직이나 내용을 공시하는 것이 법인등기이다.

조합은 조합설립의 인가를 받은 날부터 30일 이내에 주된 사무소의 소재지에서 법이 정한 사항을 등기함으로써 성립한다(법 제38조).

법인설립의 등기는 법인격을 취득하기 위한 '성립요건'이다. 조합의 설립과 같이 다수의 이해관계인이 관여하는 경우에 개별적으로 그 선의, 악의 또는 대항력의 유무를 판단한다는 것은 원활한 거래에 장애가 되는 것이므로, 권리관계를 획일적으로 확정하기 위하여 조합설립등기에 권리설정적 효력 또는 창설적 효력을 부여하고 있다. 조합설립등기 이외의 등기는 제3자에 대한 '대항요건'이다.

(2) 조합설립등기 절차

도시정비법 제38조 이외 조합설립등기절차에 관한 특별규정이 없고, 조합에 관하여 민법중 사단법인에 관한 규정이 준용되는바, '비송사건절차법'과 '법인 등의 등기사항에 관한 특별법', '민법법인 및 특수법인 등기처리규칙' 등이 정한 바에 따라 법정의 서면을 제출하는 방식에 의하여 등기를 신청하고 실행하여야 한다.

조합은 조합설립의 인가를 받은 날부터 30일 이내에 주된 사무소의 소재지에서 ① 설립목적, ② 조합의 명칭, ③ 주된 사무소의 소재지, ④ 설립인가일, ⑤ 임원의 성명 및 주소, ⑥ 임원의 대표권을 제한하는 경우에는 그 내용, ⑦ 전문조합관리인을 등기하여야 한다(법 제38조 제2항, 시행령 제36조).

등기사항에 변경이 있는 때에는 3주간내에 변경등기를 하여야 하며(민법 제52조), 등기할 사항으로 관청의 허가를 요하는 것은 그 허가서가 도착한 날로부터 등기의 기간을 기산한다(민법 제53조).

(3) 임.대의원의 임기 및 권한

조합은 설립등기시부터 법인격을 부여받게 되므로, 창립총회에서 선출된 임.대의원은 조합설립등기시부터 임기가 개시된다. 조합임.대의원은 조합설립등기시부터 그 권한을 행사할 수 있으며, 설립등기전에 이사회 또는 대의원회의 결의사항은 조합에 아무런 효력이 없다. 물론 설립등기전 결의사항을 설립등기 후에 추인하는 것은 가능하다. 조합설립등기시까지 창립총회에서 선출된 임.대의원은 조합의 당선자로서의 지위만을 가질 뿐이다.

조합장 또는 상근임원은 총회의 별도 결의가 없는 한 조합설립등기시부터 조합장 또는 임원의 보수를 받을 수 있다.

(4) 조합설립등기 이전까지 업무추진 주체

조합설립등기가 경료되기 이전까지 조합은 법인격을 부여받지 못하므로, 설립등기시까지 추진위원회만이 해당 정비사업을 추진할 권한이 있다. 즉 설립등기이전에는 추진위원회의 명의로 소식지나 공문등을 발송할 수 있을 뿐 조합의 명의로 발송할 수 없다.

V. 조합설립변경인가 및 변경신고

1. 변경인가의 법적 성격

(1) 강학상 인가

시장·군수의 조합설립변경인가는 법률행위의 효력을 보충해 주는 것으로서 '강학상 인가'에 해당한다. 정관의 변경인가도 정관변경에 관한 법률행위의 효력을 보충해 주는 것으로서 '강학상 인가'에 해당한다.

시장·군수등이 변경된 정관을 인가한 경우 변경된 정관은 인가시부터 효력을 발생하며, 총회의 의결이 있었던 때로 소급하지 않는다.[162]

시장·군수로부터 조합설립변경인가를 받지 못한 경우 조합설립변경인가사항은 효력이 없고,[163] 정관변경인가를 받지 못한 경우 정관변경의 효력이 없다.[164]

조합설립변경인가 또는 정관변경인가는 기본행위에 대한 보충적 행위에 그치므로, 기본적 법률행위가 불성립 또는 무효인 경우에는 조합설립변경인가가 있다 하여 그 법률행위가 유효로 되는 것은 아니다.[165]

조합설립변경인가처분은 당초 조합설립인가처분에서 이미 인가받은 사항의 일부를 수정 또는 취소·철회하거나 새로운 사항을 추가하는 것으로서 유효한 당초 조합설립인가처분에 근거하여 설권적 효력의 내용이나 범위를 변경하는 성질을 가진다.[166]

---

162) 대법원 2014. 7. 10. 선고 2013도11532 판결

163) 대법원 2007. 7. 24. 자 2006마635 결정, 대법원 2014. 7. 10. 선고 2013도11532 판결

164) 대법원 1992. 7. 6.자 92마54 결정, 대법원 2007. 7. 24. 자 2006마635 결정

165) 대법원 1987. 8. 18. 선고 86누152 판결, 대법원 1995. 12. 12. 선고 95누7338 판결, 대법원 2005. 10. 14. 선고 2005두1046 판결

166) 대법원 2014. 5. 29. 선고 2011다46128 판결

(2) 기본행위의 하자 또는 인가처분 자체의 하자

기본행위인 조합설립변경인가사항 또는 정관변경이 적법유효하고, 보충행위인 인가처분 자체에만 하자가 있다면 그 인가처분의 무효나 취소를 주장할 수 있다. 조합설립변경인가사항 또는 정관의 변경인가처분에 대한 그 고유의 하자를 다투는 경우에는 조합원은 시장・군수를 상대로 행정소송으로 변경인가처분취소 또는 무효소송을 제기할 수 있다.

그러나 인가처분에 하자가 없다면 기본행위인 조합설립변경인가사항 또는 정관변경에 하자가 있다 하더라도 따로 그 기본행위의 하자를 다투는 것은 별론으로 하고 기본행위의 무효를 내세워 바로 그에 대한 행정청의 인가처분의 취소 또는 무효확인을 소구할 법률상의 이익이 없다.[167)]

따라서 기본행위인 조합설립변경인가사항 및 정관의 변경을 위한 총회의 하자를 다투는 경우에는 조합원은 조합을 상대로 민사소송으로 그 총회결의무효확인소송을 제기하여야 한다.[168)]

(3) 변경인가와 내부적 사법관계

조합의 총회가 조합의 최고의사결정기관이고, 정관 변경은 조합의 총회결의를 통해서 결정된 후 감독청의 인가를 받아야 하며, 여기에서 감독청의 인가는 기본행위인 총회결의의 효력을 완성시키는 보충행위일 뿐 정관의 내용 형성은 기본행위인 총회결의에서 이루어 진다.

따라서 총회결의로서 유효하게 성립하였고 정관 변경을 위한 실질적인 의결정족수를 갖췄다면 적어도 조합 내부적으로 업무집행기관을 구속하는 규범으로서의 효력은 가진다.[169)]

인가의 유무에 따라 정관개정의 효력이 문제되는 것은 도시정비법과 관련한 공법상의 관계에서이지 조합과 조합원, 또는 조합원들 사이의 내부적인 사법관계에까지 영향을 미치는 것은 아니다.[170)]

조합이 임시총회에서 동・호수에 관한 정관의 조항을 개정하기로 의결하였

---

167) 대법원 1994. 10. 14. 선고 93누22753 판결
168) 대법원 1992. 7. 6.자 92마54, 대법원 2007. 7. 24.자 2006마635 결정, 서울행정법원 2011. 1. 27. 선고 2010구합30444 판결
169) 대법원 2018. 3. 13. 선고 2016두35281 판결
170) 대법원 2002. 3. 11.자 2002그12 결정

다면 위 개정된 정관은 의결시부터 효력이 있다할 것이고, 조합이 시장·군수로부터 개정된 정관안에 대한 변경인가를 득하기 이전 위 개정된 정관에 따라 동·호수 추첨을 하였다해도, 위 동·호수 배정절차는 적법하다고 판시한 사례가 있다.[171]

2. 변경신고의 법적 성격

(1) 조합설립변경신고

시장·군수 등은 조합설립변경신고를 받은 날부터 20일 내에 신고수리 여부를 신고인에게 통지하여야 하고, 위 기간내에 신고수리 여부를 통지하지 아니하면 그 기간이 끝나는 날의 다음날에 신고를 수리한 것으로 본다(법 제35조 제6항, 제7항). 정관의 경미한 변경사항을 신고하는 경우에도 동일하다(법 제40조 제5항, 제6항).

조합설립변경신고 또는 정관변경신고는 행정청의 심사가 필요한 '수리를 요하는 신고'에 해당한다.[172]

(2) 신고의 효력발생시기

시장·군수의 정관변경신고 유무에 따라 기본행위의 효력이 문제되는 것은 공법상의 관계에서이지 조합과 조합원 또는 조합원들 사이의 내부적인 사법관계에까지 영향을 미치지 않는다.[173]

행정절차법 제40조 제2항의 취지는 신고의무의 이행시기를 접수기관에 도달한 때로 보아 신고의 불수리로 인한 불이익을 가하지 않겠다는 것으로, 사인의 법률행위에 관하여 신고의무를 규정한 경우에 그 사인의 법률행위가 신고가 된 때에 효력이 발생한다는 의미는 아니다.

따라서 경미한 사항의 정관개정은 행정절차법 제40조 제2항과 상관없이 총

171) 대법원 2010. 1. 28. 선고 2008다90347 판결
172) 서울고등법원 2011. 11. 10. 선고 2011누23865 판결
173) 대법원 2010. 1. 28. 선고 2008다90347 판결

회에서 의결된 때 효력이 발생한다.[174)]

(3) 신고사항의 변경을 변경인가 형식으로 한 경우

행정청이 신고사항을 변경하면서 신고절차가 아닌 변경인가 형식으로 처분을 한 경우, 그 성질은 위 신고사항을 변경하는 내용의 신고를 수리하는 의미에 불과하다.

따라서 위 행정청의 처분의 적법 여부는 변경인가의 절차 및 요건의 구비 여부가 아니라 신고 수리에 필요한 절차 및 요건을 구비하였는지 여부에 따라 판단하여야 한다.[175)]

3. 조합설립변경인가 사항

(1) 조합설립변경인가 사항

조합이 인가받은 사항을 변경하고자 하는 때에는 총회에서 조합원의 3분의 2 이상의 찬성으로 의결한 후 시장·군수의 인가를 받아야 한다(법 제35조 제5항).

조합설립 변경인가대상은 다음과 같다.

① 정비사업비의 분담기준 변경

② 사업완료후 소유권의 귀속에 관한 사항

③ 정비구역 면적이 10% 이상 변경되는 정비구역 또는 정비계획의 변경

조합설립동의서상 '건설되는 건축물의 설계의 개요'와 '공사비 등 정비사업비용에 드는 비용'은 경미한 변경에 해당한다.

조합정관의 변경에 관하여는 도시정비법 제40조 제3항 및 제4항에서 별도로 규정하고 있으므로, 도시정비법 제35조 제5항의 조합설립변경인가절차가 적용되지 않는다.

---

174) 서울고등법원 2011. 11. 10. 선고 2011누23865 판결

175) 대법원 2012. 10. 25. 선고 2010두25107 판결

시장이 조합임원에 대한 조합설립변경인가시 '조합장 선임절차를 3개월 이내 진행하라'는 조건을 부가한 경우 조합장 연임에 따른 조합설립변경인가는 기속행위이므로 부관을 부가할 수 없다고 판시한 사례가 있다.[176]

(2) 정비구역의 확대와 조합설립변경인가

사업구역의 위치를 변경하고 그 면적을 확대하는 조합설립변경인가의 경우에도, 조합원 3분의 2 이상(10% 미만시 총회 생략)의 찬성 의결 뿐만아니라 종전 구역과 추가된 구역을 합한 전체 구역을 대상으로 하여 법정 동의 요건을 갖추어야 한다.[177]

정비구역 면적이 10% 이내로 변경된 것이 도시정비법 제16조의 규정에 의한 정비구역 변경에 따라 이루어지는 경우 도시정비법 시행령 제31조 제8호에 의하면 이는 경미한 사항에 해당하므로, 달리 특별한 사정이 없는 이상 기존의 조합설립에 동의한 조합원들에 대하여는 새로이 동의를 받을 필요가 없고 종전 사업구역에 대한 동의는 변경된 사업구역에 대한 동의로도 유효하다.

어느 구분소유자 등이 처음에는 조합설립에 동의하지 아니하였다가 설립인가 후에 의사를 바꾸어 조합설립에 동의함으로써 조합에 추가로 가입한 경우에, 이는 도시정비법 시행령 제31조 제3호(신규가입)에 해당하므로 그들의 추가 동의 내역도 조합설립변경인가의 법정 동의율 충족 여부를 판단할 때에 반영함이 타당하다.[178]

---

176) 서울행정법원 2018. 4. 6. 선고 2017구합81359 판결
177) 법제처 2025. 1. 23. 회신 24-0998 사례, 법제처 2023. 11. 3. 회신 23-0769
178) 대법원 2014. 7. 24. 선고 2012두13764 판결

4. 조합설립변경내용중 신고사항

조합은 조합설립변경내용중 경미한 사항을 총회의 결의없이 시장·군수등에게 신고함으로써 변경할 수 있다(법 제35조 제5항 단서).

조합설립변경사항중 경미한 사항은 다음과 같다(법 제35조 제5항 단서, 시행령 31조).

① 조합의 명칭 및 주된 사무소의 소재지와 조합장의 주소 및 성명 (조합장의 변경이 없는 경우로 한정)

② 토지 또는 건축물의 매매 등으로 인하여 조합원의 권리가 이전된 경우의 조합원의 교체 또는 신규가입

③ 조합임원 또는 대의원의 변경 (총회의 의결 또는 대의원회 의결을 거친 경우로 한정)

④ 건설되는 건축물의 설계 개요의 변경

⑤ 정비사업비의 변경[179)]

⑥ 현금청산으로 인하여 조합원이 변경되는 경우[180)]

⑦ 정비구역 면적이 10% 미만 변경되는 경우 정비구역 또는 정비계획의 변경에 따라 변경되어야 하는 사항

⑧ 그 밖에 시·도조례로 정하는 사항

재건축조합의 토지등소유자는 분양신청기간 만료일 이전까지 재건축조합에 조합설립동의를 함으로써 조합원으로 가입할 수 있다. 토지등소유자가 재건축조합에 조합설립동의서를 제출함으로서 조합원으로 가입하였다면, 위 조합원은 시장·군수에게 조합원변경신고를 하기 이전이라도 조합원으로서의 권리를 행사할 수 있다.[181)]

---

179) 법 제45조 제4항 : 사업시행계획서 작성 및 변경, 관리처분계획의 수립 및 변경시 총회에서 조합원 과반수의 찬성으로 의결하여야 함. 정비사업비가 10% 이상 늘어나는 경우 총회에서 조합원 2/3 이상의 찬성으로 의결하여야 함.

180) 제명, 탈퇴로 인한 현금청산자도 경미한 사항에 해당함.

181) 대법원 2002. 3. 11. 자 2002그12 결정

5. 정관의 변경인가 사항

(1) 조합원 3분의 2 이상의 동의사항

정관변경인가시 총회에서 조합원 3분의 2이상의 찬성을 받아야 하는 사항은 다음과 같다(법 제40조 제3항 단서).

① 조합원의 자격
② 조합원의 제명.탈퇴 및 교체
③ 정비구역의 위치 및 면적
④ 조합의 비용부담 및 조합의 회계
⑤ 정비사업비의 부담시기 및 절차
⑥ 시공자.설계자의 선정 및 계약서에 포함될 내용

상가조합원들의 비용부담이 최초 정관보다 불리한 내용으로 정관을 변경하는 경우 전체 조합원 3분의 2 동의가 필요하다.[182]

(2) 조합원 과반수 동의사항

조합이 정관변경시 총회에서 조합원 과반수의 찬성을 받아야 할 사항은 다음과 같다(법 제40조 제3항).

① 조합임원의 권리・의무・보수・선임방법・변경 및 해임
② 대의원의 수, 선임방법, 선임절차 및 대의원회의 의결방법
③ 정비사업의 시행연도 및 시행방법
④ 총회의 개최 및 조합원의 총회소집 요구
⑤ 현금청산자에 대한 이자 지급
⑥ 정비사업이 종결된 때의 청산절차
⑦ 청산금의 징수・지급의 방법 및 절차
⑧ 정관의 변경절차
⑨ 정비사업의 종류 및 명칭

---

182) 대법원 2013. 10. 24. 선고 2012두12853 판결, 대법원 2020. 6. 25. 선고 2018두34732 판결

⑩ 정비사업의 공동시행에 관한 사항
⑪ 정비사업의 시행에 따른 회계 및 계약에 관한 사항
⑫ 정비기반시설 및 공동이용시설의 부담에 관한 개략적인 사항
⑬ 토지 및 건축물 등에 관한 권리의 평가방법에 관한 사항
⑭ 관리처분계획 및 청산(분할징수 또는 납입에 관한 사항 포함)에 관한 사항
⑮ 사업시행계획서의 변경에 관한 사항
⑯ 조합의 합병 또는 해산에 관한 사항
⑰ 조합원의 권리.의무에 관한 사항

(3) 정관변경 전.후 비교표 공개

정관 변경과 관련하여 조합총회 또는 대의원회의 소집을 요구하는 사람의 대표자는 소집요구서(변경 전·후 비교표 및 변경사유를 기재한 서면)를 작성하여 조합장에게 제출하여야 한다. 조합장은 소집요구 제출일로부터 ○일 이내에 정관변경(안)에 대한 안건 처리를 위한 총회 또는 대의원회 소집계획과 그 내용을 정비사업 정보몽땅 및 게시판에 게시하여야 한다(서울시 재개발 표준정관 제9조 제3항).

조합은 정관변경에 대한 조합설립변경인가를 받거나 경미한 변경신고 수리가 완료되면 지체없이 그 사실을 게시판에 공고하고, 변경전·후 비교표 및 변경된 정관 개정 전문을 정비사업 정보몽땅에 공개하여야 한다(서울시 재개발 표준정관 제9조 제4항).

(4) 정관 변경을 위한 총회결의의 적법요건

조합의 총회는 새로운 총회결의로써 종전 총회결의의 내용을 철회하거나 변경할 수 있는 자율성과 형성의 재량을 가진다.

정관변경을 위한 총회결의는 다음의 기준들을 충족하여야 한다.[183)]

① 총회결의가 상위법령 및 정관에서 정한 절차와 의결정족수를 갖추어야 한다.

② 총회결의의 내용이 상위법령 및 정관에 위배되지 않아야 한다.[184)]

183) 대법원 2018. 3. 13. 선고 2016두35281 판결
184) 대법원 1994. 10. 25. 선고 93다50635 판결, 서울고등법원 2010. 7. 14.자 2009라

③ 정관 규정의 변경을 통해 달성하려는 이익이 종전 정관 규정의 존속을 신뢰한 조합원들의 이익보다 우월하여야 한다.

일단 내부 규범이 정립되면 조합원들은 특별한 사정이 없는 한 그것이 존속하리라는 신뢰를 가지게 된다. 정관을 변경하는 총회결의가 신뢰보호원칙에 위반되는지를 판단하기 위해서는, 한편으로는 침해받은 이익의 보호가치, 침해의 중한 정도, 신뢰가 손상된 정도, 신뢰침해의 방법 등과 다른 한편으로는 조합 내부 규범의 변경을 통해 실현하고자 하는 공익적 목적을 종합적으로 비교·형량하여야 한다.

(5) 정관변경시 조항별 의결정족수가 상이한 경우

조합 정관의 변경 관련하여 정관 조항의 구체적 내용에 따라 총회에서의 의결 방법을 달리 정하고 있다. 구체적으로 조합원 3분의 2 이상의 동의를 필요로 하는 사항, 조합원 과반수의 동의를 필요로 하는 사항, 통상적인 총회 의결 방법에 따라 변경할 수 있는 사항으로 나누어진다.

조합이 총회에서 가결 요건이 다른 여러 정관 조항을 변경하려 할 때에는 사전에 조합원들에게 각 조항별로 변경에 필요한 의결정족수에 관하여 설명하여야 하고, 의결정족수가 동일한 조항별로 나누어서 표결이 이루어지도록 하는 등의 방법으로 각 조항별 가결 여부를 명확히 알 수 있도록 하여야 한다.

정관의 조항별 가결 요건에 대한 사전설명도 없이 의결정족수가 다른 여러 조항을 구분하지 않고 일괄하여 표결하도록 한 경우, 만약 그 표결 결과 일부 조항에 대해서는 변경에 필요한 의결정족수를 채우지 못하였다면, 특별한 사정이 없는 한 정관 개정안 전체가 부결되었다고 보아야 한다. 조합은 의결정족수가 충족된 조항만 따로 분리하여 그 부분만 가결되었다고 볼 수는 없다.[185]

(6) 도시정비법 등의 개정과 정관변경

서울시 재개발 표준정관 제71조 제3항은 “이 정관이 도시정비법 기타 관계법령 및 도시정비법 제118조에 따라 서울특별시가 제정하여 운용중인 공공지

2485 결정

185) 대법원 2019. 1. 31. 선고 2018다227520 판결

원 관련 규정의 개정으로 변경하여야 할 경우 정관의 변경절차에 관계없이 변경되는 것으로 본다. 그러나 관계법령의 내용이 임의규정인 경우에는 그러하지 아니하다." 라고 규정되어 있다.

도시정비법 등이 개정된 경우 종전 정관규정은 강행규정에 위배되지 않는 한 적법하게 인가변경될 때까지 그 효력을 가진다.[186] 그러나, 도시정비법의 개정으로 인하여 강행규정과 상치되는 종전 정관규정은 효력이 없다.

(7) 정관변경 동의요건 준용

재개발조합 정관의 '조합의 비용부담'에 관한 사항이 재개발조합 설립인가 당시와 비교하여 조합원들의 이해관계에 중대한 영향을 미칠 정도로 실질적으로 변경된 경우, 그 동의에 필요한 의결정족수(조합원 3분의 2 이상)에 못 미치는 동의로 가결될 수 있도록 정한 정관 규정은 무효이다.[187]

조합 정관의 필요적 기재사항이자 엄격한 정관 변경 절차를 거쳐야 하는 '시공자와의 계약서에 포함될 내용'에 관한 안건을 총회에 상정하여 의결하는 경우 그 계약서에 포함될 내용이 당초의 조합설립동의시 채택한 조합원의 비용분담 조건을 변경하는 것인 때에는 비록 그것이 정관 변경에 대한 절차가 아니라 할지라도 특별다수의 동의요건을 규정하여 조합원들의 이익을 보호하려는 도시정비법 제40조 제3항, 제1항 제16호의 규정을 유추적용하여 조합원의 3분의 2 이상의 동의를 요한다.[188]

186) 대법원 1989. 4. 11. 선고 87다카131 판결, 서울서부지방법원 2009. 6. 26.자 2009카합1261 결정

187) 대법원 2013. 10. 24. 선고 2012두12853 판결

188) 대법원 2009. 1. 30. 선고 2007다31884판결, 대법원 2018. 3. 13. 선고 2016두35281 판결

6. 정관변경내용중 신고사항

조합은 정관변경내용중 경미한 사항을 도시정비법 또는 정관으로 정하는 방법에 따라 변경하고 시장·군수에게 신고하여야 한다(법 제40조 제4항). 도시정비법에 경미한 사항의 변경절차를 별도로 정하고 있지 않다. 정관에서 경미한 사항을 총회결의 또는 대의원회 결의로 변경할 수 있다고 정할 수 있다.

서울시 재개발 표준정관 제9조 제2항에 의하면 정관의 경미한 사항은 대의원회의 의결로 변경할 수 있다.

정관변경내용중 경미한 사항은 다음과 같다(시행령 제39조).

① 조합의 명칭 및 사무소의 소재지에 관한 사항

② 조합의 임원의 수 및 업무의 범위에 관한 사항

③ 총회의 소집 절차·시기 및 의결방법에 관한 사항

④ 임원의 임기, 업무의 분담 및 대행 등에 관한 사항

⑤ 대의원회의 구성, 개회와 기능, 의결권의 행사방법, 그 밖에 회의의 운영에 관한 사항

⑥ 정비사업전문관리업자에 관한 사항

⑦ 공고·공람 및 통지의 방법에 관한 사항

⑧ 임대주택의 건설 및 처분에 관한 사항

⑨ 총회의 의결을 거쳐야 할 사항의 범위에 관한 사항

⑩ 조합직원의 채용 및 임원 중 상근임원의 지정에 관한 사항과 직원 및 상근임원의 보수에 관한 사항

⑪ 착오·오기 또는 누락임이 명백한 사항

⑫ 정비구역 또는 정비계획의 변경에 따라 변경되어야 하는 사항

⑬ 그 밖에 시·도조례로 정하는 사항

조합의 정관에 '총회에서 조합원 과반수 참석과 참석 조합원의 과반수 찬성으로 정관의 경미한 사항을 변경한다.' 라고 정한 경우 조합은 정관변경을 위해 총회의 의결절차를 거쳐야 하며, 토지등소유자 4분의 3 이상으로부터 조합설립변경동의서를 징구하여 위 총회를 갈음할 수 없다.[189]

---

189) 대법원 2013. 10. 24. 선고 2012두12853 판결

제4절 조합과 조합원

I. 조합원 자격 등

1. 조합원 자격 의의

(1) 조합원 자격에 관한 규정의 법적 성격

조합원자격에 관한 도시정비법의 규정은 당사자의 의사에 의하여 그 적용을 배제할 수 있는 임의규정이 아닌 강행규정이다.[190]

도시정비법 및 조합정관의 조합원 자격 내지 범위에 관한 각 규정은 강행규정으로 해석되고, 조합원이었던 사람이 소유권을 상실한 경우에는 별도의 절차 없이 조합원의 지위가 자동적으로 소멸된다.

시장이 시행하는 도로 확장공사 구역에 포함된 토지소유자가 토지수용절차에 따라 보상금을 수령한 후 반환한 적이 없으므로, 위 토지소유자는 조합원 지위를 자동적으로 상실하였는바, 총회에서 이들의 조합원 자격을 유지하기로 하는 의결을 하였다 하더라도 아무런 효력이 없다.[191]

정관에 도시정비법에서 정한 조합원 자격요건 이외 자격요건을 추가할 수 있고[192], 조합원 지위를 상실한 현금청산자에게 총회 결의에 의해 조합원 지위를 부여하면서 권리를 제한할 수 있다.[193]

(2) 조합원의 확정 여부와 추가가입

재개발사업의 경우 조합원의 강제가입제를 채택하고 있으므로, 재개발조합

---

190) 대법원 1993. 7. 27. 선고 92다49027 판결
191) 춘천지방법원 2019. 10. 1. 선고 2017구합242 판결
192) 대법원 2007. 2. 8. 선고 2005다15376 판결, 대법원 1993. 9. 14. 선고 92다55299 판결 동일취지
193) 대법원 2014. 8. 20. 선고 2012두5572 판결 : 현금청산 종료전임.

의 조합원은 조합설립인가시를 기준으로 하여 정관의 규정에 의하여 확정되고, 그 후 조합원의 지위에 양도 등의 사유가 발생한 경우에는 정관이 정하는 바에 따라 그 범위 내에서만 조합원의 변경이 가능하다.[194]

재건축사업의 경우 조합원의 임의가입제를 채택하고 있으므로, 재건축조합의 조합원은 조합설립인가시를 기준으로 확정되지 않는다. 재건축사업구역내 미동의자는 분양신청기간 만료일까지 재건축조합에 조합설립동의서를 제출함으로써 조합원으로 가입할 수 있다(서울시 재건축 표준정관 제10조 제1항).

재건축사업구역내 미동의자는 분양신청기간 만료일 이후에는 재건축조합의 조합원으로 가입할 수 없다. 분양신청기간 만료일(분양대상 조합원 판정의 기준일)의 임의 연장(변경)은 재건축사업의 진행의 현저한 저해 및 조합원들의 권리관계에 큰 혼란을 초래할 수 있으므로, 총회의 결의에 의해 위 만료일을 변경하였다 해도 그 총회결의는 효력이 없다.[195]

(3) 재건축조합의 조합원 권리행사시점

재개발조합의 토지등소유자는 조합설립인가 시점에 조합원으로 강제로 가입되므로, 조합설립인가 시점부터 조합원으로서의 권리・의무를 갖는다.

조합원의 지위는 조합정관에서 정하는 바에 의하여 결정되는 것이고, 조합의 감독관청인 지방자치단체의 의사표명에 의하여 조합원의 지위가 좌우되는 것은 아니다.[196]

재건축조합의 토지등소유자는 조합설립동의서를 제출함으로서 조합원으로 가입할 수 있고, 조합원의 신규가입은 경미한 사항의 변경으로서 신고대상이다(시행령 제31조 제3호).

조합원 가입신고는 도시정비법과 관련한 공법상의 관계에서 문제될 뿐 조합과 조합원, 또는 조합원들 사이의 내부적인 사법관계에까지 영향을 미치는 않는바,[197] 조합설립에 동의한 재건축조합의 조합원은 재건축조합에게 조합설립동의서를 제출한 시점부터 조합원으로서의 권리・의무를 갖는다.[198]

---

194) 대법원 1998. 3. 27. 선고 97누17094 판결
195) 대법원 2002. 1. 22. 선고 2000두604 판결
196) 대법원 1994. 6. 28. 선고 94다5830 판결
197) 대법원 2010. 1. 28. 선고 2008다90347 판결

(4) 토지등소유자와 조합원 구분

토지등소유자, 즉 조합원자격과 조합원은 유사한 개념이지만 토지등소유자는 조합원이 될 수 있는 추상적인 요건이고, 조합원은 조합의 구성원이라는 점에서 양자는 구별되는 개념이다.

주거환경개선사업 또는 재개발사업의 경우 "토지등소유자"는 정비구역에 위치한 토지 또는 건축물의 소유자 또는 그 지상권자이다(법 제2조 제9호 가목). 즉 재개발사업에 있어 토지 또는 건축물 중 하나만을 가지고 있어도 조합원의 자격이 인정되며, 위 조합원의 자격을 갖추고 있는 자는 조합설립에 동의를 하거나 가입의 의사표시를 하지 않아도 조합이 결성이 되면 당연히 조합원이 된다.

재건축사업의 경우 "토지등소유자"는 정비구역에 위치한 건축물 및 그 부속토지의 소유자이다(법 제2조 제9호 나목). 재건축사업에 있어 건축물과 그 부속토지를 모두 소유한 자만이 조합원 자격을 갖게 되며, 조합원자격을 갖추고 있는 자중 재건축사업에 동의한 자만이 조합원이 될 수 있다.

즉, 강제가입제가 채택된 주거환경개선사업 또는 재개발사업의 경우 토지등소유자와 조합원의 범위는 동일하지만, 임의가입제를 채택한 재건축사업의 경우 토지등소유자와 조합원의 범위가 다르다.

(5) 조합원과 분양대상자의 구분

조합원은 조합의 구성원으로서 조합정관에서 정한 권리와 의무를 가지며, 분양대상자는 조합원의 권리중 하나인 분양권을 받을 수 있는 자를 말한다. 도시정비법은 조합의 구성원인 조합원과 신축 건축물에 대한 분양대상자를 구분하여 사용하고 있다.

공유자는 1인의 조합원으로 보지만, 시·도조례로 정하는 바에 따라 수개의 주택을 공급할 수 있다. 서울시의 경우 다가구주택 또는 협동주택에 대한 특례조항을 규정하고, 조합원은 1인이지만 주택은 가구별로 각각 공급된다.

무허가건축물 소유자는 도시정비법 제2조 제9호 가목에서 정하는 토지등소

198) 대법원 2002. 3. 11.자 2002그12 결정

유자(건축물)에 해당하지 않아 조합원 자격을 가지고 있지 않으나, 시·도조례 및 정관에서 정한 무허가건축물에 한하여 조합원 자격이 인정되고 분양권도 인정된다.[199]

종전토지의 총면적이 90㎡ 미만이거나 종전토지의 권리가액이 최소규모 공동주택 1가구의 추산액 미만인 토지등소유자는 조합원으로 인정되나 공동주택의 분양대상에서 제외될 수 있다.

(6) 현금청산자에 대한 조합원 지위 부여

사업시행자는 ① 사업시행계획인가의 변경(경미한 사항의 변경 제외)으로 세대수 또는 주택규모가 달라지고, ② 정관으로 정하고 있거나, 총회의 의결을 거친 경우 현금청산대상자들에게 분양신청을 다시 하게 할 수 있다(법 제72조 제4항, 제5항).

총회의 의결정족수는 통상 안건과 같이 조합원 과반수 출석과 출석조합원의 과반수 찬성으로 할 수 있다.[200] 현금청산자는 위 총회 의결권자에서 제외된다.

조합원 자격에 관한 정관의 변경은 총회에서 조합원 3분의 2 이상의 찬성을 받아야 하므로, 현금청산자에 대한 분양신청권 부여도 총회에서 3분의 2 이상의 찬성을 요한다는 견해가 있을 수 있다.

현금청산자에 대해 총회 결의에 의해 조합원 지위를 다시 부여하는 경우 해당 조합원의 권리내용을 제한할 수 있다.[201]

199) 대법원 2009. 10. 29. 선고 2009두12228 판결
200) 부산고등법원 2025. 1. 17. 선고 2024누21553 판결
201) 대법원 2014. 8. 20. 선고 2012두5572 판결

2. 재개발조합의 조합원 자격

(1) 토지 또는 건축물 소유자

재개발사업에 있어 토지등소유자는 정비구역에 위치한 토지 또는 건축물의 소유자 또는 그 지상권이고(법 제2조 제9호 가목), 강제가입제로 인해 토지등소유자는 조합설립인가 후 조합원이 된다. 즉 재개발구역내 건축물만 소유하거나 토지만 소유한 자도 조합원의 자격을 가진다.

등기관에게 형식적 심사권만 있다는 점을 노려 다가구주택이 아니면서도 구분등기하는 방식으로 재개발 조합원수를 늘리는 경우 재건축 건물의 각 호실마다 구분소유권등기가 됐다 하더라도 구조상 독립성이 없다면 조합원지위를 인정할 수 없다.

(2) 미사용승인 건축물

"미사용승인건축물"이란 관계 법령에 따라 건축허가 등을 받았으나 사용승인 · 준공인가 등을 받지 못한 건축물로서 사실상 준공된 건축물을 말한다.

미사용승인건축물 소유자에 대해 조합원 자격을 적극적으로 제한하는 취지의 정관 규정이 있지 않은 경우 미사용승인 건축물 소유자에게도 조합원 자격이 인정된다.[202] 다만, 건축허가와 다르게 건축되어 실질적으로 건축허가를 받은 것으로 볼 수 없는 경우 위 미사용승인 건축물 소유자는 조합원 자격이 인정되지 않는다.[203]

(3) 무허가건축물 소유자

도시정비법 제2조 제9호 가목의 '건축물' 이라 함은 행정관청의 허가를 받아 신축한 건물을 의미하는 것이며, 무허가 건축물은 관계 법령에 의하여 철거되어야 할 것이다. 따라서 무허가건축물 소유자는 원칙적으로 조합원으로 인정되지 않는다. 다만 예외적으로 정관에서 정한 요건을 충족하는 무허가건

202) 서울행정법원 2020. 6. 5. 선고 2019구합51437, 서울행정법원 2019. 5. 24. 선고 2018구합78107

203) 부산지방법원 2018. 4. 19. 선고 2017구합22450

축물 소유자에게 조합원 자격을 부여할 수 있다.[204)]

재개발조합의 정관에서 '기존무허가건축물' 또는 '특정무허가건축물' 소유자에 대해 조합원 자격을 인정하는 경우에 한하여 위 무허가건축물 소유자는 조합원자격을 취득할 수 있다.

서울시의 경우 2011. 5. 26. 이전 정비구역 지정을 위해 주민공람을 한 재개발사업구역은 '기존무허가건축물'에 한해 조합원 자격이 인정된다(2011. 5. 26. 개정전 서울시 조례 제2조 제1호).

2011. 5. 26. 이후 최초로 정비구역 지정을 위해 주민공람을 한 주택재개발사업구역의 경우 특정무허가건축물 소유자에 대해 조합원 자격을 인정한다.[205)] 이 경우 특정무허가건축물이란 1989년 1월 24일 당시의 무허가건축물 등을 말한다[서울시 조례 제2조 제1호, 부칙 (2011. 5. 26.) 제2조, 부칙(2018. 7. 19.) 제7조].

(4) 다가구주택 소유자의 단독조합원 인정여부

협동주택의 건물 및 토지의 공유자들이 주택재개발정비사업조합을 상대로 각자가 단독조합원의 지위에 있음의 확인을 구하는 사안에서, ① 위 건물 지하층의 각 가구는 건축단계부터 가구별로 독립적인 주거생활을 영위할 수 있는 구조를 갖추고 실제로 독립된 주거로 이용되어 왔고, ② 다가구주택제도 도입 이전에 가구별로 지분등기가 이루어져 각 해당 가구를 그 지분등기 이전의 방법으로 양수받은 점, ③ 해당 재개발정비사업조합의 정관이 조합원의 자격에 관하여 도시정비법 제39조와 같은 내용을 규정하고 있을 뿐 달리 협동주택의 공유자들에게 단독 조합원의 자격을 부여하고 있지는 않은 점 등을 보면, 건물 지하층의 각 해당 가구를 실질적으로 구분소유하고 있는 위 공유자들은 서울특별시 도시 및 주거환경 정비조례 부칙(2003. 12. 30.)(2005. 11. 10. 서울특별시조례 제4330호로 개정된 것) 제7조에서 정한 사실상의 다가구주택의 공유자들로서 가구별로 분양대상자격을 가진다.

---

204) 대법원 1999. 7. 27. 선고 97누4975 판결, 대법원 2009. 10. 29. 선고 2009두12228 판결, 대법원 2012. 12. 13. 선고 2011두21218 판결

205) 대법원 1997. 11. 28. 선고 95다43594 판결, 대법원 1998. 3. 27. 선고 97누17094 판결

그러나, 다가구주택 또는 협동주택의 소유권 형태는 각 건물의 공유자들에 불과한 이상 다른 공유자들과 함께 그 전원이 1인의 조합원으로 될 뿐 각자 단독 조합원의 지위에 있는 것은 아니다.[206]

(5) 소재불명자

토지를 소유한 자는 재개발조합의 조합원으로 강제가입되고, 토지소유자가 행방불명이 되었다는 사유만으로 조합원 자격을 상실하는 것이 아닌바, 소재불명자는 도시정비법 제71조 제1항 또는 토지수용으로 인한 토지소유권 상실 이전 조합원 수에 포함되어야 한다.

이에 반해 소재불명자는 도시정비법 시행령 제33조 제1항 제4호에 의거 토지등소유자 수에서 제외되므로, 조합원 수에서도 제외되어야 한다는 견해도 있다.[207]

(6) 국.공유지

국.공유지는 그 재산관리청 각각을 토지등소유자로 산정하고, 국가나 지방자치단체의 조합원 자격에 관하여 특별한 예외규정을 두고 있지 않은바, 정비구역안에 여리 필지의 국.공유지가 있는 경우 국가 또는 지방자치단체별로 조합원 수를 산정하여야 한다.[208]

(7) 존치.리모델링 건축물 소유자

조합은 일부 건축물의 존치 또는 리모델링에 관한 내용이 포함된 사업시행계획서를 작성하여 사업시행계획인가를 신청할 수 있다(법 제58조 제1항). 위 존치 또는 리모델링 대상인 건축물 소유자도 조합원 총수에 포함된다.

---

206) 대법원 2011. 3. 10. 선고 2010두4377 판결, 대법원 2011. 3. 10. 선고 2010두12361 판결

207) 서울고등법원 2013. 6. 20. 선고 2012나55695 판결, 서울행정법원 2014. 10. 30. 선고 2014구합53933 판결

208) 서울행정법원 2014. 10. 30. 선고 2014구합53933 판결

(8) 지상권자

재개발사업에 있어 토지 소유권자와 지상권자는 그 여러 명을 대표하는 1명을 조합원으로 본다(법 제39조 제1항 제1호). 지상권자는 분양대상에서는 제외된다(시행령 제63조 제1항 제3호).

3. 재건축조합의 조합원 자격

(1) 건축물 및 그 부속토지의 소유자

재건축사업에 있어 토지등소유자는 정비구역에 위치한 건축물 및 그 부속토지의 소유자를 의미하고(법 제2조 제9호 나목), 위 토지등소유자가 조합설립에 동의함으로써 재건축조합의 조합원이 될 수 있다.

재건축조합의 조합원은 건축물과 그 부속토지를 모두 소유하여야 한다. 따라서 재건축정비구역안에 건축물 또는 토지만 소유한 자는 재건축조합의 조합원 자격이 인정되지 않는다.

건축물의 부속토지임에 비추어 토지는 건축물의 대지이어야 하는바, 건축물을 소유하고 있으나, 토지가 건축물의 대지가 아닌 경우 재건축조합의 조합원 자격이 인정되지 않는다.

(2) 공동주택의 공용부분

공용부분이란 복도, 계단, 지하대피소, 지하주차장, 관리소 등과 같이 구조상.이용상 구분소유자의 전원 또는 그 일부의 공용에 제공되는 건물부분을 말한다.

실무에서 소유권의 객체가 될 수 없는 공용부분으로 추정되는 건물에 대하여 최초의 건축주 명의로 등기가 되어 있거나 또는 용도가 변경되어 매매되는 사례가 있다.

집합건물법 제3조 제1항, 제10조 제1항 및 제13조 등 제 규정에 의하여 집합건물 중 구조상 구분소유자의 전원 또는 일부의 공용에 제공되는 건물부분은 구분소유자 전원의 공유에 속할 뿐 구분소유의 목적으로 할 수 없고, 공유자는 그가 가지는 전유부분과 분리하여 공용부분에 대한 지분을 처분할 수 없다.

따라서 공동주택의 공용부분은 구분소유의 목적으로 할 수 없고, 공용부분에 대한 등기는 특별한 사정이 없는 한 원칙적으로 무효이므로, 위 공용부분을 소유한 자 또는 이를 매수한 자도 조합원이 될 수 없다. 또한 용도를 주거용으로 개조하였다 해도 조합원자격을 취득할 수 없다.[209]

4. 공동 소유자

(1) 1인의 조합원 간주

토지 또는 건축물의 소유권이 여러 명의 공유에 속하는 때에는 그 여러 명을 대표하는 1명을 조합원으로 본다(법 제39조 제1항 제1호).

도시정비법 제39조 제1항 제1호는 강행법규적 성격을 가지는 규정이므로, 위 규정에 위배하여 공유자 각자에게 조합원 자격을 인정하는 내용으로 정관을 변경하는 것은 강행법규에 위반되어 무효이다.[210]

(2) 대표조합원의 지정 등

공유자인 수인은 대표조합원 선임동의서를 작성하여 조합에 신고하여야 한다(서울시 재개발 표준정관 제10조 제4항).

대표조합원 신고 취지는 공유자 전원을 1인의 조합원으로 보되 공유자 전원을 대리할 대표조합원 1인을 선출하여 그 1인을 조합에 등록하도록 함으로써 조합 운영의 절차적 편의를 도모함과 아울러, 조합정관이나 조합원총회 결의 등에서 달리 정함이 없는 한 공유자 전원을 1인의 조합원으로 취급하여 그에 따른 권리분배 등의 범위를 정하겠다는 의미로 보아야 한다.[211]

---

209) 대법원 1992. 4. 10. 선고 91다46151 판결, 서울지방법원 1994. 11. 3. 선고 94가합37573 판결(공용부분인 지하실을 주거용으로 개조한 경우 조합원 자격 없음).
210) 서울지방법원 북부지원 2002. 10. 2. 선고 2002카합982호 결정
211) 대법원 2009. 2. 12. 선고 2006다53245 판결

즉 대표조합원으로 지정되지 않은 조합원들은 여전히 분양청구권 등 조합원으로서의 권리와 의무를 가지되, 조합을 상대로 총회에서 의사표시를 하는 경우 대표조합원을 통해 하나의 출석권・발언권 및 의결권을 가진다.[212]

(3) 공유자의 권리행사방법

조합원으로서의 법률행위는 공유자들이 선임한 대표조합원이 하고, 조합의 처분, 법률행위 기타 행위는 그 대표조합원에게 한다(서울시 재개발 표준정관 제10조 제4항).

공유자들이 총회에서 의결권을 행사하기 위해서는 ① 대표조합원이 의결권을 행사하거나 ② 공유자들 전부가 총회에 참석하여 동일한 내용의 의결권을 행사하거나 ③ 공유자들 전부가 동일한 내용의 서면결의서를 제출할 수 있다. 공유자 일부의 의결권 행사는 적법하지 않다.[213]

5. 1인 또는 1인 간주 조합원

(1) 1인이 다주택을 소유한 경우

1인이 다수 필지의 토지 또는 건축물을 소유하고 있는 경우에는 필지나 건축물의 수에 관계없이 토지등소유자를 1인으로 산정한다(시행령 제33보 제1항 제1호 다목, 2호 나목). 따라서 조합원 수도 1인으로 산정한다.[214]

다수의 건축물을 소유한 자(공무원연금관리공단 등)가 재건축조합설립에 동의함에 있어 조합원 총회에서 소유한 주택 수만큼 의결권의 행사를 원하는 경우도 있다. 민법 제73조 제3항은 의결권은 평등하나 정관에 다른 규정을 둘 수 있다고 규정하고 있으므로, 만약 조합정관에 보유한 주택 수만큼 의결권을 행사할 수 있도록 규정하였다면 다주택소유자는 주택 수만큼 의결권을 행사할 수 있다.

---

212) 서울고등법원 2024. 12. 26. 선고 2024누33770 판결
213) 대법원 2021. 9. 30. 선고 2021다230144 판결
214) 서울시 재개발 표준정관 제10조 제3항

(2) 1세대에 속하는 때

1세대를 1조합원으로 간주하는 것은 투기세력의 유입 차단, 부동산 가격을 안정시켜 정비사업의 시행을 원활하게 하기 위해 정비사업구역 내의 토지(건축물)에 관한 조합원의 자격 인정 범위를 제한하기 위한 것이다.

여러 명의 토지등소유자가 1세대에 속하는 때에는 그 여러 명을 대표하는 1명을 조합원으로 본다(법 제39조 제1항 제2호).

동일한 세대별 주민등록표 상에 등재되어 있지 아니한 배우자 및 미혼인 19세 미만의 직계비속은 1세대로 본다. 1세대로 구성된 여러 명의 토지등소유자가 조합설립인가 후 세대를 분리하여 동일한 세대에 속하지 아니하는 때에도 1세대로 본다.

이혼 및 19세 이상 자녀의 분가인 경우에는 1세대에 해당하지 않고, 각자 단독 조합원 지위가 인정된다. 자녀의 분가는 세대별 주민등록을 달리하고, 실거주지를 분가한 경우로 한정한다.

1세대를 구성하는 수인은 대표조합원 선임동의서를 작성하여 조합에 신고하여야 하며, 조합원으로서의 법률행위는 그 대표조합원이 하고, 조합의 처분, 법률행위 기타 행위는 그 대표조합원에게 한다(서울시 재개발 표준정관 제10조 제3항).

(3) 조합설립인가 후 수개의 부동산 양도로 수인이 소유한 경우

조합설립인가 후 1명의 토지등소유자로부터 토지 또는 건축물의 소유권이나 지상권을 양수하여 여러 명이 소유하게 된 때 그 여러 명을 대표하는 1명을 조합원으로 본다(법 제39조 제1항 제3호).[215]

위 규정의 입법취지는 조합설립 이후 토지 또는 건축물의 양수로 인한 조합원의 증가 및 사업성 저하를 방지함으로서 기존 조합원의 재산권을 보호하기 위함이다.

도시정비법 제39조 제1항 제3호에서 “여러 명”의 범위는 조합설립 인가

---

215) 부칙(2017. 2. 8.) 제31조 참조 : 2011년 1월 1일 전에 토지 또는 건축물 양수한 경우 단독 조합원 인정

후 토지 또는 건축물의 소유권을 양도한 원래의 조합원을 제외하는 개념이 아니다. 만약 조합원이 정비구역 내에 있는 본인 소유의 건축물 일부만을 제3자에게 양도하여 그 양도 이후에도 여전히 해당 정비구역 내에 본인 소유의 건축물을 소유하고 있는 경우에는 도시정비법 제39조 제1항 제3호에서 규정하는 "여러 명"의 범위에 조합원으로부터 건축물을 양수한 제3자 외에 원래의 조합원인 양도인도 포함된다.216)

양도인과 양수인은 대표조합원 선임동의서를 작성하여 조합에 신고하여야 하며, 조합원으로서의 법률행위는 그 대표조합원이 하고, 조합의 처분, 법률행위 기타 행위는 그 대표조합원에게 한다(서울시 재개발 표준정관 제10조 제3항).

216) 2필지 토지를 소유한 재개발조합원 갑이 조합설립인가 이후 1필지를 을에게 양도한 경우 원래의 조합원 갑도 여러 명에 포함되므로, 갑과 을은 1명이 조합원으로 간주됨.

Ⅱ. 조합원 지위의 양도, 상실 등

1. 조합원 지위의 양도 등

(1) 조합원 지위의 변동

조합설립인가 후 양도·상속·증여 및 판결 등으로 건축물 또는 토지의 소유권이나 입주자로 선정된 지위 등이 이전된 때에는 조합원이 변경된 것으로 본다(법 제129조, 서울시 재개발 표준정관 제10조 제5항).

조합원의 권리를 이전받은 자는 해당 부동산의 소유권이전등기 완료시 조합원의 지위를 취득한다.[217] 다만 조합원이 사망한 경우 상속인들은 상속등기 여부와 관계없이 피상속인의 사망시에 상속재산을 취득하므로, 상속인들은 피상속인의 사망시에 조합원의 지위를 취득한다.

재건축조합의 경우 재건축사업에 동의한 자만 조합원이므로, 조합원으로부터 부동산을 양수한 자는 당연히 조합원으로 인정되나, 미동의자로부터 부동산을 양수한 자는 분양신청기한까지 별도의 조합가입동의서를 제출함으로써 조합원이 될 수 있다.

(2) 양수인의 신고의무

조합원이 변경된 경우 새로운 조합원은 부동산 등기사항증명서 등 증빙서류를 첨부하여 조합원변경 신고서를 제출하여 조합에 신고하여야 한다. 이 경우 신고하지 아니하여 발생되는 불이익 등에 대하여는 해당 조합원은 조합에 대항하거나 이의를 제기할 수 없다(서울시 재개발 표준정관 제11조 제3항).

새로운 조합원은 변경신고와 무관하게 소유권이전등기 완료시(사망의 경우 피상속인 사망시) 조합원의 지위를 취득하고, 다만 조합원으로서의 권리를 행사하기 위해 그 변경내용을 신고하는 것이다.

조합원의 교체 또는 신규가입은 경미한 사항의 변경에 해당되므로(시행령

---

217) 대법원 1996. 9. 24. 선고 96다25548 판결

제31조 제3호), 조합은 시장.군수에게 조합원의 변동사항을 신고하여야 한다.

(3) 조합원 변경의 효과

조합원이 토지 또는 건축물의 소유권 또는 지상권이나 입주자로 선정된 지위 등을 양도하였을 때에는 조합원의 자격을 즉시 상실한다(서울시 재개발 표준정관 제10조 제7항).

새로운 조합원은 종전 조합원이 행하였거나 조합이 종전 조합원에게 행한 처분, 조합청산 시 권리·의무에 관한 범위 등을 포괄승계한다(법 제129조, 서울시 재개발 표준정관 제10조 제5항, 제7항).

양수인은 양도인의 권리와 의무를 포괄 승계하는바, 전 소유자가 분양신청을 하였고, 양수인이 관리처분계획에서 현금청산대상자로 되었다면, 위 양수인은 별도의 분양신청없이도 위 관리처분계획의 효력에 대해 다툴 수 있다.[218]

조합원이 최초 추가 이주비를 수령한 후 부동산을 제3자에게 양도한 경우 양수인은 위 추가 이주비에 대한 채무도 승계한다.[219]

(4) 조합의 개별적 통지의무

조합이 조합원과 제3자 사이에 체결된 계약의 구체적 이행내용까지 파악하여 매수인의 권리보호를 위하여 매수인에게 개별적 통지 등의 조치를 취하여야 할 의무가 있는 것은 아니다.

조합이 매도인에게 분양신청을 안내하였다면 매수인(조합원)이 조합에 권리변동신고를 할 당시 조합이 매수인(조합원)에게 분양신청에 관한 별도의 추가적 안내를 하지 않았다고 하더라도 위법하다 볼 수 없다.[220]

(5) 이전고시 이전 분양권에 관한 매매계약만을 체결한 경우

갑이 이전고시 이전 망인(을)과 사이에 아파트 분양권에 관한 매매계약을 체결하였을 뿐 망인(을)의 조합원 지위의 근거가 된 '종전토지'에 관한 망인

218) 대법원 1999. 4. 13. 선고 98두19230 판결
219) 서울고등법원 2018. 5. 31. 선고 2017나2075966 판결
220) 서울행정법원 2019. 12. 13. 선고 2018구합78626 판결

(을)의 공유지분을 양수하지 않은 경우 갑은 망인(을)의 조합원 지위를 승계하지 못하고, 망인(을)의 상속인들이 망인(을)의 조합원 지위를 승계한다.[221]

(6) 이전고시와 조합원 지위의 승계여부

이전고시 이후 조합은 조합원들과 청산금의 청산을 완결하는 등의 업무를 수행하고, 조합원의 지위 역시 그 한도에서 계속 유지되는 것이므로, 이전고시 이후에는 반드시 조합원 지위와 분양받은 대지 또는 건축시설의 소유권이 결부되어야 할 필연성이 없다. 따라서 이전고시 이후에는 양수인은 당연히 조합원의 지위를 취득하지 않는다.

이전고시 이후 조합원 지위를 취득하기 위해서는 정관에 특별한 정함이 없는 한 ① 종전 조합원과 제3자 사이에 조합원의 지위승계에 관한 개별특약을 하고, ② 제3자가 조합에 조합원으로서의 지위를 승계한 사실을 신고하여야 한다.[222]

2. 조합원 자격 취득 제한

(1) 조합원 자격 취득 제한

투기과열지구로 지정된 지역에서 재개발・재건축사업을 시행하는 경우 일정 시점 이후에 건축물 또는 토지를 양수한 자는 조합원이 될 수 없고, 현금청산을 받아야 한다(법 제39조 제2항).[223] 이를 위반한 경우 형사처벌을 받을 수 있다.[224]

조합원 자격 취득 제한은 재개발・재건축사업에 대한 투기수요를 차단하여 주택시장을 안정화시키기 위한 것이다. 헌법재판소는 조합원 자격 취득 제한

221) 서울행정법원 2018. 11. 23. 선고 2018구합58714 판결
222) 대법원 2024. 4. 25. 선고 2022두52874 판결, 대법원 2003. 9. 26. 선고 2001다64479 판결, 서울남부지방법원 2012. 12. 14. 선고 2012가단57891 판결
223) 조합원 자격 취득 제한과 관련 재건축사업은 2003. 12. 31.에, 재개발사업은 2017. 10. 24.에 각각 도입되었음.
224) 법 제136조 제6호, 제7호

에 관한 규정을 합헌으로 결정한 바 있다.[225]

(2) 투기과열지구의 지정 또는 해제

조합원 자격 취득 제한은 '투기과열지구'로 지정된 지역에서 시행되는 재개발·재건축 사업에 한하여 적용된다.

투기과열지구와 조정대상지역으로 나누어진 하나의 정비구역에서 재개발사업을 시행하는 경우로서 관리처분계획 인가 후 정비구역 중 조정대상지역에서 해당 정비사업의 건축물 또는 토지를 양수한 자에 대해서도 도시정비법 제39조 제2항 본문이 적용되어 해당 양수인은 조합원이 될 수 없다.[226]

투기과열지구의 지정이 해제되는 경우에는 조합원 자격 취득 제한조치도 해제된다. 그러나 투기과열지구 해제 이전에 주택 또는 토지를 구입하여 현금청산대상자가 된 경우는 투기과열지구의 해제와 무관하게 현금청산대상이다.[227]

(3) 양수의 범위 또는 매매계약의 해제

재건축사업은 조합설립인가 후, 재개발사업은 관리처분계획의 인가 후 조합원 지위의 이전이 제한된다.

조합원 자격 취득 제한이 적용되는 양수의 범위에는 매매·증여, 그 밖의 권리의 변동을 수반하는 일체의 행위를 포함한다.

조합설립인가일과 양도.양수일의 선후를 판단함에 있어 양도.양수일의 기준일은 매매계약 체결 후 잔금청산일과 소유권이전등기신청일 중 빠른 날이다. 잔금청산일은 매매계약서상의 잔금청산 예정일로 판단하는 것이 아니라 실제 잔금청산일로 판단하는 것이므로 조합원 변경신고를 하는 경우 청산사실을 입증할 수 있는 금융거래 자료를 첨부해야 한다.

투기과열지구에서 증여를 철회하거나 매매계약을 해제한 경우 양수인은 이미 조합원 자격을 상실하였으므로, 증여의 철회 또는 매매계약의 해제에도 불구하고 양도인은 조합원 지위를 회복할 수 없다.[228]

---

225) 헌법재판소 2008. 9. 25. 자 2004헌마155, 237 결정
226) 법제처 2022. 6. 30. 회신 22-0395호 사례
227) 법제처 2022. 12. 7. 회신 22-0628호 해석례, 서울행정법원 2024. 7. 26. 선고 2023구합80593 판결

(4) 조합원 자격 취득 제한과 현금청산

조합은 도시정비법 제39조 제2항에 따라 조합원의 자격을 취득할 수 없는 자에게 손실보상을 하여야 한다(법 제39조 제3항).

사업시행자는 관리처분계획이 인가・고시된 다음 날부터 90일 이내에 토지 또는 건축물을 취득한 자와 토지, 건축물 또는 그 밖의 권리의 손실보상에 관한 협의를 하여야 한다. 사업시행자는 분양신청기간 종료일의 다음날부터 협의를 시작할 수 있다.

협의가 성립되지 아니한 경우 사업시행자는 협의기간의 만료일 다음 날부터 60일 이내에 수용재결을 신청하거나 매도청구소송을 제기하여야 한다.

사업시행자가 수용재결 신청기간 등을 넘겨서 수용재결을 신청하거나 매도청구소송을 제기한 경우에는 해당 토지등소유자에게 지연일수에 따른 이자를 지급하여야 한다(법 제39조 제3항, 법 제73조).

손실보상대상자에 대한 손실금 지급의무가 발생하는 시기 또는 매도청구권 행사로 그 성립이 의제되는 매매계약의 매매대금 산정 기준시기는 해당 건축물 또는 토지를 양수함으로써 조합원 자격을 취득할 수 없는 날이다.[229)]

도시정비법 제39조 제2항이 투기과열지구 안에서 재건축 대상 부동산의 양수인에 대하여 조합원 지위를 원칙적으로 인정하지 아니한 것은 투기수요를 차단하기 위해서인바, 입주권을 포함하여 대상 부동산의 가액을 산정하게 되면 위와 같은 입법취지를 훼손시킬 수 있어 타당하지 않으므로, 입주권이 없는 상태로 당해 부동산의 매매가격을 정할 수 있다.[230)]

(5) 조합 명의 신탁과 이전고시

양수인이 도시정비법 제39조 제2항에 의거 조합원 자격을 취득할 수 없음에도 불구하고 재건축조합이 양수인으로부터 해당 부동산을 신탁을 원인으로 한 소유권이전등기를 경료받은 경우 재건축조합은 신탁받은 부동산의 소유권을 취득하기 위해 새로이 매도청구권을 행사할 필요가 없다.[231)]

---

228) 서울행정법원 2023. 5. 26. 선고 2022구합72939 판결
229) 서울중앙지방법원 2021. 5. 27. 선고 2020가합569628 판결
230) 서울중앙지방법원 2021. 5. 27. 선고 2020가합569628 판결

조합원 자격을 취득할 수 없음을 간과하고 해당 양수인에게 대지 또는 건축물을 분양하는 것을 내용으로 하는 관리처분계획의 변경 및 이전고시가 이루어지고, 해당 양수인이 그에 따른 권리를 취득하기에 이른 경우라면, 그러한 관리처분계획 또는 이전고시의 효력을 다투는 것은 별론으로 하고, 해당 양수인이 취득한 대지 등에 대하여 도시정비법 제73조 제2항에 기해 매도청구를 하는 것은 재건축사업의 시행과 무관하여 허용되지 않는다.[232)]

3. 조합원 자격 취득 제한의 예외

(1) 상속・이혼으로 인한 양도・양수

상속・이혼으로 인한 양도・양수의 경우 양수인은 조합원이 될 수 있다. 이는 투기수요와 무관한 불가피한 사정으로 인한 것이고, 가족법상의 법률관계 범위 내에서 관계인의 의사를 존중하여 해당 가족 공동체의 재산권을 보호하기 위함이다.

(2) 조합원 자격 취득 제한이 허용되는 경우

양도인이 다음의 어느 하나에 해당하는 경우 그 양도인으로부터 그 건축물 또는 토지를 양수한 자는 조합원 자격을 취득할 수 있다(법 제39조 제2항 단서, 시행령 제37조 제2항, 제3항).

① 세대원의 근무상 또는 생업상의 사정이나 질병치료・취학・결혼으로 세대원이 모두 해당 사업구역에 위치하지 아니한 특별시・광역시・특별자치시・특별자치도・시 또는 군으로 이전하는 경우. 세대원은 세대주가 포함된 세대의 구성원을 말하고, 질병치료는 의료법 제3조에 따른 의료기관의 장이 1년 이상의 치료나 요양이 필요하다고 인정하는 경우로 한정한다.

세대원이 모두 이전하는 경우 주택 또는 토지의 양도.양수 후 양도자의

231) 대법원 2023. 11. 2.선고 2022다290327, 290334 판결
232) 대법원 2023. 11. 2.선고 2022다290327, 290334 판결

이전사유와 이전사실을 증명하는 서류(재직증명서, 재학증명서, 진단서, 납세증명서 등)를 제출하여 조합원 변경신고를 하여야 한다.

도시정비법 제39조 제2항 제1호는 '조합설립인가 후' 세대원 전부가 이전하는 경우를 전제로 하므로, '조합설립인가 이전'에 세대원 전부가 이전하고, 위 조합원으로부터 주택을 매수한 자는 조합원이 될 수 없다.[233)]

② 상속으로 취득한 주택으로 세대원 모두 이전하는 경우

조합원이 당해 재개발·재건축 사업구역이 아닌 지역의 주택을 상속받고, 상속받은 주택으로 실제로 이전하는 경우에 적용이 가능하다. 상속사실과 이전사실을 증명하는 서류를 제출하여 조합원 변경신고를 하여야 한다.

③ 세대원 모두 해외로 이주하거나 세대원 모두 2년 이상 해외에 체류하려는 경우

④ 지분형주택을 공급받기 위하여 건축물 또는 토지를 토지주택공사등과 공유하려는 경우

⑤ 공공임대주택, 공공분양주택의 공급 및 공공재개발사업 시행자가 상가를 임대하는 사업을 목적으로 건축물 또는 토지를 양수하려는 공공재개발사업 시행자에게 양도하려는 경우

⑥ 조합설립인가일부터 3년 이상 사업시행인가 신청이 없는 주택재건축사업의 건축물을 3년 이상 계속하여 소유하고 있는 자가 사업시행인가 신청 전에 양도하는 경우.

⑦ 사업시행인가일부터 3년 이내에 착공하지 못한 재건축사업의 토지 또는 건축물을 3년 이상 계속하여 소유하고 있는 자가 착공 전에 양도하는 경우

⑧ 착공일부터 3년 이상 준공되지 아니한 재개발사업·주택재건축사업의 토지를 3년 이상 계속하여 소유하고 있는 경우

양도인이 착공일부터 3년 이상 재건축사업의 토지를 계속하여 소유하고 있는지를 판단하는 경우 계약이행이 완료되어 권리가 변동되는 날을 기

233) 법제처 2022. 3. 31. 회신 21-0888호 사례

준으로 한다. 계약체결일을 기준으로 하여서는 아니된다.[234)]

⑨ 2003. 12. 31. 전에 건축물 또는 토지를 취득한 토지등소유자로부터 상속·이혼으로 인하여 토지 또는 건축물을 소유한 자

⑩ 국가·지방자치단체 및 금융기관에 대한 채무를 이행하지 못하여 재개발사업·재건축사업의 토지 또는 건축물이 경매[235)] 또는 공매되는 경우

⑪ 투기과열지구로 지정되기 전에 건축물 또는 토지를 양도하기 위한 계약을 체결하고, 투기과열지구로 지정된 날부터 60일 이내에 부동산 거래의 신고를 한 경우. 양도계약은 계약금 지급 내역 등으로 계약일을 확인할 수 있는 경우로 한정한다.

⑥항, ⑦항, ⑧항과 관련 소유기간을 산정할 때 소유자가 피상속인으로부터 상속받아 소유권을 취득한 경우에는 피상속인의 소유기간을 합산한다.

'근무상 또는 생업상의 사정이나 질병치료 등으로 인한 이주', '1세대 1주택자로서 장기간 보유 및 거주한 경우'와 관련 양도인이 '법인'인 경우에 해당하는 예외규정을 별도로 두지 않았다 해도 과잉금지원칙 위반에 해당되지 않는다.[236)]

(3) 1세대 1주택자의 양도

1세대 1주택자로서 양도하는 주택에 대한 소유기간 10년 및 거주기간 5년 이상인 경우 양수인은 조합원 자격을 취득한다(법 제39조 제2항 제4호).

'소유기간 및 거주기간'에 의한 전매허용은 조합원이 1세대 1주택자로서 장기간 소유하고 거주하는 주택을 양도하는 경우 그 양수인에게 조합원 자격을 인정하여 투기 목적 없이 실제 거주지를 이전할 목적으로 정비사업 대상 부동산을 양도하고 새로운 주택을 양수하는 것에 어려움이 없도록 하기 위함이다.

1세대는 동일한 세대별 주민등록표 상에 등재되어 있지 아니한 배우자 및 미혼인 19세 미만의 직계비속을 포함한다. 또한 세대를 분리하여 동일한 세대

234) 법제처 2021. 9. 29. 회신 21-0408 사례
235) 서울행정법원 2007. 7. 4. 선고 2007구합1033 판결
236) 헌법재판소 2025. 1. 23. 선고 2021헌마653 결정

에 속하지 아니하는 때에도 1세대로 본다. 다만 이혼 및 19세 이상 자녀의 분가인 경우에는 1세대로 보지 아니한다. 자녀의 분가는 세대별 주민등록을 달리하고, 실거주지를 분가한 경우로 한정한다(법 제39조 제2항 제4호, 제1항 제2호).

주택의 보유 여부 판정기준은 주택공급에 관한 규칙 제53조를 준용하여 판단하는바, 분양권을 갖고 있거나 주택 또는 분양권등의 공유지분을 소유하고 있는 경우에는 주택을 소유하고 있는 것으로 본다.

세대주 또는 세대원중 한명이 분양권을 가지고 있거나, 분양권의 공유지분을 가지고 있는 경우 1주택을 소유한 것으로 보고, 당해 재개발・재건축내 주택을 포함하면 2주택자가 되는바, 위 세대로부터 주택을 양수한 자는 조합원 자격을 취득하지 못한다.

조합원이 다른 주택의 일부 지분을 상속받은 경우 3개월 이내 상속받은 다른 주택의 일부 지분을 매각하였다 하더라도 1주택자에 해당되지 않으므로, 양수인은 조합원이 될 수 없다.

거주기간은 주민등록표를 기준으로 하며, 소유자가 거주하지 않고 소유자의 직계 존비속 또는 배우자가 해당 주택에 거주한 경우 그 기간을 합산한다.

소유자가 피상속인으로부터 상속받아 소유권을 취득한 경우에는 피상속인의 소유기간 및 거주기간을 합산하여 해당 소유자의 소유기간 및 거주기간을 산정한다.

소유기간 및 거주기간은 조합설립인가일로부터 기산하는 것이 아니라 건물등기부등본 또는 주민등록표에 따라 소유기간 또는 거주기간을 판단한다.[237)]

(4) 공유자중 일부만 소유기간 및 거주기간을 충족한 경우

여러 명이 주택을 공유하고 있고, 일부 공유자(갑)는 소유기간 및 거주기간을 충족하나, 나머지 공유자(을)는 소유기간 및 거주기간을 충족하지 못한 경우 위 공유자 전부로부터 공유지분 전부를 양수한 자는 소유기간 및 거주기간을 충족한 지분(갑)에 한하여 조합원 지위를 승계받게 된다.[238)]

237) 서울행정법원 2019. 12. 3. 선고 2019구합61700 판결
238) 서울고등법원 2022. 3. 17. 선고 2021나2019406 판결
법제처 2022. 11. 25. 회신 22-0544호 사례에서도 "투기과열지구 내 재건축 정비

(5) 일부 지분만을 증여한 경우

갑 부동산을 A가 소유하던 중 조합설립인가 이후에 갑 부동산의 일부 지분을 B에게 증여한 경우 A와 B는 공유자로서 조합원 자격을 유지한다. 이 경우 도시정비법 제39조 제2항이 적용되지 않는다.[239]

이에 반해 투기과열지구 재건축구역에서 아버지와 아들이 각각 1/2지분을 소유하던 중 조합설립인가 후 아버지가 아들에게 자신의 1/2지분을 증여함으로서 아들이 100% 지분을 취득한 사안에서 증여받은 1/2지분은 현금청산대상이라고 판시한 사례가 있다.[240]

(6) 대표조합원의 변경

갑과 을이 A부동산을 공유하고, 갑을 대표조합원으로 선임하였고, 이후 갑과 합의에 의해 을을 대표조합원으로 선임한 경우 위 대표조합원 선임행위는 유효하고, 도시정비법 제39조 제2항이 적용되지 않는다.

구역에서 조합설립인가 후 대표조합원의 건축물에 대한 지분 전부를 양수한 양수인에게 조합원 자격 취득이 제한되는 사정이 존재한다고 하더라도 해당 건축물의 다른 공유자들은 공유자대표조합원을 새롭게 선임하여 재건축 사업에 조합원으로서 계속 참여할 수 있다."고 해석함.

239) 법제처 2021. 3. 19. 회신 20-0622호 사례

240) 서울고등법원 2016. 1. 29. 선고 2015나18888 판결

4. 계약상대방에 대한 설명 · 고지 의무

(1) 설명 · 고지의무

토지등소유자는 자신이 소유하는 정비구역 내 토지 또는 건축물에 대하여 매매 · 전세 · 임대차 또는 지상권 설정 등 부동산 거래를 위한 계약을 체결하게 된다.

토지등소유자가 부동산 거래계약을 하는 경우 다음의 사항을 거래 상대방에게 설명 · 고지하여야 한다(법 제122조 제1항, 시행령 제92조).

① 해당 정비사업의 추진단계

② 퇴거예정시기(건축물의 경우 철거예정시기를 포함함)

③ 도시정비법 제19조에 따른 행위제한

④ 조합원의 자격

⑤ 관리처분계획의 인가 후 민법 등의 임대차계약기간 등이 적용되지 아니하는 내용

⑥ 주택 등 건축물을 분양받을 권리의 산정 기준일

⑦ 도시정비법 제35조 제3항에 따른 재건축사업의 조합설립을 위한 동의요건 중 복리시설에 대한 동의요건 완화에 관한 사항(복리시설의 거래를 위한 계약을 체결하는 경우 한정)

⑧ 분양대상자별 분담금의 추산액

⑨ 정비사업비의 추산액 및 그에 따른 조합원 분담규모 및 분담시기, (재건축사업의 경우에는 재건축부담금에 관한 사항

토지등소유자는 거래계약서에 설명.고지내용을 기재 후 서명.날인하여야 한다.

조합원이 조합원의 자격이나 지위, 입주자로 선정된 지위 등을 양도하는 경우에는 양수자에게 권리.의무의 포괄승계에 관한 내용을 설명 · 고지하여 명확히 하여야 한다(서울시 재개발 표준정관 제52조 제1항).

(2) 중개업자의 설명의무

거래 상대방에 대한 설명·고지의 사항은 '공인중개사의 업무 및 부동산 거래신고에 관한 법률' 제25조 제1항 제2호의 "법령의 규정에 의한 거래 또는 이용제한사항"으로 본다(법 제122조 제2항).

중개업자는 중개를 의뢰받은 경우에는 중개가 완성되기 전에 '법령의 규정에 의한 거래 또는 이용제한사항'을 확인하여 이를 당해 중개대상물에 관한 권리를 취득하고자 하는 중개의뢰인에게 성실·정확하게 설명하고, 토지대장·등기부등본등 설명의 근거자료를 제시하여야 한다('공인중개사의 업무 및 부동산 거래신고에 관한 법률' 제25조 제1항 제2호).

시·도지사는 설명·고지의무를 위반한 공인중개사에게 6월의 범위 안에서 기간을 정하여 그 자격을 정지할 수 있고(같은 법 제36조 제1항 제3호), 등록관청은 설명·고지의무를 위반한 중개업자에게 6월의 범위 안에서 기간을 정하여 업무의 정지를 명할 수 있다(같은 법 제39조 제1항 제5호).

5. 조합원의 제명(재건축조합)

(1) 제명의 의의

제명이란 조합원의 권리를 행사하지 아니하거나 의무를 이행하지 아니한 경우 기타 재건축사업 수행상 불가피한 경우 등 조합정관이 정하는 제명사유에 해당하는 경우 이를 이유로 조합원 자격을 박탈시키는 것이다.

조합원 제명은 재건축사업에서만 허용되고, 재건축조합은 정관에 조합원의 제명에 관한 사항을 기재하여야 한다(법 제40조 제1항 제3호). 강제가입제가 도입된 재개발사업에서는 조합원 제명이 허용되지 않는다.

(2) 제명요건

조합원이 고의에 의한 불법행위를 저지르거나 법 또는 이 정관에 따른 의무를 고의로 이행하지 아니하여 조합 또는 조합원에게 막대한 재산상 손해를 입힌 경우에는 총회의 의결에 따라 해당 조합원을 제명할 수 있다(서울시 재건축 표준정관 제10조 제9항).

재건축조합이 조합원을 제명하기 위해서는 그 조합원을 제명하지 않으면 재건축사업의 시행이 불가능해지거나 현저히 곤란해지는 등의 불가피한 사유가 있는 경우에 최종적인 수단으로서만 인정된다.[241] 정관에 제명사유가 규정되어 있다고 하더라도 위 제명규정은 엄격히 해석되어져야 한다.[242]

구체적인 제명사유로는 ① 무자격자로 판명이 되는 경우[243], ② 조합원이 권리를 행사하지 아니하거나 의무를 이행하지 아니하여 재건축사업에 현저한 지장을 주는 경우[244], ③ 명확히 확인하지도 않고 마치 사실인 것처럼 허위사실을 유포하여 조합 또는 임원 및 대의원의 명예를 현저히 훼손한 경우, ④ 합리적인 방법에 의하여 총회가 개최되고 가결되거나 부결되었으면 승복하여 조합의 민주적 운영에 협조하여야 함에도 이를 불법적으로 저지하여 조합 집

---

241) 대법원 2004. 6. 10. 선고 2004다11032 판결, 대법원 2004. 11. 12. 선고 2003다69942 판결, 대법원 2013. 12. 12. 선고 2013다66553 판결
242) 대전고등법원 2008. 5. 15. 선고 2007나7834 판결
243) 대법원 1993. 7. 27. 선고 93다2926 판결
244) 대법원 1997. 7. 25. 선고 96다29816 판결

행부를 분란시키고, 사업시행에 지연 내지 손해를 끼친 경우, ⑤ 조합의 조직을 파괴하거나 적대적인 행위를 하여 조합원으로서 도저히 포용할 수 없는 경우[245] 등이다.

① 분양계약 체결일자까지 총회에서 결의된 추가 분담금을 지급할 수 없다고 주장하면서 분양계약 체결을 거부한 조합원에 대하여 조합이 총회 결의를 통하여 제명을 결의한 사안[246], ② 조합의 감사가 조합 총회에서 조합장의 명예를 훼손하는 허위사실을 유포하고, 이사회에서 다른 조합 임원에게 상해를 가하는 등의 여러 가지 이유로 조합원에서 제명 결의된 사안[247]에서 제명사유가 인정되었다.

조합원들이 비대위를 결성하여 집행부를 비판하는 내용의 소식지 등을 배포하고 카카오톡 단체대화방에서 집행부를 비판하는 내용의 의견을 교환하는 등 악의적인 목적으로 조합원들을 규합하는 등 조합의 사업 추진에 손해를 입혔다는 이유로 총회 결의를 거쳐 해당 조합원들을 제명한 사례[248]에서는 제명사유가 인정되지 않았다.

조합이 출자의무를 불이행하는 조합원을 제명하는 경우 조합은 해당 조합원에게 상당한 기간을 정하여 출자의무의 이행을 최고할 필요는 없다.[249]

(3) 제명결의방법

재건축조합은 제명 전에 해당 조합원에 대해 청문등 소명기회를 부여하여야 하며, 청문등 소명기회를 부여하였음에도 이에 응하지 아니한 경우에는 소명기회를 부여한 것으로 본다(서울시 재건축 표준정관 제10조 제9항).

조합원의 제명은 총회에서 조합원 과반수 출석에 출석 조합원 과반수의 찬성으로 의결할 수 있다.[250]

제명대상 조합원은 의결기관(총회)에 출석하여 변명할 기회를 보장받아야 할 것이므로, 당해 조합원은 총회의 성원에 필요한 출석 조합원 수에는 포함

245) 제주지방법원 1998. 9. 17. 선고 97가합3930 판결
246) 서울고등법원 2012. 4. 27. 선고 2011나71201 판결
247) 대구고등법원 2021. 12. 22. 선고 2021나23293 판결
248) 전주지방법원 2024. 5. 22. 선고 2023가합11513 판결
249) 대법원 1997. 7. 25. 선고 96다29816 판결
250) 전주지방법원 2024. 5. 22. 선고 2023가합11513 판결

되나 자신의 제명결의에 있어서의 의결정족수 계산에서는 제외된다.[251)]

조합원 2명 이상을 제명하는 경우에는 그 의결에 있어서 2명 이상의 조합원 전부를 동시에 제명할 수는 없고, 각 조합원에 따라 개별적으로 의결하여야 한다.

조합원 과반수를 제명하는 것은 재건축조합의 조합원총회 결의로도 불가능하므로, 조합원총회의 일부 의사결정을 대신하는 기관인 재건축조합 대의원회 등의 결의에 의하여 조합원 과반수를 제명할 수는 없다.[252)]

(4) 불복절차

제명처분을 한 의결기관의 소집절차상 하자, 제명사유의 부존재 또는 제명권 남용 등 결의내용이 현저한 중대성이 있는 경우에는 법원에 소를 제기하여 구제받을 수 있다.[253)]

재개발조합은 정비사업인 공공사무를 행하는 범위내에서 행정작용 권한을 행사하는 것이고, 조합원의 제명결의 또는 조합원 자격의 확인은 행정소송(당사자소송)의 관할에 속한다고 볼 수 있다. 실무상 조합원 제명사건을 행정사건에서 심리한 있다.[254)]

(5) 위법한 제명과 손해배상

조합임원 또는 조합장이 정관 소정의 제명사유가 없음에도 불구하고 일부 조합원의 제명을 안건으로 하는 임시총회를 소집하고 위 임시총회에서 제명결의를 성립시킨 경우에는 위 조합임원 또는 조합장은 위 조합원에 대해 손해를 배상할 책임을 져야 한다.[255)]

조합원이 조합으로부터 위법하게 제명됨으로 인하여 입은 손해는 조합원의 지위에서 향유할 수 있었던 수분양권의 상실이라 할 것이고, 그 구체적 가액은 조합원들이 분양을 신청할 평형 아파트의 수분양권의 거래가(분양가에 소

251) 서울행정법원 1998. 5. 1. 선고 98구1863 판결
252) 대법원 2009. 9. 10. 선고 2008다37414 판결
253) 대법원 1994. 5. 10. 선고 93다21750 판결
254) 서울고등법원 2014. 5. 28. 선고 2013누21061 판결
255) 대법원 1997. 9. 5. 선고 96다30298 판결

위 프리미엄이 가산된 금액)에서 제명결의가 없었더라면 제명된 조합원들이 부담하였을 분담금을 공제한 차액이다.[256)]

(6) 출자재산 청산절차

조합원이 재건축조합에서 제명되거나 탈퇴하는 등 후발적인 사정으로 그 지위를 상실하는 경우에도 처음부터 분양신청을 하지 아니하거나 철회하는 경우와 마찬가지로 현금청산 대상자가 된다.

재건축조합은 제명자를 상대로 도시정비법 제73조를 준용하여 현금청산하여야 한다.[257)] 이 경우 최고절차는 필요 없다. 현금청산금 산정의 기준시점은 조합원이 분양대상자의 지위를 상실하는 때인 제명결의일이다.[258)]

제명된 조합원 소유 부동산에 근저당권 등이 설정된 경우 조합은 제명된 조합원에게 매매대금 중에서 권리제한등기를 말소하는 데 필요한 금액을 공제한 나머지 금액을 먼저 지급할 수 있다. 이 경우 제명된 조합원은 동시이행항변권을 행사할 수 없다.[259)]

(7) 조합원 소유 부동산이 재건축조합 명의로 신탁된 경우

조합원이 그 소유의 토지 등에 관하여 재건축조합 앞으로 신탁을 원인으로 한 소유권이전등기를 마친 후 조합원의 지위를 상실함으로써 신탁관계가 그 목적 달성 불능을 이유로 종료된 경우 재건축조합은 제명자에게 현금으로 청산할 의무를 부담할 뿐 제명자가 출자한 현물의 반환의무를 부담하지 않는다.[260)]

즉, 조합원이 그 소유 토지 등에 관하여 이미 조합 앞으로 신탁을 원인으로 한 소유권이전등기를 마친 경우에는 제명자는 청산금을 지급받기 위하여 별도로 소유권을 이전할 의무를 부담하지 아니한다.[261)]

---

256) 대전고등법원 2008. 5. 15. 선고 2007나7834 판결
257) 대법원 2013. 11. 28. 선고 2012다110477, 110484 판결, 대법원 1999. 12. 10. 선고 98다36344 판결
258) 대구지방법원 서부지원 2023. 1. 19. 선고 2019가합53215 판결
259) 대법원 2008. 10. 9. 선고 2008다37780 판결
260) 대법원 2013. 11. 28. 선고 2012다110477, 110484 판결
261) 대법원 2008. 10. 9. 선고 2008다37780 판결

조합원이 제명됨으로서 조합에 대한 신탁관계가 종료되었다면 그 신탁재산이었던 조합원의 토지의 소유권은 조합에게 귀속된다, 조합은 이미 자신 명의로 신탁을 원인으로 한 소유권이전등기가 마쳐진 위 토지에 관하여 신탁법 제31조 제1항 단서의 규정에 따라 수탁자의 고유재산으로 하는 법원의 허가를 얻어 조합의 고유재산으로 된 취지의 등기와 신탁등기의 말소등기를 할 수 있다.

따라서 조합원은 조합으로부터 위 신탁재산에 관하여 신탁재산의 귀속을 원인으로 한 신탁등기의 말소등기 및 소유권이전등기의 신청절차를 인수하고, 다시 조합에게 현금청산을 원인으로 하는 소유권이전등기절차를 이행할 의무를 부담하지 않는다.[262)]

262) 대법원 2010. 9. 9. 선고 2010다19204 판결

6. 임의탈퇴(재건축조합)

조합원 탈퇴에 관한 사항은 정관의 필요적 기재사항이다(법 제40조 제1항 제3호).

사단법인의 구성원의 가입과 탈퇴는 법률의 규정이나 단체의 특성상 제한되기는 하나, 원칙적으로는 그 구성원의 자유의사에 따라 결정되어 진다. 재건축 조합과 조합원은 부득이한 사유가 없는 한 조합의 사업목적이 달성되어 조합이 해산될 때까지 조합 목적 달성에 협력할 의무가 있으며, 이 경우 재건축조합에 가입하여 기존의 주택을 철거하고 그 대지 위에 주택을 건설하기로 한 조합원이 임의 탈퇴한다면 재건축사업의 시행이 불가능하거나 현저히 곤란하게 될 수 있다. 따라서 조합원의 임의탈퇴를 제한할 수 있다.[263)]

서울시가 보급하고 있는 재건축 표준정관에는 조합원의 임의탈퇴에 관한 규정이 없다.

건설교통부가 보급한 재건축 표준정관 제11조 제4항에 의하면 "조합원은 임의로 탈퇴할 수 없다. 다만 부득이한 사유가 발생한 경우 총회 또는 대의원회의 의결에 따라 탈퇴할 수 있다."

부득이한 경우의 판단은 조합원 일신상의 주관적인 사유 및 조합원 개개인의 이익뿐만 아니라 단체로서의 조합의 성격과 조합원 전체의 이익 등을 종합적으로 고려하여야 한다.[264)]

임의탈퇴의 의결기관에 대해서는 당해 조합의 조합원수, 단지규모, 탈퇴가 조합에 미치는 영향 등을 감안하여 조합의 정관에서 총회 또는 대의원회로 정하면 될 것이다.

조합원 탈퇴시 현금청산절차는 제명의 현금청산절차와 동일하다.

---

263) 대법원 1997. 5. 30. 선고 96다23887 판결
264) 대법원 1997. 1. 24. 선고 96다26305 판결

Ⅲ. 조합원 분양권

1. 투기과열지구내 분양신청 제한

(1) 분양신청 제한

투기과열지구의 정비사업에서 관리처분계획에 따라 조합원 분양분 또는 일반 분양분의 분양대상자 및 그 세대에 속한 자는 분양대상자 선정일부터 5년 이내에는 투기과열지구에서 분양신청을 할 수 없다(법 제72조 제6항).[265)]

조합원 분양분의 분양대상자는 최초 관리처분계획 인가일로부터 5년이내 투기과열지구에서의 분양신청이 제한된다.

도시정비법 제72조 제6항에 규정된 "그 세대에 속한 자"는 분양대상자와 주거와 생계를 같이하는 사람을 의미한다. 갑은 A건물에서 거주하고, 갑의 아들인 병은 B건물에서 거주하였다. 병은 2020. 7. 1. 재개발조합의 일반분양대상자로 당첨되었고, 갑은 2020. 8. 28. 분양신청을 하였다. 갑의 배우자 을은 2018. 1. 18. B 건물에 전입하여 병과 함께 거주하였고, 2020. 12. 4. A건물로 다시 전입신고한 후 갑과 함께 거주하고 있다. 갑의 분양신청일인 2020. 8. 28. 기준으로 병과 함께 주거 및 생계를 같이하지 않았으므로, 갑은 분양신청을 할 수 있다.[266)]

투기과열지구 재개발사업의 정비구역 내 주택을 A와 B가 공유하고 있고, A가 다른 정비사업 분양대상자등에 해당하여 분양신청을 할 수 없는 경우에는

---

265) 부칙(2017. 10. 24.) 제4조 부칙(2017. 2. 8.) 제37조의2 : 2017. 10. 24. 이전에 투기과열지구의 토지등소유자는 종전의 규정에 의함
다만 다음 각호의 어느 하나에 해당하는 경우 개정된 법이 적용됨.
1. 토지등소유자와 그 세대에 속하는 자가 2017. 10. 24. 이후 투기과열지구의 정비사업구역에 소재한 토지 또는 건축물을 취득하여 해당 정비사업의 관리처분계획에 따라 조합원 분양분의 분양대상자로 선정된 경우
2. 토지등소유자와 그 세대에 속하는 자가 2017. 10. 24. 이후 투기과열지구의 정비사업의 관리처분계획에 따라 일반 분양분의 분양대상자로 선정된 경우
판결사례 : 서울행정법원 2020. 10. 16. 선고 2020구합58229 판결

266) 수원고등법원 2023. 6. 21. 선고 2022누13585 판결, 대법원 2025. 3. 27. 선고 2022두50410 판결

B가 다른 정비사업 분양대상자등에 해당하지 않더라도 도시정비법 제72조 제3항에 따른 분양신청을 할 수 없다.[267)]

분양신청제한은 도시정비법에 의한 정비사업의 분양권에 적용되는바, 소규모주택정비법에 따라 분양권을 취득한 경우 도시정비법에 따른 분양권 취득이 제한되지 않는다.

(2) 상속, 결혼, 이혼의 경우

상속, 결혼, 이혼으로 당해 정비구역내 조합원 자격을 취득한 경우에는 분양신청 제한을 받지 않으므로 분양신청을 할 수 있다. '상속, 결혼, 이혼'은 '분양대상자 선정일 이후'에 발생한 것만을 의미한다.[268)]

투기과열지구의 A 정비사업의 분양대상자등이 A 정비사업 분양대상자 '선정일 전'에 투기과열지구의 'B 정비사업의 조합원 자격을 상속'으로 취득한 경우, 도시정비법 제72조 제6항 단서를 적용할 수 없으므로, A 정비사업의 분양대상자 선정일부터 5년 이내에 B 정비사업의 분양신청을 할 수 없다.[269)]

(3) 투기과열지구 해제 또는 합의 해제

관리처분계획 인가 당시 정비구역이 있는 지역이 투기과열지구로 지정.공고된 이후 투기과열지구가 해제된 경우 분양신청 자격이 인정되는지 문제된다. 도시정비법 등이 투기과열지구에서 해제되면 도시정비법 제72조 제6항의 적용을 소급하여 배제하는 규정을 두지 않았으므로, 해당 조합원에게 소급하여 분양신청 자격을 인정할 수도 없다.[270)]

갑은 을에게 부동산을 매도하였고, 을이 도시정비법 제72조 제6항에 의거 분양신청을 할 수 없게 되었으며, 이에 갑과 을은 매매계약을 합의해제한 후 갑이 조합에 분양신청을 한 사안에서 갑은 을의 현금청산자의 지위를 승계할 뿐 조합원 지위를 회복할 수 없다고 판시한 사례가 있다.[271)]

---

267) 법제처 2022. 8. 31. 회신 22-0524호 사례
268) 수원지방법원 2022. 7. 7. 선고 2022구합60494 판결
269) 법제처 2022. 2. 8. 회신 21-0887호 사례
270) 수원고등법원 2023. 7. 21. 선고 2022누12926 판결
271) 서울행정법원 2023. 5. 26. 선고 2022구합72939 판결

(4) 분양신청 제한 사례

국토교통부장관은 2017. 8. 3. 서울특별시 전역(25개구)을 투기과열지구로 지정하였고, 도시정비법 제74조 제6항이 2018. 2. 9.부터 시행되었다[부칙(제14943호, 2017. 10. 24) 제1조].

갑은 2014. 5. 30. 병 조합의 재개발구역내 제1주택을 취득하였고, 갑은 2015. 12. 30. 병 조합에게 분양신청을 하였으며, 병 조합은 2018. 5. 10. 관리처분계획인가를 받았다. 갑은 2019. 12. 23. 위 제1주택을 매도하였다.

갑은 2020. 10. 19. 을 조합의 재개발구역내 제2주택을 취득하였고, 2021. 6. 경 을 조합에게 분양신청을 하였으나, 을 조합은 도시정비법 제76조 제6항을 근거로 갑을 현금청산자로 분류하였다.

갑은 도시정비법 제72조 제6항 시행 이후로서 병 재개발구역 사업의 '최초 관리처분계획 인가일' 인 2018. 5. 10.에 병 재개발구역 사업의 분양대상자로 선정된 이상, 그로부터 5년 이내에 분양신청 절차를 개시한 을 재개발사업에 관하여는 분양신청을 할 수 없다.[272]

(5) 해석상 허용 사례

갑은 1993년 12월 G아파트를 취득하였고, 2020년 4월 자녀인 을에게 증여하였다. 갑의 아내인 병은 1987년 11월 J아파트를 취득하였고, J아파트는 투기과열지구로 지정되었으며, 2018년 7월 병을 분양대상자로 하는 관리처분계획이 인가되었다. G아파트 재건축조합은 2021년 3월 사업시행인가를 득한 후 2021년 11월 분양신청을 통지하였고, 을은 분양신청을 하였다. 을는 혼인 후 분가해 별도 세대를 이루다가 부모 집으로 전입신고를 하여 하나의 세대를 이루고 있다. 위 사안에서 세대 구성원에게 자신이 종래부터 보유하던 부동산 소유권을 이전하여 세대 내에서 분양신청을 할 수 있는 사람이 변경되는 것에 불과할 뿐 단기 투기수요와는 무관하다는 이유로 위 을에게 분양권을 인정한 사례가 있다.[273]

---

272) 서울행정법원 2024. 7. 4. 선고 2022구합71424 판결
273) 서울행정법원 2023. 5. 12. 선고 2022구합84116 판결

(6) 현금청산절차

분양신청 제한사유에 해당하는 자는 도시정비법 제73조에 의거 현금청산을 받게 된다(법 제73조 제1항 제3호).

2. 권리산정기준일

(1) 지분쪼개기 규제 필요성

재개발사업의 추진이 예정되는 지역에서 아파트 분양권을 다수 확보할 목적으로 단독 또는 다가구 주택을 다세대주택으로 전환하여 각각 매각하는 것을 일명 "지분쪼개기"라고 한다. 다가구주택을 다세대주택으로 전환하는 이유는 향후 재개발사업 시행시 분양권 대상 세대수를 늘려 매각함으로써, 프리미엄을 얻기 위함이다.

다가구주택을 다세대주택으로 전환하는 것은(보통 1가구를 7세대 정도로 분할) 조합원 수의 증가와 사업성 악화로 인하여 재개발·재건축사업의 진행에 막대한 지장을 초래한다.

(2) 권리산정기준일의 지정

다가구주택의 다세대 전환 등 일정한 사유에 해당하는 경우 정비구역 지정고시가 있은 날 또는 시·도지사가 투기를 억제하기 위하여 기본계획 수립을 위한 주민공람의 공고일 후 정비구역 지정·고시 전에 따로 정하는 날(기준일)의 다음 날을 기준으로 건축물을 분양받을 권리를 산정한다(법 제77조 제1항).

건축물을 분양받을 권리의 기준일 적용대상은 다음과 같다.

① 1필지의 토지가 여러 개의 필지로 분할되는 경우
② 집합건물법에 따른 집합건물이 아닌 건축물이 집합건물로 전환되는 경우
③ 하나의 대지 범위에 속하는 동일인 소유의 토지와 주택 등 건축물을 토지와 주택 등 건축물로 각각 분리하여 소유하는 경우

④ 나대지에 건축물을 새로 건축하거나 기존 건축물을 철거하고 다세대주택, 그 밖의 공동주택을 건축하여 토지등소유자의 수가 증가하는 경우

⑤ 집합건물법 제2조 제3호에 따른 전유부분의 분할로 토지등소유자의 수가 증가하는 경우

위 권리산정기준일 이후 토지의 분할 등이 있을 경우 1개의 분양권만이 인정된다.

시・도지사는 기준일을 따로 정하는 경우에는 기준일・지정사유・건축물을 분양받을 권리의 산정 기준 등을 해당 지방자치단체의 공보에 고시하여야 한다(법 제77조 제2항).

(3) 정비구역의 변경으로 편입된 지역

최초 지정.고시된 정비구역에 포함되지 않았던 지역이 정비구역 변경지정.고시를 통해 새롭게 정비구역으로 편입되는 경우 편입된 지역의 권리산정기준일은 정비구역 변경지정.고시가 있는 날의 다음 날을 기준으로 한다.[274]

(4) 서울시의 권리산정기준일

서울시의 경우 권리산정기준일은 건축물의 분양받을 권리를 산정하기 위한 기준일로서 정비구역지정 고시가 있은 날 또는 시장이 투기를 억제하기 위하여 기본계획 수립 후 정비구역 지정・고시 전에 따로 정하는 날을 말한다(서울시 조례 제2조 제11호).[275]

---

274) 법제처 2019. 12. 2. 19-0458

275) 공공재개발(5.6대책) 1차 : 2020. 9. 21. 공공재개발사업 후보지 공모공고일
(2010. 7. 15. 이전에 기본계획이 수립된 구역은 구 조례 적용됨)
2차 : 2021. 12. 30. 공공재개발사업 후보지 공모공고일
도심공공주택복합사업(2.4대책) 1차 : 2021. 6. 29. 전 이전등기 경료해야 됨.
(공공주택특별법 적용됨)
신속통합기획 1차(2021. 12. 28.) : 2021. 9. 23.(공모일)
(2010. 7. 15. 이전에 기본계획이 수립된 구역은 구 조례 적용됨)

3. 1인 조합원 - 1주택 공급

(1) 1인 조합원에 대한 1주택 공급

조합은 정비사업으로 인하여 신축한 건축물을 정비구역의 토지등소유자에게 분양하여야 한다. 다만 분양대상자에서 지상권자는 제외된다(시행령 제63조 제1항 제3호).

1명이 하나 이상의 주택 또는 토지를 소유한 경우 1주택을 공급한다(법 제76조 제1항 제6호). 조합원 사이의 이해관계를 조정하고, 투기수요를 차단하여 국민의 주거안정을 확보하기 위하여 1명이 수개의 주택을 소유한 경우에도 1주택을 공급하도록 한 것이다.[276)]

1인이 다수 필지의 토지 또는 다수의 건축물을 소유한 경우 1인의 토지등소유자에 해당하고, 조합원의 지위와 현금청산 대상자의 지위를 겸유할 수 없으므로, 위 조합원은 전체 부동산을 기준으로 분양신청을 하여야 하고, 일부 부동산에 대한 현금청산을 주장할 수 없다.[277)]

(2) 일시적 다물권자가 된 경우

갑은 2020. 6. 5. 병으로부터 A토지를 매수한 후 2020. 6. 24. 소유권이전등기를 경료하였고, 을은 2020. 6. 4. 갑으로부터 B토지를 매수한 후 2020. 6. 25. 소유권이전등기를 경료하였는바, 갑은 2020. 6. 24. 현재 A필지와 B필지를 소유한 것이므로, B필지를 매수한 을은 도시정비법 제39조 제1항 3호에 해당되어 갑과 공동으로 분양권을 가지는지 문제된다.

을이 B토지를 매수할 당시 갑은 재개발구역 내에 다수의 토지를 소유하고 있지 않았고, 을이 B토지를 매수한 후 그 소유권이전등기를 마치기 전에 갑은 A토지를 매수하여 그 소유권이전등기를 마침으로써 재개발구역 내에 일시적으로 다수의 토지를 소유하게 되었는바, 이러한 경우까지 도시정비법 제39조 제1항 제3호에 따라 갑과 을을 통틀어 하나의 수분양권만 인정된다고 보는 것

276) 헌법재판소 2012. 3. 29.자 2010헌바217 결정
277) 서울행정법원 2025. 3. 21. 선고 2023구합85772 판결, 서울행정법원 2023. 3. 24. 선고 2022구합74850 판결, 서울행정법원 2023. 3. 6. 선고 2022구합50373 판결

은 을이 관여하지 못하는 우연한 사정에 의하여 을의 법적 지위가 좌우되는 결과가 되어 부당하다.[278] 즉 갑과 을은 각각 단독 분양권이 인정된다.

(3) 다주택자가 특정 주택에 분양철회하고, 나머지 주택에 분양신청한 경우

조합원이 제1 토지 및 제1 건물에 관하여 분양신청을 철회하고, 그에 따라 청산금을 수령하였음에도 불구하고 별도로 제2 건물에 관하여 단독조합원의 지위에서 분양신청을 하였다.

조합원의 지위와 현금청산대상자의 지위는 법률상 양립할 수 없으므로 수개의 주택 또는 수필지의 토지를 소유한 조합원이더라도 조합원의 지위와 현금청산대상자의 지위 중 어느 하나를 선택하여야 할 것이지 이를 동시에 보유할 수는 없다.

수개의 주택 또는 수필지의 토지를 소유한 조합원이 일부를 특정하여 분양신청하거나 분양신청을 철회하였다면 재개발사업에 계속 참여할 것인지 또는 현금청산을 받아 재개발사업으로부터 이탈할 것인지에 관한 종국적인 의사를 표시한 것으로 보아야 한다. 조합원이 제1 토지 및 제1 건물에 관하여 분양신청을 철회하고 청산금을 수령한 경우 위 조합원의 제2 건물에 관하여도 분양신청을 철회한 것으로 보아야 한다.[279]

(4) 조합원이 다른 조합원의 분양권을 양수한 경우

갑 조합원은 제1토지를 소유한 자이고, 을 조합원은 제2토지를 소유한 자이며, 갑과 을 모두를 분양대상자로 한 관리처분계획이 인가되었다. 이후 갑은 을로부터 제2토지 및 분양권을 양수한 경우 도시정비법 제76조 제1항 제6호에 따라 제2토지의 분양권이 소멸되는지 문제된다.

도시정비법은 제76조 제1항 제6호에서 관리처분계획의 수립 기준에 관하여 위와 같은 규정을 두고 있을 뿐, 관리처분계획에 따라 배정된 수분양권의 양도에 관하여는 아무런 규정을 두지 않고 있다. 따라서 관리처분계획 확정 이후의 수분양권의 양도 및 그 효력 유무에 관하여는 민법의 일반원칙이 적용되

278) 서울행정법원 2025. 3. 7. 선고 2022구합74300 판결
279) 서울고등법원 2013. 9. 27. 선고 2012누23930 판결

어야 한다.

조합원이 이미 확정된 관리처분계획 및 그 후속절차인 동호수 추첨을 통하여 배정받은 특정 공동주택에 대한 수분양권을 동일 조합에 속한 조합원에게 양도한 경우 그 양도는 사법상 채권양도로서 적법·유효하다. 위 양도에 도시정비법 제76조 제1항 제6호가 적용되어 당해 수분양권이 소멸하게 된다고 볼 수는 없다.[280]

4. 1세대 - 1주택공급

(1) 1세대에 대한 1주택 공급

여러 명의 토지등소유자가 1세대에 속하는 때에는 그 여러 명을 대표하는 1명을 조합원으로 보고(법 제39조 제1항 제2호), 이 경우 대표조합원 선임동의서를 작성하여 조합에 신고하여야 하며, 조합원으로서의 법률행위는 그 대표조합원이 한다(서울시 재개발 표준정관 제10조 제4항).

위와 같이 1세대는 1 조합원으로 간주되고, 1세대의 대표조합원이 분양신청을 하여야 하며, 1세대가 하나 이상의 주택 또는 토지를 소유하는 경우 1주택을 공급한다(법 제76조 제1항 제6호).

'1세대 1주택' 원칙은 정비구역 안에 있는 토지등소유자 사이의 이해관계를 조정하여 조합원의 재산권을 보호함과 동시에 정비사업에서 토지.주택 등에 대한 투기를 억제하여 정비사업의 사업성 저하를 방지하고자 하는 취지이다.

(2) 1세대의 판단기준

실질적으로 주거와 생계를 같이하는지를 기준으로 1세대 여부를 판단한다고 하더라도, 사업시행자인 조합은 1차적으로 주민등록표 등 공부를 기준으로 1세대인지를 확정할 수 있고, 토지등소유자.이해관계인의 의견 제출이나 이의, 그 밖에 조합에 현출된 사정을 통하여 그와 같이 확정함에 의문이 있는 때에

280) 서울행정법원 2017. 1. 6. 선고 2016구합75616 판결

는 추가적인 서류나 자료를 제출받아 이에 기하여 실질적인 주거와 생계의 공통 여부를 조사.확인하는 방식을 취함으로써 신속하고 안정적인 사업 진행에 대한 지장을 최소화할 수 있다. 따라서 1세대는 '실질적으로' 주거와 생계를 같이하고 있는 가구를 의미한다.[281)]

관리처분계획 기준일 당시 갑이 미국에, 을이 대한민국에 각각 정주하여 실질적으로 주거와 생계를 같이하지 않았다면 갑과 을은 하나의 세대에 해당하지 않는다.[282)]

(3) 관리처분계획인가 이후 1세대의 세대원이 추가 주택을 구입한 경우

관리처분계획이 인가 · 고시된 이후에도 관리처분계획에 따라 확정된 분양권을 전전 매수하는 등의 방법으로 투기세력이 유입될 가능성이 있으므로, 이를 규제할 필요성이 많다. 수인의 토지등소유자가 1세대에 속하는 경우 20세 이상 자녀의 분가 등 투기의 목적이 없는 경우 조합원 자격 취득을 예외적으로 허용하고 있으므로, 세대원의 조합원 자격 취득을 지나치게 제한하는 것은 아니다.

관리처분계획이 인가 · 고시된 이후 해당 재개발조합의 조합원 갑과 동일 세대를 이루고 있는 자녀 을이 같은 조합의 다른 조합원 병으로부터 그 소유 주택에 대한 소유권을 이전받은 경우에도 동일 세대원인 갑과 을을 대표하는 1인만 조합원 자격을 가진다.[283)]

(4) 이혼의 경우

이혼의 경우 1세대로 보지 않으므로 이혼 당사자는 각자 분양권이 인정된다(법 제39조 제1항 제2호).

갑 부동산을 남편과 처가 1/2씩 공유하고, 을 부동산을 남편과 부인이 1/2씩 공유하고 있었는데, 이혼을 하면서 재산분할을 원인으로 갑 부동산은 남편 명

---

281) 대법원 2025. 3. 27. 선고 2022두50410 판결
282) 대법원 2025. 3. 27. 선고 2022두50410 판결
283) 법제처 2017. 4. 27. 회신 17-0040호 사례, 위 1. (4)에서 언급한 서울행정법원 2017. 1. 6. 선고 2016구합75616 판결은 관리처분인가 이후 추가 구매한 주택에 관한 분양권이 소멸되지 않음.

의로, 을 부동산은 부인 명의로 각각 단독소유하게 된 경우 이혼에 의한 재산분할은 실질적으로 공유물분할에 해당하므로, 동일한 토지등소유자 사이에서 소유형태만 변경된 것으로 보아야 하므로, 이혼 이후 남편과 부인은 각각 단독 조합원 및 분양권을 가진다.[284)]

남편은 갑 부동산과 을 부동산을 단독으로 소유하던 중 부인과 이혼하면서 재산분할을 원인으로 을 부동산을 부인 명의로 소유권이전등기를 한 경우 갑 부동산과 을 부동산은 실질적인 부부의 공동재산에 해당하고, 부인 명의로 을 부동산에 대한 소유권이전등기는 소유형태의 변경에 불과하므로, 이혼 후 남편과 부인은 각각 단독 조합원 및 분양권을 가진다.[285)]

(5) 19세 이상 자녀의 분가의 경우

19세 이상 자녀의 분가의 경우에는 1세대로 보지 아니한다. 이때 분가는 세대별 주민등록을 달리하고, 실거주지를 분가한 경우로 한정한다(법 제39조 제1항 제2호).

재개발사업으로 건립되는 공동주택의 분양대상자를 정함에 있어 관리처분계획기준일을 기준으로 하는바, 조합 정관에서 1세대의 구성에 따른 분양대상자 지위 여부에 대한 기준일은 관리처분계획기준일, 즉 '분양신청만료일'이라 할 것이다.[286)] 따라서 관리처분계획인가일 이후에 세대가 분리되었다 해도 1개의 분양권만 인정된다.

1차 분양신청 당시 갑과 을은 1세대에 해당하지만, 2차 분양신청 당시 19세 이상 자녀인 을의 분가로 갑과 을은 1세대를 구성하지 않게 되었다. 조합은 관리처분계획을 2차 분양신청에 기초하여 이루어졌는바, 분양대상자 확정은 2차 분양신청기간 만료일을 기준으로 정하여야 하므로, 갑과 을은 단독 분양권이 있다고 판시한 사례가 있다.[287)]

시어머니 갑과 며느리 을이 재개발사업구역내 각각 주택을 소유하고, 을의

284) 서울행정법원 2021. 10. 15.자 2020구합88961
285) 부산지방법원 2022. 11. 24. 선고 2022구합22058 판결
286) 서울행정법원 2019. 3. 21. 선고 2018구합62812 판결, 서울행정법원 2018. 3. 21. 선고 2018구합62712 판결
287) 서울행정법원 2024. 5. 17. 선고 2023구합57593 판결

남편이자 갑의 아들인 병이 갑과 1세대인 경우 갑과 을을 대표하는 1명만이 조합원이 된다. 19세 이상인 아들 병이 어머니인 갑과 분가한 경우 갑과 을은 각각 조합원이 된다.[288]

(6) '분가'의 기준(토지등소유자)

'19세 이상 자녀의 분가'라는 개념은 특정 '토지 등 소유자'를 기준으로 한 관계 즉 토지 등 소유자의 성년 자녀가 분가하는 경우를 의미한다.[289]

조부로부터 재개발사업구역 내 토지를 증여받아 소유권을 취득한 '형제관계인 갑과 을'이 위 사업을 시행하기 위한 병 조합의 설립인가일 이후 세대를 분리하고 각각 독립된 조합원의 지위에 있음을 전제로 병 조합에 개별적으로 분양신청을 하였으나, 병 조합이 갑과 을이 각각 독립된 조합원이 아닌 1인의 조합원이라는 전제에서 분양신청을 접수하자, 갑과 을이 독립된 분양신청권 있는 조합원 지위의 확인을 구한 사안에서, 형제관계인 갑과 을이 서로 분가한 경우까지 도시정비법 제39조 제1항 제2호에서 정한 '19세 이상 자녀의 분가'에 해당한다고 볼 수는 없으므로 갑과 을은 위 조항 후문의 원칙에 따라 1인의 조합원 지위를 가진다고 한 사례가 있다.[290]

5. 공동주택 분양대상자 제외

(1) 너무 좁은 토지 또는 건축물

너무 좁은 토지 또는 건축물의 소유자에 대하여는 현금으로 청산할 수 있다(법 제76조 제1항 제3호). 위 규정은 정비사업시행에 따른 새로운 건축물과 토지가 한정되어 있어 너무 좁은 토지 소유자를 포함한 조합원 모두에 대해서까지 현물분양하도록 한다면 정상적인 재개발사업이 불가능하게 되므로 이러한 사태를 막기 위한 것이다.[291]

---

288) 법제처 2019. 12. 30. 회신 19-0465호 사례
289) 서울고등법원 2024. 2. 22. 선고 2023누53012 판결
290) 서울고등법원 2024. 2. 22. 선고 2023누53012 판결
291) 헌법재판소 2012. 2. 23.자 2010헌바484 결정

공동주택을 분양하는 경우 시 · 도조례로 정하는 금액 · 규모 · 취득 시기 또는 유형에 대한 기준에 부합하지 아니하는 토지등소유자는 시 · 도조례로 정하는 바에 의하여 분양대상에서 제외할 수 있다(시행령 제63조 제1항 제3호 단서).

서울시의 경우 종전 토지의 총면적이 90㎡미만인 자와 권리가액이 분양용 최소규모 공동주택 1가구의 추산액 미만인 자는 재개발사업으로 건립되는 공동주택의 분양대상자에서 제외된다(서울시 조례 제36조 제1항 제2호 및 제3호 반대해석).

조례에서 분양대상자에서 제외되는 최소면적을 정하지 않았으나, 정관 또는 총회 결의로 최소면적을 정한 경우 해당 조합이 정한 최소면적에 미달한 자를 분양대상자에서 제외할 수 있다는 견해[292]와 제외할 수 없다는 견해[293]가 있다.

(2) 분할된 토지 또는 집합건물

정비구역 지정후 분할된 토지 또는 집합건물의 구분소유권을 취득한 자에 대하여는 현금으로 청산할 수 있다(법 제76조 제1항 제3호). 위 규정은 투기세력에 의한 이른바 '지분 쪼개기'로 인하여 다수의 선량한 조합원들의 권리가 침해되는 것을 막고 재개발사업의 원만한 진행을 통하여 국민의 주거 안정을 확보하기 위한 것이다.[294]

서울시의 경우 1필지의 토지를 권리산정기준일 후 여러 개의 필지로 분할한 경우 여러 명의 분양신청자를 1명의 분양신청자로 보고 있다(서울시 조례 제36조 제2항 제4호).

292) 수원지방법원 2023. 1. 11. 선고 2022구합68757 판결
293) 수원지방법원 2023. 1. 19. 선고 2021구합75505 판결
294) 헌법재판소 2012. 2. 23.자 2010헌바484 결정

6. 부동산 양도와 1인 조합원 간주

(1) 수개의 부동산 양도와 1인 조합원 간주

조합설립인가후 1명의 토지등소유자로부터 토지 또는 건축물의 소유권이나 지상권을 양수하여 여러 명이 소유하게 된 때에는 원칙적으로 그 전원을 1인의 조합원으로 본다(법 제39조 제1항 제3호). 이 경우 1인의 조합원이 인정되므로, 1인의 분양대상자 지위를 가진다.[295]

1인 조합원 간주규정은 투기세력의 유입에 의한 도시정비사업의 사업성 저하를 방지하고, 기존 조합원의 재산권을 보호하기 위함이다. 위와 같은 공공성에 비추어 볼 때 반드시 준수되어야 할 강행규정의 성격을 가진다.[296]

(2) 1인 조합원 간주와 분양신청방법

도시정비법 제39조 제1항 제3호에 의거 그 여러 명을 대표하는 1인을 조합원으로 보는 경우 대표조합원 선임동의서를 작성하여 조합에 신고하여야 하며, 조합원으로서의 법률행위는 그 대표조합원이 한다(서울시 재개발 표준정관 제10조 제4항).

1인으로 간주된 경우 그 여러 명은 대표조합원을 선임하지 않은 채 각자 대표조합원으로서의 권리·의무(분양신청 포함)를 행사할 수 없다.[297]

공동주택의 구분소유자들이 '분양신청기간이 만료될 때까지' 대표조합원을 선임하지 아니한 채 각자 단독 명의로 분양신청을 하고, 그 신청서에 본인을 제외한 나머지 구분소유자들의 성명을 기재하거나 그들의 신청서를 첨부하지도 아니한 것은 도시정비법 규정 및 조합의 정관 규정에 어긋나 적법한 분양신청으로 볼 수 없다. 분양신청기간이 만료된 후 대표조합원을 선임해도 종전의 분양신청이 유효로 되지 않는다.[298]

---

295) 대법원 2023. 2. 23. 선고 2020두36724 판결, 서울고등법원 2022. 9. 22. 선고 2022누34502 판결, 부산고등법원 2020. 2. 12. 선고 2019누23845 판결
296) 서울고등법원 2024. 12. 26. 선고 2024누33770 판결
297) 대법원 2021. 9. 30. 선고 2021다230144 판결
298) 대법원 2023. 2. 23. 선고 2020두36724 판결

(3) 분양신청시 대표조합원 선정 예외(재건축사업)

재건축사업에서 다주택을 소유한 자가 조합설립인가 이후 일부 주택을 양도하였고, 분양신청만료일 기준 양도인은 조합설립에 동의하지 않았으며, 양수인은 조합설립에 동의하였다. 이 경우 조합원이 아닌 토지등소유자와 사이에서는 대표조합원을 정할 필요가 없는바, 위 양수인(동의자)이 분양신청을 함에 있어 조합원이 아닌 양도인과 사이에 대표조합원을 선임하지 않아도 된다.[299)]

(4) 재건축사업에서 양도인의 미동의와 1인 간주

재건축사업에 있어 조합설립에 동의하지 않은 토지등소유자(미동의자, A)가 재건축조합설립인가 이후 수개의 부동산중 하나를 제3자(B)에게 양도한 경우 위 양도인(A)과 제3자(B)는 조합설립에 모두 동의하여도 1명의 조합원으로 인정된다.

토지등소유자(미동의자, A)로부터 건축물 및 토지의 소유권을 수인(B, C)이 양수하고, 양수한 수인이 재건축사업에 동의한 경우에도 그 수인(B, C)을 대표하는 1인에게만 조합원 자격이 인정된다.[300)]

(5) 주택과 상가를 소유한 자가 양도한 경우

갑이 아파트와 상가를 소유하던 중 상가를 을에게 양도함으로써 갑은 아파트를 소유하고, 을은 상가를 소유하고 있으며, 위 갑과 을은 1 조합원으로 간주된다. 갑은 아파트를, 을은 상가를 각각 분양신청하였고, 조합은 '1명의 조합원 지위에서 분양받을 수 있는 범위를 초과하지 아니하는 범위내에서 수인이 모두 분양받게 됨'을 전제로 갑과 을을 1인의 조합원으로 보되 갑에게 아파트를, 을에게 상가를 분양하는 내용의 관리처분계획을 수립하였다.

위 사안에서 법원은 갑과 을이 공동하여 1인의 조합원으로서 1인의 분양대상자의 지위를 가진다고 판시하였다. 다만 위 갑과 을이 독립된 조합원이나 분양대상자인 것은 아니나, 관리처분계획에 따라 분양예정 아파트 1채, 상가 1채를 각각 단독으로 이전받을 권리가 있다고 판단하였다.[301)]

---

299) 대법원 2023. 6. 29. 선고 2022두56586 판결
300) 법제처 2016. 8. 11. 회신 16-0145호 사례
301) 서울고등법원 2024. 6. 12. 선고 2023누52804 판결

(6) 여러 주택이 여러 명에게 상속된 경우

피상속인(병)이 2 이상의 주택을 소유하던 중 피상속인의 사망으로 인하여 2명 이상의 상속인(갑, 을)이 각각 1개의 주택을 상속받은 경우 종전 1인의 토지등소유자가 보유하던 2 이상의 주택은 여러 명이 각각 소유하게 되는바, 이 경우 도시정비법 제39조 제1항 제3호의 적용을 받아 여러 명(갑, 을)을 대표하는 1명만이 조합원이 된다.[302)]

(7) 조합원 수가 증가되지 않은 경우

'조합설립인가 후 1명의 토지등소유자로부터'는 '조합설립인가 후 조합설립인가 시점부터 1명이었던 토지등소유자로부터'로 제한적으로 해석하여, 조합설립인가 시점을 기준으로 조합원 수가 늘어나지 않는 경우에는 도시정비법 제1항 제3호이 적용되지 않으며, 종전 조합원과 양수인이 각자 조합원이 된다.[303)]

조합설립인가 당시 1건물만을 소유한 조합원이 조합설립인가 이후 다른 건물(제2건물)을 양수한 후 종전에 소유하던 위 제1건물을 양도함에 따라 조합설립인가일 기준 조합원 수(2명)의 증가를 초래하지 않은 사안에서 위 양수인과 양도인 모두 단독 조합원 지위가 인정된다.

(8) 도시정비법 제39조 제1항 제2호, 제3호 중첩 적용

갑과 을이 부부로서 재건축정비구역내 각각 1채의 주택을 소유하던 중 조합설립인가 후 을이 제3자인 병에게 자신의 주택을 양도한 경우 갑과 병은 도시정비법 제19조 제1항 제2호, 제3호가 중첩 적용되어 원칙적으로 그 전원을 대표하는 1인을 조합원으로 보아야 한다.[304)]

---

302) 법제처 2021. 9. 8. 회신 21-0404호 사례
303) 서울행정법원 2022. 1. 21. 선고 2020구합89704 판결, 부산지방법원 2023. 2. 2. 선고 2020가합1298 판결
304) 대법원 2023. 6. 29. 선고 2022두56586 판결

(9) 도시정비법 제39조 제1항 제3호와 합의해제

정은 2009. 8. 17. 제1주택을 취득한 후 2016. 11. 8. 갑에게 제1주택을 매도하였다. 을은 2001. 3. 3. 제2주택을 취득하였고, 2012. 12. 12. 정에게 매도하였으나, 2019. 12. 24. 합의해제에 의거 을의 명의로 소유권이전등기를 경료하였다. 을과 정이 제2주택에 관한 매매계약을 합의해제하였고, 제2주택의 소유권은 2012. 12. 12.로 소급하여 을에게 복귀되었으므로, 조합설립인가 당시 정은 다주택자가 아니라고 갑과 을은 주장하였다.

재건축조합은 2015. 12. 2. 조합설립인가를 받았고, 다주택 소유 여부는 등기부등본상 등기명의자를 기준으로 하며, 2016. 11. 7. 당시 정은 제1주택과 제2주택을 모두 소유하고 있었으며, 합의해제 약정이 소급효를 당연히 전제로 한 것으로 볼 수 없는바, 갑은 다주택자인 정으로부터 제1주택을 매수하였고, 을은 2019. 12. 24. 다주택자인 정으로부터 제2주택을 취득한 것이므로, 갑과 을은 1명의 조합원으로서 1명의 분양대상자 지위에 있다.[305]

(10) 일부 조합원이 분양권(입주권)을 포기한 경우

갑은 A주택과 B주택을 소유한 조합원이고, 갑은 을에게 A주택을 매도하였다. 갑은 을에게 '을을 대표조합원으로 선임한다'는 선임동의서와 '신축분양권에 대한 지분전부를 포기하고 을이 분양권 전부와 조합원의 지위에 따른 권리를 단독으로 가진다.'는 합의서를 작성해 주었다.

도시정비법 제39조 제1항 제3호에 의건 1명의 조합원으로 간주되는 경우 대표조합원 외 나머지 토지등소유자들의 조합원 지위 자체는 인정된다.
조합원 스스로가 분양신청권을 포기하는 경우에는 조합원의 수가 늘어나 사업성의 저하를 가져온다거나 기존 조합원들의 재산권을 침해하는 일이 발생하지 않으므로, 대표조합원을 제외한 나머지 토지등소유자들이 재산권 행사의 한 방법으로써 각자의 의사에 따라 분양신청권을 포기할 수 있다.

갑이 자신의 분양신청권을 포기했으므로 을과 갑 사이에서 을만이 아파트에 대한 분양신청권을 갖게 되므로 조합은 을에게 단독으로 아파트 분양권을 부여하였어야 한다.[306]

---

305) 서울행정법원 2023. 5. 12. 선고 2021구합52532 판결

7. 조합원이 사망한 경우

(1) 상속의 개시 및 공유

조합원이 사망한 경우 공동상속인은 '유언에 의한 분할 방법의 지정'의 경우 외에는 언제든지 그 협의에 의하여 상속재산을 분할할 수 있다(민법 제1021조). 상속재산의 분할은 상속 개시된 때에 소급하여 그 효력이 있고(민법 제1015조), 상속인들은 상속등기 여부와 관계없이 피상속인의 사망시에 상속재산을 취득하게 된다(민법 제187조).

수인의 상속인들이 피상속인의 부동산을 상속받은 경우 상속인들은 상속지분에 따라 해당 부동산을 공유하게 된다. 이 경우 상속인들은 대표조합원 선임동의서를 작성하여 조합에 신고하여야 하며, 조합원으로서의 법률행위는 그 대표조합원이 한다(서울시 재개발 표준정관 제10조 제4항).

(2) 상속인에 대한 분양신청통지

조합이 등기사항전부증명서에 의거 사망자의 주민등록번호를 알고 있더라도 상속인들에 대한 특정과 소재지 확인 및 통지의무를 부담하지 않는다. 이는 조합이 상속인을 확인하기 위한 제적등본, 가족관계증명서 등을 발급받을 수 없기 때문이다. 조합은 상속인들 모두에게 분양신청을 통지하거나 그 대표조합원을 선임하여 신고할 것을 통지할 의무를 부담하지 않는다. 조합이 사망자에 대하여 분양신청 통지의무를 이행한 것은 적법하다.[307)]

토지등기부등본상에 피상속인의 이름 및 주소 이외에 다른 정보가 전혀 기재되어 있지 않았고, 조합이 분양신청통지를 2회에 걸쳐 위 등기부등본상 주소지로 발송하였으나 모두 반송되었으며, 피상속인의 사망사실이나 법정상속인들의 존재 여부를 확인할 수 없었던 점에 비추어 법정상속인들의 소재 확인은 현저히 곤란하였다고 판단된다.

조합은 전국적으로 배포되는 일간신문 2개에 2회에 걸쳐 소재확인을 위한 공고를 냈고, 토지 감정평가액을 법원에 공탁하였으며, 위 소재불명자의 토지

---

306) 부산지방법원 동부지원 2021. 10. 20. 선고 2020가합107956 판결
307) 수원지방법원 2022. 6. 9. 선고 2021구합63335 판결

에 대한 현금청산대상자로 정한 관리처분계획을 수립한 경우 위 관리처분계획은 적법하다.[308)]

조합원이 사망하였으나, 상속인들이 대표조합원의 선임을 신고하지 않은 경우 조합이 그 사망한 자에게 분양신청을 통지하고, 상속인 중 일부가 위 분양신청을 수령하였다면 위 분양신청통지는 적법하다.[309)]

(3) 협의분할에 의한 상속등기(공유)와 다주택 공급

민법 제1015조에 의하면 상속재산의 분할은 상속이 개시된 때에 소급하여 그 효력이 있는바, 피상속인이 2003. 12. 30. 이전에 사망하여 상속이 개시되었으나, 협의분할에 의한 상속등기가 2003. 12. 30. 이후에 된 경우에도 지분면적이 90㎡ 이상 소유한 상속인들 각자는 2003. 12. 30. 이전부터 토지를 소유한 자에 해당된다. 따라서 토지를 상속받아 지분면적이 90㎡ 이상인 공유자는 서울시 조례 되어 서울시 조례 제36조 제2항 제3호 단서에 의거 단독으로 주택분양대상자가 된다.[310)]

상속재산분할협의가 권리산정기준일 이후에 이루어지거나 권리산정 기준일 이후 기존의 상속재산분할협의를 해제하고 새로운 협의가 이루어지는 등의 사정으로 인하여 법정상속분 또는 기존의 분할협의에 따른 상속이 이루어졌을 때에 비하여 분양받을 수 있는 주택의 수가 늘어났다는 사실 등의 간접사실이 인정되는 경우에는 ’지분 쪼개기‘의 목적을 사실상 추정할 수 있다. 이 경우 권리남용에 해당하거나 신의성실의 원칙에 반한다.[311)]

(4) 분양신청 만료일 이후 상속등기 경료

서울시 조례 제34조 제4호에 의하면 종전 토지 등의 소유권은 관리처분계획기준일 현재 부동산등기부에 따르며, 소유권 취득일은 부동산등기부상의 접수일자를 기준으로 한다.

분양신청기간 만료일 당시 망인의 상속인들 사이에 협의분할이 완료되지 아니

---

308) 서울행정법원 2019. 7. 5. 선고 2018구합88814 판결
309) 서울행정법원 2019. 11. 20. 선고 2019구합50960 판결
310) 대법원 2025. 5. 29. 선고 2024두31185 판결
311) 대법원 2025. 5. 29. 선고 2024두31185 판결

하여 상속 부동산은 망인의 명의로 소유권 등기가 마쳐져 있었으므로, 조합은 '관리처분계획 기준일 현재' 상속 부동산이 망인의 상속인들의 공유에 해당함을 전제로 분양신청을 받고 그에 따라 관리처분계획을 수립하여야 한다. 즉 상속인들은 대표조합원을 선임하여 분양신청을 하여야 한다.

상속인 중 1명이 분양신청기간 중에 분양신청을 하였고, 분양신청기간 만료 이후에 위 분양신청을 한 1명의 명의로 협의분할에 의한 상속등기가 경료되었다 하더라도 상속인 중 1명의 분양신청은 상속재산분할의 소급효에도 불구하고 사후적으로 유효하게 된다고 볼 수 없다.[312]

(5) 종전 조합원이 다른 조합원의 분양권을 상속받은 경우

갑은 재개발구역내 1주택을 소유한 조합원이고, 갑의 어머니인 을은 같은 재개발구역내 2주택을 소유한 조합원이며, 갑과 을은 분양신청기간내 모두 분양신청을 하였으며, 갑과 을 모두 분양대상자로 한 관리처분계획이 인가되었다. 이후 을이 사망함에 따라 상속인인 갑은 을의 분양권을 단독 상속받은 경우 갑은 2개의 분양권을 보유하는지 문제된다.

갑이 분양이 이루어지기 전의 시점에 분양권자 지위를 상속받아 복수의 분양권자의 지위를 가지게 되었다는 이유만으로 그 중 1주택을 제외한 나머지 분양권자 지위가 당연히 상실된다고 보는 것은 갑의 재산권을 과도하게 침해하여 허용될 수 없다라고 판시한 사례가 있다.[313]

312) 서울행정법원 2024. 4. 26. 선고 2023구합863 판결
313) 서울행정법원 2018. 3. 30. 선고 2017구합88091 판결

8. 서울시 재개발사업의 공동주택 분양대상

(1) 서울시 재개발사업의 공동주택 분양대상

공동주택의 분양대상자는 관리처분계획기준일 현재 다음 어느 하나에 해당하는 토지등소유자로 한다(서울시 조례 제36조 제1항).

① 종전의 건축물 중 주택을 소유한 자. 주거용으로 사용하고 있는 특정무허가건축물 중 조합정관 등에서 정한 건축물을 포함한다.

② 분양신청자가 소유하고 있는 종전토지의 총면적이 90㎡ 이상인 자

③ 분양신청자가 소유하고 있는 권리가액이 분양용 최소규모 공동주택 1가구의 추산액 이상인 자. 다만 분양신청자가 동일 세대인 경우의 권리가액은 세대원 전원의 가액을 합산하여 산정할 수 있다.

④ 사업시행방식전환의 경우에는 전환되기 전의 사업방식에 따라 환지를 지정받은 자. 이 경우 ①부터 ③까지 규정은 적용하지 아니할 수 있다.

⑤ '도시재정비 촉진을 위한 특별법' 제11조 제4항에 따라 재정비촉진계획에 따라 기반시설을 설치하게 되는 경우로서 종전의 주택(사실상 주거용으로 사용되고 있는 건축물을 포함함)에 관한 보상을 받은 자

②호 종전 토지의 총면적 및 ③호 권리가액을 산정함에 있어 다음의 어느 하나에 해당하는 토지는 포함하지 아니한다(서울시 조례 제36조 제3항).[314]

① 하나의 대지범위 안에 속하는 토지가 여러 필지인 경우 권리산정기준일 후에 그 토지의 일부를 취득하였거나 공유지분으로 취득한 토지

② 하나의 건축물이 하나의 대지범위 안에 속하는 토지를 점유하고 있는 경우로서 권리산정기준일 후 그 건축물과 분리하여 취득한 토지

③ 1필지의 토지를 권리산정기준일 후 분할하여 취득하거나 공유로 취득한 토지

314) 서울시 조례 부칙(2010. 7. 15.) 제3조 제1항, 부칙(2018. 7. 19.) 제29조 제1항 : 2010. 7. 16. 이후 최초로 기본계획(정비예정구역에 신규로 편입지역 포함) 수립되는 분부터 적용함.

(2) 2010. 7. 15. 이전 기본계획 수립지역과 제외 토지

종전 서울시 조례(2010. 7. 15. 이전 것) 제27조 제3항에 의거 종전 토지의 총면적 및 권리가액 산정시 다음의 토지를 포함하지 않는다.[315)]

① 하나의 대지범위 안에 속하는 토지가 여러 필지인 경우 2003년 12월 30일 이후에 그 토지의 일부를 취득하였거나 공유지분으로 취득한 토지

② 하나의 건축물이 하나의 대지범위 안에 속하는 토지를 점유하고 있는 경우로서 2003년 12월 30일 이후 그 건축물과 분리하여 취득한 토지

③ 1필지의 토지를 2003년 12월 30일 이후 분할 취득하거나 공유지분으로 취득한 토지

2009년 재개발구역 지정을 위한 공람공고가 이루어진 재개발구역에서 갑과 을이 2005년 A 토지 36㎡(각 지분 1/2)을 상속받아 2021년에 상속등기를 경료하였으며, 80㎡ 토지를 소유한 병은 2021년 을로부터 A토지 지분 18㎡를 매수하였다. 이 경우 A토지는 2003. 12. 30. 이후 공유지분으로 되었고, 병은 2021년에 A토지 지분을 매수하였으므로, A토지 지분 18㎡는 토지 총면적에서 제외된다.

(3) 종전 건축물의 존재 시점

종전 건축물은 도시정비법 제77조 제1항에 따른 정비구역 지정.고시일 등 분양받을 권리의 산정기준일 당시 존재하였던 건축물을 의미한다.

권리산정기준일 당시 나대지였으나, 이후 집합건물 또는 다세대주택이 준공된 경우 토지등소유자가 소유한 집합건물은 권리산정기준일 당시 존재하지 않았던 건축물이므로, 해당 다세대주택 8가구 소유자 전원이 1인의 조합원 자격과 1인의 분양대상자 지위를 갖는다.

(4) 미사용승인 건축물

"미사용승인건축물"이란 관계 법령에 따라 건축허가 등을 받았으나 사용승

---

315) 서울시 조례 부칙(2010. 7. 15.) 제3조 제2항, 부칙(2018. 7. 19.) 제29조 제2항 : 2010. 7. 15. 이전 기본계획 수립지역 및 지구단위계획이 결정·고시된 지역은 종전 조례(2010. 7. 15. 이전 것) 제27조 및 제28조를 적용함.

인 · 준공인가 등을 받지 못한 건축물로서 사실상 준공된 건축물을 말한다.

미사용승인건축물 소유자에 대해 조합원 자격을 적극적으로 제한하는 취지의 정관 규정이 있지 않은 경우 미사용승인 건축물 소유자에게도 조합원 자격이 인정된다.[316)]

다만, 건축허가와 다르게 건축되어 실질적으로 건축허가를 받은 것으로 볼 수 없는 경우 위 미사용승인 건축물 소유자는 조합원 자격이 인정되지 않는다.[317)]

미등기(준공)건물은 관할관청으로부터 건축허가를 얻어 신축된 것이므로, 무허가건물과는 달리 토지등소유자의 수에 포함된다.[318)]

등기만 되어 있지 않을 뿐 건축물관리대장이 작성되어 있다면 건축물관리대장상의 소유자가 토지등소유자에 해당한다. 만약 건축물관리대장이 작성되어 있지 않다면 최초 건축허가를 받아 신축한 자가 원시취득자이므로, 위 신축자가 토지등소유자에 해당한다.

(5) 종전 토지면적[319)] 또는 분양용 최소규모 추산액

'종전 토지의 총면적이 90㎡ 이상인 자'라 함은 권리산정기준일 이전에 '분할된 1필지' 또는 '수 개의 단독필지'의 합이 90㎡ 이상인 경우를 의

---

316) 서울행정법원 2020. 6. 5. 선고 2019구합51437, 서울행정법원 2019. 5. 24. 선고 2018구합78107

317) 부산지방법원 2018. 4. 19. 선고 2017구합22450

318) 서울행정법원 2010. 11. 11. 선고 2009구합47316 판결

319) 서울시 조례 부칙(2010. 7. 15.) 제2조 제2항, 부칙(2018. 7. 19.) 제29조 제2항 : 2010. 7. 15. 이전에 기본계획이 수립되어 있는 지역 및 지구단위계획이 결정·고시된 지역은 종전규정(제27조 및 제28조)에 따름.
종전 제27조 제1항 제2호 단서 : 30㎡ - 90㎡ 토지소유자와 분양권
① 2003년 12월 30일 전에 분할된 1필지의 토지
② 그 면적이 30제곱미터 이상인 토지(지목 및 현황이 모두 도로인 것 제외)
③ 토지소유자는 사업시행인가고시일 이후부터 공사완료 고시일까지 분양신청자를 포함한 세대원 전원이 주택을 소유하고 있지 아니한 경우
동일한 세대별 주민등록표 상에 등재되어 있지 아니한 배우자 및 미혼인 20세 미만의 직계비속은 1세대로 보며, 1세대로 구성된 수인의 토지등소유자가 조합설립인가 후 세대를 분리하여 동일한 세대에 속하지 아니하는 때에도 이혼 및 20세 이상 자녀의 분가를 제외하고는 1세대로 본다.
위 단서 판단 사례 : 서울행정법원 2019. 8. 14. 선고 2019구합51291 판결

미한다. 권리산정기준일 이후 분할된 토지 또는 지분를 추가 매수한 경우 위 추가 매수한 토지의 면적은 위 90㎡에 합산되지 않는다.

'분양용 최소규모 공동주택 1가구의 추산액'은 보류지를 포함한 조합원 분양용 최소규모 공동주택의 추산액 중 최저가액을 의미한다. 최소규모의 공동주택 중 '특정한 1가구'의 추산액으로 해석될 뿐 여러 가구의 평균가액으로 해석될 수 없다.[320)]

(6) 2003. 12. 30. 이후 분할토지의 지분 취득 사례

구청장은 2009. 8. 6. 기본계획을 변경.수립한 후 정비구역 지정을 위한 주민공람을 실시하였다. 을, 병, 정은 2005. 5. 16. 상속받아 2021. 1. 22. 소유권 이전등기를 마쳤다. 갑은 2021. 1. 27. 을, 병으로부터 제1토지(36㎡)의 2/3지분(24㎡)을 취득하였고, 2021. 1. 25. 제2토지(80㎡)를 취득하였다.

위 사안에서 2009. 8. 6. 기본계획이 수립되어 종전 서울시 조례(2010. 7. 15. 이전 것)이 적용되고, 종전 서울시 조례(2010. 7. 15. 이전 것) 제27조 제3항 제3호에 의거 제1토지의 2/3지분 24㎡는 2003. 12. 30. 이후인 2005. 5. 16. 공유로 취득한 토지이므로 종전 토지면적에서 제외되고, 제2토지의 면적이 90㎡ 미만이어서 분양권이 인정되지 않는다고 판단하였다.[321)]

(7) 환지예정지를 지정받은 자가 수인인 경우

사업시행방식전환의 경우에는 전환되기 전의 사업방식에 따라 환지를 지정받은 자를 공동주택의 분양대상자로 하고, 사업시행방식전환의 경우에는 환지면적의 크기, 공동환지 여부에 관계없이 환지를 지정받은 자 전부를 각각 분양대상자로 할 수 있다(서울시 조례 제36조 제1항 제4호, 제4항).

토지 또는 건축물의 소유권 등이 수인의 공유에 속하는 때에는 수인을 대표하는 1인을 조합원으로 보아 공유하는 토지 또는 건축물에 대하여 하나의 주택만을 공급하는 것이 원칙이다.

따라서 사업시행방식이 전환되었을 때에도 '종전의 건축물 중 주택(주거용

---

320) 서울고등법원 2024. 5. 22. 선고 2023누48034 판결

321) 서울행정법원 2023. 9. 8. 선고 2022구합52270 판결, 대전지방법원 2024. 7. 17. 선고 2022가합100435 판결(대전광역시 사례)

으로 사용하고 있는 특정무허가건축물 중 조합정관 등에서 정한 건축물을 포함한다)을 소유한 자' 대신 '전환되기 전의 사업방식에 따라 환지를 지정받은 자'를 조합원 및 분양대상자로 정하는 경우에는 하나의 환지를 지정받은 수인을 대표하는 1인을 조합원으로 보고 환지예정지에 대하여 하나의 공동주택만을 공급하는 것을 원칙이다. 다만, 환지면적의 크기나 공동환지 여부에 관계없이 환지를 지정받은 자 전부를 각각 단독의 분양대상자로 정할 수도 있는 것으로 해석할 수 있다.[322)]

---

322) 대법원 2014. 10. 27. 선고 2014두8179 판결

9. 무허가건축물과 분양권

(1) 무허가건축물 소유자에 대한 조합원 자격 부여

도시정비법 제2조 제9호 가목의 '건축물' 이라 함은 행정관청의 허가를 받아 신축한 건물을 의미하는 것이며, 무허가 건축물은 관계 법령에 의하여 철거되어야 할 것이다. 따라서 무허가건축물 소유자는 원칙적으로 조합원으로 인정되지 않는다.

조합은 예외적으로 정관에서 정한 요건을 충족하는 무허가건축물 소유자에게 조합원 자격을 부여할 수 있다.[323)]

도시정비법은 조합원의 자격에 관한 사항을 정관에 포함하도록 하고(법 제40조 제1항 제2호), 서울시 도시정비조례는 특정무허가건축물소유자의 조합원 자격에 관한 사항을 정관에 포함하도록 하고 있다(서울시 조례 제22조 제2호).

① 서울시 조례 제2조 제1호에 따른 특정무허가건축물로서 ② 무허가건물 확인원, 재산세과세대장 그 밖에 소유자임을 증명하는 자료를 통하여 자기소유임을 입증하여 ③ ○○구청장의 확인을 받은 경우에 한하여 해당 특정무허가건축물 소유자를 조합원으로 인정한다(서울시 재개발 표준정관 제10조 제2항 단서).

(2) 무허가건물 소유자에게 분양권만 인정한 사례

조합 정관은 국토교통부 표준정관과 달리 제9조 제1항에서 무허가건축물 소유자를 조합원에서 제외하는 것으로, 제9조 제2항에서 기존무허가건축물 소유자를 '분양대상자' 로 인정한다고 명시하고 있는바, 위 조합의 재개발사업구역내 기존무허가건축물 소유자는 조합원 자격이 없고, 단지 분양권만 가진다.[324)]

---

323) 대법원 2012. 12. 13. 선고 2011두21218 판결, 대법원 1991. 8. 13. 선고 91다16631 판결, 대법원 1997. 11. 28. 선고 95다43594 판결, 대법원 1998. 3. 27. 선고 97누17094 판결, 대법원 1999. 7. 27. 선고 97누4975 판결, 대법원 2009. 10. 29. 선고 2009두12228 판결

324) 서울행정법원 2023. 11. 24. 선고 2021구합82694 판결

(3) 무허가 건축물과 공동주택 분양권 연혁

무허가 건축물의 공동주택 분양권 연혁	
2008. 7. 29. 이전	부칙(2008. 7. 30.) 제2조 : (종전 규정에 따름) ① 2008. 7. 29. 이전 정비계획 주민공람 지역의 분양신청자 ② 이외 지역 정비구역 고시일부터 분양신청 기간이 만료 되는 날까지 무주택자인 경우 -- 다음 요건 하나만 충족되어도 분양권 인정됨. ① 기존 무허가건축물 ② 사실상 주거용으로 사용되고 있는 건축물(일반건축물)
2008. 7. 30. - 2011. 5. 25.	부칙(2011. 5. 26.) 제2조 : (종전 규정에 따름) 2011. 5. 25. 이전 정비계획 주민공람 지역 -- 다음 2가지 요건을 모두 충족해야 분양권 인정됨. ① 기존 무허가건축물로서 ② 사실상 주거용으로 사용되는 건축물
2011. 5. 26. 이후	부칙(2011. 5. 26.) 제2조 : 2011. 5. 26. 이후 정비계획 주민공람 지역 -- 다음 3가지 요건을 모두 충족해야 분양권 인정됨. ① 주거용으로 사용하고 있는 ② 특정무허가건축물 중 ③ 조합정관 등에서 정한 건축물 위 3가지 요건을 모두 충족해야 함 '사실상' 주거용 건축물은 해당 안됨.

'사실상 주거용으로 사용되고 있는 건축물' 이라 함은 처음부터 공부상 주거의 용도로 건축된 건축물만을 의미하지 않는다. 사회통념상 그 구조・기능

이나 시설 등이 주거용에 적합한 상태에 있었고, 주거기능이 그대로 유지·관리되고 있어 언제든지 본인이나 제3자가 주거용으로 사용할 수 있는 상태에 있었던 경우 해당 건축물은 '사실상 주거용으로 사용되고 있는 건축물'에 해당된다. '근린생활시설 용도'로 건축된 건물을 '주거용'으로 사용한 사례에서 분양대상자로 인정한 사례가 있다.[325)]

기존 무허가건축물이 '음식점'으로 운영되었고, 음식점에 필요한 물품이나 기구 등이 구비되었다면 '기존무허가건축 관리대장'에 '주거'로 등재되어 있다 하더라도 위 건축물은 주택에 해당한다고 볼 수 없다.

(4) 2011. 5. 26. 이후 정비구역 공람지역의 특정무허가건축물

2011. 5. 26. 이후 최초로 정비구역 지정을 위해 주민공람을 한 주택재개발사업구역의 경우 특정무허가건축물 소유자에 대해 조합원 자격을 인정할 수 있다.[326)]

이 경우 특정무허가건축물이란 1989년 1월 24일 당시의 무허가건축물 등을 말한다(서울시 조례 제2조 제1호).

(5) 2011. 5. 25. 이전 정비구역 공람지역의 기존무허가건축물

'기존무허가건축물'은 다음과 같다(2011. 5. 26. 개정전 서울시 조례 제2조 제1호).[327)]

① 1981년 12월 31일 현재 무허가건축물대장에 등재된 무허가건축물

② 1981년 제2차 촬영한 항공사진에 나타나 있는 무허가건축물

③ 재산세 납부대장 등 공부상 1981년 12월 31일 이전에 건축하였다는 확증이 있는 무허가건축물

④ 1982년 4월 8일 이전에 사실상 건축된 연면적 85제곱미터 이하의 주거용건축물로서 1982년 제1차 촬영한 항공사진에 나타나 있거나 재산세

325) 서울고등법원 2009. 10. 7. 선고 2008누38454 판결

326) 서울시 조례 부칙(2011. 5. 26.) 제2조, 부칙 (2018. 7. 19.) 제7조 : 2011. 5. 26. 이후 최초로 정비구역의 지정을 위한 주민공람을 하는 분부터 적용함

327) 서울시 조례 부칙(2011. 5. 26.) 제2조, 부칙 (2018. 7. 19.) 제7조 : 2011. 5. 26. 이전 최초로 정비구역의 지정을 위한 주민공람을 한 재개발구역의 경우 '기존무허가건축물'이 적용됨

납부대장 등 공부상 1982년 4월 8일 이전에 건축하였다는 확증이 있는 무허가건축물<1982. 1. 1. ~ 1982. 4. 8. 무허가건물에 한함>

⑤ '토지보상법 시행규칙'(건설교통부령 344호) 부칙 제5조에 따른 무허가건축물(1989, 1, 24, 이전 건축된 건물) 중 조합정관에서 정한 건축물[328)]

(6) 무허가건물의 요건

무허가건물은 사회통념상 독립한 건물로서의 구조와 형태를 갖추어야 하며, 독립된 건물로서의 구조와 형태를 갖추었는지 여부는 구조물의 물리적 구조뿐만 아니라 거래 또는 이용의 목적물로서 관찰한 건물상태 등 객관적인 사정은 물론 건축한 자의 의사와 같은 주관적인 사정도 고려하여 판단하여야 한다.[329)]

무허가건축물이 사실상 구분소유의 형태로 건축되었고, 구분된 건물부분이 구조상.이용상 독립성을 갖추고 독립적으로 거래되는 경우에도 무허가건축물은 다세대주택에 해당한다고 볼 수 없어 1개의 분양권만 인정된다.[330)]

2개의 무허가건물은 벽을 통하여 서로 연접하고 있는 구조로서 그 유지 및 존립에 있어 서로 불가분의 일체를 이루고 있고 외부와 연결되는 출입문이 공통되며, 화장실도 공동으로 사용하고 있어 그 구조 및 용도상 독립한 별도의 건물이었다고 보기 어렵다고 판시한 사례가 있다.[331)]

총 18세대로 구분등기가 되어 있는 연립주택에 위 18세대 외에 지하층에 별도로 4세대의 주거공간이 있었다. 위 지하층 4세대는 지상층 세대의 부속건물로 소유권보전등기가 되어 있고, 신축시 별도로 분양하였으며, 지상층 18세대와도 합의된 사항이었다. 위 지하층 4세대는 사회통념상 독립한 건축물로서의 구조와 형태를 갖추었고, 무허가 건축물에도 해당됨을 근거로 조합원 자격 및 분양권이 인정된 사례가 있다.[332)]

---

328) 2004. 11. 5. 신설됨.

329) 대법원 2001. 10. 12. 선고 2000두1591 판결, 대법원 2013. 7. 25. 선고 2012두23648 판결

330) 서울고등법원 2019. 12. 19. 선고 2019누46956 판결, 인천지방법원 2019. 5. 30. 선고 2018구합51601 판결

331) 서울행정법원 2023. 11. 24. 선고 2021구합82694 판결

(7) 무허가건축물이 멸실된 경우

종전의 건축물은 '권리산정기준일 당시 존재했던 건축물'이어야 한다. 다만 도시정비법 및 정관에 따라 특정무허가건축물 소유자에 대한 소유가 인정되어 이미 조합원 자격을 취득하였다면 조합설립인가 이후 해당 무허가 건축물이 멸실된 경우 조합원의 자격 상실여부는 정관에서 정한 조합원 자격 요건에 따라 달라진다. 즉 건축물의 멸실이라는 사정만으로 당연히 조합원 자격이 상실되지 않는다.[333)]

(8) 무허가 건물소유자의 조합원 지위 승계

무허가건물에 관하여는 '사실상의 소유자'에게 조합원의 자격이 부여된다. 법리상 최초의 신축자에게 여전히 법률상의 소유권이 귀속된다고 하여 신축자가 조합원으로서의 자격을 취득하지 않는다.

사실상의 소유자인지는 당해 무허가건물의 양수 경위, 점유 및 사용관계, 재산세 등의 납부 여부 및 무허가건물대장상의 등재 여부, 당해 무허가건물이 주거용인 경우에는 그 소재지에 주민등록을 하였는지 여부 등을 종합적으로 고려하여 판단하여야 한다.[334)]

무허가건축물이 전전양도되어 최종양수인이 사실상 소유자로서 사용·수익하는 경우에는 그 최종양수인만이 조합원의 자격을 취득한다.[335)]

무허가건물에 관한 사실상 소유권의 귀속에 관하여 다툼이 있는 경우 재개발조합은 일단 무허가건물대장상의 소유명의자에게 무허가건물에 대한 사실상 소유권 또는 조합원의 지위가 귀속되는 것으로 처리하고 후에 판결 등에 의하여 권리귀속관계가 확정되면 그에 따라 시정하여야 한다.[336)]

---

332) 서울고등법원 2023. 3. 24.자 2022누41371 판결
333) 서울행정법원 2021. 9. 14. 선고 2020구단62405 판결
334) 대법원 1997. 11. 28. 선고 95다43594 판결
335) 대법원 1998. 3. 27. 선고 97누17094 판결
336) 대법원 2003. 2. 14. 선고 2002다23451 판결 동일취지

(9) 점유연고권과 2주택 공급 여부

분양대상자의 분양기준가액(권리가액)은 분양신청기간의 종료일 당시 해당 분양대상자가 '소유'하고 있는 토지 또는 건축물을 기준으로 산정하여야 하고, 도시정비법 제76조 제1항 제7호 라목에 따라 2주택을 공급받을 수 있는 조합원은 분양신청기간의 종료일 당시 정비구역에 위치한 하나 이상의 주택 또는 토지를 소유한 자로서 그 조합원의 종전 토지 또는 건축물의 권리가액의 범위에 2주택의 분양가가 포함되는 조합원이라고 해석함이 타당하다.

분양대상자의 권리가액은 분양신청 기간의 종료일 당시 해당 분양대상자가 '소유'하고 있는 토지 또는 건축물을 기준으로 산정하여야 하는데, 조합원은 분양신청기간의 종료일 당시 국유지의 지분에 관하여 매매계약을 체결하였을 뿐 소유권이전등기를 마치지 않았으므로, 국유지 지분의 가액을 권리가액 산정에 반영할 수 없다.

따라서 국유지에 (무허가)건물을 소유한 조합원이 분양신청기간의 종료일 당시 국유지에 관하여 매매계약만 체결하였다면 위 조합원의 권리가액은 (무허가)건물의 권리가액을 기준으로 2주택 공급여부를 판단하여야 한다.[337)]

정비구역의 국유지를 점유・사용하고 있는 건축물소유자가 국유지에 관하여 매매계약을 체결한 경우 200㎡의 범위 내에서 점유연고권을 인정하여 점유연고권이 인정되는 면적의 국유지를 권리가액 산정에 반영할 수 있도록 하고 있다. 위 200㎡를 초과하는 부분은 권리가액 산정에 반영되지 않는다.[338)]

---

337) 서울행정법원 2024. 4. 12. 선고 2023구합54020 판결
338) 서울행정법원 2024. 4. 12. 선고 2023구합54020 판결

10. 공유자와 주택공급

(1) 공유자와 1개의 분양권

같은 세대에 속하지 아니한 2명 이상이 1주택 또는 1 토지를 공유한 경우에는 1주택만 공급한다(법 제76조 제1항 제6호). 즉 공유 토지 또는 건축물은 그 공유자들을 대표하는 1명을 조합원으로 보고, 1개의 분양권만 인정된다.

도시정비법 제39조 제1항 제1호는 강행법규적 성격을 가지는 규정이므로, 위 규정에 위배하여 공유자 각자에게 조합원 자격을 인정하는 내용으로 정관을 변경하는 것은 강행법규에 위반되어 무효이다.[339)]

(2) 공유자의 분양권의 소유형태

토지 및 건물의 공유자 중 1인이 서울시 조례 제36조 제2항 제3호 단서에 따라 1주택 또는 1필지에 대하여 1개의 분양권이 부여되는 최소 기준을 충족하지 못한 때에는 단독 분양대상자가 될 수는 없고, 다른 공유자들과 함께 그 기준이 충족되는 때에는 공동 분양대상자가 됨으로써 부여되는 분양권을 '준공유' 할 수 있다.[340)]

(3) 공유자의 분양신청방법

공유자는 대표조합원 선임동의서를 작성하여 조합에 신고하여야 하며, 조합원의로서의 법률행위는 그 대표조합원이 한다(서울시 재개발 표준정관 제10조 제4항). 따라서 원칙적으로 공유자의 대표조합원이 분양신청을 하여야 한다.

조합은 ① 도시정비법 제39조 제1항에 따라 대표조합원을 선정하고 그를 통하여서만 조합원으로서의 권리(분양신청권 등)를 행사할 것을 요구하거나, ② 공유자들 전원에게 분양희망 부동산 등 분양신청서에 기재된 의사표시를 합치시킬 것을 요구하여 사실상 대표조합원을 선임한 것과 마찬가지로 공유자들이 통일된 의사표시를 할 수 있도록 하는 조치를 취하여야 한다.

공유자인 갑과 을이 대표조합원을 선정하지 않은 경우 갑과 을이 '전부 동

---

339) 서울지방법원 북부지원 2002. 10. 2. 선고 2002카합982호 결정
340) 서울행정법원 2023. 4. 14. 선고 2021구합70950 판결

일한 내용' 으로 분양신청하였다면 위 분양신청은 유효하다. 그러나, 갑과 을의 '분양신청 내용이 다른 경우' 위 분양신청은 무효이다.

(4) 일부 공유자만 분양신청한 경우(분양신청제한, 소재불명)

주택의 공유자 갑과 을은 대표조합원을 지정하지 아니한 상태에서 분양신청기간 내에 갑만이 분양신청을 하였고, 을이 분양신청을 하지 않은 경우 갑의 분양신청은 적법하지 않고, 갑과 을은 현금청산대상자가 된다.

갑과 을이 주택을 공유하던 중 공유자 을이 도시정비법 제72조 제6항의 재당첨 제한에 해당되어 분양신청을 할 수 없는 경우 다른 공유자 갑도 단독으로 분양신청할 수 없으며, 이에 갑과을 도무 현금청산대상자가 된다.

공유자중 1명이 소재불명 등의 사유로 인하여 대표조합원을 선정하지 못할 경우 민법상 공유물분할청구 등의 방법을 통해 공유관계를 해소함으로써 조합원이 될 수 있으므로, 소재불명자를 제외한 나머지 공유자들의 분양신청은 위법하다.[341]

(5) 공유자에 대한 수개의 주택공급 필요성

1필지의 토지를 소유하고 있는 자는 1주택을 공급받을 권리가 있다는 점과 비교하여 볼 때 토지의 공유자가 그 공유지분의 면적이 아무리 크다고 하더라도 공유자 전원이 1주택만을 분양받을 수 있다고 보는 경우 정비사업으로 인한 개발이익의 균등한 배분이라는 측면에서 형평에 맞지 않다.

투기 목적 등으로 무분별하게 공유지분을 분할하는 것을 방지하면서도 권리산정기준일을 기준으로 그 이전부터 공유지분으로 소유한 토지의 면적이나 권리가액이 일정 기준 이상에 해당하는 경우의 공유지분권자에 대하여는 별도로 1주택을 공급받을 자격을 부여함으로써 개발이익의 공평한 분배라는 정비사업의 주된 가치를 달성할 필요성이 있다.

공유 토지 또는 건축물은 그 공유자들을 대표하는 1명을 조합원으로 보고, 1개의 분양권만 인정된다. 다만, 2명 이상이 1토지를 공유한 경우로서 시·도조례로 주택공급을 따로 정하고 있는 경우에는 시·도조례로 정하는 바에 따

341) 부산고등법원 2019. 8. 30. 선고 2019누20761 판결

라 주택을 공급할 수 있다(법 제76조 제7호 가목).

서울시는 서울시 조례 제36조 제2항 제3호에서 공유자에게 수개의 주택을 공급할 수 있는 근거규정을 두고 있다.

(6) 서울시의 공유자에 대한 수개의 주택공급 요건

다음의 경우 수개의 주택을 공급할 수 있다(서울시 조례 제36조 제2항 제3호 단서).[342)]

① 권리산정기준일 이전부터 공유로 소유한 토지의 지분면적이 90㎡인 경우

② 권리산정기준일 이전부터 공유로 소유한 토지의 지분 권리가액이 분양용 최소규모 공동주택 1가구의 추산액 이상인 경우에 해당하는 경우

갑이 취득한 기존 공유자의 각 공유지분 면적이 권리산정기준일 이전에 23.13㎡로서 60㎡ 이상이 아닌 한, 갑이 권리산정기준일 이후 각 공유지분을 취득함으로써 그 지분면적의 합계가 60㎡ 이상이 되더라도 단독 분양대상자가 될 수 없다.[343)]

(7) 2010. 7. 15. 이전 기본계획 수립지역

종전 서울시 조례(2010. 7. 15. 이전 것) 제27조 제2항 제3호 단서는 다음의 자에 한해 분양권이 부여된다.

'2003년 12월 30일 전부터 공유지분으로 소유한 토지의 지분 면적이 건축 조례 제29조에 따른 규모(90㎡) 이상인 자' [344)]

'2003년 12월 30일 전부터 공유지분으로 소유한 토지의 권리가액이 분양용 최소규모 공동주택 1가구의 추산액 이상인 자' [345)]

---

342) 서울시 조례 부칙(2010. 7. 15.) 제3조 제1항, 부칙(2018. 7. 19.) 제29조 제1항 : 2010. 7. 16. 이후 최초로 기본계획(정비예정구역에 신규로 편입지역 포함)을 수립하는 분부터 적용함.

343) 부산지방법원 2019. 4. 4. 선고 2018구합23757 판결 : 부산의 경우 지분면적 60㎡ 이상인 자에게 분양권이 인정됨.

344) 서울시 조례 부칙(2010. 7. 15.) 제3조 제2항, 부칙(2018. 7. 19.) 제29조 제2항 : 2010. 7. 15. 이전 기본계획 수립지역 및 지구단위계획이 결정·고시된 지역의 경우 종전 서울시 조례 제27조 및 제28조가 적용됨.

345) 서울시 조례 부칙(2010. 7. 15.) 제3조 제2항, 부칙(2018. 7. 19.) 제29조 제2항 :

(8) 개별 토지별 판단

서울시 도시정비조례 제27조 제2항 제3호 본문 및 단서를 조화롭게 해석하여 보면, '한 필지의 토지를 수인이 소유하고 있는 경우 수인의 분양신청자를 1인의 분양대상자로 보는 것이 원칙이지만, 한 필지의 토지를 수인이 소유하고 있는 경우에도 공유지분으로 소유한 한 필지 토지의 지분면적이 90㎡ 이상인 경우에는 수인의 분양신청자를 분양대상자로 본다.'는 의미로 해석된다.

토지공유자가 공동분양대상자인지 단독분양대상자인지 여부는 '개별 토지별'로 판단해야 한다. 갑은 A필지(지분면적 8㎡), B필지(지분면적 86㎡) C필지(지분면적 4㎡)를 공유하고 있으나, 위 토지 중 어느 토지에 관하여도 90㎡ 이상의 면적을 확보하지 못하였으므로 단독 분양자가 되지 않는다.[346]

(9) 2003. 12. 30. 이전 공유인 지분의 양수

① 2003. 12. 30. 전부터 직접 90㎡ 이상의 공유지분을 소유하고 있었던 자뿐만 아니라, ② 2003. 12. 30. 전부터 직접 90㎡ 이상의 공유지분을 소유하던 자로부터 그 지분을 양수받은 자도 포함된다.[347]

2003. 12. 30. 전부터 이미 토지의 소유 형태가 공유였다면, 2003. 12. 30. 이후에 공유지분의 양도가 이루어졌다고 하더라도 전체 분양대상자의 숫자에는 변화가 없으므로, 정비사업의 목적 달성에 장애가 발생한다고 보기도 어렵다. 서울시 조례 부칙(2018. 7. 19.) 제29조 제3항을 해석하는 데 있어 2003. 12. 30. 전부터 관리처분계획 수립 시까지 소유자가 동일한 경우로 한정할 근거를 찾아보기 어렵다. 2003. 12. 30. 전부터 직접 소유하던 토지 공유지분의 권리가액이 분양용 최소규모 공동주택 1가구의 추산액 이상인 자로부터 그 지분을 양수받은 자도 포함된다.[348]

2010. 7. 15. 이전 기본계획 수립지역 및 지구단위계획이 결정·고시된 지역의 경우 종전 서울시 조례 제27조 및 제28조가 적용됨.
종전의 서울시 조례(2010. 7. 15. 이전 것) 제27조 제2항 제3호에 따른 분양대상자로 본다[서울시 조례 부칙(2014. 5. 14.) 제2조, 부칙(2018. 7. 19.) 부칙 제29조 제3항].

346) 서울행정법원 2024. 11. 8. 선고 2023구합70749 판결
347) 서울고등법원 2023. 12. 15. 선고 2023누43756 판결
348) 서울행정법원 2024. 11. 14. 선고 2023구합56613 판결

(10) 공유자에 대한 분양권 제공사례

A주택(갑, 을)	B주택(갑)

정비구역 내 동일 세대원이 아닌 갑과 을이 A 주택을 공동으로 소유하고 있고, 갑은 B 주택을 단독으로 소유하고 있는 경우, '갑' 및 '갑과 을'에게 각각 1주택을 공급하여야 한다.[349)]

병이 갑으로부터 B주택을 양수한 경우 분양신청대상자 자격은 원칙적으로 분양신청기간 만료일을 기준으로 하고, 분양신청기간 만료일 현재 갑과 을은 A주택을, 병은 B주택을 소유하고 있으므로, 갑과 을은 공동으로 조합원 지위를, 병은 단독으로 조합원 지위를 갖는다. 이 경우 도시정비법 제39조 제1항 제3호는 해당되지 않는다.[350)]

A토지(갑, 을 병)	B토지+건물(을)	C토지+건물(병)

갑은 다른 두명(을, 병)의 공유자와 함께 토지를 3:3:2의 비율로 소유하고 있고, 갑을 제외한 다른 두명(을, 병)의 공유자는 사업구역 내에 다른 토지와 건물을 소유하고 있을 경우, 을은 A토지의 지분과 B토지+건물을 합하여, 병은 A토지의 지분과 C토지+건물을 합하여 분양신청하는 것만이 허용되므로, 갑은 A토지의 지분에 의거 분양신청할 수 있다고 판시한 사례가 있다.[351)]

349) 법제처 2021. 12. 29. 회신 21-0412호 사례
350) 부산고등법원 2023. 11. 3. 선고 2023누21655 판결
351) 서울행정법원 2009. 9. 24. 선고 2009구합10727판결

갑과 을이 상가 101호를 1/2지분씩 공유하고, 을이 상가 102호를 단독 소유하고 있으며, 을이 101호에 대한 공유지분과 상가 102호를 묶어서 하나의 분양신청을 한 경우 갑은 '대표조합원을 선임하지 않고' 상가 101호의 공유지분에 기하여 분양신청을 할 수 있다고 판시한 사례도 있다.[352]

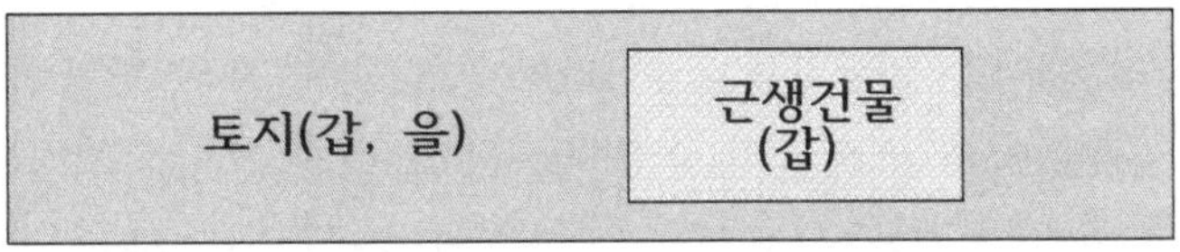

갑은 건축물과 그 부속토지의 일부 지분을 소유하고, 을은 위 부속토지의 나머지 지분을 소유한 경우 조합원은 2명[갑, (갑+을)]으로 산정하되[353], 갑 또는 을의 각자 지분 면적이 90㎡ 이상이어야만 각자 개별 공동주택분양대상자가 될 수 있다, 갑의 대지지분이 60㎡이고, 을의 대지지분이 138㎡이므로, 갑과 을은 공동주택의 공동분양대상자이다.[354]

(11) 공유자와 1+1 주택 공급 여부

도시정비법 제76조 제1항 제7호 라목은 독립적인 분양대상자 지위에 있는 모든 조합원들에게 공동으로 적용되는 규정으로서, 토지 또는 주택의 공유자들이 공동으로 1인의 분양대상자 지위를 가지는 경우에도 적용된다.

갑, 을, 병이 연면적 402㎡인 다가구용 단독주택을 공유하고 있고, 지분 주거전용면적은 갑이 197㎡, 을이 146㎡, 병이 59㎡이다. 갑은 별개의 공동 분양대상자로 인정하면서 1+1 분양신청에 따라 2주택을 공급하였다. 을과 병은 공동으로 1인의 분양대상자의 지위에 가지고, 주거전용면적 204㎡ 범위내에서 2

352) 서울행정법원 2023. 10. 26. 선고 2022구합82639 판결
353) 대법원 2015. 3. 20. 선고 2012두23242 판결
354) 대법원 2001. 12. 27. 선고 2001두6531 판결

주택을 공급받을 수 있다.[355)]

(12) 서울시 정비조례(2014. 1. 9.) 제27조 제2항 제3호 단서 적용사례

재개발구역은 2009. 1. 2. 구체적 정비계획이 수립됨에 따라 2010. 7. 15. 이전에 이미 기본계획이 수립되어 있는 지역에 해당하는바, 해당 재개발구역내 조합원은 서울시 정비조례 부칙(2018. 7. 19.) 제29조 제2항에 따라 서울시 정비조례 제36조의 개정규정이 아닌 구 서울시 정비조례(2014. 1. 9.) 제27조 및 제28조를 적용받게 된다.

그런데 구 서울시 정비조례(2014. 1. 9.) 제27조 제2항 제3호 단서에 의하면 '2003. 12. 30. 전부터 공유지분으로 소유한 토지의 지분 면적이 건축조례 제29조에 따른 규모(90㎡) 이상인 경우' 이어야 독립된 분양자격이 부여된다.

해당 토지의 면적은 72㎡이고, 그중 공유자 갑이 소유한 지분면적도 44.81㎡에 불과하므로, 결국 공유자 갑은 구 서울시 정비조례(2014. 1. 9.)상 독립된 분양자격을 갖는다고 볼 수 없다.[356)]

(13) 대표조합원 1인에게 그 공유지분에 관한 개발이익을 초과하여 분배하기로 한 경우

1주택을 2인 이상이 공유지분으로 소유함으로써 공유자 전원이 1인의 조합원으로 취급되는 경우 대표조합원을 비롯한 공유자들은 다른 일반조합원에 대한 관계에서 뿐만 아니라 공유자들 상호간의 관계에서도 형평이 유지되도록 개발이익 등을 분배받을 권리가 있다.

재건축조합은 공유자들 상호간의 관계에서 형평이 유지되도록 개발이익을 분배하여야 하는바, 관리처분계획에서 대표조합원 1인에게 그 공유지분에 관한 개발이익을 초과하여 다른 공유자에게 분배하여야 할 개발이익까지 임의로 분배하는 등 형평에 현저히 반하는 권리분배를 내용으로 하였다면 위 관리처분계획은 위법하다.[357)]

---

355) 서울행정법원 2018. 11. 30. 선고 2018구합63471 판결, 서울행정법원 2022. 1. 7. 선고 2021구합62386 판결

356) 서울행정법원 2023. 6. 16. 선고 2021구합89435 판결

357) 대법원 2009. 2. 12. 선고 2006다53245 판결

11. 지분쪼개기와 1인 분양대상자 간주

(1) 서울시의 단독주택재건축사업과 1인의 분양대상자 간주

단독주택재건축사업에 있어 다음의 경우에는 여러 명의 분양신청자를 1명의 분양대상자로 본다(서울시 조례 제37조 제2항).

① 단독주택 또는 다가구주택을 권리산정기준일 후 다세대주택으로 전환한 경우[358]

② 권리산정기준일 후 나대지에 건축물을 새로 건축하거나 기존 건축물을 철거하고 다세대주택, 그 밖에 공동주택을 건축하여 토지등소유자가 증가되는 경우[359]

단독이나 다가구를 다세대로 변경된 것인지 여부는 해당 시·군·구청의 '건축물관리대장'에 의해 판단하여야 한다.

(2) 서울시의 재개발사업과 1인의 분양대상자 간주

재개발조합은 다음의 경우 수인의 분양신청자를 1인의 분양대상자로 본다(서울시 조례 제36조 제2항).[360]

① 단독주택 또는 다가구주택을 '권리산정기준일 이후' 다세대주택으로 전환한 경우

② 1필지의 토지를 권리산정기준일 후 여러 개의 필지로 분할한 경우

③ 하나의 대지범위에 속하는 동일인 소유의 토지와 주택을 '건축물 준공 이후' 토지와 건축물로 각각 분리하여 소유하는 경우. 다만, 권리산정기준일 이전부터 소유한 토지의 면적이 90제곱미터 이상인 자는 예외로

---

358) 단독주택재건축사업은 2009. 4. 22. 이후 1개의 분양권만 인정됨. 서울시 조례 부칙(2009. 4. 22.) 제2조, 부칙(2018. 7. 19.) 제9조 제1항 : 2009. 4. 22. 이후 다세대주택으로 전환한 분부터 적용함.

359) 서울시 조례 부칙(2009. 4. 22.) 제2조, 부칙(2018. 7. 19.) 제9조 제2항 : 2009. 4. 22. 이후 최초로 건축허가를 신청하는 분부터 적용함.

360) 서울시조례 부칙(2010. 7. 15.) 제3조 제1항, 부칙(2018. 7. 19.) 제29조 제1항 : 제27조 및 제28조 개정규정은 최초로 기본계획(정비예정구역에 신규로 편입지역 포함)을 수립하는 분부터 적용함.

한다.

④ 권리산정기준일 후 나대지에 건축물을 새로 건축하거나 기존 건축물을 철거하고 다세대주택, 그 밖에 공동주택을 건축하여 토지등소유자가 증가되는 경우

(3) 2010. 7. 15. 이전 기본계획 수립지역

다음의 어느 하나에 해당하는 경우에는 수인의 분양신청자를 1인의 분양대상자로 본다[종전 서울시 조례(2010. 7. 15. 이전 것) 제27조 제2항].[361)]

① 단독주택 또는 다가구주택이 '건축물준공 이후' 다세대주택으로 전환된 경우

② 2003년 12월 30일 이후 한 필지의 토지를 수개의 필지로 분할한 경우

③ 하나의 대지범위 안에 속하는 동일인 소유의 토지와 주택을 '건축물 준공이후' 토지와 주택으로 각각 분리하여 소유한 경우. 다만, 2003년 12월 30일 전에 토지와 주택으로 각각 분리하여 소유한 경우로서 토지의 규모가 건축조례 제25조제1호에 따른 규모 이상인 경우에는 그러하지 아니하다.

④ 단독주택 또는 비주거용건축물을 공동주택으로 신축한 경우(기존의 공동주택을 세대수를 늘려 신축한 경우를 포함한다). 다만, 신축한 공동주택의 주거전용면적이 해당 정비사업으로 건립되는 분양용 공동주택의 최소 주거전용면적 이상인 경우에는 그러하지 아니하다.[362)]

---

361) 서울시조례 부칙(2010. 7. 15.) 제3조 제2항 : 2010. 7. 15. 이전 기본계획이 수립되어 있는 지역 및 지구단위계획이 결정·고시된 지역은 종전규정(제27조 및 제28조)에 따른다.

362) 서울시 조례 부칙(2008. 7. 30.) 제3조, 부칙(2018. 7. 19.) 제26조 제3항 : 제24조 제2항 제6호의 개정규정은 2008. 7. 30. 이후 최초로 건축허가를 신청하는 분부터 적용함.
제24조 제2항 제6호 : 단독주택 또는 비주거용건축물을 공동주택으로 신축한 경우(기존의 공동주택을 세대수를 늘려 신축한 경우를 포함한다). 다만, 해당 공동주택의 주거전용면적이 당해 정비사업으로 건립되는 분양용 공동주택의 최소 주거전용면적 이상인 경우에는 그러하지 아니하다.

(4) 준공이후 다세대주택 전환

재개발정비구역은 2009. 6. 4. 정비구역으로 지정・고시되어 서울시 조례 부칙(2018. 7. 19.) 제29조 제2항에 따라 서울시 구 조례(2010. 7. 15. 이전 것) 제27조 제2항이 적용되는바, 해당 건물이 건축물 준공 이후인 2005. 9. 27. 다세대주택으로 전환되었으므로, 해당 다세대주택 소유자들은 단독분양대상자가 아닌 공동분양 대상자가 된다.[363)]

(5) 1997. 1. 15. 이전 다세대주택의 전환에 대한 특례

재개발사업 및 단독주택재건축사업에 있어 1997. 1. 15. 전에 가구별로 지분 또는 구분소유등기를 필한 다가구주택이 건축허가 받은 가구수의 증가 없이 다세대주택으로 전환된 경우에는 가구별 각각 1인을 분양대상자로 한다[서울시 조례 부칙(2009. 7. 30.) 제3조 제1항, 부칙(2018. 7. 19.) 제27조].

(6) 2003. 12. 30. 이전 다세대주택의 전환에 대한 특례

서울시 조례 부칙(2003. 12. 30.) 제5조의 취지는 다가구주택에 관하여 예외적으로 가구별 개별분양을 인정하여 그와 같은 경우 독립된 구조를 가진 가구별로 구분거래되는 실정을 반영하면서도, 주택재개발사업에 의하여 공급되는 공동주택을 다수 취득할 목적으로 행하여지는 이른바 '지분 쪼개기'와 같은 폐해를 방지하기 위하여 일정한 시점 이전까지 지분등기나 구분소유등기의 경료 또는 다세대주택으로의 전환이 행하여졌을 것을 요구하는 데 있다.

재개발사업에 있어 서울시 조례 시행전(2003. 12. 30.) ① 다세대주택으로 전환하여 ② 구분등기를 완료한 주택에 대하여는 전용면적 60㎡ 이하의 주택을 공급하거나 정비구역안의 임대주택을 공급할 수 있다.

다세대주택의 주거전용 총면적이 60㎡를 초과하는 경우에는 종전 관련 조례에 따라 60㎡ 이상의 주택을 공급할 수 있다. 다만, 하나의 다세대전환주택을 공유지분으로 소유하고 있는 경우에는 주거전용 총면적에 포함시키지 아니한다.

전용면적 85㎡ 이하 주택을 분양신청 조합원에게 배정하고 잔여분이 있는

---

363) 서울고등법원 2021. 12. 23. 선고 2021누49460 판결

경우, 전용면적 60㎡ 이하 주택 배정조합원의 상향요청이 있을 시에는 권리가액 다액 순으로 추가 배정할 수 있다[서울시 조례 부칙(2003. 12. 30.) 제5조 단서, 부칙(2018. 7. 19.) 제26조 제2항].

서울시 부칙(2003. 12. 30.) 제5조의 "다가구주택이 다세대주택으로 전환된 경우"에 있어 '전환'이란 '건축물대장의 기재 및 관리 등에 관한 규칙'(2007. 1. 16. 건설교통부령 제547호로 전부개정되기 전의 것) 제6조 제1항에 의한 '건축물대장의 전환'을 의미한다.[364)]

(7) 토지와 건축물의 분리(존치구역)

2006. 10. 19. 재정비촉진지구로 지정되었고, 2008. 9. 경 일부 지역이 존치구역으로 지정됨으로써 정비구역 지정이 해제되었으며, 2012. 7.경 위 존치구역이 정비구역을 재지정되었다. 존치구역 역시 재정비촉진지구에 속하고, 재정비촉진계획이 결정.고시되었을 때 도시정비법상 기본계획 또는 정비계획이 수립된 것으로 간주되는바, 종전 존치구역내 토지등소유자들은 2012. 7.경이 아니라 2006. 10. 19. 도시정비법상 기본계획이 수립된 것으로 간주된다.

2010. 7. 15. 전에 기본계획이 수립되어 있는 지역은 서울시 조례[2010. 7. 15. 개정전] 제27조가 적용되는바, 토지와 건물의 소유자는 갑의 단독 소유였다가 건축물의 준공 이후 토지와 주택으로 각각 분리하여 소유한 경우에 해당하므로,[365)] 서울시 조례(2010. 7. 15. 개정전) 제27조 제2항 제5호에 따라 토지소유자와 건물소유자는 공동하여 1인의 분양대상자가 된다.[366)]

(8) 하나의 건축물이 2필지 이상에 걸쳐 건축된 경우

서울시 조례 제36조 제2항 제5호는 주택과 그 대지의 소유권을 준공 이후 분리함으로써 그 소유자들이 각자 단독으로 수분양권을 취득하려는 탈법적인 시도를 저지하기 위한 것이다.

① 동일인이 하나의 대지범위 안에 속하는 토지와 그 지상의 수 개의 건물

---

364) 대법원 2009. 9. 10. 선고 2009두10628 판결

365) 갑은 토지를 2001. 5. 15.부터 2006. 10. 30.까지, 건물을 1989년경부터 2009. 12. 23.까지 단독 소유하였음.

366) 서울행정법원 2023. 11. 9. 선고 2022구합84697 판결

을 소유하다가 준공 이후 그 중 일부의 건물만 타인에게 양도하거나, ② 건축물의 대지범위 안에 속하는 토지 중 그 자체로는 별다른 효용이 없는 일부 필지의 토지를 함께 양도하는 경우에도 적용 또는 유추적용된다.[367)]

하나의 건축물이 A필지, B필지, C필지, D필지에 걸쳐 건축된 경우 A필지, B필지, C필지, D필지가 지적법상 다른 필지로 구획되어 있다 하더라도, 사회통념상 하나의 대지로 보아야 하는바, 갑과 을은 하나의 대지범위 안에 속하는 동일인 소유의 수개의 토지와 주택을 건축물 준공 이후 토지와 주택으로 각각 분리하여 소유한 경우로서 서울시 구 조례(2010. 7. 15. 이전 것) 제27조 제2항 제5호에서 정한 공동분양대상자의 요건에 해당한다.

(9) 토지와 건물의 분리여부 판단(시효취득)

권리산정기준일(2003. 12. 30.) 당시 동일인 소유 여부 판단은 소유권이전등기가 경료된 날을 기준으로 판단하여야 한다. 취득시효의 경우에도 동일한다.

조합원 갑은 1988. 6. 10.부터 재개발구역내 토지를 소유하고 있었고, 2010. 6. 22. 재개발 구역내 건물을 1998. 7. 1.자 시효취득을 원인으로 위 건물에 관한 소유권이전등기를 마쳤다. 을은 2017. 3. 13. 위 건물을 매수하였다.

조합원 갑은 2003. 12. 30. 이전에 토지 및 건물을 함께 소유하였다고 볼 수 없고(토지는 갑, 건물은 취득시효소송의 상대방), 위 조합원 갑 소유 토지의 면적은 건축조례 제25조 제1호에 따른 규모(90㎡)를 초과하는 225㎡이다. 조합원 갑으로부터 건물을 순차 취득한 조합원 을은 구 서울시 정비조례 제27조 제2항 제5호 단서에 따라 공동분양대상자가 아닌 단독분양대상자의 요건에 해당한다.[368)]

(10) 도시재정비법 제33조 제1항 제2호와 서울시 조례 부칙(2018. 7. 19.) 제26조 관계

도시재정비 촉진을 위한 특별법 제33조 제1항 제2호에 의하면 단독주택 또는 기준일 이후에 다가구주택이 다세대주택으로 전환되는 경우 기준일을 기준

367) 서울고등법원 2021. 12. 3. 선고 2021누34208 판결
368) 서울행정법원 2023. 4. 14. 선고 2022구합248 판결

으로 분양받을 권리를 산정한다.

서울시 조례 제36조 제2항 제1호에 의하면 '단독주택 또는 다가구주택을 권리산정기준일 후 다세대주택으로 전환한 경우' 1명의 분양대상자로 본다.

서울시 조례 부칙(2018. 7. 19.) 제26조 제2항에 의하면 2003. 12. 30. 전에 단독 또는 다가구주택을 다세대주택으로 전환하여 구분등기를 완료한 주택은 전용면적 60㎡ 이하의 주택을 공급할 수 있다.

공동분양대상인지 가구별 개별분양대상인지 여부는 원칙적으로 서울시 조례 제36조 제2항 제1호에 해당하는지 여부에 의하여 먼저 결정되는 것이고, 이에 해당할 경우 비로소 부칙(2018. 7. 19.) 제26조 제2항에 따라 예외를 인정받을 수 있는지를 검토하여야 한다.

권리산정기준일, 즉 도시정비법 제16조 제2항에 따른 정비구역 지정, 정비계획 결정 고시가 있는 날은 이 사건 정비구역이 V지구로 지정된 2003. 11. 18.인데 조합원들은 그 이전인 2002. 2. 11. 다세대주택으로 건축물대장을 전환하였으므로 서울시 조례 제36조 제2항 제1호에 정한 경우에 해당하지 않아 부칙(2018. 7. 19.) 제26조 제2항이 적용될 여지가 없다.

재정비촉진구역내 재개발구역의 경우 도시재정비법 제33조 제1항의 기준일은 2006. 12. 21.이고, 조합원들이 소유하던 다가구 주택은 2002. 2. 21. 건축물대장이 전환되었으며, 2005. 7. 11. 집합건물 구분등기가 완료되었는바, 위 조합원들은 도시재정비법 제33조 제1항의 기준일인 2006. 12. 21. 기준으로 각 다세대주택의 소유자로서 독립된 분양자격이 있다.[369)]

(11) 다세대, 공동주택의 신축

권리산정기준일 이전에 신축공사 완료 후 사용승인을 득한 신축빌라(다세대주택)는 구분행위 및 구분행위에 상응하는 구분건물이 객관적, 물리적으로 완성되었다고 볼 수 있으므로, 각 세대별로 분양받을 권리가 인정된다.[370)]

정비구역의 지정·고시가 있은 날 등을 기준(권리산정기준일)으로 이미 토지등소유자의 수가 더 이상 증가하지 않으리라고 볼 수 있을 정도로 건축물이

369) 서울고등법원 2024. 8. 22. 선고 2023누40276 판결
370) 서울시 입장

완공된 경우와 같이 투기세력의 유입이 우려되지 않는 경우이어야 한다.

재개발구역이 2010. 12. 24. 기본계획이 수립되었고, 2011. 11. 15. 재개발정비구역으로 지정되었다. 갑은 2011. 7. 8. 집합건물 15세대에 대한 건축허가를 받았고, 2014. 11. 14. 완공한 후 각 세대에 대한 소유권보존등기를 완료하였다. 위 사안에서 권리산정기준일은 정비구역지정일인 2011. 11. 15.이고, 이 사건 토지는 건축허가를 받았지만 나대지 상태였으므로, 위 15세대는 1개의 분양권만이 인정된다.[371]

12. 다가구주택 또는 협동주택에 대한 특례

(1) 다가구주택의 의의

1980년대 중반부터 일부 주택건설업자들이 건축법이 적용되지 않는 단독주택 형태의 다가구주택을 신축하였고, 정부는 1990. 4. 21. '다가구주택의 건축기준'을 제정하였으며, 1999. 4. 30. 다가구주택을 건축법 시행령에 도입하였다. 다가구주택은 수인이 구분소유하는 것이 아니라 공유로 소유하는 형태이다.

다가구주택 및 협동주택은 소유형태가 구분소유가 아닌 공유이므로, 조합원 1인만이 인정되고, 분양권도 1개만 인정된다. 그러나, 다가구주택은 다세대주택의 규제사항을 회피하기 위한 것일 뿐 재개발조합의 분양권을 얻기 위한 것이 아니며, 다세대주택과 유사한 다가구주택 또는 협동주택의 공유자들에 대한 보호의 필요성이 큰 점에 비추어 서울시의 경우 다가구주택 또는 협동주택에 대한 특례를 두고 있다.[372]

---

371) 광주지방법원 2019. 9. 26. 선고 2019구합12210 판결

372) 1997. 1. 15. 최초 다가구주택에 관한 특례 도입
2005. 11. 10. 사실상의 다가구주택 소유자들에 대한 분양권 인정
2009. 4. 22. 협동주택의 분양기준에 관한 경과조치 신설 및 단독주택재건축사업에 있어 다가구주택의 특례조항 신설

(2) 1990년 4월 21일 이전 사실상 다가구주택

1990년 4월 21일 다가구주택제도 도입이전에 단독주택으로 건축허가를 받아 1997년 1월 15일까지 지분 또는 구분등기를 필한 사실상의 다가구주택은 지분 또는 구분등기를 필한 가구수에 한하여 각각 1인을 분양대상자로 한다.[373)]

다가구주택제도 도입 이전 단독주택으로 건축허가를 받은 것이므로, 분양권 수는 '건축허가 받은 가구 수'로 한정되지 않는다. 즉 건축허가 받은 가구 수와 무관하게 1997. 1. 15.이전 지분 또는 구분등기를 필한 가구수 만큼 분양권이 인정된다.[374)]

건축허가 당시 근린생활시설이었으나 이후 용도를 주택으로 변경한 경우 위 주택의 소유자는 공동주택 분양대상자 자격에서 제외된다.[375)]

사실상 구분소유되고 있는 '당해 가구'에 관하여 당해 가구가 그 건물에서 차지하는 면적에 상응하는 비율로 지분등기가 되었을 경우를 의미한다. ① 당해 가구가 아닌 다른 가구에 관하여 지분등기 또는 구분등기가 되었거나 ② 당해 가구가 그 건물에서 차지하는 면적에 상응하지 않은 비율로 지분등기가 경료되어 사회통념상 당해 가구가 다른 가구와 독립적으로 거래되고 있지 않다고 여겨지는 경우를 포함하지 않는다.[376)]

(3) 1997년 1월 15일 이전 다가구주택

1997년 1월 15일 이전에 가구별로 지분 또는 구분소유등기를 필한 다가구주택은 다가구 주택으로 건축허가 받은 가구수에 한하여 가구별 각각 1인을 분양대상자로 한다.

분양대상자는 다가구 주택으로 건축허가 받은 가구 수에 한하므로, 건축허가 받은 가구 수가 증가한 경우 그 증가된 가구 수는 분양대상자에서 제외된다. 소유자가 한 사람인 다가구주택의 경우에는 여전히 소유주 1명에게만 분양권이 주어진다.

---

373) 서울시 조례 부칙(2003. 12. 30.) 제7조(재개발사업), 부칙(2009. 4. 22.) 제4조(단독주택재건축사업), 부칙(2018. 7. 19.) 제28조
374) 서울행정법원 2019. 7. 11. 선고 2018구합73591 판결
375) 서울행정법원 2019. 7. 11. 선고 2018구합73591 판결
376) 서울행정법원 2008. 9. 10. 선고 2007구합44115 판결

다가구주택에 관한 특례규정의 입법취지는 다가구주택이 독립된 구조를 가진 가구별로 구분 거래되기도 하는 현실을 반영하여, 설계 및 건축 단계부터 독립된 구조를 가지고 있고 그에 상응한 지분등기가 마쳐짐으로써 그 지분등기를 이전하는 방법에 의하여 사실상 가구별로 독립적 거래가 가능한 경우에는 예외적으로 다가구주택의 가구별로 개별 분양대상자격을 인정하기 위함이다. 다만 이른바 '지분 쪼개기'와 같은 행위를 하는 폐해를 방지하기 위해서 지분등기는 일정한 시점(1997. 1. 15.)까지 완료될 것이 요구된다.[377)]

(4) 협동주택의 특례에 의한 분양대상

도시재개발법에 의한 자력재개발사업은 서울시가 부족한 공공용지를 민간의 토지를 통해 확보하고, 주민은 감소된 토지 대신 2필지 이상의 토지위에 하나의 주택을 개량하게 되었다. 이때 개량하는 주택은 구획 및 건축계획에 적합한 4가구 이상 입체화된 협동주택으로 건축되었고, 협동주택은 다세대 또는 다가구제도의 도입이전이기 때문에 건축법상 단독주택으로 분류되었다. 협동주택은 수인이 구분소유하는 것이 아니라 공유로 소유하는 형태이다.

종전 '서울특별시주택개량재개발사업시행조례' 제4조 제2항에 따라 건축된 협동주택으로서 1988년 5월 7일 전에 지분 또는 구분소유등기를 필한 세대는 사실상 구분된 가구수에 한하여 각각 1인을 분양대상자로 한다.[378)]

377) 대법원 2009. 4. 23. 선고 2008두22853 판결
378) 서울시 조례 부칙 (2009. 4. 22.) 제3조, 부칙(2018. 7. 19.) 제31조

13. 수개의 주택 공급

(1) 소유한 주택 수만큼 공급

조합은 다음의 토지등소유자에게 소유한 주택 수만큼 공급할 수 있다(법 제76조 제1항 제7호 나목).

① 과밀억제권역에 위치하지 아니한 재건축사업의 토지등소유자.
다만, 투기과열지구 또는 조정대상지역에서 사업시행계획인가를 신청하는 재건축사업의 토지등소유자는 1주택만을 공급받는다.379) 사업시행계획인가는 최초 사업시행계획인가를 말한다.

② 근로자(공무원인 근로자 포함) 숙소, 기숙사 용도로 주택을 소유하고 있는 토지등소유자

③ 국가, 지방자치단체 및 토지주택공사등

④ 공공기관지방이전시책 등에 따라 이전하는 공공기관이 소유한 주택을 양수한 자380)

과밀억제권역 외의 조정대상지역 또는 투기과열지구에서 조정대상지역 또는 투기과열지구로 지정되기 전에 1명의 토지등소유자로부터 토지 또는 건축물의 소유권을 양수하여 여러 명이 소유하게 된 경우에는 양도인과 양수인에게 각각 1주택을 공급할 수 있다(법 제76조 제1항 제7호 다목).

(2) 2주택의 공급

조합은 종전 자산 가격의 범위 또는 종전 주택의 주거전용면적의 범위에서 2주택을 공급할 수 있다(법 제76조 제1항 제7호 라목).

1인에게 2주택을 분양하는 것은 예외적인 요건이 충족되는 경우에 한하여 조합의 재량에 따라 이루어지는 것이다. 조합은 조합원들이 2차 공람절차에

---

379) 부칙(2017. 10. 24.) 제3조 제1항 : 2017. 11. 10. 이후 최초로 사업시행인가를 신청하는 경우부터 적용됨.
제3조 제2항 : 2017. 11. 9. 이전 조정대상지역 및 과밀억제권역 외의 투기과열지구에서 1명의 토지등소유자로부터 토지 또는 건축물의 소유권을 양수하여 여러 명이 소유하게 된 경우에는 양도인과 양수인에게 각각 1주택을 공급할 수 있음.

380) 부칙(2017. 2. 8.) 제2조 : 2018. 1. 26.까지 유효함

이르러 한 2주택 분양신청에 대하여 일반분양절차 등 정비사업의 진행에 차질이 발생할 수 있다는 이유로 위 분양신청을 받아들이지 않았는바, 이러한 조합의 거부행위는 관련 법령이 정한 조합의 재량권 행사 범위 안에 있다.[381]

조합은 2주택 분양가능 대상자들에게 개별적으로 2주택 공급가능 사실을 통지할 의무를 부담하지 않는다.

(3) 주거전용면적의 기준

'주거전용면적' 은 실제 사용용도가 아니라 건축물관리대장 등 공부상의 용도에 의한다.

상가주택의 공유자인 갑과 을이 내부적으로 갑은 주택 부분을, 을은 상가부분을 각각 구분하여 소유하기로 합의하였다 하더라도 건축물대장상 집합건물로의 전환신청이나 구분건물로의 변경등기가 경료되지 않았다면 갑과 을의 구분소유권은 성립되지 않는다. 갑은 주택부분중 자신의 지분에 해당하는 면적을 기준으로 '주거전용면적' 을 산정하여야 한다.[382]

(4) 불법 용도변경 또는 무허가건물

서울시 조례와 조합의 정관 규정에 의하면 종전 건축물의 소유면적은 건축물대장을 기준으로 하고, 사실상 주거용으로 사용하는 부분을 포함하지 않는다. 건물 1층 중 '점포' 용도로 되어 있는 26.45㎡ 부분이 사실상 주거용으로 사용되었다고 하더라도 용도변경의 허가를 받거나 용도변경의 신고를 하지 아니한 이상 적법하게 주택으로 용도변경된 것이라고 볼 수 없어 '주거전용면적' 에 포함시킬 수 없다.[383]

종전 주택의 주거전용면적은 건축물대장과 등기부등본 등 공부에 의하여 확인된 부분에 한한다. 무허가건물은 건축물대장과 등기부등본 등 공부가 존재하지 않아 주거전용면적을 확인할 수 없는바, 무허가건물중 주거용으로 사용하는 부분의 면적을 '주거전용면적' 에 포함시킬 수 없다.[384]

---

381) 대법원 2023. 9. 21. 선고 2022두56142 판결
382) 수원지방법원 2020. 5. 7. 선고 2019구합66409 판결
383) 서울고등법원 2020. 11. 4. 선고 2020누39220 판결
384) 서울행정법원 2024. 4. 18. 선고 2022구합88484 판결

(5) 60㎡ 이하 주택 추가 공급

2주택 공급시 1주택은 주거전용면적을 60㎡ 이하로 하고, 60㎡ 이하의 주택의 공급가격은 총회 결의를 통해 조합원 분양가가 아닌 일반 분양가로 정할 수 있다.[385] 또한 관리처분계획에서 60㎡ 이하의 주택에 대한 무상제공 혜택을 제외할 수 있다.

60㎡ 이하로 공급받은 1주택은 이전고시일 다음 날부터 3년이 지나기 전에는 주택을 전매하거나 전매를 알선할 수 없다. 금지된 행위에는 매매·증여나 그 밖에 권리의 변동을 수반하는 모든 행위를 포함한다. 단 상속의 경우는 제외된다.

조합원이 제3자에게 위 전매제한기간내에 60㎡ 아파트를 매도하였을 경우 조합원의 형사처벌과 별개로 사법상의 매매계약은 유효하다.[386] 최근 하급심에서는 전매제한 규정을 효력규정으로 보아 전매제한기간 내의 분양권전매행위에 관하여 무효라고 판시한 사례도 있다.[387]

(6) 1 + 1 분양을 취소한 관리처분계획

'추가 주택(1+1) 공급 취소의 건'(제6-2호 안건)과 '조합원 평형변경 기회부여의 건'(제7호 안건)에 대하여 의결을 한 후 위 총회결과에 따라 기존 2주택 분양신청자들에게 1주택을 분양하는 내용의 관리처분계획을 수립하였다.

조합은 조합원들에게 2주택을 공급할 것인지 여부에 관하여 상당한 재량이 인정되고, 종전 자산의 가격이나 주거전용면적 기준을 충족하는 조합원들이 2주택 분양을 신청하면 이를 반드시 공급해야 할 의무가 있는 것도 아니다.

조합은 조합원들 간 형평을 위하여 기존의 분양신청을 한 조합원들에게 평형변경의 기회를 부여하였고, 조합원들의 나머지 이해관계는 청산금 등을 통해 조절될 수 있을 것으로 보이는바, 조합의 관리처분계획 안건에 관한 결의

---

385) 서울행정법원 2018. 5. 25. 선고 2017구합81496 판결, 부산고등법원 2023. 6. 9. 선고 2022누20976 판결

386) 대법원 2011. 5. 26. 선고 2010다102991 판결, 대구지방법원 2020. 8. 27. 선고 2018가합210182 판결 : 전매제한 규정을 효력규정이 아닌 단속규정으로 판단함.

387) 대전지방법원 2018. 5. 9. 선고 2017가합104228 판결

가 조합원들의 재산권을 본질적으로 침해한다고 할 수 없다.[388)]

(7) 재건축사업과 3주택 공급

과밀억제권역[389)]에 위치한 재건축사업의 경우에는 토지등소유자가 소유한 주택수의 범위에서 3주택까지 공급할 수 있다(법 제76조 제1항 제7호 마목).

투기과열지구 또는 조정대상지역에서 사업시행계획인가를 신청하는 재건축사업의 경우에는 조합은 1주택만 공급할 수 있다. 사업시행계획인가는 최초 사업시행계획인가를 말한다.

과밀억제권역에 위치한 정비구역에서 재건축사업을 시행하는 경우로서 해당 재건축사업의 최초 사업시행계획인가가 정비구역에 대한 투기과열지구 또는 조정대상지역 지정 이후 신청되었으나, '관리처분계획인가 신청 전에 그 투기과열지구·조정대상지역 지정이 해제된 경우', 해당 재건축사업의 주택 공급에 관한 관리처분계획은 토지등소유자에게 소유한 주택수의 범위에서 3주택까지 공급할 수 있도록 하는 도시정비법 제76조 제1항 제7호 마목 본문의 수립기준에 따라야 한다.[390)]

과밀억제권역에 위치한 재건축사업에서 3주택까지 공급받기 위해서는 조합의 정관에서 '조합원이 소유한 주택수의 범위에서 3주택까지 공급해야 한다' 라고 규정하고 있거나 관리처분계획을 위한 총회에서 위와 같이 결의해야만 한다.

---

388) 서울행정법원 2025. 3. 7. 선고 2024구합65744 판결

389) **수도권 과밀억제권역(수도권정비계획법 별표 1) : ㅇ서울특별시, ㅇ인천광역시**(강화군, 옹진군, 서구 대곡동·불로동·마전동·금곡동·오류동·왕길동·당하동·원당동, 인천경제자유구역 및 남동 국가산업단지는 제외한다), **ㅇ의정부시, ㅇ구리시, ㅇ남양주시**(호평동, 평내동, 금곡동, 일패동, 이패동, 삼패동, 가운동, 수석동, 지금동 및 도농동만 해당한다), **ㅇ하남시, ㅇ고양시, ㅇ수원시, ㅇ성남시, ㅇ안양시, ㅇ부천시, ㅇ광명시, ㅇ과천시, ㅇ의왕시, ㅇ군포시, ㅇ시흥시**(반월특수지역은 제외한다)

390) 법제처 2023. 4. 25. 회신 23-0289 사례 (정비구역이 관리처분계획인가 전에 다시 투기과열지구·조정대상지역으로 지정되지 않은 경우를 전제함.)

14. 상가소유자와 주택공급(재건축사업)

(1) 상가조합원에게 공동주택을 분양하는 경우

재건축조합은 원칙적으로 부대시설・복리시설 소유자(조합원)에게 부대시설・복리시설을 공급하여야 한다. 부대시설・복리시설에는 부속토지도 포함된다.

재건축조합은 다음의 경우 상가조합원에게도 1주택을 공급할 수 있다(시행령 제63조 제2항 제2호 단서).

① 새로운 부대시설 · 복리시설을 '건설하지 아니하는 경우'로서 기존 부대시설 · 복리시설의 가액이 분양주택 중 최소분양단위규모의 추산액에 정관등으로 정하는 비율을 곱한 가액보다 클 것. 정관등에서 비율을 정하지 않은 경우 비율은 1로 한다.

② 기존 부대시설 · 복리시설의 가액(6억)에서 새로 공급받는 부대시설 · 복리시설의 추산액(4억)을 뺀 금액(2억)이 분양주택 중 최소분양단위규모의 추산액(3억)에 정관등으로 정하는 비율을 곱한 가액보다 클 것. 정관등에서 비율을 정하지 않은 경우 비율은 1로 한다.[391)]

③ 새로 건설한 부대시설 · 복리시설 중 최소분양단위규모의 추산액이 분양주택 중 최소분양단위규모의 추산액보다 클 것

(2) 상가조합원의 공동주택 분양 취지

재건축사업의 상가 소유자에게 무분별하게 주택을 공급하는 것을 방지하기 위하여 상가 조합원에게 주택의 공급을 예외적으로 할 수 있는 경우를 제한적으로 규정한 것이다.

①항은 조합이 '새로운 상가를 건설하지 않아' 상가 조합원에게 상가를 공급한다는 원칙을 지키는 것이 불가능한 경우 예외적으로 일정한 조건을 충족하면 상가 대신 1주택을 공급할 수 있도록 한 것이다.

---

391) (상가 권리가액 - 분양 상가) 남은 금액 〉 (최소 단위 주택 × 비율) 금액
위 사례에서 비율이 1이면 분양주택이 3억원이고, 남은 금액이 2억원이므로 주택을 공급받지 못함. 비율이 0.5인 경우 분양주택이 1억 5천이므로 남은 금액이 2억원이므로, 주택을 공급받음.

②항은 조합이 새로운 상가를 건설하지만 '건설되는 상가의 전체 규모가 종전의 전체 상가규모보다 크게 감소' 하는 등의 이유로 일부 상가 조합원에게는 종전자산가액에 크게 못 미치는 규모의 상가를 공급할 수밖에 없는 경우 일정한 조건 아래 1주택을 공급할 수 있도록 규정한 것이다.

③항은 조합이 '상가를 큰 규모나 단위로만 건설' 하면서 상가 조합원에게 상가를 공급해야 한다는 원칙을 고수하게 되면 상가 조합원의 종전자산가액보다 지나치게 비싼 상가를 공급하게 되어 종전자산가액과의 비례성을 유지하기 곤란하게 되거나 또는 상가 조합원이 현실적으로 상가를 분양받지 못하고 현금청산을 할 수밖에 없게 되는 등 분양에 대한 기대권을 침해하는 부당한 결과가 생기는 것을 고려하여 예외적으로 상가 대신 1주택을 공급할 수 있도록 규정한 것이다.

(3) 정관변경과 의결정족수

현재 도시정비법은 새로운 부대시설 · 복리시설을 '건설하지 아니하는 경우' 에만 상가조합원에게 아파트를 공급할 수 있는바, 상가조합원이 상가를 포기한다 하더라도 아파트를 공급받을 수 없다.

상가 조합원이 상가의 공급을 포기하는 방법으로 일정한 조건 아래 주택을 공급받을 수 있도록 하여 상가 및 주택 공급에 대한 임의적 선택권을 부여하였다면 해당 정관은 강행규정인 도시정비법 시행령 제63조 제2항 제2호에 부합하지 않는다.

"관리처분계획의 기준을 새로운 상가를 '공급받지 아니한 경우' 로서 종전의 상가 가액이 분양주택의 최소분양단위규모 추산액에 20%를 곱한 금액보다 큰 경우'에도 상가 조합원에게 1주택을 공급할 수 있다" 라는 내용의 정관 개정안과 관련 '조합원 전원의 동의' 가 필요하다고 판시한 사례가 있다.[392]

(4) 정관에서 '상가를 공급받지 않는 경우' 로 정한 경우

종전 재건축 표준정관에서 '새로운 부대.복리시설을 공급받지 아니하는 경우' 상가조합원에게 아파트를 공급할 수 있다고 규정한 사안에서 상가 조합

392) 서울고등법원 2024. 5. 23. 선고 2023나2027555 판결

원이 상가 분양을 포기한 경우는 도시정비법 시행령 제63조 제2항 제2호 (가)목을 유추적용하거나, (나)목의 '새로이 공급받는 부대·복리시설의 추산액'을 0으로 보아 주택을 공급할 수 있다고 판시한 사례가 있다.[393]

(5) 정관등으로 정하는 비율 변경과 의결정족수

'정관등으로 정하는 비율'은 상가 조합원에게 주택을 분양하는 자격을 인정하는 기준이고, '조합의 비용부담에 관한 사항'에 해당하므로, 조합원 3분의 2 이상의 동의가 필요하다고 판시한 사례가 있다.[394]

이에 반해 정관등이 정하는 비율을 변경하기 위해 조합원 전원의 동의가 필요하다는 견해도 있다.[395]

---

393) 서울고등법원 2008. 5. 27. 선고 2007나73262, 73279 판결

394) 서울고등법원 2019. 10. 2. 선고 2019누32285 판결 : 추산액 0.2로 정할 경우 종전자산평가액은 2.15%(약 240억원), 조합원 분담금 총액 15.46%(약 260억)이 증가하는 사안임.

395) 서울중앙지방법원 2024. 12. 19. 선고 2023가합60641 판결

Ⅳ. 조합과 조합원간 분쟁

1. 분쟁의 법적 성격

조합과 조합원과의 관계는 기본적으로 사단과 사원과의 관계이므로, 조합에 관하여는 도시정비법에 규정된 것을 제외하고는 민법중 사단법인에 관한 규정을 준용한다(법 제49조). 따라서 소유권이전등기청구사건, 손해배상청구사건, 조합원총회 결의의 효력을 다투는 사건 등은 통상의 민사소송에 의하여야 할 것이다.

조합의 설립목적 및 취급업무의 성질, 권한 및 의무, 재건축.재개발사업의 성질 및 내용 등에 비추어 볼 때 조합은 적어도 특수한 존립목적을 부여받은 특수한 행정주체이다. 국가의 감독하에 그 존립목적인 특정한 공공사무를 행하고 있다고 볼 수 있는 범위내에서는 법률상 부여받은 행정작용 권한을 행사하는 것이다. 따라서 행정작용 권한을 행사하는 범위내에서는 조합은 조합원에 대한 관계에 있어서 공법상의 권리의무관계에 있다.

조합과 조합원간 공법상 권리의무관계가 발생하는 경우 조합이 행한 처분 기타 공권력의 행사에 해당하는 행위에 대하여는 항고소송(행정소송)을 제기할 수 있다. 조합과 조합원 사이의 공법관계를 나타내는 특별한 규정을 두고 있는 경우에는 행정소송으로 다투어야 하며, 민사소송으로 다투는 것은 허용되지 않는다.

2. 분쟁의 유형

(1) 귀속(歸屬)형

귀속형이란 조합원의 지위 및 관리처분계획상 정하여진 권리의 귀속 주체에 대하여 다툼이 있는 경우를 말한다. 즉 조합이 재개발구역내 토지 또는 건축물의 소유자에 대하여 조합원지위를 인정하고 있으나, 그 토지 또는 건축물의 소유자가 누구인지에 대하여 다툼이 있는 경우를 말한다.

주택정비사업을 수행하는 (재개발)조합이 무허가건물대장에 등재된 무허가건물의 사실상 소유자에게 조합원 자격을 부여함에 있어서, 무허가건물에 관한 사실상 소유권의 귀속에 관하여 다툼이 있는 경우에 (재개발)조합으로서는 일단 무허가건물대장상의 소유명의자에게 무허가건물에 대한 사실상 소유권 또는 조합원의 지위가 귀속되는 것으로 처리하고 후에 판결 등에 의하여 권리귀속관계가 확정되면 그에 따라 시정할 수밖에 없다.[396]

즉 권리의 귀속여부에 관한 다툼은 원칙적으로 다툼의 상대방에 대한 민사소송으로 문제를 해결하여야 하고, 이전고시 전 단계에서는 조합은 그 판결결과에 따라 조합원지위를 인정하거나 관리처분계획을 변경하게 된다.

(2) 존부(存否)형

존부형이란 조합원지위가 있는지 여부 및 관리처분계획의 내용에 대하여 다툼이 있는 경우를 말한다. 존부형으로 ① 재개발구역 내의 무허가건축물이 조합 정관에서 그 소유자에게 조합원자격을 부여하도록 하고 있는 무허가 건축물에 해당하는지 여부에 대하여 다툼이 있는 경우, ② 관리처분계획상 현금청산 대상인 조합원이 현금청산을 할 것이 아니라 아파트를 분양해 주어야 한다고 다투는 경우, ③ 33평형 아파트의 분양 대상인 조합원이 33평이 아니라 44평을 분양해 주어야 한다고 다투는 경우가 있다.

이 경우 조합으로부터 조합원지위를 부정당하고 있는 자 또는 조합원지위는 인정받고 있으나 관리처분계획의 내용에 대하여 불만이 있는 자가 조합을 상대로 조합원지위확인소송 또는 관리처분계획 취소소송을 제기하여야 한다.

---

396) 대법원 2003. 2. 14. 선고 2002다23451 판결

3. 개인과 개인간의 분쟁

(1) 관리처분계획 이전의 단계

관리처분계획 이전의 단계에서는 분양받을 대지 또는 건축시설에 대한 공사가 완료되지 않았을 뿐만 아니라 그 분양할 대지 또는 건축시설에 대한 주택정비조합의 어떤 처분도 이루어지기 전으로서 그 분양받을 대지 또는 건축시설의 소유권 등에 관한 분쟁은 있을 수 없으므로, 오로지 종전의 토지 또는 건축물에 대한 소유권 등의 존부나 그 귀속에 관한 것이 분쟁의 대상이 될 것이다.

종전의 토지나 건축물에 대한 소유권 등에 관하여 소유권확인, 말소등기, 이전등기, 무허가건물대장상의 명의변경 등을 구하는 민사소송이 제기될 수 있다.

(2) 관리처분계획 이후 이전고시 이전까지

권리 내지 지위의 귀속에 관하여 개인 간에 다툼이 있는 경우에 권리자가 채택할 수 있는 가장 유효하고도 적절한 분쟁해결 수단은 아래와 같다.[397)]

① 재개발조합이 아닌 분쟁의 직접 당사자를 상대로 하여 무허가건물에 대한 사실상 소유권의 확인을 구하는 방법

② 관리처분계획의 인가・고시에 의하여 무허가건물의 사실상 소유권이 이에 해당하는 아파트 등을 분양받을 조합원의 지위로 잠정적으로 바뀐 후에는 그 아파트 등을 분양받을 권리로서의 조합원지위의 확인을 구하는 방법

③ 분양받을 권리나 지위에 기하여 조합원명부상의 명의변경을 구하는 방법[398)]

---

397) 대법원 2003. 2. 14. 선고 2002다23451 판결

398) 대법원 1994. 1. 25. 선고 93다32316 판결, 부산고등법원 2003. 10. 17. 선고 2003나6521,6538 판결

(3) 이전고시 이후

① 소송형태

이전고시가 있은 후에는, 종전의 무허가건물에 대한 사실상의 소유권은 소멸하고 분양받은 아파트에 대한 소유권만이 남게 되는 이전고시의 법적 성격에 비추어, 권리자로서는 바로 새로운 아파트에 대한 권리관계의 확인이나 등기의 말소 또는 이전등기에 관한 소송을 제기하여야 한다.[399)]

이전고시 이후 단계에서는 무허가건물의 소유권 확인, 조합원지위의 확인 또는 조합원명부의 명의변경의 소는 부적법하다.[400)]

② 등기명의인과 진정소유자가 다른 경우

재개발사업 시행자가 소유자를 오인하여 종전의 토지 또는 건축물의 소유자가 아닌 다른 사람에게 이전고시를 한 경우 그러한 이전고시가 있었다고 하여 그 다른 사람이 권리를 취득하게 되는 것은 아니며, 종전의 토지 또는 건축물의 진정한 소유자가 분양된 대지 또는 건축시설의 소유권을 취득하고 이를 행사할 수 있다.[401)]

- 분양된 대지 또는 건축시설이 조합명의로 보존등기된 후 수분양자 앞으로 소유권이전등기가 이루어진 경우 : 진정소유자는 등기명의자를 상대로 등기말소를 함과 동시에 조합을 상대로 진정한 등기명의의 회복을 원인으로 한 이전등기절차의 이행을 구함.
- 수분양자 앞으로 보전등기가 이루어진 경우 : 등기명의자를 상대로 하여 진정한 등기명의의 회복을 원인으로 한 이전등기절차의 이행을 구함(진정소유자의 권리가 지분에 불과할 경우 수분양자를 상대로 하여 지분등기의 말소를 명하는 판결을 받아 말소등기에 갈음하는 경정등기를 할 수 있을 것임).

---

399) 대법원 2003. 2. 14. 선고 2002다23451 판결
400) 대법원 2003. 2. 14. 선고 2002다23451 판결
401) 대법원 1995. 6. 30. 선고 95다10570 판결

③ 종전의 토지 또는 건축물에 대하여 소유권이전등기청구권을 가진 채 미등기 상태로 있는 경우

부동산을 매수하고도 사정에 의하여 아직 등기를 못한 경우에는 매수인은 분양받은 대지 또는 건축시설의 등기명의인을 상대로 하여 소유권이전등기절차의 이행을 구할 수 있다.

(4) 명의신탁관계의 종료

'부동산 실권리자명의 등기에 관한 법률' 제4조 제3항에 따르면 명의수탁자가 신탁부동산을 임의로 처분하거나 강제수용이나 공공용지 협의취득 등을 원인으로 제3취득자 명의로 이전등기가 마쳐진 경우, 특별한 사정이 없는 한 그 제3취득자는 유효하게 소유권을 취득한다.[402]

이 경우 명의신탁관계는 당사자의 의사표시 등을 기다릴 필요 없이 당연히 종료되었다고 볼 것이지, 주택재개발정비사업으로 인해 분양받게 될 대지 또는 건축시설물에 대해서도 명의신탁관계가 그대로 존속한다고 볼 수 없다.

원고와 피고 사이에 이 사건 구 주택에 관한 3자간 등기명의신탁약정이 있었음을 인정할 수 있고, 이후 재개발정비사업의 시행으로 피고가 사업시행자에게 제공한 이 사건 구 주택이 철거 · 멸실됨으로써 위 명의신탁관계는 종료되었다. 따라서 당사자 간 별도의 명시적 계약이나 묵시적 합의가 있었다는 등의 특별한 사정이 인정되지 않는 한 이 사건 아파트에 관하여 당연히 명의신탁관계가 발생하였다거나 존재하는 것으로 볼 수는 없다.[403]

402) 대법원 2011. 9. 8. 선고 2009다49193, 49209 판결
403) 대법원 2021. 7. 8. 선고 2021다209225, 209232 판결

4. 조합과 개인간의 분쟁

(1) 조합원의 지위를 다투는 소송

조합원지위확인소송이란 조합에 의하여 조합원의 지위를 부정당하고 있는 자가 조합을 상대로 자신이 조합원의 지위에 있음의 확인을 구하는 소송이다.

조합과 조합원에 대한 법률관계는 공법상의 권리의무 관계에 있고, 조합원의 자격 인정 여부에 관하여 다툼이 있는 경우에는 '공법상의 당사자소송'에 의하여 그 조합원 자격의 확인을 구하여야 한다.[404] 따라서 민사소송으로 '조합원지위확인' 내지 '수분양권확인'을 구해서는 아니된다.

재개발조합의 설립인가시 조합원이 확정되므로, 조합을 상대로 하는 조합원 지위 확인청구는 조합설립인가시부터 가능하다. 또한 관리처분계획은 이전고시가 이루어지기 전까지 변경될 수 있으므로, 관리처분계획이 확정되었다고 하여 조합원지위의 확인을 구할 소의 이익이 없어지지는 않는다.

조합원지위확인소송은 이전고시(분양처분)의 효력이 발생할 때까지 가능하고, 그 이후로는 손해배상소송만이 가능하다. .

(2) 관리처분계획의 취소(수분양권확인)

수분양권확인소송이란 조합원 등이 조합에 대하여 자신이 아파트 등을 분양받을 수 있는 권리가 있음을 확인을 구하는 소송이다.

재개발사업에 따른 아파트 분양권은 '부동산을 취득할 수 있는 권리'로, '관리처분계획의 인가, 고시가 있은 때' 비로소 이를 취득하는 것이다.[405] 신축건물에 대한 수분양권 범위에 관하여 다툼이 있는 경우 조합원은 관리처분계획(안)에 대한 총회의 의결을 기다려 그 결의 내용이 현저하게 불공정한 경우에 항고소송에 의하여 관리처분계획 또는 그 내용인 분양거부처분 등의 취소를 소구하여 승소판결을 받고 다시 공정한 내용의 총회의 결의를 받도록 유도함으로써 그 권리를 구제받을 수 있다.

---

404) 대법원 2019. 12. 13. 선고 2019두39277 판결, 대법원 1996. 2. 15. 선고 94다31235 전원합의체 판결

405) 대법원 1996. 8. 23. 선고 95누6618 판결

조합이 관리처분계획(안)에 의해 조합원의 수분양권에 관한 결의를 전혀 하지 아니하는 경우에는 정관이 정한 절차에 따라 총회를 소집하여 그 결의를 받는 방법 등으로 그 권리를 구제받을 수 있을 뿐이다.[406] 조합의 총회의 결의도 없이 각 조합원이 직접 조합을 상대로 스스로 공정하다고 주장하는 무상 수분양권 범위의 확인을 구할 수는 없다.[407]

다만 예외적으로 관리처분계획 내용상 분양대상자로 결정되었는데, 그 후 조합이 관리처분계획의 적법한 변경 없이 분양대상자로서의 지위 내지 분양평수에 관하여 다툴 경우에는 수분양권확인소송이 가능할 것이다.[408]

406) 대법원 1996. 2. 15. 선고 94다31235 전원합의체 판결, 대법원 1996. 3. 26. 선고 95다35579, 35586 판결, 대법원 1997. 11. 28. 선고 95다43594 판결

407) 대법원 1996. 2. 15. 선고 94다31235 전원합의체 판결, 대법원 1996. 3. 26. 선고 95다35579, 35586 판결, 대법원 2009. 2. 12. 선고 2006다53245 판결, 대법원 2019. 12. 13. 선고 2019두39277 판결

408) 서울고등법원 1998. 6. 11. 선고 97구34091 판결

제5절 조합임원

I. 조합임원 또는 전문조합관리인

1. 의의

민법상 법인의 기관은 '사원총회'(의사결정기관), '이사'(업무집행기관), '감사'(감독기관)의 3가지가 있다. 도시정비법상 조합은 의사결정기관으로서 총회와 대의원회를 두고 있으며, 정비사업의 원활한 추진을 도모하기 위해 총회의 권한 일부를 대의원회에 위임하고 있다. 조합은 업무집행기관으로서 조합장과 이사를, 감독기관으로서 감사를 두고 있다.

조합은 조합장 1인, 이사, 감사로 구성된 임원을 둔다(법 제41조 제1항). 조합임원은 조합의 의사결정, 업무집행 및 감독업무를 수행한다.

조합장은 대외적으로 조합을 대표하고(법 제42조 제1항), 대내적으로 업무를 집행하는 권한을 가진 조합의 필요적 상설기관이다. 조합장은 총회 또는 대의원회의 의장이 된다(법 제42조 제1항). 조합장이 대의원회의 의장이 되는 경우에는 대의원으로 본다(법 제42조 제2항).

민법상 사단법인은 이사도 대외적인 대표권을 가지나, 조합은 조합장만이 대외적인 대표권을 가지며, 이사는 대표권을 가지지 못한다.

이사는 조합장을 보좌하고, 이사회에 부의된 사항을 심의.의결하며, 조합의 사무를 분장하는 상설적 필요기관이다(업무집행기관).

2. 조합임원의 수

주식회사는 수인의 대표이사가 공동으로 회사를 대표하도록 정할 수 있으나, 조합은 조합장 1명만이 조합을 대표하도록 규정함으로써 공동 조합장 제도를 인정하고 있지 않다(법 제41조 제1항). 추진위원회도 1명의 위원장만이 추진위원회를 대표하도록 규정하고 있다(법 제33조 제1항).

이사는 원칙적으로 3명 이상어야 한다. 다만 토지등소유자가 100명을 초과하는 조합의 경우에는 5명 이상의 이사를 두어야 한다(시행령 제40조). 실무상 이사의 수를 '3인' 또는 '5인' 등 특정한 수로 규정하지 않고, 정관에서 '5인 이상 8인 이하'의 형식으로 규정하는 예도 있다.

감사의 수는 1명 이상 3명 이후로 한다.

3. 임원의 임기 및 연임

(1) 임원의 임기

조합임원의 임기는 3년 이하의 범위에서 정관으로 정한다(법 제41조 제4항).[1]

조합설립등기는 성립요건이고, 조합설립등기시에 법인격을 부여받게 되므로, 창립총회에서 선임된 임원의 임기 기산점은 조합설립등기시점이다.[2]

조합임원의 임기만료 이전 새로이 선임된 임원은 전임 임원의 임기만료시부터 임기가 기산된다. 만약 전임 임원이 임기만료된 후에 선임된 임원은 취임을 승낙한 때, 즉 총회일로부터 임기가 기산된다. 전임 임원의 사임 또는 해임등으로 인하여 새로이 선임된 임원은 선임된 때부터 임기가 시작된다.

도시정비법상 임원의 조합설립변경인가·신고는 공법상 관계에서만 문제될 뿐이고, 조합장으로 선임된 자는 조합과 조합원들 사이의 관계에서 시장·군

---

1) 부칙(2017. 2. 8.) 제33조 : 2016. 1. 19. 전에 조합임원을 선출(연임 포함함)한 경우에는 종전의 규정에 따름.
2) 서울동부지방법원 2011. 8. 26. 선고 2010가합4910 판결

수의 인가 여부와 관계없이 정당하게 조합을 대표할 권한이 있으므로, 임원은 조합설립변경인가·신고와 관계없이 임기가 기산된다.[3)]

조합과 같은 단체의 임원선출에 있어서 개표 후 당선공고나 발표가 있어야 비로소 당선의 효력이 생긴다는 명문의 규정이 없는 한, 개표가 완료되어 정관 등에서 정하고 있는 이상의 득표를 하였으면 당연히 그 후보가 임원으로 선출되는 것이라고 보아야 한다.[4)]

(2) 임원의 보궐선임

조합장이 임기중에 궐위된 경우 총회에서 조합장을 선임하여야 한다. 이사, 감사가 임기중에 궐위된 경우 대의원회에서 이사, 감사를 보궐선임할 수 있다.

대의원회의 이사 및 감를 보궐권한은 조합이 신속하고 효율적인 의사결정 및 비용절감 등을 위하여 원칙적으로 총회의 결의사항에 해당하는 것을 편의상 대의원회에 그 권한을 부여한 것이다.

보궐선임된 임원은 전임자의 잔임기간으로 한다.[5)] 보궐선임된 임원의 임기에 관하여 정관에서 별도로 정하지 않은 경우 총회에서 총회에서 보권선임 임원의 임기를 정할 수 있을 것이다.

대의원회에서 보궐선임된 임원의 임기는 잔여임기로 하나, 총회에서 선임된 임원의 임기는 선임일로부터 2년이라고 판시한 사례가 있다.[6)]

(3) 임원의 연임

조합 임원은 연임할 수 있다(법 제41조 제4항). 위 연임규정은 기존에 직무를 수행한 임원들에게 그 동안의 경험을 존중하고 업무수행의 연속성을 도모하기 위하여 예외적으로 타 후보와의 경쟁 없이 찬반투표만으로 조합임원으로 재선임될 수 있도록 한 것이다.

---

3) 서울고등법원 2011. 11. 10. 선고 2011누23865 판결
4) 대법원 1995. 4. 14. 선고 94다52225 판결
5) 서울시 재개발 표준정관 제15조 제4항 단서 : 보궐선임된 임원(조합장은 제외한다)의 임기는 그 선임된 날부터 전임자의 잔임기간으로 한다.
6) 서울동부지방법원 2015. 9. 18.자 2015카합625 결정

조합원들의 임원 선임권 내지 피선임권은 총회에서 임기가 만료된 임원을 연임하는 안건에 관하여 이를 부결하는 내용의 반대 결의가 이루어진 다음에 임원을 선임하는 결의를 하는 경우에 보장하면 충분하다.

임원의 연임하는 안건을 상정하는 때에는 새로운 입후보자가 등록하는 것이 아니므로 선거관리위원회 구성, 입후보자등록공고 등의 절차를 거칠 필요가 없다.[7)]

임원들의 임기가 만료된 이후에도 조합은 총회에서 연임결의를 할 수 있다.[8)]

이에 반해 "연임"의 사전적 의미는 '원래 정해진 임기를 다 마친 뒤에 다시 계속하여 그 직위에 머무름'으로, 임기를 마친 뒤에 연속하여 그 직을 유지하는 것을 의미하는바, 임기가 만료된 이사에게 이사의 지위가 당연히 인정되지 않으며, 임기 만료된 임원은 연임할 수 있는 임원의 지위에 있지 않으므로, 위 임원에 대한 연임 결의는 무효이다라고 판시한 사례가 있다.[9)]

총회결의시 투표용지 또는 서면결의서에서 '임원 개별로' 연임 여부에 대한 찬반의 의사표시를 하는 것이 아니라 임원들의 일괄 연임 여부에 대한 찬반의 의사표시를 하도록 정하였다면 조합원들의 의사가 왜곡될 가능성이 있고, 조합원들의 선거권을 중대하게 침해한 위법이 있다고 판시한 사례가 있다.[10)]

서울시 재개발 표준정관 제15조 제6항은 "조합은 안정적인 조합 운영 및 조합업무의 연속성 확보를 위하여 조합임원의 임기만료 전 새로운 임원의 선임 또는 연임 절차를 마쳐야 한다. 다만, 부득이한 사정으로 임기 만료 전 임원 선임 또는 연임 절차가 완료되지 않은 경우에 기존 조합임원은 그 후임자가 선임될 때까지 그 직무를 수행하여야 한다."라고 규정하고 있다.

---

7) 대법원 2010. 11. 11. 선고 2009다89337 판결
8) 의정부지방법원 2021. 2. 18.자 2021카합5059 결정
9) 광주고등법원 2020. 1. 22. 선고 2019나23632 판결
10) 서울남부지방법원 2024. 6. 21.자 2024카합20249 결정

4. 임원의 변경신고 등

(1) 임원의 변경신고

총회 또는 대의원회에서 선임된 조합임원 및 대의원의 변경은 경미한 변경사항에 해당하므로(시행령 제31조 제4호), 조합은 시장.군수에게 임원 및 대의원의 변경을 신고하여야 한다(법 제35조 제5항).

조합은 조합설립(변경)인가신청서에 총회 또는 대의원회의 회의록, 참석자 연명부, 선임된 자의 자격을 증명하는 서류를 첨부하여 임원 및 대의원의 변경신고를 하여야 한다(시행규칙 제8조 제2항).

(2) 임원의 변경등기

새로 선임된 임원은 시장.군수의 조합설립변경신고 및 법인의 임원변경등기를 하여야 대외적으로 효력이 발생한다.

임원변경이 있을 경우 3주간내에 변경등기를 하여야 하고, 등기할 사항으로 관청의 허가를 요하는 것은 그 허가서가 도착한 날로부터 등기의 기간을 기산하며, 이를 위반한 경우 이사는 500만원 이하의 과태료에 처한다(민법 제52조, 제53조, 제97조 제1호).

이사의 "성명과 주소"는 등기사항인바, 이사의 선임이나 해임, 퇴임이 있음에도 이를 등기하지 않은 때에는 제3자에게 대항할 수 없다(민법 제54조 제1항). 그 결과 그러한 등기가 있기 전에 전직이사가 한 직무행위에 관하여는 조합이 그 책임을 부담하게 된다.

법원이 임시총회의 개최를 금지한다는 가처분 결정을 하였음에도 불구하고 이를 위배하여 개최된 임시총회의 결의는 무효이다. 따라서 등기공무원은 법인변경등기신청을 각하하여야 한다.[11]

(3) 임원의 선임과 공증

조합이 등기소에 임원선임 변경에 관한 등기를 신청할 경우 조합은 총회의 의사록을 첨부하여야 하고, 이때 위 총회 의사록은 공증인법 제66조의2에 의

11) 서울지방법원 북부지원 2002. 11. 8. 자 2002비단5 결정

거 공증인의 인증을 받아야 한다.

공증인은 그 총회등의 결의절차와 내용이 진실에 부합하는가 여부를 확인하여야 하며, 이때 진실부합여부 확인방법으로 ① 공증인이 당해 법인의 의결장소에 참석하여 결의절차와 내용을 검사하거나 ② 당해 의결을 한 자 중 그 의결에 필요한 정족수이상의 자 또는 ③ 그 대리인의 촉탁을 받아 그 촉탁인으로부터 의사록의 내용이 진실에 부합하는가 여부에 관하여 진술을 듣고 촉탁인으로 하여금 공증인의 앞에서 의사록의 서명 또는 기명날인을 확인하게 한 후 그 사실을 기재한다(공증인법 제66조의2).

②의 방법 및 ③의 방법은 본인들이 직접 공증사무실에 출석하거나, 위임장에 인감증명서를 첨부하는 방법으로서, 그 절차가 매우 복잡하므로, 공증사무실의 공증담당 변호사가 창립총회에 참석하여 결의절차와 내용을 검사하는 ①의 방법을 실무상 많이 이용하고 있다.

5. 전문조합관리인

현행 도시정비법은 조합임원의 업무를 대행할 수 있는 전문조합관리인제도를 운영하고 있다(법 제41조 제5항 단서).[12] 전문조합관리인 제도의 취지는 장기간 임원이 선임되지 않음으로 인한 재개발·재건축사업의 지연을 방지하기 위함이다.

시장·군수등은 다음의 사유가 있을 때 전문조합관리인을 선정할 수 있다(법 제41조 제5항).

① 조합임원이 사임, 해임, 임기만료, 그 밖에 불가피한 사유 등으로 직무를 수행할 수 없는 때부터 6개월 이상 선임되지 아니한 경우

② 총회에서 조합원 과반수의 출석과 출석 조합원 과반수의 동의로 전문조합관리인의 선정을 요청하는 경우

시장·군수등은 전문조합관리인의 선정이 필요하다고 인정하거나 조합원 3분의 1 이상이 전문조합관리인의 선정을 요청하면 공개모집을 통하여 전문조

12) 2016. 1. 27. 도시정비법 개정시 도입되었음.

합관리인을 선정할 수 있다. 이 경우 시장·군수등은 조합의 의견을 들어야 한다(시행령 제41조 제2항).

전문조합관리인은 변호사·회계사·기술사 등 일정요건을 갖추어야 한다. 전문조합관리인은 선임 후 6개월 이내에 도시 및 주택 정비사업에 관한 교육을 60시간 이상 받아야 한다. 전문조합관리인의 임기는 3년으로 한다(시행령 제41조 제3항, 제4항).

총회에서 조합원 과반수의 출석과 출석 조합원 과반수의 동의로 전문조합관리인의 선정을 요청하고, 이에 시장·군수등이 전문조합관리인을 선정한 경우 전문조합관리인이 업무를 대행할 임원은 당연 퇴임한다(법 제43조 제5항).

Ⅱ. 임원의 자격제한 및 결격사유

1. 임원의 자격 일반

(1) 조합원

조합임원의 자격은 조합원이어야 한다(법 제41조 제1항).

재개발 정비구역에 위치한 건축물 또는 토지를 소유한 자는 토지등소유자에 해당하고, 재개발조합이 인가된 경우 재개발사업에 동의하지 않은 토지등소유자도 조합원으로 강제가입되는바, 미동의자도 재개발조합의 임원 피선임자격을 가진다.

이에 반해 재건축 정비구역에 위치한 건축물과 그 부속토지를 소유한 자중 조합설립에 동의한 자만이 재건축조합의 조합원이 되는바, 조합설립에 동의한 자만이 재건축조합의 임원 피선임자격을 가진다.

분양계약체결기간내 분양계약을 체결하지 않은 자는 분양계약체결기간 만료일 다음날 조합원 자격을 상실하므로, 임원의 자격도 상실한다. 분양계약체결기간 이후에 분양계약을 체결하였다 해도 총회의 의결에 따라 조합원 지위를 회복하지 않는 한 임원의 자격이 없다.[13]

법인의 대리인은 조합의 임원 또는 대의원으로 선임될 수 있다(법 제45조 제5항 제3호).[14] 비법인 사단인 교회의 경우 교회의 대리인이 임원으로 선임될 수 없다고 판시한 사례도 있다.

신규 부동산에 대한 임원 명의 소유권이전등기와 종전 부동산에 대한 제3자의 소유권이전등기가 같은 날 이루어진 경우 해당 임원이 일시적으로 2개의 부동산을 소유하게 되는 현상이 발생한다 하더라도 도시정비법 제39조 제1항 제3호가 적용되지 않는다. 즉 이 경우 임원과 제3자는 1명의로 간주되지 않고, 대표조합원을 선임하지 않아도 된다.

---

13) 서울중앙지방법원 2023. 5. 18.자 2023카합20259 결정
14) 대법원 2001. 1. 16. 선고 2000다45020호 판결

(2) 공유인 경우

공유자는 대표조합원 선임절차를 거쳐야 조합원으로서의 법률행위를 할 수 있는바, 대표조합원으로 선임되지 않은 자는 임원의 피선임권도 행사할 수 없다.[15]

하나의 건축물 또는 토지의 소유권을 다른 사람과 공유한 경우에는 가장 많은 지분을 소유한 사람만이 임원의 자격을 가진다. 2인 이상의 공유자가 가장 많은 지분을 소유한 경우도 가장 많은 지분 소유에 포함된다(법 제41조 제1항).

부부가 1개의 부동산을 1/2씩 각각 공유하는 경우 지분 변경 없이 공유자 중 조합원인 한명은 임원의 자격이 있다.[16]

(3) 대표조합원 변경과 조합임원 유지

조합장 및 이사는 조합원들이 부여한 신임에 의하여 그 지위가 인정되는바, 조합원의 신임은 이사로 선임될 당시의 당해 조합원의 지위에 기초하는 것이다.

신임의 기초가 되는 조합원의 지위에 사정변경이 발생하여 이사인 조합원에게 부여되었던 조합원들의 신임이 더 이상 유지되고 있다고 보기 어렵게 된 경우는 다시 이사로 선임되거나 이사에 대한 재신임 결의가 없는 이상 기존 이사의 지위가 계속하여 유지된다고 보기 어렵다.

공유자중 대표조합원이 임원으로 선정된 후 공유자 일부가 변경되었으나, 대표조합원이 선정되지 못하였다면 위 임원의 지위가 유지될 수 없다.

---

15) 광주고등법원 2020. 1. 22. 선고 2019나23632 판결
16) 서울서부지방법원 2024. 6. 11.자 2024카합50241 결정

2. 임원의 자격제한

(1) 조합 임원의 자격제한

조합 임원의 자격은 다음과 같다(법 제41조 제1항).

① 정비구역에 위치한 건축물 또는 토지를 5년 이상 소유할 것

② 정비구역에서 거주(영업)하고 있는 자로서 선임일 직전 3년 동안 정비구역에서 1년 이상 거주(영업)할 것

임원의 피선임자격중 ①항의 '소유'는 임원 후보자의 소유기간을 의미하고, 소유자 외에 소유자와 동일한 세대를 이뤄 같은 이해관계를 가지는 자인 배우자의 소유기간은 포함되지 않는다.[17)]

'거주기간' 요건은 것은 정비구역내 거주자라면 해당 지역의 현황을 누구보다도 잘 알고 있을 뿐만 아니라 열심히 일할 것이라는 점을 고려한 것이다.

조합장의 자격은 선임일로부터 관리처분계획인가를 받을 때까지 정비구역에서 거주(영업)하여야 하는바, 조합장은 선임일 당시 정비구역내 거주요건을 충족하여야 한다.

조합장을 제외한 다른 임원도 선임일 당시 정비구역내에서 거주중이어야 한다.[18)]

피선출일 현재 사업시행구역 안에서 3년 이내에 거주한 기간의 합이 1년 이상이면 임원 자격을 갖춘 것으로 본다.[19)] 위 '거주기간'는 임원후보자 본인의 거주기간의 의미하고, 배우자 또는 직계존비속의 거주기간은 제외된다.

거주는 일정한 곳에 생활의 근거를 두고 머물러 사는 것을 의미한다. 정비구역내 전입신고 뿐만 아니라 수도, 전기, 가스 사용량 등에 의해 실제 거주사실이 입증되어야 할 것이다.

조합장의 해당 정비구역 내 거주의무를 '해당 정비구역을 유일하고도 단일한 주소지로 하여 거주할 것'으로 해석되지 않는다. 조합장이 정비구역 내에 생활의 근거가 되는 곳을 두고 거주하여 왔다면 그 외에 다른 곳에도 주소를

---

17) 서울중앙지방법원 2022. 1. 13. 선고 2020가합607612 판결, 법제처 2022. 6. 2. 회신 22-0161호 사례

18) 서울고등법원 2022. 5. 26. 선고 2022나2005329 판결

19) 서울중앙지방법원 2012. 1. 12. 선고 2011가합72436 판결

두고 있더라도 도시정비법 제41조 제1항의 자격요건을 갖춘 것으로 인정된다.[20]

조합장이 정비구역내에서만 거주하지 않고 다른 곳에 주소지를 두고 있더라도 정비구역 내 마련된 주소지에서 어느 정도 거주하면서 조합업무를 수행하였다면 계속 거주요건을 충족한 것으로 본다.[21] 그러나 조합장이 전입신고만 마쳤을 뿐 실제로 정비구역내에서 거주하지 않았다면 계속 요건을 충족하지 못해 당연 퇴임된다.[22]

임원의 피선임자격중 ②항의 요건에 거주(영업)기간 이외 '소유' 기간을 규정하고 있지 않으므로, 임원 후보자는 거주(영업)기간을 충족한 후 임원 후보 등록일까지 정비구역내 부동산을 취득하면 될 뿐 소유기간과는 무관하다.

임원 후보가 정비구역내 갑 부동산을 소유하면서 같은 정비구역내 을 부동산에서 거주 또는 영업을 하고, 선임일 직전 3년 이내 1년 이상 거주 또는 영업을 하였다면 임원의 자격요건을 충족한다. 즉 동일한 부동산에서 소유 및 거주(영업)를 요하지 않는다.

(2) 정관에 의한 임원의 자격제한 추가

조합임원의 선출방법은 정관으로 정하여야 하는바(법 제41조 제5항), 조합임원의 선출방법에는 선출을 위한 기준이나 요건으로서의 '자격요건'도 포함된다. 조합임원의 결격사유도 조합임원의 자격요건에 해당하므로, 조합은 정관에서 조합임원의 결격사유를 추가로 규정할 수 있다.[23]

조합원들이 의사형성의 과정을 거쳐 도시정비법과 조합의 목적에 반하지 않는 범위 내에서 조합임원의 자격요건을 제한하는 규정을 의결하였고 그러한 규정이 합리적인 제한의 범위 내에 있다면, 그러한 경우에는 도시정비법상의 조합임원 자격요건을 강화함으로써 조합임원의 피선임권을 일정 부분 제한하는 것도 허용된다.[24]

---

20) 대전지방법원 2025. 1. 23. 선고 2024가합200360 판결
21) 창원지방법원 마산지원 2021. 7. 7. 선고 2020가합101447 판결 : 수도, 전기사용량 등을 통해 정비구역내 거주사실이 입증된 사안임.
22) 서울남부지방법원 2022. 7. 13.자 2022카합20212 결정
23) 법제처 2016. 11. 7. 16-0394 해설례
24) 서울서부지방법원 2009. 11. 11. 선고 2009가합4848 판결, 서울행정법원 2010. 5.

원칙적으로 해임된 임원도 차기 임원 선출을 위한 총회에서 임원 입후보 자격을 가진다.[25] 다만 정관을 개정하여 해임된 임원에 대하여 임원 입후보자격을 제한하는 규정을 신설할 수 있다.

"정비사업 목적의 다른 조합의 조합장 또는 정비사업전문관리업의 대표직을 역임한 적이 있는 조합원은 조합장으로 입후보할 수 없다."는 정관 규정도 가능하다.

재개발조합의 임원 입후보자 자격을 조합설립에 동의한 조합원으로 제한할 정관 등의 규정은 조합원들에게 평등하게 부여되어야 할 피선거권을 합리적 사유없이 제한한 것이어서 무효이다.[26]

(3) 후보자추천인 제도

실무상 후보자의 난립을 저지함으로써, 선거관리의 효율성을 꾀하고 조합업무의 민주성과 능률성을 도모하기 위하여 일정한 수의 추천인을 받은 자에 한하여 조합임원의 후보자격을 인정하고 있다.

서울특별시 정비사업 표준선거관리규정(서울특별시 고시 제2017-243호, 2017. 7. 6.)의 별표 선거관리규정 제24조에서 후보자추천제도를 규정하고 있다.

조합임원의 선임에 관한 사항은 원칙적으로 총회의 의결사항인바, 조합 임원 입후보 등록시 일정 수 이상의 추천인을 요하는 요건은 조합원들의 피선임권과 동시에 선임권을 제한하는 내용으로서 조합임원의 선임에 관한 사항에 해당한다. 따라서 후보자 추천제도는 조합 정관의 내용에 포함하거나 선거관리규정을 정하여 총회의 의결을 한 경우에만 유효하다.[27]

재개발조합의 선거관리규정에 조합임원 후보자에 대한 추천권을 조합설립에 동의한 토지등소유자에게만 부여한 것은 토지등소유자들에게 평등하게 부여되어야 할 조합임원 선출권을 합리적 사유 없이 제한하는 것이어서 무효이다.[28]

---

27. 선고 2010구합1514 판결

25) 부산고등법원(창원) 2018. 2. 21. 자 2018라10009 결정

26) 대법원 2018. 6. 15. 선고 2018다212498 판결

27) 서울서부지방법원 2008. 7. 18. 선고 2008가합283 판결(항소취하 확정), 서울남부지방법원 2010. 3. 26. 선고 2008가합22093 판결(대법원 확정)

28) 대법원 2011. 4. 28. 선고 2010다106269 판결

다만, 재건축조합의 경우 후보추천권을 동의한 자로 제한할 수 있을 것이다.

후보자의 난립을 방지하기 위해 임원의 후보자에게 총 조합원 10% 미만의 추천을 받도록 하는 것은 합리적인 제한이라고 볼 수 있으나,[29] 총 조합원 10% 이상의 추천을 받도록 하는 것은 조합원의 피선임권을 과도하게 제한하는 것이다.[30]

3. 조합임원의 결격사유

(1) 조합임원의 결격사유

조합의 임원은 조합을 대표하면서 막대한 사업자금의 운영 및 조합원의 부담이 되는 계약을 체결하는 등 권한이 주어져 있다. 임원의 결격사유는 조합임원의 자격을 제한하여 사전에 전과자 등 불건전한 세력의 개입을 차단하여 조합이 건전하게 운영될 수 있도록 하기 위한 제도이다.

도시정비법에 정한 임원의 결격사유는 다음과 같다(법 제43조 제1항).

① 미성년자・피성년후견인 또는 피한정후견인

② 파산선고를 받고 복권되지 아니한 자

③ 금고 이상의 실형을 선고받고 그 집행이 종료(종료된 것으로 보는 경우를 포함함)되거나 집행이 면제된 날부터 2년이 경과되지 아니한 자

④ 금고 이상의 형의 집행유예를 받고 그 유예기간 중에 있는 자

⑤ 도시정비법을 위반하여 벌금 100만원 이상의 형을 선고받고 10년이 지나지 아니한 자

⑥ 조합설립 인가권자에 해당하는 지방자치단체의 장, 지방의회의원 또는 그 배우자 · 직계존속 · 직계비속

자격상실 내지 자격정지의 형을 받은 자는 조합임원이 될 수 없다(형법 제43조).

금고이상의 실형은 모든 형사사건을 의미하며, 직무위배행위로 인한 형사사

---

29) 대법원 1992. 3. 31. 선고 91다14413 판결

30) 대법원 2011. 4. 28. 선고 2010다106269 판결

건에 국한되지 않는다. 실형의 선고는 형사사건의 확정판결이 있었을 때를 의미하므로[31], 1심에서 실형이 선고된 후 항소하여 아직 판결이 확정되지 않았다면 1심의 실형 선고만으로는 결격사유에 해당된다고 볼 수 없다. 금고이상의 실형이어야 하므로, 벌금형의 선고는 결격사유에 해당되지 않는다.

조합은 선량한 풍속 기타 사회질서에 위반되는 등 사회관념상 현저히 타당성을 잃은 것이 아닌 한 정관으로 임원의 결격사유를 추가할 수 있다.[32]

(2) 다른 조합의 임원 겸직 여부

조합임원은 같은 목적의 정비사업을 하는 다른 조합의 임원 또는 직원을 겸할 수 없다(법 제42조 제4항).

서울시 재개발 표준정관 제16조 제12항에 의하면 "조합임원은 법 제42조 제4항에 따라 같은 목적의 정비사업을 시행하는 다른 조합·추진위원회의 임원 또는 직원을 겸할 수 없으며, 사업과 관련된 시공자·설계자·정비사업전문관리업자 등 관련단체의 임원·위원 또는 직원을 겸할 수 없다." 라고 규정하고 있다.[33]

임원의 겸직금지는 다수의 이해관계자가 얽혀있는 재개발조합의 특성, 조합 운영의 실무를 담당하는 임원들이 조합원 전체의 이익을 위해 맡은바 임무를 충실히 수행할 수 있도록 하고, 동일한 사업 목적을 가지는 다른 조합의 사무를 처리하는 과정에서 발생할 수 있는 이익충돌 상황을 회피함으로써 조합원의 이익을 보호하기 위함이다.

임원의 겸직금지조항을 조합임원의 결격사유로 보는 견해[34]가 있다. 이 경우 후보자는 후보자 등록 전까지 다른 조합의 임원 또는 직원에서 사임 또는 사퇴해야만 피선거권을 가진다.

갑이 다른 조합의 이사 지위를 사임의 사유로 상실한 다음에 당해 조합의 조합장 지위를 취득하였다면 위 갑은 두 조합의 임원 지위에 동시에 있었던

---

31) 대법원 2007. 6. 14. 선고 2005다57684 판결
32) 수원지방법원 안양지원 2010. 10. 22.자 2010카합139 결정
33) 부산지방법원 동부지원 2021. 3. 31.자 2020카합100575 결정
34) 서울특별시 정비사업 표준선거관리규정 제6조 제2항 제7호에서 다른 조합 등을 겸직한 자에 대해 피선거권이 제한됨.

적은 없으므로 겸직금지의무를 위반한 것으로 볼 수 없다.[35)]

임원이 임기중 다른 조합의 임원으로 재직하는 경우 조합은 대의원회의 의결에 따라 해당 임원의 직무를 정지시키고, 새로이 임원을 선출하여야 한다.

표준정관 제16조 제8항의 '시공자'는 경쟁입찰이나 수의계약으로 조합의 협력업체 지위에 있는 건설사를 의미하는바, 조합과 계약관계가 없는 일반 건설회사의 임원은 조합임원 입후보자격의 제한을 받지 않는다. [36)]

4. 조합임원의 당연 퇴임사유

조합임원의 당연 퇴임사유는 다음과 같다(법 제43조 제2항).

① 조합임원이 도시정비법 제43조 제1항 각호의 결격사유에 해당하게 되거나 선임당시 그에 해당하는 자이었음이 밝혀진 경우

② 조합임원이 도시정비법 제41조 제1항의 자격요건을 갖추지 못한 경우

총회에서 조합원 과반수 출석과 출석 조합원 과반수의 동의로 전문조합관리인의 선정을 요청하는 경우 시장·군수등은 전문조합관리인을 선정할 수 있다(법 제41조 제5항 제2호). 이 경우 전문조합관리인이 업무를 대행할 임원은 당연 퇴임한다(제43조 제5항).

업무의 영속성과 법적 안정성을 위하여 퇴임된 임원이 퇴임전에 관여한 행위에 관하여는 퇴임 임원이 한 행위라고 하더라도 그 효력을 잃지 아니한다(법 제43조 제3항). 그러나 퇴임전에 행위가 도시정비법이나 기타 관련법령에 의하여 허용될 수 없는 것일 경우에는 그에 따라 그 효력을 잃는다.

35) 서울서부지방법원 2019. 2. 21. 선고 2018가합38355 판결
36) 서울서부지방법원 2024. 6. 11.자 2024카합50241 결정

Ⅲ. 조합임원의 선임

1. 선임기관 등

(1) 임원의 선임기관

조합임원의 선임 및 해임은 총회의 의결을 거쳐야 하므로(법 제45조 제1항 제7호), 조합임원의 선출기관은 원칙적으로 총회라 할 것이다. 조합장의 보궐선임은 대의원회가 대행할 수 없으므로, 조합장의 보궐선임기관은 총회이다.

임기중 궐위된 이사, 감사의 보궐선임은 대의원회가 대행할 수 있으므로(시행령 제43조 제6호), 이사, 감사의 보궐선임기관은 대의원회이다.

조합임원의 선임(보궐선임 제외)은 총회의 고유한 권한이다. 만약 정관에 대의원회에서 조합임원의 선임을 한다고 규정하고 있더라도, 위 정관의 규정은 도시정비법을 위배하는 것으로서 무효이다. 정관이나 총회의 결의에 의하여도 조합임원의 선임을 타에 위임할 수 없다. 또 이사의 후보를 특정 조합원이 지명하는 자로 제한하는 것과 같이 이사선임을 특정인의 의사에 연계시키는 것도 허용될 수 없다.[37)]

(2) 임원선임을 위한 총회 소집권자

조합장은 직권으로 조합임원을 선임하기 위한 총회를 소집할 수 있다. 조합원 5분의 1 이상 또는 대의원 3분의 2 이상의 총회 소집요구가 있을 경우 조합장이 총회를 소집한다(법 제44조 제2항).

조합장 또는 감사가 2월 이내 총회를 소집하지 아니하는 경우 소집을 요구한 자의 대표자가 구청장의 승인을 얻어 이를 소집한다(서울시 재개발 표준정관 제20조 제5항). 이 경우 구청장의 승인이 필요하다.

선거관리위원회는 조합 임원 선임 총회에서 선거 업무를 수행하고 기존 집행부로부터 독립된 기관으로서 선임 총회의 진행 업무에 관한 권한을 가진다.

37) 대법원 2009. 3. 12. 선고 2008도10826 판결

그러나 총회의 소집권한은 조합장에게 전속되고, 선거관리위원장은 임원 선임을 위한 총회의 소집권한이 없다.[38]

(3) 임원 전원 해임된 경우 총회 소집

조합장을 포함한 임원 전원이 해임된 경우 조합원은 법원에 임시조합장의 선임을 청구할 수 있고, 조합원 5분의 1 이상은 법원에 의하여 선임된 임시조합장을 상대로 임시총회의 소집을 청구할 수 있다.[39]

이에 반해 조합장과 감사가 없는 경우 소집을 청구한 사람의 대표가 바로 구청장을 승인을 얻어 총회를 소집할 수 있다고 해석한 사례도 있다.[40]

서울시 재개발 표준정관 제16조 제9항은 “조합장의 직무를 대행할 조합임원이 사임·해임·당연퇴임 등으로 부재한 경우에는 조합원 5분의 1 이상의 요구로 법원의 허가를 얻어 조합장 및 조합임원 선임을 위한 총회를 소집할 수 있다. 이 경우에는 요구자 대표로 선출된 자가 총회의 소집 및 진행에 있어 조합장의 권한을 대행한다.” 라고 규정하고 있다.

(4) 임원선임시 금품수수 금지

누구든지 추진위원, 조합임원의 선임과 관련하여 다음의 행위를 하여서는 아니 된다(법 제132조 제1항).[41]

① 금품, 향응 또는 그 밖의 재산상 이익을 제공하거나 제공의사를 표시하거나 제공을 약속하는 행위

② 금품, 향응 또는 그 밖의 재산상 이익을 제공받거나 제공의사 표시를 승낙하는 행위

③ 제3자를 통하여 ① 또는 ②에 해당하는 행위를 하는 행위

---

38) 서울서부지방법원 2021. 10. 7.자 2021카합50583 결정

39) 인천지방법원 2023. 8. 25.자 2023카합10294 결정

40) 서울고등법원 2023. 8. 22.자 2023라20932 결정

41) 이를 위반한 자는 5년 이하의 징역 또는 5천만원 이하의 벌금에 처함(법 제135조 제2호).

2. 선거관리규정 등

(1) 선거관리규정의 제정

도시정비법 또는 하위규정에서 조합임원의 선출을 위한 선거관리규정에 관한 규정을 두고 있지 않다.

서울시는 '서울특별시 정비사업 표준선거관리규정(서울특별시 고시 제2017-243호, 2017. 7. 6.)'을 제정하여 운영하고 있다.

조합은 그 내부 운영에 있어서 조합 정관 및 다수결에 의한 자치가 보장되고, 조합이 자체적으로 마련한 선거관리규정은 조합 민주주의를 실현하기 위한 강행법규에 적합한 범위 내에서는 일종의 자치적 법규범으로서 국가법질서 내에서 법적 효력을 가진다.[42]

정관의 규정이 조합원의 권리를 과도하게 침해 내지 제한하거나 소수 조합원의 권리를 해할 우려가 있는 정도에 이른 경우 해당 규정은 무효이다.[43]

(2) 선거관리위원회의 구성 및 운영

조합은 임원의 임기만료 60일전까지 조합 선거관리위원회 구성을 위해 선거관리위원 후보자 등록을 조합 홈페이지에 공고하고, 대의원회에서 후보자를 등록받아 대의원회 의결을 통해 선거관리위원을 선임한다. 선거관리위원회는 5인 이상 9인 이내의 선관위원으로 구성한다. 선거관리위원의 임기는 당선자 공고와 동시에 종료된다.

선거관리원장은 조합 선거관리위원회를 대표하고, 총회 등의 임시 의장이 된다. 선거관리위원회는 ① 선거관리계획의 수립, ② 선거인 명부 작성, ③ 후보자 등록 접수·자격심사 및 확정공고, ④ 투표용지 작성, ⑤ 투표 및 개표 관리, ⑥ 투표지의 유·무효 심사, ⑦ 당선자 공고, ⑧ 선거 위반사항에 대한 조사, 심사 등의 업무를 수행한다.

조합 또는 조합과 계약된 모든 업체는 선거와 관련된 업무를 할 수 없다. 다만 선거에 미치는 영향이 없다고 인정되는 범위 안에서 조합 선거관리위원

---

42) 대법원 2009. 3. 26. 선고 2008도10138 판결
43) 대법원 2011. 4. 28. 선고 2010다106269 판결

회 요청에 따라 대의원회 의결을 거친 사항에 한하여 사무국 및 정비업체 등에 업무 지원을 요청할 수 있다(OS 홍보요원 등 불공정한 개입 불허).

재개발설립에 동의하지 않은 조합원은 사업자체를 반대하거나 조합의 운영에 무관심한 경우가 많으므로, 선거관리위원회를 구성함에 있어 조합설립에 동의한 자로 제한한는 것은 적법하다.

(3) 선거관리위원회 구성의 하자

선거관리위원회의 임기는 당해 선거업무가 끝남과 동시에 종료되는바, 조합이 대의원회에서 새로운 선거관리위원회를 구성하지 않고, 임기가 만료된 선거관리위원들로 구성된 선거관리위원회로 하여금 선거업무를 수행토록 한 경우 선거관리위원회 구성의 하자 및 임원선임총회의 하자가 된다.[44]

대의원회 최소 정족수를 충족하지 못한 대의원회에서 선거관리위원을 선출하였고, 위 선거관리위원이 선거를 집행하고 관리하였다 하더라도 조합원들의 임원 선출에 관한 자유로운 판단에 의한 투표가 방해되지 않았다면 해당 임원 선출을 위한 총회결의는 유효하다.[45]

장기간 임원선출이 지연되고, 대의원회가 소집이 되지 않아 선거관리위원회가 구성되지 못하며, 현 집행부가 고의적으로 선거관리위원회의 구성을 방해하는 경우 조합원 5분의 1 이상의 발의에 의한 총회에서 임의로 구성된 선거관리위원회에 의해 임원선출결의가 있었다면 위 총회의 결의는 유효하다.[46]

(4) 입후보 등록사항의 고지

서울시 재개발 표준정관 제8조에서 임원 피선임권과 같은 조합원의 권리에 관한 사항은 조합원들에게 등기우편으로 개별적으로 고지하고, 만약 등기우편이 반송되는 경우에는 일반우편으로 추가 발송한다. 그 외에도 조합은 조합원들이 쉽게 접할 수 있는 장소의 게시판에 14일 이상 공고하여야 한다.

인터넷 홈페이지 또는 카페에 게시하도록 한 취지는, 임원 피선임권이 조합원의 중요한 권리 중의 하나이므로 개개 조합원들에게 이에 관한 정보를 제공

44) 대법원 2014. 12. 11. 선고 2013다204690 판결
45) 서울고등법원 2017. 5. 18. 선고 2016나2084598 판결
46) 부산지방법원 2007. 7. 26.자 2007카합491 결정

받을 기회를 가능한 한 확실히 보장하기 위한 것이다.

임원 입후보자 등록공고시 조합원들에게 등기우편으로 개별 고지까지 하여야 한다는 견해[47]와 홈페이지 공고 이외 개별 고지는 필요하지 않다는 견해[48]가 있다.

후보자등록시 조합원 추천을 요하는 경우 후보자가 입후보 자격 요건을 구비하기 위하여 상당한 시간이 소요되기 때문에 입후보등록기간은 공고일 이후 7일이 경과한 날부터 기산하여 5일 이상으로 정하는 것이 타당하다.[49]

후보자 등록기간을 7일로 정한 것은 조합임원 및 대의원 입후보를 원하는 토지등 소유자들이 후보자 등록을 준비할 충분한 시간을 갖지 못하게 하여 사실상 피선출권을 제한한 것이라고 판시한 사례가 있다.[50]

(5) 선거관리위원회의 선거진행 관련 결정

① 선거관리위원회의 해석 내용이 선거의 기본원칙 및 정의의 관념에 부합할 뿐만 아니라 ② 해석의 대상이 된 당해 규정의 문자적 의미에 명백히 반하지 아니하며, ③ 그 해석에 따른 무효사유를 투표 실시 전에 조합원들에게 주지시켰다면 선거관리위원회는 사전에 정한 해석 내용에 따라 투표의 유효 여부를 판정할 수 있다.[51]

총회에서 선출된 임원에게 정관 또는 선거관리규정에서 정한 당선취소사유가 존재할 경우 선거관리위원회는 선거관리규정의 절차와 방법에 따라 당선취소결정을 할 수 있는바, 특별한 사정이 없는 한 법원은 위 선거관리위원회의 결정 및 유권해석을 존중하여야 한다.

선거관리위원회의 임원 당선자 취소결정이 정관 또는 선거관리규정이 정한 절차와 방법에 따라 이루어지지 않았다거나 선거관리위원회가 당선자 취소결정을 할 권한이나 근거 없이 취소결정을 한 경우라면, 법원은 선거관리위원회의 취소결정에 불구하고 총회 결의의 효력이나 당선의 취소 여부를 판단할 수

47) 수원지방법원 안양지원 2021. 6. 18.자 2021카합10070 결정
48) 서울서부지방법원 2019. 12. 5. 선고 2019가합34534 판결
49) 서울특별시 정비사업 표준선거관리규정 제23조 제1항은 후보자등록 기간을 후보자등록 공고일 다음날부터 5일 이상(공휴일 제외)으로 하고 있음.
50) 서울남부지방법원 2010. 3. 26. 선고 2008가합22093 판결
51) 대법원 1998. 2. 27. 선고 97다43567 판결

있다.[52)]

선거관리규정에서 '후보자 당선무효는 5일 이하의 기간내에 조합 선관위의 의결을 통하여 결정한다.' 고 규정되어 있는 경우 선거관리위원회는 당선공고일로부터 5일 이내에만 당선무효를 결정할 수 있다.[53)]

3. 임원의 선출방법

(1) 의안으로서의 임원 선출

하나의 직에 정원이 1명일 경우(예 : 조합장)도 있고, 정원이 여러 명일 경우(예 : 감사, 이사)도 있다. 1명일 경우에 그 1명을 선출하는 것이 하나의 의안이다. 여러 명일 경우에도 그 중 1명씩 선출하는 것이 각각 하나의 의안이다. 주식회사 또는 조합은 정원이 여러 명일 경우 원만하고 신속한 처리를 위하여 일거에 여러 명을 선출하고 있다. 이것은 의안의 병합이라 한다.

(2) 조합장과 같이 정원이 1명인 경우

조합장과 같이 정원이 1명일 경우에 1명의 후보만이 등록하였다면 그 1명을 단일후보 가부표결에 부쳐 그 선임 여부를 결정한다. 단일후보 가부표결이란 단일후보를 대상으로 가부표결(찬반표결)로 회의체의 의사를 결정하는 것을 말하며, 가부표결을 거수 또는 기립에 의할 때에 진행순서는 먼저 찬성을 물은 다음 반대를 묻는 순으로 한다.

후보자가 여러 명일 경우 그 여러 명을 놓고 복수후보 택일표결로 그 중 1명의 조합장을 선출한다. 택일표결은 대부분 투표지에 의한 표결에 의하며, 표결시에 각 조합원은 복수후보 중 한 사람에게 찬성표를 던진다.[54)]

정관에서 조합장의 선임을 출석 조합원의 다득표로 정한 경우 후보자중 다득표를 얻은 자를 조합장으로 선출하게 된다.

---

52) 서울중앙지방법원 2012. 1. 12. 선고 2011가합72436 판결
53) 서울중앙지방법원 2023. 4. 6.자 2023카합20189 결정
54) 서울특별시 정비사업 표준선거관리규정 제34조 : 선거는 기표방법으로 하며, 무기명 비밀투표로 함.

만약 정관에서 조합장의 선임을 출석 조합원 과반수 동의로 정한 경우 후보자중 출석 조합원의 과반수 동의를 얻은 자를 조합장으로 선출하되[55], 1차 표결에서 어느 한 사람도 참석 조합원의 과반수 찬성을 얻지 못한 경우 상위 2명을 놓고 결선투표에 부쳐 그 중 한 사람을 선출한다.[56]

결선투표 당시 총 투표자의 과반수 또는 결의 당시 회의장에 남아 있던 조합원의 과반수(무효 또는 기권표 포함)[57]의 동의를 받은 후보자를 당선자로 인정되며, 무효표 또는 기권표를 제외한 총 유효 투표수의 과반수를 득표한 후보자를 당선자로 해서는 아니된다.[58]

(3) 감사 또는 이사와 같이 정원이 여러 명인 경우

여러 명의 임원을 동시에 선임할 경우 일괄기입투표제(一括記入投票制)에 의하여 정수의 임원을 선출한다. 일괄기입투표제란 조합이 5명의 이사를 선출할 경우에 조합원들에게 5명의 후보자를 투표지에 기입하도록 한다. 투표지에 정수(5명)보다 적은 수를 기재한 것은 유효하다. 반면 정수보다 많은 수를 기재한 것은 무효로 처리한다.

5명의 임원 선임에 5명의 후보자가 있는 경우에도 후보자 전원에 대해 찬·반을 물어서는 아니 되고 각 후보자별로 찬반표를 실시하여야 한다.[59] 이는 조합원들로 하여금 각 후보에 대한 개별적인 찬성, 반대의 의사를 표시할 수 있는 기회를 주기 위함이다.

정관에서 조합임원의 선임을 출석 조합원의 다득표로 정한 경우 후보자중 정관상 임원의 정수에 해당하는 다득표를 얻은 자(예 5명)를 조합 임원으로 선출하게 된다.[60]

---

55) 대법원 1994. 11. 22. 선고 93다40089 판결

56) 서울특별시 정비사업 표준선거관리규정 제34조 제4항에서 정관이 정하는 바에 따라 결선투표를 통하여 임원을 선임할 수 있도록 함.
결선투표 시 결선투표 대상인 후보자에게 투표한 우편 투표권은 결선투표를 한 것으로 인정하며, 기타 후보자에게 투표한 우편 투표권은 기권표로 한다. 이 경우 결선투표 개시 전 총회 성원여부를 확인하여야 함.

57) 대법원 2010. 4. 29. 선고 2008두5568 판결

58) 대법원 1995. 8. 29. 자 95마645 결정

59) 수원지방법원 2013. 2. 15.자 2013카합40 결정, 서울서부지방법원 2008. 7. 18. 선고 2008가합283 판결, 의정부지방법원 2011. 5. 18.자 2011카합317 결정

만약 정관에서 조합임원의 선임을 조합원 과반수 출석과 출석 조합원 과반수 동의로 정한 경우 임원의 정수가 5명인데, 1차 표결결과 3명의 후보자만이 과반수 찬성을 받았다면 위 3명은 임원으로 선임되나, 추가로 2명의 임원을 선출하여야 한다.

추가 2명의 임원선임은 ① 떨어진 후보자를 상대로 2차 투표를 실시하는 방법과 ② 떨어진 후보자중 다득표자 순으로 표결에 부치는 방법이 있다. ①의 방법은 절차의 복잡성 및 총회의 장기화를 초래하므로, 실무에서는 ②의 방법이 선호되고 있다.

(4) 무투표 당선

선거관리규정에 후보자 수가 정수와 같은 경우 무투표 당선으로 결정할 수 있다고 규정하는 사례도 있다.[61] 이 경우 가·부 투표 또는 최소득표수 이상으로 사전에 당선인 결정기준을 정할 수 있다.

정관에서 선거에 관하여 선거관리규정에 위임하는 규정을 두고, 선거관리규정에서 임원 선거와 관련 무투표 당선을 규정한 경우 위 선거관리규정은 정관이 위임 범위를 벗어났다거나 정관에 반한다고 볼 수 없다.[62]

선거관리규정에서 후보자의 수가 정수 범위내인 경우 무투표 당선으로 결정하도록 정하였고, 이사 및 대의원 후보자가 정수 범위 이내이었다. 이에 조합은 이사 및 대의원 후보자 모두 무투표 당선으로 보고, 다만 총회에서 후보자에 대한 개별 투표가 아닌 일괄 투표방식(당선자 전체에 대한 찬,반 투표)으로 의결하였다. 위 일괄투표방식은 토지등소유자들의 의결권, 선출권을 중대하게 침해하여 위법하다고 볼 수 없다.[63]

무투표 당선규정은 유효한 입후보자가 복수임을 전제로 한다. 임원을 1명

---

60) 서울시 재개발 표준정관 제15조 제3항 : 조합장 - 출석 조합원 과반수 찬성
이사, 감사 - 입후보자가 선임하려는 임원 수를 초과하는 경우에는 임원 수에 이르기까지 다득표순으로 선임함.

61) 서울시 재개발 표준정관 제15조 제3항 : 이사, 감사의 입후보자가 선임되려는 수 이하인 경우에는 득표수에 상관없이 모두 선임된 것으로 본다.
서울특별시 정비사업 표준선거관리규정 제34조 제5항

62) 부산고등법원 2020. 2. 6. 선고 2019나52761 판결 : 대의원의 선임에 관하여 무투표당선에 관한 명시적인 규정이 없어 대의원 선임은 무투표당선이 적용되지 않는다.

63) 수원지방법원 2023. 5. 17. 선고 2022구합72510 판결, 2022구합76475 판결

선임함에 있어 2명이 입후보하였으나 1명이 조합원 자격을 상실함으로써 후보자와 선임 예정 임원 수가 동일한 경우 나머지 후보는 정관에 정한 절차 및 정족수를 갖춘 경우에만 당선될 수 있다. 즉 무투표 당선규정을 적용할 수 없다.

(5) 사전투표[64)]

선거관리위원회는 선거인의 투표율 제고를 위해 선거일 이전 사전투표를 할 수 있다. 사전투표 장소는 당해 사업시행구역 내 일정한 장소나 인접지역의 적당한 장소에 투표소를 설치하여 운영하여야 한다. 사전투표 기간은 조합 총회 개최 공고일(선거일 공고)부터 선거일 7일전까지 1일 이상의 기간을 따로 정하여 시행한다.

사전투표한 선거인은 선거인명부에 사전투표자로 표시한다. 사전투표함은 선거관리위원회가 제작한 투표함으로 하되, 후보자 또는 참관인들이 확인한 후 시건・봉인한다. 사전투표함의 개봉은 투표일 선거시간이 종료되고 개표가 개시된 이후 개봉한다.

4. 임원선거와 투표용지・서면결의서

조합원은 서면에 의해 의결권을 행사할 수 있다(법 제45조 제5항). 도시정비법은 2024. 12. 3. 전자적 방법에 의한 의결권 행사방법(전자투표)을 허용하였다(법 제45조 제5항).

임원 또는 대의원의 선임시 후보자 각각에 대한 찬반을 묻지 않고, 전원에 대해 찬성과 반대만을 하도록 하거나,[65)] 총회 참석자의 의결에 따르도록 양식을 정하였다면 위 서면결의서는 조합원의 선임권을 부당하게 제한한 것으로서 무효이다.[66)] 따라서 임원 입후보자 전원에 대한 찬성과 반대를 표시할 수 있

64) 서울특별시 정비사업 표준선거관리규정 제39조 내지 제44조
65) 서울서부지방법원 2008. 7. 18. 선고 2008가합283판결, 수원지방법원 안양지원 2011. 5. 11.자 2011카합61 결정
66) 인천지방법원 2009. 5. 27.자 2009카합464 결정, 의정부지방법원 2011. 5. 18.자

을 뿐만 아니라 임원 입후보자 각각에 대해 찬성과 반대를 표시할 수 있도록 서면결의서를 작성하여야 한다.

서면결의서 또는 투표용지에 선거관리위원회의 직인이 날인되어 있지 않거나 위·변조를 방지하기 위한 별도의 기술적 조치가 없다면 위 서면결의서 또는 투표용지는 무효이다.67)

서면결의서를 작성함에 있어 임원선거 안건과 다른 안건이 동시에 있을 경우 서면결의서의 작성인란에 의해 무기명 비밀투표가 보장되지 않으므로, 임원선출과 관련된 안건은 별도의 용지로 작성하여야 한다.

문자메세지 전송방식으로 서면결의서를 제출하거나 팩스 또는 전자메일에 의한 서면결의서 제출은 비밀투표의 원칙에 반하여 무효이다.68)

선거관리규정에서 우편접수 또는 직접 접수만을 정하고 있고, 홍보요원의 직무범위에 서면결의서의 징구가 포함되지 않은 경우 홍보요원이 징구한 서면결의서는 절차적 정당성을 갖추지 못하여 위법하다.69)

선거관리규정에서 조합원은 조합이 선정한 선거관리보조요원을 통해서만 서면결의서를 제출할 수 있도록 정한 경우 제3자가 조합원으로부터 서면결의서를 전달받아 이를 우편으로 제출하는 것은 특별한 사정이 없는 한 선거의 공정성을 담보하려는 선거관리규정의 취지에 반하여 허용되지 않는다.70)

임원선거관련 서면결의서는 선거의 공정성의 위해 총회장에서 공개한 후 개표하는 것이 바람직하다. 예외적으로 경찰 및 감사 등의 참관인이 참석한 상태에서 서면결의서 개봉에 관한 전체 과정을 비디오로 촬영하였다면 서면결의서의 위조·변조의 가능성이 없으므로, 총회 이전 개봉한 서면결의서도 유효하다고 한 사례가 있다.

선거관리위원이 직접적으로 서면결의서를 검열하지 않았으나, 선거의 공정성과 투명성이 침해된 것으로 볼 수 없다면 해당 임원 선출결의는 무효라고 보기 어렵다.71)

2011카합317 결정, 서울서부지방법원 2010. 7. 28.자 2010카합1137 결정

67) 광주지방법원 2019. 12. 6.자 2019카합50597 결정(서면결의서는 3장으로 구성되었고, 2번째 장과 3번째 장에 직인이 누락된 사안임)

68) 서울중앙지방법원 2022. 11. 10.자 2022카합21313 결정

69) 부산고등법원 2019. 4. 18. 선고 2018나52825 판결

70) 서울남부지방법원 2010. 7. 7.자 2010카합445결정

조합장의 후보자인 추진위원장이 창립총회의 개최를 위하여 조합원들에게 서면결의서를 송부하고, 이를 송달받는 것은 위원장의 고유의 직무범위 내에 포함되고, 선거절차의 공정성을 위배하는 것이라고 볼 수 없다.[72]

무기명 비밀투표에 관한 선거관리규정 제34조 제1항은 직접 총회에 참석하여 현장에서 이루어지는 투표에 대해 적용되는 규정이라 할 것이고, 총회의 조합장 선거에서 이루어진 우편투표는 관련 규정에 따라 선거관리위원회가 정한 기명 투표의 방식으로 이루어진 것으로 적법하다. 우편 투표용지에 투표자의 기명과 자필서명 또는 무인이 이루어지도록 하는 것은 중복 투표나 위조투표가 이루어질 개연성을 미리 방지하고 투표자의 신원 확인 방안이 된다는 점에서 선거절차의 공정성과 투명성에 기여할 수 있으므로, 현장투표, 사전투표와 달리 우편투표의 경우 기명 투표에 의하도록 하는 것도 합리적인 선거방법이 될 수 있다.[73]

5. 임원선출의 하자를 다투는 방법

(1) 총회결의무효소송(민사소송)

조합과 조합장 또는 조합임원 사이의 선임·해임 등을 둘러싼 법률관계가 공법상의 법률관계에 해당한다거나 그 조합장 또는 조합임원의 지위를 다투는 소송이 공법상 당사자소송에 해당한다고 볼 수 없다. 따라서 조합과 조합장 또는 조합임원 사이의 선임.해임 등을 둘러싼 법률관계는 사법상의 법률관계로서 그 조합장 또는 조합임원의 지위를 다투는 소송은 민사소송에 의하여야 한다.[74]

(2) 임원선임의 총회결의와 피고적격

임원의 선임절차에 하자가 있는 경우 조합원은 조합을 상대로 총회결의무효

71) 대법원 2012. 10. 25. 선고 2010다102533 판결
72) 서울행정법원 2010. 5. 27. 선고 2009구합50428 판결
73) 서울행정법원 2020. 6. 23. 선고 2019구합80206 판결
74) 대법원 2009. 9. 24.자 2009마168, 169 결정

확인소송을 제기할 수 있으나, 총회에서 선임된 이사 개인을 상대로 총회결의 무효확인소송을 제기할 수 없다.[75] 총회에서의 해임결의의 효력을 다투는 경우에도 조합을 상대로 해임결의무효를 다투어야 한다.[76]

조합의 이사선임 결의가 무효임을 주장하여 그 결의의 무효확인을 구하는 소송에서 조합을 대표할 자는 현재 조합장으로 등기되어 그 직무를 행하는 자이다. 조합장이 무효확인청구의 대상이 된 결의에 의하여 선임된 조합장이라고 할지라도 그 소송에서 조합을 대표할 수 있는 자라 할 것이다.[77]

또한 시장·군수로부터 변경인가를 받기 이전의 조합장도 대표권이 있으므로, 조합장선임결의무효소송의 피고의 대표자는 문제가 된 총회에서 선임된 조합장이다.[78]

(3) 총회에서의 재결의와 소의 이익

당초 조합 총회에서 임원선임결의가 있은 후 다시 개최된 총회에서 위 종전 결의를 그대로 인준하는 결의를 한 경우에는 설사 당초의 임원선임결의가 무효라고 할지라도 새로운 총회결의가 하자로 인하여 부존재 또는 무효임이 인정되거나 그 결의가 취소되는 등의 특별한 사정이 없는 한 종전 총회결의의 무효에 대한 확인을 구하는 것은 과거의 법률관계 내지 권리관계의 확인을 구하는 것에 불과하여 권리보호의 요건을 결여한 것이다.[79]

다만, 후임 임원의 선임 결의가 절차상 또는 내용상의 하자로 인하여 부존재 또는 무효임이 인정되거나 취소되는 등의 특별한 사정이 있는 경우에 한하여만 당초의 임원선임 결의의 무효 확인 등의 확인을 구할 법률상의 이익이 있다.[80]

총회의 임원선임결의의 부존재나 무효확인 또는 그 결의의 취소를 구하는

---

75) 대법원 2010. 10. 28. 선고 2010다30676, 30683 판결, 서울동부지방법원 2011. 1. 28. 선고 2010가합11017 판결
76) 부산지방법원 2007. 11. 9. 선고 2007가합8757 판결
77) 대법원 1983. 3. 22. 선고 82다카1810 판결
78) 서울고등법원 2011. 11. 10. 선고 2011누23865 판결
79) 대법원 2003. 9. 26. 선고 2001다64479 판결, 대법원 2007. 3. 30. 선고 2005다45698 판결
80) 대법원 2002. 11. 13. 선고 2002다25310 판결

소에 있어서 그 결의에 의하여 선임된 임원들이 모두 그 직에 취임하지 아니하거나 사임하고 그 후 새로운 총회 결의에 의하여 후임임원이 선출되어 그 선임등기까지 마쳐진 경우라면 그 새로운 총회의 결의가 무권리자에 의하여 소집된 총회라는 하자 이외의 다른 절차상, 내용상의 하자로 인하여 부존재 또는 무효임이 인정되거나 그 결의가 취소되는 등의 특별한 사정이 없는 한 설사 당초의 임원선임결의에 어떠한 하자가 있었다고 할지라도 그 결의의 부존재나 무효확인 또는 그 결의의 취소를 구할 소의 이익은 없다.[81)]

조합장 선임결의의 하자는 그 하자가 사소한 것에 불과한 것이 아니라 선거의 결과에 영향을 미쳤다고 인정되는 정도의 것으로 볼 수 있고, 그 선거에서 조합장으로 당선된 자가 개최한 정기총회에서 '찬/반'의 형식으로 추인하였다고 하여 당초 선거 절차에서의 중대한 하자가 치유된다고 보기 어렵다. 이에 선임과정에서 하자 있는 조합장이 총회 선임결의의 추인을 받아도 무효라고 판시한 사례가 있다.[82)]

(4) 임원선임 하자와 직무집행정지가처분

민법상 법인의 이사 선임 결의에 하자가 있는 경우에는 '당해 이사 개인'을 상대로 한 '직무집행정지 가처분'을 신청하여야 한다. 조합을 상대로 한 선임결의의 효력정지가처분은 허용되지 않는다.[83)]

(5) 임원선출의 무효사유

선거의 절차에서 선거관리규정에 위반한 사유가 있는 경우 그 사정만으로 당해 선거가 무효가 되는 것은 아니다. 선거관리규정의 위배사유로 인하여 선거인들의 자유로운 판단에 의한 투표를 방해하여 선거의 기본이념인 선거의 자유와 공정을 현저히 침해하고 그로 인하여 선거의 결과에 영향을 미쳤다고 인정될 때에만 그 선거가 무효이다.[84)]

---

81) 대법원 1995. 2. 24. 선고 94다50427 판결

82) 서울서부지방법원 2024. 1. 17.자 2024카합50003 결정

83) 서울고등법원 2010. 6. 21.자 2009라2534 결정

84) 대법원 2010. 7. 15. 선고 2009다100258 판결, 대법원 2018. 6. 15. 선고 2018다212498판결, 대법원 2021. 5. 27. 선고 2021다209621 판결

무기명 비밀투표는 자유로운 선거권의 행사를 실질적으로 보장하기 위하여 선거인이 누구에게 투표하였는가를 제3자가 알지 못하도록 하는 상태로 투표하는 것을 말한다. 만약 무기명 비밀투표에 반하여 선거절차가 진행된 경우 해당 총회의 임원선임결의는 무효이다.[85]

조합에 선거관리규정이 있을 경우 선거관리위원회를 구성하지 않고, 입후보자의 자격을 제한하면서 선착순으로 입후보자의 수를 제한한 경우 투표의 자유와 공정을 현저히 침해하고 선출결의의 결과에 영향을 미쳤으므로, 당해 총회의 이사선임결의는 무효이다.[86]

학력을 포함한 후보자의 과거 주요경력사항은 선거인들이 선거에 임하여 후보자에 관하여 알아야 할 최소한의 기본적 사항으로서 그 진실성이 절대적으로 요청되는 것인 점에 비추어 선거인의 후보자 선택에 관한 중요한 참고자료가 되는 후보자의 학력 및 경력을 허위로 표시하는 행위는 비난가능성이 크다 할 것이므로, 허위학력 기재 후보자에 대한 후보자격 박탈 또는 당선무효결정은 적법하다.[87]

조합장 후보자등록신청서에 최종학력으로 '대학원 수료'라고 기재하였으나, 실제로는 정규 대학원 과정을 수료한 것이 아니라 'S대학교 행정대학원 고위정책과정'과 같이 단기과정만을 수료했던 사안[88], 조합장 후보자등록 신청서상 학력 및 경력란에 '부동산중개업'으로 기재하였으나 실제로는 공인중개사사무소에서 중개보조원으로 근무한 사안,[89] 조합장 후보자등록 신청서상 학력 및 경력 사항란에 '경남 밀양 밀성고등학교'라고 기재하였으나 실제로는 일학년 과정만 수료한 사안[90]에서 허위학력기재를 무효사유로 판단하지 않았다.

조합장 후보자등록신청서상 경력으로 'E 박물관 근무'라고 기재하였으나 실제로는 E 박물관의 서무과에서 임시고용원으로 근무하였고, 학력으로 D 고등학교를 졸업한 것으로 기재하였으나 실제로는 중퇴한 사안에서 경력 부분

85) 대법원 2021. 5. 27. 선고 2021다209621 판결
86) 대법원 2014. 12. 11. 선고 2013다204690 판결
87) 서울고등법원 2012. 5. 31. 선고 2011나92871 판결
88) 서울고등법원 2014. 4. 25. 선고 2013나2015201 판결
89) 대구지방법원 2020. 9. 24. 선고 2020가합203613 판결
90) 부산지방법원 2015.3. 25. 선고 2014가합14873 판결

기재는 임원 선임 결의 무효사유가 아니나 학력 부분 기재로 인해 임원 선임 결의가 무효라고 판시하였다.[91]

당선을 목적으로 허위사실을 공표하는 등의 행위가 선거의 영향을 미쳐 해당 선거가 무효라고 판시한 사례[92]와 상대후보의 비방이 선거의 영향에 미치지 않아 해당 선거가 유효하다고 판시한 사례[93]가 있다.

91) 인천지방법원 2004.10.20. 선고 2004가합2256 판결
92) 대법원 2003. 12. 26. 선고 2003다11837 판결
93) 대법원 2000. 7. 6. 자 2000마1029 결정

Ⅳ. 조합임원의 종임

1. 임기만료

임원은 임기가 만료된 후 당연 퇴임한다. 그러나 임기가 만료된 임원은 그 후임자가 선임될 때까지 그 직무를 수행할 수 있다(서울시 재개발 표준정관 제15조 제6항).[94]

조합과 임원과의 관계는 위임자와 수임자의 법률관계와 같은 것으로서 임원의 임기가 만료되면 일단 그 위임관계는 종료되는 것이 원칙이다. 그러나, 후임 임원 선임시까지 임원이 존재하지 않는다면 이사회에 의하여 행위를 할 수 밖에 없는 조합으로서 당장 정상적인 활동을 중단하지 않을 수 없는 상태에 처하게 된다.

따라서 구 임원으로 하여금 조합의 업무를 수행케 함이 부적당하다고 인정할 만한 특별한 사정이 없고, 종전의 직무를 구 임원으로 하여금 처리하게 할 필요가 있는 경우에 정관의 규정에 따라 또는 민법 제691조의 규정을 유추하여 후임 임원이 선임될 때까지 임기만료된 구 임원에게 임원의 직무를 수행할 수 있는 업무수행권이 인정된다.[95] 따라서 임기만료된 구 조합장이 총회를 소집하여 조합장 및 이사를 선임하는 행위는 적법하다.[96]

---

94) 대법원 1982. 3. 9. 선고 81다614 판결

95) 대법원 2010. 6. 24. 선고 2010다2107 판결, 대법원 2010. 9. 30. 선고 2010다43580 판결, 대법원 2007. 7. 26. 선고 2005도4072 판결, 대법원 2007. 7. 19. 선고 2006두19297 전원합의체판결

96) 유사사례 수원지방법원 2013. 6. 13. 선고 2011구합12192 판결 (임기만료 위원장의 창립총회 소집 적법), 서울행정법원 2018. 2. 2. 선고 2017구합6808 판결 (임기만료 위원장의 창립총회 소집 적법)

2. 임원의 사임

(1) 사임의 의사표시

조합과 임원의 관계는 위임계약관계이므로, 수임자인 임원은 언제든지 사임할 수 있다(민법 제689조 제1항). 사임은 조합에 대한 일방적인 의사표시로서 그 효력이 발생하고, 조합의 승낙을 요하지 않는다.

이사의 사임의 의사표시는 수령권한 있는 조합장에게 도달됨으로써 바로 효력을 발생하는 것이며, 그 효력발생을 위하여 법인의 승낙, 이사회의 결의나 관할관청의 승인이 있어야 하는 것은 아니다.[97] 조합장은 정관으로 정한 직무대행자(상근이사중 연장자 순)에게 사임의 의사표시를 한 때 사임의 효력이 발생한다.[98]

서울시 재개발 표준정관 제18조 제4항에 의하면 이사, 감사가 자의로 사임하고자 하는 경우 조합장에게 의사를 서면으로 표시하여야 하며, 조합장은 이를 이사회에 상정하여야 하도록 정하고 있다. 만약 조합이사 전원이 사임하고자 하는 경우에는 조합장은 이사회의 개최없이 대의원회를 소집하여 이사 전원의 사임을 의결할 수 있다.

(2) 사임의 철회 여부

사임행위는 의사표시가 대표자에게 도달함과 동시에 효력을 발생하고, 의사표시가 효력을 발생한 이후에는 특별한 사정이 없는 한 철회할 수 없다.[99] 다만, 수령권한 있는 조합장에게 사표의 처리를 위임한 경우에는 사임 의사표시의 효과발생여부를 조합장의 의사에 따르도록 한 것이므로, 조합장이 사표를 수리함으로써 사임의 효과가 생긴다.[100]

사임서 제시 당시 즉각적인 철회권유로 사임서 제출을 미루거나, 대표자에게 사표의 처리를 일임하거나, 사임서의 작성일자를 제출일 이후로 기재한 경우 등 사임의사가 즉각적이라고 볼 수 없는 특별한 사정이 있을 경우에는 별

97) 대법원 2010. 9. 30. 선고 2010다43580 판결
98) 대법원 2007. 5. 10. 선고 2007다7256 판결
99) 대법원 1991. 5. 10. 선고 90다10247 판결
100) 대법원 1998. 4. 28. 선고 98다8615 판결

도의 사임서 제출이나 대표자의 수리행위 등이 있어야 사임의 효력이 발생하고, 그 이전에 사임의사를 철회할 수 있다.[101)]

(3) 사임한 임원의 직무수행 여부

조합장이 사임으로 인하여 궐위된 경우 상근이사 중 연장자 순으로 그 직무를 수행한다. 사임한 조합장은 원칙적으로 직무수행권한이 없다.

이사, 감사가 사임의사를 표시한 경우 해당 이사, 감사는 사임에 대한 이사회 의결이 있거나 후임 임원이 선임될 때까지 그 임기가 유지되는 것으로 본다(서울시 재개발 표준정관 제18조 제4항).

새로운 임원이 선임, 취임할 때까지 사임한 임원이 직무를 수행하는 것이 적합하지 아니하다고 인정될 때에는 이사회 또는 대의원회 의결에 따라 그의 직무수행을 정지하고 조합장이 임원의 직무를 수행할 자를 임시로 선임할 수 있다.[102)]

3. 임원의 해임

(1) 조합정관에 따른 임원해임

서울시 재개발 표준정관 제18조 제1항은 "임원이 직무유기, 업무태만 또는 관계법령 및 이 정관을 위반하여 조합에 부당한 손해를 초래한 경우에는 법 또는 이 정관에서 정한 바에 따라 해임할 수 있다." 고 규정하고 있다.

조합임원은 신뢰관계에 기초한 조합의 수임인의 지위에 있음에 비추어 임원의 해임사유는 반드시 위법한 행위만을 의미하는 것이 아니고, 그 직무 수행과정에 수임인으로서 선량한 관리자의 주의의무에 위반하는 부적당한 점이 있거나 그 밖의 다른 사유로 조합원들의 신뢰를 잃게 된 경우도 포함된다.[103)]

임원에 대한 해임사유는 그 임원의 해임을 위한 임시총회 소집요구단계에서

---

101) 대법원 2008. 9. 25. 선고 2007다17109 판결
102) 대법원 1997. 1. 24. 선고 96다39721 판결 유사취지
103) 서울북부지방법원 2010. 12. 17. 선고 2010가합4435 판결

부터 의문의 여지 없이 명백하여야 한다고 해석할 수는 없고, 그러한 사유가 있을 수 있다는 개연성이 있는 정도만 소명되면 족하다.[104]

(2) 소수조합원의 임원해임총회 허용 취지

조합원 10분의 1 이상은 총회에서 조합원 과반수의 출석과 출석 조합원 과반수의 동의를 받아 조합임원을 해임할 수 있다(법 제43조 제4항). 위 규정의 취지는 조합임원의 활동에 대하여 조합원들의 건전한 비판을 실효성 있게 하고, 그에 따라 임원들의 업무집행에 있어 보다 신중을 기하도록 함으로써 조합운영의 투명성과 공정성을 확보하기 위한 것이다.

정관에서 임원해임발의자 수를 조합원 10분의 1 이상으로 정한 경우(예 조합원 과반수 또는 3분의2 이상) 해당 정관의 규정은 무효이다.[105]

조합임원 해임발의는 일의적으로 확정할 수 있는 정도이면 충분하다.[106] 임원해임 발의서가 그 안건, 내용 등에서 실질적으로 동일하다고 볼 수 없는 경우 기존 발의서를 재사용할 수 없다.[107]

(3) 조합원 발의 임원해임총회의 성격

조합원 10분의 1 이상이 임원해임을 위한 임시총회를 소집한 경우 이는 조합의 기관으로서 소집하는 것으로 보아야 한다. 조합장은 위 조합원발의에 의한 총회의 기일과 같은 기일에 다른 임시총회를 소집할 권한이 없다.[108]

조합원 10분의 1 이상이 임원해임을 위한 임시총회를 소집하였는데, 조합장이 해임총회 하루 전일을 총회일로 정하여 정기총회를 소집한 사안에서 조합장이 소집한 총회의 안건이 사전에 이사회에서 심의가 있었고, 조합장의 총회 소집이 해임총회에서 조합원들의 의결권 행사에 방해가 되지 않는다고 판시한 사례가 있다.[109]

---

104) 부산지방법원 2006. 11. 21. 자 2006카합2660 결정(소수조합원에 의한 조합임원 해임을 위한 임시총회 소집시 해임사유의 소명정도)
105) 수원지방법원 안양지원 2020비합10023, 전주지방법원 2015비합4
106) 의정부지방법원 2020. 8. 14.자 2020비합112 결정
107) 부산지방법원 서부지원 2022. 7. 29.자 2022카합100142 결정
108) 대법원 1993. 10. 12. 선고 92다50799 판결
109) 서울남부지방법원 2023. 8. 18. 자 2023카합20323 결정

조합원 발의 임원해임총회에 소요된 비용은 발의자가 아닌 조합이 부담하는바, 임원해임을 위한 총회에서 총회관련 비용을 예산(안)으로 결의할 수 있다.[110]

조합임원에 대한 신뢰관계 파탄 등을 이유로 조합원 10분의 1 이상의 발의에 의하여 소집된 임시총회의 소집 및 절차에 총회 소집 발의자 정족수 미달 등의 중대한 하자가 아닌 일부 절차적, 실체적 하자가 있는 것에 불과한 경우 조합은 임원해임을 위한 총회 비용을 상환할 의무가 있다. 다만 비상대책위원회의 활동비, 총회 발의 및 서면결의서 징구를 위한 용역비는 제외한 사례가 있다.[111]

(4) 소수조합원의 임원해임총회 소집 등

조합원 10분의 1 이상의 대표로 선출된 자는 조합장의 권한을 대행하여 조합임원 해임 총회의 소집 및 진행할 수 있다(법 제43조 제4항). 즉 조합원 10분의 1 이상으로 총회를 소집하는 경우 조합장에게 총회의 소집을 요청할 필요가 없다.[112]

임원해임발의자인 '조합원 10분의 1 이상'은 해임총회의 개최시까지 유지되어야 하고, 해임발의철회 등으로 조합원 10분의 1 미만이 된 경우 임원해임총회를 개최할 수 없다.

조합 정관에서 조합원 10분의 1 이상의 요구에 의한 임원해임총회시 임원의 해임사유를 제한할 경우 위 정관은 강행규정인 도시정비법 제43조 제4항에 반하여 무효인바, 조합원은 그 해임사유의 여하를 불문하고 조합 임원들을 해임할 수 있다.[113]

소수조합원의 발의에 의한 임원해임을 위한 임시총회는 사전에 법원으로부터 소집 허가를 요하지 않는다.[114]

---

110) 서울북부지방법원 2016. 8. 29.자 2016카합20200 결정
111) 수원지방법원 안양지원 2018. 5. 11. 선고 2017가합102452, 2017가합1207 판결
112) 서울서부지방법원 2009카합1020 결정, 인천지방법원 부천지원 2010카합26 결정
113) 서울고등법원 2010. 7. 14. 자 2009라2485 결정, 서울중앙지방법원 2011. 11. 8.자 2011카합2688 결정, 광주고등법원 2020. 2. 26.자 2019라1074 결정
114) 서울고등법원 2012. 2. 23. 서고 2011나38952 판결, 서울고등법원 2011. 12. 14.자 2011라856 결정, 서울중앙지방법원 2011. 11. 8.자 2011카합2688 결정, 인천지방법

도시정비법 43조 제4항은 제44조 제2항만을 배제하고 있으므로, 조합원 10분의 1 이상의 요구로 소집되는 임원해임총회에는 조합원 10% 직접 출석하여야 한다.115)

상당수 하급심 판례들은 임원 해임 총회시 청문 또는 소명기회 부여하지 않았다 하더라도 총회결의 무효사유로 보지 않고 있다.116)

조합장 및 조합임원 전원에 대한 해임총회를 개최할 경우 해임되는 임원 별로 각 해임사유를 묻고 임원별로 해임을 결의하여야 한다.117)

소수조합원이 임원해임총회를 소집함에 있어 '해임총회 소집에 동의한 조합원 명단'을 첨부해야 한다는 견해도 있다.

(5) 해임된 임원의 직무정지에 관한 안건 상정여부

정관에서 해임되는 임원의 직무집행 정지에 관하여 이사회 또는 대의원회에서 결의할 수 있다고 규정하고 있다 하더라도 그와 같은 결의는 확인적 의미를 가질 뿐이어서 반드시 이사회 또는 대의원회의 결의로만 할 수 있는 것은 아니다. 임원 해임을 위해 조합원 1/10 이상의 발의로 소집된 임시총회에서 임원 해임 안건에 부수하여 해임되는 임원의 직무정지에 관한 내용을 안건으로 상정할 수 있다.118)

이에 반해 해임되는 임원의 직무정지에 관한 총회 안건은 민법 제70조의 규정에 따라 조합원 1/5이상의 조합장에 대한 총회 소집요구 및 법원으로부터의 총회 소집허가 절차를 거쳐야 한다는 견해도 있다.119)

원 2004. 12. 17. 선고 2004가합3150 판결

115) 서울고등법원 2021. 6. 22.자 2021라20389 결정

116) 수원지방법원 2011. 5. 3. 선고 2010가합6362 판결, 서울고등법원 2012. 2. 23. 선고 2011나38952 판결, 대구지방법원 2014. 6. 19. 선고 2013가합7107 판결, 의정부지방법원 2016. 4. 29.자 2016카합5107 결정

117) 서울서부지방법원 2009. 5. 25. 자 2009카합1020 결정

118) 서울중앙지방법원 2019. 5. 13.자 2019카합20283 결정, 서울북부지방법원 2016. 8. 29. 자 2016카합20200 결정, 서울북부지방법원 2017. 8. 7.자 2017비합1011 결정, 의정부지방법원 2016. 11. 23.자 2016카합5303 결정

119) 서울서부지방법원 2016. 11. 5. 자 2015카합50540 결정

(6) 소수 조합원 임원해임총회와 직무대행자 선임결의 등

총회의 소집권한은 원칙적으로 조합장에게 있고, 예외적으로 소수 조합원에게 인정되는 것이므로, 소수 조합원이 소집하는 총회에서 의결할 수 있는 안건은 법 규정에 명시된 사유인 그 안건 자체 및 그 안건을 위해 필수적인 부수 안건으로 한정되어야 한다.[120]

현재 법원 실무상 소수 조합원이 소집하는 총회에서는 조합장의 직무대행자를 선임하는 안건을 허용하지 않고 있다.[121]

해임된 임원은 그 권한을 행사할 수 없고, 이사회 또는 대의원회의 해임된 임원에 대한 직무수행정지 결의는 확인적 의미에 불과하므로,[122] 해임된 임원이 권한을 행사할 경우 조합원은 법원에 임원의 직무정지 및 임시조합장 또는 직무대행자 등의 선임을 신청할 수 있다.

(7) 해임절차 진행중인 임원에 대한 대의원회의 직무정지결의

해임절차가 진행중인 이사, 감사가 해임절차가 완료될 때까지 직무를 수행하는 것이 적합하지 아니하다고 인정될 때에는 대의원회의 의결에 따라 해당 이사, 감사의 직무수행을 정지하고 조합장이 이사, 감사의 직무를 수행할 자를 임시로 선임할 수 있다.

조합장이 해임되는 경우에는 상근이사중 연장자가 조합장 직무를 대행하고, 위 조합장 직무대행자가 대의원회를 소집하여 조합장의 직무수행 정지 여부를 의결할 수 있다(서울시 재개발 표준정관 제18조 제3항).

---

120) 대법원 1993. 10. 12. 선고 92다50799 판결

121) 서울서부지방법원 2009. 5. 25.자 2009카합1020 결정, 인천지방법원 부천지원 2010카합26 결정,

122) 광주지방법원 2021. 10. 28. 선고 2020가합55959 판결, 서울서부지방법원 2020. 1. 17.자 2019카합50618 결정

4. 임원해임에 관한 법률분쟁

조합원 발의에 의한 임원해임총회결의에 관하여 다툼이 있는 경우 해임된 임원은 '조합을 상대'로 총회결의무효확인소송을 제기하여야 하며, 조합원 발의자를 상대로 총회결의무효소송을 제기할 수 없다.[123]

조합의 이사가 자기를 위하여 조합을 상대로 소를 제기하는 경우 그 소송에 관하여는 감사가 조합을 대표하므로(법 제42조 제3항), 해임된 조합장이 조합을 상대로 해임총회무효확인소송을 제기할 경우 피고 조합의 대표자는 '감사'로 하여야 한다.[124] 이 경우 조합에 감사가 있을 때에는 조합 또는 법원은 특별대리인을 선임할 수 없다.

조합장과 감사가 모두 해임된 경우 해임된 조합장은 법원에 민사소송법 제62조, 제64조에 의거 특별대리인의 선임을 신청하여야 한다.

당초 조합의 총회에서 조합장 및 이사의 해임결의가 있은 후 다시 개최된 총회에서 위 종전 결의를 그대로 인준하거나 재차 해임결의를 한 경우에는, 설사 당초의 해임결의가 무효라고 할지라도 다시 개최된 위 총회의 결의가 하자로 인하여 무효라고 인정되는 등의 특별한 사정이 없는 한 종전 해임결의의 무효확인을 구하는 것은 과거의 법률관계 내지 권리관계의 확인을 구하는 것에 불과하여 권리보호의 요건을 결여한 것이다.

새로운 총회가 무효인 당초의 해임결의 후 새로 소집권한을 부여받은 조합장 또는 직무대행자에 의하여 소집된 것이어서 무권리자에 의하여 소집된 총회라는 사유는 원칙적으로 독립된 무효사유로 볼 수 없다. 만일 이를 무효사유로 본다면 당초의 해임결의의 무효로 인하여 연쇄적으로 그 후의 결의가 모두 무효로 되는 결과가 되어 법률관계의 혼란을 초래하고 법적안정성을 현저히 해하게 되기 때문이다.[125]

---

123) 부산지방법원 2007. 11. 9. 선고 2007가합8757 판결
124) 대법원 2015. 4. 9. 선고 2013다89372 판결
125) 대법원 2010. 10. 28. 선고 2009다63694 판결 동일취지

V. 사무집행 및 보수

1. 조합장 및 이사의 사무집행

조합장은 조합의 사무를 총괄하며(법 제42조 제1항), 이사는 상근여부를 불문하고 조합장을 보좌하고, 이사회에 상정된 사항을 심의 · 의결하며, 정관 및 이사회의 의결로 정한 바에 따라 조합의 사무를 분장한다.

사무집행이란 조합의 목적을 달성하기 위하여 필요한 직접 또는 간접으로 관련되는 모든 사무의 처리를 말한다. 그러므로 사무집행에는 법률행위로서 예컨대 계약의 체결, 소송의 수행, 사용인의 채용뿐만 아니라 사실행위로서 장부의 작성, 사용인의 지휘 및 감독 등도 포함된다.

이사가 수인인 경우에는 정관에 다른 규정이 없으면 이사의 과반수로써 결정한다(민법 제58조 제2항). 조합장과 이사로 구성된 이사회를 두며, 이사회는 구성원 과반수 출석으로 개의하고, 출석 구성원 과반수 찬성으로 의결토록 하고 있다.

조합의 사무 중에는 성질에 따라서 이사전원의 동의를 필요로 하는 것이 있는가 하면 일상적인 사무의 집행으로서 이사의 과반수의 결의가 필요 없는 것도 있기 때문에 조합의 합리적인 사무집행을 위하여 정관규정에 별도의 규정을 둘 수 있을 것이다.

서울시의 경우 조합은 행정업무처리규정을 정하여 운영하여야 하고, 행정업무처리규정에는 ① 상근임(위) · 직원의 내부인사, ② 보수 및 회의수당 등 지급기준, ③ 내무업무 및 물품처리 등, ④ 문서의 보존 및 관리 등, ⑤ 상근임(위) · 직원의 복무기준, ⑥ 그 밖에 행정업무 처리에 필요한 사항이 포함되어야 한다.[126)]

126) '서울특별시 정비사업 조합 등 표준 행정업무규정'(서울특별시 고시 제2015-163호, 2015. 6. 18.) 참조

2. 이사의 손해배상의무 등

(1) 법인의 불법행위

조합은 이사 기타 대표자가 그 직무에 관하여 타인에게 가한 손해를 배상할 책임이 있다. 이사 기타 대표자는 이로 인하여 자기의 손해배상책임을 면하지 못한다(민법 第35조 제1항).

조합의 대표자인 조합장이 직무에 관하여 타인에게 손해를 가한 경우 조합은 민법 제35조 제1항의 유추적용에 의하여 그 손해를 배상할 책임이 있다. 조합장의 행위가 조합장 개인의 사리를 도모하기 위한 것이었거나 혹은 법령의 규정에 위배된 것이었다 하더라도 외관상, 객관적으로 직무에 관한 행위라고 인정할 수 있다면 민법 제35조 제1항의 직무에 관한 행위에 해당한다.

한편 조합장의 행위가 직무에 관한 행위에 해당하지 아니함을 피해자 자신이 알았거나 또는 중대한 과실로 인하여 알지 못한 경우에는 조합에게 손해배상책임을 물을 수 없다. 여기서 중대한 과실이라 함은, 거래의 상대방이 조금만 주의를 기울였더라면 조합장의 행위가 그 직무권한 내에서 적법하게 행하여진 것이 아니라는 사정을 알 수 있었음에도 만연히 이를 직무권한 내의 행위라고 믿음으로써 일반인에게 요구되는 주의의무에 현저히 위반하는 것으로 거의 고의에 가까운 정도의 주의를 결여하고, 공평의 관점에서 상대방을 구태여 보호할 필요가 없다고 봄이 상당하다고 인정되는 상태를 말한다.[127)]

법인의 목적범위외의 행위로 인하여 타인에게 손해를 가한 때에는 그 사항의 결의에 찬성하거나 그 의결을 집행한 사원, 이사 및 기타 대표자가 연대하여 배상하여야 한다(민법 제35조 제2항).

(2) 이사의 임무해태

조합장 및 이사는 선량한 관리자의 주의로 그 직무를 행하여야 하고(민법 제61조), 이사가 그 임무를 해태한 때에는 그 이사는 조합에 대하여 연대하여 손해배상책임을 진다(민법 제65조). 이는 임무를 해태한 수인의 이사에게 보다

---

127) 대법원 2008. 1. 18. 선고 2005다34711 판결, 대법원 2003. 7. 25. 선고 2002다27088 판결

무거운 배상책임을 부과함으로써 이사 각자의 책임의식을 높여 충실하고도 적절한 임무수행을 하게 하여 법인의 이익을 보호하려는 취지에 따른 것이다.

이사가 사무를 집행하면서 선관주의의무에 위반하여 법인에게 손해를 끼친 경우에는 법인에 대하여 손해배상책임을 진다. 그리고 그 임무를 해태한 이사가 여럿인 때에는 이들은 연대하여 책임을 진다. 수인의 이사중 일부만이 임무를 해태한 때에는 그 이사들만이 연대하여 배상책임을 진다.

임무를 해태한 수인의 이사들이 법인에 대하여 지는 손해배상책임은 법률의 규정에 의하여 성립하되는 연대채무이다.

정관에서 상근 임원을 따로 두고 있는 경우, 비상근 또는 업무집행을 직접 담당하지 아니하는 이사도 단지 이사회에 상정된 의안에 대하여 찬부의 의사표시를 하는 데에 그치지 않고 상근 임원의 전반적인 업무집행을 감시할 의무가 있는 것이므로, 상근 임원의 업무집행이 위법하다고 의심할 만한 사유가 있음에도 불구하고 감시의무를 위반하여 이를 방치한 때에는 이로 말미암아 법인이 입은 손해에 대하여 배상책임을 면할 수 없다.128)

손해배상의 범위를 정함에 있어서는, 당해 사업의 내용과 성격, 당해 이사의 임무 위반의 경위 및 임무위반행위의 태양, 법인의 손해 발생 및 확대에 관여된 객관적인 사정이나 그 정도, 평소 이사의 법인에 대한 공헌도, 임무위반행위로 인한 당해 이사의 이득 유무, 법인의 조직체계의 흠결 유무나 위험관리체제의 구축 여부 등 제반 사정을 참작하여 손해분담의 공평이라는 손해배상제도의 이념에 비추어 그 손해배상액을 제한할 수 있다.129)

법무사 수수료액에 대해 조사하지 않고 용역계약을 체결한 조합장에 대해 업무상 배임죄를 인정한 사례도 있다.130)

소수 조합원이 조합장 해임을 위한 총회를 소집하였음에도 불구하고 조합장이 위 소수 조합원이 소집한 총회를 방어하기 위하여 별도의 총회를 소집한 경우 조합장은 별도 총회 관련 비용 중 일부에 관하여 손해배상책임을 부담하여야 한다.131)

---

128) 대법원 2016. 8. 18. 선고 2016다200088 판결
129) 대법원 2016. 8. 18. 선고 2016다200088 판결
130) 대법원 1997. 6. 13. 선고 97도618 판결
131) 대구고등법원 2020. 12. 23. 선고 2019나26589 판결

3. 조합장 및 이사의 보수

(1) 임원의 보수

조합은 상근임원에 한해서만 보수를 지급한다. 따라서 상근임원 이외 임원은 보수를 청구할 수 없고, 단지 직무수행으로 발생한 경비만을 청구할 수 있다.

상근임원의 '보수'라 함은 월급, 상여금, 연봉 등 명칭 여하를 불문하고 법인의 직무수행에 대한 보상으로 지급되는 일체의 대가를 뜻하며, 정기적이든 부정기적이든 불문한다.

흔히 이사의 퇴직시에 일시금으로 퇴직위로금을 지급하는데 이 역시 재직중의 직무수행의 대가이므로 이사의 보수이다. 조합장은 조합의 근로자에 해당되지 않는바,[132] 조합장은 보수규정에서 별도로 정하거나 총회결의가 없는 한 조합에게 퇴직금을 청구할 수 없다.

조합장의 퇴직금 적립금이 포함된 예산안이 총회에서 승인되었다 하더라도 예산안에 퇴직금 항목이 존재한다는 것만으로 조합장에 대한 퇴직금 지급의 구체적인 근거가 될 수 없다고 판시한 사례도 있다.[133]

추진위원회에서 직원으로 근무하던 중 조합의 조합장으로 선임된 경우 직원으로 근무한 기간만을 기준으로 퇴직금을 산정하여야 한다.[134]

(2) 조합업무규정의 제정

조합은 그 사무를 집행하기 위하여 필요하다고 인정하는 때에는 상근하는 임원을 둘 수 있다. 이 경우 상근임원의 선임, 업무, 보수 등에 관한 사항은 조합 업무규정으로 정한다(서울시 재개발 표준정관 제16조 제11항).

조합은 조합에 상근하는 유급직원을 둘 수 있으며, 그 수, 채용방법, 보수 등 근무조건 기타 유급직원에 관하여 필요한 사항은 조합 업무규정으로 정한다(서울시 재개발 표준정관 제19조 제2항).

---

132) 서울북부지방법원 2017. 10. 18. 선고 2016가단129094, 2016가단135976 판결
133) 부산지방법원 동부지원 2023. 1. 31. 선고 2022가단104091 판결
134) 서울서부지방법원 2015. 12. 18. 선고 2014가단46382 판결

갑 조합의 조합장 을이 갑 조합의 이사회에서 임원 급여 지급규정을 제정하고 그에 따른 보수를 지급받았는데, 갑 조합이 을을 상대로 을이 보수규정이나 총회 결의 없이 임의로 보수를 지급받았다고 주장하면서 부당이득반환을 구한 사안에서, 갑 조합의 보수 지급에는 법률상 원인이 없는데도 을이 이를 수령함으로써 이익을 얻어 이로 인하여 갑 조합이 보수 상당의 손해를 입었고, 갑 조합이 을에게 위 보수를 지급한 것을 도의관념에 적합한 비채변제라고 볼 수 없다고 한 사례가 있다.[135]

(3) 임원에 대한 성과급 지급기준

임원의 보수 특히 인센티브(성과급)의 지급은 정비사업의 수행에 대한 신뢰성이나 공정성의 문제와도 밀접하게 연관되어 있고 여러 가지 부작용과 문제점을 불러일으킬 수 있으므로 단순히 사적 자치에 따른 단체의 의사결정에만 맡겨둘 수는 없는 특성을 가진다.

조합 임원들에게 인센티브를 지급하기로 한 총회결의의 내용이 부당하게 과다하여 신의성실의 원칙이나 형평의 관념에 반한다고 볼 만한 특별한 사정이 있는 때에는 인센티브 지급에 대한 결의는 적당하다고 인정되는 범위내에서만 유효하다.

인센티브의 내용이 부당하게 과다한지 여부는 조합 임원들이 업무를 수행한 기간, 업무수행 경과와 난이도, 실제 기울인 노력의 정도, 조합원들이 재건축사업의 결과로 얻게 되는 이익의 규모, 재건축사업으로 손실이 발생할 경우 조합 임원들이 보상액을 지급하기로 하였다면 그 손실보상액의 한도, 총회 결의 이후 재건축사업 진행 경과에 따라 조합원들이 예상할 수 없는 사정변경이 있었는지 여부, 그 밖에 변론에 나타난 여러 사정을 종합적으로 고려하여 판단하여야 한다.[136]

---

135) 대법원 2024. 10. 8. 선고 2024다257362 판결

136) 대법원 2020. 9. 3. 선고 2017다218987, 218994 판결, 파기환송심인 서울고등법원 2022. 5. 19. 선고 2020나2029505 판결은 청구한 이익금의 20%중 이익금의 7%만을 인정하였음

Ⅵ. 조합의 대표권

1. 대표권의 의의

(1) 의의

조합장은 조합을 대표하고 그 사무를 총괄한다(법 제42조 제1항). 따라서 조합장은 조합의 업무에 관하여 재판상.재판외의 모든 행위를 할 권한이 있으며, 조합장의 대표권은 조합의 권리능력의 범위와 일치한다. 대표는 대리와 달리 사실행위나 불법행위에도 미친다.

조합의 대표에 관하여는 대리에 관한 규정이 준용된다(민법 제59조제2항). 따라서 조합장이 조합을 대표함에 있어서는 조합을 위한 것임을 표시(예 : A 조합의 조합장 갑)하여야 한다(민법 제115조 참조).

조합장은 스스로 조합을 대표하여 시공사를 상대로 소송을 제기하는 등의 소송행위는 적법하게 할 수 있고, 조합의 조합장에게 그러한 소송행위를 할 수 있는 권한이 있는 한 무권대리인인 법무법인의 소송행위를 유효하게 추인하는 데에도 아무런 장애가 없다.[137]

(2) 조합장의 유고와 대표권 행사

조합장이 사임ㆍ해임ㆍ당연퇴임 등으로 인하여 궐위된 경우 상근이사 중 연장자(궐위 등으로 상근이사가 없는 경우 이사 중 연장자), 법원에서 파견된 직무대행자 순으로 그 직무를 대행한다(서울시 재개발 표준정관 제16조 제8항).

위 직무대행사유로 조합장이 유고 등으로 인하여 그 직무를 수행할 수 없는 경우도 포함된다.

“유고시”란 조합장의 임기가 만료하기 전에 조합장이 사망, 질병 등 기타 부득이한 사정으로 그 직무를 집행할 수 없는 경우를 말한다.[138] 이사회의 의장이 될 조합장이 적법한 소집통지를 받고도 이사회에 출석하지 아니한 이상

137) 대법원 2012. 3. 15. 선고 2011다95779 판결
138) 대법원 2008. 12. 11. 선고 2006다57131 판결

조합장이 이사회의 의장으로서 회의를 진행할 수 없는 것이므로, 정관에 규정한 조합장유고시에 해당한다.[139] 법원이 조합장에 대한 직무집행정지가처분결정을 한 경우에도 유고시로 보아야 한다.[140]

(3) 형사사건 기소시 조합장의 직무정지와 조합의 대표자

조합임원으로 선임된 후 그 직무와 관련하여 형사사건으로 기소된 경우에는 그 내용에 따라 직무를 수행하는 것이 적합하지 아니하다고 인정될 때에는 ○○까지 대의원회의 의결에 따라 그 자격과 직무수행을 정지할 수 있다(서울시 재개발 표준정관 제17조 제4항, 제18조 제3항). 조합장의 직무가 정지된 경우 상근 이사중에서 연장자 순으로 조합장의 직무를 대행한다(제16조 제8항).

직무와 관련한 형사사건은 직무집행정지가 정당화될 수 있을 정도로 조합에 미치는 위해가 현저하게 급박한 경우만을 의미한다.[141]

(4) 정관에 의해 선임된 직무대행자의 직무범위

법원의 가처분명령에 의하여 선임된 직무대행자가 통상사무에 속하지 아니한 행위를 하고자 하는 경우 법원에 허가를 얻어야 한다(민법 제60조의2).

이에 반해 법원에 의하여 선임되지 아니하고 법인 내부의 규약에 의하여 직무대행자가 된 자는 법원의 허가 없이 대표자로서의 직무(통상사무 이외의 업무 포함)를 수행할 수 있다. 즉 정관에 따른 직무대행자는 법원의 허가 없이 시공사 선정, 관리처분계획 등을 위한 총회 소집을 할 수 있다.[142]

---

139) 대법원 1984. 2. 28. 선고 83다651 판결
140) 대법원 2008. 12. 11. 선고 2006다57131 판결
141) 서울고등법원 2005. 7. 7. 선고 2004다86373 판결, 서울중앙지방법원 2006. 9. 7.자 2006카합2450 결정
142) 대법원 2019. 9. 10. 선고 2017다254266 판결, 서울고등법원 2015. 10. 23. 선고 2015나17274 판결, 서울남부지방법원 2010. 7. 23.자 2010비합73 결정,

2. 조합장의 대표권 제한

조합장의 대표권은 법률.정관.이사회규칙.총회의 결의 등에 의하여 제한을 받는다.

(1) 법률에 의한 제한

조합장 또는 이사가 자기를 위하여 조합과 계약이나 소송을 할 때에는 감사가 조합을 대표한다(법 제42조 제3항). 위 규정은 계약상의 조건이나 소송행위에서 동등한 원칙이 배제되고 특별한 이익을 받을 수 있는 여지가 있기 때문에 이를 차단하고 이익 상반되는 사항에 대하여 객관성과 공정성을 기하기 위한 취지이다.

조합장 또는 이사가 조합을 상대로 소송을 제기하는 경우 감사가 조합을 대표하므로, 조합은 위 소송과 관련 특별대리인을 선임할 수 없다.[143]

조합과 조합장의 이익이 상반되는 사항(예 : A법인이 그 법인의 대표이사 갑의 토지를 매수하는 경우)에 관하여는 감사가 조합을 대표하므로 조합장의 대표권은 제한된다.[144] 조합장이 이에 위반하여 법률행위를 하였을 때에는 무권대리행위가 된다(민법 제130조 참조).

조합의 임원을 선출하는 경우에 그 후보로 나온 사람은 개인적인 입장에서 조합과의 이해관계를 가지는 것이 아니라 조합의 구성원인 조합원으로서의 입장에서 이해관계를 가진다. 따라서 위 조합장 선출행위는 위 정관규정에서 규정하고 있는 자기계약이나 소송에 관한 사항에 해당되지 아니한다.[145]

(2) 정관에 의한 제한

조합장의 대표권은 정관으로 제한할 수 있다(민법 제59조제1항 단서). 이러한 제한은 정관에 기재하여야 효력이 있고(민법 제41조), 또 그 등기가 있어야만 제3자에게 대항할 수 있다(민법 제60조). 등기를 하지 않은 한, 제3자가 악

143) 대법원 2015. 4. 9. 선고 2013다89372 판결
144) 대법원 2008. 2. 28. 선고 2005다77091 판결
145) 서울고등법원 1990. 9. 21. 선고 89나48309판결

의라 하더라도 대항하지 못한다.[146)]

(3) 총회의 의결에 의한 제한

총회의 의결로 조합장의 대표권을 제한할 수 있으나(민법 제59조제1항), 이 경우에는 정관변경절차를 밟아야 하고, 또한 이를 등기하여야 제3자에게 대항할 수 있다(민법 제60조).

(4) 대표권 제한을 위반한 행위

조합 임원회의의 결의 등을 거치도록 한 조합정관은 조합장의 대표권을 제한하는 규정에 해당하는 것이므로, 거래 상대방이 그와 같은 대표권 제한 및 그 위반 사실을 알았거나 과실로 인하여 이를 알지 못한 때에는 그 거래행위가 무효로 된다. 이 경우 그 거래 상대방이 대표권 제한 및 그 위반 사실을 알았거나 알지 못한 데에 과실이 있다는 사정은 그 거래의 무효를 주장하는 측이 이를 주장・입증하여야 한다.[147)]

3. 대표권 남용

대표권의 남용이란 외관상으로는 조합장의 권한 내의 적법한 행위이지만 주관적으로는 자기 또는 제3자의 이익을 위해서 하는 행위로서 조합에 손실을 끼치는 것을 말한다.

조합의 조합장이 그 대표권의 범위 내에서 한 행위는 설사 조합장이 조합의 사업목적과 관계없이 자기 또는 제3자의 이익을 도모할 목적으로 그 권한을 남용한 것이라 할지라도 일단 재건축조합의 행위로서 유효하다. 다만 그 행위의 상대방이 조합장의 진의를 알았거나 알 수 있었을 때에는 조합에 대하여 무효가 된다.[148)]

146) 대법원 1992. 2. 14. 선고 91다24564 판결
147) 대법원 2007. 4. 19. 선고 2004다60072,60089 판결
148) 대법원 2003. 7. 25. 선고 2002다27088 판결, 대법원 2008. 2. 1. 선고 2007다63416 판결

4. 대표자 업무의 포괄적 위임 여부

이사는 정관 또는 총회의 결의로 금지하지 아니한 사항에 한하여 타인으로 하여금 특정한 행위를 대리하게 할 수 있다(민법 제62조).

민법 제62조의 규정에 비추어 보면 사단의 대표자는 정관 또는 총회의 결의로 금지하지 아니한 사항에 한하여 타인으로 하여금 특정한 행위를 대리하게 할 수 있을 뿐 사단의 제반 업무처리를 포괄적으로 위임할 수는 없다.

조합의 대표자가 행한 타인에 대한 업무의 포괄적 위임과 그에 따른 포괄적 수임인의 대행행위는 민법 제62조의 규정에 위반된 것이어서 조합에 대하여는 그 효력이 미치지 아니한다.[149)]

149) 대법원 1996. 9. 6. 선고 94다18522 판결

Ⅶ. 이사회

1. 이사회 구성 등

(1) 이사회의 구성

민법 및 도시정비법상 이사회의 설치가 의무화 되어 있지 않으나, 다만 표준정관에서 조합의 사무를 집행하기 위하여 조합장과 이사로 구성하는 이사회를 두도록 하고 있다. 조합은 정관에 따라 조합장과 이사들로 구성된 이사회를 설치하고, 조합의 사무집행을 위 이사회의 결의에 의하고 있다.

조합은 이사회의 의사록을 공개하여야 한다(법 제124조 제1항 제3호). 서울시의 경우 이사회의 설치 및 소집, 사무, 의결방법 등 이사회 운영에 관한 사항을 정관에 정하도록 하고 있다(서울시 조례 제22조 제1호).

(2) 이사회의 권한

이사회는 다음의 사무를 집행한다(서울시 재개발 표준정관 제29조).

① 조합의 예산 및 통상업무의 집행에 관한 사항

② 총회 및 대의원회의 상정안건의 심의에 관한 사항

③ 조합 업무규정 등의 제정 및 개정안 작성에 관한 사항

④ 총회 또는 대의원회로부터 위임받은 사항의 집행 및 의결

⑤ 관리처분계획(안)에 대한 공람의견 심사

⑥ 주된 사무소의 변경에 관한 사항 등 이 정관에서 이사회의 사무로 정한 사항

⑦ 그 밖에 조합의 운영 및 사업시행에 관하여 필요한 사항

이사회는 집행사무에 관하여 구체적인 범위를 정하여 의장인 조합장에게 위임할 수 있다.

이사회는 조합의 사무집행기관으로서 그 권한도 조합사무의 집행에 한정되고 집행행위에 해당하지 않는 사무는 조합의 의사결정기관인 총회 또는 대의원회로부터 위임받아야 할 수 있다.

대의원회가 대표성, 구성원의 수, 기능 등에 있어 이사회보다 우위에 있다고 보이므로, 이사회가 대의원들의 의사결정에 관하여 대의원회의 의결 결과와 다른 내용으로 대의원회 개최 여부를 결정할 권한은 없다.[150)]

2. 이사회의 소집 및 의결

(1) 이사회의 소집권자

이사회는 조합장이 소집한다.

조합정관에 이사회 소집권자인 조합장이 이사회의 소집을 기피하여 이사회를 소집할 수 없을 때 어떠한 절차를 거쳐 이사회를 소집할 것인지에 관하여 아무런 규정도 두고 있지 않다. 이러한 경우 이사회의 소집은 특별한 사정이 없는 한, 조합장의 정관 위반을 이유로 법원으로부터 조합장에 대한 직무집행정지 가처분 및 직무대행자 선임재판을 받은 다음 그 직무대행자가 하여야 한다.[151)] 또는 과반수 이사가 민법 등에 기초하여 이사회를 소집할 수 있다.[152)]

(2) 이사회의 소집통지

이사회를 소집하려면 회의개최 ○일전에 회의목적·안건·일시 및 장소를 기재한 서면으로 이사에 통지하고, 게시판 및 정비사업 정보몽땅에 공고하여야 한다. 다만, 사업추진상 시급한 경우에는 회의 개최 1일 전에 통지하고 이사회를 개최할 수 있다(서울시 재개발 표준정관 제28조 제2항).

'서울특별시 정비사업 의사진행 표준운영규정' 에 의하면 이사회 소집권자는 각 이사에게 회의 개최 7일 전에 회의안건 및 회의자료를 등기우편으로 발송.통지하도록 되어 있다(제10조 제1호). 위 등기우편 이외 문자, 이메일, 직접 수령 등의 방법으로 소집통지할 수 있도록 정하는 것이 바람직하다.

---

150) 서울북부지방법원 2010. 7. 23. 선고 2010카합843 결정
151) 대법원 2003. 4. 22. 선고 2002두10483 판결
152) 대법원 2017. 12. 1.자 2017그661 결정

(3) 이사회 소집통지 내용

이사회 소집통지를 할 때에는, 회사의 정관에 이사들에게 회의의 목적사항을 함께 통지하도록 정하고 있거나 회의의 목적사항을 함께 통지하지 아니하면 이사회에서의 심의·의결에 현저한 지장을 초래하는 등의 특별한 사정이 없는 한, 총회 소집통지의 경우와 달리 회의의 목적사항을 함께 통지할 필요는 없다.[153]

(4) 이사회 소집통지의 지연

이사회 소집통지에 관한 규정은 이사들로 하여금 사전에 회의의 목적 사항을 알 수 있게 함으로써 이사회 참석 여부를 결정하거나 적정한 심의권 행사를 위하여 필요한 준비를 할 수 있도록 하는 데 그 취지가 있다.[154]

만약 이사회 소집통지 기간을 1일이나 2일 지연하였을 뿐이고 이사들이 이사회의 목적 사항을 충분히 숙지한 상태에서 이의 없이 해당 이사회에 참석하여 의결에 참여한 경우 등 이사들의 출석권과 의결권의 적정한 행사가 방해받지 않았다고 볼 만한 특별한 사정이 있을 경우에는 그 이사회 결의는 유효하다.[155]

(5) 이사회 소집통지의 하자

이사회는 조합에 필수적이면서 유일한 심의·의결기관으로 소수의 이사들이 참여하여 결의가 이루어지므로, 조합장은 모든 이사들에게 회의의 목적을 명시하여 적어도 정관에서 정한 날짜 이전까지 정관에서 정한 방법에 따라 이사회소집을 통지하여야 한다. 이사회 소집절차를 거치지 않은 채 이루어진 이사회 결의는 특별한 사정이 없는 한 무효이다.

조합장이 특정 이사에게 적법한 소집통지를 하지 아니하여 그 이사가 출석하지 아니한 채 개최되었다면 그 결과가 설령 적법한 소집통지를 받지 못한 이사가 출석하여 반대의 표결을 하였던들 이사회 결의의 성립에 영향이 없었

153) 대법원 2011. 6. 24. 선고 2009다35033 판결, 대법원 2012. 1. 27. 선고 2011두9164 판결, 대법원 2015. 11. 27. 선고 2014다44451 판결
154) 대법원 2012. 1. 27. 선고 2011두9164 판결
155) 대법원 2015. 11. 27. 선고 2014다44451 판결,

다고 하더라도 그 이사회 결의는 당연무효이다.[156)]

(6) 이사회의 결의요건

이사회는 구성원 과반수 출석으로 개의하고, 출석 구성원 과반수 찬성으로 의결한다(서울시 재개발 표준정관 제30조 제1항). 이사회에서의 의결권은 이사 1인에 대해 1개씩 주어진다. 정관에 의해서도 이에 대한 예외를 둘 수 없다.

이사회는 과반수의 출석을 요구하므로, 예컨대 6인의 이사 중 3인이 출석하여 전원 찬성하더라도 성립정족수의 미달이므로 무효이다.[157)]

이사회의 출석정족수는 이사회의 개회시뿐만 아니라 회의의 전과정에서 유지되어야 한다. 출석정족수는 재임이사의 과반수를 말한다.[158)]

정관으로 의사정족수 및 의결정족수를 가중할 수 있으나, 완화할 수 없다고 본다. 따라서 이사전원의 과반수로 하거나 또는 3분의 2 이상의 다수로 할 수 있다.

(7) 안건에 관하여 특별한 이해관계가 있는 이사

이사회의 결의에 관하여 특별한 이해관계가 있는 이사는 의결권을 행사하지 못한다(서울시 재개발 표준정관 제30조 제2항).

이해관계 있는 이사는 이사회에서 의결권을 행사할 수는 없으나, 의사정족수 산정의 기초가 되는 이사의 수에는 포함되고, 다만 결의성립에 필요한 출석이사(의결정족수)에는 산입되지 아니한다.[159)]

이사회 결의요건을 충족하는지 여부는 '이사회 결의 당시'를 기준으로 판단하여야 하고, 그 결의의 대상인 행위(연대보증 등)가 실제로 이루어진 날을 기준으로 판단할 것은 아니다.[160)]

이사의 해임이 이사회의 의결사항인 경우에 이사의 해임결의에서 당해 이사

---

156) 대법원 2012. 4. 13. 선고 2010다51352 판결. 대법원 2015. 11. 27. 선고 2014다44451 판결

157) 대법원 1995. 4. 11. 선고 94다33903 판결

158) 대법원 1961. 12. 3. 자 61마500 결정

159) 대법원 1991. 5. 28. 선고 90다20084 판결, 대법원 2009. 4. 9. 선고 2008다1521 판결

160) 대법원 2003. 1. 24. 선고 2000다20670 판결

는 특별이해관계인이라고 볼 수 없다.

(8) 서면 또는 대리행사

이사회는 여러 가지 변환이 가능한 의안을 놓고 상호 의견을 교환함으로써 최적의 결론을 내야 하는 집단적 의사결정의 방식을 취하므로, 이사회의 결의는 서면에 의한 의결권의 행사가 허용되지 않는다는 견해가 있다. 이에 대해 이사회 결의는 정관에서 반드시 회의를 통해서만 가능하다고 정하지 않은 이상 서면결의도 가능하다는 견해도 있다.

서울시 재개발 표준정관 제30조 제2항의 주석은 이사회에 서면으로 출석할 수 있도록 정할 수 있다.

이사는 그의 직책상 스스로 회의에 출석하여 토의하고 결의하여야 하므로 의결권의 대리행사는 허용되지 않는다.[161] 표준정관도 이사는 대리인을 통한 출석을 할 수 없도록 규정하고 있다(서울시 재개발 표준정관 제30조 제1항).

이사회결의 방법 중 서면결의 방식에 의한 이사회결의는 이사회결의를 요하는 사항에 관하여 이사회를 개최하지 않고 이사들에게 개별적으로 결의사항의 내용을 설명하고 동의를 받은 후 미리 작성한 '이사회 회의록에 날인받는 방식'을 의미한다. 위와 같은 서면결의 방식에 의한 이사회결의도 허용된다.[162]

(9) 감사의 의견진술권

감사는 이사회에 출석하여 의견을 진술할 수 있다(서울시 재개발 표준정관 제31조 제1항). 그러나 감사는 이사회의 구성원이 아니므로 결의에 참가하지 못한다.

---

161) 대법원 1982. 7. 13.선고 80다2441 판결

162) 대법원 2005. 6. 9. 선고 2005다2554 판결, 수원지방법원 안양지원 2015. 5. 14. 선고 2014가합105467 판결

3. 이사회결의의 하자 등

(1) 이사회 결의 하자

이사회의 결의에 하자가 있는 때에는 그 하자의 종류를 구별함이 없이 일반원칙에 의하여 그 무효를 주장할 수 있다. 즉 이사회의 결의에 하자가 있는 때에는 이해관계인은 그 무효를 언제든지 항변으로나 결의무효확인의 소로 주장할 수 있다.163)

조합의 이사회결의가 법령 또는 정관이 정하는 바에 따른 '정당한 소집권자가 아닌 자'에 의하여 소집되고, '적법한 소집절차'도 없이 개최되어 한 것이라면 그 결과가 설사 '적법한 소집통지를 받지 못한 이사'가 출석하여 반대의 표결을 하였던들 이사회결의의 성립에 영향이 없었다고 하더라도 그 이사회결의는 당연무효라 할 것이다.164)

결의의 방법에 하자가 있더라도 결의의 성립에 전혀 영향이 없었던 것이 명백한 때에는 그 결의는 무효가 되지 않는다. 예컨대 결의에 관하여 특별이해관계를 가지는 이사가 의결권을 행사하였거나, 또는 일부의 이사가 전화로써 의결권을 행사한 경우에도 그 이사를 제외한 나머지 이사의 수가 이사 전원의 과반수를 초과하고 결의요건을 충족한 때에는 그 결의는 유효하다.

(2) 이사회결의의 하자와 후속행위

후속행위의 효력을 별도로 다투는 소가 인정될 경우에는 이사회결의의 하자 또는 결여는 그 행위의 하자로 흡수되어 그 행위 자체의 효력이 다투어지게 된다. 예컨대 하자 있는 이사회결의에 의해 소집된 총회의 결의의 경우 그 총회결의의 무효확인소송에 의해 그 효력이 다투어진다.

후속행위는 이사의 업무분담과 같이 순수하게 내부적인 문제에 그치는 경우는 무효이나, 제3자와의 계약과 같이 대외적인 거래는 상대방이 악의 또는 과실인 경우에 한하여 무효이다.165)

---

163) 대법원 1982. 7. 13. 선고 80다2441 판결
164) 대법원 1987. 3. 24. 선고 85누973 판결
165) 대법원 1995. 4. 11. 선고 94다33903 판결

4. 의사록의 작성

이사회의사록에는 의사의 경과, 주요 논의내용 및 결과를 기재하고 의장 및 출석한 이사 및 감사가 서명하여야 한다. 공인속기사가 작성한 속기록 또는 의사록은 이사회의사록으로 본다(서울시 재개발 표준정관 제32조 제2항).

'경과, 요령' 이란 개회, 의안의 상정과 토의 및 표결 그리고 폐회에 이르는 절차의 진행과정을 말하며, '결과' 란 결의의 결과 즉 상정한 안의 가결 여부를 말한다.

이사회 의사록에 기재하여야 할 '의사의 경과, 요령 및 결과' 의 문언적 의미를 고려하면 결국 이사회 의사록에는 회의의 진행 과정, 회의의 가장 핵심적인 내용(要領) 및 회의의 결론을 기재하면 되는 것이고, 그 문언적 해석 범위를 확장하여 참석자들의 세세한 발언 요지까지 기재할 것을 요구하는 것은 아니다.[166]

조합은 이사회를 개최한 경우 이사회 의사록 및 관련 자료를 청산시까지 보관하여야 한다. ① 용역(변경)계약 및 업체 선정과 관련된 이사회, ② 조합임원・대의원의 선임・해임・징계 및 조합원 자격에 관한 이사회의 경우 위 대의원회의 속기록.녹음 또는 영상자료를 만들어 청산시까지 보관하여야 한다(법 제125조 제1항, 시행령 제94조 제3항).

조합임원은 이사회의 의사록을 조합원이 알 수 있도록 인터넷과 그 밖의 방법을 병행하여 공개하여야 하며, 조합원 또는 토지등소유자의 열람・등사 요청이 있는 경우 15일 이내에 그 요청에 따라야 한다. 이 경우 등사에 필요한 비용은 실비의 범위 안에서 청구인의 부담으로 한다(법 제124조 제1항, 제3항).

---

166) 부산지방법원 2024. 11. 14. 선고 2024노1839 판결, 부산지방법원 동부지원 2024. 5. 30. 선고 2024고정16 판결

Ⅷ. 감사

1. 감사제도

조합은 임원으로 감사를 두어야 하고(법 제41조 제1항), 감사의 수는 1명 이상 3명 이하이어야 한다(시행령 제40조). 감사는 조합장 및 이사의 직무수행에 대한 감독기관으로서 조합의 필요적 상설기관이다.

조합장 또는 이사가 자기를 위하여 조합과 계약이나 소송을 할 때에는 감사가 조합을 대표한다(법 제42조 제3항, 서울시 재개발 표준정관 제16조 제7항)).

감사는 이사회에 출석하여 의견을 진술할 수 있다. 다만 의결권은 가지지 아니한다(서울시 재개발 표준정관 제31조 제1항).

2. 감사의 선임과 종임

감사의 선임방법, 선임행위의 성질, 자격, 원수, 임기 그리고 해임, 퇴임 등은 원칙적으로 이사의 경우와 같다.

3. 감사의 직무

(1) 민법 제67조의 취지

감사는 감독기관으로서 그 직무의 수행을 위하여 필요한 여러 가지의 직무를 가진다. 민법 제67조에 규정된 감사의 직무는 감사의 중요한 직무를 열거한 것에 불과할 뿐 제한적으로 열거한 것이 아니므로, 감사의 직무는 정관에 의하여 또는 총회의 결의에 의하여 그 확대가 가능하다. 그리하여 조합과 이사의 이익이 상반하는 경우에는 감사가 법인의 대표권을 갖는다는 정관의 규정은 유효하다.

조합의 경우에도 감사는 조합의 사무 및 재산상태와 회계에 관한 사항을 감사한다.

(2) 법인의 재산상황을 감사하는 일

감사는 조합의 재산상황을 감사하기 위하여 법인의 회계장부, 서류를 열람할 수 있을 뿐만 아니라 조합의 재산에 영향을 미치는 자산 기타 채권, 채무의 상황에 대하여 직접 검사할 수 있고, 필요한 경우에는 조합장 및 이사에 대하여 재산의 상황에 대한 보고를 요구할 수 있다. 감사는 필요한 경우에 전문적 지식을 겸비한 보조자를 사용할 수 있으나 이는 구체적으로 필요한 사항에 국한하여 인정된다고 할 것이다.

감사는 조합의 사무 및 재산상태와 회계에 관하여 감사하고 정기총회에 감사결과보고서를 제출하여야 한다(서울시 재개발 표준정관 제16조 제4항).

조합은 조합 예산·회계규정 별표 2의 회계처리규정 세칙에 따라 결산보고서를 작성하여 매 회계년도 종료일부터 3개월 이내에 대의원회 의결을 거쳐 총회에 보고하거나 조합원에게 서면보고 하여야 한다. 대의원회 의결을 받은 결산보고서는 의결 후 15일 이내에 정비사업 정보몽땅에 공개하여야 하며, 3개월 이상 조합사무소에 비치하여 조합원들이 열람할 수 있도록 하여야 한다(서울시 재개발 표준정관 제33조 제3항).

감사는 조합원 5분의 1 이상의 요청이 있을 때에는 공인회계사에게 회계감사를 의뢰하여 공인회계사가 작성한 감사보고서를 총회 또는 대의원회에 제출하여야 한다(서울시 재개발 표준정관 제16조 제4항).

조합회계 등 감사의 업무에 관하여 의혹이 있을 경우 공인회계사에게 회계감사를 의뢰토록 하여 의혹을 해소할 수 있도록 한 것이다.

(3) 이사의 업무집행의 상황을 감사하는 일

감사는 조합장 및 이사의 직무집행에 관하여 단순히 대내적인 업무집행사항뿐만 아니라 대외적인 업무집행이라고 할 수 있는 조합장의 대표행위에 대하여도 감사를 하여야 한다. 감사를 함에 있어서 감사는 조합장 및 이사의 업무집행에 대한 형식적인 적법성뿐만 아니라 실질적으로 조합장 및 이사의 업무집행이 조합의 목적에 비추어 합당한가 하는 타당성도 감사하여야 한다.

감사는 조합의 사무에 관하여 감사하며, 정기총회에 감사결과보고서를 제출하여야 한다(서울시 재개발 표준정관 제16조 제4항).

감사는 임원의 직무위배행위 등으로 인해 감사가 필요한 경우 조합임원 또는 외부전문가로 구성된 감사위원회를 구성할 수 있다. 이 경우 감사는 감사위원회의 의장이 된다(서울시 재개발 표준정관 제16조 제6항).

(4) 부정 등에 대한 총회 보고 등

감사가 재산상황 또는 업무집행에 관하여 부정, 불비를 발견한 경우에 정기총회에서 이에 관한 보고를 하는 것은 감사가 조합장 및 이사의 직무집행에 관한 감독기관이므로 당연하다. 다만 조합은 주무관청의 감독을 받기 때문에 주무관청에도 보고하여야 하는 것이 상법상 주식회사와 다른 점이다.

감사가 보고하여야 할 부정한 사실을 발견하고 이를 총회 또는 주무관청에 보고하지 않거나 사실 아닌 보고를 하거나 부정사실을 은폐한 때에는 과태료에 처한다(민법 제97조 제4호).

감사는 조합의 재산관리 또는 업무집행이 공정하지 못하거나 부정이 있음을 발견하였을 때에는 대의원회 또는 총회에 보고하여야 한다(서울시 재개발 표준정관 제16조 제5항).

(5) 부정 등을 보고하기 위한 총회 소집

감사가 재산상황 또는 업무집행에 관하여 부정, 불비를 발견한 경우에 그 사실을 보고하기 위하여 총회를 소집할 수 있다.

다만 감사가 부정, 불비한 사실을 발견하였더라도 그 내용이 경미하여 정기총회의 개최를 기다려 보고하여도 조합의 이익을 해하지 않는 경우에는 임시총회를 소집할 필요가 없다. 즉 임시총회의 소집은 부정, 불비한 사실로 인하여 조합의 이익이 현저하게 해할 것으로 우려되고 조속한 조치가 필요한 경우에 소집하여야 한다.

감사가 조합장에게 조합의 재산관리 또는 조합의 업무집행이 공정하지 못하거나 부정이 있는 사실을 보고하기 위해 대의원회 또는 총회의 소집을 요구할 수 있다. 이 경우 감사의 요구에도 조합장이 소집하지 아니하는 경우에는 감사가 직접 대의원회를 소집할 수 있으며 대의원회 의결에 의하여 총회를 소집할 수 있다. 이 경우 감사가 대의원회와 총회의 소집 및 진행을 할 때에는 조합장의 권한을 대행한다(서울시 재개발 표준정관 제16조 제5항).

Ⅸ. 법원의 결정에 의한 임원의 직무정지

1. 임시의 지위를 정하기 위한 가처분

당사자간에 현재 다툼이 있는 권리 또는 법률관계가 존재하고, 그에 대한 확정판결이 있기까지 현상의 진행을 그대로 방치한다면 권리자가 현저한 손해를 입거나 급박한 위험에 처하는 등 소송의 목적을 달성하기 어려운 경우에 그로 인한 위험을 방지하기 위해 잠정적으로 권리 또는 법률관계에 관하여 임시의 지위를 정하는 보전처분이 '임시의 지위를 정하기 위한 가처분'이다(민사집행법 제300조 제2항).[167)]

임시의 지위를 정하는 가처분은 권리관계에 다툼이 있는 경우에 권리자가 당하는 위험을 제거하거나 방지하기 위한 잠정적이고 임시적인 조치로서 그 분쟁의 종국적인 판단을 받을 때까지 잠정적으로 법적 평화를 유지하기 위한 비상수단이다.

임시의 지위를 정하기 위한 가처분에서 채무자가 될 수 있는 자는 채권자가 주장하는 법률상 지위와 정면으로 저촉되는 지위에 있는 자에 한정되므로, 단체의 대표자 선임 결의의 하자를 이유로 한 직무집행정지 가처분에 있어서는 대표자 개인(조합장, 이사)만이 채무자가 되고, 단체(조합)는 당사자 적격을 갖지 못한다.[168)]

조합은 조합 경비에서 당해 직무집행정지가처분 사건의 피신청인인 조합장의 소송비용을 지급하더라도 이는 조합의 업무수행을 위하여 필요한 비용을 지급한 것에 해당하고, 조합의 경비를 횡령한 것이라고는 볼 수 없다.[169)]

법인 이사의 직무집행을 정지하는 가처분을 하거나 그 가처분을 변경.취소하는 경우에는 주 사무소와 분사무소가 있는 곳의 등기소에서 이를 등기하여야 한다(민법 제52조의 2).

---

167) 대법원 2007. 1. 25. 선고 2005다11626 판결
168) 대법원 1997. 7. 25. 선고 96다15916 판결 등 참조
169) 대법원 2003. 5. 30. 선고 2003도1174 판결

법원사무관등은 법원이 법인의 대표자 그 밖의 임원으로 등기된 사람에 대하여 직무의 집행을 정지하는 가처분을 하거나 그 가처분을 변경.취소한 때에는 법인의 주사무소 및 분사무소 또는 본점 및 지점이 있는 곳의 등기소에 그 등기를 촉탁하여야 한다(민사집행법 제306조).

2. 피보전권리와 본안소송

(1) 조합임원에 대한 직무집행정지가처분

① 조합임원 선임절차의 하자, ② 조합임원의 조합원의 자격상실, ③ 조합임원의 정관에 의한 자격정지사유의 발생, ④ 조합임원의 도시정비법 제43조 제1항의 결격사유의 발생, ⑤ 해임절차에 의한 조합임원의 해임이라는 사유 등이 있는 경우 조합원은 법원에 총회결의 무효확인소송 등을 제기하면서 해당 임원에 대한 직무집행정지가처분을 신청할 수 있다.[170]

그러나, 조합임원의 직무집행과정에서의 무능력과 비위사실 등은 직무집행정지가처분의 사유로 인정되기 어렵다.

(2) 임원선임결의 하자와 직무집행정지가처분

민법상 법인의 이사 직무집행정지 및 직무대행자선임 가처분이 발령되면 법원의 촉탁에 의해 그 사항이 법인등기부에 등재되어 외부에 공시됨으로써 제3자에 대한 대항력을 갖추게 되고(민법 제52조의2, 제54조 제1항, 민사집행법 제306조) 이로써 거래 안전의 보호를 도모할 수 있다.

이에 반해, 이사 선임결의의 효력정지가처분에 관해서는 그에 대응하는 등기절차가 법문에 규정되어 있지 아니하여 이를 법인등기부에 공시할 수 없고, 따라서 법인과 거래하는 제3자의 안전을 해할 가능성이 높아지게 된다.

따라서, 민법상 법인의 이사 선임 결의에 하자가 있는 경우에는 당해 이사 개인을 상대로 한 '직무집행정지 가처분'을 통해 권리 구제를 받을 수 있

170) 대법원 2000. 2. 11. 선고 99다30039판결

고, 만연히 법인을 상대로 한 선임결의의 효력정지가처분은 허용되지 않는다.[171)]

(3) 임원의 지위 부존재 확인을 본안으로 한 직무집행정지가처분

임원이 임기중에 사임하였거나 임기가 만료된 경우, 정관 소정의 자격을 상실한 경우, 임원의 지위에서 해임되었음에도 이를 부정하면서 임원의 권한을 행사하고 있는 경우에 새로운 임원이 선임되었다면 그 임원(대표자인 경우 단체가 직접)이 직접 종전 임원을 상대로 직무수행방해금지 등의 가처분을 구할 수 있다.

임기만료나 사임사실에 관하여는 다툼이 없으나, 후임 임원의 선임절차를 밟지 않고 퇴임임원으로서의 업무수행권을 내세워 불법적으로 또는 부당하게 업무를 수행하는 경우에는 퇴임 임원으로 하여금 법인 등의 업무를 수행케 함이 부적당하다고 인정할 만한 특별한 사정이 있다고 보아, 직무집행정지가처분이 가능하다.[172)]

조합원이 임기가 만료된 조합장의 직무수행금지를 소구할 경우 법원은 단지 민법 제691조 만을 근거로 이를 배척할 수 없다.[173)]

(4) 해임청구권에 의한 직무집행정지 가처분신청

형성의 소는 기존 법률관계의 변경, 형성의 효과를 발생함을 목적으로 하는 것으로서, 법률에 특별한 규정이 있는 경우에 한하여 허용된다. 대표자의 불법행위를 이유로 그 해임을 청구하는 소송은 형성의 소에 해당한다. 민법상 법인의 이사 등의 경우에는 행임청구권에 관한 명문의 규정이 없으므로, 조합장의 의 부정행위(또는 해임청구)를 피보전권리로 하는 직무집행정지가처분은 허용되지 않는다.[174)]

단체의 규약이나 정관 등에 단체임원의 해임을 청구할 수 있는 근거규정이

---

171) 서울고등법원 2010. 6. 21. 자 2009라2534 결정
172) 대법원 1996. 12. 10. 선고 96다37206 판결
173) 대법원 2003. 7. 8. 선고 2002다74817 판결
174) 대법원 2001. 1. 16. 선고 2000다45020 판결, 대법원 2020. 4. 24.자 2019마6918 결정

있는 경우에는 직무정지가처분이 허용되어야 한다는 소수견해도 있으나, 법원의 실무는 부정설에 따라 해임청구권 보전을 위한 직무집행정지가처분을 받아들이지 않고 있다.[175]

3. 보전의 필요성

(1) 의의

보전처분은 소송에 의하여 권리의 존부가 확정되기 전에 그 집행을 보전하여 주고자 하는 제도이므로, 채무자에게 큰 불편을 주게 된다. 그러므로 보전처분은 채무자에게 그와 같은 불편을 감수시키더라도 집행을 보전하기 위하여 미리 보전처분을 하여야 함이 꼭 필요하다고 하는 경우가 아니면 함부로 발령해서는 안 된다.

(2) 보전의 필요성 사유

민사집행법 제300조 제2항은 임시의 지위를 정하기 위한 가처분의 필요성에 관하여 "현저한 손해를 피하거나 급박한 위험을 막기 위하여 또는 그 밖의 필요한 이유가 있을 경우에 하여야 한다."라고 규정하여 현재의 위험방지가 주목적임을 밝히고 있다.

현저한 손해는 본안판결의 확정까지 기다리게 하는 것이 가혹하다고 생각되는 정도의 불이익 또는 고통을 말하고, 이는 직접 및 간접의 재산적 손해뿐만 아니라 명예, 신용 그 밖의 정신적인 손해와 공익적인 손해를 포함한다.[176] 손해가 현저하다고 하기 위해서는 가처분에 의하여 채무자가 입는 손해 내지 불이익에 비하여 채권자가 얻는 이익이 현저하게 클 것을 요한다.

급박한 위험은 현재의 권리관계를 곤란하게 하거나 무익하게 할 정도의 강박.폭행을 말한다. 그 밖의 필요한 이유는 현저한 손해를 피하거나 급박한 위험을 막는 것에 준하는 정도의 이유를 말한다.[177]

175) 서울중앙지방법원 2008. 4. 1. 자 2008카합524 결정 등
176) 대법원 1967. 7. 4. 선고 67마424 결정

(3) 판단기준

임시의 지위를 정하기 위한 가처분이 필요한지 여부는 당해 가처분 신청의 인용 여부에 따른 당사자 쌍방의 이해득실관계, 본안소송에 있어서의 장래의 승패의 예상, 그 밖의 제반 사정을 고려하여 합목적적으로 결정하여야 할 것이다.[178]

단체의 대표자 선임 결의의 하자를 원인으로 직무집행을 정지하는 가처분에 있어서는 장차 신청인이 본안소송에서 승소하여 적법한 선임 결의가 다시 행하여질 경우에 피신청인이 다시 대표자로 선임될 개연성은 없는지의 여부도 참작하여야 한다.[179]

본안소송인 총회결의무효확인소송에서 가처분채권자가 패소한 경우 법원은 사정변경을 이유로 가처분 결정을 취소할 수 있다.[180]

(4) 법원의 심리

임시의 지위를 정하기 위한 가처분은 본안판결 전에 채권자에게 만족을 주는 경우도 있으므로, 채무자의 고통 또한 크다 할 것이므로, 원칙적으로 변론기일 또는 채무자가 참석할 수 있는 심문기일을 열어야 한다(민사집행법 제304조).

가압류 또는 다툼의 대상에 관한 가처분에서는 채무불이행 등의 사유만 소명되면 보전의 필요성이 인정되나, 임시의 지위를 정하기 위한 가처분에서는 그 보존의 필요성을 인정할 만한 특별한 사정의 소명이 없는 한 가처분신청을 배척하는 예가 많다.

---

177) 대법원 1967. 7. 4. 선고 67마424 결정
178) 대법원 2007. 1. 25. 선고 2005다11626 판결
179) 대법원 1997. 10. 14. 선고 97마1473 결정, 대법원 1993. 2. 12. 선고 92다40563 판결
180) 대법원 2008. 11. 27. 자 2007마1470 결정

4. 직무대행자의 선임 등

(1) 임시조합장 등의 선임 청구

조합임원의 선임을 위한 총회결의무효확인소송이 확정되고, 새로운 임원이 없을 경우 이해관계인은 민법 제63조에 근거하여 임시 조합장 또는 조합임원의 선임을 법원에 청구할 수 있다.

민법 제63조에서 임시이사의 선임을 신청할 수 있는 '이해관계인'이라 함은 임시이사가 선임되는 것에 관하여 법률상의 이해관계가 있는 자로서 그 법인의 다른 이사, 사원 및 채권자 등을 포함한다.

민법 제63조에서 임시이사 선임의 요건으로 정하고 있는 '이사가 없거나 결원이 있는 경우'라 함은 이사가 전혀 없거나 정관에서 정한 인원수에 부족이 있는 경우를 말하고, '이로 인하여 손해가 생길 염려가 있는 때'라 함은 통상의 이사선임절차에 따라 이사가 선임되기를 기다릴 때에 법인이나 제3자에게 손해가 생길 우려가 있는 것을 의미한다.[181]

(2) 직무대행자의 선임

대표자의 직무집행이 정지되어 대표자의 직무를 행할 자가 없다든가 이사의 직무집행을 정지하여 정족수에 미달되게 된 경우에 직무대행자를 선임하게 된다. 법원은 직무대행자의 지정권을 가지며, 법원의 자유재량에 의하여 적당한 자를 직무대행자로 선임한다. 법원은 다툼이 있는 자들과 무관한 중립적인 사람을 직무대행자로 선임하고 있다.

임시조합장 선임신청사건은 비송사건으로서 일단 효력이 생긴 비송사건의 결정이 사후에 취소되더라도 권리관계의 형성을 목적으로 하는 비송사건 본래의 성질에 비추어 특별한 사정이 없는 한 소급효는 인정되지 아니한다. 따라서 법원의 선임결정에 의하여 선임된 임시조합장이 그 선임결정이 취소되기 전에 개최한 총회에서의 결의는 그 후에 법원의 선임결정이 취소되었다고 하여 당연 무효가 된다고 볼 수 없다.[182]

---

181) 대법원 2009. 11. 19. 자 2008마699 전원합의체 결정
182) 서울고등법원 2001. 7. 14.자 2009라2485 결정

직무대행자를 선임하는 가처분결정이 있는 경우 주 사무소와 분사무소가 있는 곳의 등기소에 이를 등기하여야 한다(민법 제52조의2, 민사집행법 제306조).

당사자는 직무대행자의 변경 내지 개임신청권이 인정되지 않으므로, 당사자의 직무대행자 개임청구는 법원의 직권발동을 촉구하는 것에 불과하다.

(3) 직무집행정지결정시 본안소송의 대표자

단체의 대표자에 대해 직무집행정지 및 직무대행자선임 가처분이 된 경우에는, 그 가처분에 특별한 정함이 없는 한 그 대표자는 그 본안소송에서 그 단체를 대표할 권한을 포함한 일체의 직무집행에서 배제되고 직무대행자로 선임된 자가 대표자의 직무를 대행하게 된다. 따라서 본안소송에서 그 단체를 대표할 자도 직무집행을 정지당한 대표자가 아니라 대표자 직무대행자로 보아야 한다.[183]

5. 법원이 선임한 직무대행자의 직무범위

직무대행자의 직무범위는 조합의 통상업무에 속하는 범위 내에 한정된다.[184] 다만 법원의 허가를 얻은 경우에 한하여 통상업무 이외의 업무(직무대행자의 보증, 조합 임원의 변경 등)를 할 수 있다(민법 제60조의2). 직무집행정지가처분을 발령한 법원은 통상사무를 벗어난 직무대행자의 권한행사를 허용할 것인지를 후견적 입장에서 상무외 행위허가 여부를 결정하게 된다.

법원은 직권으로 가처분신청의 목적을 달성함에 필요한 처분을 할 수 있으므로 가처분법원은 직무대행자의 직무권한의 범위에 관하여 가처분의 목적달성에 필요한 제한을 가할 수 있다.[185]

법원이 당해 상무외 행위를 허가할 것인지 여부는 일반적으로 당해 상무외

183) 대법원 1995. 12. 12. 선고 95다31348 판결
184) 대법원 2000. 2. 11. 선고 99두2949 판결, 대법원 1995. 4. 14. 선고 94다12371 판결
185) 대법원 1982. 12. 14. 선고 81다카1085 판결

행위의 필요성과 조합의 경영과 업무 및 재산에 미치는 영향 등을 종합적으로 고려하여 결정하여야 한다.[186]

직무대행자가 법원의 허가없이 통상사무 이외의 사무를 한 경우에도 조합은 선의의 제3자에 대하여 책임을 진다(민법 제60조의2 제2항).

① 인가를 받았던 사업시행계획을 변경하는 것, ② 임원 선임에 관한 정관 및 선거관리규정을 변경하는 것 등은 '정비사업조합을 종전과 같이 그대로 유지하면서 관리하는 한도 내의 통상업무에 속하는 사무'라고 볼 수 없다.[187]

다만 ① 기존의 정관 및 선거관리규정에 따라 새로운 조합장을 선출하는 것, ② 조합원 총회에 2008년도 결산을 보고하고 2009년도 예산안의 승인을 얻는 것은 통상업무에 속하는 사무라 할 것이다.

재건축조합이 이주를 거부하는 사업구역 내의 아파트 소유자 등과 사이에 해당 아파트를 감정가에 의하여 매수하기로 한 합의가 조합장 직무대행자가 할 수 있는 조합의 통상업무 범위 내에 속하는 행위라고 판시한 사례[188]도 있다.

직무대행자가 관리처분계획안 수립 승인을 위한 조합원총회를 소집함에 있어 법원의 허가를 받아 진행한 사례가 있다.

6. 직무대행자의 대행기간 등

(1) 직무대행자의 직무대행기간

가처분재판에 의하여 법인 등 대표자의 직무대행자가 선임된 경우 위 직무대행자는 사정변경 등을 이유로 가처분결정이 취소되기 전까지 직무대행권한을 가진다.

재건축조합의 조합장에 대하여 직무집행을 정지하고 직무대행자를 선임하는

186) 대법원 2008. 4. 14. 자 2008마277 결정
187) 서울서부지방법원 2009. 7. 6.자 2009카합1347 결정
188) 대법원 2000. 2. 22. 선고 99다62890 판결

가처분결정이 있은 후 그 직무대행자에 의하여 소집된 임시총회에서 직무집행이 정지된 종전 조합장이 다시 조합장으로 선임되었다 하더라도 위 가처분결정이 취소되지 아니한 이상 직무대행자만이 적법하게 조합을 대표할 수 있고, 다시 조합장으로 선임된 종전 조합장은 그 선임결의의 적법 여부에 관계없이 대표권을 가지지 못한다.[189]

가처분에 의하여 직무 집행이 정지된 대표자 등은 사정변경을 이유로 그 가처분의 취소신청을 할 수 있고, 법원의 가처분취소결정이 있은 이후부터 직무집행이 정지된 조합장 또는 새로 선임된 조합장은 대표권을 가진다.[190] 다만 가처분 사건의 당사자가 될 수 없는 법인 등은 그 가처분취소신청을 할 수 없다.[191]

(2) 본안소송의 확정과 직무대행자의 임기 종료

본안소송인 총회결의무효소송에서 가처분채권자가 승소하여 그 판결이 확정된 경우 법원이 선정한 직무대행자는 직무집행 정지 기간의 정함이 없는 경우에도 본안승소판결의 확정과 동시에 당연히 효력을 상실한다.[192]

본안판결의 확정으로 직무집행정지 가처분결정의 종기가 도래하여 직무대행자가 그 권한을 행사할 수 없게 되는 경우에는 사전에 발령된 상무외 행위허가를 기초로 하여 직무대행자의 권한행사도 더 이상 허용될 수 없다.

직무대행자가 법인 등 단체의 임원으로서의 직무를 행사할 수 있는 것은 해당 단체와의 위임 관계에 기초한 것이 아니라 강제력을 갖는 법원의 직무대행자 선임결정에 의한 것이므로 직무집행정지 가처분결정의 효력 상실로 인해 직무대행자의 권한이 소멸한 이후에 위임관계 종료 시의 긴급처리를 규정한 민법 제691조를 근거로 새로운 임원 선임 시까지 직무대행자가 그 직무를 집행할 수 있다고 보기는 어렵다.

---

189) 대법원 2000. 2. 22. 선고 99다62890 판결, 대법원 1995. 12. 12. 선고 95다31348 판결, 대법원 2004. 7. 22. 선고 2004다13694 판결, 대법원 2010. 2. 11. 선고 2009다70395 판결 등
190) 대법원 1995. 3. 10. 선고 94다56708 판결
191) 대법원 1997. 10. 10. 선고 97다27404 판결
192) 대법원 1989. 5. 23. 선고 88다카9883 판결, 서울고등법원 2010. 8. 16.자 2010라1056 결정

7. 직무정지된 조합장이 체결한 계약의 효력 등

(1) 직무정지된 조합장의 법률행위

법원의 직무집행정지 가처분결정에 의해 대표권이 정지된 조합장은 가처분 취소시까지 가처분명령에 특별히 정함이 없는 한 대외적 및 대내적으로 법률적 및 사실적 직무집행의 권한이 절대적으로 금지된다.[193] 그리하여 이러한 가처분명령에 위반하여 한 행위는 무효이고, 후에 가처분이 취소·변경되었다 하어도 그 효력이 새로이 생기는 것은 아니다.

직무집행정지가처분결정에 의해 회사를 대표할 권한이 정지된 대표이사가 그 정지기간중에 체결한 계약은 절대적으로 무효이고, 그후 가처분 신청의 취하에 의하여 보전집행이 취소되었다고 하더라도 집행의 효력은 장래를 향하여 소멸할 뿐 소급적으로 소멸하는 것은 아니다. 즉 가처분신청이 취하되었다하여 무효인 계약이 유효하게 되지는 않는다.[194]

(2) 직무대행자선임결정 취소전 새로 선임된 조합장의 법률행위

조합장의 직무집행정지 및 직무대행자선임의 가처분이 이루어진 이상 그 후 조합장이 해임되고 새로운 조합장이 선임되었다 하더라도 가처분결정이 취소되지 아니하는 한 직무대행자의 권한은 유효하게 존속한다. 반면 새로이 선임된 조합장은 그 선임결의의 적법여부에 관계없이 조합장으로서의 권한을 가지지 못한다.

이 경우 위 가처분은 그 성질상 당사자 사이에서 뿐만 아니라 제3자에게도 효력이 미치므로, 새로이 선임된 조합장이 위 가처분에 위반하여 조합의 대표자의 자격에서 한 법률행위는 결국 제3자에 대한 관계에서도 무효이다. 또한 위 가처분에 위반하여 대표권 없이 대표이사와 법률행위를 한 거래상대방은 자신이 선의였음을 들어 위 법률행위의 유효를 주장할 수 없다.[195]

---

193) 대법원 2008. 8. 21. 선고 2007다79480 판결
194) 대법원 2008. 5. 29. 선고 2008다4537 판결
195) 대법원 2000. 2. 22. 선고 99다62890 판결

제6절 대의원회와 총회

I. 대의원회의 구성 및 운영

1. 대의원회 구성

대의원회를 구성하도록 한 취지는 대의원들로 하여금 조합의 업무집행에 대한 감시 및 견제 기능을 수행하도록 하여 조합 업무를 추진하는데 있어 조합원들의 이해와 요구를 반영하고, 조합업무의 적정성과 공정성을 담보하려는 것이다. 또한 대의원회에서 총회 부의안건에 대한 충분한 토론 및 심의를 거쳐, 조합원들에게 결의를 위한 정보를 제공하는데 그 목적이 있다.

조합원의 수가 100명 이상인 조합은 대의원회를 두어야 하며(법 제46조 제1항), 대의원회는 조합원의 10분의 1 이상으로 하되 조합원의 10분의 1이 100명을 넘는 경우에는 조합원의 10분의 1 범위 안에서 100명 이상으로 구성할 수 있다(법 제46조 제2항). 대의원 수는 도시정비법 제46조 제2항에서 정한 범위안에서 정관이 정하는 바에 의한다(시행령 제44조 제3항).

조합장은 조합을 대표하고 대의원회의 의장이 되며, 조합장이 대의원회의 의장이 되는 경우에는 대의원으로 본다(법 제42조 제1항, 제2항).

2. 대의원의 선임 등

(1) 대의원의 피선임자격

대의원의 피선임자격은 조합원이어야 하고, 조합장을 제외한 조합임원은 대의원 피선임자격이 제한된다(법 제46조 제3항, 시행령 제44조 제1항).

조합은 정관에서 대의원의 피선임자격 또는 결격사유를 추가로 규정할 수

있고, 표준정관과 다른 내용으로 대의원의 자격에 관한 정관규정을 작성할 수 있다.[196]

서울시 재개발 표준정관 제24조 제4항은 "대의원은 후보자 등록 공고일 현재 사업시행구역내 토지 또는 건축물을 ○년 이상 소유한 조합원 중에서 선임한다." 라고 규정하고 있다.

정관 또는 선거관리규정에 따라 대의원 선임시 선거인 ○○인 이상의 추천을 요구하거나 대의원 보궐선임시 대의원 ○○인 이상의 추천을 요구할 수 있다.

(2) 대의원의 선임기관

대의원 수는 동별 또는 단지규모 등을 고려하여 조합원의 10분의 1 이상으로 하며, 동별로 고루 선출하되, 단독주택지의 경우에는 가구별로 균형있게 선출한다.[197]

대의원 자격이 없는 경우, 당연 퇴임하는 경우, 대의원이 자의로 사임한 경우, 대의원이 해임된 경우에는 도시정비법, 정관 및 조합 선거관리규정에 따라 지체없이 새로운 대의원을 선출하여야 한다(제24조 제9항, 제5항, 제7항, 제8항, 제18조 제2항).

대의원의 선임은 총회의 전속적 권한사항이다(시행령 제42조 제1항 제2호). 이에 반해 대의원회에서 대의원의 보궐선임을 할 수 있다(새행령 제24조 제6호).

대의원의 선임 및 보궐선임시 조합은 시장・군수에게 신고하여야 한다(시행령 제31조 제4호).

(3) 대의원 (보궐)선임방법

대의원은 총회에서 조합원 과반수 출석으로 개의하고 출석 조합원 과반수 찬성으로 선임된다. 또는 대의원은 대의원회에서 대의원 과반수 출석으로 개의하고 출석 대의원 과반수의 찬성으로 보궐선임된다.

---

196) 서울고등법원 2010. 11. 23. 선고 2010누18880 판결
197) 서울동부지방법원 2005. 11. 10. 선고 2004가합10174 판결

정관에 “대의원의 입후보자가 선임 또는 보궐선임하려는 대의원 수를 초과하는 경우 선임 또는 보궐선임하려는 임원 수에 이르기까지 다득표순으로 선임할 수 있다.” 고 정할 수 있다.

정관에 “대의원의 입후보자가 선임 또는 보궐선임하려는 대의원 수 이하인 경우에는 득표수에 상관없이 모두 선임 또는 보궐선임된 것으로 본다.” 라고 정할 수 있다.[198)]

서면결의서(투표용지)에 전체 대의원 후보에 대한 찬성과 반대를 표시하도록 하는 것 이외 조합원들로 하여금 각 대의원 후보에 대한 개별적인 찬성, 반대의 의사를 표시할 수 있는 기회를 주는 것이 타당하다.[199)]

대의원의 선임시 조합원이 서면에 의하여 의사표시를 함에 있어 대의원 후보자 각각에 대한 찬반을 묻지 않고, 전원에 대해 찬성과 반대만을 하도록 하거나, 총회 참석자의 의결에 따르도록 양식을 정하였다면 위 서면결의서는 조합원의 선임권을 부당하게 제한한 것으로서 무효라고 볼 수 있다.[200)]

(4) 대의원의 임기 및 연임

서울시 재개발 표준정관 제24조 제6항에 의하면 대의원의 임기를 임원의 임기와 동일하게 정하고 있다.

조합설립을 위한 창립총회에서 선임된 대의원의 임기는 조합설립등기일로부터 개시하고, 그 후임자의 임기는 선임된 날의 다음날부터 개시한다. 다만, 보궐선임된 대의원의 임기는 그 선임된 날부터 전임자의 잔임기간으로 한다(서울시 재개발 표준정관 제24조 제6항, 제15조 제5항).

건설교통부가 보급한 표준정관은 대의원의 임기에 관하여 별도의 규정을 두고 있지 않다. 위 표준정관은 각 조합이 정관을 제.개정함에 있어 일응의 표준이 되는 것이어서 위 표준정관에서 대의원의 임기를 정하지 않았다 하더라도 조합은 적법한 정관변경의 절차를 거쳐 대의원의 임기를 정할 수 있다.[201)]

---

198) 서울특별시 정비사업 표준선거관리규정 제34조 제5항

199) 서울서부지방법원 2008. 7. 18. 선고 2008가합283판결, 수원지방법원 안양지원 2011. 5. 11.자 2011카합61 결정

200) 인천지방법원 2009. 5. 27.자 2009카합464 결정, 의정부지방법원 2011. 5. 18.자 2011카합317 결정, 서울서부지방법원 2010. 7. 28.자 2010카합1137 결정, 수원지방법원 2013. 2. 15.자 2013카합40 결정

대의원의 임기를 정한 경우 대의원의 연임에 관한 내용도 정할 수 있다

대의원회에서 대의원 연임 안건을 총회에 상정하기로 결의한 것은 자신들의 연임을 스스로 의결하는 것이 아니라 연임 안건을 총회에 상정하여 총회로 하여금 연임 여부에 관한 의결을 받는 것인바, 도시정비법 시행령 제44조 제10항의 '이해와 관련된 사항'에 해당되지 않는다.

3. 대의원의 사임 또는 해임 등

(1) 대의원의 사임

대의원이 자의로 사임하고자 하는 경우 조합장에게 그 의사를 서면으로 표시하여야 하며, 조합장은 이를 이사회에 상정하여야 한다. 사임의사를 표명한 대의원은 사임에 대한 이사회 의결이 있거나 후임 대의원이 선임될 때까지 그 임기가 유지되는 것으로 본다(서울시 재개발 표준정관 제24조 제7항).

(2) 대의원의 해임

대의원의 해임은 총회의 의결을 거쳐야 한다(시행령 제42조 제2호). 대의원의 해임을 총회의 의결을 거치도록 한 규정은 정비사업의 시행과정에서 사업의 추진과 관련된 이견(異見)을 보유한 자들 사이에 발생하는 분쟁을 총회라는 공적인 절차를 거쳐 해결하도록 하여 절차적 정당성을 확보하도록 함으로서 분쟁의 발생을 막고, 결과적으로 성공적인 사업시행을 통한 조합원의 이익을 도모하기 위한 것이다.[202]

조합임원이 총회의 결의 없이 대의원회의 결의만으로 대의원을 해임한 경우 조합임원은 도시정비법 제137조 제5호에 의하여 처벌받게 된다.[203]

조합원 5분이 1 이상 또는 대의원 3분의 2 이상의 요구로 조합장이 소집한 총회에서 대의원을 해임할 수 있다. 그러나, 조합원 10분의 1 이상은 총회를

---

201) 서울서부지방법원 2023. 4. 4.자 2023카합50041 결정
202) 서울중앙지방법원 2010. 9. 17. 선고 2010고정2621 판결
203) 서울중앙지방법원 2010. 12. 2. 선고 2010노3748 판결

소집해서 대의원을 해임할 수 없다.

대의원이 특별한 사유 없이 3회 이상 연속으로 대의원회에 참석하지 않거나 관계법령 및 이 정관에 위반하여 조합에 부당한 손실을 초래한 경우에는 해임할 수 있다(서울시 재개발 표준정관 제24조 제8항).

대의원 해임시 해당 대의원에게 총회의 청문 등 소명기회를 부여하여야 하며, 청문 등 소명기회를 부여하였음에도 이에 응하지 아니한 경우에는 소명기회를 부여한 것으로 본다(서울시 재개발 표준정관 제24조 제8항, 제18조 제1항).

(3) 당연 퇴임

대의원 자격을 갖추지 못한 자, 대의원의 결격사유가 있는 자는 별도의 해임절차 없이 그 즉시 당연퇴임한다. 퇴임된 대의원이 퇴임 전에 관여한 행위는 그 효력을 잃지 아니한다(서울시 재개발 표준정관 제24조 제5항, 제17조 제1항, 제2항, 제3항).

대의원이 정비구역내 자신의 부동산을 을에게 매도하고, 정비구역내 또 다른 부동산을 병으로부터 매수하였으며, 같은 날 부동산 매도등기와 매수등기가 이루어진 경우 해당 대의원은 조합원 자격을 유지하므로 대의원 자격도 유지한다.[204]

4. 대의원회의 권한

(1) 대의원회의 총회 권한 대행

총회의 권한 중 대의원회가 대행할 수 있도록 정한 취지는 조합과 그 조합원을 위하여 일정 부분 총회의 권한을 대행하는 대의원회의 의결을 통하여 대의원 다수의 뜻을 모아 신중하게 결정, 처리하기 위한 것이다.[205]

총회의 권한이나 대의원회가 대행할 수 있는 사항은 다음과 같다(법 제45조

---

204) 대구지방법원 2019. 9. 5. 선고 2019가합203051 판결
205) 대법원 2019. 10. 31. 선고 2017다282438 판결

제1항, 시행령 제43조).

① 정관의 변경에 관한 사항중 경미한 사항의 변경의 경우
(법 또는 정관에서 총회의결사항으로 정한 경우 제외)
② 정비사업비의 세부 항목별 사용계획이 포함된 예산안 및 예산의 사용내역
③ 정비사업비의 조합원별 분담내역
④ 사업시행계획 및 관리처분계획 중 경미한 변경
⑤ 이전고시에 따른 조합의 해산과 조합 해산 시의 회계보고
⑥ 청산금이 징수·지급(분할징수·분할지급 포함)
⑦ 도시정비법 제93조에 따른 비용의 금액과 징수방법
⑧ 이사, 감사, 대의원의 보궐선임
⑨ 총회 의결로 정한 예산 범위내에서의 용역 계약

(2) 대의원회 의결사항

대의원회는 다음의 사항을 의결할 수 있다(표준정관 제25조 제1항).

① 예산 및 결산의 승인에 관한 방법
② 총회 부의안건의 사전심의 및 총회로부터 위임받은 사항
③ 조합 업무규정의 개정(서울시)
④ 준공인가 후 소송 제기에 관한 사항

조합의 정관이 총회 부의 안건에 대한 사전심의를 대의원회의 권한으로 정한 취지는 대의원회에서 안건의 적정성 등을 사전에 심사하여 불필요한 안건이 총회에 상정되는 등으로 인한 절차의 낭비를 막고 총회에서 실질적으로 결의가 필요한 안건에 한하여 심의가 이루어지도록 하여 조합원들의 토의권과 결의권 행사를 실질적으로 보장하도록 하기 위한 것이다.[206]

---

206) 부산지방법원 2015. 10. 15.자 2015카합850 결정

5. 대의원회의 소집 및 운영

(1) 대의원회 소집권자

대의원회는 조합장이 필요하다고 인정하는 때에 소집한다(시행령 제44조 제4항).

정관이 정하는 바에 따라 소집청구가 있거나[207] 대의원의 3분의 1 이상이 회의의 목적사항을 제시하여 청구하는 경우 조합장은 해당일부터 14일 이내에 대의원회를 소집하여야 한다(시행령 제44조 제4항). 대의원의 3분의 1 이상의 정수는 정관에서 달리 정할 수 있다(시행령 제44조 제4항 제2호).

조합원 또는 대의원의 요구로 대의원회를 소집하는 경우 조합은 도시정비법 제44조제2항 및 시행령 제41조의2에서 정하는 기준에 따라 소집을 요구한 자가 본인인지 확인하여야 한다(서울시 재개발 표준정관 제25조 제2항, 제20조 제9항).

소집청구가 있는 경우로서 조합장이 해당일로부터 14일 이내에 정당한 이유 없이 대의원회를 소집하지 아니한 때에는 감사가 지체없이 이를 소집하여야 한다. 감사가 대의원회를 소집하지 아니하는 때에는 소집을 청구한 자의 대표가 미리 '시장 · 군수의 승인'을 얻어 대의원회를 소집한다(시행령 제44조 제5항).

감사 또는 대의원회 소집청구 대표자가 대의원회를 소집하는 경우에는 감사 또는 대의원회 소집청구 대표자가 의장의 직무를 대행한다(시행령 제44조 제6항).

소집요구에 따른 대의원회가 개의 정족수를 갖추지 못하였거나 요구 안건이 부결된 때에는 당해 조합원의 소집요구서 및 해당 대의원회에 제출된 서면의 결서 등의 효력은 상실된다(서울시 재개발 표준정관 제25조 제2항, 제20조 제9항).

---

207) 서울시 재개발 표준정관 제25조 제1항 제1호 : 조합원 10분의 1 이상이 대의원회의 목적사항을 제시하여 소집을 청구하는 때

(2) 대의원회 소집통지

대의원회의 소집은 집회 7일전까지 그 회의의 목적 · 안건 · 일시 및 장소를 기재한 서면을 대의원에게 통지하는 방법에 의한다. 이 경우 정관이 정하는 바에 따라 대의원회의 소집내용을 공고하여야 한다(시행령 제44조 제7항).

사업추진상 시급히 대의원회 의결을 요하는 사안이 발생하는 경우에는 회의개최 3일 전에 통지하고 대의원회에서 안건상정 여부를 묻고 의결할 수 있다(서울시 재개발 표준정관 제25조 제4항 단서).

(3) 대의원회의 운영

정관 제23조(총회의 운영 등)는 대의원회에 이를 준용한다(서울시 재개발 표준정관 제27조 제5항).

대의원회는 이 정관 및 의사진행의 일반적인 규칙에 따라 운영하며, 의장은 대의원회의 안건의 내용 등을 고려하여 ① 조합직원, ② 정비사업전문관리업자.시공자 또는 설계자, ③ 그 밖에 의장이 총회운영을 위하여 필요하다고 인정하는 자등 조합원이 아닌 자를 총회에 참석하여 발언하도록 할 수 있다.

의장은 대의원회의 질서를 유지하고 의사를 정리하며, 고의로 의사진행을 방해하는 발언.행동 등으로 총회질서를 문란하게 하는 자에 대하여 그 발언의 정지.제한 또는 퇴장을 명할 수 있다.

이사·감사는 대의원회에 참석하여 의견을 진술할 수 있다(서울시 재개발 표준정관 제27조 제5항).

6. 대의원회 의결방법

(1) 대의원회의 의결방법

대의원회는 사전에 통지한 안건에 관하여만 의결할 수 있다(시행령 제44조 제9항). 회의 개최 3일 전에 통지한 안건에 관하여 대의원회에서 안건상정 여부를 묻고 의결할 수 있다(서울시 재개발 표준정관 제25조 제4항 단서).

사전에 통지하지 아니한 안건으로서 대의원회 회의에서 정관으로 정하는 바에 따라 채택된 안건은 의결할 수 있다(시행령 제44조 제9항). 서울시의 경우 통지하지 아니한 안건에 관하여 재적대의원 과반수가 '직접' 참석하고 직접 참석한 대의원 과반수가 그 채택에 동의하여야 한다(서울시 재개발 표준정관 제25조 제5항).[208]

대의원회는 재적대의원 과반수의 출석과 출석대의원 과반수의 찬성으로 의결한다. 다만, 그 이상의 범위에서 정관이 달리 정하는 경우에는 그에 따른다(시행령 제44조 제8항). 반면 대의원회 결의 요건을 완화할 수 없다.

대의원은 대리인을 통한 출석을 할 수 없다. 다만, 서면으로 대의원회에 출석하거나 의결권을 행사할 수 있으며, 출석으로 본다(서울시 재개발 표준정관 제27조 제3항).

특정한 대의원의 이해와 관련된 사항에 대하여는 그 대의원은 의결권을 행사할 수 없으며(시행령 제44조 제10항), 의결정족수에서 제외된다.

(2) 재적 대의원 수가 법정 최소 대의원 수에 미달된 경우

대의원회는 총회의 의결사항 중 일정한 사항에 대하여 총회를 대신하여 결의할 수 있는 대표기관이자 권한대행기관이다. 관계 법령은 이러한 대의원회의 대표성을 확보·강화하기 위하여 대의원의 최소 인원수를 정하고, 그 대의원의 선임 및 해임에 관해 총회의 의결을 거치도록 정하고 있다.

최소 인원수에 미치지 못하는 대의원으로 구성된 대의원회는 총회의 권한을 대행하여 적법한 결의를 할 수 없다. 법정 최소 인원수에 미달하는 대의원회는 특별한 사정이 없는 한 대의원회에서 대의원을 보궐 선임할 수 없고, 총회의 결의를 통해 선임할 수 있을 뿐이다.[209] 정족수 미달된 대의원회에서 '총회의 권한을 대행하는 안건' (이사의 보궐선임 등)에 관하여 결의하였다면 그 대의원회의 결의는 무효이다.[210]

---

208) 수원지방법원 안양지원 2015. 12. 18. 선고 2013가합102317 판결 : 통지하지 않은 안건에 대한 찬반 표시에는 '안건 상정에 대한 동의'의 의사표시도 포함된 것으로 봄

209) 대법원 2023. 1. 12. 선고 2018다275307, 2018다275314 판결

210) 대구고등법원 2012. 1. 13. 선고 2011나4224 판결, 서울북부지방법원 2018. 9. 18. 선고 2017나39069, 39076 판결(정족수 미달된 대의원회에서 선임된 3인의 대의원 무효 → 위 무효인 3인이 참석한 대의원회의 청산인 9인 선임 결의 무효 → 9인의 청산인회의 대표청산인 선임결의도 무효)

대의원이 사망하면 당연히 대의원 자격을 상실하게 되고, 사망한 당해 대의원은 재적 대의원 수에서 제외된다[211]. 만약 사망한 대의원으로 인하여 법정 대의원 수가 미달하게 되었다면 위 대의원회는 총회결의사항을 대행할 수 없다.

재적 대의원의 수가 도시정비법 제46조 제2항에서 정한 최소 대의원 수에 미달되더라도 법정 최소 대의원 수의 4분의 3 이상인 경우에는 '총회상정을 위한 안건의 사전심의'에 한하여 법정 최소 대의원 수의 과반수 출석으로 개의하고 출석대의원 과반수의 찬성으로 의결할 수 있다(서울시 재개발 표준정관 제27조 제2항)

정족수 미달된 대의원회는 총회의 권한을 대행하는 것이 아닌 안건(선거관리위원회의 구성, 총회 부의안건 심의 등)에 대해서는 의결할 수 있다.[212]

(3) 대의원회 결의로 총회 결의 갈음

총회 소집결과 개의정족수에 미달되는 때에는 재소집하여야 하며, 재소집의 경우에도 개의정족수에 미달되는 때에는 대의원회로 총회를 갈음할 수 있다(서울시 재개발 표준정관 제22조 제9항).

대의원회 결의로 총회를 갈음할 수 있는 사항은 총회의 결의사항중 도시정비법 시행령 제43조의 각 사항은 제외된다(시행령 제43조, 서울시 재개발 표준정관 제22조 제9항).

대의원회가 총회의 의결을 대행하는 경우에는 재적 대의원 3분의 2 이상의 출석과 출석대의원 3분의 2 이상의 동의를 얻어야 한다(서울시 재개발 표준정관 제27조 제1항 단서).

---

211) 서울서부지방법원 2016. 1. 21. 선고 2015가합34291 판결

212) 부산지방법원 2015. 10. 15.자 2015카합850 결정, 유사사례 서울고등법원 2013. 5. 30. 선고 2012나3403 판결

7. 의사록의 작성

대의원회를 개최하는 경우 다음의 기준에 따라 의사록을 작성하고 관리하여야 한다(서울시 재개발 표준정관 제32조 제2항).

① 의사록에는 의사의 경과, 주요 논의내용 및 결과를 기재하고 의장 및 출석한 대의원이 서명하여야 한다.

② 의사록은 회의개최일로부터 15일 이내에 정비사업 정보몽땅에 게시하고 조합사무소에 비치하여 조합원등이 항시 열람할 수 있도록 하여야 한다.

공인속기사가 작성한 속기록 또는 의사록은 의사록으로 보며, 의장 및 출석한 이사 및 감사의 서명을 요하지 않는다.

조합은 대의원회를 개최한 경우 대의원회 의사록 및 관련 자료를 청산시까지 보관하여야 한다. ① 용역(변경)계약 및 업체 선정과 관련된 대의원회, ② 조합임원·대의원의 선임·해임·징계 및 조합원 자격에 관한 대의원회의 경우 위 대의원회의 속기록.녹음 또는 영상자료를 만들어 청산시까지 보관하여야 한다(법 제125조 제1항, 시행령 제94조 제3항).

조합임원은 대의원회의 의사록을 조합원이 알 수 있도록 인터넷과 그 밖의 방법을 병행하여 공개하여야 하며, 조합원 또는 토지등소유자의 열람·등사 요청이 있는 경우 15일 이내 이에 응하여야 한다. 이 경우 등사에 필요한 비용은 실비의 범위 안에서 청구인의 부담으로 한다(법 제124조 제1항, 제4항).

Ⅱ. 총회의 의의 및 권한

1. 조합원 총회

조합에는 의사결정기관으로서 총회가 있다. 총회는 전 조합원으로 구성되는 의결기관이며(법 제44조 제1항), 반드시 두어야 하는 필요기관이므로, 정관의 규정에 의하여서도 폐지할 수 없다.

총회는 정관의 변경, 법인의 해산 등을 비롯하여, 조합에 관한 중요한 사항에 대하여 의사를 결정하는 기관이며, 정관으로 이사 또는 기타 임원에게 위임한 사항을 제외한 모든 사항에 대한 결정권한이 있다는 점에서 최고의 의사결정기관이라 할 수 있다.

총회는 정기총회와 임시총회로 구분된다(서울시 재개발 표준정관 제20조 제2항).

정기총회는 매년 1회, 당해 회계연도 종료일 전에 개최하여 다음 회계연도의 정비사업비의 세부 항목별 사용계획이 포함된 예산안을 의결하여야 한다. 다만, 부득이한 사정이 있는 경우에는 대의원회 의결을 거쳐 ○월 이내의 범위안에서 그 사유와 기간을 명시하여 변경할 수 있다(서울시 재개발 표준정관 제20조 제3항).

'서울특별시 정비사업 조합 등 표준 예산·회계규정' 제19조 제1항은 "조합등은 부득이한 사유로 회계연도 개시 전까지 당해 연도 예산이 성립되지 아니한 때에는 전년도 동기간 예산에 준하여 집행할 수 있다" 고 규정하고 있다. 즉 당해 연도 예산은 회계연도 개시 전에 성립되는 것을 전제로 하고 있다.

그런데 조합예산을 위한 임시총회를 잘 개최하지 않는 현실에서 정기총회마저 새 회계연도에 개최하도록 함으로써, 정기총회에서 예산이 의결될 때까지는 준예산을 집행해야 하는 문제가 매번 발생한다.

따라서 대한민국국회처럼 매번 개최하여야 하는 정기총회를 회계연도 개시 전에 개최하도록 하여 그때 예산에 대한 의결이 이루어질 수 있도록 하고, 그

럼에도 부득이 해를 넘기는 경우에는 대의원회 의결로 준예산을 집행하도록 하는 것이 바람직하다.

임시총회는 조합장이 필요하다고 인정하는 경우에 개최한다. 다만, ① 조합원 1/5 이상의 소집요구, ② 대의원 2/3 이상 소집 요구 등의 경우 조합장은 해당일로부터 2월 이내에 총회를 소집하여야 한다(서울시 재개발 표준정관 제20조 제4항).

2. 총회의 권한

총회는 정관으로 이사 또는 기타 임원에게 위임한 사항을 제외하고는 조합의 직무에 속하는 모든 사항에 관하여 결정권을 갖는다(민법 제68조). 총회는 조합의 최고의사결정기관으로서 조합과 관련된 업무에 관하여 폭넓은 범위에서 의결할 수 있는 자율성과 형성의 재량을 가진다.

그러나 이러한 자율성과 재량이 무제한적인 것일 수는 없다.[213] 강행규정에 위반하는 사항, 사회질서에 반하는 사항, 법인의 본질에 반하는 사항을 결의할 권한은 없다.

총회는 조합원의 고유권을 박탈하는 결의를 할 수 없는바, 재건축조합의 정기총회에서 재건축사업에 반대한 조합원에게 신축아파트 추첨권을 주지 않기로 한 결의는 무효이다.[214]

총회는 조합의 의사결정을 위하여 결의를 할 수 있을 뿐이고 집행기관은 아니므로, 총회 의결의 집행은 대표기관인 조합장 또는 집행기관인 이사 등이 하여야 한다. 즉, 총회는 대외적인 대표권이나 내부적인 업무집행권을 갖지 않는다.

법률 또는 정관에 의해 총회의 권한으로 되어 있는 것은 반드시 총회에서 결의하여야 하며, 다른 기관이나 개인에게 위임할 수 없다. 예컨대 정관변경(민법 제42조)과 임의해산(민법 제77조 제2항)은 조합의 최고기관인 총회의 법

213) 대법원 2018. 3. 13. 선고 2016두35281 판결
214) 대법원 1999. 3. 9. 선고 98다60118 판결

정전속사항이므로, 정관에 의하여도 다른 기관의 권한으로 하지 못하며, 이러한 권한은 정관으로도 박탈할 수 없다.

3. 총회 의결사항

(1) 도시정비법상 총회 전속의결사항

총회의 의결을 거쳐야 하는 사항으로서 대의원회가 총회의 권한을 대행할 수 없는 사항은 다음과 같다(법 제45조 제1항, 시행령 제42조 제1항).

① 정관의 변경
(경미한 사항의 변경은 법 또는 정관에서 총회의결사항으로 정한 경우)

② 자금의 차입과 그 방법 · 이자율 및 상환방법

③ 정비사업비의 세부 항목별 사용계획이 포함된 예산안 및 예산의 사용내역

④ 예산으로 정한 사항 외에 조합원에게 부담이 되는 계약

⑤ 시공자 · 설계자 또는 감정평가업자 등의 선정 및 변경에 관한 사항
시장.군수등이 선정.계약하는 가정평가법인등은 제외함.
감정법가법인등 선정 및 변경은 총회의 의결을 거쳐 시장・군수등에게 위탁할 수 있음.

⑥ 정비사업전문관리업자의 선정 및 변경[215)]

⑦ 조합임원의 선임 및 해임

⑧ 정비사업비의 조합원별 분담내역

⑨ 사업시행계획서의 작성 및 변경

⑩ 관리처분계획의 수립 및 변경

⑪ 이전고시에 따른 조합의 해산과 조합 해산시의 회계보고

⑫ 청산금의 징수・지급(분할징수・분할지급 포함)

215) 부산고등법원 2010. 4. 6. 선고 2009나16810 판결 : '시공자와의 청산 및 청산금의 지급·배분 등'을 자문내용으로 한 용역계약은 정비사업전문관리업의 업무에 해당하고, 총회의 결의없이 정비사업전문관리업자를 선정한 행위는 도시정비법의 위반행위에 해당함.

⑬ 도시정비법 제93조에 따른 비용의 금액 및 징수방법
⑭ 조합의 합병 또는 해산에 관한 사항
⑮ 대의원의 선임 및 해임에 관한 사항
⑯ 건설되는 건축물의 설계 개요의 변경
⑰ 정비사업비의 변경
⑱ 도시정비법 또는 정관에 따라 총회에 상정하여야 하는 사항
⑲ 도시정비법 또는 정관에 따라 조합원의 동의가 필요한 사항[216)]

(2) 표준정관상 총회 의결사항

'서울특별시 정비사업 조합 등 표준 행정업무규정', '서울특별시 정비사업 조합 등 표준 예산.회계규정', '서울특별시 정비사업 조합 등 표준 선거관리규정', '서울특별시 정비사업 의사진행 표준운영규정'은 총회에서 조합원의 의결로 제정한다(서울시 재개발 표준정관 제3조).

조합원이 변상할 손해금액과 징수방법 등은 총회의 의결을 얻어 해당 조합원에게 부과한다(서울시 재개발 표준정관 제36조 제6항).

재건축조합은 조합에 막대한 손해를 입힌 조합원을 제명할 수 있고, 위 제명은 총회의 의결을 거쳐야 한다(서울시 재건축 표준정관 제10조 제9항).

4. 총회결의 위반과 계약의 효력

(1) 총회 사전의결의 원칙

도시정비법 제45조 제1항에서 총회의 의결 사항으로 규정한 취지는 조합원들의 권리·의무에 직접적인 영향을 미치는 사항이어서 조합원들의 의사가 반영될 수 있도록 절차적 보장을 하기 위한 것이고 이를 위하여 도시정비법 제137조 제6호에 벌칙 조항을 둔 것이다.

---

216) 법 제45조 제2항, 법 제58조 제3항(존치 또는 리모델링시 건축물 소유자의 동의), 법 제118조 제7항(건설업자와 공동시행을 위한 조합원 과반수 동의), 법 제123조 제2항(사업시행방식 전환과 관리처분계획)

총회의 사전 의결 없이 계약이 체결되어 이행된 경우 원상회복이 어려울 뿐만 아니라 법률관계의 혼란을 초래하고 이러한 상황이 조합원들의 자유로운 의사결정에 방해가 될 수 있다. 따라서 도시정비법 제137조 제6호의 '총회의 의결'은 원칙적으로 사전 의결을 의미한다.[217)]

(2) 총회결의사항의 위반행위 효력

조합의 대표자가 도시정비법 제45조 제1항에 정한 강행규정에 위반하여 적법한 총회의 결의 없이 계약을 체결한 경우에는 상대방이 그러한 법적 제한이 있다는 사실을 몰랐다거나 총회결의가 유효하기 위한 정족수 또는 유효한 총회결의가 있었는지에 관하여 잘못 알았다고 하더라도 그 계약은 무효이다.[218)]

총회결의의 정족수에 관하여 강행규정에서 직접 규정하고 있지 않지만 강행규정이 유추적용되어 과반수보다 가중된 정족수에 의한 결의가 필요하다고 인정되는 경우 가중된 정족수에 의한 총회 결의 없이 체결된 계약은 무효이다. 이 경우 비진의표시 또는 표현대리의 법리가 유추적용될 수 없다.[219)]

재개발조합이 특정 조합원과 사이에, 청산금 지급에 따라 그 조합원에게 부과될 양도소득세와 주민세를 조합에서 부담하기로 하는 약정을 체결하는 경우, 그 약정이 도시정비법 제45조 제1항 제4호 소정의 '예산으로 정한 사항 이외에 조합원의 부담이 될 계약'에 해당되고, 총회의 의결이 없는 한 위 약정은 무효이다.[220)]

조합원 총회의 의결을 거치지 아니하고 상가인테리어공사 도급계약을 체결한 경우 조합임원은 도시정비법 위반으로 처벌받게 되고, 해당 도급계약도 무효이다.[221)]

조합장이 제3자에게 이자채무에 관한 약정을 하였다 하더라도 위 이자채무

---

217) 대법원 2010. 6. 24. 선고 2009도14296 판결, 대법원 2010. 9. 9. 선고 2010도8179 판결, 대법원 2015. 4. 23. 선고 2014도4454 판결

218) 대법원 2011. 4. 28. 선고 2010다105112 판결, 대법원 2013. 5. 23. 선고 2010다64112 판결, 대법원 2016. 5. 12. 선고 2013다49381 판결

219) 대법원 2016. 5. 12. 선고 2013다49381 판결은 '시공자와의 계약에 포함될 내용'의 총회 의결시 도시정비법 제20조 제3항, 제1항 제15호의 규정을 유추적용하여 조합원 3분의 2 이상의 동의를 요한다고 판시한 사안임.

220) 대법원 2001. 3. 23. 선고 2000다61008 판결

221) 대법원 2010. 6. 24. 선고 2009도14296 판결

약정은 조합의 예산으로 정해진 항목과 범위에 포함되지 않고, 총회결의도 없어 무효이며, 소멸시효이익의 포기도 인정하지 않은 사례가 있다.[222)]

(3) 사후 추인

'예산으로 정한 사항 외에 조합원의 부담이 될 계약'으로서 조합원 총회의 사전결의가 필요함에도 그 결의 없이 체결되어 무효인 계약이더라도 이후 조합원 총회를 개최하여 이를 사후적으로 추인하는 것은 가능하다.[223)]

변경계약으로 증액된 공사대금이 사업비 예산안을 초과하는 경우 위 변경계약은 '예산으로 정한 사항 외에 조합원의 부담이 될 계약'에 해당하고, 총회의 의결없이 대의원회 의결만 있는 상태에서 체결된 것이므로, 위 변경계약은 일응 무효이다. 다만 변경계약 이후 총회의 의결을 거쳤다면 위 변경계약은 사후적 추인으로 이낳여 유효하게 된다.[224)]

(4) 자금의 차입에 관한 사항

조합이 자금을 차입하려는 경우에는 사전에 총회에서 ① 차입의 목적과 차입금의 액수 · 이율 · 차입기간 등 차입의 내용을 구체적으로 밝히고 그에 관하여 총회의 의결을 거치거나, ② 조합원들이 자금 차입으로 인해 조합이 부담하게 될 부담의 정도를 예측하고 그에 대한 찬성 · 반대의 의사를 표시할 수 있을 정도로 개략적으로 그 차입에 대해서 밝히고 그에 관하여 총회의 의결을 거쳐야만 한다.[225)]

구체적인 금원의 차용 규모나 그 방법.이율 및 상환방법을 정하지 않고 포괄적이고 추상적인 내용으로 자금 차입에 관한 총회 결의를 하였다면 자금차입에 관한 총회 결의가 있었다고 볼 수 없다.[226)]

이사회 또는 대의원회에서 추후 자유롭게 그 차입의 내용을 결정한 후 그에 따라 자금을 차입할 수 있도록 함으로써 그 차입의 내용에 대해 총회의 의결

222) 울산지방법원 2020. 10. 20. 선고 2017가단63865 판결
223) 대법원 2014. 5. 29. 선고 2013다38961 판결
224) 서울중앙지방법원 2023. 4. 13. 선고 2021가합549171, 2022가합521798 판결
225) 대법원 2010. 6. 24. 선고 2009도14296 판결
226) 의정부지방법원 2022. 9. 6. 선고 2021노1866 판결

을 거치지 않아도 되도록 하는 것은, 비록 총회 스스로 그와 같은 내용을 의결하였다고 하더라도 허용될 수 없다.

따라서 조합이 자금을 차입할 때 그 자금의 차입에 관한 사항을 이사회 또는 대의원회에서 자유롭게 결정할 수 있다는 내용으로 총회에서 의결을 하였더라도 조합은 이사회 또는 대의원회의 의결을 거치는 것만으로는 자금을 차입할 수 없다.[227)]

조합이 자금차입의 방법으로서 타인의 채무에 관하여 연대보증을 하기 위하여도 조합원총회의 의결을 거쳐야 하는바, 조합원총회의 의결을 거쳐야 할 사항에 관하여 그 의결을 거치지 아니한 채 한 대표자의 행위는 그 효력이 없다.[228)]

조합이 자금을 차입한 때에는 자금을 차입한 날부터 30일 이내에 자금을 대여한 상대방, 차입일, 차입액, 이자율, 상환기한 및 상환방법을 기재한 자금차입계약서의 사본을 관할 시장·군수등에게 제출하여야 한다(법 제111조의2, 시행령 제87조의2).

(5) 자금차입관련 사전 총회결의를 인정한 사례

조합은 2014. 12. 30.자 및 2015. 4. 2.자 총회에서 장차 이주비의 차입을 위한 소비대차계약을 체결할 것과 그 금액의 한도는 금융비용이 CD금리 + 3% 이내의 연 이율로 총 201억 원을 넘지 않는 범위 내에서 이루어질 것이라는 점을 밝혀 조합원은 이주비 대출로 인하여 201억 원 범위 내에서 금융비용을 부담하게 될 것임을 충분히 예상할 수 있었다.

그런데 피고인이 비록 이 사건 소비대차계약에서 기존 총회에서 예정한 1,170억 원보다 264억 원을 초과한 총 1,434억 원의 이주비를 대출받는 것으로 약정하였더라도 그로 인한 총 이자가 총회에서 의결한 이주비의 금융비용 201억 원을 넘지 않음은 계산상 명백하다.

오히려 피고인이 총회에서 의결한 예상 이율보다 훨씬 낮은 연 이율 2.98%로 이주비를 대출받음에 따라 그로 인한 이주비의 총 금융비용 역시 총회에서

227) 법제처 2016. 10. 13. 16-0238 해석례
228) 대법원 2002. 3. 26. 선고 2001다83197 판결

예상한 금액보다 감소한 것으로 보일 뿐이다.

따라서 이주비의 대출금액이 얼마이든 그로 인한 조합의 부담은 이자에 국한되고, 그 이자의 총액과 이율의 한도를 이미 총회에서 의결한 후 그 이자와 이율의 한도를 넘지 않는 범위 내에서 이주비를 차용한 이상, 피고인으로서는 조합원의 부담이 될 이 사건 소비대차계약을 체결하기 전에 이미 도시정비법 제137조 제6호에서 정한 총회의 사전 의결을 거쳤다고 볼 여지가 충분하다.[229]

(6) 보류시설 처분

보류지를 분양받을 대상자 중 우선매수 청구권자와 도시정비법, 시행령, 서울시 조례에 따른 토지등소유자의 자격기준에 합당한 자를 제외하고는 사업시행자는 총회의 의결을 거쳐 분양받을 대상자를 결정하여야 한다(서울시 조례 제44조 제2항). 따라서 총회의 의결없이 보류건축시설의 처분은 그 효력이 없고,[230] 이를 추진한 조합임원은 형사처벌을 받게 된다.

조합원총회의 결의내용이 보류건축시설의 처분방법을 구체적으로 특정하지 아니하고 조합장에게 그 처분방법을 개괄적으로 위임하는 등 추상적이고 개괄적이라고 하여 이를 당연무효로 볼 것은 아니다.[231]

229) 대법원 2018. 6. 15. 선고 2018도1202 판결
230) 대법원 1995. 2. 24. 선고 94다31242 판결, 대법원 2001. 3. 23. 선고 2000다72671 판결, 대법원 2009. 6. 25. 선고 2007다28642 판결
231) 대법원 1992. 4. 14. 선고 91도2469 판결

5. 예산으로 정한 사항 이외 조합원의 부담이 될 계약

(1) 도시정비법 제45조 제1항 제4호의 의미

'예산으로 정한 사항 이외에 조합원에게 부담이 되는 계약'은 총회의 의결을 거치도록 한 취지는 정비사업과 관련하여 종종 조합 임원들이 협력업체들과 결탁하여 임의로 정비사업과 관련된 계약을 체결함으로써 조합원들의 권익을 침해하여 온 기존의 관행을 타파하고 정비사업과 관련된 이익을 조합원들에게 귀속시키기 위함이다.

도시정비법 제45조 제1항 제4호에서 규정하는 '예산'이란 '조합의 정관에서 정한 1회계연도의 수입·지출 계획'을 의미한다. '1회계연도내' 정비사업비 예산안에 관하여 총회의결이 없었다면 조합이 정비사업을 추진하는 과정에서 '1회계연도 이전'에 정비사업비의 지출예정액에 관하여 사업비 예산이라는 명목으로 총회의 의결을 거친 적이 있다고 하더라도, 이를 두고 도시정비법 제45조 제1항 제4호에서 규정하는 '예산'이라고 볼 수는 없다.[232]

예산으로 정한 사항 외의 조합원의 부담이 될 계약이라면 그 계약에 따른 채무의 효력이 1회계연도에 한정되고, 그 회계연도 내에 채무의 변제가 완료되는 것이라도 총회의 의결사항에 해당한다.

(2) 총회에서의 안건 의결 정도

정비사업의 성격상 조합이 추진하는 모든 업무의 구체적 내용을 총회에서 사전에 의결하기 어렵다. 위와 같은 점을 고려할 때 사전 총회의 의결시 ① 추진하려는 계약의 목적과 내용, ② 그로 인하여 조합원들이 부담하게 될 부담의 정도를 개략적으로 밝히면 될 것이다.[233]

총회에서 목욕탕 매입계약에 관한 주요 내용을 정한 후 세부내용을 대의원회에 위임하여 시행하기로 의결된 경우 조합장이 대의원회의 의결에 따라 매입계약을 체결한 것은 도시정비법 위반이 되지 않는다.[234]

---

232) 대법원 2015. 5. 14. 선고 2014도8096 판결

233) 대법원 2010. 6. 24. 선고 2009도14296 판결, 대법원 2015. 4. 23. 선고 2014도4454 판결

234) 대법원 2008. 1. 10. 선고 2005도8426 판결

총회에서 용역금액의 증액사유와 증액금액의 최대한도를 의결한 후 조합이 용역업체와 총회에서 의결된 최대한도의 범위내에서 용역대금을 증액하는 계약을 체결한 경우 위 용역변경계약은 총회의 사전결의를 거친 것으로 볼 수 있다.[235)]

(3) 예산의 항목 및 범위내 집행

'예산으로 정한 사항 이외에 조합원에게 부담이 되는 계약'이라 함은 조합의 예산으로 정해진 '항목'과 '범위'를 벗어나서 금원을 지출하거나 채무를 짐으로써 조합원에게 그 비용에 대한 부담이 되는 계약을 의미한다.

총회에서 '예산으로 정한 사항'은 총회의 의결을 거치지 않고, 대의원회의 의결에 따라 계약을 체결할 수 있으나, '예산상 정해진 항목이 아닌 것'을 위하여 조합 예산을 지출하는 것은 그것이 정당한 예비비의 지출로 인정되지 않는 한 원칙적으로 조합원 총회의 의결을 거쳐야 한다.

(4) 입찰 업체의 입찰가격이 예산을 초과하는 경우

입찰한 각 업체들 입찰 가격이 모두 조합이 기존 예산으로 정한 금액을 초과하는 경우, 총회에서 먼저 이주관리업체 관련 예산을 증액하는 의결을 한 후 다시 대의원회 의결을 거쳐 이주관리업체를 선정할 수 있다.

또한 총회에서 곧바로 기존 예산을 초과하는 가격으로 입찰한 이주관리업체를 선정하는 의결을 하는 방법도 가능하다. 이 경우 그 결의는 예산안 증액결의 및 이주관리업체 선정 결의를 한꺼번에 한 것이다.[236)]

(5) 예비비의 사용

조합원 총회 의결을 통하여 정비사업과 관련한 예상하지 못한 사업경비로 예비비를 운용하고, 사업진행에 있어서 필요하고 경미한 집행은 정비사업 전체를 종합하여 일정 금액 한도 내에서 대의원회에 그 권한을 위임할 수 있다.[237)]

---

235) 대법원 2020. 1. 9. 선고 2018다299211 판결
236) 서울고등법원 2023. 6. 20.자 2023라20417 결정
237) 대법원 2009. 3. 12. 선고 2008도10826 판결

예비비 항목의 금원 지출의 경우에도 예산으로 정해진 범위를 벗어나는 금원 지출이나 채무 부담 역시 '예산으로 정한 사항 이외에 조합원에게 부담이 되는 계약'에 해당하여 조합원 총회의 의결을 거쳐야 한다.

따라서 통상적으로 예비비 항목의 예산으로 지출되어 온 업무에 대한 금원 지출 내지 계약 체결이라는 이유만으로 총회 의결 없이 예산으로 정해진 예비비의 범위를 벗어나서 집행할 수 있는 것은 아니다.[238]

변호사 선임비용은 조합의 긴급한 업무수행을 위하여 총회에서 의결된 예산의 범위 내에서 구체적으로 예산을 집행한 것에 불과하고, 예산의 용도가 엄격하게 제한되어 있지 않아 그 항목을 전용하여 지출하는 것도 허용된다.[239]

6. 총회결의의 위반과 형사처벌

(1) 총회의 추인과 형사책임

조합의 임원이 총회의 사전 의결을 거치지 아니하고 도시정비법 제45조 제1항에 해당하는 업무를 수행하였다면 그로써 도시정비법 제137조 제6호에 위반한 범행이 성립된다.

범행 성립시기가 추후에 이루어지는 총회에서 추인 의결이 부결된 때라거나 추후 총회에서 추인 의결이 이루어진다고 해서 그 범행이 소급적으로 불성립하게 된다고 볼 수 없다.[240]

무효인 총회 결의에 의해 설계자를 선정한 것은 총회의 의결을 거치지 아니하고 설계자 선정 사업을 임의로 추진한 행위에 해당하고, 추후 총회의 추인을 받았다 하더라도 달리 볼 수 없다.[241]

---

238) 대법원 2011. 4. 28. 선고 2010다105112 판결
239) 대법원 2010. 10. 28. 선고 2009도13620 판결
240) 대법원 2010. 6. 24. 선고 2009도14296 판결, 대법원 2010. 9. 9. 선고 2010도8179 판결, 대법원 2015. 4. 23. 선고 2014도4454 판결
241) 대법원 2014. 7. 10. 선고 2013도11532 판결

(2) 임원 또는 대의원의 선임(보궐선임 제외) 및 해임

조합임원 또는 대의원의 선임 및 해임을 총회의결사항으로 정한 취지는 정비사업의 시행과정에서 사업의 추진과 관련된 이견을 보유한 자들 사이에 발생하는 분쟁을 총회라는 공적인 절차를 거쳐 해결하도록 하여 절차적 정당성을 확보하도록 함으로써 분쟁의 발생을 막고 결과적으로 성공적인 사업시행을 통한 조합원의 이익을 도모하기 위함이다.242)

형식적으로 총회의 의결을 거쳐 조합임원을 선임・해임하였다 하더라도 그 총회의 결의에 부존재 또는 무효의 하자가 있는 경우에는 특별한 사정이 없는 한, 그 조합임원의 선임・해임은 총회의 의결을 거치지 아니한 것에 해당한다. 따라서 위 총회의 소집을 주체한 임원은 형사처벌을 받게 된다.243)

(3) 정지조건부계약 또는 용역금액의 증가

총회의 사후의결을 정지조건으로 한 정지조건부계약은 사실상 사전의결을 거치지 아니할 것을 예정하고 있고, 조합원들의 절차참여권을 보장을 침해하는 것인바, 정지조건부계약의 경우에도 도시정비법 위반죄의 성립에는 아무런 지장을 초래하지 않는다.244)

설계용역변경계약 당시 ㎡당 단가는 11,500원으로 동일하나 산정기준을 연면적에서 설계면적으로 변경한 사안에서 설계면적이 크게 증가함으로써 설계용역계약 당시 조합원들이 예상하였던 금액보다 상당히 증가한 점에 비추어 총회결의가 필요하다. 따라서 조합 임원이 총회 결의 없이 임의로 설계용역변경계약을 체결한 것은 도시정비법 위반에 해당한다.245)

(4) 조합설립인가의 취소와 형사처벌

조합설립인가처분이 무효이어서 '처음부터 조합이 성립되었다고 할 수 없는 경우'에 그 성립되지 아니한 조합의 조합장, 이사 또는 감사는 도시정비

---

242) 서울중앙지방법원 2010. 9. 17. 선고 2010고정2621 판결, 서울중앙지방법원 2010. 12. 2. 선고 2010노3748 판결

243) 대법원 2009. 3. 12. 선고 2008도10826 판결

244) 부산지방법원 2018. 2. 21. 선고 2017고합68, 2017고합125 판결

245) 서울북부지방법원 2023. 6. 7. 선고 2022고정667 판결

법 제137조 제6호 위반죄의 주체인 조합임원에 해당하지 않는다.[246)]

'조합설립인가 당시의 위법 또는 부당한 하자'로 조합설립인가처분이 행정청에 의해 직권으로 취소되거나 법원의 판결로 취소된 경우 조합설립인가 당시로 소급해 인가처분이 효력을 상실하는바, 이 경우 조합장은 공무원으로 의제되지 않는다.[247)]

조합설립인가의 취소는 강학상 '철회'에 해당되어 조합설립인가가 장래에 향해 소멸된다. 적법한 조합설립인가 이후 '사후적인 사유'로 조합설립인가가 취소된 경우 조합설립인가 취소 이전 총회의 결의를 거치지 않은 조합임원의 행위는 도시정비법 제137조 제6호 위반죄에 해당된다.[248)]

조합 총회의 의결을 거쳐 조합임원으로 선임되었으나, 임원선임을 위한 총회 결의가 무효가 된 경우 해당 임원도 형사처벌 대상이 된다.[249)]

---

246) 대법원 2014. 5. 22. 선고 2012도7190 전원합의체 판결
247) 부산고등법원 2014. 12. 18. 선고 2014노578 판결
248) 대법원 2016. 6. 10. 선고 2015도576 판결
249) 대법원 2024. 9. 13. 선고 2023도16588 판결

Ⅲ. 총회의 소집

1. 온라인 총회

(1) 온라인총회의 도입

온라인 총회란 '정보통신망 이용촉진 및 정보보호 등에 관한 법률' 제2조 제1항 제1호에 따른 정보통신망을 이용한 총회를 의미한다. 조합은 오프라인 총회와 동시에 온라인 총회를 개최할 수 있고, 재난의 발생 등의 경우에는 온란인총회를 단독으로 개최할 수 있다.

온라인총회시 조합원은 직접 총회장소에 가지 않고도 조합 집행부에게 질문을 할 수 있고, 전자적 방법에 의한 의결권을 행사할 수 있다. 온라인총회의 도입으로 인하여 조합원들은 총회의 참석권 뿐만 아니라 의결권 보장에 도움이 될 것으로 예상된다.

(2) (현장)총회와 온라인 총회의 병행

조합은 총회의 의결을 거쳐 총회와 병행하여 온라인총회를 개최하여 조합원이 참석하게 할 수 있다(법 제44조의2 제1항)..

(3) 온라인총회의 단독 개최

다음의 사유가 발생하여 시장 · 군수등이 조합원의 직접 출석이 어렵다고 인정하는 경우 조합은 온라인총회를 단독으로 개최할 수 있다(법 제44조의2 제1항 단서, 시행령 제41조의3 제1항).

① '재난 및 안전관리 기본법' 제3조 제1호에 따른 재난

② '감염병의 예방 및 관리에 관한 법률' 제49조 제1항 제2호에 따른 집합 제한 또는 금지 조치

(4) 온라인총회의 요건

온라인총회는 다음의 요건을 모두 갖추어 개최하여야 한다(법 제44조의2 제

2항, 시행령 제41조의3 제2항).

① 온라인총회에 참석한 조합원이 본인인지 여부를 확인할 수 있을 것

② 온라인총회에 참석한 조합원의 접속 기록 등이 보관되어 실제 참석 여부를 확인 · 관리할 수 있을 것

③ 온라인총회에 참석하는 조합원이 본인 여부의 확인이 가능하도록 다음의 어느 하나에 해당하는 방법에 따른 본인확인 절차를 마련할 것

- '전자서명법' 제8조 제1항에 따른 운영기준 준수사실의 인정을 받은 전자서명인증사업자가 제공하는 본인확인의 방법
- '정보통신망 이용촉진 및 정보보호 등에 관한 법률' 제23조의3에 따른 본인확인기관에서 제공하는 본인확인의 방법

④ 다음의 체계를 모두 갖추어 온라인총회를 개최할 것

- 온라인총회에 참석하는 조합원이 원하는 경우 안건 등에 관하여 의견 제시 및 질의응답을 진행할 수 있는 체계
- 온라인총회의 개최부터 종료까지 조합원이 접속한 기록 및 제시한 의견 내용 등을 확인하고 정관으로 정하는 기간까지 보관할 수 있는 체계
- 온라인총회가 중단 없이 진행될 수 있도록 기술적 보호조치를 확보한 체계
- 총회에 참석한 조합원과 온라인총회에 참석한 조합원을 구분하여 관리할 수 있는 체계

온라인총회의 요건을 모두 충족한 경우 정족수를 산정할 때에는 직접 출석한 것으로 본다.

(5) 온라인총회의 소집통지

조합은 온라인총회를 개최하려는 경우에는 총회의 소집을 통지할 때 다음의 사항을 함께 통지해야 한다.

① 온라인총회의 개최 여부

② 온라인총회에 접속하는 방법

2. 조합장의 총회 소집

(1) 이사회의 총회소집결의

조합장은 총회를 직권으로 소집할 수 있다(법 제44조 제2항).

조합장이 총회를 개최하거나 일시를 변경하는 경우 총회의 목적, 안건, 일시, 장소, 변경사유 등에 관하여 미리 이사회의 의결을 거쳐야 한다(서울시 재개발 표준정관 제20조 제6항). 이사회의 결의없이 조합장이 독단적으로 총회를 소집하는 경우에는 총회결의무효의 원인이 될 수 있다.

(2) 대의원회의 심의

이사회는 조합의 사무집행기관으로서 그 권한도 조합사무의 집행에 한정되고 집행행위에 해당하지 않는 사무는 조합의 의사결정기관인 총회 또는 대의원회로부터 위임받아야 할 수 있음이 원칙이다.

만약 이사회 결의내용이 대의원회에서 내려야 할 의사결정을 갈음하는 내용일 경우 대의원회의 대표성, 구성원의 수, 기능 등에 있어 이사회보다 우위에 있음에 비추어 이사회가 대의원들의 의사결정에 관하여 대의원회의 의결결과와 다른 내용으로 대의원회 또는 총회 개최 여부를 결정할 권한이 없다.[250)]

대의원회의 총회 부의안건 심의권한은 총회에서 조합장 및 임원들을 견제하고 총회가 실질적으로 기능할 수 있도록 보장하기 위한 것이다. 따라서 조합이 이사회의 의결만으로 대의원회의 심의없이 총회에 안건을 상정하여 의결할 경우 위 총회결의는 무효의 원인이 될 소지가 많다.[251)]

(3) 대의원회의 결의를 요하지 않는다고 판단한 사례

재건축조합에 있어서 총회는 최고의사결정기관으로 총회의 다수결은 모든 조합원을 구속하는 반면 위와 같은 대의원회 및 이사회의 심의·의결은 단체 내부의 의사결정에 불과하므로, 총회 상정안건에 관한 대의원회의 및 이사회

---

250) 서울북부지방법원 2010. 7. 23.자 2010카합843 결정

251) 인천지방법원 부천지원 2011. 12. 1. 자 2011카합1009결정은 대의원회의 심의가 없음을 이유로 총회금지가처분신청을 인용하였음.

의 심의·의결을 거치지 않은 것이 총회의 결의를 무효로 할 만한 중대한 절차상의 하자라고 보기 어렵다고 판시한 사례도 있다[252].

조합 최고 의사결정기관인 총회에서는 도시정비법 및 같은 법 시행령에서 총회 전속의결사항으로 정한 사항뿐만 아니라 대의원회에서 의결이 가능한 사항도 당연히 의결할 수 있다. 조합 정관은 총회 개최 시 그 안건에 관하여 이사회 의결을 거치도록 요구하고 있을 뿐, 총회에 상정하는 안건에 대하여 대의원회 의결을 거쳐야 한다는 규정을 두고 있지도 아니하다.

대의원회에서 부결된 안건을 총회에 상정하였다는 사정만으로 법령이나 정관 등에서 정하는 총회 소집절차에서 더 나아가 해당 안건이 대의원회에서 부결되었던 이유 또는 대의원회에서 부결되었는데도 총회에서 다시 의결하여야 할 이유를 알리는 등 추가적인 절차를 더 갖추어야만 한다고 볼 수 없다.[253]

3. 소수 조합원 또는 대의원의 총회소집청구

(1) 소수 조합원 또는 대의원의 총회소집청구

임시총회의 소집요청권은 모든 조합원 각자에게 인정하는 것이 바람직하지만 이를 인정하게 되면 소집요청권의 남용으로 인하여 오히려 조합의 이익과 다른 조합원의 이익도 해하는 결과가 될 것이다.

조합원 5분의 1 이상 또는 대의원 3분의 2 이상에게만 임시총회의 소집요청권을 인정하고 있다. 조합원 10분의 1 이상은 정관의 기재사항 중 조합임원의 권리 · 의무 · 보수 · 선임방법 · 변경 및 해임에 관한 사항을 변경하기 위한 총회의 소집을 요청할 수 있다(법 제44조 제2항).

조합원 5분의 1 이상을 조합원 2/3 이상 또는 조합원 과반수 이상으로 정관을 변경할 경우 소수 조합원의 총회소집청구권을 부당하게 제한하는 것으로서 무효가 될 수 있다.[254]

---

252) 서울고등법원 2007. 6. 7. 선고 2006나38842 판결은 대의원회에서 안건에 관한 심의 결과 의안 자체는 부결되었으나, 일정한 조건을 붙여 일단 총회의 안건으로 상정하기로 의결한 사안임

253) 서울고등법원 2023. 6. 20.자 2023라20417 결정

조합원 10분의 1 이상의 발의로 조합임원의 해임을 위한 총회를 소집하는 경우 발의자 대표로 선출된 자가 소집권자가 되므로(법 제43조 제4항), 별도로 조합장에게 총회의 소집을 요청하지 않아도 된다.

'조합원 5분의 1 이상' 또는 '대의원 3분의 2 이상'의 소집요구는 임시총회 소집잘차 개시의 요건이므로, 소집공고나 통지로 그 소집절차가 개시되기 전까지는 그 요건이 계속 유지되어야 한다. 임시총회 소집요구자는 총회 소집절차가 개시되기 전까지 소집요구에 관한 의사표시를 철회할 수 있다.[255]

(2) 소집청구의 방식 및 소집요구서 재사용 여부

5분의 1 이상의 조합원 또는 3분의 2 이상의 대의원은 조합장에게 총회의 '목적사항'을 제시하여 임시총회의 소집을 청구하여야 한다(서울시 재개발 표준정관 제20조 제4항). 총회소집 요구자는 회의의 목적사항만을 제시하면 되는바, 조합장은 그 목적사항이 타당하지 않거나 조합의 이익에 합치되는지 않는다는 이유로 그 청구를 거절할 수 없다.

임시총회소집청구권의 남용과 소집청구에 관한 분쟁의 방지를 위해 총회소집을 요구하는 자는 총회소집을 '서면'으로 청구하여야 한다.

총회소집발의가 총회의 개최로 그 목적이 달성되었고, 종전 총회소집발의서의 안건과 개최 예정인 총회의 안건이 실질적을 동일하다고 볼 수 없는 경우 종전 총회소집발의서를 재사용할 수 없다.[256]

서울시 재개발 표준정관 제20조 제9항에 의하면 "소집요구에 따른 총회가 개의 정족수를 갖추지 못하였거나 요구 안건이 부결된 때에는 당해 조합원의 소집요구서 및 해당 총회에 제출된 서면의결서 등의 효력은 상실된다."고 정하고 있다.

(3) 총회소집 발의자 본인 확인

조합원 또는 대의원의 요구로 총회를 소집하는 경우 조합은 소집을 요구하

254) 광주지방법원 2021. 1. 21.자 2020비합5047 결정, 대전지방법원 2021. 8. 27.자 2021비합50024 결정

255) 인천지방법원 2019. 11. 1.자 2019카합10278 결정

256) 부산지방법원 서부지원 2022. 7. 29.자 2022카합100142 결정

는 자가 본인인지 여부를 확인하여야 한다.

본인확인 여부는 다음의 기준에 따라 정관으로 정하는 방법으로 한다(법 제44조 제2항, 시행령 제41조의2).

① 총회의 소집을 요구하는 조합원 또는 대의원은 요구서에 성명을 적고 서명 또는 지장날인을 하며, 주민등록증, 여권 등 신원을 확인할 수 있는 신분증명서의 사본을 첨부할 것

② ①호에도 불구하고 총회의 소집을 요구하는 조합원 또는 대의원이 해외에 장기체류하는 등 불가피한 사유가 있다고 인정되는 경우에는 해당 조합원 또는 대의원의 인감도장을 찍은 요구서에 해당 인감증명서를 첨부할 것

(4) 감사에 의한 소집

소수조합원의 총회소집청구 또는 대의원의 총회소집요구가 있는 경우로서 조합장이 2월 이내에 정당한 이유 없이 총회를 소집하지 아니한 때에는 감사가 지체없이 총회를 소집하여야 한다(서울시 재개발 표준정관 제20조 제5항).

감사가 2인 이상인 경우 1인의 감사가 나머지 감사와 공동하지 않은 채 단독으로 총회를 소집하였다 하더라도 특단의 사정이 없는 한 그 총회의 결의가 부존재라거나 무효라고 할 정도의 중대한 하자라고 볼 수는 없다.[257]

(5) 공동명의자의 총회 소집

소수조합원 또는 대의원의 총회소집청구가 있는 경우로서 조합장이 2월 이내 총회를 소집하지 않고, 감사도 총회를 소집하지 않을 경우 총회소집을 청구한 자의 공동명의로 총회를 소집한다.

서울시 재개발 표준정관 제20조 제5항에 의하면 소집을 요구한 자의 대표자가 총회소집에 관한 ○○구청장의 승인을 요구하고 있는바, ○○구청장은 조합원 5분의 1 이상 또는 대의원 3분의 2 이상이 총회를 소집하는 것인지 여부를 확인하여야 한다.

조합장이 아닌 공동명의로 총회를 소집하는 경우에는 이사회의 의결을 거치

---

257) 대법원 1999. 6. 25. 선고 99다10363 판결 유사취지

지 않아도 된다(서울시 재개발 표준정관 제20조 제6항 단서). 또한 공동명의 총회 소집시 대의원회의 심의도 필요없다.[258]

(6) 소수조합원의 총회소집과 조합장의 총회소집

조합원 5분의 1 이상 또는 대의원 3분의 2 이상이 임시총회를 소집할 경우 위 소수조합원 또는 대의원은 조합의 기관으로서 임시총회를 소집하는 것으로 보아야 한다. 따라서 조합장은 위 조합원발의에 의한 총회의 기일과 같은 기일에 다른 임시총회를 소집할 권한이 없다.[259]

만일 조합장이 동일의안에 관하여 총회를 소집하여 결의를 한다면 소집권한 없는 자에 의한 소집으로서 그 결의는 부존재의 사유로 될 수 있다.

소수 조합원이 총회를 소집하였음에도 불구하고 조합장이 소수 조합원이 소집한 총회개최를 방해할 목적으로 그 전날 총회를 개최한 경우 조합장에게 손해배상책임을 인정한 사례가 있다.[260]

(7) 조합임원의 전원 해임된 경우

조합장을 포함한 임원 전원이 해임된 경우 조합원은 법원에 임시조합장의 선임을 청구할 수 있고, 조합원 5분의 1 이상은 법원에 의하여 선임된 임시조합장을 상대로 임시총회의 소집을 청구할 수 있다.[261]

이에 반해 조합장과 감사가 없는 경우 소집을 청구한 사람의 대표가 바로 구청장을 승인을 얻어 총회를 소집할 수 있다고 해석한 사례도 있다.[262]

서울시 재개발 표준정관 제16조 제9항은 "조합장의 직무를 대행할 조합임원이 사임·해임·당연퇴임 등으로 부재한 경우에는 조합원 5분의 1 이상의 요구로 법원의 허가를 얻어 조합장 및 조합임원 선임을 위한 총회를 소집할 수 있다. 이 경우에는 요구자 대표로 선출된 자가 총회의 소집 및 진행에 있어 조합장의 권한을 대행한다."라고 규정하고 있다.

---

258) 서울동부지방법원 2013. 10. 11. 선고 2013가합8418 판결
259) 대법원 1993. 10. 12. 선고 92다50799 판결
260) 대구고등법원 2020. 12. 23. 선고 2019나26589 판결
261) 인천지방법원 2023. 8. 25.자 2023카합10294 결정
262) 서울고등법원 2023. 8. 22.자 2023라20932 결정

4. 시장 · 군수 또는 전문조합관리인의 총회 소집

조합임원의 사임, 해임 또는 임기만료 후 6개월 이상 조합임원이 선임되지 아니한 경우에는 시장 · 군수등이 조합임원 선출을 위한 총회를 소집할 수 있다(법 제44조 제3항). 시장 · 군수는 임원의 선출에 한하여 총회를 소집할 수 있고, 임원의 해임 또는 일반 안건에 관한 총회 소집권을 가지지 않는다.

조합임원이 사임, 해임, 임기만료, 그 밖에 불가피한 사유 등으로 직무를 수행할 수 없는 때부터 6개월 이상 선임되지 아니한 경우 시장.군수 등은 전문조합관리인을 선정할 수 있다(법 제41조 제5항 제1호). 전문조합관리인이 선정된 경우 전문조합관리인이 업무를 대행할 임원은 당연 퇴임한다(법 제42조 제5항). 전문조합관리인이 조합장의 업무를 대행할 경우 위 전문조합관리인은 총회를 소집할 수 있다.

5. 소집의 시기.장소

총회는 정기총회와 임시총회로 구분되고, 정기총회는 매년 1회 개최되며, 임시총회는 조합장의 직권 또는 소수조합원의 발의 등에 의해 개최된다.

서울시 재개발 표준정관 제20조 제3항에 의하면 정기총회의 소집시기를 '당해 회계연도 종료일 전' 으로 정하고 있다. 이에 반해 건설교통부가 보급한 표준정관 제20조 제3항에 의하면 '회계연도 종료일로부터 2월 이내' 로 정하고 있다.[263)]

소집장소에 대하여는 특별한 규정이 없고, 정관으로 이를 정할 수 있다. 정관에 소집장소에 관한 정함이 없는 경우에는 이사회 또는 소집권한이 있는 자가 선량한 관리자의 주의로써 총회장소를 정하여야 한다. 즉 모든 조합원을 수용할 수 있고 의안에 관하여 토의와 표결이 가능한 장소이어야 한다.

소집의 통지 또는 공고에 기재한 소집장소에서 총회를 개최하는 것이 불가

263) 부산광역시 재개발정비사업조합 표준정관 : 매년 1회, 3월 15일 이전 개최, 부득이 한 사정이 있는 경우 4월 말까지 개최 가능.

능 또는 부적당하여 총회의 장소를 변경하여야 할 필요가 생긴 때에는 새로이 소집절차를 밟지 않고 총회의 장소를 변경할 수 있다. 다만 이 경우에 변경 후의 장소를 총회에 출석하려고 하는 조합원들에게 알리고 또 변경된 장소까지 조합원들을 유도하기 위하여 적절한 조치를 취하여야 한다.[264)]

일부 조합원이 정기총회의 연기를 선언한 의장의 결정에 반대하여 사전에 '정기총회의 장소로 지정된 적이 없는 곳'에서 별도로 개최한 정기총회는 적법한 장소가 아닌 곳에서 개최된 것으로 위법하다.[265)]

사회자가 부득이한 사정에 의해 당초의 소집장소에서 총회를 진행할 수 없어 산회를 선언하였음에도 불구하고 일부 조합원들이 '별도의 장소'에 모여 결의를 하였다면 이는 다른 조합원들의 참석, 토의, 의결권행사의 기회를 전혀 배제하고 총회의 소집절차를 무시한 것으로서 위 일부 조합원들만의 결의는 무효이다.[266)]

6. 소집통지 및 게시

(1) 총회소집의 게시 및 통지기간

총회를 소집하는 경우에는 총회소집권자는 회의개최 14일 전까지 회의목적·안건·일시 · 장소 및 서면의결권 행사에 필요한 사항 등을 정비사업 정보몽땅 및 게시판에 게시하여야 한다(서울시 재개발 표준정관 제20조 제7항).

총회소집권자는 각 조합원에게 회의목적·안건·일시 · 장소 및 서면의결권 행사에 필요한 사항 등을 '회의개최 7일전'까지 등기우편등의 방법으로 통지하여야 한다(서울시 재개발 표준정관 제20조 제7항).

관리처분계획의 수립 및 변경을 위한 총회의 경우 총회소집권자는 각 조원들에게 '회의개최 1개월 전'에 종전자산 종후자산, 정비사업부 추산액 등을 통지하여야 한다(법 제74조 제5항).

---

264) 대법원 2003. 7. 11. 선고 2001다45584 판결
265) 대법원 2001. 10. 12. 선고 2001다24082 판결
266) 대법원 1993. 10. 12. 선고 92다28235, 28242 판결

예컨대 5월 10일에 총회를 열려면, 기간의 초일은 산입하지 않으므로 5월 9일부터 기산하여 1주일이 되는 5월 3일 오전 영시(즉 2일 오후 12시)에 기간이 만료하기 때문에 2일 중에는 총회의 소집통지를 발송하여야 한다(민법 제157조 유추적용).

1주간 전에 통지를 하도록 한 입법취지는 원래 조합원에게 회의의 목적인 사항에 관한 조사와 검토를 할 수 있는 시간적 여유를 주기 위한 것이다. 총회의 통지기간은 정관에 의하여 연장 또는 단축할 수 있으나, 조합원의 총회 참가를 불가능하게 하거나 곤란하게 하는 단축은 인정되지 않는다.

소집통지기간은 조합원의 토의권과 의결권의 행사를 보장하기 위한 것으로서 조합원들이 사전에 회의의 목적사항을 알고 있었다면 통지기간이 1일이나 2일 지연되었다 해도 조합원들의 토의권 및 결의권의 적정한 행사에 방해가 되지 않으므로, 해당 총회결의는 유효하다.[267)]

(2) 통지방법 및 발신주의

총회소집권자는 각 조합원에게 등기우편등이 방법으로 개별 통지하여야 한다. 등기우편등에는 등기우편, 기타 발송이 증명되는 우편, 우체국택배 등 우편물의 안전한 송달을 보증할 수 있는 방법을 포함한다(서울시 재개발 표준정관 제8조 제2항 제1호).

조합원이 통지내용물을 직접 수령하기를 원하는 경우 해당 조합원에게 직접 전달하고 해당 조합원으로부터 그 수령을 확인하는 서면을 받는 방법으로 통지할 수 있다(서울시 재개발 표준정관 제8조 제2항 제1호).

등기우편등이 반송되는 경우에는 총회소집권자는 1회에 한하여 일반우편으로 추가 발송하여야 한다(서울시 재개발 표준정관 제8조 제2항 제1호).

등기우편등이 발송되고, 게시판에 공고가 있는 날부터 조합원에게 통지.공고된 것으로 간주된다(서울시 재개발 표준정관 제8조 제3항). 민법은 총회소집과 관련 발신주의를 취하고 있으므로 특별한 규정이 없는 한 사원(조합원)에게 반드시 도달하여야 하는 것은 아니다.[268)]

---

267) 대법원 1999. 6. 25. 선고 99다10363 판결, 대법원 2015. 11. 17. 선고 2014다44451 판결

268) 서울고등법원 1990. 9. 21. 선고 89나48309 판결

소집권자가 과실없이 조합원의 소재를 알 수 없는 경우에도 위 통지절차를 생략할 수 없다. 다만 일부사원들(일부조합원들)이 이사, 주소불명 등의 사유로 총회개최통지를 받지 못하였다고 하더라도 총회 소집권자가 우편으로 발송하였다면 소집통지를 다한 것이 된다.

2명에게 총회소집의 통지를 누락하였으나, 통지누락에 고의성이 없어 조합의 총회소집이 적법하다고 판시한 사례가 있다.[269)]

(3) 통지의 내용

통지의 내용중 '그 회의의 목적사항'이란 의안 또는 의사일정을 의미한다. 회의의 목적사항을 기재하도록 하는 취지는 조합원이 결의를 할 사항이 사전에 무엇인가를 알아 회의에의 참석 여부나 결의사항에 대한 찬반의사를 미리 준비하게 하는 데 있다. 따라서 회의의 목적사항은 '조합원이 의안이 무엇인가를 알기에 족한 정도'로 구체적으로 기재하면 족하다(예컨대 이사선임의 건).[270)]

관리처분계획 수립을 위한 총회개최시 총회소집권자는 조합원별로 자신이 부담하게 될 부담금의 내역을 확인하고 관리처분계획에 대한 동의 여부를 결정하기에 충분한 정보만 제공하면 될 뿐 이에 더 나아가 관리처분계획에 포함될 모든 사항 및 그 당부를 판단하기 위한 자료까지 사전에 통지되어야 하는 것은 아니다.[271)]

결의사항이 정관의 변경 기타 중요한 사항일 때에는 의안의 요령도 이를 기재하여야 한다. 예컨대 정관의 일부변경의 건이라고 하는 것이 의안이고, 정관 제 몇 조를 어떻게 개정한다고 하는 요지가 의안의 요령이다.

총회는 통지한 안건에 대해서만 의결할 수 있다(서울시 재개발 표준정관 제20조 제8항). 조합이 총회소집통지를 함에 있어서 회의의 목적사항을 열거한 다음 '기타 사항'이라고 기재한 경우, '기타 사항'이란 회의의 기본적인 목적사항과 관계가 되는 사항과 일상적인 운영을 위하여 필요한 사항에 국한

269) 서울행정법원 2018. 8. 17. 선고 2017구합5430 판결
270) 대법원 1993. 10. 12. 선고 92다50799 판결, 대법원 2012. 1. 27. 선고 2011두9164 판결, 대법원 2015. 11. 27. 선고 2014다44451 판결
271) 서울행정법원 2015. 10. 8. 선고 2015구합53992 판결

된다.[272)]

(4) 소집의 철회.변경

조합은 소집된 총회가 개최되기 전에 당초 그 총회의 소집이 필요하거나 가능하였던 기초 사정에 변경이 생겼을 경우에는, 특별한 사정이 없는 한 그 소집권자는 소집된 총회의 개최를 연기하거나 소집을 철회·취소할 수 있다.

총회의 소집권자가 총회의 소집을 철회·취소하는 경우에는 반드시 총회의 소집과 동일한 방식으로 그 철회·취소를 조합원들에게 통지하여야 할 필요는 없고, 조합원들에게 소집의 철회·취소결정이 있었음이 알려질 수 있는 적절한 조치가 취하여지는 것으로써 그 소집 철회·취소의 효력이 발생한다.[273)]

이사회의 결의로 총회를 소집한 경우에 이사회는 소집통지서에 기재된 의안이라도 이를 철회할 수 있다. 이사회의 결의로 철회하기로 정하고 의장이 총회 당일 그 뜻을 말하면 된다. 의안의 철회 시한은 그 의안에 대한 최종 표결 전까지이다.

(5) 정족수 미달로 인한 총회의 재소집

조합은 총회 소집결과 정족수에 미달되는 때에는 재소집을 하여야 하며, 재소집의 경우에도 정족수에 미달되는 때에는 대의원회 대행가능한 사항에 대해서만 대의원회로 총회를 갈음할 수 있다(서울시 재개발 표준정관 제22조 제9항).

의사정족수가 충족되지 못하였음에도 총회가 개회되어 결의가 성립된 경우 소수조합원의 대표자는 총회가 부존재하게 된 것을 전제로 기존의 총회소집청구권에 기하여 총회를 재소집할 수 없다.[274)]

---

272) 대법원 1996. 10. 25. 선고 95다56866 판결, 대법원 2006. 7. 13. 선고 2004다7408 판결

273) 대법원 2007. 4. 12. 선고 2006다77593 판결, 대법원 2011. 6. 24. 선고 2009다35033 판결

274) 서울서부지방법원 2008. 6. 24. 자 2008카합1048 결정

7. 총회의 연기 또는 속행

(1) 의의

총회에서는 회의의 연기 또는 속행의 결의를 할 수 있다. 연기는 총회의 성립 후 의사에 들어가지 않고 회일을 후일로 변경하는 것이고, 속행은 의사에 들어간 후 시간의 부족 기타 사정에 의하여 심의를 끝내지 못하고 남은 의사를 후일에 계속하는 것이다.

(2) 소집절차

연기와 속행의 결의는 의안 그 자체에 관한 결의는 아니고 일종의 의사진행에 관한 결의이다. 따라서 소집통지서에 의제로 기재되어 있지 않더라도 연기 또는 속행의 결의를 할 수 있다. 연기와 속행의 결의는 보통결의의 방법으로 가능하다.

연기회(延期會)와 계속회(繼續會)는 먼저 개최한 총회와 동일성이 있는 것이므로, 다시 소집의 통지와 공고를 할 필요가 없다.[275] 동일성이 유지되기 위하여 연기회 또는 계속회는 먼저 총회가 종료한 때로부터 상당한 기간 내에 개최되어야 한다.

총회의 연기 또는 속행의 결의가 행하여진 뒤에 소집권자가 연기회 또는 계속회의 일시, 장소는 부득이한 사정이 발생하여 당초 예정된 시간과 장소에서 회의장 변경의 결의를 할 수 없는 경우에 조합원으로 하여금 새 일시.장소에 모일 수 있도록 조합이 상당한 주지 방법과 만전의 조치를 취한다면 그 변경은 가능하다.

(3) 연기회 또는 계속회의 운영

연기회 또는 계속회에서 결의할 수 있는 사항은 최초의 소집통지서에 기재되어 있는 사항에 한한다.

연기회 또는 계속회는 최초의 개최된 총회의 계속이므로, 이 총회와 합쳐서 1개의 총회를 구성한다. 따라서 의결권자는 당초의 총회에 출석할 수 있었던

275) 대법원 1989. 2. 14. 선고 87다카3200 판결

조합원에 한정된다. 만일 최초에 총회에 출석하지 못한 조합원이 있더라도 그는 연기회 또는 계속회에 출석할 수 있다.

연기회 또는 계속회에서 성립한 결의는 실제로 결의된 날에 성립한 것으로 평가되며, 최초의 총회일에 성립한 것이 아니다. 최초의 총회의 소집절차에 관한 하자는 연기회 또는 계속회의 하자가 될 수 있다.

8. 법원의 총회개최금지가처분

(1) 총회개최금지가처분의 심리

조합이 법령, 정관에 위반하였거나, 법령·정관에 위반하는 사항을 결의사항으로 하는 총회를 소집하는 경우 조합원은 총회결의무효의 소로써 사후에 구제받기 앞서 아예 총회의 개최 또는 특정사항의 결의를 가처분으로 금지할 필요가 있다. 또한 일단 총회의 결의가 있은 후에도 그 효력발생을 총회결의무효의 소 본안판결시까지 정지시킬 필요가 있다.

총회개최금지가처분은 총회소집통지가 행해진 후에 급박하게 신청되기 때문에 충실한 심리에 어려움이 많다. 따라서 특별기일을 지정하여 심문기일을 열거나 심문기일을 지정하지 않고 신청서를 특별송달하여 답변서를 제출받는 방법을 취하는 것이 일반적이다.

하자 있는 총회에 대하여 그 효력이 없음을 주장하는 당사자는 본안소송에 의하여 그 결의의 효력을 다투는 것이 가능함은 물론 가처분으로 그 총회의 효력정지를 구할 수 있는 등 사후적인 권리구제방법이 마련되어 있다. 이에 반해 총회개최금지자는 가처분을 발령하는 경우에는 총회를 개최하고자 한 주체는 사실상 그 가처분 결정에 대하여 불복할 기회 자체를 잃을 수 있다.

따라서 총회금지가처분을 발령하기 위해서는 그 총회의 개최가 위법함이 명백하고 그로 인하여 또 다른 법률적 분쟁이 초래될 염려가 있는 등 그 피보전권리 및 보전의 필요성에 대한 고도의 소명이 필요하다. 총회개최금지가분은 당사자 상방의 이해득실관계, 본안소송에 대한 승패의 예상, 기타 여러 사정을 고려하여 법원의 재량에 따라 합목적적으로 결정하여야 한다.[276]

조합원은 총회에서 이루어진 결의 자체의 집행 또는 효력정지를 구할 수 있을 뿐 조합 또는 제3자의 별도의 거래행위에 직접 개입하여 이를 금지할 권리를 가지지 않는다.[277)]

(2) 총회개최금지가처분의 결정례

실무상 총회개최금지가처분은 그 총회의 개최가 위법함이 명백한 경우에 한하여 인정된다.

총회개최금지가처분결정에 위반하여 개최된 총회는 그 효력이 없다.[278)] 다만 총회개최금지가처분결정이 법령의 잘못 해석으로 무효인 경우 위 가처분결정은 실질적으로 효력이 없고, 위 가처분결정에 위배하여 개최된 임시총회의 결의도 유효하다.[279)]

이사회의 결의없이 대의원회의 심의만을 거쳐 소집된 총회에 관하여 이사들이 업무를 협력하지 않아 이사회를 개최하지 못했고, 정기총회임을 고려하여 총회개최금지가처분을 기각한 사례가 있다.[280)]

서울중앙지방법원의 경우 총회개최금지가처분 신청에는 그 결의 효력정지를 구하는 취지가 포함되어 있다고 보아 "피신청인이 000. 0. 0. 개최 예정인 총회에서 별지 목록 기재 안건을 통과시키는 결의가 이루어지는 경우, 그 각 결의의 효력을 정지한다."는 형식으로 주문을 변경하여 가처분을 발령하고 있다.

---

276) 대법원 2022. 2. 8.자 2021마6668 결정, 대전지방법원 2021. 8. 12.자 2021카합50558 결정, 서울서부지방법원 2017. 3. 10. 선고 2017카합50100 결정
277) 대법원 2011. 2. 28.자 2000마7839 결정
278) 서울지방법원 북부지원 2002. 11. 8. 자 2002비단5 결정
279) 서울동부지방법원 2011. 1. 28. 선고 2010가합11017 판결
280) 서울서부지방법원 2017. 3. 10. 선고 2017카합50100 결정

Ⅳ. 총회의 운영

1. 총회장 준비

(1) 총회장 입구에서 준비

총회장 입구에 접수대를 설치하고 출석할 수 있는 조합원인지 확인함과 아울러 출석조합원의 수를 집계한다. 출석하는 조합원으로부터 참석증을 받아두고, 대리인이 출석하는 경우에는 위임장까지 받아두고 출석명부에 서명 또는 날인을 받아 둔다.

참석증을 지참하지 않았다 하여 입장을 거부하여서는 아니되고, 재교부를 하여 주어야 한다.

대리인이 총회에 참석하는 경우 위임장이 조합 소정의 양식이 아니라 하여 입장을 거부하여서는 아니되고 위임장의 요건을 갖추어 졌으면 인정하여 주어야 한다. 그러나 위임장은 위조나 변조여부를 쉽게 식별할 수 있는 '원본'이어야 함으로 사본을 지참하는 경우에는 입장시킬 수 없다.

(2) 총회장 내에서 준비

의장(조합장 또는 소집권자)과 이사, 감사는 직무상 출석의무가 있다. 일반적으로 초청인사와 속기사가 출석하고 있으나, 법률고문도 참석시키는 것이 좋다. 의사진행을 함에 있어 특히 수정동의와 조건부 결의에 있어 그 내용의 법률적 조언이 필요한 경우가 있기 때문이다. 법률적 판단과 해석이 부족하여 하자있는 결의로 총회가 끝난다면 큰 혼란에 빠지는 경우가 있으므로, 이를 사전에 방지하자는 목적에서다.

2. 의장의 권한 등

(1) 의장의 선출

조합의 경우 총회의 의장은 조합장이 된다(법 제42조 제1항).

조합원 5분의 1 이상 또는 대의원 3분의 2 이상의 발의로 소집된 총회의 경우 발의자 대표자가 임시의장으로서 총회를 열어 그 총회에서 먼저 의장을 선출하는 것이 순서이다.

조합임원의 해임을 위해 조합원 10분의 1 이상의 발의로 소집된 총회의 경우에는 그 발의자 대표로 선출된 자가 조합장의 권한을 대행하므로, 의장은 발의자 대표로 선출된 자이다(법 제43조 제4항).

의장이 어느 의안에 대하여 특별한 이해관계를 가지고 있는 경우 의장은 공정한 의사진행을 위해 스스로 그 의안의 심의를 다른 사람(다음 순위의 의장 등)에게 맡기는 것이 좋을 것이다(조합장 선임 또는 해임안건, 조합장의 퇴직위로금결의안).

(2) 의장의 권한

의장은 ① 의사정족수에 해당하는 조합원이 출석하면 총회를 개회하고, ② 이어 회순에 따라 총회의 목적사항을 회의에 상정하여 그 심의를 구하며, ③ 그 심의의 과정에서 조합원들의 의사가 공정하고 원만하게 반영되도록 의사진행을 하여야 한다. 또한 의장은 ④ 장내의 질서를 유지하고, ⑤ 이를 위해 회의장을 혼란시키는 조합원의 퇴장을 명할 수 있으며, ⑥ 질서유지를 위해 경찰력을 빌릴 수도 있다.[281)]

의장은 ⑦ 의사진행의 도중에 잠시 휴게를 선언할 수 있고, ⑧ 충분한 토론을 거친 후 총회의 의안에 대하여 가부를 물어 그 결과를 발표하며, ⑨ 심의를 모두 마치고 나면 폐회를 선언하며, ⑩ 의사록을 작성하고 이에 기명날인한다.

의장은 회의체 운영의 일반원칙에 따라 의사를 진행하고 회의장의 질서를 유지하여야 한다.

---

3. 의사진행의 일반원칙

(1) 비공개 원칙

평회의체의 회의는 비공개가 원칙이며 일반에게 공개하여야 할 이유가 없다. 따라서 비조합원은 회의진행상의 필요로 의장으로부터 허가를 받은 경우에 한하여 입장할 수 있다.

(2) 일동의의 원칙

회의체가 일시에 심의할 수 있는 동의는 하나에 한한다. 이를 일동의의 원칙이라 한다. 두 가지 이상의 동의(안건)를 동시에 심의하면 회의진행이 아무래도 산만하여지고 좋은 결정을 이끌어내기 힘들기 때문이다.

(3) 일사부재의의 원칙

회의체는 한 회기 중에 최종적으로 처리된 것과 동일한 내용의 의안을 다시 제출받아 심의할 수 없다. 이를 일사부재의의 원칙이라 한다. 일단 이루어진 결의를 존중하고, 소수쪽의 회의진행 방해를 억제하기 위하여 회의규칙상 이런 원칙이 세워졌다.

(4) 토론자유의 원칙

모든 조합원들의 진정한 의견이 그 하나에 반영되도록 하려면 모든 회원에게 토론의 자유를 보장하여 주어야 한다. 이것이 토론 자유의 원칙이다. 이 자유권을 함부로 제약할 수는 없지만 이의 남용도 허용되지 아니한다.

(5) 조합원 평등의 원칙

모든 조합원은 회의에서 동등한 권리를 가지고 의무를 부담한다. 이것이 조합원 평등의 원칙이다. 이 원칙에 따라 이루어진 의사결정이라야 민주적인 회의체의 의사결정이다.

조합원은 평등한 결의권을 가진다(민법 제73조 제1항). 즉 각 조합원은 조합원평등의 원칙에 의하여 1개의 결의권을 갖는다(1조합원 1의결권의 원칙). 1세대 또는 동일인이 2개 이상의 주택 등을 소유하는 경우에는 그 주택등의 수에 관계없이 1인의 조합원으로 보므로(법 제39조 제1항), 1개의 의결권만 행사할 수 있다.

의결권 평등의 원칙은 정관에 의하여 변경할 수 있다(민법 제73조 제3항). 조합은 표준정관과 달리 2개 이상의 주택을 소유한 자에 대해 주택수 만큼 의결권을 부여하도록 정관을 변경할 수 있을 것이다.

(6) 다수결의 원칙

회의체의 의사결정은 의사정족수의 출석으로 이루어진 회의에서 출석회원 과반수의 찬성으로 이루어져야 한다. 이것이 다수결의 원칙이다. 과반수란 출석한 조합원이 100명일 때에 51명 이상을 말한다.

다수결의 원칙은 소수의 존재를 필연으로 예상하므로, 소수에게 그들의 의견을 발표할 기회를 주어, 다수가 소수의 의견을 듣고 그 중 수렴할 만한 것인지 여부를 살필 것이 먼저 요구된다.

대부분의 회의체는 중요한 사항에 관하여 그 결의요건을 강화하고 있으며, 그 결의에 가중과반수를 요구하고 있다.

4. 의사진행 순서[282)]

(1) 개회선언

개의정족수(성원요건)가 갖추어 지면 의장은 개회를 선언한다. 개회선언에 앞서 사회자로부터 성원보고를 받은 후에 선언하게 된다. 그 다음 국민의례, 내빈소개, 경과보고 등 의안상정 이전의 일반적인 절차를 취하게 된다.

의사정족수(조합원의 과반)가 충족되지 않았을 경우 의장은 개회를 선언하여서는 아니된다. 의사정족수가 충족되지 않았음에도 불구하고 개회를 선언한 경우 의사정족수가 충족된 때 개회선언을 다시 하는 것이 바람직하다.

---

282) '서울특별시 정비사업 의사진행 표준운용규정'(서울특별시 고시 제2017-45호, 2017. 2. 16.) 참조

(2) 의안의 상정

의사진행은 의장의 직무권한에 속하는 것으로서 의안의 상정여부를 조합원에게 물어서 상정해야 하는 것은 아니다. 의안심의에 있어서 의안 자체를 철회할 수 없기 때문이다.

소집통지서에 기재된 순서에 따라 의안을 상정한다. 회의진행상 상당한 이유가 있는 때에는 이유를 고지하고 순서를 바꾸어 상정할 수도 있다.

의안의 산정은 1의안씩 상정하거나 1개의 의안을 분할하여 상정할 수 있다. 다만 효율적인 의안의 심의를 위하여 일괄하여 상정한 후 각 안건별도 별도로 심의할 수 있다.[283] 안건을 일괄 상정하고, 사전 투표를 개시한 이후에 총회 장소를 이탈한 조합원은 의결정족수에 포함되고, 기권표로 해석된다.

정관에 특별한 규정이 없는 한 총회의 목적사항으로 미리 정하여 소집통지서에 기재하여 놓은 의안에 한하여 심의결의할 수 있으므로, 회의 당일에 '긴급안건' 이란 명목으로 새로운 의안을 발의하여 제청받아 처리할 수 없다. 만약 긴급안건으로 처리하였다면 하자있는 결의로서 무효의 대상이 된다.

(3) 제안설명 및 질의응답

의안의 제출자에게 먼저 제안설명의 기회를 준다. 이사회가 제안한 의안에 대한 제안설명은 의장이나 담당이사가 직접 할 수도 있고, 담당 직원으로 하여금 대신하도록 할 수도 있다.

의장은 의안에 대하여 질의할 조합원이 있는지 여부를 물어 질의할 조합원이 있으면 그 기회를 주어야 한다. 질의응답의 방법으로는 일문일답식에 의하거나 질의를 전부 듣고 한데 묶어 답변하는 방법에 의할 수도 있다.

(4) 토론과 동의

찬반토론은 의안 심의에 있어서 핵심적 요소이며, 회의체의 모든 구성원은 회의의 진행중에 자유롭게 토론할 수 있다. 제출된 의안은 동의, 질의 찬성,

---

283) 서울고등법원 2007. 6. 7. 선고 2006나38842 판결, 대구지방법원 2017. 12. 22. 선고 2017구합20844 판결

반대의견 등이 이루어지며, 동의란 회의체의 의사로 삼자는 제안이다. 동의를 제출하는 것을 발의라고 한다. 동의의 성립에는 대체로 재청이 필요로 한다.

(5) 원안동의, 수정동의

조합이 의결을 구할 내용을 제시하고 이에 대하여 조합원의 동의를 구하는 것이다.

수정동의란 원안에 원칙적으로 찬성하면서 그 내용의 일부를 수정하자는 동의이다. 개의(改議)라고도 한다.

수정동의는 원안과 관련성이 있어야 한다(관련성의 원칙). 수정할 수 있는 범위도 성질상 일반적으로 예견할 수 있는 범위에서만 가능하다. 수정의 방법으로는 내용에 어떤 문구를 삽입 또는 첨가, 삭제, 삭제와 삽입 등으로 이루어진다.

대안(代案)이란 것이 있다. 대안이란 원안의 내용을 전반적으로 수정하는 것이다. 수정동의는 원안의 일부분을 변경하는 것이고, 대안은 원안의 전반에 대하여 변경을 가하는 것이다.

총회의 결의로 의제를 삭제하거나 동일성을 해하지 않는 범위 내에서 수정할 수는 있으나, 새로운 의안을 추가할 수 없다.[284]

(6) 조건부 또는 기한부

회의체의 사정에 따라 어떤 결의를 하면서 그 결의의 효력의 발생에 법령이나 규약에 저촉되지 않는 한 어떤 조건이나 기한을 붙일 수도 있다. 이런 조건부 또는 기한부의 결의가 이루어지게 되면 그 결의는 조건이 성취될 때 또는 그 기한이 도래할 때에 현실적으로 효력이 발생한다.

주무관청이 아닌 제3자의 동의 또는 승낙을 필요로 하는 경우와 같이 법령이나 규약에 근거가 없고, 조합의 본질에 반하는 조건은 그 조건의 내용에 따라 조건이 없는 경우로 취급되거나 결의자체가 무효로 된다.

---

284) 대법원 1969. 2. 4. 선고 68다2284 판결

5. 발언권의 부여와 토론의 제한

회의가 질서있게, 그리고 공정하고 원만하게 진행될 수 있도록 총회에서 발언을 하고자 하는 조합원은 누구나 의장에게 요청하여 그로부터 발언권을 얻은 후 발언하여야 한다. 발언신청을 하는 조합원은 그 성명과 조합원번호를 밝혀야 한다.

의장은 모든 조합원에게 고르게 발언할 기회를 주어야 하며, 발언권을 지나치게 막거나 그 기회를 불공평하게 주면 총회결의의 무효사유가 될 수도 있다.

동시에 2인 이상이 발언권을 요청한 경우 의장은 ① 상정된 의안에 대하여 아직 제안자가 발언을 하지 않았을 때에는 그 제안자, ② 아직 한번도 발언을 하지 않은 자, ③ 바로 직전에 발언을 한 자와 반대의 의견을 가진 자의 순위로 발언권을 줄 수 있다.

발언은 당연히 의안에 관한 것이어야 한다. 의장은 구성원이 의안과 관련성이 없는 발언을 하거나 회의체의 명예를 손상시키는 발언을 할 때에는 이를 제한할 수 있다.

의장은 총회를 진행함에 있어 조합원의 발언시간과 횟수를 제한할 수 있다. 제한의 방법으로 ① 찬반의 토론을 각 2인씩으로 하거나, ② 한 의제에 대하여 1인의 발언회수는 1회로 하거나, ③ 1회의 발언시간은 5분 이내로 하는 것 들을 생각해 볼 수 있다. 그러나 총회에서 위 제한방법과 다른 결의를 한 경우, 예컨대 그 이상의 토론을 하기로 결정한 경우에는 그 결의에 따른다.

의장은 고의로 의사진행을 방해하기 위한 발언, 행동을 하는 등 현저히 질서를 문란하게 하는 자에 대하여 그 발언의 정지 또는 퇴장을 명할 수 있다. 그러나 의장의 조치가 불가피한 것으로 볼 수 없고 부당한 때에는 조합원은 총회결의무효 확인의 소를 제기할 수 있다.

재건축조합의 조합장이 조합의 임시총회에서 회의 시작 초기에 발언권을 요청한 조합원에 대하여 그가 이전 임시총회에서도 회의를 방해한 사실이 있고 위 임시총회에서 필히 시공사를 선정할 필요가 있다고 하더라도, 발언권을 달라고 하였을 뿐 위 임시총회를 방해하는 행위를 하지 아니한 조합원을 물리적

힘을 동원하여 강제로 총회장 밖으로 끌어내고, 나아가 총회장으로 다시 들어오려는 조합원을 막게 한 행위가 강요죄에 해당한다고 한 사례가 있다.[285)]

서울시 재개발 표준정관 제23조 제3항은 "의장은 총회의 질서를 유지하고 의사를 정리하며, 고의로 의사진행을 방해하는 발언·행동 등으로 총회질서를 문란하게 하는 자에 대하여 그 발언의 정지·제한 또는 퇴장을 명할 수 있다." 고 규정하고 있다.

6. 폐회 선언

상정 의안의 심의가 모두 끝나고 나면 폐회를 선언한다. 심의가 계속되고 있는 동안 의장이 일방적으로 폐회선언을 할 수 없다. 다만 조합원들이 총회장을 다 빠져나가 정족수에 달하지 못하고 있거나 문란하여 질서를 회복할 수 없는 상태라면 폐회선언은 가능하다.

만약, 정상적인 상태에서 심의가 계속되고 있는 동안 의장이 일방적으로 폐회선언을 하더라도 그 효력은 없다. 이 경우에는 임시의장을 선출하여 회의를 계속할 수 있고 의결된 결의는 유효하다.[286)]

총회에 상정되었던 의안으로써 심의되지 아니한 의안은 자동 폐기된다. 다음 총회로 자동 이월되어 심의하는 것은 아니다.

---

285) 광주지방법원 2004. 3. 25. 선고 2003고합380 판결
286) 대법원 1983. 3. 23. 선고 83도748 판결

7. 의사록의 작성 및 비치

(1) 의사록의 효력 및 증명력

의사록이란 총회가 어떠한 과정을 거쳐 어떤 의사결정을 하였는지 기록한 문서이다. 총회의 결의는 그 의결권만으로 효력이 발생하고, 의사록이 작성되어야 발생하는 것은 아니다. 단지 의사에 관한 사실을 기록하는 문서의 하나로 증거방법일 뿐이다.

법인의 총회 또는 이사회 등의 의사에는 의사록을 작성하여야 하고 의사록에는 의사의 경과, 요령 및 결과 등을 기재하고 이와 같은 의사의 경과요령 및 결과 등은 의사록을 작성하지 못하였다든가 또는 이를 분실하였다는 등의 특단의 사정이 없는 한 이 의사록에 의하여서만 증명된다.[287)]

(2) 작성의무자 및 기명·날인

정관에 특별한 규정이 없으면 의장이 작성의무자가 된다. 통상 조합장이 회의록의 작성의무를 지나, 조합장이 아닌 다른 사람이 의장을 보았다면 그 의장이 작성의무를 지게 된다.

의장 및 회의에 참석한 이사가 기명 날인하여야 한다(민법 제76조 제2항). 의장은 필요적인 날인의무가 있다.

(3) 의사록에 기재할 사항

우선적으로 총회의 구성에 관한 사항으로 총회의 명칭, 일시와 장소, 출석조합원수(직접출석과 서면출석을 구분), 이사와 감사의 출석상황 등을 기재한다.

총회의 의사에 관하여는 의사의 경과, 요령 및 결과를 기재하여야 한다(민법 제76조, 표준정관 제31조 제1항). 경과요령이란 개회, 보고, 의안설명, 토론의 요지, 표결의 방법과 그 결과, 폐회 등을 기재하면 되고, 속기록과 같이 상세하게 내용 모두를 기재할 필요는 없다.[288)]

---

287) 대법원 1984. 5. 15. 선고 83다카1565 판결, 대법원 2010. 4. 29. 선고 2008두5568 판결

하지만 표결의 방법과 결과는 어느 정도 세부적이어야 한다. 어떠한 방법으로 표결에 붙였고, 그 결과는 어떻게 되어 원안대로 가결되었다던가 수정 또는 부결되었다고 기재하여야 하고, 또한 보통 결의인가 특별결의인가에 따라 그 의결요건에 충족되었는지를 분명하게 기재하여야 한다.

(4) 의사록의 비치의무와 열람

조합임원은 총회의 의사록과 속기록.녹음 또는 영상자료를 만들어 이를 청산시까지 보관하여야 한다. 조합임원은 분기별로 회의록, 개략적인 내용, 공개장소, 열람.복사방법 등을 조합원들에게 서면으로 통지하여야 한다(법 제124조 제2항, 제125조 제1항).

조합임원은 총회의 의사록 및 관련 자료를 조합원이 알 수 있도록 인터넷과 그 밖의 방법을 병행하여 공개하여야 한다. 조합임원은 조합원의 열람.등사요청이 있는 경우 15일 이내 이에 응하여야 한다(법 제124조 제1항, 제4항). 이 경우 등사에 필요한 비용은 실비의 범위 안에서 청구인의 부담으로 한다.

총회의 '참석자 명부'와 '서면결의서'는 총회의 성원 및 결의 여부를 판단하는 데 반드시 필요한 자료로서 의사록의 일부이거나 최소한 관련 자료에 해당한다고 할 것이어서 공개대상 자료에 해당한다. 따라서 조합원의 등사요청시 조합임원은 총회의 참석자 명부 및 서면결의서에 나와 있는 개인정보를 일부 제외하고 공개하여야 할 것이다[289].

(5) 속기록에 의한 방법

일반적으로 총회나 대의원회 개최시 속기사를 출석시켜 속기록을 작성한다. 이러한 속기록에 대하여 말미에 의장 및 회의에 참석한 이사가 기명.날인하는 경우 의사록으로서 효력을 가진다.

그리고 녹음만 보관하는 경우도 있는데, 녹음테이프를 의사록으로 간주할 수는 없고 이를 풀어 녹취록으로 만들어서 보관하여야 한다.

288) 부산지방법원 2024. 11. 14. 선고 2024노1839 판결, 부산지방법원 동부지원 2024. 5. 30. 선고 2024고정16 판결

289) 대법원 1997. 5. 23. 선고 96누2439 판결, 부산지방법원 2010. 7. 2. 선고 2010노267, 844(병합) 판결

(6) 서울시 재개발 표준정관상 회의록의 작성방법

총회를 개최하는 경우 다음의 기준에 따라 의사록을 작성하고 관리하여야 한다(서울시 재개발 표준정관 제32조 제2항).

① 의사록에는 의사의 경과, 주요 논의내용 및 결과를 기재하고 의장 및 출석한 대의원 또는 이사 및 감사가 서명하여야 한다.

② 의사록은 회의개최일로부터 15일 이내에 정비사업 정보몽땅에 게시하고 조합사무소에 비치하여 조합원등이 항시 열람할 수 있도록 하여야 한다.

공인속기사가 작성한 속기록 또는 의사록은 의사록으로 보며, 의장 및 출석한 이사 및 감사의 서명을 요하지 않는다.

(7) 임원.대의원 변경과 회의록

임원.대의원을 총회에서 선정하는 경우 조합장은 시장.군수로부터 조합설립변경인가를 얻어야 하고, 이사, 감사 및 대의원은 시장.군수에게 조합설립변경신고를 하여야 한다.

조합이 임원.대의원 변경에 따라 조합설립변경인가를 신청하거나 조합설립변경을 신고할 때 임시총회의 의사록 및 참석자연명부, 선임된 임원 및 대의원의 자격을 증명하는 서류를 첨부하여야 한다.

임원선임을 위한 총회의 경우 공증인을 참석시키는 사례가 많으며, 이 경우 공증인은 총회의 의사록에 인증을 한다.

V. 총회의 결의

1. 의결권의 의의

의결권이란 조합의 조합원이 조합원총회에 출석하여 조합의 의사형성에 참석할 수 있는 권리를 말한다. 즉 조합원은 의결권에 의하여 조합원총회의 의사를 결정하는 결의에서 찬부의 의사를 표시하여 조합의 의사결정에 참여함으로써, 조합의 운영에 대한 참가권을 갖는다.

결의의 형식을 통해 조합원들은 각자 자신의 의사표시(의결권 행사)를 하고, 이에 다수결의 원칙을 적용하여 조합원들의 집단적 의사에 도달하게 되며, 이 의사는 조합의 대내적인 규범이 되고, 조합의 대외적 행동을 구속한다. 그러므로 결의는 조합원 개개인의 의사와는 관계없이 조합원 전원을 구속함은 물론 조합의 각 기관 등 관계자 전원을 구속한다. 결의 이후에 조합원이 된 자나 임원이 된 자에게도 같다.

결의에는 가결(可決)과 부결(否決)이 있다. 이것들은 별개의 절차를 요하는 것이 아니고, 의안에 대해 찬성하는 의결권의 수가 출석한 조합원의 과반수 또는 조합원 총수의 과반수에 달하면 가결, 미달하면 부결되는 것이다.

조합과 어느 조합원과의 관계사항을 의결하는 경우에는 그 조합원은 결의권이 없다(민법 제74조).

의결권은 가장 중요한 조합원의 권리라고 할 수 있다. 이러한 조합원의 의결권의 제한은 가능하나, 완전히 박탈할 수는 없는 권리이다.

2. 의사정족수 등

(1) 의사정족수

총회의 결의가 성립하려면 우선 일정한 수의 조합원이 출석하여 회의가 성립되어야 하는바, 이를 의사정족수라 한다. 의사정족수는 도시정비법 또는 정관에 다른 규정이 없으면 '조합원 과반수 출석'으로 한다(법 제45조 제3항).

의사정족수는 총회의 성립요건이며, 조합원은 총회 개회시부터 총회 종료시까지 계속하여 자리에 있어야 하므로, 의사정족수는 계속요건이라고 한다.

총회 도중에 의사정족수를 결하면 의장은 잠시 회의를 정회하고 다시 성원이 될 때를 기다려 속회하여야 한다. 실무상 총회 진행중에 일시 그 요건을 결하더라도 이를 문제로 삼는 사람이 없으면 그대로 회의를 계속하다가 결의를 할 때에 성원이 되도록 조합원을 모으는 예도 있다.

총회 진행중에 의사정족수를 결하고 상당한 시간을 기다려도 성원이 될 가망성이 없으면 그날의 회의를 부득이 폐회할 수 밖에 없다.

의결정족수는 총 조합원의 과반수의 출석을 전제로 한 것이므로 과반수의 출석이 있기 전까지는 안건의 의결이 불가능하다.

총회 당시 조합원연명부를 관리한 현장 접수요원들이 총회에 참석하려는 조합원들의 이름과 신분증을 확인하고 조합원연명부에 날인 또는 무인을 받았다면 인감도장이 아닌 지장이 찍혀 있다는 이유만으로 조합원연명부에 본인이 참석한 것으로 표시된 조합원을 참석자 수에서 제외할 수는 없다.[290)]

(2) 일정수 이상 조합원의 직접 참석

일정 수 이상 조합원을 총회에 직접 참석하도록 정한 취지는 총회 의결시 조합원의 의사를 명확하게 반영하기 위한 것이고, 조합정관에 서면결의서를 제출한 경우 총회에 출석한 것으로 의제하는 규정이 있다는 것을 이용해 조합이 조합원들로부터 서면결의서만을 제출받고 실제로 총회를 개최하지 아니한 채 총회 운영을 형식적으로 진행해 온 종전의 폐해를 방지하여 총회의 현실적 개최를 유도하기 위한 것이다.

조합원 10분의 1 이상은 총회에 직접 출석하여야 한다(법 제45조 제10항).

다음의 안건에 관한 총회는 조합원 100분의 20 이상이 직접 출석하여야 한다(법 제45조 제10항 단서, 시행령 제42조 제3항).

① 창립총회

---

290) 서울고등법원 2010. 7. 14.자 2009라2485 결정

② 시공자 선정 취소를 위한 총회

③ 사업시행계획서의 작성 및 변경을 위하여 개회하는 총회

④ 관리처분계획의 수립 및 변경을 위하여 개최하는 총회

⑤ 정비사업비의 사용 및 변경을 위하여 개최하는 총회

'조합 예산안'은 정비사업비의 사용 및 변경에 해당되어 조합원 20% 이상이 총회에 직접 참석하여야 한다.[291)]

'시공사 선정을 위한 총회'는 조합원 과반수 이상이 직접 참석하여 의결권을 행사하여야 한다(법 제45조 제10항).

(3) 직접 출석으로 보는 경우

대리인을 통하여 의결권을 행사하는 경우 직접 출석한 것으로 본다(법 제45조 제9항).

재난, 집합제한 또는 금지 조치 등의 사유로 '온라인총회를 단독으로 개최'하는 경우에는 전자적 방법만으로 의결권을 행사할 수 있고, 이 경우 전자적 방법에 의한 의결권 행사는 '직접' 출석한 것으로 본다(법 제45조 제10항, 제8항).

총회에 병행하는 온라인총회에 참석한 조합원은 '직접' 참석한 것으로 보고(법 제44조의2 제2항), 위 조합원은 전자적 방법으로 의결권을 행사할 수 있다.

① 서면으로 의결권을 행사한 자 또는 ② 총회와 병행하는 온라인총회에서 참석하지 않고 전자적 방법으로 의결권만을 행사한 자는 총회에 출석한 것으로 보지만 '직접' 출석한 것으로 보지 않는다.

서면결의서를 제출하고 총회에 직접 참석한 경우 해당 참석한 조합원은 별도의 의결권을 행사하지 않았다 하더라도 '직접 출석'한 조합원에 포함된다.[292)]

그러나, '시공사 선정'을 위한 총회의 경우 조합원 총수의 과반수 이상이 직접 참석하여 의결하여야 하므로, 서면결의서(전자의결 포함)를 철회하고 의

---

291) 법제처 2021. 11. 11. 회신 21-0690호 사례

292) 광주지방법원 2023. 1. 19. 선고 2022가합51500 판결, 서울행정법원 2010. 12. 16. 선고 2010구합35050 판결, 서울행정법원 2012. 9. 6. 선고 2010구합47763 판결

결권을 행사하지 않는 한 해당 조합원은 직접 참석 또는 의결권을 행사한 것으로 보지 않는다(계약업무 처리기준 제35조 제2항).

3. 의결정족수 등

(1) 의결정족수

안건이 통과되기 위해서는 총회에 출석한 조합원의 의결권 가운데 일정수 이상의 찬성을 얻어야 하는 바, 이를 의결정족수라고 한다.

총회의 의결은 도시정비법 또는 정관에 다른 규정이 없으면 조합원 과반수의 출석과 출석 조합원 과반수 찬성으로 한다(법 제45조 제3항). 이때의 과반수라 함은 1/2을 넘어서는 것을 의미한다.[293]

총회에서의 표결의 결과 가부동수(可否同數)가 된 경우에는 당연히 부결이다. 이는 과반수의 찬성을 요하는 법문의 취지에서도 분명하지만 단체의사결정에 일반적으로 통용되는 조리라고 할 수 있다.

간혹 정관에서 가부동수인 때에는 의장이 결정한다는 규정을 두는 예가 있다. 이는 단체결의의 조리에도 반하고, 조합원 평등의 원칙에도 반하므로 역시 무효이다.

(2) 출석 조합원의 산정

출석 조합원의 과반수 찬성이란 기권표나 무효표를 모두 합한 투표수의 과반수이고, 투표자 중 유효투표수의 과반수를 의미하지 않는다.[294] 기권자도 출석 조합원(의결정족수)에 포함된다.[295]

의결정족수를 정하는 기준이 되는 출석조합원은 당초 총회에 참석한 모든 조합원을 의미하는 것이 아니라 '문제가 된 결의 당시' 회의장에 남아 있던 조합원만을 의미하고, 회의 도중 스스로 회의장에서 퇴장한 조합원은 이에 포

293) 대법원 1994. 11. 22. 선고 93다40089 판결
294) 대법원 1995. 8. 29. 자 95마645 결정
295) 서울지방법원 1997. 10. 29. 선고 97노5108 판결

함되지 않는다.[296]

(3) 서면결의서와 부재자투표용지를 달리 사용한 경우

임원 선출결의는 다른 안건과 달리 서면결의서와 별도로 배부된 부재자투표용지에 미리 기표하여 제출하거나 조합원이 직접 총회에 출석하여 투표하는 방식으로 진행한 경우 조합임원 선출결의와 나머지 안건에 관한 결의는 그 결의방식을 달리하는 별개의 결의이다.

의결정족수는 문제가 된 조합임원 결의를 기준으로 산정하여야 하는바, 조합원들이 다른 안건에 관한 서면결의서를 제출하였으나, 부재자투표용지를 제출하지 않았다면 해당 조합원은 조합임원 선출투표에 참석한 것으로 볼 수 없다.[297] 즉 부재자투표용지를 제출하지 않은 자는 출석 조합원 수에서 제외된다.

(4) 안건과 관계사항이 있는 조합원

사단법인과 어느 사원과의 관계사항을 의결하는 경우에는 그 사원은 결의권이 없다(민법 제74조). 당해 사원의 의결권 제한 취지는 법인과 어느 사원과의 관계사항에 관한 의결에 있어서 그 공정성을 담보하는 데에 있다.

당해 사원은 의결권을 행사할 수 없으나, 총회에 출석하여 변명할 기회를 보장받아야 하는바, 총회에 참석한 제명대상 조합원은 의사정족수에 포함되나, 의결정족수 계산에서 제외된다.[298]

조합이 구성원 2명 이상에 대하여 제명 결의를 하는 경우에는 그 의결에 있어서 2명 이상의 구성원 전부를 동시에 배제할 수는 없고, 각 구성원에 따라 개별적으로 의결하되 그 구성원에 대해서만 의결에서 배제된다.[299] 위와 같이 해석하지 않는다면 소수의 구성원만으로도 다수의 구성원에 대한 제명 의결이 가능하게 되는 등의 불합리한 결과가 초래될 수 있기 때문이다.

---

296) 대법원 2001. 7. 27. 선고 2000다56037 판결, 대법원 2010. 4. 29. 선고 2008두5568 판결, 대법원 2011. 4. 28. 선고 2010다106269 판결
297) 대법원 2011. 4. 28. 선고 2010다106269 판결
298) 대법원 1991. 5. 28. 선고 90다20084 판결
299) 서울지방법원 2003. 6. 10. 선고 2002가합85577 판결

(5) 조합원 과반수 또는 3분의 2 이상의 동의

사업시행계획서 및 관리처분계획에 관한 총회의 의결정족수는 조합원의 과반수 또는 3분의 2 이상의 찬성을 요하는바, 이는 조합설립인가 신청 시의 정비사업비가 사업시행 과정에서 과다하게 상승하는 경우에 소송 등 주민갈등이 야기되어 사업추진에 혼란이 있으므로, 주민갈등을 예방하고 주민의 권리를 보호하기 위한 것이다.

사업시행계획서의 작성 및 변경과 관리처분계획의 수립 및 변경은 조합원 과반수의 찬성으로 의결하여야 한다. 다만 정비사업비가 10% 이상 늘어나는 경우에는 조합원 3분의 2 이상의 찬성으로 의결하여야 한다. 이때 정비사업비 산정시 생산자물가상승률분, 현금청산자에 대한 손실보상 금액은 제외한다(법 제45조 제4항).

조합이 정관을 변경하려는 경우에는 총회를 개최하여 조합원 과반수의 찬성으로 의결하여야 하고, 조합원 자격 등의 정관변경은 조합원 3분의 2 이상의 찬성으로 의결하여야 한다(법 제40조 제3항).

상가독립장산제를 변경하는 사안[300]과 지분제방식을 도급제방식으로 변경하는 사안[301]에서 조합원 3분의 2 이상의 동의를 요한다고 판시한 사례가 있다.

4. 표결의 방법 및 효력

(1) 표결의 방법

총회의 각 의안에 대한 설명과 토의가 종료하면 표결을 하여야 한다. 표결은 의장의 표결개시 선포로 시작된다.

조합정관에 특별한 제약이 있는 경우를 제외하고는 구두, 거수, 기립, 호명, 투표지에 의한 표결, 전자투표 등 의장의 재량으로 어느 하나에 의하여 표결할 수 있다. 박수로 가결하는 예도 종종 있으며, 박수도 유효한 표결의 방법

300) 대법원 2018. 3. 13. 선고 2016두35281 판결
301) 대법원 2015. 11. 9. 선고 2014다72203 판결

이다.[302)]

실무상 구두 또는 호명은 총회 참석 조합원의 수가 많음에 비추어 찬성 또는 반대의 수를 산정하기 어렵고, 거수나 기립은 조합원이 아닌 자가 총회에 참석하여 의결권을 행사하는 사례가 발생할 수 있으므로, 향후 법적 분쟁을 방지하기 위해 투표지에 의한 표결로 하는 것이 바람직하다.

(2) 아무런 의사표시를 하지 않은 자를 찬성으로 볼 수 있는지

총회의 표결이란 의안에 찬성하는 의결권의 수를 확인하는 것이다. 조합원의 의사는 '찬성'과 '반대'로만 양단되는 것이 아니라, 미결정이라는 형태도 있을 수 있으므로, 반대하지 않는다고 해서 반드시 찬성으로 의제할 수는 없다. 따라서 표결에 있어 단순히 반대자만 묻고 원안대로 통과시킬 수 없다. 나머지가 모두 찬성하였다고 단정할 수 없기 때문이다. 이 경우 꼭 찬성하는 자까지도 물어 보아야 한다.[303)]

반대하는 조합원들의 수만 확인하였으나, 찬성하는 조합원의 수를 확인하지 않고 의안의 가결을 선포한 경우 위 결의행위는 조합원들의 의사를 왜곡하는 표결방식의 하자가 인정되고, 위 하자는 결의취소사유에 해당한다고 판시한 사례[304)]가 있다. 조합원들이 아무런 이의를 제기하지 않은 경우 박수로써 의안을 통과한 것도 적법하다고 판시한 사례가 있다.[305)]

실무상 의장이 '이의 없습니까 ?' 하는 물음에 아무도 발언이나 이의하는 사람도 없을 때 어떻게 할지 머뭇거리는 예도 있는데, 이런 때에는 한번 더 물은 뒤에 '이의 없으면 박수를 쳐주시기 바랍니다.' 라고 한 뒤 만장일치로 통과하였음을 선포하면 된다.

(3) 형식적으로 부결된 안건의 효력

조합원 총회의 결의는 조합원들이 결의사항에 대하여 찬부를 표명함으로써

---

302) 대법원 2006. 2. 23. 선고 2005다19552,19569 판결, 대법원 2011. 10. 27. 선고 2010다88682 판결
303) 서울고등법원 1994. 11. 21.자 94라109 결정
304) 대법원 2001. 12. 28. 선고 2001다49111 판결
305) 서울지방법원 2003. 11. 20. 선고 2001가합18662, 61253 판결

행하여지는 것으로서, 총회에 상정된 안건이 출석 조합원의 과반수 찬성을 얻지 못한 경우 형식적으로는 부결된 것이다.

차후 위 찬, 반 투표의 유·무효 검토결과 부결된 안건의 반대표에 무효표가 다수 존재하여 위 부결이 부존재 또는 무효임이 입증된다 하더라도 바로 총회에서 해당 안건이 의결되었다고 볼 수 없다.[306)]

(4) 표결을 하지 않거나 결의성립을 선언하지 않은 경우

토의과정에서 표결결과가 명약관화하다고 하더라도 그 자체를 가지고 결의에 대신할 수 없고, 반드시 출석조합원 전원의 의사를 '동시에' 묻는 표결과정을 거쳐야 한다.

만약 총회의 안건에 관하여 토의과정에서 조합원들의 찬성 또는 반대의 의사표시에 의하여 안건이 어떻게 의결된 것이지 명확하다고 하더라도 해당 안건에 관한 의결을 하지 않았다면 해당 안건에 관한 가부의 결의가 있었던 것으로 볼 수 없다.[307)]

재건축조합의 총회의 결의는 의사결정기관인 총회의 의사를 결정하는 법률행위로서, 소정의 절차에 따라 결의의 성립이 선언됨으로써 관계자에 대하여 구속력을 가지는 결의가 외형적으로 존재하게 되고, 그와 같이 결의의 존재를 인정할 수 있는 어떤 외관적인 징표가 있어야만 그 결의의 효력 유무의 확인을 구할 수 있다.

재건축조합의 조합해산안에 대한 임시총회 결의절차에서 의장이 일부 서면결의서의 하자 유무의 확인을 이유로 결의 성립의 선언을 보류한 채 폐회선언을 한 경우, 결의의 존재를 인정할 외관적 징표가 없으므로 그 결의가 존재함을 전제로 한 임시총회의 해산결의 존재확인의 소는 확인의 이익이 없어 부적법하다고 한 사례가 있다.[308)]

---

306) 서울고등법원 2007. 8. 21. 선고 2006나86322 판결
307) 대법원 1989. 2. 14. 선고 87다카3200 판결
308) 대법원 2008. 2. 14. 선고 2007다62437 판결

5. 전자적 방법에 의한 의결권 행사(전자의결)

(1) 전자적 방법에 의한 의결권 행사(전자의결)

전자적 방법에 의한 의결권 행사는 2021. 8. 10. 도시정비법의 개정시 재난 등의 사유에 한하여 인정되었고, 2024. 12. 3. 도시정비법의 개정으로 모든 총회에서 허용되었다. 2024. 12. 3. 도시정비법 개정이전에도 전자투표를 정관에 규정한 경우 위 전자투표는 적법하다고 판시한 사례가 있다.[309]

조합원은 다음의 요건을 모두 충족한 경우 전자적 방법으로 의결권을 행사할 수 있다(법 제45조 제6항, 시행령 제42조 제2항).

① 조합원이 전자적 방법 외에 대리인 또는 서면의 방법으로도 의결권을 행사할 수 있게 할 것

② 의결권의 행사 방법에 따른 결과가 각각 구분되어 확인 · 관리할 수 있을 것

③ 도시정비법 시행령 제42조 제2항에서 정한 통지절차, 본인확인절차, 전자의결 결과 관리절차를 모두 충족할 것

전자적 방법이란 '전자문서 및 전자거래 기본법' 제2조 제2호에 따른 정보처리시스템을 사용하거나 그 밖의 정보통신기술을 이용하는 방법을 말한다.

전자적 방법으로 의결권을 행사한 경우 정족수를 산정할 때에 출석한 것으로 본다(법 제45조 제6항).

총회와 온라인총회를 병행하는 경우 전자적 방법으로 의결권을 행사한 자는 '직접' 출석한 것으로 보지 않는다. 전자적 방법으로 의결권 행사한 자가 조합원 과반 이상인 경우에도 총회에 직접 참석한 자가 10% 또는 20% 미만인 경우 해당 총회의 결의는 무효이다.[310]

조합은 조합원의 참여를 확대하기 위하여 조합원이 전자적 방법을 우선적으로 이용하도록 노력하여야 한다(법 제45조 제7항).

---

309) 부산지방법원 2021카합10379 결정, 서울서부지방법원 2022. 7. 28.자 2022카합50377 결정

310) 수원지방법원 2021. 10. 29.자 2021카합10396 결정, 수원고등법원 2022. 2. 17.자 2021라10261 결정

(2) 전자의결과 통지사항

총회를 소집하려는 자가 총회의 소집통지를 할 때 전자적 방법을 통한 의결권의 행사(전자의결)와 관련한 다음의 사항을 함께 통지하여야 한다(시행령 제42조 제2항 제1호).

① 전자의결을 하는 방법

② 전자의결 기간

③ 그 밖에 전자의결의 실시에 필요한 사항

(3) 전자의결과 본인 확인

조합은 전자적 방법으로 의결권을 행사하는 자가 본인인지를 확인하여야 하고, 전자적 방법에 따른 의결권 행사 및 본인확인방법 등에 필요한 사항은 정관으로 정한다(법 제45조 제9항, 제11항).

전자의결을 할 때 조합은 다음의 어느 하나에 해당하는 방법으로 본인임을 확인하여야 한다(시행령 제42조 제2항 제2호).

① '전자서명법' 제8조 제1항에 따른 운영기준 준수사실의 인정을 받은 전자서명인증사업자가 제공하는 본인확인의 방법

② '정보통신망 이용촉진 및 정보보호 등에 관한 법률' 제23조의3에 따른 본인확인기관에서 제공하는 본인확인의 방법

주택법상 지역주택조합의 총회와 관련 전자투표 시스템에 접속하는 조합원별 고유의 URL이 포함된 문자메세지를 보내 전자투표를 하도록 한 경우 이름만 입력하고 투표를 할 수 있고, 이 과정에서 전자서명 인증을 위한 본인확인 과정이 이루어지지 않았다면 위 전자투표는 위법하다고 판시한 사례가 있다.[311]

(4) 전자의결 결과 관리

조합은 다음과 같이 전자의결 결과를 관리할 수 있는 체계를 갖추어야 한다(시행령 제42조 제2항 제3호).

① 총회에서 개표하기 전까지 전자의결의 집계 결과를 알 수 없도록 할 것

② 정비사업의 완료 또는 폐지 시점까지 전자의결 결과를 보관할 것. 다만,

---

311) 의정부지방법원 2022. 3. 7.자 2022카합5011 결정

본문에 따른 기간 이후로서 정관에서 전자의결 결과의 보관 기간을 달리 정한 경우에는 그에 따른다.

전자적 결의 방법으로 의결권을 행사한 조합원들의 결의서가 조합에 의해 일부 수정되었다면 전자문서법 제4조의2 제2호의 요건을 갖추지 못하였다할 것이므로, 전자문서법에 의한 서면으로 볼 수 없다.[312]

(5) 온라인총회 단독 개최시

재난, 집합 제한 또는 금지 조치로 인하여 온라인총회를 단독 개최하는 경우 조합원은 '전자적 방법만'으로 의결권을 행사할 수 있다(법 제44조의2 제1항 단서, 제45조 제8항). 이 경우 전자적 방법으로 의결권을 행사한 자는 '직접' 출석한 것으로 본다(법 제45조 제10항).

온라인총회 단독 개최시 전자의결 이외 서면결의서에 의한 의결권 행사는 허용되지 않는다(서울시 재개발 표준정관 제22조 제8항).[313]

(6) 전자투표의 철회

전자투표에 의한 경우 철회는 전자투표에 의한 방법이 아닌 철회서를 제출하는 방법에 의할 수도 있다.[314] 조합원이 전자투표의 철회를 신청할 경우 조합은 조합원의 본인 확인을 거친 다음 철회서를 제출받을 수 있다.

(7) 임원선거와 전자투표(사전투표)

임원선거와 관련 조합 선관위는 선거인의 투표율 제고를 위해 선거일 이전 사전투표를 할 수 있다. 이 경우 선거일 14일전까지 사전투표의 방법과 장소·시기·절차 등 필요한 사항을 공고해야 한다.[315]

서울특별시의 경우 임원선거와 관련한 전자투표제도를 마련하고 있다.[316]

---

312) 부산고등법원 2021. 10. 26.자 2021라5130 결정

313) 수원고등법원 2022. 2. 17.자 2021라10261 결정, 수원지방법원 2021.10.29.자 2021카합10396 결정

314) 서울서부지방법원 2022. 7. 28.자 2022카합50377 결정

315) '서울특별시 정비사업 표준선거관리규정 '(서울특별시 고시 제2017-243호, 2017. 7. 6.) 제39조 내지 제44조

316) '서울특별시 정비사업 표준선거관리규정 '(서울특별시 고시 제2017-243호, 2017. 7.

6. 대리인에 의한 의결권 행사

(1) 대리인에 의한 의결권 행사

총회는 원칙적으로 회의체기관이므로 모든 조합원이 직접 출석하여 회의를 통하여 의사를 결정하는 것이 바람직하지만, 이러한 원칙을 관철하게 되면, 총회에 참가할 수 없는 사원이 많은 경우에는 총회의 정족수의 미달 등으로 유회가 되는 현상이 초래되어 조합의 운영에 지장을 가져오게 될 것이다.[317] 이에 도시정비법은 일정한 요건에 해당하는 대리인의 의결권 행사를 허용하고 있다.

도시정비법상 대리인의 자격은 다음과 같다(법 제45조 제5항).

① 조합원이 권한을 행사할 수 없어 배우자, 직계존비속 또는 형제자매 중에서 성년자를 대리인으로 정하여 위임장을 제출하는 경우

② 해외에 거주하는 조합원이 대리인을 지정하는 경우

③ 법인인 토지등소유자가 대리인을 지정하는 경우

대리인을 통하여 의결권을 행사하는 경우 '직접' 출석한 것으로 본다(법 제45조 제10항).

대리권은 총회가 있을 때마다 개별적으로 수여할 수도 있고, 수개의 총회에 관한 대리권을 일괄하여 수여할 수 있다(포괄적 수여).[318]

(2) 대리행사시 대리권한 증명

대리인에 의하여 의결권을 행사하는 경우에 대리인은 대리권을 증명하는 서면(위임장)을 총회에 제출하여야 한다. 위임장의 제출은 대리권의 존부에 관한 법률관계를 명확히 하여 총회 결의의 성립을 원활하게 하기 위함이다.

서울시 재개발 표준정관은 '별지 제4-1호 서식 해외거주 조합원의 대리인 지정서', '별지 4-2호 서식 법인인 조합원의 대리인 지정서', '별지 제4-3호 서식 총회 출석 위임장' 양식을 마련하고 있다.

6.) 제46조

317) 서울고등법원 1986. 10. 20. 선고 85나3035 판결

318) 수원지방법원 안양지원 2015. 4. 23. 선고 2014가합101694 판결

총회 개회 당시 의장이나 그 직무대행자 등 집행부의 자의적인 판단에 따라 조합원의 의결권 대리행사 가부를 가릴 수 있다고 보게 되면 당사자들이 유불리에 따라 총회 결의의 결과를 좌우할 수 있도록 허용하는 것이 되어 불필요한 법적 분쟁이 야기할 수 있다. 이는 단체법적 법률관계에서 중시되는 객관성, 명확성, 안정성의 측면에서 바람직하지 아니하다. 따라서 조합원이 도시정비법과 정관에서 규정하고 있는 대로 위임장을 제출하지 아니하면 대리인을 통해 의결권을 행사할 수 없으며, 조합도 이를 허용해서는 아니된다.[319]

위임장은 '원본'을 제출하여야 하는 것이 원칙이며,[320] 위임장의 위조·변조등을 고려하여 팩스, 전자메일 또는 문자메세지에 의한 위임장 제출은 허용되지 않는다.

대리인은 위임장을 총회개최전 또는 의결권행사 이전에 제출하여야 한다.[321]

조합정관에서 대리인은 위임장에 인감증명서를 첨부하도록 규정되어 있으나, 대리인이 위임장에 인감증명서를 첨부하지 않은 경우 위임장에 날인되어 있는 인영이 조합원 본인의 인감도장에 의하여 현출되었다는 것을 총회 당시에 또는 그 이후에 제출된 인감증명서에 의하여 확인할 수 있는 경우에는 조합원 본인의 의사에 의하여 적법하게 대리권이 수여된 것으로 볼 수 있다.[322]

조합원 본인이 사전에 대리인에게 총회참석을 위임하여 그 자격을 소명할 수 있는 위임장을 작성해 주고 대리인이 총회에 출석하여 그 위임장을 제출한 이상 본인의 인감증명서가 뒤늦게 제출되었다는 사정만으로 대리인의 참석을 무효라고 할 수 없다.[323]

(3) 대리권의 철회

조합원은 대리인에게 의결권을 부여하였다해도 조합원의 의결권 행사권한이

---

319) 대법원 2021. 9. 30. 선고 2021다230144 판결, 대법원 2021. 9. 30. 선고 2021다227759 판결
320) 대법원 2009. 4. 23. 선고 2005다22701,22718 판결, 대법원 2004. 4. 27. 선고 2003다29616 판결
321) 대법원 2001. 12. 28. 선고 2001다49111 판결
322) 서울고등법원 2010. 7. 14.자 2009라2485 결정
323) 대법원 2007. 7. 26. 선고 2007도3453 판결

소멸되는 것은 아니다. 따라서 대리인에게 의결권을 부여한 조합원도 총회에 직접 참석하여 의결권을 행사할 수 있다. 이때 조합원의 의사표시가 대리인의 의사표시에 우선한다.

조합원의 대리권철회는 일반원칙에 의하여 할 수 있다. 그러므로 어떠한 방법으로든지 총회의 의장에게 대리권을 철회한다는 것을 통지함으로서 족하다.

대리인이 조합원의 명시된 의사에 반하여 의결권을 행사한 경우에 조합원은 대리인에게 손해배상을 청구할 수 있을 뿐 결의의 효력에는 영향이 없다.

7. 서면에 의한 의결권 행사

(1) 서면결의서 제도의 취지

서면에 의한 의결권 행사라 함은 본인이 직접 조합원 총회 또는 대의원회에 출석하지 아니하고 당해 회의의 안건에 대해 자신의 의사표시를 서면으로 하는 것을 말한다.

서면으로 의결권을 행사할 수 있다는 것은 총회의 소집을 전제로 하여 총회에 결석한 조합원만이 할 수 있는 표결방법이라는 것이다. 총회를 소집하지 않고 서면만으로 표결하는 결의와는 다르다(조합설립동의).

조합원은 서면으로 의결권을 행사할 수 있고, 이 경우 정족수 산정에 관하여 출석한 것으로 본다(법 제45조 제5항). 다만 서면결의서 제출한 자가 총회에 참석하지 않는 한 '직접 출석' 한 것으로는 보지 않는다.

(2) 서면결의서의 작성

서면결의서에는 총회의 의안별 결의사항에 대하여 찬부(찬성.반대)의 표시를 분명히 기재할 수 있도록 하여야 한다. 총회 안건 전체에 대하여 일괄적으로 찬성과 반대만을 표시하도록 한 서면결의서는 조합원으로 하여금 각 안건별로 의사표시를 할 수 있는 기회를 제한한 것으로서 위법하다.

서면결의서 양식이 '다수결로 처리된 의안에 동의함' 하는 방식(가결되면 가결된 의안에, 부결되면 부결된 의안에 따르겠다는 취지)으로 정하는 경우 위 서면결의서도 조합원들의 진정한 의사를 반영하지 못하므로, 위 서면결의서는 무효이다.

(3) 서면결의서의 송부

총회를 소집하려는 자는 총회가 개최되기 7일 전까지 서면의결권의 행사기간 및 장소 등 서면의결권 행사에 필요한 사항을 정하여 조합원에게 통지하여야 한다(법 제44조 제4항). 조합은 조합원들에게 서면으로 의결권을 행사하는데 필요한 서면(서면결의서)과 참고자료를 송부하여야 한다.

서면의결권 행사에 필요한 사항은 ① 서면의결권의 행사기간, ② 서면결의서 제출장소 및 제출방법, ③ 서면결의서 서식을 포함한 작성방법 및 첨부서류 안내이다(서울시 재개발 표준정관 제22조 제6항).

(4) 본인확인의무

조합은 서면으로 의결권을 행사하는 자가 본인인지를 확인하여야 하고, 서면의결권 행사 및 본인확인 방법은 정관으로 정하여야 한다(법 제45조 제9항, 제11항). 서면결의서의 본인확인 의무제도는 단체법적 법률관계의 객관성, 명확성, 안정성을 위하여 불필요한 법적 분쟁을 방지하기 위한 것이다.

조합원은 서면의결권을 행사하는 자가 본인임을 확인할 수 있도록 서면결의서에 주민등록증, 여권 등 신원을 확인할 수 있는 신분증명서의 사본을 첨부하여 제출하여야 한다(서울시 재개발 표준정관 제22조 제6항).

신분증명서의 사본이 첨부되지 않아 서면결의서 제출자가 본인임을 확인할 수 없는 경우 조합은 조합원의 서면의결권 행사를 허용하지 않거나 그 효력을 인정하지 않더라도 이의를 제기할 수 없다(서울시 재개발 표준정관 제22조 제6항).

정관에서 구체적인 본인확인 방법을 정하지 않았다 하더라도 총회의 의장은 적당한 방법으로 서면결의권을 행사하는 자가 본인인지 여부를 확인하여야 한다.[324)]

서면결의서의 제출 또는 징구시 본인확인절차를 거쳤다면 서면결의서에 본

324) 서울중앙지방법원 2022. 3. 21.자 2021카합22041 결정

인확인란의 일부가 누락되었거나, 서명란에 이름이 생략되었더라도 찬성·반대란에 조합원의 (인감)도장이 날인되어 조합원이 누구인지 알 수 있는 경우에는 위 서면결의서는 유효하다.[325]

투표용지에 무인 내지 지장을 날인하게 하는 방식은 그 자체로 본인확인이 가능하지 않고 진위 여부 확인을 위한 추가적 절차가 필요한 것으로 도시정비법이 본인확인의무를 규정한 취지와 맞지 않고, 정관에서 이러한 방식을 허용하는 명시적 근거가 없는 한 본인확인의무를 다했다고 보기 어렵다.[326]

서면결의서 제출자 372명중 135명이 서면결의서가 위조되었다는 취지의 사실확인서를 제출하였고, 서면결의서와 사실확인서의 필적이 서로 다르며, 서면결의서에 신분증사본 등 본인인지 여부를 확인할 수 있는 자료가 첨부되어 있지 않은 사정에 비추어 위 135명의 서면결의서를 총회 참석자 수에서 제외되어야 한다고 판단하였다.[327]

(5) 직접, 우편, 대리인에 의한 서면결의서의 제출

조합은 조합원에게 서면결의권의 행사기간을 통지하고 있는바, 위 행사기간 이전에 제출하거나 행사기간 만료 이후에 제출된 서면결의서는 효력이 없다. 또한 총회 소집을 통지하기 전에 제출 또는 징구한 서면결의서는 무효이다.[328]

조합원이 조합에 우편으로 서면결의서를 제출하는 경우 '총회 전일까지' 서면결의서가 도착되도록 하여야 한다(서울시 재개발 표준정관 제22조 제7항). 의결권행사 서면의 제출에는 도달주의가 적용되므로, 의결권 행사서면의 불도달에 관해서는 당해 조합원이 위험을 부담한다. 총회 당일에 도착한 서면결의서는 의사정족수 및 의결정족수에서 제외된다.

조합원은 조합이 통지하는 방법으로 서면결의서를 제출할 수 있고, 실무상 제출방법은 조합원 직접 제출방법 또는 우편제출방법이 있다. 따라서 조합원

---

325) 부산지방법원 2009. 4. 22. 선고 2008가합10313 판결, 서울서부지방법원 2010. 11. 12. 선고 2010가합9023 판결

326) 서울중앙지방법원 2022. 11. 10. 자 2022카합21313 결정

327) 서울중앙지방법원 2022. 3. 21.자 2021카합22041 결정

328) 수원지방법원 성남지원 2017가합402290 판결, 창원지방법원 2016가합53411 판결

은 서면결의서 제출장소를 방문하여 직접 서면결의서를 제출할 수 있고,[329) 우편으로 조합이 지정한 장소로 서면결의서를 제출할 수 있다.

조합원은 대리인으로 하여금 서면결의서를 제출할 수 있다.[330) 대리인이 서면결의서를 제출할 경우 조합은 신분증 또는 위임장 등을 통해 조합원 본인 또는 대리인 권한 등을 확인하여야 한다.

조합정관에 특별한 규정이 없는 한 조합원은 '조합이 배포'한 서면결의서에 의해 의사표시를 할 수 있을 뿐만 아니라 '자신이 직접 작성'한 서면결의서에 의해 의사표시를 할 수 있다.

서면결의서의 위조·변조 가능성에 비추어 '원본'만이 허용되고, 팩스, 이메일, 문자 또는 사본은 허용되지 않는다.[331) 이에 반해 조합이 팩스로 서면결의서를 제출할 수 있다고 고지한 경우 위 팩스로 제출된 서면결의서도 유효하다고 판시한 사례가 있다.

조합원이 서면결의서의 본인확인란에 도장을 날인하도록 정하였음에도 불구하고 조합합원이 본인확인란에 서명이나 무인으로 작성한 경우 그 서면결의서가 작성명의자의 진정한 의사에 반하여 작성되었다고 볼 만한 사정이 없다면 그 서면결의서는 유효하다.[332)]

(6) 시공사 선정과 서면결의서 제출

시공사 선정을 위한 총회의 경우 조합원은 조합이 지정한 기간·시간 및 장소에서 서면결의서를 배부받아 제출하여야 한다(계약업무 처리기준 제35조 제3항). 이는 시공사 선정에 있어 입찰자들이 과도하게 홍보를 하면서 조합원들에 대한 서면결의서의 매수행위를 방지하기 위한 것이다.

조합원은 조합이 지정된 장소에서 서면결의서를 배부받아야 하므로, 우편에 의한 서면결의서 제출 또는 홍보요원에 의한 서면결의서 징구는 허용되지 않는다.

---

329) 정관 또는 선거관리규정에 아무런 제한이 없다면 우체국 소인이 없는 서면결의서도 조합원이 직접 제출했음을 전제로 유효하다고 한 사례도 있다.
330) 대전지방법원 천안지원 2006. 4. 6. 선고 2006비합3 결정
331) 서울중앙지방법원 2022. 11. 10.자 2022카합21313 결정
332) 서울중앙지방법원 2010. 6. 17. 선고 2009가합141452 판결, 2009가합133116 판결

(7) 서면결의서의 징구방법

조합의 직원 또는 정비사업전문관리업자가 서면결의서를 징구할 수 있고, 정비사업전문관리업자가 아닌 자는 서면결의서를 징구할 수 없다.[333]

조합직원 또는 정비사업전문관리업자는 조합원으로부터 서면결의서를 징구함에 있어 신분증사본 등 본인인지 여부를 확인할 수 있는 자료를 첨부하여야 한다.[334]

총회에서 의결된 선거관리규정에서 서면투표방법으로 '우송' 또는 '직접방문제출' 만을 규정한 경우 조합이 홍보요원으로 하여금 조합원을 방문하게 하여 홍보요원이 조합원으로부터 서면결의서를 건네받아 조합에게 접수하는 것은 ① 2011. 8. 20. 정기총회 개정선거관리규정 제21조 제3항의 "우송" 또는 "직접방문제출"에 해당하지 아니하고, ② 홍보요원이 조합원으로부터 서면결의서를 받는 과정에서 그 역할이나 활동의 공정성을 담보하기 어려운 홍보요원이 조합원을 직접 대면함으로써 조합원의 의사결정에 영향을 미쳤을 가능성도 상당하며, ③ 홍보요원이 피고에게 접수한 서면결의서는 조합원이 조합에게 우송하여 제출하거나 조합을 직접 방문하여 제출한 서면결의서가 담보하는 절차적 정당성을 갖추지 아니하였으므로 허용되어서는 아니된다라고 판시한 사례가 있다.[335]

홍보요원이 조합원들로부터 단순히 서면결의서를 수거하는 정도에 불과하다면 도시정비법 위반에 해당되지 않는다.[336]

(8) 서면결의서 제출방법 등의 제한

조합은 정관에서 서면에 의한 의결권 행사를 제한할 수 있으나, 위 서면에 의한 의결권 행사를 제한하는 정관의 규정이 합리적이고도 납득할 만한 상당한 이유가 있어야 한다.

서면결의서 제한의 내용이 서면에 의한 의결권 행사에 관한 본질적인 내용

---

333) 대법원 2022. 12. 29. 선고 2022도1486 판결
334) 서울중앙지방법원 2022. 3. 21.자 2021카합22041 결정
335) 부산고등법원 2019. 4. 18. 선고 2018나52825 판결
336) 서울중앙지방법원 2024. 11. 27. 선고 2023노1850 판결

을 제한하거나 선량한 풍속 기타 사회질서에 위반되는 등 사회관념상 현저히 타당성을 잃은 것이라면 위 정관의 효력은 무효이다.

조합이 배포한 서면결의서만 유효로 한다고 정하거나 선거관리위원장의 날인이 있는 서면결의서(부재자투표용지)만 유효로 정할 수 있다.

서면결의서의 제출방법 관련 조합원 본인 또는 대리인의 직접 제출과 우편제출만 허용하고, 홍보요원에 의한 징구를 금지할 수 있다.

서면결의서의 철회와 관련 본인이 철회서를 직접 제출한 것만 허용하고, 대리인 또는 우편에 의한 철회서를 허용하지 않을 수 있다.

정관에서 인감도장을 날인한 서면결의서만 유효로 한다고 정한 경우 또는 인감증명서를 첨부하도록 정한 경우 이는 조합원 본인에 의하여 적법하게 작성되었는지 여부를 담보하기 위한 것으로 보아야 하는바, 조합이 본인확인절차를 거쳤다면 인감도장이 날인되지 않은 서면결의서 또는 인감증명서가 첨부되지 않은 서면결의서도 유효하다.[337]

(9) 서면결의서의 개봉

서면결의서는 봉투에 밀봉된 상태로 제출되고, 조합은 투표함에 서면결의서를 보관하며, 총회에서 안건을 상정한 후 투표함에 보관한 서면결의서를 개봉하고 있다.

일부 조합이 사전에 서면결의서의 제출자를 확인할 목적으로 투표함 또는 서면결의서를 개봉한 사례에서 조합이 총회 이전에 표결집계 등의 원활한 업무처리를 위하여 서면결의서를 미리 개봉하였으나, 그 개표결과가 대외적으로 유출되지 않은 점에 비추어 위 서면결의서 개봉행위가 위법하지 않다고 판시한 사례가 있다.[338]

조합원의 중복투표를 방지하기 위해 서면결의서가 밀봉된 봉투의 겉면에 기재된 인적 사항을 확인한 후 서면결의서를 투표함에 다시 넣은 후 봉인한 경우 위 투표함 개봉행위는 위법하지 않다고 판시한 사례가 있다.[339]

---

337) 수원지방법원 안산지원 2022. 4. 21. 선고 2020가합11817 판결, 서울고등법원 2010. 7. 14.자 2009라2485 결정, 서울행정법원 2009. 12. 31. 선고 2009구합27824 판결

338) 서울북부지방법원 2020. 9. 10. 선고 2018가합27267 판결

임원선거와 관련 홍보요원이 서면결의서를 개봉하여 내용을 확인한 행위는 무기명 비밀투표 원칙에 위배되고, 조합원들의 의사를 왜곡시킬 여지도 상당하므로, 해당 총회의 결의가 무효라고 판시한 사례가 있다.[340]

(10) 서면결의서와 찬·반 표시

조합원은 조합이 보낸 서면결의서에 찬반의 의사를 표기하여 조합에 제출하여야 한다. 조합원이 서면결의서에 의해 의결권을 행사하면 그 조합원의 의결권은 출석한 의결권으로 가산되고, 의사표시의 내용대로 찬성 혹은 반대에 가산된다.

서면에 조합원의 의사표시가 없이 백지로 제출된 경우에는 결의에 찬성하지 않은 것으로 간주해야 한다. 서면결의서의 찬성 및 반대란에 모두 기재된 경우 해당 서면결의서는 무효로 되어 찬성표 수에 산입되지 않는다.

만약 서면결의서의 찬성란에 "○" 또는 " √" 가 아닌 "X"로 기재된 경우 통상 "X"는 부정의 의미를 포함하고 있으므로 찬성란에 "X"로 기재되어 있다고 해도 반대표로 해석하여야 할 것이다.

서면결의서의 '찬성 및 반대란에 모두 기재' 되어 무효로 된 경우 위 서면결의서는 적어도 의사정족수의 계산에 있어서는 이를 포함하는 것이 타당하다.[341]

정관이나 선거관리규정에서 '조합원이 찬·반의 의사표시가 상이한 서면결의서를 중복 제출한 경우 위 서면결의서 모두 무효처리한다.' 는 규정을 두지 않은 경우 위 '중복 제출된 서면결의서' 를 무효로 처리하더라도 적어도 의사정족수의 계산에 있어서는 포함할 수 있다.[342]

다수인이 모인 회의체에서 하나의 의결을 구함에 있어 많은 토론이 이어지면서 원안동의, 수정동의 등이 있을 수 밖에 없다. 수정안은 원안 관련성 원칙에 따라 동일성이 유지되는 것이고, 누구나 수정발언 동의를 예견할 수 있는 것이므로 서면결의서의 찬성에는 수정안에 대한 동의도 포함된다.

---

339) 수원지방법원 안산지원 2015. 12. 18. 선고 2013가합102317 판결
340) 부산지방법원 동부지원 2020. 10. 8. 선고 2019가합103514 판결
341) 부산지방법원 2009. 4. 22. 선고 2008가합10313 판결
342) 부산지방법원 2009. 4. 22. 선고 2008가합10313 판결

(11) 서면결의서의 유효 여부

토지 등의 공유자들은 대표조합원을 지정하여 조합에 대표조합원 선임동의서를 서면으로 제출한 후 조합 총회에서 의결권을 행사할 수 있는바, 대표조합원 선임동의서가 제출되지 않은 상황에서 일부 공유자가 제출한 서면결의서는 무효이다.[343)]

서면결의서의 작성 · 제출이 부당한 방법으로 유도되거나 강요되는 등 서면에 의하여 의결권을 행사한 조합원들의 의결권이 박탈되었다고 볼 수 있을 정도의 사정이 인정된다면 조합원들의 총회 결의에 관한 공정하고 자유로운 의결권 행사가 침해된 것으로 보아 서면결의서의 효력이 부인된다.[344)]

서면결의서 제출에 따른 부당한 대가로 밥솥이 제공된 이상 조합원들의 의사가 왜곡됐다고 볼 수밖에 없으므로, 총회 결의는 모두 효력이 없다고 판시한 사례가 있다.[345)]

(12) 서면결의의 철회 · 수정 허용

조합원이 서면결의서로 의결권을 행사하거나 총회 참석하여 직접 투표용지로 의결권을 행사할 것인지는 조합원 본인이 결정할 사안이다. 총회에 직접 참석하여 의사를 표시하는 것이 서면결의서보다 조합원의 진정한 의사를 반영한다고 볼 수 있는바, 조합원이 총회에 출석하여 서면결의서를 철회하거나 번복하는 것은 당연히 인정된다.

정관에서 서면결의서의 철회방법에 관하여 별도로 정하지 않는 이상 조합원은 조합에 서면으로 서면결의서를 철회할 수도 있다(서면결의의 철회서). 만약 정관에서 서면결의서의 철회방법 및 철회시기를 제한한 경우 위 정관에 따라 서면결의서를 철회하여야 한다.[346)]

서울시 재개발 표준정관 제22조 제7항은 "서면결의서를 제출한 조합원은

343) 대법원 2021. 9. 30. 선고 2021다230144 판결, 대법원 2021. 9. 30. 선고 2021다227759 판결
344) 서울중앙지방법원 2011. 8. 25. 선고 2010가합132690 판결
345) 사당동지역주택조합사례(2011. 9. 25.)
346) 서울중앙지방법원 2020. 12. 4.자 2020카합20994 결정

총회 당일에 현장출석하여 투표개시 선언이 이루어지기 전까지 직접 또는 제5항에 따른 대리인을 통하여 서면결의서에 의한 의결권행사를 철회하고 직접 투표할 수 있다.” 라고 정하고 있다.

서면결의서는 직접(인편)으로 제출할 수 있도록 함으로써 사자(使者)를 통한 서면결의서의 제출을 허용하고 있으므로, 같은 방식으로 철회서를 제출하는 것도 허용된다할 것인바, 철회서 제출사무의 위임여부와 상관없이 사자(使者)가 제출한 철회서도 유효하다고 판시한 사례가 있다.[347)]

서면결의서를 제출한 조합원이 총회에 참석하여 의결권을 행사하려고 할 경우 오로지 총회의 진행을 방해하려는 목적에 의한 것이라는 등의 특별한 경우가 아니라면 이를 제한해서는 아니된다. 만약 이를 위반하여 부당하게 서면결의서 철회 및 현장 투표를 방해한 경우 총회 결의의 무효사유가 된다.[348)]

총회 현장에서 직접 철회서를 제출하려 하였으나, 철회서 제출을 거부당한 경우 해당 서면결의서 철회서 숫자만큼 의결정족수 산정에서 제외된다.[349)]

(13) 서면결의서 철회 시점

정관에 다른 정함이 없다면 조합원은 투표개시 선언이 이루어지기 전까지 서면결의서를 철회할 수 있다.[350)]

안건을 일괄 상정한 후 사전 투표개시를 선언한 경우 의사정족수 충족 여부는 ‘안건심의와 동시에 진행된 사전 투표개시 시점’ 을 기준으로 하므로,[351)] 조합원은 위 사전 투표개시 이전에 서면결의서를 철회하여야 한다.

조합이 투표개시 이후 서면결의서 철회를 불허하는 것은 투표 과정의 공정성을 담보하고 진행의 혼란을 막기 위한 부득이한 조치이다. 따라서 조합원은 (사전) 투표 개시 이후에는 서면결의서를 철회할 수 없다.[352)]

---

347) 전주지방법원 2023. 12. 28.자 2023카합10088 결정
348) 서울중앙지방법원 2011. 8. 25. 선고 2010가합132690 판결
349) 수원지방법원 안산지원 2015. 5. 29.자 2015카합10024 결정
350) 대법원 2008. 8. 21. 선고 2007다83533 판결, 서울고등법원 2021. 7. 27.자 2021라20701 결정, 서울북부지방법원 2017. 7. 20. 선고 2015가합2229 판결, 수원지방법원 안산지원 2022. 1. 27. 선고 2021가합9972 판결, 광주지방법원 2017. 9. 14.자 2017카합50283 결정
351) 수원지방법원 2016. 6. 16. 선고 2015가합2099 판결
352) 서울북부지방법원 2011. 7. 8. 선고 2010가합7236 판결

조합은 '총회 개최 전일 18시까지' 철회서를 본인이 직접 철회할 것을 고지하였으나, 일부 조합원이 총회 개최 당일에 위임장 없이 신분증 사본만을 첨부한 서면결의철회서 44장을 제출한 사안에서 위 서면결의 철회를 인정하지 않은 사례가 있다.[353]

(14) 서면결의서의 철회서에 대한 재철회

조합원이 서면결의서를 제출하고, 철회서를 제출한 후 최종적으로 철회서를 철회한 경우(재철회서) 조합원의 마지막 의사표시가 존중되어야 함을 근거로 최초 서면결의서를 유효로 본 사례가 있다.[354]

이에 반해 철회서는 민법 제111조 제1항에 의거 상대방에게 도달한 때 그 효력이 발생하고, 이로 인해 서면결의서의 효력도 상실하므로, 재철회서를 제출한다 해도 서면결의서는 다시 효력을 발생하지 않는다고 판시한 사례가 있다.[355]

(15) 총회연기와 서면결의서 재사용

연기 전 총회와 연기 후 새로 개최되는 총회의 안건이 같고 단지 개최 일자만 연기된 것일 경우 당초 서면결의서를 제출하여 의사를 표시한 조합원들이 그 의사를 철회하지 아니하는 한 그 서면결의서는 연기 후 새로 개최되는 총회에서도 유효하다.

서면결의서에 "법원의 가처분결정, 정족수 미달 등 기타 부득이한 사유로 기일 또는 장소를 변경하는 경우 이 총회의 목적사항에 대한 본인의 의사표시 내용에는 변경이 없으므로 이 서면결의서를 재사용하는데 동의합니다."라고 기재되었고, 위 서면결의서를 연기된 총회에서 사용한 것이 위법하지 않다고 판시한 사례가 있다.[356] 이 경우 연기후 개최되는 총회의 안건은 연기 전 총회의 안건과 동일성이 유지되어야 한다.[357]

---

353) 서울서부지방법원 2020. 5. 6.자 2020카합50125 결정
354) 서울북부지방법원 2016카합20316 결정
355) 광주지방법원 2021카합50370 결정
356) 서울북부지방법원 2017. 8. 7.자 2017비합1011 결정, 서울서부지방법원 2020. 5. 6. 자 2020카합50126 결정
357) 서울동부지방법원 2022. 8. 31. 자 2022카합10142 결정

연기된 총회와 종전 총회의 목적사항이 동일한 경우 연기된 총회전일까지 징구된 서면결의서 역시 종전 서면결의서와 합산하여 집계할 수 있다고 판시한 사례도 있다.[358)]

(16) 서면결의서의 공개

참석자명부와 서면결의서는 도시정비법 제124조 제1항 제3호 의사록의 관련 자료에 포함되어 공개대상이다.[359)] 조합은 개인정보 유출이나 비밀투표의 효력을 유지하기 위해 참석자 명부 및 서면결의서에 나와 있는 개인정보를 일부 제외하고 공개하여야 한다.[360)]

---

358) 서울고등법원 2019. 4. 19.자 2018라21523 결정
359) 대법원 2012. 2. 23. 선고 2010도8981 판결
360) 대법원 2009. 12. 10. 선고 2009두12785 판결

VI. 총회 결의의 하자

1. 소집절차상 하자

(1) 소집절차 하자의 판단기준

조합장이 총회 소집 과정에서 위 정관 규정을 위반한 경우, 그 총회 결의가 무효인지 여부는, ① 총회 소집, 개최 시 이사회 의결을 거치도록 정한 정관 규정을 위반하게 된 경위, ② 구체적인 위반 내용, ③ 이사회 의결에 존재하는 하자의 내용과 정도, ④ 총회 소집과 관련하여 대의원회 등 조합 내부 다른 기관의 사전심의나 의결 등이 존재하는지 여부, ⑤ 위 정관 규정을 위반한 하자가 전체 조합원들의 총회 참여기회나 의결권 행사 등에 미친 영향, ⑥ 조합 내부의 기관으로 두고 있는 총회, 대의원회 등과 이사회의 관계 및 각 기관의 기능, 역할과 성격, ⑦ 총회의 소집 주체, 목적과 경위 및 ⑧ 총회 참석 조합원들의 결의 과정과 내용 등 여러 사정을 종합적으로 고려하여, 위 정관 규정을 위반한 하자가 총회 결의의 효력을 무효로 할 만한 중대한 소집절차상의 하자라고 볼 수 있는지에 따라 판단하여야 한다.[361]

총회에 소집공고 등 절차상 하자가 있다 하더라도 구성원들의 총회 참여에 어떠한 지장도 없었다면 그와 같은 절차상 하자는 경미한 것이어서 총회결의는 유효하다.[362]

(2) 총회 소집과 이사회 결의 또는 대의원회 심의

조합의 이사회가 법령 또는 정관이 정하는 바에 따른 정당한 소집권자 아닌 자에 의하여 소집되고, 그 이사 가운데 일부만이 참석하여 결의를 하였다면, 그 이사회의 결의는 부적법한 결의로서 효력이 없다.[363] 따라서 위 무효인 이

---

361) 대법원 2020. 11. 5. 선고 2020다210679 판결

362) 대법원 1992. 3. 27. 선고 91다29071 판결, 대법원 2020. 6. 25. 선고 2018두34732 판결

363) 대법원 2000. 2. 11. 선고 99두2949 판결, 대법원 1987. 3. 24. 선고 85누973 판결

사회의 결의에 기한 총회의 소집은 하자가 있다.

일부 이사가 참석하지 않은 상태에서 소집통지서에 회의의 목적사항으로 명시한 바 없는 안건에 관하여 이사회가 결의하였다면, 적어도 그 안건과 관련하여서는 불출석한 이사에 대하여는 정관에서 규정한 바대로의 적법한 소집통지가 없었던 것과 다를 바 없으므로 그 결의 역시 무효라 할 것이다.[364]

총회는 최고의사결정기관으로 총회의 다수결은 모든 조합원을 구속하는 반면, 대의원회 및 이사회의 심의·의결은 단체 내부의 의사결정에 불과하므로, 대의원회의 및 이사회의 심의·의결을 거치지 않은 하자는 총회 결의를 무효로 할 만한 중대한 절차상의 하자로 보기 어렵다고 판시한 사례가 있다.[365]

조합 정관은 총회 개최 시 그 안건에 관하여 이사회 의결을 거치도록 요구하고 있을 뿐, 총회에 상정하는 안건에 대하여 대의원회 의결을 거쳐야 한다는 규정을 두고 있지도 아니하다. 대의원회에서 부결된 안건을 총회에 상정하였다는 사정만으로 법령이나 정관 등에서 정하는 총회 소집절차에서 더 나아가 해당 안건이 대의원회에서 부결되었던 이유 또는 대의원회에서 부결되었는데도 총회에서 다시 의결하여야 할 이유를 알리는 등 추가적인 절차를 더 갖추어야만 한다고 볼 수 없다.[366]

(3) 총회 소집권자의 하자

총회의 결의가 유효하기 위하여는 총회가 적법한 소집권자에 의하여 소집되었을 것을 요한다.[367] 따라서 소집권한 없는 자가 소집한 총회에서 이루어진 결의는 무효이다.[368]

조합장이 사임한 경우 조합장이 유고 등으로 인하여 그 직무를 수행할 수 없거나 조합장의 직무수행을 정지하는 대의원회의 결의가 없다면 사임한 조합장은 후임 조합장의 선임시까지 조합의 대표자라 할 것이어서, 정관상의 소집

364) 대법원 2005. 5. 18.자 2004마916 결정
365) 대법원 2020. 11. 5. 선고 2020다210679 판결, 서울고등법원 2007. 6. 7. 선고 2006나38842 판결, 서울동부지방법원 2005. 11. 10. 선고 2004가합10174 판결, 서울북부지방법원 2012. 5. 18.자 2012카합359 결정, 부산지방법원 2015. 10. 15.자 2015카합850 결정
366) 서울고등법원 2023. 6. 20.자 2023라20417 결정
367) 대법원 1992. 11. 27. 선고 92다34124 판결
368) 대법원 2010. 6. 24. 선고 2010다13541 판결

절차에 따라 행한 총회소집은 적법하다.[369]

(4) 총회소집 통지의 하자

조합이 총회안건을 조합원에게 개별적으로 통지하도록 한 취지는 조합원 각자가 회의와 토의 및 의결에 참가할 수 있는 기회를 주기 위함이고, 일부 조합원에 대하여 통지를 결여한 총회의 의결은 효력이 없다.[370]

조합이 각 조합원들에게 회의개최 7일 전까지 총회의 안건을 발송, 통지하지 않은 경우 그 총회의 결의는 조합원들의 토의권과 의결권의 행사를 침해한 것으로서 무효라 할 것이다.[371] 다만 1일 또는 2일 정도의 지연은 무효사유로 보지 않은 예도 있다.[372]

2. 회의의 진행상 하자

부당하게 조합원의 발언을 제한하거나 퇴장시키는 경우, 조합원과 관계없는 사람들을 동원하는 등 불안정한 분위기를 조성하여 결의하는 경우, 결의에 반대가 예상되는 조합원의 출석을 지연시키고 이를 틈타 안건을 가결시킨 경우[373], 그 총회의 결의는 무효이다.

총회의 개회시각과 관련 '회의 개회시각'이 부득이한 사정으로 당초 소집통지된 시각보다 지연되는 경우에도 사회통념에 비추어 볼 때 정각에 출석한 조합원들의 입장에서 변경된 개회시각까지 기다려 참석하는 것이 곤란하지 않을 정도라면 절차상의 하자가 되지 않는다.

그러나, 개회시각의 지연 정도가 개회시각을 사실상 부정확하게 만들고, 소집통지된 시각에 출석한 조합원들이 변경된 개회시각에 참석하기 어렵게 되었

---

369) 대법원 1996. 10. 25. 선고 95다56866 판결

370) 대법원 1987. 3. 24. 선고 85누973 판결, 대법원 1991. 12. 24. 선고 91다22315 판결, 대법원 2009. 12. 24. 선고 2009다26367 판결,

371) 서울고등법원 2010. 8. 16.자 2010라1056 결정

372) 대법원 1999. 6. 25. 선고 99다10363 판결, 대법원 2015. 11. 27. 선고 2014다44451 판결, 대전지방법원 2021. 8. 12.자 2021카합50558 결정

373) 대법원 1996. 12. 20. 선고 96다39998 판결

다면 이는 조합원들의 참석권을 침해한 것으로서 총회의 소집절차가 현저히 불공정하게 된다.[374)]

총회의 의장인 조합장이 부득이한 사유로 총회에 출석하지 않은 경우 조합장 유고시로 보아 직무대행자가 총회의 의장이 되어 회의를 진행할 수 있다.[375)]

의장인 조합장이 총회에서 의안에 대한 심사를 마치지 아니한 채 자진하여 퇴장한 경우 퇴장 당시 회의장에 남아 있던 조합원들이 임시의장을 선출하여 진행한 총회의 결의도 적법하다.[376)]

정당한 의장을 제지하고 조합원 중 1인이 스스로 의장이 되어 총회 진행한 경우에는 무효사유가 되나,[377)] 특별한 사정이 있어 정관상의 의장이 아닌 임원이 의장이 되어 회의를 진행한 경우에는 적법하다.[378)]

3. 결의절차상 하자

총회는 소집의 통지.공고에 기재한 회의의 목적사항에 한하여 심의.결의할 수 있다(서울시 재개발 표준정관 제20조 제8항). 이에 위배하여 목적사항 이외의 안건을 부의하여 결의하였다면 특별한 사정이 없는 한 총회의 소집절차 또는 결의방법이 법령에 위반한 것으로 보아야 한다.[379)]

소집통지 당시 회의의 목적사항으로 기재된 바 있는 '기타사항'은 회의의 기본적인 목적사항과 관계가 있거나 일상적인 운영을 위하여 필요한 사항에 국한된다고 할 것이므로, 소집통지서에 '기타사항'이 회의의 목적사항으로 기재된 바 있다고 하더라도 대표이사의 자격을 박탈하는 사항이 위 '기타사항'에 포함된다고 할 수는 없다[380)].

374) 대법원 2003. 7. 11. 선고 2001다45584 판결
375) 대법원 1984. 2. 28. 선고 83다651 판결
376) 대법원 2001. 5. 15. 선고 2001다12973 판결, 대법원 1983. 8. 23. 선고 83도748 판결
377) 대법원 1977. 9. 28. 선고 76다2386 판결
378) 서울고등법원 1964. 2. 7. 선고 63나480 판결
379) 대법원 1979. 3. 27. 선고 79다19 판결

법원으로부터 '신임 이사의 선임'을 회의 목적으로 하는 임시주주총회의 소집을 허가받았음에도 위 임시주주총회에서 이사회결의나 법원의 소집허가 없이 이루어진 감사선임결의 부분은 소집절차에 하자가 있어 부적법하다.[381]

조합 총회의 결의에 자격 없는 자가 참여한 흠이 있다 하더라도 그 의사진행의 경과, 자격 없는 자의 표결을 제외하더라도 그 결의에 필요한 의결정족수를 충족하는 점 등 여러 가지 사정에 비추어 그와 같은 흠이 총회결의의 결과에 영향을 미치지 않았다고 인정되는 때에는 그 총회결의는 유효하다.[382]

가중다수결의(3분의 2)를 하여야 함에도 보통결의(과반수)로 가결한 경우, 정족수.의결권의 계산이 위법한 경우 그 총회 결의는 무효라 할 것이다.[383]

4. 결의내용상 하자

총회의 결의내용이 도시정비법 또는 관련 법령에 위반한 경우 해당 결의는 당연히 무효사유이다. 조합의 정관은 조합의 조직, 활동, 조합원의 권리의무관계 등 단체법적 법률관계를 규율하는 것으로서 조합과 그 조합원에 대하여 구속력을 가지는 자치법규이므로, 이에 위반하는 총회의 결의는 원칙적으로 허용되지 않는다.[384]

결의내용이 정관에 위반한 예로서는, 조합원 자격이 없는 자에게 조합원 지위를 부여하는 결의[385], 정관이 정하는 정수를 초과하여 이사를 선임하는 결의 등이 있다.

회의체의 의사는 다수결에 의하여 정하여지는 것이 원칙이나, 다수결 원리

380) 대법원 2005. 5. 18. 자 2004마916 결정, 대법원 1996. 10. 25. 선고 95다56866 판결
381) 서울고등법원 2008. 7. 30. 선고 2007나66271 판결
382) 대법원 2021. 2. 10. 선고 2020두48031 판결, 대법원 1983. 8. 23. 선고 83도748 판결, 대법원 1997. 5. 30. 선고 96다23375 판결
383) 대법원 1996. 12. 23. 선고 96다32768 판결, 대법원 2009. 1. 30. 선고 2007다31884 판결
384) 대법원 2016. 5. 12. 선고 2013다49381 판결
385) 대법원 1992. 12. 11. 선고 92다30153 판결

에 의하여 일부 구성원을 특별히 유리하게 취급하거나 불리하게 취급하여 권리를 제한하거나 의무를 부과하는 등의 결의내용이 현저하게 불공정한 경우에는 그 결의는 무효가 된다.

따라서 다수결의 이전에 결의 내용이 합리성과 형평성을 요구되는 것을 전제하고 있으므로 이를 위반하여 결의내용이 현저하게 불공정한 경우에는 다수결 원리는 배제되어 결의효력은 발생하지 않고 무효가 된다.

개별 조합원의 국공유지 매수지연으로 인하여 조합에 부과된 변상금을 전체 조합원이 부담하도록 한 결의는 국공유지 매수 의무가 없는 조합원에게 현저하게 불공정한 것이므로, 위 결의는 무효이다.[386)]

조합이 정기총회에서 정비사업에 반대한 조합원들에게 신축아파트 추첨권을 주지 않기로 한 결의는 무효이다. 또한 신축아파트를 배정함에 있어 정비사업에 반대한 조합원들을 배제한 채 나머지 조합원들만이 입주를 희망하는 아파트의 동, 층, 호수를 임의로 선택하여 지정하도록 한 결의는 조합원의 기본적 권리를 침해한 것으로서 무효이다.[387)]

5. 하자 있는 종전 총회의 결의를 추인하는 경우

소집절차에 하자가 있어 그 효력을 인정할 수 없는 총회의 결의라도 후에 적법하게 소집된 총회에서 이를 추인하면 유효로 된다.[388)]

그러나, 불출석한 조합원이 총회 결의 이후에 서면으로 임원 선출 결의의 내용을 추인하였다고 하더라도 그러한 사정만으로 임원선출의 의결 정족수에 관한 하자가 치유되었다고 볼 수 없다.[389)]

B가 사임하고 B가 2차 총회를 소집하여 새로운 조합장 C를 선출한 경우에는, ‘당초 하자있는 1차 총회에서 선임된 조합장 B가 2차 총회를 소집하였으므로, 2차 총회는 무권리자에 의하여 소집된 총회라는 사유’는 2차 총회의

386) 대법원 2001. 9. 7. 선고 2001다32717 판결
387) 대법원 1999. 3. 9. 선고 98다60118 판결
388) 대법원 1995. 6. 16. 선고 94다53563 판결
389) 대법원 2007. 2. 8. 선고 2005다15376 판결

무효사유로 볼 수 없다.[390] 만약 이를 무효사유로 본다면 최초의 임원선임결의의 무효로 인하여 연쇄적으로 그 후의 결의가 모두 무효로 되는 결과가 되어 법률관계의 혼란을 초래하고, 법적 안정성을 현저히 해하게 되기 때문이다.

당초 재개발조합 총회에서 임원을 선임한 결의에 대하여 그 후에 다시 개최된 총회에서 위 종전 결의를 그대로 재인준하는 결의를 한 경우[391], 2차 총회에서 B가 조합장으로 선출된 경우[392]에는 설사 당초의 임원선임결의가 부존재 혹은 무효라고 할지라도 새로운 총회가 당초 임원선임결의에 의하여 선임된 임원에 의하여 소집된 총회이므로 무권리자에 의하여 소집된 총회라는 사유는 이를 독립된 무효사유로 볼 수 없다.

390) 대법원 1998. 12. 22. 선고 98다35754 판결
391) 대법원 2003. 9. 26. 선고 2001다64479 판결
392) 대법원 1995. 7. 28. 선고 93다61338판결

제7절 정보공개와 회계

I. 정비사업 관련 서류의 공개

1. 정보공개의무자

정보공개의무자는 추진위원장 또는 사업시행자이다. 사업시행자가 조합인 경우 조합임원과 청산인이고, 토지등소유자가 단독으로 시행하는 경우 그 대표자를 말한다. 전문조합관리인, 지정개발자의 대표자도 정보공개의무자에 해당된다(법 제138조 제7호).

'추진위원장'은 토지등소유자 과반수의 동의를 얻은 후 시장·군수로부터 승인을 받은 조합설립추진위원회의 위원장을 의미한다.

죄형법정주의의 원칙상 추진위원회의 부위원장이나 추진위원이었다가 추진위원회 위원장의 유고 등을 이유로 운영규정에 따라 연장자 순으로 추진위원회 위원장 직무대행자가 된 자는 도시정비법 제138조 제7호에서 규정한 '추진위원장'에 해당하지 않는다.[393]

조합 총회의 의결을 거쳐 조합임원으로 선임되었으나, 임원선임을 위한 총회 결의가 무효가 된 경우 해당 임원도 정보공개의무자로서 형사처벌 대상이 된다.[394]

법원에 의하여 선임된 조합임원 직무대행자[395] 및 임시이사[396]는 도시정비법 제124조 및 제138조 제7호의 임원에 해당한다.

'조합설립인가처분이 무효'인 경우 무효인 조합의 조합장, 이사 또는 감

393) 대법원 2015. 3. 12. 선고 2014도10612 판결
394) 대법원 2024. 9. 13. 선고 2023도16588 판결
395) 대법원 2017. 6. 15. 선고 2017도2532 판결
396) 대법원 2016. 10. 27. 선고 2016도138 판결

사로 선임된 자는 형사처벌의 대상에서 제외된다.[397] 그러나, 조합설립인가 이후 사후적인 사유로 조합설립인가처분이 취소된 경우 취소된 조합의 조합임원은 형사처벌의 대상이 된다.[398]

2. 공개 또는 열람 · 복사 대상

(1) 공개대상 또는 열람 · 복사 대상

도시정비법 제124조의 정보공개제도는 재개발 · 재건축사업의 투명성을 강화하여 조합임원 등의 윤리의식을 고취시킴과 동시에 사업의 합리성을 도모하고, 주민들의 알 권리 충족을 위한 취지이다.[399]

추진위원장 또는 사업시행자가 공개해야 하는 서류는 다음과 같다(법 제124조 제1항, 시행령 제94조 제1항).

① 추진위원회 운영규정 및 정관등
② 설계자 · 시공자 · 철거업자 및 정비사업전문관리업자 등 용역업체의 선정계약서
③ 추진위원회 · 주민총회 · 조합총회 및 조합의 이사회 · 대의원회의 의사록
④ 사업시행계획서
⑤ 관리처분계획서
⑥ 해당 정비사업의 시행에 관한 공문서
⑦ 회계감사보고서
⑧ 월별 자금의 입금 · 출금 세부내역
⑨ 도시정비법 제111조의2에 따라 신고한 자금차입에 관한 사항
⑩ 결산보고서
⑪ 청산인의 업무 처리 현황
⑫ 분양공고 및 분양신청에 관한 사항

---

397) 대법원 2014. 5. 22. 선고 2012도7190 전원합의체 판결
398) 대법원 2016. 6. 10. 선고 2015도576 판결
399) 서울동부지방법원 2010. 9. 10. 선고 2010노838 판결

⑬ 연간 자금운용 계획에 관한 사항
⑭ 정비사업의 월별 공사 진행에 관한 사항
⑮ 설계자 · 시공자 · 정비사업전문관리업자 등 용역업체와의 세부 계약 변경에 관한 사항
⑯ 정비사업비 변경에 관한 사항

토지등소유자 명부 및 조합원 명부는 공개대상 및 열람 · 복사대상이다(법 제124조 제4항).

'해당 정비사업의 시행에 관한 공문서'에서 '공문서'는 공무원이 그 직무에 관하여 작성한 문서를 의미하고, 조합이 작성하였거나 협력업체가 작성한 문서는 공문서에 해당하지 않는다. 또한 공개대상인 공문서는 공무원이 작성한 문서로서 조합에 정식으로 통지한 문서를 의미하고, 조합이 수신인이 아닌 행정청이 내부용도로 작성한 공문서는 그 목적이 행정청 내부의 의사교환이나 결정에 있는 것이어서 위에서 정한 공문서에 해당하지 않는다.[400]

열람.복사의 대상은 요청 당시 현존하는 서류나 자료인바, '현존하지 않는 서류나 자료'에 대한 열람.복사 요청에 응하지 않은 경우 해당 임원은 형사처벌의 대상이 되지 않는다. 열람.복사 요청 당시 현존하는 서류나 자료가 없었다면 열람.복사 요청 이후 15일의 시한이 경과하기 전에 해당 서류나 자료가 작성된 경우에도 해당 임원은 형사처벌의 대상이 되지 않는다.[401]

조합장이 이사회를 소집하였으나 과반 이상이 참석하지 않아 무산되었고, 조합은 '무산된 이사회의 의사록'을 작성한 경우 조합장은 무산된 이사회 의사록을 공개되어야 한다고 판시한 사례가 있다. 그러나 이사회가 무산되어 그 성립자체가 없으므로, 공개대상에 포함되지 않는다고 보아야 한다.

설계자 · 시공자 · 철거업자 및 정비사업전문관리업자와의 용역계약뿐만 아니라 정비사업 시행 및 주민들의 이해관계와 관련 있는 용역업체의 선정계약서라면 공개대상에 포함된다.[402]

---

400) 서울북부지방법원 2023. 3. 2.자 2022고정870 판결
401) 대법원 2024. 9. 13. 선고 2023도16588 판결, 대법원 2024. 9. 12. 선고 2021도14485 판결
402) 서울동부지방법원 2010. 9. 10. 선고 2010노838 판결

토지등소유자가 단독으로 시행하는 재개발사업에서 토지등소유자가 자체적으로 개최한 회의의 의사록은 도시정비법 제124조 제1항 제3호의 의사록에 해당하지 않아 형사처벌의 대상이 되지 않는다.

(2) '관련 자료'의 해석방법

도시정비법은 공개대상이 되는 서류를 각호에서 구체적으로 열거하면서도 '관련 자료'의 판단 기준에 관하여는 별도로 규정하고 있지 않다. 다만, 그 밖에 공개가 필요한 서류 및 관련 자료는 대통령령에 위임하여 이를 추가할 수 있는 근거 규정을 두고 있다.

따라서 도시정비법 혹은 그 위임에 따른 시행령에 명문의 근거 규정 없이 정비사업의 투명성·공공성 확보 내지 조합원의 알권리 보장 등 규제의 목적만을 앞세워 각호에 명시된 서류의 '관련 자료'의 범위를 지나치게 확장하여 인정하는 것은 죄형법정주의가 요구하는 형벌법규 해석원칙에 어긋난다.[403]

'조합원별 신축건물 동·호수 배정 결과'는 공개대상이다.[404] 하급심에서 '청산자 명단', '분양계약 미체결자 명부', '청산금 지급총액'을 공개대상이라고 판시한 사례가 있다.

'참석자명부'와 '서면결의서'는 의사록의 관련 자료에 포함되어 열람·복사 대상인바,[405] 조합은 조합원들에게 참석자 명부 및 서면결의서의 개인정보부분을 제외하고 나머지 부분을 공개하여야 한다.

이사회 또는 대의원회에서 '회의록에 첨부된 자료 또는 배포한 자료'가 있다면 해당 첨부된 자료도 공개의 대상이 된다.[406]

(3) 공개대상 사례

'월별 자금의 입금·출금 세부내역'이 진정하게 작성되었는지를 판단하기

---

403) 대법원 2022. 1. 27. 선고 2021도15334 판결, 대법원 2024. 9. 12.선고 2021도14485 판결

404) 대법원 2021. 2. 10. 선고 2019도18700 판결

405) 대법원 2012. 2. 23. 선고 2010도8981 판결

406) 대법원 2016. 2. 18. 선고 2015도10976 판결, 의정부지방법원 2012. 9. 12. 선고 2012고정302 판결

위해서는 월별 자금의 입금·출금 세부내역 뿐만 아니라 그 근거자료인 각종 영수증 역시 위 세부내역의 관련 자료로서 확인할 필요가 있다고 할 것이다. 즉 '각종 영수증 등'도 '월별 자금의 입금.출금에 관한 자료'로서 공개대상이다.[407]

위원장인 피고인이 토지 등 소유자인 갑이 이메일로 발송한 '법무사 입찰업체의 정관제안서 비교자료'의 열람·복사 신청서를 수신하였음에도 15일 이내에 열람·복사 요청에 따르지 않았다는 공소사실로 기소된 사안에서, 위 자료가 도시정비법 제124조 제4항에서 말하는 '정비사업 시행에 관한 서류와 관련 자료'에 해당하는 것이 명백하다는 이유로, 공소사실을 유죄로 인정한 사례가 있다.[408]

조합이 총회 홍보를 위하여 개개인의 근로자들과 개별적으로 작성한 '근로계약서'는 용역업체의 선정계약서에 포함된다.[409]

속기록 또는 자금수지보고서는 '관련 자료'에 포함되지 않아 공개대상이 아니다.[410]

총회 등의 녹음자료 등은 도시정비법 제124조 제1항에서 정한 서류 및 관련 자료에 해당하지 않는다.[411]

'조합총회 소집을 위한 발의서'는 정보공개대상이 아니다.

(4) 공공기관의 정보공개에 관한 법률 적용 여부

도시정비법 관련 규정은 조합이나 추진위원회가 정비사업 시행에 관하여 작성하거나 취득하는 등으로 보관하고 있는 서류와 자료 모두를 잠정적 공개대상으로 정하고 있다.

토지 등 소유자 등의 열람·복사 요청에 대하여는 '공공기관의 정보공개에

407) 의정부지방법원 2017. 7. 19. 선고 2017노992 판결
408) 대법원 2024. 9. 12. 선고 2021도14485 판결
409) 유죄를 인정한 사례 : 수원지방법원 안양지원 2021. 4. 29. 선고 2020고정503 판결, 서울북부지방법원 2023. 6. 23. 선고 2022노1663 판결,
무죄를 인정한 사례 : 전주지방법원 2024. 2. 1. 선고 2023노772 판결
410) 대법원 2022. 1. 27. 선고 2021도15334 판결
411) 서울중앙지방법원 2015. 5. 21. 선고 2015노499 판결, 법제처 2024. 7. 2. 24-0347 회신

관한 법률' 이 적용되지 않으므로, 열람・복사 대상인 서류나 관련 자료가 위 법률이 정한 비공개 대상에 해당하는 경우에도 조합이나 추진위원회는 15일 이내에 정보를 공개하여야 한다.[412]

3. 공개정보의 열람・등사 청구

(1) 정보공개청구권자

정보공개 대상자는 조합원, 토지등소유자 또는 세입자이다. 열람・복사 청구권자는 조합원과 토지등소유자에 한정된다. 세입자는 정보공개 대상자에 포함되나, 열람・복사 청구권자에서는 제외된다.

임시총회소집발의 대표자는 시장・군수 또는 조합에게 조합원명부중 주민등록번호를 제외한 나머지 부분에 대한 정보공개를 요청할 수 있다.[413]

소유권을 상실하지 않은 현금청산자는 사업시행자에게 정비사업관련 자료의 열람・등사를 요청할 권한이 있다.[414]

재건축사업의 미동의자는 조합원이 아니지만 토지등소유자에 해당하므로, 정비사업 시행과 관련한 자료에 대한 열람・등사를 요청할 권한이 있다.

(2) 조합원의 열람・복사 요청

조합원의 열람 · 복사 요청은 사용목적 등을 기재한 서면 또는 전자문서로 하여야 한다(시행규칙 제22조).

조합원은 열람・복사를 요청함에 있어 그 열람대상과 범위를 특정하여야 한다. 만약 조합원이 열람대상과 범위를 불분명하게 특정한 경우 조합임원은 사용용도에 따라 대상 자료를 파악하거나, 자료목록의 제시를 통해 열람대상 및 범위를 특정하는 등의 조치를 취해야 한다.[415]

복사에 필요한 비용은 실비의 범위에서 청구인이 부담한다(법 제124조 제5

412) 대법원 2024. 9. 12.선고 2021도14485 판결
413) 서울행정법원 2009. 8. 21. 선고 2009구합18257 판결
414) 대법원 2012. 7. 26. 선고 2011도8267 판결
415) 창원지방법원 2021. 10. 21. 선고 2021노1011 판결

항).[416] 비용납부는 정보공개청구의 요건이 아니므로, 비용을 예치하지 않았다는 사유는 열람 · 복사의 거부사유가 될 수 없다.

(3) 조합의 공개 또는 열람방법

추진위원장 또는 사업시행자는 정비사업 시행에 관한 서류 및 관련 자료가 작성되거나 변경된 후 15일 이내에 공개하여야 한다.

정보공개방법은 인터넷과 그 밖의 방법을 병행하여야 한다. 서울시의 경우 조합임원은 도시정비법 제124조의 정비사업관련 자료를 클린업시스템을 통하여 공개하고 있다(서울시 조례 제69조 제4항).

추진위원장 또는 사업시행자는 조합원, 토지등소유자의 열람 · 복사 요청일로부터 15일 이내에 정비사업 사항에 관한 서류와 관련 자료를 열람 · 복사해 주어야 한다(법 제124조 제4항).

열람 · 복사 방법은 개별 조합에서 구체적으로 정할 수 있고, 만약 개별 조합의 정관에서 열람 · 복사의 방법을 특정하지 않았다면 조합임원은 조합원에게 '현장교부' 외에도 통상의 방법인 '우편', '팩스' 또는 '정보통신망(이메일)' 중 어느 하나의 방법을 이용하여 열람 · 복사 요청에 응하여야 한다. 조합임원은 조합원에게 조합사무실에서만 열람할 수 있도록 제한할 수 없다.[417]

(4) 정보공개의 범위

추진위원장 또는 사업시행자는 주민등록번호를 제외하고 공개하여야 한다.[418]

주민등록번호가 공개될 경우 부정사용될 가능성을 배제할 수 없고, 그 결과 개인의 사생활이나 사회생활에 있어서의 재산 · 신용에 심각한 위해가 발생할 우려가 있다. 이에 주민등록번호는 공개대상에서 제외되어 있다.

416) 서울시 조례 제87조 제1항 : 조합원은 정보공개 요청에 대하여 통지한 날부터 10일 이내 수수료 현금 납부함
별표 4 : 원본의 사본 A3 이상 1장 300원, 1장 초과마다 100원임.
417) 대법원 2018. 4. 26. 선고 2016도13811 판결
418) 서울행정법원 2009. 8. 21. 선고 2009구합18257 판결

서류 열람 등에 관한 정보접근권이 인정되는 경우에도 다른 조합원의 사생활의 비밀과 자유보장을 위해 또는 주택정비사업의 지장 초래를 막기 위해 조합이 정하는 바에 따라 서류의 열람이 어느 정도 제한된다.[419]

현금청산자 또는 재건축사업의 미동의자는 조합원이 아니므로, 일부 자료에 대한 열람·복사권이 제한될 수 있다.

조합원의 전화번호는 정비사업의 추진과 관련한 조합 구성원의 의견수렴과 의사소통에 꼭 필요한 정보인바, 조합원명부중 '전화번호'는 열람·복사의 대상이다.[420]

(5) 사용목적외 사용금지

열람·복사를 요청한 사람은 제공받은 서류와 자료를 사용목적 외의 용도로 이용·활용하여서는 아니된다(법 제124조 제6항).

재개발조합의 조합원인 피고인이 조합 임원 9명에 대한 해임안건이 담긴 해임 총회 개최사실을 알릴 목적으로 갑이 이전에 개최된 주민총회의 적정성을 검토하기 위해 제공받은 토지등소유자 명부 등을 바탕으로 작성하여 보관 중이던 조합원 명단을 제공받음으로써 부정한 목적으로 개인정보를 제공받았다는 이유로 개인정보 보호법 위반으로 기소된 사안에서, 피고인은 도시정비법에 따라 해임 총회의 요구자 대표로서 조합장 권한을 대행하여 해임 총회를 소집하기 위하여 개인정보인 조합원 명단을 제공받았다고 볼 여지가 있고, 개인정보인 조합원 명단의 내용과 성격, 조합원들이 조합에 개인정보를 제공한 원래의 목적, 피고인이 갑으로부터 조합원 명단을 제공받게 된 경위와 방법 등 제반 사정을 종합하면, '해임 총회 개최사실을 알릴 목적'이 사회통념상 부정하다고 단정하기 어렵다.[421]

---

419) 대법원 1997. 5. 23. 선고 96누2439 판결
420) 대법원 2021. 2. 10. 선고 2019도18700 판결
421) 대법원 2022. 6. 16. 선고 2022도1676 판결

4. 공개목록 통지 및 자료의 보관

(1) 공개목록 통지

추진위원장 및 사업시행자는 도시정비법 제124조 제1항에 따라 공개의 대상이 되는 서류 및 관련 자료에 관한 목록 등을 매 분기가 끝나는 달의 다음 달 15일까지[422] 조합원 또는 토지등소유자에게 서면으로 통지하여야 한다(법 제124조 제2항, 시행령 제94조 제2항).

통지사항에는 ① 공개 대상의 목록, ② 공개 자료의 개략적인 내용, ③ 공개 장소, ④ 대상자별 정보공개의 범위, ⑤ 열람·복사 방법, ⑥ 등사에 필요한 비용을 포함하여야 한다(시행령 제94조 제2항).

서류 및 관련 자료의 공개는 공개 대상의 서면 통지 전에 이루어져야 하는 것으로 봄이 상당하다. 따라서 늦어도 매 분기가 끝나는 달의 다음 달 15일까지는 위 서류 및 관련 자료를 공개하여야 한다.

(2) 자료의 보관

추진위원장·정비사업전문관리업자 또는 사업시행자는 도시정비법 제124조 제1항에 따른 서류 및 관련 자료를 청산 시까지 보관하여야 한다. 자료보관 의무자인 사업시행자는 청산인을 포함한 조합임원, 토지등소유자가 단독으로 시행하는 재개발사업의 경우에는 그 대표자이다.

총회 또는 중요한 회의가 있은 때에는 속기록·녹음 또는 영상자료를 만들어 청산 시까지 보관하여야 한다(법 제125조 제1항). 여기서 중요한 회의는 ① 용역 (변경)계약 및 업체 선정과 관련된 대의원회·이사회, ② 조합임원·대의원의 선임·해임·징계 및 토지등소유자(조합원) 자격에 관한 대의원회·이사회를 말한다(시행령 제94조 제3항).

---

422) 1/4분기의 경우 4월 15일 까지임.

5. 자료의 인계 및 보관

조합은 정비사업을 완료하거나 폐지한 때에는 시·도조례가 정하는 바에 따라 관계서류를 시장·군수에게 인계하여야 하고, 관계서류를 인계받은 시장·군수는 당해 정비사업의 관계서류를 5년간 보관하여야 한다(법 제125조 제2항, 제3항).

서울시의 경우 인계자료는 ① 이전고시 관계서류, ② 확정측량 관계서류, ③ 청산관계 서류, ④ 등기신청 관계서류, ⑤ 감정평가 관계서류, ⑥ 손실보상 및 수용 관계서류, ⑦ 공동구설치 비용부담 관계서류, ⑧ 회계 및 계약 관계서류, ⑨ 회계감사 관계서류, ⑩ 총회, 대의원회, 이사회 및 감사의 감사 관계서류, ⑪ 보류지 및 체비시설의 처분에 대한 분양 관계서류이다(서울시 조례 제88조 제1항).

서류의 인계는 이전고시일부터 3개월 또는 정비사업이 폐지되는 경우 폐지일부터 2개월 이내에 하여야 한다. 다만, 구청장이 부득이한 사정이 있다고 인정하는 때에는 사업시행자의 신청에 따라 연기할 수 있다(서울시 조례 제88조 제2항).

Ⅱ. 조합의 회계 및 회계감사 등

1. 조합의 회계 및 재원

(1) 조합의 회계

조합의 예산.회계는 기업회계의 원칙에 따르되, 조합은 필요하다고 인정하는 때에는 미리 총회의 인준을 받아 별도의 회계규정을 운영할 수 있다.

서울시의 경우 추진위원회 또는 조합은 예산회계처리규정을 정하여 운영하여야 한다. 예산회계처리규정에는 ① 예산의 편성과 집행, ② 세입·세출예산서 및 결산보고서 작성, ③ 수입의 관리·징수방법 및 수납 기관 등, ④ 지출의 관리 및 지급 등, ⑤ 계약 및 채무관리, ⑥ 그 밖에 회계문서와 장부에 관한 사항이 포함되어야 한다(서울시 조례 제83조 제1항).[423]

(2) 결산보고서 보고

조합의 회계는 매년 1월 1일 부터 12월 말일까지로 한다. 조합설립인가를 받은 당해연도는 조합설립등기일부터 12월 말일까지로 한다.

조합은 '조합 예산·회계규정' 별표 2의 회계처리규정 세칙에 따라 결산보고서를 작성하여 매 회계년도 종료일부터 3개월 이내에 대의원회 의결을 거쳐 총회에 보고하거나 조합원에게 서면보고 하여야 한다.

대의원회 의결을 받은 결산보고서는 의결 후 15일 이내에 정비사업 정보몽땅에 공개하여야 하며, 3개월 이상 조합사무소에 비치하여 조합원들이 열람할 수 있도록 하여야 한다.

(3) 재원의 조달

조합의 운영 및 사업시행을 위한 자금은 다음에 의하여 조달한다(서울시 재개발 표준정관 제34조).

423) '서울특별시 정비사업 조합 등 표준 예산·회계규정'(서울특별시 고시 2018-248호, 2018. 8. 9.) 참조

① 조합원이 현물로 출자한 토지 및 건축물
② 조합원이 납부하는 정비사업비 등 부과금
③ 건축물 및 부대.복리시설의 분양 수입금
④ 조합이 금융기관 및 시공자 등으로부터 조달하는 차입금
⑤ 서울특별시장, 주택도시보증공사 등으로부터 조달하는 융자금
⑥ 대여금의 이자 및 연체료 등 수입금
⑦ 청산금
⑧ 그 밖에 조합재산의 사용수익 또는 처분에 의한 수익금

(4) 정비사업비의 차입신고

추진위원회 또는 조합은 자금을 차입한 때에는 자금을 차입한 날부터 30일 이내에 자금을 대여한 상대방, 차입일, 차입액, 이자율, 상환기한 및 상환방법을 기재한 자금차입계약서의 사본을 관할 시장·군수등에게 제출하여야 한다(법 제111조의2, 시행령 제87조의2).

(5) 서울시로부터 사업비 융자절차

추진위원회 및 조합의 운영자금 및 용역비 등 융자 비목에 따라 대출이율을 차등 적용할 수 있고, 사업시행자는 정비사업의 준공인가 신청 전에 융자금을 상환하여야 한다(서울시 조례 제53조 제3항).

조합이 도시정비법 제95조 제3항 및 조례 제53조에 따라 서울특별시로부터 사업비를 융자받고자 하는 경우 총회 의결을 거쳐 시장에게 신청하여야 하며, 융자기간·상환방법·이율 등은 융자금 신청 당시의 '서울특별시 융자계획 공고'에 따른다(서울시 재개발 표준정관 제34조 제3항 내지 5항).

서울시로부터 사업비를 융자를 받은 후 조합장이 변경될 경우 새로운 조합장은 융자신청 당시 융자원리금의 상환과 관련하여 연대보증하거나 담보 등을 제공한 전 조합장의 지위를 일괄 승계한다. 다만, 조합설립추진위원장에 대해서는 최초로 선임된 조합장이 이를 일괄 승계한다.

서울시로부터 사업비를 융자를 받은 후 사업이 추진되지 못하는 경우 조합의 융자원리금 상환채무는 그 당시 조합원이 도시정비법 제74조 제1항 제5호

에서 정한 가격에 대한 도시정비법법 제74조 제4항 제1호에 따른 평가액(도시정비법 제74조 제4항 제1호에 따른 감정평가가 실시되지 않은 경우에는 최종 추정분담금 검증 후 통지된 평가액)의 비율에 따라 이를 인수한다.

영대보증 또는 담보 등을 제공함에 따라 융자원리금을 지급한 조합장은 조합원들에게 그 인수비율에 따라 구상할 수 있다.

(6) 정비사업비의 부과 · 징수

정비사업비는 건축물의 철거 및 새 건축무르이 건설에 드는 공사비 등 정비사업에 드는 비용을 의미한다(법 제27조 제4항 제2호). 정비사업비는 도시정비법 또는 다른 법령에 특별한 규정이 있는 경우를 제외하고는 사업시행자가 부담한다(법 제92조 제1항).

조합은 사업시행에 필요한 비용을 충당하기 위하여 조합원에게 공사비 등 사업에 소요되는 정비사업비를 부과·징수할 수 있다(서울시 재개발 표준정관 제35조 제1항 내지 3항).

정비사업비는 총회 의결을 거쳐 부과할 수 있으며, 추후 사업시행구역안의 토지 및 건축물 등의 위치·면적·이용상황·환경 등 제반여건을 종합적으로 고려하여 관리처분계획에 따라 공평하게 금액을 조정하여야 한다.

조합은 납부기한 내에 정비사업비를 납부하지 아니한 조합원에 대하여는 금융기관에서 적용하는 연체금리의 범위 내에서 연체료를 부과할 수 있으며 도시정비법 제93조제4항에 따라 ○○구청장에게 정비사업비의 징수를 위탁할 수 있다.

(7) 예산의 전용[424]

사업비 및 운영비 지출은 예산을 초과하여 지출하거나 예산으로 정한 목적 외에 이를 사용할 수 없다.

지출예산의 전용이 필요한 경우 총회에서 승인된 총 지출예산 범위 내에서 대의원회의 의결을 거쳐 사용할 수 있다. 다만 운영비 예산은 부득이한 경우 동일 항 내의 목간에 예산의 과부족이 있을 때에는 상호 전용할 수 있다.

---

424) 서울특별시 정비사업조합 등 표준 예산·회계규정 제18조 참조

운영비예산을 전용할 때에는 회계책임자는 그 사유를 기재하여 이사회에 전용한 예산을 보고하여야 한다.

(8) 예산의 불성립시 예산집행[425)]

조합은 부득이한 사유로 회계연도 개시전까지 당해연도 예산이 성립되지 아니한 때에는 전년도 동기간 예산에 준하여 집행할 수 있다. 준예산 적용기간은 1년으로 한정하며 이 기간을 초과하여 예산을 집행할 수 없다.

준예산 적용기간을 초과하여 예산을 집행하는 경우 사무실 운영을 위한 제세・공과금, 임차료, 수도광열비 등 불가피한 경비와 예산편성을 위한 총회비용의 집행은 할 수 있다. 예산편성을 위한 총회비용중 총회 전에 소요된 비용은 당해 총회에서 추인을, 총회 이후에 소요될 비용은 당해 총회에서 승인을 받아야 한다.

집행된 예산은 당해 연도 예산이 성립되면 그 성립한 예산에 의하여 집행된 것으로 본다.

조합은 전년도 예산에 준하여 집행할 사유가 생긴 때에는 사전에 대의원회의 의결을 거쳐 집행하여야 한다.

425) 서울특별시 정비사업조합 등 표준 예산·회계규정 제19조 참조

2. 회계감사

(1) 감사인의 회계감사 대상

추진위원회, 조합 또는 지정개발자는 다음의 어느 하나에 해당하는 경우 감사인의 회계감사를 받아야 한다(법 제112조, 시행령 제88조).

① 추진위원회에서 사업시행자로 인계되기 전까지 납부 또는 지출된 금액과 계약 등으로 지출될 것이 확정된 금액의 합이 3억 5천만원 이상인 경우

② 사업시행계획인가 고시일 전까지 납부 또는 지출된 금액이 7억원 이상인 경우

③ 준공인가 신청일까지 납부 또는 지출된 금액이 14억원 이상인 경우

회계감사 대상 금액에는 실제 지출된 금액뿐만 아니라 '계약 등으로 지출될 것이 확정된 금액'도 포함된다. 추진위원회는 제3자와 용역계약을 체결하면서 "용역대금은 추진위원회(조합)가 시공사 선정 및 계약 후 시공사로부터 자금을 대여 받아 지급한다."라는 특약을 추가하였다. 위 특약조항은 용역업체가 추진위원회에 대금 지급시기와 방법에 관한 편의를 제공한 것에 불과하므로 용역계약 체결 당시 이미 추진위원회의 용역대금지급채무는 성립되었다. 따라서 지출금액과 지출이 확정된 금액이 위 용역업체의 용역대금을 포함하여 3억 5천만원 이상인 경우 추진위원회는 회계감사를 받아야 한다.[426]

(2) 감사인의 회계감사 대상 및 시기

추진위원회, 조합 또는 지정개발자는 다음의 시기에 감사인의 회계감사를 받아야 한다(법 제112조 제1항).

① 추진위원회에서 조합으로 인계되기 전 7일 이내

② 사업시행계획인가의 고시일부터 20일 이내

③ 준공인가의 신청일부터 7일 이내

(3) 조합원 1/5의 회계감사 요청

감사는 조합원 5분의 1 이상의 요청이 있을 때에는 공인회계사에게 회계감

426) 대구지방법원 2017. 6. 15. 선고 2017고단1887 판결

사를 의뢰하여 공인회계사가 작성한 감사보고서를 총회 또는 대의원회에 제출하여야 한다(서울시 재개발 표준정관 법 제16조 제4항).

(4) 회계감사기관의 선정

사업시행자는 시장・군수등에게 회계감사기관의 선정・계약을 요청하여야 하고(법 제112조 제1항), 회계감사에 필요한 비용을 미리 예치하여야 한다. 시장・군수등은 회계감사가 끝난 경우 예치된 금액에서 회계감사비용을 직접 지불한 후 나머지 비용은 사업시행자와 정산하여야 한다(법 제112조 제4항).

시장・군수등은 사업시행자로부터 회계감사기관의 선정・계약의 요청이 있는 경우 즉시 회계감사기관을 선정하여 회계감사가 이루어지도록 하여야 한다(법 제112조 제2항). 시장・군수등은 공정한 회계감사를 위하여 선정된 회계감사기관을 감독하여야 하며, 필요한 처분이나 조치를 명할 수 있다(법 제112조 제3항).

(5) 회계감사 결과보고서의 공람

사업시행자는 회계감사가 종료된 날부터 15일 이내에 감사결과를 시장・군수 등에 보고하고, 조합원이 공람할 수 있도록 하여야 한다(법 제112조 제1항).

조합은 제4항에 의하여 실시한 회계감사 결과보고서는 제출받은 날로부터 15일 이내에 정비사업 정보몽땅에 공개하고, 3개월 이상 조합사무소에 비치하여 조합원들이 열람할 수 있도록 하여야 한다(서울시 재개발 표준정관 제33조 제5항).

Ⅲ. 벌칙규정

1. 벌칙적용에 있어서의 공무원 의제

(1) 조합임원 등의 공무원 의제 취지

재건축·재개발 정비사업은 노후·불량 건축물이 밀집하여 주거환경이 불량한 지역을 계획적으로 정비하고 개량하여 주거생활의 질을 높이기 위한 공공적 성격을 띤 사업이다. 또한 정비구역 내 주민들이나 토지 등 소유자들의 재산권 행사에 중대한 영향을 미친다. 이러한 점을 고려할 때 정비사업을 진행하는 조합의 임원뿐만 아니라 정비사업전문관리업자의 임·직원의 직무수행의 공정성과 청렴성을 확보하여야 한다. 이에 도시정비법은 조합의 임원 및 정비사업전문관리업자의 임·직원에 대한 뇌물죄 관련 공무원 의제규정을 두고 있다.[427] 헌법재판소는 도시정비법 제134조를 합헌으로 결정한 바 있다.[428]

① 추진위원장, ② 조합임원, ③ 청산인, ④ 전문조합관리인, ⑤ 정비업자의 대표자(법인인 경우 임원을 말함)·직원, ⑥ 위탁지원자는 형법 제129조부터 제132조까지의 규정을 적용할 때에는 공무원으로 본다(법 제134조).[429]

추진위원장 및 조합임원은 정비사업과 관련하여 직무상 금품 등을 받을 경우에는 민간인이 아닌 공무원으로 의제되어 형법 제129조 내지 제132조에 의한 공무원의 직무에 관한 죄로서 처벌을 받게 된다.

금품수수의 정도가 3,000만원 이상일 경우에는 '특정범죄가중처벌등에관한법률' 위반에 해당되어 형사상 가중을 받게 된다.[430] 뇌물죄의 경우 어떤 경우에나 벌금형이 필요적으로 병과된다.

---

427) 대법원 2010. 5. 13. 선고 2008도5506 판결

428) 헌법재판소 2007. 10. 25. 자 2006헌마30, 2007헌바12,14,38(병합) 결정

429) 대법원 2007. 4. 27. 선고 2007도694 판결, 대법원 2016. 1. 14. 선고 2015도15251 판결, 헌법재판소 2015. 2. 26. 선고 2013헌바200, 272(병합) 전원재판부 결정 등

430) 대법원 2010. 12. 23. 선고 2010도13584 판결

조합임원이 공무원으로 의제되어 처벌되는 범죄

형법조문	행 위 태 양
제129조 제1항 (수뢰죄)	① 공무원 또는 중재인이 그 직무에 관하여 뇌물을 수수, 요구 또는 약속한 때
제129조 제2항 (사전수뢰)	② 공무원 또는 중재인이 될 자가 그 담당할 직무에 관하여 청탁을 받고 뇌물을 수수, 요구 또는 약속한 후 공무원 또는 중재인이 된 때
제130조 (제3자뇌물 제공죄)	공무원 또는 중재인이 그 직무에 관하여 부정한 청탁을 받고 제3자에게 뇌물을 공여하게 하거나 공여를 요구 또는 약속한 때
제131조 제1항 제2항(수뢰후 부정처사죄)	① 공무원 또는 중재인이 전2조의 죄를 범하여 부정한 행위를 한 때 ② 공무원 또는 중재인이 그 직무상 부정한 행위를 한 후 뇌물을 수수, 요구 또는 약속하거나 제3자에게 이를 공여하게 하거나 공여를 요구 또는 약속한 때
제131조 제3항 (사후수뢰죄)	③ 공무원 또는 중재인이었던 자가 그 재직중에 청탁을 받고 직무상 부정한 행위를 한 후 뇌물을 수수, 요구 또는 약속한 때
제132조 (알선수뢰죄)	공무원이 그 지위를 이용하여 다른 공무원의 직무에 속한 사항의 알선에 관하여 뇌물을 수수, 요구 또는 약속한 때

(2) 추진위원장 또는 조합임원 등

추진위원장은 공무원 의제규정에 해당하고, 이때 위원장은 시장·군수로부터 추진위원회의 승인을 받은 추진위원회의 위원장을 말한다.

조합임원도 공무원 의제규정에 해당하고, 위 임원은 조합설립인가 후 그 등기를 마친 임원을 의미한다.[431] 청산인과 전문조합관리인도 공무원 의제규정이 적용된다. 법원에 의하여 선임된 조합임원 직무대행자 및 임시이사도 위 임원에 해당된다.[432]

구 주택건설촉진법에 의하여 설립인가를 받아 도시정비법 부칙(2002. 12. 30.) 제10조에 의하여 법인 등기를 마친 재건축조합의 조합장도 도시정비법 제134조에 의한 공무원 의제조항이 적용된다.[433]

전임 조합장의 직무대행자가 선임된 상태에서 적법하게 소집된 총회의 결의에 의하여 후임 조합장으로 선임된 자가 직무대행자로부터 조합 사무를 인계받아 실질적으로 조합장 직무를 수행하였다면, 비록 대표권을 가지지 못한다고 하더라도, 형법 제129조 내지 제132조의 적용에서 공무원으로 의제되는 조합의 임원으로 보아야 한다.[434]

조합의 임원이 조합 임원의 지위를 상실하거나 직무수행권을 상실한 후에도 조합 임원으로 등기되어 있는 상태에서 계속하여 실질적으로 조합 임원으로서 직무를 수행하여 온 경우, 그 조합 임원을 도시정비법 제134조에 따라 형법상 뇌물죄의 적용에서 '공무원'으로 보아야 한다.[435]

구 도시정비법(2017. 2. 8. 개정되기 전의 것) 제16조의2에 의한 조합설립인가의 취소는 강학상 '철회'에 해당되어 조합설립인가가 장래에 향해 소멸되는 것이므로, 구 도시정비법 제16조의2에 의거 조합설립인가 취소 이전 조합장의 금품수수는 공무원의제에 따라 뇌물죄로 처벌된다.[436]

위탁지원자인 토지주택공사등, 신탁업자, 주택도시보증공사, 한국토지주택공사, 한국부동산원은 시장·군수로부터 공공지원을 위탁받게 되는바, 위 위탁지원자의 직원 중 위탁관리업무에 종사하는 직원은 공무원 의제규정에 해당된다.

추진위원회의 부위원장이나 추진위원이었다가 추진위원회 위원장의 유고 등

431) 대법원 2006. 5. 25. 선고 2006도1146 판결
432) 대법원 2017. 6. 15. 선고 2017도2532 판결, 대법원 2016. 10. 27. 선고 2016도138 판결
433) 대법원 2006. 5. 25. 선고 2006도1146 판결
434) 대법원 2010. 12. 23. 선고 2010도13584 판결
435) 대법원 2016. 1. 14. 선고 2015도15798 판결
436) 대법원 2016. 6. 10. 선고 2015도576 판결

을 이유로 운영규정에 따라 연장자 순으로 추진위원회 위원장 직무대행자가 된 자는 도시정비법 제138조 제6호에서 규정한 '추진위원장'에 해당하지 않는바,[437] 위 부위원장 또는 직무대행자는 도시정비법 제134조에 의거 공무원으로 의제되지 않는다.

'조합설립인가처분이 무효'이어서 처음부터 조합이 성립되었다고 할 수 없는 경우에 그 성립되지 아니한 조합의 조합장, 이사 또는 감사는 도시정비법 제137조 제6호 위반죄 및 제138조 제6호 위반죄의 주체인 조합임원에 해당하지 않는바, 법원의 판결에 의해 조합설립인가가 취소된 조합의 조합임원은 뇌물죄와 관련 공무원으로 의제되지 않는다.[438]

조합의 직원이나 주민대표회의의 위원장은 공무원 의제의 대상이 아니며, 형법상 배임수재에 해당한다. 토지등소유자가 20인 미만인 경우 토지등소유자가 시행하는 재개발사업(도시환경정비사업)에 있어 그 대표자는 공무원으로 의제받지 않는다.

(3) 정비업자의 대표자 또는 직원 등

정비업자의 경우 대표자는 물론 직원도 공무원으로 의제되고, 공무원의제시기는 정비관리업자로 등록하고 인가받은 시점부터이며, 직원의 경우 상시근로자로서 고용보험이나 의료보험 등의 적용을 받은 시점부터이다.

공무원으로 의제되는 정비업자의 임・직원이 직무에 관하여 자신이 아닌 정비업자에 뇌물을 공여하게 하는 경우, 위 임・직원이 법인인 정비업자를 사실상 1인 회사로서 개인기업과 같이 운영하거나, 사회통념상 정비업자에 뇌물을 공여한 것이 곧 그 임・직원에게 공여한 것과 같다고 볼 수 있을 정도로 경제적・실질적 이해관계를 같이하는 것으로 평가되는 경우에 한하여 형법 제129조 제1항의 뇌물수수죄가 성립한다.[439]

정비업자가 추진위원회와 정식으로 계약을 맺기 전이라도 그 직무에 관해 뇌물을 수수하면 공무원으로 의제된다고 판시한 사례가 있다.[440]

---

437) 대법원 2011. 5. 26. 선고 2010도17145 판결, 대법원 2015. 3. 12. 선고 2014도10612 판결

438) 대법원 2014. 5. 22. 선고 2012도7190 전원합의체 판결

439) 대법원 2008. 9. 25. 선고 2008도2590 판결

(4) 뇌물죄의 직무관련성

뇌물죄는 직무집행의 공정과 이에 대한 사회의 신뢰에 기하여 직무수행의 불가매수성을 직접적인 보호법익으로 하고 있다. 따라서 공무원의 직무와 금원의 수수가 전체적으로 대가관계에 있으면 뇌물수수죄가 성립하고, 특별히 청탁의 유무, 개개의 직무행위의 대가적 관계를 고려할 필요는 없으며, 또한 그 직무행위가 특정된 것일 필요도 없다.

한편 뇌물죄에 있어서 직무에는 공무원이 법령상 관장하는 직무 그 자체뿐만 아니라 그 직무와 밀접한 관계가 있는 행위 또는 관례상이나 사실상 소관하는 직무행위, 결정권자를 보좌하거나 영향을 줄 수 있는 직무행위도 포함된다.[441]

공무원으로 의제되는 조합임원이 얻는 어떤 이익이 직무와 대가관계가 있는 부당한 이익으로서 뇌물에 해당하는지 여부는 ① 당해 공무원의 직무의 내용, ② 직무와 이익제공자와의 관계, ③ 쌍방 간에 특수한 사적인 친분관계가 존재하는지의 여부, ④ 이익의 다과, ⑤ 이익을 수수한 경위와 시기 등의 제반 사정을 참작하여 결정하여야 한다.[442]

직무집행의 공정과 이에 대한 사회의 신뢰 및 직무행위의 불가매수성을 보호법익으로 하고 있는 점에 비추어 볼 때, 공무원이 이익을 수수하는 것으로 인하여 사회일반으로부터 직무집행의 공정성을 의심받게 되는지 여부도 뇌물죄의 성립 여부를 판단할 때에 기준이 된다.[443]

조합임원 및 정비업자의 임·직원의 경우도 동일한 기준이 적용된다.[444]

정비업자의 대표자 및 임·직원은 그 취급하는 업무의 성격상 뇌물죄의 적용에서 공무원으로 의제되나, 도시정비법 제102조에서 정한 직무 이외의 영업에 관해서는 사경제주체로서 활동할 수 있으므로, 도시정비법 제102조에서 정한 직무와 관련 없이 이루어진 금품 등의 수수에 대해서까지 뇌물죄로 처벌할

440) 대법원 2008. 9. 25. 선고 2008도2590 판결
441) 대법원 2014. 10. 15. 선고 2014도8113 판결
442) 대법원 2011. 11. 24. 선고 2011도9585 판결
443) 대법원 2011. 3. 24. 선고 2010도17797 판결
444) 대법원 2014. 10. 15. 선고 2014도8113 판결, 대법원 2011. 11. 24. 선고 2011도9585 판결

수 없다.[445]

(5) 뇌물 등 몰수·추징

범인 또는 정을 아는 제3자가 받은 뇌물 또는 뇌물에 공할 금품은 몰수한다. 그를 몰수하기 불능한 때에는 그 가액을 추징한다(형법 제134조).

금품의 무상차용을 통하여 위법한 재산상 이익을 취득한 경우 범인이 받은 부정한 이익은 그로 인한 금융이익 상당액이므로 추징의 대상이 되는 것은 무상으로 대여받은 금품 그 자체가 아니라 위 금융이익 상당액이다.[446]

여기에서 추징의 대상이 되는 금융이익 상당액은 객관적으로 산정되어야 할 것인데, 범인이 금융기관으로부터 대출받는 등 통상적인 방법으로 자금을 차용하였을 경우 부담하게 될 대출이율을 기준으로 하거나, 그 대출이율을 알 수 없는 경우에는 금품을 제공받은 범인의 지위에 따라 민법 또는 상법에서 규정하고 있는 법정이율을 기준으로 하여, 변제기나 지연손해금에 관한 약정이 가장되어 무효라고 볼 만한 사정이 없는 한, 금품수수일로부터 약정된 변제기까지 금품을 무이자로 차용으로 얻은 금융이익의 수액을 산정한 뒤 이를 추징하여야 한다.

갑 생명보험 주식회사의 보험설계사이자 도시 및 주거환경정비법상 재건축정비사업조합의 조합장인 피고인이, 을에게서 시공사 선정 등에 도움을 달라는 청탁을 받고 을로 하여금 갑 회사 보험상품에 대한 보험계약을 체결하게 한 후 그에 대한 보험계약 모집수수료를 교부받음으로써 직무에 관하여 뇌물을 수수하였다는 내용으로 기소된 사안에서, 피고인이 을에게서 제공받은 뇌물은 '보험계약 체결에 따라 모집수수료 등을 지급받을 수 있는 지위 또는 기회'이고, 재산적 가치는 적어도 보험계약 모집수수료 상당이라고 판시한 사례가 있다.[447]

---

445) 대전고등법원 2008. 8. 8. 선고 2008노42 판결
446) 대법원 2008. 9. 25. 선고 2008도2590 판결
447) 대법원 2014. 10. 15. 선고 2014도8113 판결

2. 5년 이하의 징역 또는 5천만원 이하의 벌금

다음의 어느 하나에 해당하는 자는 5년 이하의 징역 또는 5천만원 이하의 벌금에 처한다(법 제135조).

① 도시정비법 제36조에 따른 토지등소유자의 서면동의서 또는 전자서명동의서를 위조한 자

제36조(토지등소유자의 동의방법 등) ①
1. 제20조제6항제1호에 따라 정비구역등 해제의 연장을 요청하는 경우
2. 제21조제1항제4호에 따라 정비구역의 해제에 동의하는 경우
3. 제24조제1항에 따라 주거환경개선사업의 시행자를 토지주택공사등으로 지정하는 경우
4. 제25조제1항제2호에 따라 토지등소유자가 재개발사업을 시행하려는 경우
5. 제26조 또는 제27조에 따라 재개발사업·재건축사업의 공공시행자 또는 지정개발자를 지정하는 경우
6. 제31조제1항에 따라 조합설립을 위한 추진위원회를 구성하는 경우
7. 제32조제4항에 따라 추진위원회의 업무가 토지등소유자의 비용부담을 수반하거나 권리·의무에 변동을 가져오는 경우
8. 제35조제2항부터 제5항까지의 규정에 따라 조합을 설립하는 경우
9. 제47조제3항에 따라 주민대표회의를 구성하는 경우
10. 제50조제4항에 따라 사업시행계획인가를 신청하는 경우
11. 제58조제3항에 따라 사업시행자가 사업시행계획서를 작성하려는 경우

② 도시정비법 제132조 제1항 각 호의 어느 하나를 위반하여 금품, 향응 또는 그 밖의 재산상 이익을 제공하거나 제공의사를 표시하거나 제공을 약속하는 행위를 하거나 제공을 받거나 제공의사 표시를 승낙한 자[448]

第132條(조합임원 등의 선임·선정 시 행위제한) ①
1. 금품, 향응 또는 그 밖의 재산상 이익을 제공하거나 제공의사를 표시하거나 제공을 약속하는 행위
2. 금품, 향응 또는 그 밖의 재산상 이익을 제공받거나 제공의사 표시를 승낙하는 행위
3. 제3자를 통하여 제1호 또는 제2호에 해당하는 행위를 하는 행위

3. 3년 이하의 징역 또는 3천만원 이하의 벌금

다음의 어느 하나에 해당하는 자는 3년 이하의 징역 또는 3천만원 이하의 벌금에 처한다(법 제136조).

① 도시정비법 제29조제1항에 따른 계약의 방법을 위반하여 계약을 체결한 추진위원장, 전문조합관리인 또는 조합임원(조합의 청산인 및 토지등소유자가 시행하는 재개발사업의 경우에는 그 대표자, 지정개발자가 사업시행자인 경우 그 대표자를 말함)

② 도시정비법 제29조제4항부터 제7항까지 및 제10항을 위반하여 시공자를 선정한 자 및 시공자로 선정된 자

③ 도시정비법 제29조 제11항을 위반하여 시공자와 공사에 관한 계약을 체결한 자

- 시공자와 공사계약을 체결할 때 건축물의 철거공사(석면조사·해체·제거 포함)에 관한 사항이 포함됨.

④ 시장·군수등의 추진위원회 승인을 받지 아니하고 정비사업전문관리업자

448) 대법원 2016. 10. 27. 선고 2016도9954 판결 "(도시정비법 제135조의 처벌규정은) 조합 임원에 대한 공무원 의제 규정인 도시정비법 제134조가 이미 존재하는 상태에서 2012. 2. 1. 법률이 개정되어 신설된 것으로서, 기존 도시정비법 제134조의 입법취지, 적용대상, 법정형 등과 비교해 보면 시공자의 선정 등과 관련한 부정행위에 대하여 조합 임원이 아닌 사람에 대해서까지 처벌 범위를 확장한 것일 뿐 조합 임원을 형법상의 수뢰죄 또는 특정범죄가중법 위반죄로 처벌하는 것이 너무 과중하여 부당하다는 반성적 고려에서 그 형을 가볍게 한 것이라고는 인정되지 아니한다."

를 선정한 자

- (가칭) 추진위원회를 구성해 위원장이나 위원으로 활동하는 자 중에서 추진위원회 승인전에 정비업체와 가계약 등을 체결하고 동의서를 징구하는 행위가 이에 해당됨.
- 추진위원회가 시장·군수의 승인을 받은 이후 동일한 정비업체와 재계약을 하였는지 여부에 따라 달라지지 않음.449)

⑤ 도시정비법 제32조제2항에 따른 계약의 방법을 위반하여 정비사업전문관리업자를 선정한 추진위원장(전문조합관리인 포함)

- 처벌대상을 추진위원장에 한정한 것은 위원장이 정비업체 선정에 강력한 영향력을 행사하는 현실을 반영한 것임.

⑥ 도시정비법 제36조에 따른 토지등소유자의 서면동의서 또는 전자서명동의서를 매도하거나 매수한 자

- 공동사업시행자 동의서 또는 조합설립동의서를 징구하는 과정에서 금품의 수수를 처벌하기 위한 것임.
- 시공사 선정을 위한 서면결의서 징구시 금품수수는 도시정비법 제135조제2호에 해당됨.

⑦ 거짓 또는 부정한 방법으로 도시정비법 제39조제2항을 위반하여 조합원 자격을 취득한 자와 조합원 자격을 취득하게 하여준 토지등소유자 및 조합의 임직원(전문조합관리인 포함)

⑧ 도시정비법 제39조제2항을 회피하여 분양주택을 이전 또는 공급받을 목적으로 건축물 또는 토지의 양도·양수 사실을 은폐한 자

⑨ 도시정비법 제76조제1항 제7호 라목 단서를 위반하여 주택을 전매하거나 전매를 알선한 자

- 조합원은 가격의 범위 또는 종전주택의 주거전용면적의 범위에서 2주택을 공급받게 되고, 추가 공급된 주거전용면적 60㎡ 이하 주택에 대하여 이전고시일 다음날부터 3년이 지나기 전에는 전매를 할 수 없도록 제한하고 있는바, 이를 위반한 경우에 처벌하는 조항임.

---

449) 대법원 2008. 11. 27. 선고 2008도6286 판결

4. 2년 이하의 징역 또는 2천만원 이하의 벌금

다음의 어느 하나에 해당하는 자는 2년 이하의 징역 또는 2천만원 이하의 벌금에 처한다(법 제137조).

① 재건축진단 결과보고서를 거짓으로 작성한 자

- 재건축진단 결과보고서의 작성자는 안전진단전문기관, 한국시설안전공단, 한국건설기술연구원임.

② 도시정비법 제19조제1항을 위반하여 허가 또는 변경허가를 받지 아니하거나 거짓, 그 밖의 부정한 방법으로 허가 또는 변경허가를 받아 행위를 한 자

- 정비구역 안에서 건축물의 건축, 공작물의 설치, 토지의 형질변경, 토석의 채취, 토지분할을 하고자 하는 자는 시장 · 군수의 허가를 받아야 하고, 이를 위반한 경우 처벌하는 규정임.

③ 추진위원회 또는 주민대표회의의 승인을 받지 아니하고 추진위원회의 업무를 수행하거나 주민대표회의를 구성 · 운영한 자

- 추진위원회가 승인받기 전에 실질적인 업무수행을 해야 처벌할 수 있고, 승인받지 않고 추진위원회만 구성하는 것은 처벌대상이 아님.
- 그러나 주민대표회의는 승인받지 않고 구성만 한 경우에도 처벌이 가능함.
- 시공자 선정업무는 추진위원회의 업무에 포함되지 않고, 조합의 업무에 해당하므로, 비상대책위원회가 시공사 선정에 영향력을 행사할 목적으로 비상대책위원회를 구성하여 활동하였더라도 위 규정에 위반되는 것은 아님.[450]
- 추진위원회 승인신청을 하였다가 반려된 상태에서 정비업체를 선정한 것은 위 규정에 위반되는 것임[451]

④ 승인받은 추진위원회 또는 주민대표회의가 구성되어 있음에도 불구하고 임의로 추진위원회 또는 주민대표회의를 구성하여 도시정비법에 따른

450) 대법원 2007. 8. 23. 선고 2007도989 판결
451) 대법원 2008. 11. 27. 선고 2008도6286 판결

정비사업을 추진한 자

- 본 호는 이미 승인받은 추진위원회 또는 주민대표회의가 있는 경우에 한해 승인받지 않은 추진위원회 또는 주민대표회의가 정비사업을 추진하는 자를 처벌하는 것임(법 제137조 제3호와 구분).
- 승인받지 않은 추진위원회가 조합설립동의서를 징구하거나 정비업체의 선정행위를 할 경우 처벌대상이 되며, 승인된 추진위원회의 활동에 반대행위를 하는 것은 처벌대상이 아님.

⑤ 조합이 설립되었는데도 불구하고 추진위원회를 계속 운영한 자

- 조합설립인가를 받은 이후에 추진위원회의 모든 업무와 자산을 조합에 인계하여야 하는데 이미 승인받은 추진위원회를 해산하지 않고 운영한 자가 처벌대상임.

⑥ 총회의 의결을 거치지 아니하고 도시정비법 제45조 제1항 각 호의 사업(같은 항 제13호 중 정관으로 정하는 사항은 제외함)을 임의로 추진한 조합임원(전문조합관리인 포함)

⑦ 사업시행계획인가를 받지 아니하고 정비사업을 시행한 자와 같은 사업시행계획서를 위반하여 건축물을 건축한 자

⑧ 관리처분계획인가를 받지 아니하고 도시정비법 제86조(이전고시)에 따른 이전을 한 자

⑨ 도시정비법 제102조제1항을 위반하여 등록을 하지 아니하고 이 법에 따른 정비사업을 위탁받은 자 또는 거짓, 그 밖의 부정한 방법으로 등록을 한 정비사업전문관리업자

도시정비법 제102조(정비사업전문관리업의 등록) ①
1. 조합설립의 동의 및 정비사업의 동의에 관한 업무의 대행
2. 조합설립인가의 신청에 관한 업무의 대행
3. 사업성 검토 및 정비사업의 시행계획서의 작성
4. 설계자 및 시공자 선정에 관한 업무의 지원
5. 사업시행계획인가의 신청에 관한 업무의 대행
6. 관리처분계획의 수립에 관한 업무의 대행

7. 제118조제2항제2호에 따라 시장·군수등이 정비사업전문관리업자를 선정한 경우에는 추진위원회 설립에 필요한 다음 각 목의 업무 가. 동의서 제출의 접수 나. 운영규정 작성 지원 다. 그 밖에 시·도조례로 정하는 사항

⑩ 도시정비법 제106조제1항 각 호 외의 부분 단서에 따라 등록이 취소되었음에도 불구하고 영업을 하는 자

도시정비법 제106조(정비사업전문관리업의 등록취소 등) ①"다만, 제1호·제4호·제8호 및 제9호에 해당하는 때에는 그 등록을 취소하여야 한다." 1. 거짓, 그 밖의 부정한 방법으로 등록을 한 때 4. 제102조제1항 각 호에 따른 업무를 직접 수행하지 아니한 때 8. 최근 3년간 2회 이상의 업무정지처분을 받은 자로서 그 정지처분을 받은 기간이 합산하여 12개월을 초과한 때 9. 다른 사람에게 자기의 성명 또는 상호를 사용하여 이 법에서 정한 업무를 수행하게 하거나 등록증을 대여한 때

⑪ 도시정비법 제113조제1항부터 제3항까지의 규정에 따른 처분의 취소·변경 또는 정지, 그 공사의 중지 및 변경에 관한 명령을 받고도 이에 응하지 아니한 추진위원회, 사업시행자, 주민대표회의 및 정비사업전문관리업자

⑫ 도시정비법 제124조제1항에 따른 서류 및 관련 자료를 거짓으로 공개한 추진위원장 또는 조합임원(토지등소유자가 시행하는 재개발사업의 경우 그 대표자)

⑬ 도시정비법 제124조제4항에 따른 열람·복사 요청에 허위의 사실이 포함된 자료를 열람·복사해 준 추진위원장 또는 조합임원(토지등소유자가 시행하는 재개발사업의 경우 그 대표자)

소규모재건축조합의 조합 임원을 도시정비법 제137조를 적용하여 처벌할 수는 없다.[452]

5. 1년 이하의 징역 또는 1천만원 이하 벌금

다음의 어느 하나에 해당하는 자는 1년 이하의 징역 또는 1천만원 이하의 벌금에 처한다(법 제138조 제1항).

① 도시정비법 제19조 제8항을 위반하여 주택법 제2조 제11호 가목에 따른 지역주택조합의 조합원을 모집한 자

② 추진위원회의 회계장부 및 관계 서류를 조합에 인계하지 아니한 추진위원장(전문조합관리인 포함)

③ 준공인가를 받지 아니하고 건축물 등을 사용한 자와 시장・군수등의 사용허가를 받지 아니하고 건축물을 사용한 자

④ 다른 사람에게 자기의 성명 또는 상호를 사용하여 도시정비법에서 정한 업무를 수행하게 하거나 등록증을 대여한 정비사업전문관리업자

⑤ 도시정비법 제102조제1항 각 호에 따른 업무를 다른 용역업체 및 그 직원에게 수행하도록 한 정비사업전문관리업자

⑥ 도시정비법 제112조제1항에 따른 회계감사를 요청하지 아니한 추진위원장, 전문조합관리인 또는 조합임원(토지등소유자가 시행하는 재개발사업 또는 제27조에 따라 지정개발자가 시행하는 정비사업의 경우에는 그 대표자를 말함)

⑦ 도시정비법 제124조 제1항을 위반하여 정비사업시행과 관련한 서류 및 자료를 인터넷과 그 밖의 방법을 병행하여 공개하지 아니하거나 조합원 또는 토지등소유자의 열람・복사 요청에 응하지 아니하는 추진위원장, 전문조합관리인 또는 조합임원(조합의 청산인 및 토지등소유자가 시행하는 재개발사업의 경우에는 그 대표자, 제27조에 따른 지정개발자가 사업

452) 대법원 2024. 1. 25. 선고 2023도9906 판결

시행자인 경우 그 대표자를 말함)

⑧ 도시정비법 제125조제1항을 위반하여 속기록 등을 만들지 아니하거나 관련 자료를 청산 시까지 보관하지 아니한 추진위원장, 전문조합관리인 또는 조합임원(조합의 청산인 및 토지등소유자가 시행하는 재개발사업의 경우에는 그 대표자, 제27조에 따른 지정개발자가 사업시행자인 경우 그 대표자를 말함)

건설업자 또는 등록사업자가 도시정비법 제132조의2에 따른 조치를 소홀히 하여 용역업체의 임직원이 도시정비법 제132조 제1항 각 호의 어느 하나를 위반한 경우 그 건설업자 또는 등록사업자는 5천만원 이하의 벌금에 처한다(법 제138조 제2항).

6. 과태료에 처하는 경우

다음의 어느 하나에 해당하는 자에게는 1천만원의 과태료를 부과한다(법 제140조 제1항).

① 점검반의 현장조사를 거부 · 기피 또는 방해한 자

② 도시정비법 제132조 제2항을 위반하여 도시정비법 제29조에 따른 계약의 체결과 관련하여 시공과 관련 없는 사항을 제안한 자

③ 도시정비법 제132조의3 제1항을 위반하여 사실과 다른 정보 또는 부풀려진 정보를 제공하거나, 사실을 숨기거나 축소하여 정보를 제공한 자

다음의 어느 하나에 해당하는 자에게는 500만원 이하의 과태료를 부과한다(법 제140조 제2항).

① 도시정비법 제29조 제2항을 위반하여 전자조달시스템을 이용하지 아니하고 계약을 체결한 자

② 도시정비법 제78조 제5항 또는 제86조 제1항에 따른 통지를 태만히 한 자

③ 도시정비법 제107조 제1항 및 제111조 제2항에 따른 보고 또는 자료의

제출을 태만히 한 자

④ 도시정비법 111조의2를 위반하여 자금차입에 관한 사항을 신고하지 아니하거나 거짓으로 신고한 자

⑤ 도시정비법 제115조 제2항에 따른 교육을 기간 내에 이수하지 아니한 자

⑥ 도시정비법 제125조 제2항에 따른 관계 서류의 인계를 게을리한 자

7. 형법상 업무상 횡령죄

(1) 횡령죄 횡령죄 성립

업무에 위배하여 타인의 재물을 보관하는 자가 그 재물을 횡령하거나 그 반환을 거부한 경우 형법 제356조의 업무상배임죄에 해당되고, 이득액이 5억원이 넘으면 특정경제범죄 가중처벌 등에 관한 법률 위반죄에 해당된다.

원칙적으로 단체의 비용으로 지출할 수 있는 변호사 선임료는 단체 자체가 소송당사자가 된 경우에 한하므로 단체의 대표자 개인이 당사자가 된 민·형사사건의 변호사 비용은 단체의 비용으로 지출할 수 없다.

(2) 형사사건의 변호사 수임료

재건축조합 조합장이 조합장 개인을 위하여 자신의 위법행위에 관한 형사사건의 변호인을 선임하는 것을 재건축조합의 업무라고 볼 수 없으므로, 그가 재건축조합의 자금으로 자신의 변호사 비용을 지출하였다면 이는 횡령에 해당한다. 위 형사사건의 변호사 선임료를 지출함에 있어 이사 및 대의원회의 승인을 받았다 하여도 재건축조합의 업무집행과 무관한 조합장 개인의 형사사건을 위하여 변호사 선임료를 지출하는 것이 위법한 이상 위 승인은 내재적 한계를 벗어나는 것으로서 횡령죄의 성립에 영향을 미치지 아니한다.[453]

단체의 비용으로 개인의 변호사 선임비를 지출할 수 있는 부분이 일부 포함되어 있더라도 그럴 수 없는 부분까지 포함하여 지출한 경우에는 전액을 횡령

---

453) 대법원 2006. 10. 26. 선고 2004도6280 판결, 대법원 2009. 9. 10. 선고 2009도4987 판결, 대법원 2011. 9. 29. 선고 2011도4677 판결

한 것으로 본다.[454] 일부 불기소, 일부 무죄판결이 선고되었으나, 일부 유죄판결이 선고되었다면 위 변호사 선임료 전부는 횡령죄에 해당한다.

(3) 업무상 횡령죄가 되지 않는 경우

만약 ① 분쟁에 대한 실질적인 이해관계는 단체에게 있으나 법적인 이유로 그 대표자의 지위에 있는 개인이 소송 기타 법적 절차의 당사자가 되었다거나 ② 대표자로서 단체를 위해 적법하게 행한 직무행위 또는 대표자의 지위에 있음으로 말미암아 의무적으로 행한 행위 등과 관련하여 분쟁이 발생한 경우와 같이, 당해 법적 분쟁이 단체와 업무적인 관련이 깊고 당시의 제반 사정에 비추어 단체의 이익을 위하여 소송을 수행하거나 고소에 대응하여야 할 특별한 필요성이 있는 경우에 한하여 단체의 비용으로 변호사 선임료를 지출할 수 있다.[455]

법인의 이사를 상대로 한 이사직무집행정지 가처분이 결정된 경우, 당해 법인의 업무를 수행하는 이사의 직무집행이 정지당함으로써 사실상 법인의 업무수행에 지장을 받게 될 것은 명백하므로, 법인으로서는 그 이사 자격의 부존재가 객관적으로 명백하여 항쟁의 여지가 없는 경우가 아닌 한, 위 가처분에 대항하여 항쟁할 필요가 있다. 이와 같이 필요한 한도 내에서 법인의 대표자가 법인 경비에서 당해 가처분 사건의 피신청인인 이사에게 그 사건에 관한 소송비용을 지급하였다면, 이는 법인의 업무수행을 위하여 필요한 비용을 지급한 것에 해당하고, 법인의 경비를 횡령한 것이라고 볼 수는 없다.[456]

---

454) 대법원 2013. 4. 11. 선고 2011도9315 판결

455) 대법원 2006. 10. 26. 선고 2004도6280 판결, 부산지방법원 서부지원 2011. 9. 29. 선고 2011도4677 판결

456) 대법원 2009. 3. 12. 선고 2008도10826 판결, 대법원 2003. 5. 30. 선고 2003도1174 판결

제8절 조합의 해산

I. 조합의 해산 및 청산

1. 조합의 해산 및 청산의 의의

해산(解散)이라 함은 조합의 법인격을 소멸시키는 법률요건 내지 그 원인인 요건사실 또는 청산절차를 여는 법률요건을 의미한다. 해산사유가 파산인 경우를 제외하고는 해산조합은 여전히 청산의 목적 범위 내에서 존속하고, 청산이 종결되어야만 비로소 그 법인격이 소멸한다(민법 제81조).

청산(淸算)이라 함은 조합이 해산한 후 그 잔여 법률관계를 처리하는 것 혹은 그 절차를 의미한다. 청산이 종결됨으로써 비로소 조합은 법인격을 상실하고 법의 세계에서 퇴장하게 된다.

청산조합의 법적 성격에 대하여는 이를 해산전의 조합과 동일하게 본다. 청산조합은 여전히 권리능력, 당사자능력, 부동산등기능력, 상인자격을 가지며, 그 조합원들도 원칙적으로 조합원으로서의 권리의무를 계속 유지한다.

청산절차는 제3자의 이해관계에 중대한 영향을 미치기 때문에 양자 모두 강행규정이고 정관에 다른 규정을 두더라도 그것은 무효이다.[457]

법인의 해산사유로는 존립기간의 만료 기타 정관에 정한 해산사유의 발생(민법 제40조 제7호, 제43조), 법인의 목적달성 또는 달성불능, 파산(민법 제79조)[458], 설립허가의 취소(민법 제38조), 사원이 없게 된 때(민법 제77조 제2항), 총회의 결의(민법 제77조 제2항) 등이 있다.

조합은 정관에 정비사업이 종결된 때의 청산절차를 포함하여야 하고(법 제40조 제1항 제14호), 조합의 합병 또는 해산에 관한 사항은 총회의 의결을 거

---

457) 대법원 2000. 12. 8. 선고 98두5279 판결

458) 유사 사업의 파산예 : 서울회생법원 2015하합33, 부산지방법원 2020하합1085

쳐야 하며(시행령 제42조 제1항 제1호), 사업완료로 인한 해산의 경우에는 대의원회가 총회의 결의를 대행할 수 있다(시행령 제43조 제10호).

2. 사업완료와 해산결의

(1) 해산결의

조합의 해산은 총회의 의결사항이며, 다만 사업완료로 인한 해산의 경우 해산에 관한 총회의 권한을 대의원회가 대행할 수 있다(시행령 제42조 제1항, 제1호, 제43조 제10호 단서).459)

조합은 총 조합원 4분의 3 이상의 동의로 해산을 결의할 수 있으며, 다만 정관에서 결의요건을 달리 정할 수 있다(민법 제78조).

조합의 정관의 제정 또는 변경시 사업완료로 인하여 조합을 해산하고자 하는 경우 조합원 과반수 출석과 출석 조합원 과반수 동의(총회의 경우) 또는 대의원 과반수 출석과 출석 대의원 과반수 동의(대의원회의 경우)를 얻어 해산을 의결할 수 있도록 정관에 명시하는 것이 바람직하다.460)

(2) 조합원 1/5 요구로 인한 해산총회

조합장은 이전고시가 있은 날부터 1년 이내에 조합 해산을 위한 총회를 소집하여야 한다.

조합장이 이전고시 후 1면 이내 총회를 소집하지 아니한 경우 조합원 5분의 1 이상이 해산총회를 소집할 수 있다. 조합원 5분의 1 이상의 대표자로 선출된 자는 조합 해산을 위한 총회의 소집 및 진행에 관하여 조합장의 권한을 대행한다(법 제86조의2).

조합원 5분의 1 이상의 요구로 소집되는 해산총회의 경우 조합원 과반수 출석과 출석 과반수의 동의로 해산을 의결할 수 있다(법 제86조의2 제2항).

---

459) 대법원 2007. 1. 11. 선고 2005다63542 판결
460) 대법원 2007. 7. 24. 자 2006마635 결정

(3) 해산총회(대의원회)와 참석자

해산총회에 참석할 조합원은 이전고시 당시의 조합원이고, 이전고시 이후 조합원으로부터 신축 건축물을 취득한 자는 특별한 사정이 없는 한 조합원 지위를 승계받지 못한다.

'이전고시 이전' 에는 사업구역내 토지 또는 건축물의 소유권과 조합원의 지위가 동시에 이전되나, '이전고시 이후' 에는 도시정비법 및 정관에서 특별한 정함이 없는 이상 조합원의 지위 역시 당연히 제3자에게 자동승계되지 않는다.

이전고시 이후 종전 조합원이 제3자에게 아파트를 양도하였을 경우 양수인이 종전 조합원과 조합원의 지위승계에 관한 개별특약을 하고, 이를 조합에 신고한 경우에 한해서만 조합은 위 양수인을 조합원으로 본다. 조합원 지위승계에 관한 개별특약이 없거나 조합원 승계사실이 조합에 신고되지 않은 경우 조합은 종전 조합원을 해산총회에 참석할 자격이 있는 조합원으로 보아야 한다.[461]

대의원회에 참석할 대의원도 이전고시 당시의 대의원이고, 해당 대의원이 이전고시 이후 신축 건축물을 양도하였다해도 대의원의 지위를 유지한다.

대의원이 이전고시 이후 분양아파트를 제3자에게 양도하였다 하더라도 제3자와 조합원 지위 승계에 관한 개별특약을 하지 않았다면 해당 대의원은 조합원 지위 및 대의원 지위도 유지된다. 따라서 당해 대의원도 해산을 위한 대의원회에 참석할 수 있다.[462]

(4) 해산결의의 효력

조합은 해산결의에 의하여 그 목적이 변경된다. 즉 본래의 조합의 목적은 청산의 목적으로 바뀌며, 청산조합은 청산의 목적범위 내에서만 권리가 있고 의무를 부담한다(민법 제81조). 그리고 조합의 권리능력은 완전히 상실되지는 않고 청산의 목적범위내로 축소될 뿐이므로, 청산조합은 해산전의 조합과 동일한 조합으로 본다.

---

461) 대법원 2003. 9. 26. 선고 2001다64479 판결
462) 서울서부지방법원 2004. 12. 28. 2004카합1124호 결정

(5) 조합설립인가 취소

시장 · 군수등은 조합이 정당한 사유 없이 이전고시 이후 1년 이내에 해산을 의결하지 아니하는 경우에는 조합설립인가를 취소할 수 있다(법 제86조의2 제3항). 이 경우 시장.군수등은 조합설립인가의 취소 전에 청문을 하여야 한다(법 제121조 제1호).

해산하는 조합에 청산인이 될 자가 없는 경우에는 민법 제83조에도 불구하고 시장 · 군수등은 법원에 청산인의 선임을 청구할 수 있다(법 제86조의2 제4항).

조합설립인가가 취소된 경우 청산인은 지체 없이 청산의 목적범위에서 성실하게 청산인의 직무를 수행하여야 한다(법 제86조의2 제5항).

Ⅱ. 청산인 선임 및 직무범위 등

1. 청산인의 선임 및 해임

(1) 청산인의 선임

조합이 해산을 의결한 때에는 해산의결 당시 조합장이 대표청산인이 되고, 해산의결 당시의 이사는 청산인이 된다(서울시 재개발 표준정관 제61조 제3항, 민법 제82조 본문). 그러나 정관 또는 총회의 결의로 달리 정한 바가 있으면 그에 의한다(민법 제82조 단서).

해산 총회에서 ○○구청장에게 대표청산인이 될 전문조합관리인의 선정을 요청하기로 의결한 경우 ○○구청장이 선정한 전문조합관리인을 대표청산인으로 할 수 있다(서울시 재개발 표준정관 제61조 제3항).

청산인은 1인이라도 무방하다. 청산인이 수인일 경우 대표청산인을 선임할 수 있고, 대표청산인은 청산중인 조합의 대표기관이다.

이전고시 이후 조합원이 분양아파트를 제3자에게 양도하였다고 하더라도 양수인과의 특약에 따라 조합원의 지위까지 이전한 것이 아니라면 당해 조합원은 조합원 지위를 계속 유지하는바, 이전고시 이후 정기총회에서 분양아파트를 양도한 조합원을 감사로 선임한 것은 적법하다.[463]

(2) 법원에 의한 청산인 선임 등

청산인이 될 자가 없거나 또는 청산인이 결원으로 인하여 손해가 생길 염려가 있는 때에는 법원은 직권 또는 이해관계인이나 검사의 청구에 의하여 청산인을 선임할 수 있다(민법 제83조).

해산하는 조합에 청산인이 될 자가 없는 경우에는 민법 제83조에도 불구하고 시장 · 군수등은 법원에 청산인의 선임을 청구할 수 있다(법 제86조의2 제4항).

---

463) 대법원 2003. 9. 26. 선고 2001다64479 판결

정관으로 정한 청산인 : 취임승락을 요함
조합원 총회 또는 대의원회의 선임 청산인 : 보통결의 및 취임승낙 요
법정청산인 : 조합장 및 이사가 청산인이 됨, 취임승낙 불요
법원선임 청산인 : 이해관계인, 시장·군수의 청구에 의해 법원이 선임 (비송사건절차법 제36조)

(3) 청산인의 자격상실 및 해임

청산인은 도시정비법 및 정관에서 정한 조합 임원의 결격사유가 유추적용되지 않으며, 반드시 조합의 임원과 동일한 자격이 요구되지 않는바,[464] 청산인이 도시정비법 위반으로 벌금 100만원 이상의 형이 확정되었다 하더라도, 곧바로 청산인 자격이 상실되지 않는다.

청산인은 사임, 사망, 파산 또는 금치산, 총회에서의 해임결의 등에 의해 해임된다. 중요한 사유가 있는 때에는 법원은 직권 또는 이해관계인이나 검사의 청구에 의하여 청산인을 해임할 수 있다(민법 제84조, 서울시 재개발 표준정관 제62조 제4항).

민법 제84조 '중요한 사유'의 의미는 "청산인이 직권을 남용하거나 부정행위를 행하거나 이해관계인에게 현저히 불공평하게 업무를 처리하는 것 또는 청산인으로서 선량한 관리자의 의무를 현저히 위반하는 등과 같이 청산인의 지위에 그대로 있게 해서는 안 될 중대한 사유가 있는 것을 말하는 것으로, 그러한 사유의 유무는 제반사정을 종합하여 합리적 재량의 범위 내에서 법원이 적절히 판단하여야 한다.[465]

도시정비법 제43조 제4항은 조합원 1/10 이상의 발의로 발의자 대표가 조합임원 해임을 의결하기 위한 임시총회를 소집할 수 있다고 규정하고 있는바,

464) 서울북부지방법원 2020. 5. 7. 선고 2019가합23200 판결, 서울북부지방법원 2017. 8. 22.자 2017비합1008 결정
465) 서울북부지방법원 2017. 8. 22.자 2017비합1008 결정

조합이 해산되더라도 그 전후의 동일성이 유지되고, 청산인이 이사와 유사한 지위에서 조합의 청산업무를 수행하게 된다는 점 등에 비추어 보면, 조합이 청산절차에 들어간 이후에도 위 규정이 적용된다. 조합원 1/10 이상의 동의를 얻어 발의자 대표로서 소집한 총회에 별도로 정관에서 정한 총회 소집 절차나 법원의 허가는 불필요하다.[466]

조합원 10분의 1 이상의 발의에 의한 청산인 해임총회는 민법 제84조에 따른 법원에 의한 청산인 해임 규정을 위반하지도 않는다.[467]

(4) 청산위원회의 구성

청산인 전원으로 청산위원회를 구성한다.

청산위원회는 다음의 업무를 의결할 수 있다.

① 현존하는 조합의 사무종결

② 채권의 추심 및 채무의 변제

③ 잔여재산의 처분

④ 민법 제85조부터 제86조 규정에 따른 해산등기 및 해산신고

⑤ 민법 제94조 규정에 따른 청산종결의 등기 및 신고

⑥ 그 밖에 청산에 필요한 사항

청산위원회는 구체적인 범위를 정하여 대표청산인에게 이를 위임할 수 있다(서울시 재개발 표준정관 제62조 제2항).

(5) 청산인의 보수 등

청산인의 권리 · 의무 · 보수 기타 청산인에 관하여 필요한 사항 및 청산위원회의 운영에 필요한 사항(청산위원회 의결사항 및 의결방법 등 포함)은 해산총회에서 미리 의결하여야 한다(서울시 재개발 표준정관 제62조 제3항).

---

466) 서울북부지방법원 2011. 12. 2.자 2011카합963 결정

467) 서울북부지방법원 2014. 7. 22.자 2013카합330-2 결정

2. 청산인의 직무범위

(1) 청산인의 직무 일반

법인이 해산하면 이사에 갈음하여 청산인이 청산법인의 집행기관이 된다. 따라서 청산인은 청산법인의 능력의 범위 내에서 대외적으로 청산법인을 대표하고, 대내적으로는 청산사무를 집행한다(민법 제87조 제2항).

이사의 사무집행방법(민법 제58조 제2항), 대표권(민법 제59조), 대표권에 대한 제한의 대항력(민법 제60조), 주의의무(민법 제61조), 대리인선임(민법 제62조), 특별대리인의 선임(민법 제64조), 임무해태(민법 제65조), 임시총회의 소집(민법 제70조), 등에 관한 규정은 모두 청산인에 준용된다(민법 제96조).

청산인의 직무는 현존사무의 종결, 채권의 추심 및 채무의 변제, 잔여재산의 인도이다. 청산인은 청산 관련 직무를 행하기 위하여 필요한 모든 행위를 할 수 있다(민법 제87조).

조합이 해산을 의결한 경우 청산인은 지체 없이 청산의 목적범위에서 성실하게 청산인의 직무를 수행하여야 한다(법 제86조의2 제5항).

(2) 현존사무의 종결

현존사무의 종결이란 법인의 해산전부터 계속되고 있는 완결되지 않은 모든 사무의 종결을 의미한다. 이를 위하여는 청산인은 새로운 법률행위를 할 수 있다. 또한 현존사무에는 법인의 해산전에 그 목적인 사업으로서 행하였던 행위에 의한 법률관계에 관한 사무뿐만 아니라 그 업무의 집행상 부대하여 행하였던 행위에 의한 법률관계에 관한 사항도 포함하고, 그 법률관계가 사법관계이든, 공법관계이든지는 이를 불문한다.

(3) 채권의 추심

채권 추심의 범위에는 대물변제의 수령이나 상당한 대가의 취득을 위한 채권양도, 화해계약의 체결 등도 포함된다. 그리고 변제기가 도래하지 않은 채권이나 조건부 채권과 같이 즉시 추심할 수 없는 채권은 청산을 위하여 필요한 경우에는 환가처분을 하고(민사집행법 제241조), 청산을 위하여 그 필요가 없는 때에는 잔여재산중에 포함시켜도 될 것이다. 추심이 불가능하거나 사실상 곤란한 채권은 이를 포기할 수 있다.

(4) 채무의 변제

청산인은 취임한 날로부터 2월내에 3회 이상의 공고로 채권자에 대하여 일정한 기간 내에 그 채권을 신고할 것을 최고하여야 하고, 그 기간(신고기간)은 2월 이상이어야 한다(민법 제88조 제1항). 이 공고에는 채권자가 기간 내에 신고하지 아니하면 청산으로부터 제외된다는 것을 표시하여야 한다(민법 제88조 제2항). 그리고 공고는 법원의 등기사항의 공고와 동일한 방법으로 하여야 한다(민법 제88조 제3항).

청산인이 채권신고의 공고를 해태하거나 부정한 공고를 한 때에는 청산인은 500만원 이하의 과태료에 처한다(민법 제97조 제7호).

청산인이 알고 있는 채권자에 대해서는 채권을 신고할 것을 개별적으로 최고하여야 한다(민법 제89조 전단).

청산인은 위 채권신고의 공고기간 내에는 채권자에게 변제하지 못한다(민법 제90조 본문). 그러나 그로 인한 지연손해에 대해서는 채권자에게 이를 배상하여야 한다(민법 제90조 본문).

변제기에 이르지 아니한 채권에 대해서도 변제할 수 있다(민법 제91조 제1항). 한편 조건 있는 채권, 존속기간이 불확정한 채권, 가액이 불확정한 채권에 관하여는 법원이 선임한 감정인의 평가에 의하여 변제하여야 한다(민법 제91조 제2항).

청산으로부터 제외된 채권자는 법인의 채무를 완제한 후 귀속권리자에게 인도하지 아니한 재산에 대해서만 변제를 청구할 수 있다(민법 제92조).

청산인이 알고 있는 채권자에 대하여서는 비록 그가 신고하지 않았더라도 청산에서 제외하지 못하며 꼭 변제하여야 한다(민법 제89조 후단). 만일에 변제를 할 수 없으면 이를 공탁하여야 한다(민법 제487조 이하).

(5) 잔여재산의 인도 및 잔여재산 귀속자

잔여재산은 채무의 변제를 완료한 다음에 남은 적극재산을 말한다. 청산인은 잔여재산 귀속자에게 동산은 인도, 부동산은 등기, 지시채권은 배서와 증서의 교부, 무기명채권은 증서의 교부를 하여야 된다. 잔여재산의 인도는 원칙적으로 원상대로 하여야 하는 것이지만 원상대로의 인도가 불가능하거나 사실상 곤란한 때에는 이를 금전으로 환가하여 인도할 수 있다.

변제하여야 할 채무의 존부에 대하여 다툼이 있는 때에는 그 채무의 변제를 함에 있어서 필요한 적극재산을 공제하고 그 이외의 부분의 재산을 권리귀속자에게 인도하여야 한다.

해산한 법인의 재산은 정관으로 지정한 자에게 귀속되는바(민법 제80조 제1항), 해산의결 당시의 조합원이 잔여재산을 분배받을 권리가 있다(서울시 재개발 표준정관 제63조).

해산한 법인이 잔여재산의 귀속자에 관한 정관 규정에 반하여 잔여재산을 달리 처분할 경우 그 처분행위는 청산법인의 목적범위 외의 행위로서 특단의 사정이 없는 한 무효이다.[468)]

청산 종결 후 조합의 채무 및 잔여재산이 있을 때에는 이 정관이나 관리처분계획 또는 해산총회 의결로 달리 정한 경우를 제외하고는 해산의결 당시의 조합원에게 분양받은 토지 또는 건축물의 부담비용 등을 종합적으로 고려하여 형평성이 유지되도록 공정하게 배분하여야 한다(서울시 재개발 표준정관 제63조).

3. 재산목록 및 대차대조표의 작성 등

(1) 청산재산보고의무 및 청산대차대조표 등의 제출

주식회사의 경우 청산인은 취임후 지체없이 회사의 재산상태를 조사하여 재산목록과 대차대조표를 작성하고, 이를 주주총회에서 제출하여 승인을 얻어야 하고, 승인을 얻은 후 지체없이 법원에 제출하여야 한다(상법 제533조).

청산인은 정기총회일로부터 4주간 전에 대차대조표 및 그 부속명세서와 사무보고서를 작성하여 감사에게 제출하여야 한다. 감사는 이 서류에 관한 감사

468) 대법원 2000. 12. 8. 선고 98두5279 판결

보고서를 정기총회일 1주간 전에 청산인에게 제출하여야 한다. 청산인은 대차대조표 및 사무보고서를 정기총회에 제출하여 그 승인을 요구하여야 한다(상법 제534조).

법원은 청산조합을 검사 및 감독하며(민법 제95조), 법원은 청산인에게 재산목록과 대차대조표의 제출을 요청할 것이므로, 청산인은 사전에 재산목록과 대차대조표를 작성하여 총회의 의결을 받아두는 것이 바람직하다.

(2) 결산보고서 작성 및 신고

주식회사의 경우 청산사무가 종결된 때에는 청산인은 지체없이 결산보고서를 작성하고, 이를 주주총회에 제출하여 승인을 얻어야 한다(상법 제540조 제1항). 총회의 승인을 얻은 때에는 부정행위에 관련된 부분을 제외하고는 회사가 청산인의 책임을 해제한 것으로 본다(상법 제540조 제2항).

조합도 상법의 규정을 준용하여 결산보고서를 작성한 후 이를 조합원 총회에서 승인을 얻어야 청산이 종결된다할 것이다.

청산인은 소재지 지방법원에 결산보고서(자산목록 및 대차대조표)를 신고하여야 한다.

(3) 외부회계감사보고서

조합은 준공인가의 신청일로부터 7일 이내 비용의 납부 및 지출내역에 관하여 주식회사의 외부감사에 관한 법률 제3조의 규정에 의한 감사인의 회계감사를 받아야 한다. 조합은 그 감사결과를 회계감사가 종료된 날부터 15일 이내에 시장.군수에게 보고하고, 조합원이 공람할 수 있도록 하여야 한다.

외부회계감사보고서는 해산결의 이전에 작성되므로, 청산인의 직무범위에 속하지는 않으나, 청산인은 외부회계감사보고서를 청산대차대조표 작성시 참고하거나 해산신고시에 첨부하여야 한다.

4. 기타 청산에 필요한 업무

(1) 4대 보험 납부

조합의 상근임원 및 직원은 국민연금(국민연금공단), 건강보험(국민건강보험공단), 고용보험(근로복지공단), 산재보험(근로복지공단)에 가입하여야 하며, 조합이 해산할 경우 위 4대 보험의 보험료를 납부하여야 한다.

(2) 폐업신고

사업자등록을 한 조합은 해산결의에 의해 폐업하게 된 때에는 지체없이 '폐업신고서'에 사업자등록증을 첨부하여 사업장 관할세무서장에게 제출하여야 한다(부가가치세법 제5조). 다만, 조합이 부가가치세확정신고서에 폐업연월일 및 폐업사유를 기재하고 사업자등록증을 첨부하여 제출한 경우에는 폐업신고서를 제출한 것으로 본다. 폐업일의 기준은 사업을 실질적으로 폐업한 날로부터 25일 이내에 신고하여 승인을 얻은 경우에 한하여 잔여재산가액 확정일(해산일로부터 365일 이내)로 한다.

5. 해산 및 청산과정에서의 분쟁

(1) 관리처분계획의 가청산금과 채권양도

조합이 정관 또는 조합원 총회의 결의를 거쳐 시장·군수로부터 인가받은 관리처분계획에서 가청산에 관한 사항을 정하고 있고, 이를 조합이 조합원들에게 통지한 경우 조합원들은 조합에 관리처분계획에 따라 가청산금을 지급할 의무를 부담한다.[469]

가청산금 채권은 양도금지사유가 있는 경우에 해당하지 않아 조합은 가청산금 채권을 양도할 수 있는바, 조합이 시공사에게 공사대금채무의 변제를 위하여 조합의 조합원들에 대한 가청산금채권을 양도한 경우 시공사는 조합원들에

---

469) 대법원 2007. 9. 21. 선고 2005다67896 판결

게 직접 가청산금의 지급을 청구할 수 있다.

(2) 잔여재산의 분배와 불법행위

갑 회사가 을 조합을 상대로 제기한 공사대금 청구소송에서 승소판결을 받아 판결이 확정되었는데, 을 조합이 위 소송 진행 중 실시한 해산 및 청산절차에서 갑 회사에 대한 공사대금 채무를 변제하지 않고 조합원들에게 잔여재산을 분배하여 무자력이 되자, 갑 회사가 위 해산 및 청산절차에서 잔여재산을 분배받은 을 조합의 조합원들 중 일부인 병 등을 상대로 불법행위에 기한 손해배상을 구한 사안이다.

을 조합이 잔여재산을 분배한 행위는 그러한 재산 분배가 갑 회사의 채권을 해한다는 사실을 알면서도 책임재산을 현저하게 감소시킴으로써 갑 회사로 하여금 채권의 실행과 만족을 곤란하게 한 것으로서 갑 회사에 대한 불법행위를 구성하고, 병 등 역시 잔여재산을 분배하면 을 조합이 채권을 변제할 수 없게 돼 갑 회사의 채권이 침해된다는 사실을 알았음에도 불구하고 잔여재산 분배 결의에 참여하고 잔여재산을 분배받음으로써 을 조합의 행위에 적극 가담하였는데, 이와 같은 병 등의 행위는 을 조합과 함께 갑 회사에 대한 불법행위를 구성한다고 한 다음, 을 조합은 잔여재산 분배 결의 당시 갑 회사에 대한 채무 외에는 다액의 채무를 부담하고 있지 않았고 갑 회사의 채권을 변제하기에 충분한 잔여재산을 가지고 있었으며, 잔여재산의 분배가 없었더라면 갑 회사가 을 조합으로부터 자신의 채권을 충분히 회수할 수 있었을 것으로 보이므로, 병 등은 위 공사대금에 대하여 각자의 지분비율로 계산한 돈과 그 지연손해금을 지급할 의무가 있다.[470)]

470) 서울고등법원 2023. 5. 25. 선고 2022나2035665 판결

Ⅲ. 해산.청산종결의 등기와 신고

1. 해산등기 및 해산신고

해산등기는 조합을 대표하는 청산인이 신청하여야 한다. 청산인은 파산의 경우를 제외하고는 그 취임 후 3주간 내에 해산의 사유 및 연월일, 청산인의 성명 및 주소, 청산인의 대표권을 제한한 때에는 그 제한을 주된 사무소 및 분사무소 소재지에서 등기하여야 한다(민법 제85조 제1항). 한편 청산중에 해산등기사항에 변경이 생기면 3주간 내에 변경등기를 하여야 한다(민법 제85조 제2항, 제52조).

청산인은 그 취임 후 3주간 내에 해산의 사유 및 연월일, 청산인의 성명 및 주소, 청산인의 대표권을 제한한 때에는 그 제한을 주무관청에 신고하여야 한다. 청산중에 취임한 청산인은 그 성명 및 주소를 신고하면 된다(민법 제86조).

청산인이 신고를 함에 있어서 주무관청에 대하여 사실 아닌 신고를 하거나 사실을 은폐한 때에는 과태료의 제재를 받는다(민법 제97조 제4호).

2. 청산종결등기 및 청산종결신고

청산이 종결한 때에는 청산인은 3주간 내에 이를 등기하여야 한다(민법 제94조). 청산종결의 등기를 해태한 때에는 과태료의 처분을 받는다(민법 제97조 제1호). 청산이 종결한 때라는 것은 청산인이 그의 직무인 현존사무의 종결, 채권의 추심 및 채무의 변제 그리고 잔여재산의 인도 등을 완료한 것을 말한다.

청산법인은 청산의 종결에 의하여 소멸하고 그 권리능력도 상실하게 된다. 청산종결의 등기에 의해서 청산법인이 소멸하는 것은 아니고 다만 등기는 청산종결의 사실을 공시하는 의미가 있을 뿐이다.

청산종결의 등기가 되었더라도 청산사무가 종결되지 않은 때에는 법인은 소멸하지 아니하고 사실상 청산이 종결된 때에 권리능력을 상실하게 된다.[471)]

정비사업조합은 시장.군수의 조합설립인가에 의하여 설립되므로, 청산절차가 완결되어 법인이 소멸하면 그 뜻을 주무관청에 신고하여야 하는 것은 당연한 것이다. 청산종결의 신고는 청산인이 직무행위에 속하며 신고는 청산이 종결한 때로부터 3주간 내에 하여야 한다(민법 제94조).

청산인이 고의로 신고를 하지 않거나 청산이 종결되지 않은 것을 알고도 신고를 한 때에는 과태료의 저제를 받는다(민법 제97조 제4호).

주무관청의 청산종결의 신고는 다만 청산종결의 사실을 보고한 것으로서 그 신고에 의하여 청산이 종결되는 것은 아니므로 청산종결의 신고가 있더라도 실제로 청산절차가 종결되지 않는 한 법인격 소멸의 효과는 생기지 않는다. 즉 청산종결의 신고에는 아무런 법률상의 효과도 인정되지 않는다.

---

471) 대법원 1980. 4. 8. 선고 79다2036 판결, 대법원 1998. 10. 27. 선고 98다18414 판결

Ⅳ. 사업완료 이전 조합해산

1. 정비구역 해제와 조합설립인가취소 간주

(1) 정비구역 해제로 인한 조합설립인가취소 간주

도시정비법 제20조 제7항 및 및 제21조 제2항에 따라 정비구역등이 해제·고시된 경우 추진위원회 구성승인 또는 조합설립인가는 취소된 것으로 본다(법 제22조 제3항).

(2) 비용의 일부 보조

도시정비법 제21조 제1항(정비구역등의 직권해제)에 따라 정비구역등을 해제하여 추진위원회 구성승인 또는 조합설립인가가 취소되는 경우 정비구역의 지정권자는 해당 추진위원회 또는 조합이 사용한 비용의 일부를 시·도조례[472]로 정하는 바에 따라 보조할 수 있다(법 제21조 제3항).[473]

보조할 수 있는 추진위원회 및 조합의 비용은 다음과 같다(시행령 제17조).

① 정비사업전문관리 용역비

② 설계 용역비

③ 감정평가비용

④ 그 밖에 해당 추진위원회 및 조합이 도시정비법 제32조(추진위원회의 기능), 제44조(총회의 소집) 및 제45조(총회의 의결)에 따른 업무를 수행하기 위하여 사용한 비용으로서 시·도조례로 정하는 비용

(3) 손금 산입

시공자·설계자 또는 정비사업전문관리업자 등(시공자등)은 해당 추진위원

472) 서울시 조례 제15조(추진위원회 및 조합 비용의 보조비율 및 보조방법 등), 정비사업 추진주체 사용비용 보조 업무처리기준(2016. 11. 10. 서울특별시고시 제2016 - 358호)

473) 도시정비법 제20조 제1항에 따라 정비구역이 해제되는 경우 시용의 일부 보조에 관한 규정이 적용되지 않음.

회 또는 조합(연대보증인을 포함함)에 대한 채권의 전부 또는 일부를 포기하고 이를 조세특례제한법 제104조의26에 따라 손금에 산입할 수 있다(법 제133조).

시공사등은 해당 조합등과 합의한 채권확인서를 시장·군수등에게 제출하여야 한다. 채권합의서에는 다음의 사항이 포함되어야 한다(법 제133조).

① 채권의 금액 및 그 증빙 자료

② 채권의 포기에 관한 합의서 및 이후의 처리 계획

③ 그 밖에 채권의 포기 등에 관하여 시·도조례로 정하는 사항

조합등이 시공자등과 합의하여 이미 상환하였거나 상환할 예정인 채권은 손해액에 산입할 수 있는 채권에서 제외한다.

2. 시장·군수의 조합설립인가취소처분

(1) 조합설립인가취소

조합의 정비사업이 도시정비법 또는 도시정비법에 따른 명령·처분이나 사업시행계획서 또는 관리처분계획에 위반되었다고 인정되는 경우 국토교통부장관, 특별시장, 광역시장, 도지사, 또는 시장·군수등은 조합에게 필요한 조치로서 조합설립인가를 취소할 수 있다(법 제113조 제1항, 제121조 제3호).

조합이 정당한 사유 없이 이전고시가 있은 날부터 1년 이내 해산을 의결하지 아니한 경우 시장·군수 등은 조합설립인가를 취소할 수 있다(법 제86조의2 제3항).

(2) 청문절차

국토교통부장관, 특별시장, 광역시장, 도지사, 또는 시장·군수등은 도시정비법 제86조의2 제3항 또는 제113조 제1항에 의거 조합설립인가의 취소처분을 하려는 경우에는 청문을 하여야 한다(법 제121조 제1호, 제3호).

청문제도는 행정처분의 사유에 대하여 당사자에게 변명과 유리한 자료를 제출할 기회를 부여함으로써 위법사유의 시정가능성을 고려하고, 처분의 신중과

적정을 기하려는 데 그 취지가 있다.[474]

행정청이 특히 침해적 행정처분을 할 때 그 처분의 근거 법령 등에서 청문을 실시하도록 규정하고 있다면, 행정절차법 등 관련 법령상 청문을 실시하지 않아도 되는 예외적인 경우에 해당하지 않는 한, 반드시 청문을 실시하여야 하는 것이며, 그러한 절차를 결여한 처분은 위법한 처분으로서 취소사유에 해당한다.[475]

(3) '취소'의 법적 성격

도시정비법 제86조의2 제3항 또는 제113조 제1항에 의한 조합설립인가의 '취소'는 조합 설립인가 당시에 위법 또는 부당한 하자가 있음을 이유로 한 것이 아니라 처분 이후 발생한 후발적 사정을 이유로 하는 것이므로, 조합 설립인가의 효력을 소급적으로 상실시키는 행정행위의 '취소'가 아니라 적법요건을 구비하여 완전히 효력을 발하고 있는 추진위원회 승인 또는 조합 설립인가의 효력을 장래에 향해 소멸시키는 행정행위의 '철회'라고 봄이 상당하다.[476]

3. 조합채무의 부담주체 등

(1) 채무의 부담주체

조합은 민법상 법인으로서 제3자에 대한 채무의 부담주체이고, 조합의 구성원인 조합장, 조합임원 또는 조합원은 제3자에 대해 직접 채무를 부담하지 않는다[477]. 즉 조합의 채권자는 조합을 상대로 채무의 변제 또는 손해배상을 청구할 수 있으나, 조합임원 또는 조합원들을 상대로 직접 채무의 변제 또는 손

474) 대법원 2007. 11. 16. 선고 2005두15700 판결, 대법원 2001. 4. 13. 선고 2000두3337 판결, 서울행정법원 2010. 11. 12. 선고 2010구합35043 판결

475) 대법원 2001. 4. 13. 선고 2000두3337 판결, 대법원 2004. 7. 8. 선고 2002두8350 판결, 대법원 2007. 11. 16. 선고 2005두15700 판결 등

476) 대법원 2016. 6. 10. 선고 2015도576 판결 : 조합설립인가 취소 이전 조합장의 금품수수는 공무원의제에 따라 뇌물죄로 처벌됨.

477) 대법원 2000. 7. 7. 선고 2000다18271 판결

해배상을 청구할 수 없다.

조합정관에 "조합이 시공자 또는 정비업자와 체결한 약정은 이 정관이 정하는 범위안에서 조합원에게 효력을 갖는다." 고 규정한 경우 조합정관은 조합내부의 규율을 위한 것일 뿐 직접 시공사 등에게 효력을 미치지 않으며, 대여금 약정서나 공사도급계약서에 날인하지 않은 조합원에게는 위 계약의 효력이 미치지 않으므로, 시공사는 일반 조합원을 상대로 대여금 반환 또는 손해배상을 청구할 수 없다.

(2) 임원의 연대보증

조합은 시공사 또는 정비업체로부터 재건축사업에 필요한 비용(안전진단비용, 설계비, 조합운영비 등)을 차용하고 있으며, 이때 위 대여금 약정서에 조합의 임원(추진위원회의 경우 위원장, 부위원장, 추진위원)이 연대보증하는 사례가 많다.

위 대여금 약정서에 연대보증한 조합의 임원은 조합의 채권자에게 위 연대보증에 따라 해당 채무를 변제할 책임을 부담하며, 조합의 채권자는 연대보증한 임원에 대해 채무의 변제를 청구할 수 있다. 연대보증 임원들이 시공사에 대해 대여금 상환 또는 손해배상을 한 경우 변제한 조합임원은 조합에 대하여 자신이 변제한 금액을 청구할 수 있다(구상권 행사).

조합의 이사라는 지위에서 부득이 조합의 제3자에 대한 계속적 거래로 인한 채무에 대하여 연대보증인이 된 자가 그 후 '퇴사' 하여 이사의 지위를 떠난 때에는 보증계약 성립 당시의 사정에 현저한 변경이 생긴 경우에 해당하므로 이를 이유로 보증계약을 해지할 수 있다. 연대보증 해지의 의사표시는 반드시 서면에 의하여야 하는 것은 아니나, 채권자가 연대보증인의 퇴사 사실을 인식하고 있다 하여 연대보증인의 채권자에 대한 해지의 의사표시 없이 보증계약이 당연히 해지되는 것은 아니다.[478]

조합의 이사 등이 조합의 제3자에 대한 계속적 거래로 인한 채무를 연대보증한 경우 이사 등에게 조합의 거래에 대하여 '재직 중에 생긴 채무만' 을 책임지우기 위하여는 ① 그가 이사의 지위 때문에 부득이 조합의 계속적 거래

478) 대법원 1996. 10. 29. 선고 95다17533 판결

로 인하여 생기는 채무를 연대보증하게 된 것이고, ② 또 조합의 거래 상대방이 거래할 때마다 그 거래 당시에 조합에 재직하고 있던 이사 등의 연대보증을 새로이 받아오는 등의 특별한 사정이 있을 것임을 요한다. 그러한 사정이 없는 경우의 연대보증에까지 그 책임한도가 재직 중 생긴 채무로 제한되는 것으로 해석할 수는 없다.[479]

공사도급계약서에 '연대보증인들은 조합의 계약의무 불이행에 따른 채무에 관하여 조합과 연대하여 책임을 진다.' 라고 규정되어 있을 뿐 시공사의 계약의무 불이행에 따른 채무에 대하여 연대하여 책임을 진다는 내용이 없을 경우 연대보증인들은 '시공사의 채무불이행' 으로 인한 계약해제에 따른 원상회복의무를 부담하지 않는다고 판시한 사례가 있다.[480]

(3) 대여금 등의 반환시기

조합과 채권자간에 체결된 대여금 약정서에 상환시기가 명시된 경우 조합은 채권자에게 계약서상 상환시기에 대여금을 변제하여야 한다. 그러나 계약서상 상환시기를 명시하지 않은 경우 또는 "대여금을 조합원의 청산대금, 일반분양 수입금 등으로 충당한다." 고 규정한 경우 사업중단으로 인한 조합해산시 위 대여금의 반환시기는 불확정기한을 정한 것으로 본다.

민법상 불확정기한을 정한 경우, 기한의 도래가 객관적으로 불가능한 경우에는 기한이 도래한 것으로 간주한다. 시공사와 재건축조합 사이의 공사도급계약이 해제된 경우에는 일반분양 수익금이 발생할 여지가 없으므로, 불확정기한이 도래한 것이므로, 즉시 대여금을 반환하여야 한다.[481]

도시정비법상 조합의 조합설립인가처분이 법원의 재판에 의하여 취소된 경우 그 조합설립인가처분은 소급하여 효력을 상실하고, 이에 따라 당해 재개발조합 역시 조합설립인가처분 당시로 소급하여 도시정비법상 재개발사업을 시행할 수 있는 행정주체인 공법인으로서의 지위를 상실한다. 당해 재개발조합이 조합설립인가처분 취소 전에 도시정비법상 적법한 행정주체 또는 사업시행

479) 대법원 1996. 10. 29. 선고 95다17533 판결
480) 대구고등법원 2012. 11. 7. 선고 2012나2935 판결, 서울고등법원 2015. 8. 26. 선고 2014나38595 판결, 대법원 2012. 9. 27. 선고 2012다45795 판결
481) 서울지방법원 2000. 8. 22. 선고 99가합82653 판결

자로서 한 결의 등 처분은 달리 특별한 사정이 없는 한 소급하여 효력을 상실한다.482)

따라서 법원의 판결에 의해 조합설립인가가 취소된 경우 조합과 시공사간 공사도급계약 또는 소비대차계약은 소급하여 무효가 되고, 대여금에 관한 부당이득 반환시기는 위 '판결확정시'로 보아야 한다.

4. 조합원에 대한 분담금 청구

(1) 조합원의 분담금 납부의무

조합원은 조합의 채무에 대하여 직접 책임을 부담하지는 않으나, 민법 및 조합정관에 따라 조합채무에 대하여 각각의 지분에 해당하는 조합원 부담금을 납부할 의무를 부담하므로, 조합은 개별 조합원에게 분담금을 산정하여 징수할 수 있다.

재건축조합의 채권자(구상권을 취득한 조합임원)는 총회결의로 조합원들의 부담금이 확정된 후에 채권자 대위권을 행사하여 직접 조합원을 상대로 총회에서 결의된 비용분담금을 납부하라는 취지의 소송을 제기할 수 있으며, 판결확정후 개별조합원에 대한 분담금 채권에 대하여 채권압류 및 추심 등 강제집행을 할 수 있다.

(2) 총회결의와 조합원 분담금

주택조합에 부과된 개발부담금을 조합원들에게 어떻게 분담하게 하는가는 정관 기타 규약에 따라 조합원총회 등에서 조합의 자산과 부채를 정산하여 조합원들이 납부하여야 할 금액을 결정하고 이를 조합원에게 분담시키는 결의를 하였을 때 비로소 확정적으로 발생하는 것이다.483)

총회결의로 조합원들의 분담금이 확정되기 전까지는 조합의 채권자는 개별 조합원들의 분담금을 임의로 확정하여 이를 청구할 수 없다.484)

---

482) 대법원 2012. 3. 29. 선고 2008다95885 판결
483) 대법원 2021. 12. 30. 선고 2017다203299 판결

(3) 관리처분계획 이전 조합설립인가 취소

도시정비법 제89조에 의한 청산금부과는 조합이 관리처분계획상 종후자산을 분양받을 자에게종전자산과의 차액에 대한 납부를 명하는 행정처분이다. 관리처분계획 단계에 이르지 않은 상황에서 정비구역이 해제된 경우 도시정비법 제89조는 토지등소유자에게 적용될 수 없다.

도시정비법 제93조 제1항의 토지등소유자는 관리처분계획 당시 분양을 받은 수분양자로서 조합원인 토지등소유자를 의미하므로, 관리처분계획의 단계에 이르지 않은 상태에서 조합설립인가가 취소되는 경우에는 위 규정을 적용할 수 없다.[485)]

관리처분계획 이전 조합설립인가가 취소된 경우 조합은 조합원들에게 도시정비법 제89조 또는 93조에 의거 청산금 또는 부과금을 청구할 수 없고, 조합의 채권자도 조합을 대위하여 조합원들에게 청산금 또는 부과금을 청구할 수 없다.

(4) 정관에 조합원의 분담금 부담비율이 정해진 경우

정관에 '조합이 해산결의 또는 청산종료 후 채무 및 자산을 각 조합원의 출자가액에 비례하여 이를 분배한다.' (또는 1/조합원 수)라고 규정되어 있는 경우 조합의 채권자는 조합원들을 상대로 분담금 상당액에 관하여 미리 청구할 필요가 있다.

조합의 채권자가 조합원에게 '장래 청산이 종결될 경우 조합원들이 배분받게 될 조합의 채무(또는 분담금)' 를 청구할 경우 이는 장래확인의 소에 해당한다. 아직 해산결의나 청산절차를 거치지 아니한 상태에서 청산종결 후의 잔여재산과 잔존채무가 모두 확정되었다고 보기 어렵고, 조합원들의 분담금에 대한 사항이 달라질 수도 있다. 따라서 조합의 채권자는 조합원을 상대로 장래이행의 소를 제기할 수 있을 뿐 확인의 소를 제기할 수 없다.[486)]

---

484) 대법원 1998. 10. 27. 선고 98다18414 판결, 대법원 1997. 11. 14. 선고 95다28991 판결, 서울고등법원 2017. 5. 19. 선고 2016누35504 판결

485) 대법원 2019. 8. 14. 선고 2017다201361 판결

486) 대법원 2014. 11. 13. 선고 2009다38155 판결

(5) 채권자의 조합원에 대한 부당이득반환청구 여부

계약상 급부가 계약의 상대방뿐만 아니라 제3자의 이익으로 된 경우에 급부를 한 계약당사자가 계약 상대방에 대하여 계약상의 반대급부를 청구할 수 있는 이외에 그 제3자에 대하여 직접 부당이득반환청구를 할 수 있다고 보면, 자기 책임하에 체결된 계약에 따른 위험부담을 제3자에게 전가시키는 것이 되어 계약법의 기본원리에 반하는 결과를 초래할 수 있다. 또한 채권자인 계약당사자가 채무자인 계약 상대방의 일반채권자에 비하여 우대받는 결과가 되어 일반채권자의 이익을 해치게 되고, 수익자인 제3자가 계약 상대방에 대하여 가지는 항변권 등을 침해하게 되어 부당하다. 위와 같은 경우 계약상 급부를 한 계약당사자는 이익의 귀속 주체인 제3자에 대하여 직접 부당이득반환을 청구할 수는 없다.[487)]

즉, 조합의 채권자가 조합에 사업자금을 투자하였고, 조합이 그 자금으로 조합 사업을 수행하여 그 조합원들이 결과적으로 이익을 얻었다고 하더라도 위 채권자는 조합이 아닌 조합원들에게 직접 부당이득반환을 청구할 수 없다.[488)]

487) 대법원 2010. 6. 24. 선고 2010다9269 판결
488) 수원지방법원 안양지원 2010. 12. 17. 선고 2009가합8296 판결

제9절 협력업체 선정

I. 경쟁입찰 등

1. 계약업무 처리기준 등

(1) 계약업무 처리기준의 법적 성격

정비사업 추진 과정에서 조합임원이 용역업체 선정의 대가로 금품, 향응을 받는 등의 비리행위가 발생하고 정비사업의 수행과정에서 제한경쟁이나 수의계약으로 업체를 선정하여 업체 간 공정한 경쟁이 어려워지는 문제가 발생함에 따라 정비사업과 관련된 계약의 공정성 및 투명성을 확보하기 위해 계약방법에 관해 규제를 강화하였다.

협력업체 선정을 조합의 고유한 권한으로 규정한 도시정비법 제29조의 관련 규정은 조합이 주체가 된 공정하고 투명한 재개발 · 재건축사업의 추진을 통해 주거환경을 개선하고 주거생활의 질을 향상하는 정비사업의 목적에 비추어 볼 때, 조합의 임원들과 협력업체의 유착 문제를 해결하고 협력업체 선정절차를 투명하게 하기 위해 마련한 '강행규정'이라고 할 것이다.[489]

국토교통부장관은 추진위원회 또는 사업시행자가 계약을 체결함에 있어 정비사업의 투명성을 개선하기 위해 '정비사업 계약업무 처리기준'(국토교통부장관 고시 제2025-290호, 2025. 6. 4.)[490]을 제정하여 고시하였다.[491]

서울특별시는 '공공관리 정비사업전문관리업자 선정기준'(서울특별시 개정고시 제2018-249호. 2018. 8. 9), '공공관리 설계자 선정기준'(서울특별시

489) 대법원 2017. 5. 30. 선고 2014다61340 판결, 대법원 2016. 6. 23. 선고 2013다58613 판결, 서울동부지방법원 2010. 6. 16.자 2010카합1129 결정

490) 이하 인용법령을 표시할 경우 "계약업무 처리기준"이라 함

491) 헌법재판소 2016. 3. 31.자 2014헌바382 결정 : 도시정비법 제29조 제1항 및 제4항은 헌법에 위반되지 않음.

개정고시 제2018-247호. 2018. 8. 9.), '공공관리 시공자 선정기준'(서울특별시 고시 제2019-159호, 2019. 5. 30.)을 고시하였다.

일반적으로 행정 각부의 장이 정하는 고시라 하더라도 그것이 특히 법령의 규정에서 특정 행정기관에게 법령 내용의 구체적 사항을 정할 수 있는 권한을 부여함으로써 그 법령 내용을 보충하는 기능을 가질 경우에는 그 형식과 상관없이 근거 법령 규정과 결합하여 대외적으로 구속력이 있는 법규명령으로서의 효력을 가진다.[492)]

국토교통부가 고시한 계약업무 처리기준은 고시의 형태로 발령되었으나, 도시정비법 제29조 제1항에서 위임받은 사항에 관한 사항을 구체적으로 규정한 것으로서 법규명령으로 볼 수 있다.

(2) 입찰의 공정성 유지 의무

사업시행자등 및 입찰에 관계된 자는 입찰에 관한 업무가 자신의 재산상 이해와 관련되어 공정성을 잃지 않도록 이해 충돌의 방지에 노력하여야 한다. 임원 및 대의원은 입찰에 관한 업무를 수행함에 있어 직무의 적정성을 확보하여 조합원의 이익을 우선으로 성실히 직무를 수행하여야 한다(계약업무 처리기준 제4조 제1항, 제2항).

공정하고 투명한 재개발·재건축사업의 추진을 통해 주거환경을 개선하고 조합원의 주거안정 및 주거생활의 질적 향상을 목적으로 하는 재개발·재건축 사업의 목적에 비추어 볼 때, '계약업무 처리기준'은 그 핵심에 해당한다. 협력업체의 선정과 관련된 이해관계인이 많을 뿐만 아니라 그 과정에서 불공정한 행위로 인해 재개발·재건축사업이 지연되거나 무산되는 등의 결과가 발생할 경우 종국적으로 그 피해가 조합원들에게 돌아갈 수밖에 없다. 따라서 '계약업무 처리기준'에 따라 입찰을 진행함에 있어 공정성.적정성을 전제로 한 엄격한 관계 법령의 준수가 요구된다.

또한, 이러한 협력업체 선정을 위한 입찰절차에 있어서 '공정성'이란 적어도 입찰참여 대상자에게 동일한 기준을 적용하고 동일한 정보를 제공함으로

492) 대법원 1999. 11. 26. 선고 97누13474 판결, 대법원 2003. 9. 26. 선고 2003두2274 판결, 대법원 2004. 4. 9. 선고 2003두1592 판결

써 실제로 입찰에 참여할 의사결정의 기회를 동등하게 부여하였는지 여부를 기준으로 판단하여야 한다.[493)]

조합이 스스로 마련한 규정에 의하여 담보되는 절차의 공정성의 요청과 목적사업에 가장 적합한 낙찰자 선정이라는 합목적성의 요청을 어떻게 적절하게 비교형량할 것인가 하는 것이 입찰절차를 둘러싼 문제의 핵심이라 할 것이다.

2. 협력업체 선정과 관리 · 감독

(1) 도시정비법 제29조 위반과 임원의 형사처벌

추진위원장, 전문조합관리인 또는 조합임원이 도시정비법 제29조 제1항에 따른 계약의 방법을 위반하여 계약을 체결한 경우 3년 이하의 징역 또는 3천만원 이하의 벌금에 처한다. 조합의 청산인 및 토지등소유자가 시행하는 재개발사업의 경우에는 그 대표자, 지정개발자가 사업시행자인 경우 그 대표자도 처벌대상이 된다(법 제136조 제1호).

형식적으로는 일반경쟁의 방법에 따라 계약을 체결하더라도 실질적으로 위법이 일반경쟁에 의하여 계약을 체결하도록 한 취지를 잠탈하는 경우에도 도시정비법 제29조를 위반한 것으로 볼 수 있다.[494)]

(2) 계약체결과정에서의 행위제한과 형사처벌

누구든지 계약 체결과 관련하여 다음의 행위를 하여서는 아니 된다(법 제132조 제1항).

① 금품, 향응 또는 그 밖의 재산상 이익을 제공하거나 제공의사를 표시하거나 제공을 약속하는 행위

② 금품, 향응 또는 그 밖의 재산상 이익을 제공받거나 제공의사 표시를 승낙하는 행위

③ 제3자를 통하여 ① 또는 ②에 해당하는 행위를 하는 행위

493) 서울동부지방법원 2010. 7. 2.자 2010카합1471 결정
494) 대법원 2017. 5. 30. 선고 2014다61340 판결

도시정비법 제132조 제1항 각 호의 어느 하나를 위반하여 금품, 향응 또는 그 밖의 재산상 이익을 제공하거나 제공의사를 표시하거나 제공을 약속하는 행위를 하거나 제공을 받거나 제공의사 표시를 승낙한 자는 5년 이하의 징역 또는 5천만원 이하의 벌금에 처한다(법 제135조 제2호).

행위주체는 '누구든지' 이므로, 조합임원 뿐만 아니라 조합원도 처벌대상이 된다.

조합임원은 도시정비법에 의해 공무원으로 의제되므로, 건설업자들이 조합임원에게 직무와 관련하여 금전을 제공하였다면 별도의 부정한 청탁이 존재하지 않더라도 뇌물공여죄가 성립한다.[495] 즉 조합장의 뇌물공여죄 성립에 있어 부정한 청탁은 필요하지 않다.

(3) 신고센터 설치

시・도지사, 시장, 군수 또는 구청장은 도시정비법 제132조 제1항 제2항의 행위에 대한 신고의 접수・처리 등의 업무를 수행하기 위하여 신고센터를 설치・운영할 수 있다(법 제132조 제3항).

신고센터의 장은 해당 시 · 도 또는 시 · 군 · 구의 정비사업 업무를 총괄하는 부서의 장으로 하고, 구성원은 정비사업과 관련된 업무를 담당하는 공무원으로 한다(시행규칙 제23조 제2항).

시 · 도지사, 시장 · 군수 또는 구청장은 소속 신고센터가 제출받은 신고사항에 대한 사실관계 확인 및 조사 개시 여부를 결정해야 하며, 해당 신고센터는 사실관계 확인 및 조사를 완료한 날부터 30일 이내에 그 내용을 신고인에게 알려야 한다. 이 경우 시장, 군수 또는 구청장이 설치 · 운영하는 신고센터의 장은 사실관계 확인 및 조사를 완료 후 지체 없이 그 내용을 시 · 도지사에게 보고해야 한다(시행규칙 제23조 제4항).

(4) 자수자에 대한 특례, 신고포상금

도시정비법 제132조 제1항 각호의 어느 하나를 위반하여 금품, 향응 또는 그 밖의 재산상 이익을 제공하거나 제공의사를 표시하거나 제공을 약속하는

495) 대법원 2008. 1. 24. 선고 2006도5711 판결

행위를 하거나 제공을 받거나 제공의사 표시를 승낙한 자가 자수하였을 때에는 그 형벌을 감경 또는 면제한다(법 제141조).

시・도지사 또는 대도시의 시장은 도시정비법 제132조 제1항 각호의 행위사실을 신고한 자에게 시・도조례로 정하는 바에 따라 포상금을 지급할 수 있다(법 제142조).

서울시 조례 제91조에 의하면 포상금의 지급한도액은 2억원 이하이다.

(5) 부정당업자의 입찰 참가자격 제한

사업시행자는 대의원회의 의결을 거쳐 부정당업자에 대하여 입찰참가자격을 제한할 수 있다(계약업무 처리기준 제12조).

부정당업자의 입찰 참가자격 제한사유는 다음과 같다.

① 금품, 향응 또는 그 밖의 재산상 이익을 제공하거나 제공의사를 표시하거나 제공을 약속하여 처벌을 받았거나, 입찰 또는 선정이 무효 또는 취소된 자(소속 임직원 포함)

② 입찰신청서류가 거짓 또는 부정한 방법으로 작성되어 선정 또는 계약이 취소된 자

입찰참가자격 제한 사유가 발생한 날로부터 2년이 경과한 경우에는 제한할 수 없다.

3. 경쟁입찰 또는 수의계약

(1) 일반경쟁입찰

일반경쟁입찰은 관보, 일간신문, 게시판 등에 게재 또는 게시하는 방법으로 공고하여 일정한 자격을 가진 불특정 다수의 희망자를 경쟁입찰에 참가하도록 한 후 그 중에서 가장 유리한 조건을 제시한 자를 선정하는 방법이다.

일반경쟁입찰의 장점은 공개적으로 집행하므로 공정하고, 다수의 희망자를 입찰에 참가시킬 수 있으므로, 보다 유리한 조건을 제시한 자와 계약을 할 수 있다. 단점으로는 기술・자본・경험 등이 풍부하지 못한 업체가 참가함으로써

최상의 계약목적물 확보에 차질을 가져올 수 있고, 덤핑으로 인한 부실우려가 높으며, 입찰에 참가하는 인원이 너무 많아 입찰집행이 어렵고 비효율적이다.

국가계약법 제7조 제1항 본문에서는 계약담당자들의 부정ㆍ비리의 소지를 차단하고, 더 많은 경제 주체들에게 공평한 경제활동의 기회를 부여하기 위한 취지에서 원칙적으로 일반경쟁에 부치도록 규정하고 있다.[496]

사업시행자등이 정비사업 과정에서 계약을 체결하는 경우 '일반경쟁입찰'에 부쳐야 한다(계약업무 처리기준 제6조 제1항). 일반경쟁입찰을 하는 경우 2인 이상의 유효한 입찰참가 신청이 있어야 한다.

현행 도시정비법은 일반경쟁입찰과 지명경쟁입찰만을 허용하고 있고, 제한경쟁입찰을 허용하고 있지 않다.

(2) 지명경쟁입찰

지명경쟁입찰은 계약의 성질 또는 목적에 비추어 특수한 설비ㆍ기술ㆍ자재ㆍ물품이나 실적이 있는 자가 아니면 계약목적을 달성하기 곤란한 경우 등에 자력, 신용 등이 적당하다고 인정하는 특정다수의 경쟁참가자를 지명하여 입찰방법에 의하여 낙찰자를 결정한 후 계약을 체결하는 방법이다.

지명경쟁입찰의 장점은 불성실하거나 신용이 없는 자의 입찰 참가를 제한할 수 있으나, 단점으로 지명이 특정인으로 한정됨으로써 특혜의 의혹을 불러일으킬 수 있다.

추진위원장 또는 사업시행자는 다음의 경우 입찰 참가자를 지명하여 경쟁에 부칠 수 있다(법 제29조 제1항 단서, 시행령 제24조 제1항 제1호).

① 계약의 성질 또는 목적에 비추어 특수한 설비ㆍ기술ㆍ자재ㆍ물품 또는 실적이 있는 자가 아니면 계약의 목적을 달성하기 곤란한 경우로서 입찰대상자가 10인 이내인 경우

② 건설산업기본법에 따른 건설공사(전문공사 제외)로서 추정가격이 3억원 이하인 공사인 경우

③ 건설산업기본법에 따른 전문공사로서 추정가격이 1억원 이하인 공사인 경우

---

496) 대전고등법원 2000. 5. 29. 선고 2000라88 결정

④ 공사관련 법령(건설산업기본법 제외)에 따른 공사로서 추정가격이 1억원 이하인 공사인 경우

⑤ 추정가격 1억원 이하의 물품 제조·구매, 용역, 그 밖의 계약인 경우

사업시행자등이 지명경쟁에 의한 입찰을 하고자 할 때에는 대의원회의 의결을 거쳐 4인 이상의 입찰대상자를 지명하여야 하고, 3인 이상의 입찰참가 신청이 있어야 한다(계약업무 처리기준 제7조).

(3) 수의계약

수의계약은 일반경쟁입찰 또는 지명경쟁입찰이 성립되지 않거나 경쟁입찰방식으로 선정하기 곤란한 사유가 있는 경우 등 특별한 경우에 입찰 등의 방법에 의하지 않고 발주자가 사업시행에 적합하다고 인정되는 상대방을 임의로 선택하여 맺는 계약을 말한다.

추진위원장 또는 사업시행자는 다음의 경우 수의계약으로 할 수 있다(법 제29조 제1항 단서, 시행령 제24조 제1항 제2호).

① 건설산업기본법에 따른 건설공사로서 추정가격이 2억원 이하인 공사인 경우

② 건설산업기본법에 따른 전문공사로서 추정가격이 1억원 이하인 공사인 경우

③ 공사관련 법령(건설산업기본법 제외)에 따른 공사로서 추정가격이 8천만원 이하인 공사인 경우

④ 추정가격 5천만원 이하인 물품의 제조·구매, 용역, 그 밖의 계약인 경우

⑤ 소송, 재난복구 등 예측하지 못한 긴급한 상황에 대응하기 위하여 경쟁에 부칠 여유가 없는 경우

⑥ 일반경쟁입찰이 입찰자가 없거나 단독 응찰의 사유로 2회 이상 유찰된 경우

(4) 2회 이상 유찰과 관련

수의계약을 하는 경우 보증금과 보증기한을 제외하고는 최초 입찰 공고에서 정한 가격 및 기타 조건을 변경할 수 없다(계약업무 처리기준 제8조).

재정비촉진계획이 변경되었으나 본질적인 부분이 변경되었다고 볼 수 없고, 선정공고시 사업내용이 일부 변경될 수 있음을 명시한 경우 입찰내용의 중대한 변경이 있다고 보기 어렵다고 판시한 사례가 있다.[497]

'2회 이상 유찰'은 동일성이 인정되는 입찰이 2회 이상 유찰된 경우에 한하여 사업시행의 공백을 방지하기 위해 예외적으로 수의계약을 허용하여야 한다.[498] '미응찰 등의 사유로 2회 이상 유찰'은 경쟁입찰에 부쳤으나 시공업체들이 응찰하지 않거나, 응찰자가 있더라도 자격이 없어 응찰자가 없는 경우와 동일시할 수 있을 정도의 사유로 유찰되어 시공자를 선정할 수 없는 경우만을 의미한다.[499]

4. 입찰절차

(1) 입찰의 공고

사업시행자는 전자조달시스템 또는 1회 이상 일간신문에 입찰을 공고하여야 한다. 일간신문은 전국 또는 해당 지방을 주된 보급지역으로 하는 일간신문을 말한다(계약업무 처리기준 제9조 제1항).

사업시행자는 일반경쟁입찰을 위하여 입찰서 제출마감일 7일 전까지 입찰을 공고하여야 한다. 현장설명회를 개최하는 경우 사업시행자는 현장설명회 개최일 7일 전까지 입찰을 공고하여야 한다(계약업무 처리기준 제9조 제1항, 제2항).

건설공사 및 전문공사 입찰의 경우로서 현장설명회를 실시하지 아니하는 경우에는 입찰서 제출마감일로부터 다음에서 정한 기간 전에 공고하여야 한다

497) 인천지방법원 부천지원 2018. 7. 19.자 2018카합10196 결정
498) 법제처 2015. 6. 17. 회신 15-0330 해석례
499) 서울고등법원 2012. 5. 25. 선고 2011나33605 판결

(계약업무 처리기준 제9조 제3항).

① 추정가격이 10억원 이상 50억원 미만인 경우 : 15일

② 추정가격이 50억원 이상인 경우 : 40일

재입찰을 하거나 긴급한 재해예방 · 복구 등을 위하여 필요한 경우에는 입찰서 제출마감일 5일 전까지 공고할 수 있다(계약업무 처리기준 제9조 제4항).

사업시행자등은 업무추진의 효율성을 제고하기 위해 분리발주를 최소화하여야 한다(계약업무 처리기준 제4조 제4항).

(2) 지명경쟁입찰과 통지

지명경쟁에 의한 입찰의 경우 사업시행자는 입찰서 제출마감일 7일 전까지 내용증명우편으로 입찰대상자에게 통지(도달)하여야 한다(계약업무 처리기준 제9조 제1항 단서).

현장설명회를 개최하는 경우 사업시행자는 현장설명회 개최일 7일 전까지 내용증명우편으로 입찰대상자에게 통지(도달)하여야 한다(계약업무 처리기준 제9조 제2항 단서).

(3) 입찰공고 내용

입찰 공고에는 다음의 사항을 명시하여야 한다(계약업무 처리기준 제10조).

① 사업계획의 개요(공사규모, 면적 등)

② 입찰의 일시 및 장소

③ 입찰의 방법(경쟁입찰 방법, 공동참여 여부 등)

④ 현장설명회 일시 및 장소(현장설명회를 개최하는 경우에 한함)

⑤ 부정당업자의 입찰 참가자격 제한에 관한 사항

⑥ 입찰참가에 따른 준수사항 및 위반시 자격 박탈에 관한 사항

⑦ 그 밖에 사업시행자등이 정하는 사항

조합은 의결기관인 대의원회에서 입찰공고에 관한 내용(입찰지침서 포함)을 확정하여야 한다. 만약 대의원회 의결 없이 이사회가 일방적으로 입찰공고 내용을 확정한 후 입찰을 공고할 경우 입찰공고에 관한 분쟁이 발생할 수 있다.

(4) 입찰보증금

사업시행자는 입찰에 참가하려는 자에게 입찰보증금을 내도록 할 수 있다. 입찰보증금은 현금 또는 '국가를 당사자로 하는 계약에 관한 법률' 또는 '지방자치단체를 당사자로 하는 계약에 관한 법률'에서 정하는 보증서로 납부하게 할 수 있다. 현금에는 체신관서 또는 은행이 발행한 자기앞수표를 포함한다.

사업시행자는 입찰에 참가하려는 자에게 입찰 마감일부터 5일 이전까지 입찰보증금을 납부하도록 요구하여서는 아니 된다(계약업무 처리기준 제10조의 2).

(5) 현장설명회

현장설명은 협력업체의 선정을 위한 입찰에 있어 입찰전에 과업설명서, 과업내용서, 입찰서 작성지침, 입찰서 평가기준 등에 대하여 설명하고 이를 열람시키거나 또는 교부함으로써 입찰에 참가하고자 하는 자가 원활한 견적을 통한 입찰참가여부, 입찰금액 등을 결정하도록 하기 위한 것이다.

사업시행자등이 현장설명회를 개최할 경우 현장설명에는 다음의 사항이 포함되어야 한다(계약업무 처리기준 제11조).

① 정비구역 현황

② 입찰서 작성방법 · 제출서류 · 접수방법 및 입찰유의사항

③ 계약대상자 선정 방법

④ 계약에 관한 사항

⑤ 그 밖에 입찰에 관하여 필요한 사항

(6) 입찰서의 접수 및 개봉

사업시행자등은 밀봉된 상태로 입찰서(사업 참여제안서 포함)를 접수하여야 한다(계약업무 처리기준 제13조).

사업시행자등이 입찰서를 개봉하고자 할 때에는 입찰서를 제출한 입찰참여자의 대표와 사업시행자등의 임원등 관련자, 그 밖에 이해관계자 각 1인이 참

여한 공개된 장소에서 개봉하여야 한다. 입찰참여자가 대리인을 지정한 경우에는 그 대리인이 참여할 수 있고, 사업시행자등의 임원에는 이사회 구성원 및 감사를 말한다.

입찰서 개봉 시 사업시행자등은 입찰참여자에게 일시와 장소를 통지하여야 한다.

5. 홍보 및 협력업체의 선정

(1) 입찰참여자의 홍보 등

조합이 설계업자 · 정비사업전문관리업자 등을 선정할 경우 조합은 조합원이 쉽게 접할 수 있는 일정한 장소의 게시판에 7일 이상 공고하고 인터넷 등에 병행하여 공개하여야 한다(계약업무 처리기준 제14조).

사업시행자등은 필요한 경우 설계업자 · 정비사업전문관리업자 등의 합동홍보설명회를 개최할 수 있다. 합동홍보설명회를 개최하는 경우 사업시행자등은 조합원에게 개최 7일 전에 일시 및 장소를 통지하여야 한다.

입찰에 참여한 자는 조합원을 상대로 개별적인 홍보를 할 수 없으며, 홍보를 목적으로 조합원에게 사은품 등 물품 · 금품 · 재산상의 이익을 제공하거나 제공을 약속하여서는 아니 된다.

금지된 개별적인 홍보에는 ① 홍보관 · 쉼터 설치, ② 홍보책자 배부, ③ 세대별 방문, ④ 개인에 대한 정보통신망을 통한 부호 · 문언 · 음향 · 영상 송신 행위 등을 포함된다.

일반에 공개되는 인터넷 홈페이지 홍보는 허용된다.

(2) 총회에 상정할 입찰자의 선정

조합은 ① 예산으로 정한 사항 외에 조합원에게 부담이 되는 계약, ② 시공자・설계자 또는 감정평가법인의 선정 및 변경, ③ 정비사업전문관리업자의 선정 및 변경에 관하여 총회의 의결을 거쳐야 한다(법 제45조 제1항 제4호, 제5호, 제6호).

총회의 의결을 거쳐야 하는 경우 대의원회에서 총회에 상정할 4인 이상의 건설업자등을 선정하여야 한다. 다만 입찰에 참가한 건설업자 등이 4인 미만인 때에는 모두 총회에 상정하여야 한다(계약업무 처리기준 제15조 제2항).

대의원회에서 총회 상정 4인 이상 회사를 선정함에 있어 건설업자등의 경우 대의원 재적의원 과반수가 직접 참석하여야 하나 건설업자등을 제외한 업체(정비사업전문관리업체, 설계자, 감정평가법인 등)의 경우 대의원 재적의원 과반수의 직접 참석을 요하지 않는다.

대의원회에서 총회에 상정할 업체를 선정함에 있어 ① 입찰가격과 ② 신용평가등급, ③ 해당 공사 · 용역과 같은 종류의 실적을 감안할 수 있다.

총회상정업체의 선정은 대의원회의 권한이다. 다만 대의원회가 심사기준을 확정한 후 대의원 일부로 구성된 심사평가단에게 총회상정업체의 선정권한을 위임한 경우 위 심사평가단의 총회상정업체의 선정할 수 있다고 판시한 사례가 있다.[500]

조합은 대의원회의 의결에 따라 예산으로 정한 사항에 관한 업체(시공자, 정비업자, 감정평가법인 제외)를 선정할 수 있다(계약업무 처리기준 제15조 제1항).

(3) 입찰 무효 등

입찰참여자가 토지등소유자 등을 상대로 하는 개별적인 홍보를 하고, 위 개별홍보 적발건수의 합이 3회 이상인 경우 해당 입찰은 무효로 본다. 해당 입찰이 무효로 됨에 따라 단독 응찰이 된 경우에는 유효한 경쟁입찰로 본다(계약업무 처리기준 제16조).

(4) 계약의 체결

모든 계약은 계약서를 작성하여야 한다. 계약서에는 계약의 목적, 이행기간, 지체상금, 실비정산방법, 기타 필요한 사유 등을 기재한 계약서를 작성하여 사업시행자등과 선정기관에서 선정된 자가 기명날인하여야 한다.

사업시행자등은 선정기관에서 선정된 자가 정당한 이유 없이 3개월 이내에

500) 서울서부지방법원 2010. 7. 28.자 2010카합1137 결정

계약을 체결하지 아니하는 경우에는 총회 또는 대의원회의 의결을 거쳐 해당 선정을 무효로 할 수 있다(계약업무 처리기준 제17조).

6. 전자입찰 계약

(1) 전자입찰 대상계약

일반경쟁의 방법으로 계약을 체결하는 경우 국가종합전자조달시스템(전자조달시스템)을 이용하여야 한다(법 제29조 제2항).

전자조달시스템을 이용해야 하는 계약의 규모는 다음과 같다(시행령 제24조 제2항).

① 건설산업기본법에 따른 건설공사로서 추정가격이 6억원 초과 공사계약

② 건설산업기본법에 따른 전문공사로서 추정가격이 2억원 초과 공사계약

③ 공사관련 법령(건설산업기본법 제외)에 따른 공사로서 추정가격이 2억원 초과 공사계약

④ 추정가격이 2억원을 초과하는 물품 제조·구매, 용역, 그 밖의 계약

(2) 계약대상자 선정방법 등

전자입찰은 일반경쟁의 방법으로 입찰을 부쳐야 한다(계약업무 처리기준 제19조 제1항).

전자입찰을 통한 계약대상자의 선정 방법은 다음과 같다(계약업무 처리기준 제19조 제2항).

① 투찰 및 개찰 후 최저가로 입찰한 자를 선정하는 최저가방식

② 입찰가격과 실적·재무상태·신인도 등 비가격요소 등을 종합적으로 심사하여 선정하는 적격심사방식

③ 입찰가격과 사업참여제안서 등을 평가하여 선정하는 제안서평가방식

도시정비법 시행령 제24조 제1항 제1호가목에 해당하는 경우 지명경쟁의 방법으로 입찰을 부칠 수 있다(계약업무 처리기준 제19조 제1항).

(3) 전자입찰 공고

사업시행자등이 전자입찰을 하는 경우에는 입찰서 제출마감일 7일 전까지 전자조달시스템에 입찰을 공고하여야 한다. 다만, 입찰서 제출 전에 현장설명회를 개최하는 경우에는 현장설명회 개최일 7일 전까지 공고하여야 한다(계약업무 처리기준 제20조 제1항).

'계약의 성질 또는 목적에 비추어 특수한 설비·기술·자재·물품 또는 실적이 있는 자가 아니면 계약의 목적을 달성하기 곤란한 경우로서 입찰대상자가 10인 이내인 경우' 지명경쟁입찰을 실시할 수 있고, 위와 같은 사유로 지명경쟁에 의한 입찰의 경우에는 현장설명회 개최일 7일 전까지 내용증명우편으로 입찰대상자에게 통지하여야 한다(계약업무 처리기준 제20조 제2항, 제9조 제2항).

사업시행자는 전자조달시스템에 다음의 사항을 공고하여야 한다(계약업무 처리기준 제21조 제1항).

① 사업계획의 개요(공사규모, 면적 등)

② 입찰의 일시 및 장소

③ 입찰의 방법(경쟁입찰 방법, 공동참여 여부 등)

④ 현장설명회 일시 및 장소(현장설명회를 개최하는 경우에 한함)

⑤ 부정당업자의 입찰 참가자격 제한에 관한 사항

⑥ 입찰참가에 따른 준수사항 및 위반시 자격 박탈에 관한 사항

⑦ 그 밖에 사업시행자등이 정하는 사항

계약대상자를 선정하는 경우 평가항목별 배점표를 작성하여 입찰 공고 시 이를 공개하여야 한다(계약업무 처리기준 제21조 제2항).

(4) 입찰서의 접수 및 개봉

사업시행자등은 전자조달시스템을 통해 입찰서를 접수하여야 한다.

전자조달시스템에 접수한 입찰서 이외의 입찰 부속서류는 밀봉된 상태로 접수하여야 한다.

입찰 부속서류를 개봉하고자 하는 경우에는 부속서류를 제출한 입찰참여자의 대표와 사업시행자등의 임원등 관련자, 그 밖에 이해관계자 각 1인이 참여

한 공개된 장소에서 개봉하여야 한다. 입찰참여자가 대리인을 지정한 경우에는 그 대리인이 참여할 수 있다. 입찰 부속서류 개봉 시 사업시행자등은 입찰참여자에게 일시와 장소를 통지하여야 한다(계약업무 처리기준 제22조 제3항, 제4항).

(5) 계약의 체결

사업시행자등은 전자입찰을 통해 계약대상자가 선정될 경우 전자조달시스템에 따라 계약을 체결하여야 한다. 전자입찰을 통해 계약된 사항에 대해서는 전자조달시스템에서 그 결과를 공개하여야 한다(계약업무 처리기준 제23조).

(6) 일반 계약 처리기준의 준용

전자입찰에 있어 계약업무 처리기준 제11조(현장설명회), 제12조(부정당업자의 입찰 참가자격 제한), 제14조(입찰참여자의 홍보등), 제15조(계약체결 대상의 선정), 제16조(입찰무효등), 제17(계약의 체결) 규정을 준용한다(계약업무 처리기준 제24조).

7. 입찰관련 법적 분쟁

(1) 입찰과 재판상 권리구제

조합이 공법인의 성격을 가지고 있다하더라도 입찰절차는 사경제 주체로서의 지위에서 행하는 계약체결을 위한 행위이다. 당해 입찰절차에서 목적사업의 수행에 가장 적합한 업체를 선정하기 위하여 합목적적인 범위 내에서 재량권을 행사할 수 있다. 만약 조합의 재량권이 금지된다면 조합 등이 사인과의 사이에서 계약관계를 공정하면서도 합리적 · 효율적으로 처리할 수 있도록 한 입찰제도 본래의 목적에 반하고, 절차의 지연으로 인하여 막대한 경제적 손실이 초래될 수 있다.

따라서 재판상의 권리구제는 낙찰자 선정의 내용과 그에 이르기까지의 절차가 객관적으로 보아 위법하거나 재량권을 일탈함으로써 입찰절차의 공공성과

공정성이 현저히 침해되었다고 인정되는 경우에 한하여 허용된다.[501]

(2) 공정성이 침해되었다고 판단한 사례

특정 입찰참가자에 대해 입찰보증금의 납부를 면제하는 것은 입찰절차의 공공성과 공정성이 현저히 침해된다.[502]

정관의 규정상 입찰마감일의 연기 결정 위한 권한은 집행기관에 불과한 이사회에게 있는 것이 아니라 의결기관인 대의원회에 있으므로, 대의원회의 사전 결의 없이 긴급 이사회 결의만으로 입찰마감일을 연기한 것은 위법하다.[503]

입찰이 마감된 후 대의원회에서 입찰참여규정을 변경하여 입찰참여 자격이 없는 특정 업체에게 입찰참여 자격을 사후에 부여한 것은 다른 업체들과 사이에서 입찰참여의 정보와 그 기회가 공정하게 부여된 것이라고 볼 수 없다.[504]

(3) 컨소시엄 구성 금지

입찰참여규정에서 '공동참여(컨소시엄) 구성시 2009년 국토교통부 발표 시공능력 평가액 순위 1, 2위 업체는 동일 공동사업단을 구성할 수 없다.' 고 규정한 경우, 위 규정은 시공능력평가 1, 2위업체가 하나의 컨소시엄을 구성하여 경쟁입찰이 무의미해지는 것을 막기 위한 것이므로 적법하다.[505]

(4) 종전 업체의 총회개최금지가처분

조합과 시공사간 체결된 약정서가 건축사업의 규모, 시행방법 등에 관해 추상적으로 정한 것에 불과할 뿐 정식 도급계약서라 볼 수 없을 경우 시공사는 조합의 시공자로서의 완전한 지위를 취득하였다거나 조합이 다른 업체를 시공자로 선정하는 것을 금지시킬 지위에 있다고 볼 수 없다.[506]

용역계약은 조합과 협력업체가 동등한 지위에서 체결하는 사인간의 계약이

---

501) 대법원 2001. 12. 11. 선고 2001다33604 판결
502) 서울고등법원 2012. 5. 25. 선고 2011나33605 판결
503) 서울동부지방법원 2010. 7. 2.자 2010카합1471 결정
504) 서울동부지방법원 2010. 7. 2.자 2010카합1471 결정
505) 서울동부지방법원 2010. 8. 27.자 2010카합1903 결정
506) 수원지방법원 2005. 6. 9.자 2005카합383 결정

므로 사적 자치와 계약 자유의 원칙이 적용되는 것이고, 특별한 사정이 없는 한 계약 일방 당사자에게 계약의 유지를 강제할 가처분의 필요성이 있다고 할 수 없다. 법원 실무상 계약이 해제된 협력업체가 조합을 상대로 한 총회개최금지가처분은 인용되지 않고 있다.507)

(5) 종전 용역업체에게 제3자의 업무를 추가하는 방식의 변경계약

조합이 일반 경쟁입찰에 부치지 않고 종전 설계업체와 설계변경계약을 체결하면서 그 변경계약 내용에 제3의 업체의 연구용역 및 위 연구용역결과를 반영한 설계도면의 변경을 포함한 사안에서 도시정비법 제29조 제1항을 회피하고 잠탈하는 것에 해당되어 위법하다고 판단하였다.508)

시공업무에 포함되지 않는 용역(이주관리, 수용재결 등)에 대한 계약을 체결하여야 할 경우에 재개발사업에서의 시공자의 역할이나 업무의 효율성 등을 이유로 시공자와 추가 또는 변경계약을 체결하는 방식으로 대체할 수 있다고 본다면, 이는 재개발정비조합 등이 공사, 용역, 물품구매 및 제조 등 정비사업의 시행과 관련된 계약을 체결함에 있어서는 법령에서 규정하고 있는 예외에 해당하지 않는 한 모두 일반경쟁에 부쳐야 한다고 엄격히 정하고 있는 도시정비법 제29조 제1항을 회피하고 잠탈하는 것으로 허용될 수 없다.509)

추가공사 도급계약이 기존 공사업자와 체결된 점, 최초 계약상의 공사대금 변경약정을 이용한 점, 구청 담당자와 실무협의과정에서 늘어난 부담이 추가된 점 등을 고려해 볼 때 수의계약인 추가공사 도급계약은 도시정비법 제29조 제1항을 회피하고 잠탈한 것으로 볼 수 없다고 판시한 사례가 있다.510)

---

507) 서울중앙지방법원 2022카합20926 결정, 서울북부지방법원 2019카합20270 결정, 부산지방법원 2019카합10679 결정 등

508) 부산지방법원 2021. 9. 27. 선고 2021고정542 판결

509) 서울서부지방법원 2024. 6. 13. 선고 2023노1173 판결

510) 서울북부지방법원 2022. 5. 12. 선고 2022노90 판결, 의정부지방법원 2023. 2. 16. 선고 2021가합59915 판결

Ⅱ. 시공자의 선정

1. 시공자 선정방법

(1) 조합 또는 토지등소유자의 시공자 선정

조합은 조합설립인가를 받은 후 조합총회에서 경쟁입찰(일반경쟁, 지명경쟁) 또는 수의계약의 방법으로 건설업자 또는 등록사업자를 시공자로 선정하여야 한다(법 제29조 제4항).

조합은 조합원의 과반수 동의를 받아 건설업자와 공동으로 정비사업을 시행할 수 있고, 조합과 건설업자는 공동사업시행협약서를 체결한다. 이 경우 조합은 조합원 과반수 동의를 받아 도시정비법 제29조 제4항에 따라 시공자를 선정할 수 있다. 이 경우 해당 건설업자를 시공자로 본다(법 제25조, 제118조 제7항 제1호).

조합원이 100명 이하인 정비사업의 경우에는 조합총회에서 정관으로 정하는 바에 따라 건설업자 또는 등록사업자를 시공자로 선정할 수 있다(법 제29조 제4항 단서, 시행령 제24조 제3항).

토지등소유자가 20인 미만으로서 토지등소유자가 재개발사업을 시행하는 경우에는 사업시행계획인가를 받은 후 규약에 따라 건설업자 또는 등록사업자를 시공자로 선정하여야 한다(법 제29조 제5항).

토지등소유자 시행방식의 경우 반드시 입찰 절차를 거칠 필요 없이 규약에서 정한 바에 따라 선정할 수 있는 자는 '시공자'에 한정되므로, '시공자를 제외한 나머지 용역업체'를 선정하기 위해서는 원칙적으로 도시정비법 제29조 제2항에 따라 입찰절차를 거쳐야 한다.[511)]

(2) 공공시행자의 시공자 선정

시장·군수등이 직접 재개발·재건축사업을 시행하거나 토지주택공사등 또

511) 법제처 2024. 9. 3. 회신 24-0632

는 지정개발자를 사업시행자로 지정한 경우 사업시행자는 사업시행자 지정·고시 후 경쟁입찰(일반경쟁, 지명경쟁) 또는 수의계약의 방법으로 건설업자 또는 등록사업자를 시공자로 선정하여야 한다(법 제29조 제6항).

공공시행자가 시공자를 선정하거나 관리처분계획의 방법으로 시행하는 주거환경개선사업의 사업시행자가 시공자를 선정하는 경우 주민대표회의는 경쟁입찰 또는 수의계약의 방법으로 시공자를 추천할 수 있다(법 제29조 제7항).

주민대표회의의 시공자 추천방법은 다음과 같다(시행령 제24조 제4항).

① 일반경쟁입찰·제한경쟁입찰 또는 지명경쟁입찰중 하나일 것
② 해당 지역에서 발간되는 일간신문에 1회 이상 ①호의 입찰을 위한 공고를 하고, 입찰 참가자를 대상으로 현장 설명회를 개최할 것
③ 해당 지역 주민을 대상으로 합동설명회를 개최할 것
④ 토지등소유자를 대상으로 제출된 입찰서에 대한 투표를 실시하고 그 결과를 반영할 것

주민대표회의가 시공자를 추천한 경우 사업시행자는 추천받은 자를 시공자로 선정하여야 한다. 이 경우 시공자와의 계약에 관해서는 지방자치단체를 당사자로 하는 계약에 관한 법률 제9조 또는 공공기관의 운영에 관한 법률 제39조를 적용하지 아니한다(법 제29조 제10항).

(3) 신탁업자의 시공자 선정

지정개발자중 신탁업자는 사업시행자 지정·고시 후 경쟁입찰(일반경쟁, 지명경쟁) 또는 수의계약의 방법으로 건설업자 또는 등록사업자를 시공자로 선정하여야 한다(법 제29조 제6항).

신탁업자가 시공자를 선정하는 경우 토지등소유자 전체회의는 경쟁입찰 또는 수의계약의 방법으로 시공자를 추천할 수 있다(법 제29조 제7항). 토지등소유자 전체회의의 시공자 추천방법은 주민대표회의의 시공자 추천방법과 동일하다.

토지등소유자 전체회의가 시공자를 추천한 경우 사업시행자는 추천받은 자를 시공자로 선정하여야 한다(법 제29조 제10항).

(4) 사업대행자의 시공자 선정

사업대행자가 정비사업을 시행하는 경우 토지등소유자 또는 조합원의 과반수 동의를 받아 도시정비법 제29조 제4항(총회에서 경쟁입찰 또는 수의계약의 방법)에 따라 시공자를 선정할 수 있다(법 제118조 제7항 제2호).

(5) 시공자 선정시기

조합은 조합설립인가를 받은 후 조합총회에서 시공자를 선정할 수 있다(법 제29조 제4항). 시공자 선정시기 등에 필요한 사항은 시·도 조례로 정할 수 있다(법 제118조 제6항).

시공자 선정은 조합 총회의 고유권한으로서 추진위원회가 개최한 주민총회의 권한범위에 속하지 않으므로, 추진위원회가 개최한 주민총회에서 시공자를 선정하기로 한 결의는 무효이다.[512]

2. 시공자 선정과 관리·감독

(1) 시공자 선정 취소 명령 또는 과징금 부과

해당 정비사업을 관할하는 시·도지사는 사업시행자에게 시공자 선정을 취소할 것을 명하거나 그 건설업자 또는 등록사업자에게 과징금을 부과할 수 있다(법 제113조의2 제1항).

시공자 선정취소 명령 또는 과징금 부과 사유는 아래와 같다.

① 건설업자 또는 등록사업자가 도시정비법 제132조 제1항 또는 제2항[513]

---

512) 대법원 2008. 6. 12. 선고 2008다6298 판결

513) 제132조(조합임원 등의 선임·선정 및 계약 체결 시 행위제한 등) ① 누구든지 추진위원, 조합임원의 선임 또는 제29조에 따른 계약 체결과 관련하여 다음 각 호의 행위를 하여서는 아니 된다.
1. 금품, 향응 또는 그 밖의 재산상 이익을 제공하거나 제공의사를 표시하거나 제공을 약속하는 행위
2. 금품, 향응 또는 그 밖의 재산상 이익을 제공받거나 제공의사 표시를 승낙하는 행위
3. 제3자를 통하여 제1호 또는 제2호에 해당하는 행위를 하는 행위

② 건설업자와 등록사업자는 제29조에 따른 계약의 체결과 관련하여 시공과 관련 없

을 위반한 경우

② 건설업자 또는 등록사업자가 도시정비법 제132조의2를 위반하여 관리·감독 등 필요한 조치를 하지 아니한 경우로서 용역업체의 임직원(건설업자가 고용한 개인을 포함함)이 제132조 제1항[514)]을 위반한 경우

시·도지사는 시공자 선정 취소 또는 과징금 부과처분을 하려는 경우에는 청문을 하여야 한다(법 제121조 4호).

시·도지사로부터 시공자 선정 취소의 명을 받은 경우 사업시행자는 시공자 선정을 취소하여야 한다.

과징금 부과기준 및 과징금 금액은 도시정비법 시행령 별표 5의2에서 구체적으로 정하고 있다.

(2) 건설업자의 입찰참가 제한

시·도지사는 다음의 사유가 있는 건설업자 또는 등록사업자에 대해 정비사업의 입찰참가를 제한하여야 한다(법 제113조의3 제1항, 제113조의2 제1항).[515)]

① 건설업자 또는 등록사업자가 도시정비법 제132조 제1항 또는 제2항을 위반한 경우

② 건설업자 또는 등록사업자가 도시정비법 제132조의2를 위반하여 관리·감독 등 필요한 조치를 하지 아니한 경우로서 용역업체의 임직원(건설업자가 고용한 개인을 포함함)이 제132조 제1항을 위반한 경우

입찰참가자격 제한기간은 2년 이내로 하되, 위반행위별 입찰참가 제한기간

는 사항으로서 다음 각 호의 어느 하나에 해당하는 사항을 제안하여서는 아니 된다.
1. 이사비, 이주비, 이주촉진비, 그 밖에 시공과 관련 없는 사항에 대한 금전이나 재산상 이익을 제공하는 것으로서 대통령령으로 정하는 사항
2. 「재건축초과이익 환수에 관한 법률」에 따른 재건축부담금의 대납 등 이 법 또는 다른 법률을 위반하는 방법으로 정비사업을 수행하는 것으로서 대통령령으로 정하는 사항

514) 제132조의2(건설업자와 등록사업자의 관리·감독 의무) 건설업자와 등록사업자는 시공자 선정과 관련하여 홍보 등을 위하여 계약한 용역업체의 임직원이 제132조제1항을 위반하지 아니하도록 교육, 용역비 집행 점검, 용역업체 관리·감독 등 필요한 조치를 하여야 한다.

515) 2024. 1. 30. 도시정비법 개정시 입찰참가 제한이 의무사항으로 변경됨.

은 시행령 별표 5의3에서 정하고 있다(시행령 제89조의3 제1항).

시・도지사는 입찰참가 제한처분을 하려는 경우에는 청문을 하여야 한다(법 제121조 제5호).

시・도지사가 건설업자 또는 등록사업자에 대한 정비사업의 입찰참가를 제한하려는 경우에는 ① 업체(상호)명, 성명(법인인 경우 대표자의 성명) 및 사업자등록번호(법인의 경우 법인등록번호), ② 입찰참가자격 제한기간, ③ 입찰참가자격을 제한하는 구체적인 사유, ④ 입찰참가자격 제한처분이 집행정지된 경우 그 집행정지 또는 집행정지의 해제사실을 지체없이 지방자치단체의 공보에 게재하고 일반인이 해당 내용을 열람할 수 있도록 인터넷 홈페이지에 입찰참가 제한기간 동안 게시해야 한다(법 제113조의3 제2항, 시행령 제89조의3 제2항).

시 · 도지사는 입찰제한과 관련된 내용을 지체 없이 '관할 구역'의 시장, 군수 또는 구청장 및 사업시행자에게 통보해야 한다(법 제113조의3 제2항, 시행령 제89조의3 제4항).

정비사업의 입찰참가를 제한하려는 해당 건설업자 또는 등록사업자가 입찰참가자격을 제한받은 사실이 있는 경우에는 시 · 도지사가 입찰참가 제한과 관련된 내용을 '전국'의 시장, 군수 또는 구청장에게 통보하여야 하고, 통보를 받은 시장, 군수 또는 구청장은 관할 구역의 사업시행자에게 관련된 내용을 다시 통보하여야 한다(법 제113조의3 제2항 단서).

시 · 도지사는 공보에 게재한 날부터 1개월 이내에 정비사업관리시스템에 등록해야 한다(법 제113조의3 제4항, 시행령 제89조의3 제5항).

입찰자격 제한과 관련된 내용을 통보받은 사업시행자는 해당 건설업자 또는 등록사업자의 입찰 참가자격을 제한하여야 한다. 이 경우 사업시행자는 전단에 따라 입찰참가를 제한받은 건설업자 또는 등록사업자와 계약(수의계약 포함)을 체결하여서는 아니 된다(법 제113조의3 제3항).

시 · 도지사는 일정한 위반행위에 대하여는 1회에 한하여 과징금으로 입찰참가 제한을 갈음할 수 있다(법 제113조의3 제5항). 입찰참가 제한을 갈음하는 과징금을 부과하는 위반행위의 종류와 위반 정도 등에 따른 과징금의 금액 등 과징금의 부과기준은 시행령 별표 5의3과 같다(시행령 제89조의3 제6항).

3. 입찰의 방법 등

(1) 경쟁입찰방법

경쟁입찰의 방법에는 일반경쟁입찰, 제한경쟁입찰, 지명경쟁입찰이 있다. 도시정비법 제29조 제4항은 '경쟁입찰'에 의해 시공자를 선정하나, 현행 계약업무 처리기준 제26조에서는 일반경쟁입찰과 지명경쟁입찰만을 허용할 뿐 제한경쟁입찰을 허용하고 있지 않다(주민대표회의 또는 토지등소유자 전체회의의 시공자 추천시 제한경쟁입찰 허용).

현재 건설공사로서 추정가격이 3억원 이하인 공사인 경우에 한해서만 지명경쟁이 가능하므로(시행령 제24조 제1항 제1호 나목), 실무상 거의 대부분 조합은 일반경쟁입찰에 의해 시공자를 선정하여야 한다.

사업시행자등은 지명경쟁에 의한 입찰에 부치고자 할 때에는 5인 이상의 입찰대상자를 지명하여 3인 이상의 입찰참가 신청이 있어야 한다. 지명경쟁에 의한 입찰을 하고자 하는 경우에는 대의원회의 의결을 거쳐야 한다(계약업무 처리기준 제27조).

(2) 수의계약

일반경쟁입찰이 미 응찰 또는 단독 응찰의 사유로 2회 이상 유찰된 경우에는 총회의 의결을 거쳐 수의계약의 방법으로 건설업자등을 시공자로 선정할 수 있다(법 제29조 제4항, 계약업무 처리기준 제26조 제2항).

'미응찰 등의 사유로 2회 이상 유찰'은 경쟁입찰에 부쳤으나 시공업체들이 응찰하지 않거나, 응찰자가 있더라도 자격이 없어 응찰자가 없는 경우와 동일시할 수 있을 정도의 사유로 유찰되어 시공자를 선정할 수 없는 경우만을 의미한다.[516]

---

516) 서울고등법원 2012. 5. 25. 선고 2011나33605 판결

(3) 공사대금 지급방법(현금 또는 현물)

조합과 시공사 사이의 공사계약 체결방식은 시공사의 참여방식 및 공사대금의 지급방법에 따라 도급제와 지분제로 구분된다.

도급제의 경우 시공사는 일반적인 공사도급계약의 수급인과 마찬가지로 건축공사를 시공하고, 조합으로부터 이에 대한 공사비를 지급받는다. 반면, 지분제의 경우 시공사는 조합원이 제공하는 토지 면적에 대한 무상지분율만큼의 아파트 면적을 조합원에게 무상으로 제공하고, 나머지 면적에 대해 조합원들이 납부하는 부담금과 잔여 아파트 및 상가를 일반에 분양하여 얻는 분양수입금으로 공사비와 사업경비를 충당하게 되는 것이다.

조합은 시공자 선정계획안을 작성함에 있어 공사대금 지급방법을 현금으로 할 것인지 현물로 할 것인지를 확정하여야 할 것이다.

조합이 시공자와 공사대금을 대물지불방식(지분제 방식)으로 계약을 체결하고자 하는 경우에는 입찰참여자가 제시하는 대물변제면적이 확정 또는 변동인지, 그리고 변동인 경우 그 조건을 명확히 제시하도록 하여야 한다. 또한 조합은 입찰참여자가 제시하는 대물변제면적이 객관적 비교가 될 수 있도록 산정기준이 되는 요소 중 '주택규모별 조합원 분양가, 조합원 분양주택의 규모별 세대수, 공사비 외의 운영비 등 사업비' 등의 기준을 정하여야 한다.

시공자 선정 흐름도

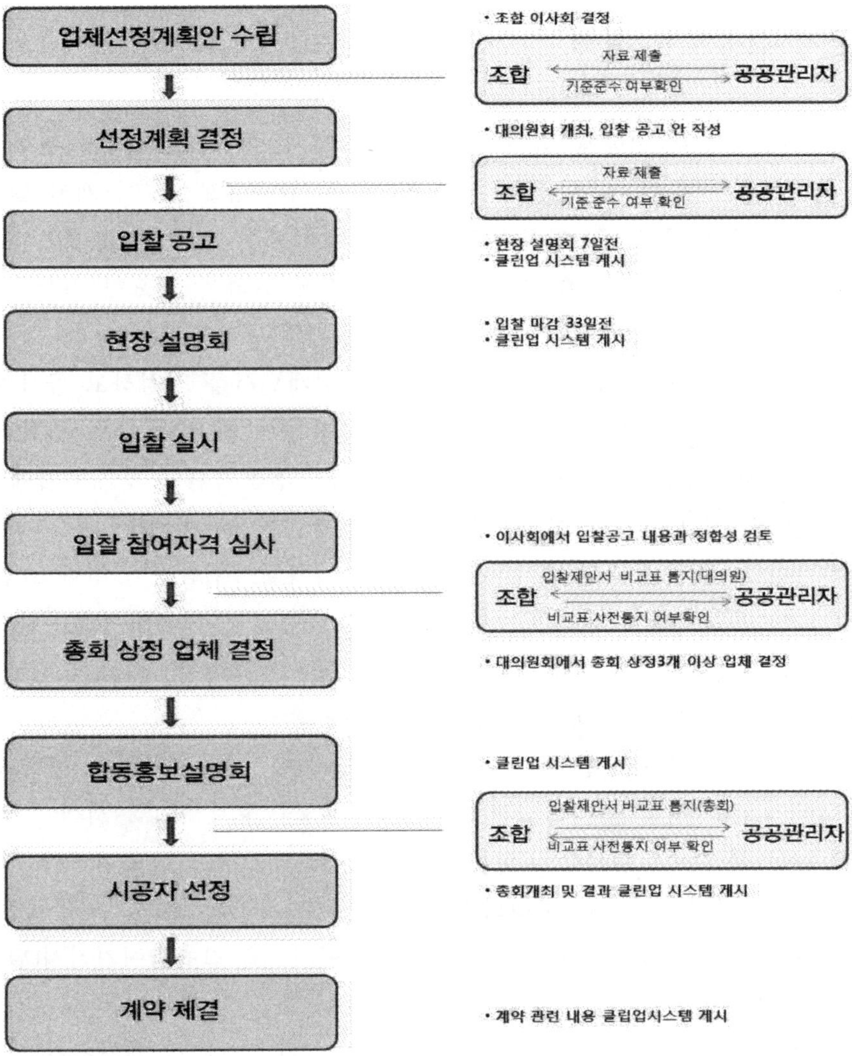
업체선정계획안 수립
• 조합 이사회 결정
자료 제출
조합
공공관리자
기준준수 여부확인
선정계획 결정
• 대의원회 개최, 입찰 공고 안 작성
자료 제출
조합
공공관리자
기준 준수 여부 확인
입찰 공고
• 현장 설명회 7일전
• 클린업 시스템 게시
현장 설명회
• 입찰 마감 33일전
• 클린업 시스템 게시
입찰 실시
입찰 참여자격 심사
• 이사회에서 입찰공고 내용과 정합성 검토
입찰제안서 비교표 통지(대의원)
조합
공공관리자
비교표 사전통지 여부확인
총회 상정 업체 결정
• 대의원회에서 총회 상정3개 이상 업체 결정
합동홍보설명회
• 클린업 시스템 게시
입찰제안서 비교표 통지(총회)
조합
공공관리자
비교표 사전통지 여부 확인
시공자 선정
• 총회개최 및 결과 클린업 시스템 게시
계약 체결
• 계약 관련 내용 클립업시스템 게시

Ⅲ. 시공자 선정절차

1. 시공자 선정계획 결정

조합은 시공자를 선정함에 있어 ① 입찰참여자격, ② 입찰방법에 관한 사항, ③ 시공자 선정방법 및 일정에 관한 사항, ④ 합동홍보설명회 개최 및 개별 홍보 등에 관한 사항, ⑤ 입찰기준 등 위반자에 대한 입찰 무효 또는 시공자 선정 취소에 관한 사항, ⑥ 기타 시공자 선정에 관하여 필요한 사항을 포함한 선정계획안을 작성하여야 한다(서울시 선정기준[517] 제7조).

조합은 이사회 개최 전에 공사입찰에 필요한 설계도서를 작성하고 공사원가를 산출하여야 한다. 조합은 설계도서 및 공사원가가 산정된 경우 입찰공고 30일 전까지 서울특별시 계약심사부서, 검증기관, 전문기관에 공사원가에 대하여 자문할 수 있다(서울시 선정기준 제4조 제1항, 제5조 제1항).

조합은 스스로 원가계산을 하기 곤란한 경우 기획재정부장관이 정한 요건을 갖춘 원가계산용역기관에 원가계산을 의뢰할 수 있고,[518] 설계사 또는 원가계산용역기관은 「예정가격작성기준」(회계예규 2200. 04-160-7, 2010. 4. 15) 및 관련 법령에 따라 예정공사비를 산정하여야 한다.

조합은 입찰참여 안내서를 작성하여야 한다. 서울시가 고시한 '공공지원 시공자 선정기준'(서울특별시 고시 제2019-159호)의 별지 제4호 서식 '입찰참여 안내서'는 ① 일반사항, ② 시공자 선정 입찰규정, ③ 정비구역 현황, ④ 입찰제안서 작성기준으로 구성되어 있고, 첨부된 서식으로 ① 입찰제안서, ② 이행각서, ③ 입찰참여안내서에 대한 공람확인서, ④ 입찰참여견적서(밀봉), ⑤ 시공자 홍보 지침 및 준수 서약서가 있다.

조합은 현장설명회에서 배포할 공사도급계약서(안), 공사도급계약조건 및 특수조건(안), 공사도급 계약금액의 조정에 관한 사항, 기타 공사도급 계약조건

517) 서울시는 '공공지원 시공자 선정기준'(서울특별시 고시 2019. 5. 30. 제2019-159호)'를 고시하였는바, 이하에서는 서울시 선정기준이라 약칭함.

518) 원가계산용역기관 관련 협회 : 한국원가관리협회(http://www.kcaa.or.kr/)

에 관한 사항 등을 정하여야 한다.

입찰지침서 및 적격심사표 등은 대의원회의 의결로 정하여야 하고, 이사회에서 위임하여 이사회의 의결만으로 정하는 것은 적절하지 않다.

2. 입찰절차 등

(1) 입찰참가자격

경쟁입찰의 입찰참여자격은 ① 건설산업기본법상 토목공사업과 건축공사업 면허를 가져야 하고, ② 현장설명회에 참석하여야 하며, ③ 입찰보증금을 납부한 자이어야 한다. 경쟁입찰의 입찰참여자격은 일반경쟁입찰, 지명경쟁입찰 모두에 적용된다.

서울시의 입찰참여자격 예

① 입찰보증금 원을 입찰마감 전까지 납부한 업체

② 현장설명회에 참석하여 조합이 배부한 입찰참여안내서를 수령한 업체

③ 입찰서를 입찰마감 전까지 제출한 업체

④ 면허에 관한 사항

1) 건설산업기본법에 따른 토목공사업과 건축공사업 면허를 겸유하거나 토목건축공사업 면허를 보유하고,
2) 건설산업기본법에 따른 조경공사업 면허, 소방시설공사업법에 따른 전문소방시설공사업 면허, 전기공사업법에 따른 전기공사업 면허, 정보통신공사업법에 따른 정보통신공사업 면허를 겸유한 업체
3) 1)에 해당하는 자가 2)의 면허 보완을 위해 공동도급 가능
4) 각각의 면허를 만족하는 업체간 공동도급 가능

⑤ 개별홍보 등 입찰참여 규정을 위반한 업체는 입찰참여 자격이 박탈됨.

시・도지사는 도시정비법 제113조의2(시공자 선정 취소 명령 또는 과징금) 제1항 각 호의 사유에 해당하는 건설업자 또는 등록사업자에 대해서는 정비사업의 입찰참가를 제한할 수 있다(법 제113조의3 제1항). 정비사업의 입찰참가 제한기준 및 제한기간은 도시정비법 시행령 별표 5의2에서 구체적으로 정하고 있다.

(2) 입찰공고

사업시행자는 현장설명회 개최일로부터 7일 전까지 전자조달시스템 또는 1회 이상 일간신문에 공고하여야 한다(계약업무 처리기준 제28조). 일간신문은 전국 또는 해당 지방을 주된 보급지역으로 하는 일간신문을 말한다.

지명경쟁입찰의 경우에는 전자조달시스템과 일간신문에 공고하는 것 외에 현장설명회 개최일로부터 7일 전까지 내용증명우편으로 통지하여야 한다(계약업무 처리기준 제28조).

입찰공고에는 ① 사업계획의 개요(공사규모, 면적 등), ② 입찰의 일시 및 장소, ③ 현장설명회의 일시 및 장소(현장설명회를 개최하는 경우에 한함), ④ 부정당업자의 입찰 참가자격 제한에 관한 사항, ⑤ 입찰참가에 따른 준수사항 및 위반(건설업자등의 홍보규정을 위반하는 경우 포함)시 자격 박탈에 관한 사항, ⑥ 그 밖에 사업시행자등이 정하는 사항을 명시하여야 한다(계약업무 처리기준 제29조 제1항).

(3) 현장설명회

현장설명회는 입찰참가자로 하여금 공사현장상황, 기술적인 시공여건, 능력 등을 판단하여 견적의 정확성을 제고하자는데 그 목적을 가지고 입찰 또는 개찰 전에 발주기관에서 실시하는 계약체결을 위한 전단계 절차행위를 말한다.

시공자 선정을 위한 현장설명회의 경우 사업시행자등은 입찰서 제출마감일 20일 전까지 현장설명회를 개최하여야 한다. 다만, 비용산출내역서 및 물량산출내역서 등을 제출해야 하는 내역입찰의 경우에는 입찰서 제출마감일 45일 전까지 현장설명회를 개최하여야 한다(계약업무 처리기준 제31조제1항).

현장설명에는 ① 설계도서(사업시행인가를 받은 경우 사업시행인가서를 포함함), ② 입찰서 작성방법 · 제출서류 · 접수방법 및 입찰유의사항 등, ③ 건설업자등의 공동홍보방법, ④ 시공자 결정방법, ⑤ 계약에 관한 사항, ⑥ 기타 입찰에 관하여 필요한 사항이 포함되어야 한다(계약업무 처리기준 제31조 제2항).[519)]

(4) 사업시행자의 재산상 이익 요청 금지

사업시행자등은 건설업자등에게 이사비, 이주비, 이주촉진비, 재건축부담금, 그 밖에 시공과 관련이 없는 사항에 대한 금전이나 재산상 이익을 요청하여서는 아니 된다(계약업무 처리기준 제29조 제2항).

(5) 입찰참여자의 제안이 금지되는 사항

건설업자와 등록사업자는 시공과 관련 없는 사항으로서 다음 각 호의 어느 하나에 해당하는 사항을 제안하여서는 아니 된다(법 제132조 제2항, 시행령 제96조의2).[520)]

① 이사비, 이주비, 이주촉진비 및 그 밖에 시공과 관련 없는 금전이나 재산상 이익을 '무상'으로 제공하는 것

② 이사비, 이주비, 이주촉진비, 그 밖에 시공과 관련 없는 금전이나 재산상 이익을 '무이자'나 제안 시점에 은행법에 따라 설립된 은행 중 전국을 영업구역으로 하는 은행이 적용하는 대출금리 중 가장 낮은 금리보다 더 '낮은 금리'로 대여하는 것

③ '재건축초과이익 환수에 관한 법률'에 따른 재건축부담금의 대납

건설업자등은 금융기관의 '이주비 대출에 대한 이자'를 사업시행자등에 대여하는 것을 제안할 수 있다. 건설업자등은 금융기관으로부터 조달하는 금리 수준으로 '추가 이주'비를 사업시행자등에 대여하는 것을 제안할 수 있

519) 서울시의 경우 현장설명회 자료에 물량내역, 산출내역서 작성방법, 입찰보증금 납부, 공사도급계약서 작성 등에 관한 사항을 포함하고 있음(서울시 선정기준 제11조 제1항).

520) 이를 위반한 경우 시공자 선정취소 또는 과징금 부과 대상이고(법 제113조의2 제1항 제1호), 입찰참가 제한사유에 해당함(법 제113조의3 제1항).

다. 추가이주비는 종전 토지 또는 건축물을 담보로 한 금융기관의 이주비 대출 이외의 이주비를 말한다(계약업무 처리기분 제30조 제2항, 제3항).

(6) 건설업자등의 대안 설계 제안

서울시의 입찰참여 안내서에 의하면 대안설계를 조합이 작성한 원안설계와 비교하여 동등 이상의 기능 및 효과가 있고, 공기단축 또는 비용절감이 가능한 설계로 정의하고 있다.

사업시행자등은 건설업자등이 설계를 제안하는 경우 제출하는 입찰서에 포함된 설계도서, 공사비 명세서, 물량산출 근거, 시공방법, 자재사용서 등 시공내역의 적정성을 검토해야 한다(계약업무 처리기준 제29조 제3항).

서울시의 경우 건설업자 등은 사업시행계획의 경미한 변경의 범위에서 대안설계를 제안할 수 있도록 정하고 있다. 건설업자는 대안설계의 설계도서, 공사비 명세서, 물량산출 근거 등 뿐만 아니라 조합이 작성한 원안설계와 비교할 수 있도록 원안 공사비 내역서를 함께 제출하여야 한다. 건설업자등이 제안한 대안설계에 따라 후속절차가 이행되는 과정에서 기간연장, 공사비 증액 등으로 추가 발생하는 비용은 건설업자등이 부담하여야 한다(서울시 선정기준 제9조).

(7) 입찰서의 접수 및 개봉

사업시행자등은 전자조달시스템을 통해 입찰서를 접수하여야 한다. 전자조달시스템에 접수한 입찰서 이외의 입찰 부속서류는 밀봉된 상태로 접수하여야 한다(계약업무 처리기준, 제32조, 제22조).

입찰 부속서류를 개봉하고자 하는 경우 사업시행자등은 입찰참여자에게 일시와 장소를 통지하여야 하고, 사업시행자등은 부속서류를 제출한 입찰참여자의 대표(대리인을 지정한 경우에는 그 대리인을 말함)와 사업시행자등의 임원, 그 밖에 이해관계자 각 1인이 참여한 공개된 장소에서 개봉하여야 한다.

조합이 건설업자등에게 입찰시 입찰보증금을 미리 납입하게 한 경우 입찰참여자는 입찰참여자격에서 정한 현금 또는 보증서 등으로 입찰보증금을 납부하여야 한다(서울시 선정기준 제17조).

3. 총회상정 회사 선정 등

(1) 총회상정 회사의 선정(대의원회)

조합은 제출된 입찰서를 모두 대의원회에 상정하여야 한다(계약업무 처리기준 제33조 제1항). 조합은 대의원회 개최 전에 입찰제안서 비교표를 대의원에게 미리 통지하여야 한다.

이사회가 대의원회에 상정할 입찰서에는 입찰참가자격이 없는 입찰서도 포함된다. 조합의 이사회는 입찰참여자격 등의 심사결과를 대의원회에 보고하고, 입찰참여자격이 없거나 입찰참여제안서 유의사항을 준수하지 않은 입찰참여자에 대해 대의원회의 의결로 입찰자격을 박탈할 수 있을 것이다.[521)]

조합은 대의원회의 의결에 따라 총회에 상정할 6인 이상의 건설업자등을 선정하여야 한다(계약업무 처리기준 제33조 제2항).

건설업자등의 선정은 대의원회 재적의원 과반수가 '직접' 참여한 회의에서 '비밀투표의 방법'으로 의결하여야 한다. 이 경우 서면 또는 대리인을 통한 투표는 인정하지 아니한다(계약업무 처리기준 제33조 제3항).

입찰에 참가한 건설업자등이 6인 미만인 때에는 모두 총회에 상정하여야 하는바(계약업무 처리기준 제33조 제2항 단서), 이 경우 대의원회는 총회 상정여부만을 의결하게 되므로, 서면에 의한 의결권 행사가 허용되고, 대의원 과반수가 직접 참석하지 않아도 된다.[522)]

(2) 입찰의 연기

조합은 ① 입찰자의 설명 요구사항의 내용이 중대하여 연기가 불가피한 경우, ② 기타 불가피한 사유로 인하여 지정된 일시에 현장설명회 또는 입찰을 실시하지 못하는 경우에는 입찰공고(내용증명) 또는 입찰참여안내서에 기재된 입찰제안서 제출마감 일시를 연기할 수 있다(서울시 입찰참여 안내서 제6조).

조합은 입찰의 연기사유와 기간을 포함하여 재공고 또는 서면통지하여야 한

---

521) 이사회에서 입찰자의 입찰자격을 박탈한 사안에서 입찰참자가격 대상자의 선정 및 그 자격 박탈에 관한 사항은 대의원회의 권한임을 이유로 총회개최금지가처분신청을 인용한 사례가 있다.

522) 수원지방법원 안양지원 2015. 12. 18. 선고 2013가합102317 판결

다.

입찰마감일의 연기 결정을 위한 권한은 의결기관인 '대의원회'에 있다. 이사회는 대의원회의 의결에 따른 집행기관에 불과하므로, 이사회 결의만으로 입찰마감일을 연기할 수 없다. 대의원회의 사전 결의 없이 긴급 이사회의 결의만으로 입찰마감일의 연기를 결정한 것은 무효이다.

입찰참여지침서에서 입찰마감일 연기사유를 '기타 불가피한 사유로 인하여 지정된 일시에 입찰을 실시하지 못하는 경우'라고 정한 경우 위 연기사유는 입찰방해 기타 소란 행위 등 조합 측의 사정으로 인하여 입찰참여 대상업체로 하여금 사실상 입찰의 기회를 부여할 수 없었거나 이에 준하는 사유로 인하여 실제로 입찰을 실시할 수 없는 특별한 사정을 의미하는 것이지, 입찰마감일까지 입찰조건에 따른 입찰자가 없는 사정까지 포함한다고 볼 수 없으므로, 위 입찰마감일 연기 결정이 무효이다.[523]

(3) 재입찰 공고

조합은 ① 입찰자가 없는 경우, ② 발주자가 제시한 입찰참여조건과 입찰자의 제안내용이 현격한 차이가 있어 재입찰이 불가피한 경우에는 재입찰을 하여야 한다(서울시 입찰참여 안내서 제6조).

재입찰 공고시 입찰방법을 변경하거나 입찰조건을 변경하고자 하는 경우 조합은 대의원회에서 입찰방법 및 입찰조건을 변경한 후 재입찰 공고를 하여야 할 것이다.

4. 건설업자등의 홍보

(1) 입찰제안서 비교표의 통지 및 게시

사업시행자등은 총회에 상정하는 건설업자등이 제출한 입찰제안서에 대하여 시공능력, 공사비 등이 포함되는 객관적인 비교표를 작성하여 한다(계약업무 처리기준 제34조 제1항).

523) 서울동부지방법원 2010. 7. 2.자 2010카합1471 결정

조합은 입찰제안서 비교표를 어느 건설업체가 유리한 조건인지 명확하고, 객관적 비교가 될 수 있도록 작성하여야 한다. 평가항목별 배점표를 작성·공고하지 않았다 하더라도 총회안내 책자를 통해 입찰참가업체에 관한 정보를 제공받았다면 해당 입찰(총회)이 무효가 되지 않는다.[524)]

사업시행자는 토지등소유자에게 입찰제안서 비교표를 제공하여야 하고, 건설업자등이 제출한 입찰제안서 사본을 토지등소유자가 확인할 수 있도록 전자적 방식을 통해 게시할 수 있다(계약업무 처리기준 제34조 제1항).

(2) 합동설명회

조합은 시공자 선정을 위한 입찰에 참가하는 건설업자 또는 등록사업자가 토지등소유자에게 시공에 관한 정보를 제공할 수 있도록 합동설명회를 개최하여야 한다(법 제29조 제8항).

조합은 합동설명회를 경쟁입찰의 공고에 따른 입찰마감일 다음날부터 시공자 선정을 위한 조합총회 개최일까지의 기간 동안 2회 이상 개최해야 한다. 조합은 합동설명회를 개최하려는 때에는 합동설명회가 개최되기 7일 전까지 합동설명회의 일시 및 장소 등을 정하여 조합원에게 통지해야 한다(시행규칙 제6조의2 제1항, 제2항).

입찰참여자는 조합이 지정한 날까지 조합에 홍보물을 제출하여야 하고, 입찰참여자는 합동설명회 전까지 조합에 신고된 홍보물에 한하여 홍보할 수 있으며, 입찰참여자가 임의로 홍보물을 변경하는 경우 조합은 해당 입찰참여자의 입찰자격을 박탁하고 입찰보증금을 몰수할 수 있다.

(3) 개별홍보 금지

건설업자등의 임직원, 시공자 선정과 관련하여 홍보 등을 위해 계약한 용역업체의 임직원 등은 토지등소유자 등을 상대로 개별적인 홍보를 할 수 없다(계약업무 처리기준 제34조 제3항).

금지된 개별적인 홍보에는 ① 홍보관·쉼터 설치, ② 홍보책자 배부, ③ 세대별 방문, ④ 개인에 대한 정보통신망을 통한 부호·문언·음향·영상 송신

---

524) 서울중앙지방법원 2022카합26 결정

행위 등이 포함된다. 일반에 공개되는 인터넷 홈페이지 홍보는 허용된다.

(4) 홍보공간 제공 또는 지정

사업시행자등은 최초 합동홍보설명회 개최 이후 건설업자등의 신청을 받아 정비구역 내 또는 인근에 개방된 형태의 홍보공간을 1개소 제공할 수 있다.

건설업자등은 한시적으로 홍보를 제공하고자 하는 공간 1개소를 공동으로 마련할 수 있고, 사업시행자등은 건설업자등이 공동으로 공간 1개소를 홍보공간으로 지정할 수 있다.

건설업자등은 토지등소유자 등을 대상으로 사업시행자등이 제공하거나 지정하는 홍보공간에서 홍보할 수 있다(계약업무 처리기준 제34조 제4항).

(5) 홍보직원의 등록 및 관리・감독

건설업자등은 미리 홍보를 수행할 직원(홍보직원)의 명단을 사업시행자등에 등록하여야 한다. 홍보직원에는 건설업자등의 직원도 포함된다. 사업시행자등은 등록된 홍보직원의 명단을 토지등소유자에게 알릴 수 있다(계약업무 처리기준 제34조 제5항).

건설업자등은 홍보직원의 명단을 등록하기 이전에 홍보를 하거나, 등록하지 않은 홍보직원이 홍보를 하여서는 아니 된다.

건설업자등의 임직원, 용역업체의 임직원 등은 홍보를 목적으로 토지등소유자 또는 정비사업전문관리업자 등에게 사은품 등 물품 · 금품 · 재산상의 이익을 제공하거나 제공을 약속하여서는 아니 된다(법 제132조 제1항, 계약업무 처리기준 제34조 제3항).

건설업자와 등록사업자는 시공자 선정과 관련하여 홍보 등을 위하여 계약한 용역업체의 임직원이 도시정비법 제132조 제1항(금품수수 등)을 위반하지 아니하도록 교육, 용역비 집행 점검, 용역업체 관리 · 감독 등 필요한 조치를 하여야 한다(법 제132조의2).[525]

---

525) 이를 위반한 경우 시공자 선정취소 또는 과징금 부과 대상이고(법 제113조의2 제1항 제1호), 입찰참가 제한사유에 해당함(법 제113조의3 제1항).

(6) 허위 · 과장된 정보제공 등의 금지

건설업자, 등록사업자 및 정비사업전문관리업자는 토지등소유자에게 정비사업에 관한 정보를 제공함에 있어 ① 사실과 다르게 정보를 제공하거나 사실을 부풀려 정보를 제공하는 행위, ② 사실을 숨기거나 축소하는 방법으로 정보를 제공하는 행위를 할 수 없다(법 제132조의3 제1항).

'사실과 다르게 정보를 제공하거나 사실을 부풀려 정보를 제공하는 행위는 다음과 같다(시행령 제96조의3 제1항).

① 정비사업 방식에 따른 용적률, 기부채납 비율, 임대주택 건설비율, 임대주택 인수가격, 건축물 높이 제한, 건축물 층수 제한 및 분양가격에 대한 정보를 사실과 다르게 제공하는 행위

② 객관적인 근거 없이 정비사업 추진에 따른 예상수익 정보를 과장하여 제공하는 행위

'사실을 숨기거나 축소하는 방법으로 정보를 제공하는 행위' 는 다음과 같다(시행령 제96조의3 제2항).

① 정비사업 방식에 따른 용적률, 기부채납 비율, 임대주택 건설비율, 임대주택 인수가격, 건축물 높이 제한, 건축물 층수 제한 및 분양가격에 대한 정보를 숨기는 행위

② 객관적인 근거 없이 정비사업 추진에 따른 분담금 추산액 및 예상손실에 대한 정보를 축소하여 제공하는 행위

건설업자, 등록사업자 및 정비사업전문관리업자는 도시정비법 제132조의3 제1항 위반함으로써 피해를 입은 자가 있는 경우에는 그 피해자에 대하여 손해배상의 책임을 진다. 손해가 발생된 사실은 인정되나 그 손해액을 증명하는 것이 사안의 성질상 곤란한 경우 법원은 변론 전체의 취지와 증거조사의 결과에 기초하여 상당한 손해액을 인정할 수 있다. (법 제132조의3 제3항, 제4항).

(7) 서울시 입찰참여 안내서의 홍보지침

서울시가 작성한 입찰참여 안내서에 첨부된 '시공자 홍보 지침 및 준수 서역서' 에는 홍보관련 준수사항 및 위반시 제재조치가 명시되어 있다.

연번	구분	준수사항	제재조치
1	합동 설명회	· 1차 : 20 년 0월 0일 오후 0시 · 2차 : 20 년 0월 0일 오후 0시 · 회사소개 및 홍보동영상 : 20분 이내 · 홍보인원 : 회사별 5명 이내 (해당 명단과 증명사진을 조합에 제출)	·합동설명회 이외 개별홍보 활동 일체 금지 ·조합에 등록된 인원 외의 홍보자 적발시 입찰자격 또는 시공자 자격 박탈 - 입찰보증금 조합 귀속
2	시공사 선정 총회일	각사 화환 설치 불가 총회 당일 전단지·홍보물 배포 및 현수막 설치 금지 무대·파라솔·천막 및 가설물 등 설치 일체 금지	·임원, 공공지원자등 감시단 통제에 불응할 경우, 입찰자격 박탈 - 입찰보증금 조합 귀속
3	홍보물	·홍보물(카다로그) 1종 : 40쪽 이내 (표지포함) ·전단지 1종 : 국전 양면 ·크기 : A4 규격(반드시 준수) ·수량 : 400매(조합원 우편물 발송용) ·합동설명회 및 총회시 A.V 시스템은 각사 준비	·홍보물은 조합이 지정한 날까지 조합에 제출하여야 하며, ·합동설명회 전까지 조합에 신고된 것만 인정하고, 임의 변경시 입찰자격 박탈 - 입찰보증금 조합 귀속
4	현수막 설치	·현수막 설치 및 홍보물 부착 일체 금지	·적발시 입찰무효 및 선정자격 박탈 - 입찰보증금 조합 귀속
5	허위 과장 홍보 및 상호비방 허위사실 유포금지	·사실과 다른 내용의 홍보물 제작 금지 ·경쟁사를 비방하는 행위 금지 ·타사를 가장하는 홍보활동 금지	·타사를 가장하여 고의로 자격박탈 요건에 해당하는 행위를 한 경우 입찰 참여 및 시공자 자격 박탈 - 입찰보증금 조합 귀속
6	부정행위	·금포살포 및 이권약속 금지 ·조합원의 정당한 권리행사를 방해하는 일체 행위 금지	·적발시 입찰무효 및 선정자격 박탈 - 입찰 보증금 조합 귀속
7	기타	·모델하우스, 무대, 파라솔, 천막 및 가설물 등 설치 일체 금지(조합이 제공하는 개방된 형태의 홍보공간 1개소는 예외로 함)	·적발시 입찰무효 및 선정 자격 박찰 - 입찰 보증금 조합 귀속
8	공통사항	· 홍보활동과 관련한 문의할 내용이 있을 경우, 반드시 서면으로만 할 수 있음 ·타사의 위반행위를 적발하여 본 조합에 제재조치를 요구하고자 할 경우, 서면의 방법으로 하되, 반드시 증거자료(사진, 녹취, 동영상 촬영 등)를 첨부해야 함 · 조합은 제출된 위반행위 증거자료를 바탕으로 해당 시공자의 자격을 박탈할 수 있는 중요자료로 활용할 수 있음.	

5. 시공자 선정을 위한 총회

(1) 의사정족수와 의결정족수

시공자의 선정을 위한 총회의 경우 총회의 의사정족수는 '조합원의 과반수'이고, 위 조합원 과반수가 '직접' 참석하여야 한다(법 제45조 제10항).

시공사 선정시 조합원 과반수가 직접 출석하도록 한 취지는 건설회사들간 과열된 수주경쟁으로 인한 서면결의서의 매표행위를 방지하고, 건설회사와 조합임원간 유착관계를 단절하며, 조합원들의 진정한 의사의 반영을 위한 것이다.

대리인을 통하여 의결권을 행사한 경우 직접 출석한 것으로 본다(법 제45조 제10항). 이에 반해 서면 또는 전자적 방법으로 의결권 행사한 자는 직접 출석한 것으로 보지 않는다(계약업무 처리기준 제35조 제2항).

정관에 시공자 선정의 의결정족수에 관한 별도의 규정이 없다면 시공자 선정의 의결정족수는 '출석 조합원의 과반수 찬성'이다(법 제45조 제3항). 1차 투표에서 출석 조합원 과반수의 찬성을 얻은 업체가 없을 것을 대비하여 조합은 결선투표 또는 2차 투표방법을 사전에 정할 수 있다.

정관에 시공자 선정을 '총회 참석한 조합원의 다득표자'로 정한 경우 조합은 총회에서 다득표를 얻은 건설업자를 시공자로 선정할 수 있다.

도시정비법 제45조 제4항 단서는 사업시행계획서 작성단계와 관리처분 수립단계에서만 적용되는바, 사업시행계획서 수립 전 시공자를 선정하려는 경우로서 그 선정계약에 따라 정비사업비가 조합설립인가 시의 정비사업비보다 10% 이상 늘어나는 경우, 시공자 선정총회에서 조합원 3분의 2 이상의 동의를 받아야 하는 것은 아니다.[526)]

(2) 서면결의서 또는 전자의결

조합원은 서면 또는 전자적 방법으로 의결권을 행사할 수 있다.

사업시행자등은 조합원의 서면의결권 행사를 위해 대상 조합원 수 등을 고려하여 서면결의서 제출기간 · 시간 및 장소를 정하여 운영하여야 하고, 시공

526) 법제처 2016. 6. 2. 회신 15-0865 해석례

자 선정을 위한 총회 개최 안내시 서면결의서 제출요령을 충분히 고지하여야 한다(계약업무 처리기준 제35조 제4항).

조합원은 사업시행자등이 지정한 기간 · 시간 및 장소에서 서면결의서를 배부받아 서면의결권 및 전자의결권을 제출하여야 한다(계약업무 처리기준 제35조 제3항).

서면결의서 제출방법을 제한한 취지는 시공사 선정에 있어 입찰자들이 과도하게 홍보를 하면서 조합원들에 대한 서면결의서의 매수행위를 방지하기 위함이다.

조합원이 서면결의서 또는 전자적 방법에 따른 결의서를 '철회' 하고 시공자선정 총회등에 '직접 출석' 하여 '의결' 하지 않는 한 의사정족수 산정시 직접 참석자에는 포함되지 않는다(계약업무 처리기준 제35조 제2항).

(3) 총회의 투표전 홍보

사업시행자등은 총회에서 시공자 선정을 위한 투표 전에 각 건설업자등별로 조합원들에게 설명할 수 있는 기회를 부여하여야 한다(계약업무 처리기준 제35조 제5항).

각 입찰자의 설명내용이 입찰서류와 상이하거나 타 입찰자를 비방하는 등의 경우 조합은 설명회 중이라도 설명회를 중단시키는 등의 제재조치를 취할 수 있다.

(4) 시공사 선정 입찰지침서 인준 및 계약체결 위임의 건

실무에서는 조합은 총회의 안건으로 '시공사 선정의 건' 과 '시공사 계약체결 위임의 건' 을 상정하고 있다.

대의원회는 공사도급계약을 체결할 권한을 총회로부터 위임받을 수 없으나, 위 총회의 '시공사 계약체결 위임의 건' 은 대의원회가 계약내용을 협의한 후 총회에서 계약 체결에 대한 결의가 이루어질 경우 대의원회에서 그에 따라 계약을 체결하도록 하는 내용이므로, 명백히 도시정비법 및 정관에 위배되었다고 보기 어렵다.[527]

---

527) 서울동부지방법원 2010. 8. 27.자 2010카합1903결정

6. 입찰의 무효 등

(1) 입찰의 무효[528)]

입찰참여자가 토지등소유자 등을 상대로 하는 개별적인 홍보를 하는 행위하고, 위 개별홍보 적발건수의 합이 3회 이상인 경우 해당 입찰은 무효로 본다.

해당 입찰이 무효로 됨에 따라 단독 응찰이 된 경우에는 유효한 경쟁입찰로 본다(계약업무 처리기준 제16조).

(2) 총회 선정 시공자의 경품제공 등

총회에서 선정된 시공사가 조합원들에 대한 경품비용을 부담하기로 정한 경우 그 경품제공자가 사전에 특정되지 않았다고 하더라도, 이는 조합원들에 대한 금품제공금지규정을 위반한 것이다. 시공자가 비용을 부담하는 물품 제공으로 인하여 총회에 참석할 조합원의 수가 증가할 가능성이 크며, 이는 개최정족수에 직접적으로 영향을 미치는 것일 뿐만 아니라 의결 정족수에 영향을 미칠 개연성도 배제할 수 없어 이로 인하여 조합원의 시공자 선정에 대한 의사결정권('시공자 선정권')이 침해된다고 판시한 하급심 사례가 있다.[529)]

---

528) 서울시 입찰참여 안내서 제5조 입찰의 무효
1. 입찰제안서 제출 마감일시까지 소정 장소에 도착하지 아니한 때
2. 예정가격 이상으로 입찰금액을 제시한 업체
3. 현장설명회 후 개별 홍보 등 관련 규정을 위반한 때
4. 입찰제안서의 중요한 부분이 불분명하거나 정정한 후 날인을 누락한 업체
5. 담합·타사의 참여 방해 또는 조합의 입찰 업무집행을 방해한 자가 속한 업체
6. 이행각서의 내용을 위반한 때
7. 입찰참여안내서에 따른 참여규정(제한사항) 및 제반 조건을 위반한 때
8. 현장설명회에 참여하지 않았거나 입찰참여안내서를 미수령한 업체
9. 우편 또는 FAX로 접수한 입찰제안서
10. 허위 사실을 기재하였거나 구비서류가 누락된 입찰 제안서
11. 2개 이상의 상이한 입찰제안서를 제출한 회사
12. 입찰제안서 제출후 제안내용과다르게 홍보한 업체
13. 국토교통부 고시 '계약업무 처리기준' 제30조 제1항 규정을 위반하여 시공과 관련이 없는 사항에 대한 금전이나 재산상 이익 제공을 제안한 업체

529) 서울북부지방법원 2009. 11. 20.자 2009카합1402 결정

(3) 조합원에 대한 금품제공과 총회 시공사 선정결의 무효

도시정비법 제29조의 내용과 입법 취지, 이 규정을 위반한 행위를 유효로 한다면 정비사업의 핵심적 절차인 시공자 선정에 관한 조합원 간의 분쟁을 유발하고 그 선정과정의 투명성·공정성이 침해됨으로써 조합원들의 이익을 심각하게 침해할 것으로 보이는 점, 도시정비법 제136조 제1호, 제2호에서 위 규정을 위반한 경우에 형사처벌을 하고 있는 점 등을 종합하면, 도시정비법 제29조는 강행규정으로서 이를 위반하여 경쟁입찰의 방법이 아닌 방법으로 이루어진 입찰과 시공자 선정결의는 당연히 무효이다.

나아가 형식적으로는 경쟁입찰의 방법에 따라 조합총회에서 시공자의 선정결의를 하였다고 하더라도 실질적으로 도시정비법 제29조에서 경쟁입찰에 의하여 시공사를 정하도록 한 취지를 잠탈하는 경우에도 위 규정을 위반한 것으로 볼 수 있다.

가령 조합이나 입찰 참가업체가 시공자 선정과정에서 조합원들에게 금품을 제공하여 시공자 선정동의서를 매수하는 등 시공자 선정 기준, 조합의 정관, 입찰참여지침서나 홍보지침서 등에서 정한 절차나 금지사항을 위반하는 부정한 행위를 하였고, 이러한 부정행위가 시공자 선정에 관한 총회결의 결과에 영향을 미쳤다고 볼 수 있는 경우를 들 수 있다.[530]

시공사가 조합원들에게 모델하우스를 방문하기 위한 경비를 지급하였는데, 형사재판에서 위 경비지급이 향응제공으로 인정되었다. 또한 일부 직원이 뇌물 수수로 유죄판결을 선고받았다. 위 사안에서 시공사의 부정한 행위가 시공사 선정에 관한 조합의 총회결과에 영향을 미쳤음을 이유로 시공사 선정총회 결의가 무효라고 판시한 사례가 있다.[531]

(4) 입찰참여지침의 위반

조합은 정비계획시 설계에 따른 용적율은 230%임에도 임의로 작성한 262% 용적율에 근거하여 설계를 제시하였다. ○○○이 제시한 사업참여제안서에는 이러한 점에 기초하여 조합이 제시한 설계와 다른 설계를 제안하고 있으며,

530) 대법원 2016. 8. 29. 선고 2013다50466 판결, 대법원 2016. 11. 24. 선고 2013다37494 판결, 대법원 2017. 5. 30. 선고 2014다61340 판결

531) 서울고등법원 2023. 4. 13. 선고 2022나2041233 판결

'추가부담금 없는 확정지분제', '최저무상지분율 160% 이상'이라는 입찰 참여원칙과 다른 조건을 기재하고 있다.

채무자 입찰참여지침 제27조 제5항에서 추후 설계도서가 변경될 수 있음을 예정하고 있는 점, 채무자 조합이 추진하는 재건축 사업에 이미 임대주택아파트 건축이 포함되어 있는 점, 사업참여제안서의 내용이 곧바로 계약의 내용으로 편입되는 것이 아니라 세부조건에 관하여는 종전에 제시했던 조건에 수정을 가하거나 경우에 따라서는 별도의 합의가 필요한 경우도 있으며 채무자의 입찰참여지침에도 이러한 점을 명시하고 있는 점, 계약 체결여부에 대하여 별도로 총회의결절차를 마련해 두고 있는 점 등을 고려할 때, 기록상 제출된 자료만으로 ○○○이 제시한 사업참여제안서가 채무자의 입찰참여지침을 명백히 위반하여 입찰을 무효로 돌릴 사유에 해당한다고 단정키 어렵다고 판시한 사례가 있다.[532]

(5) 공사수주 목적 대여금과 부당이득

시공사가 재건축 공사의 수주에 도움을 받기 위하여 정비업체에게 9억 원을 대여한 것이 건설공사의 수주 및 시공과 관련하여 금품을 수수하는 것을 금지하는 도시정비법이나 건설산업기본법의 입법취지와 시공사 선정의 공정성, 염결성, 투명성이 훼손될 수 있다는 점에서 반사회적 요소가 있다.

그러나 시공사는 정비업체에게 9억 원을 반환받을 의사 없이 무상으로 교부한 것이 아니라 반환받을 의사로 대여한 것이고, 다만 '무이자로 대여'함으로써 피고 회사에게 '이자 상당의 금융이익'을 제공한 것이어서, 위 9억 원에 대한 금융이익 상당액만을 뇌물로 볼 수 있을 뿐, 9억 원 전액(원금)을 뇌물이나 부정한 청탁과 관련한 재물로 볼 수 없다.

따라서 대여금 9억 원의 지급을 선량한 풍속 기타 사회질서에 위반되는 민법 제746조 소정의 불법원인급여에 해당한다고 볼 수 없다고 판시한 사례가 있다.[533]

이 경우 공사수주를 목적으로 정비업체에게 자금을 대여한 건설업자의 입찰

532) 서울동부지방법원 2010. 8. 27.자 2010카합1903결정
533) 대법원 2011. 1. 13. 선고 2010다77477 판결

은 무효이나, 조합 또는 정비업체는 해당 건설업자에게 대여금을 상환하여야 한다.

7. 입찰보증금의 예입조치 등

(1) 입찰보증금의 법적 성격

입찰보증금은 손해배상액 예정으로 추정되므로,[534] 조합은 입찰보증금의 몰수 사유만을 입증하면 손해의 발생 및 그 금액을 증명하지 않고서 예정배상액을 청구할 수 있다.

입찰보증금이 몰수되는 입찰자는 채무불이행이 그에게 책임이 없는 사유로 발생한 사실, 손해가 전혀 없다는 사실, 또는 실제의 손해액이 예정액보다 적다는 것을 입증하더라도 책임을 면하거나 감액을 청구하지 못한다. 또한 조합도 실제의 손해액이 예정액보다도 크다는 것을 입증하여도 증액을 청구하지 못한다.

손해배상의 예정액이 부당히 과다한 경우에는 법원은 적당히 감액할 수 있다(민법 제398조 제2항).

(2) 입찰보증금 납부방법

조합은 입찰참가자에게 입찰보증금을 내도록 할 수 있다. 조합은 입찰 마감일부터 5일 이전까지 입찰보증금을 납부하도록 요구하여서는 아니 된다(계약업무 처리기준 제10조의2).

입찰보증금은 현금 또는 '국가를 당사자로 하는 계약에 관한 법률' 또는 '지방자치단체를 당사자로 하는 계약에 관한 법률'에서 정하는 보증서로 납부하게 할 수 있다. 이때 현금에는 체신관서 또는 은행이 발행한 자기앞수표도 포함된다.

입찰자로 하여금 입찰금액의 100분의 5 이상을 입찰보증금으로 납부하게 하고, 낙찰자가 계약을 체결하지 아니한 때에는 당해 입찰보증금을 몰수하도록

534) 대법원 1997. 3. 28. 선고 95다48117 판결

정한 약관조항이 유효하다고 판시한 사례가 있다.[535)]

입찰보증금은 입찰에 따른 계약체결을 담보하기 위한 수단이다. 그러나 입찰보증금이 경쟁입찰의 취지를 잠탈하여 부당하게 입찰을 제한할 경우 과도한 보증금은 실질적으로 도시정비법 제29조를 위반한 것이다.

추진위원회가 입찰공고시 입찰보증금을 용역비의 27%에 해당하는 12억원으로 명시하였고, 이에 1개의 업체만 입찰에 참여하게 되었으며, 추진위원회가 위 1개의 업체를 주민총회에서 수의계약하기로 결의한 경우 위 주민총회의 결의는 무효라고 판시한 사례가 있다.

(3) 입찰보증금의 환급(서울시의 경우)

조합은 해당 건설업자등에게 다음에 따라 입찰보증금을 환급하여야 한다(서울시 선정기준 제18조 제3항).

① 총회 상정할 업체 결정에서 제외된 건설업자등 : 대의원회 개최일부터 14일 이내

② 총회에서 시공자로 선정된 건설업자등 : 계약일부터 14일 이내(단, 조합이 시공자와 협의한 경우 대여금으로 전환이 가능하다.)

③ ①와 ② 외의 건설업자등 : 총회 개최일부터 14일 이내

입찰참여제안서에서 조합이 입찰보증금을 환급하는 경우 예치기간중 발생한 이자는 조합에 귀속된다고 규정할 수 있다.

입찰참여자의 사업 참여제안서에 없는 이주비의 연대보증에 관하여 조합과 시공자간 합의가 이루어지지 않아 공사도급계약 체결을 전제로 한 예약의 효력이 상실되었고, 이 경우 조합은 시공자에게 입찰보증금을 반환하여야 한다고 판시한 사례가 있다.[536)]

(4) 입찰보증금의 몰수(서울시의 경우)

조합장은 총회에서 선정된 건설업자등이 정당한 사유없이 계약을 체결하지 아니하거나 입찰참여 규정 등을 위반하여 조합에 손해가 발생한 경우 해당 건

---

535) 대법원 1997. 3. 28. 선고 95다48117 판결

536) 대전지방법원 천안지원 2016. 12. 16. 선고 2016가합102156, 2016가합102163 판결

설업자등의 입찰보증금을 해당 조합에 귀속시킬 수 있다. 이 경우 조합은 미리 그 뜻을 해당 건설업자등에게 통지하여야 한다(서울시 선정기준 제18조 제1항).

입찰보증금의 예입조치 사유가 발생한 때에는 지체없이 그 뜻을 해당 금융기관 또는 보증기관 등에게 통지하고 당해 입찰보증금을 현금으로 징수하게 하거나 조합 소유 유가증권으로 전환하게 할 수 있다(서울시 선정기준 제18조 제2항).

총회에서 시공자 선정이 무효로 된 경우에는 입찰보증금을 조합에 귀속시킬 수 있다.

(5) 입찰보증금의 미납부와 선정취소

조합의 시공사선정 입찰규정 제3조 제5호에 "입찰자가 입찰보증금 30억 원을 전액 현금으로 납부하거나, 10억 원을 현금으로 납부하고 나머지 20억 원에 관하여는 입찰 보증금 지불 각서를 제출할 수 있다." 고 규정하였다.

시공사선정 입찰규정 및 입찰참자자격에서 입찰보증금을 공사도급계약 체결 시 조합에 대한 무이자 대여금으로 전환될 것을 예정하고 있는 점 등에 비추어 조합은 조기에 30억 원을 현금으로 지급할 수 있는 능력이 있는 회사를 시공자로 선정하고자 하였음을 알 수 있다. 따라서 시공사 선정 입찰규정 제9조 제1항은 낙찰자로 선정된 자가 입찰보증금 지불각서를 제출한 경우에는 낙찰일로부터 5일 이내에 현금으로 조합 예금 계좌에 나머지 20억 원을 지급할 것을 정하고 있는 것이라고 보아야 한다.

시공사가 총회에서 수급인으로 선정된 후 공사도급계약의 체결을 지연하면서 위 입찰보증금을 납부하지 않았으며, 이에 조합이 위 시공사에게 낙찰자자 선정을 취소한 사안에서 조합의 시공사에 대한 낙찰자 선정 취소 및 입찰보증금 몰수는 적법하다고 판시한 사례가 있다.[537]

537) 서울중앙지방법원 2019. 9. 26. 선고 2018가합593901 판결, 서울남부지방법원 2015. 10. 29. 선고 2014가합115750 판결

Ⅳ. 공사도급계약의 체결 등

1. 공사도급계약의 체결

(1) 표준공사계약서의 보급

국토교통부는 2024. 1. 23.부터 '정비사업 표준공사계약서'를 보급하고 있으며, '정비사업 표준공사계약서'의 주요 변경사항은 다음 표와 같다.

구분	주요 개선사항	조항
공사비 산출근거	**공사비 총액 명시 + 산출내역서*(또는 품질사양서) 첨부** * 세부품목별 물량·수량·단가 등 명시 ☞ **공사비 총액을 구성하고 있는 세부 내역을 명확화**	第6조 제1항·제2항
	시공사의 이행 범위와 조합의 이행 범위를 명확화	第6조 제3항
공사비 조정 (설계변경)	**설계변경 시 추가되는 품목이** ❶ **기존품목의 단순 증감인 경우** → 기존 내역서상 단가 적용 ❷ **기존품목이나 규격 등이 상이** → 기존 단가의 범위에서 협의 ❸ **신규품목이 추가되는 경우** → 가격정보지 상 설계변경 시점 단가에 낙찰률 적용 등	第23조 제1항
	조합의 요구 등 시공사 귀책 無 → 신규품목 추가되는 경우(❸)에 준하여 공사비 조정 등	第23조 제2항
공사비 조정 (물가변동)	**지수조정률 방식*으로 물가 반영** (합의 시 건설공사비지수** 적용) * 국가계약법에 따른 관급공사 물가 반영 방식 ** 건기연에서 매월 발표하는 건설공사물가지수	第24조 제1항

	착공 이후에도 일부 자재* 가격이 급등하는 경우는 물가 반영 허용 * 공사비의 일정 비율 이상 차지하는 주요 자재	第24조 제3항
공사비 검증	**일정 비율 이상 증액되는 경우 공사비 검증** 받도록 하고, 검증 결과를 **총회에서 공개**한 후 **증액 계약 체결**하도록 규정	제8조 제7항·제8항
분쟁 자구해결	분쟁 발생 시 **도시분쟁조정위** 또는 **대한상사중재원**에 조정·중재 신청	제60조 제2항·제3항

국토교통부장관은 위 '정비사업 표준공사계약서' 이외 건설교통부장관은 2000. 6. '재건축사업 공사표준계약서(도급제방식)', '재건축사업 공사표준계약서(지분제방식)', '주택재개발사업 공사표준계약서'를 보급하였다. 서울시는 2011. 10.부터 '정비사업 공사표준계약서'를 보급하고 있다.

국토교통부장관 및 서울시가 보급하고 있는 '정비사업 표준공사계약서'는 조합이 시공사와 공사도급계약을 체결함에 있어, 주택정비사업의 구체적인 추진절차 및 쌍방간의 권리.의무관계, 채권.채무관계 등에 관한 계약체결상의 방법을 예시하는 하나의 가이드라인으로 법적 구속력은 없으며, 조합.시공사.사업지역의 특징과 여건에 따라 각자에게 적합한 계약서를 작성할 수 있도록 한 것이다.

(2) 공사비 등 검토 및 계약 체결

사업시행자등은 계약체결전 계약서 중 다음의 사항에 대하여 정비사업지원기구에 검토를 요청 할 수 있다(계약업무 처리기준 제36조 제2항).

① 계약서에 포함된 도서의 종류

② ①호에 따른 도서간 우선순위에 관한 사항

③ 공사비 산출 근거에 관한 사항

④ 공사비 및 공사기간 변경 등에 관한 사항

⑤ 공사비 검증을 포함한 분쟁 해결에 관한 사항

사업시행자등은 총회에서 선정된 시공자와 계약을 체결하는 경우 계약의 목적, 이행기간, 지체상금, 실비정산방법, 기타 필요한 사유 등을 기재한 계약서를 작성하여 기명날인하여야 한다(계약업무 처리기준 제36조 제1항).

사업시행자(사업대행자 포함)는 시공자와 공사에 관한 계약을 체결할 때에는 기존 건축물의 철거 공사에 관한 사항을 포함시켜야 한다. 철거공사에는 석면안전관리법에 따른 석면 조사・해체・제거를 포함한다(법 제29조 제11항).

(3) 공사도급계약서에 관한 총회 의결

건설교통부 표준정관 제12조 제2항에 의하면 조합은 시공자와 그 업무범위 및 관련 사업비의 부담 등 사업시행 전반에 대한 내용을 협의한 후 미리 총회의 의결을 거쳐 별도의 계약을 체결하여야 한다. 서울시 재개발 표준정관 제12조 제2항에서도 선정된 시공자와 체결하는 공사도급계약은 법 제45조에 따라 총회의 의결을 받아야 한다. 즉 총회의 사전 의결 이후에 공사도급계약을 체결하도록 정하고 있다.

선정된 시공자와의 계약 체결은 총회에만 그 권한이 부여된 것이고, 조합정관은 계약체결 전 총회의 사전 의결을 거칠 것을 요하고 있으므로, 대의원회에 공사도급계약체결 즉시 효력이 발생하는 본계약을 체결할 권한을 부여하는 것은 허용되지 않는다.

그러나 시공사 선정을 위한 총회에서 공사도급계약체결의 대의원회 위임의 안건은 대의원회가 계약내용을 협의한 후 총회에서 계약 체결에 대한 결의가 이루어질 경우 대의원회에서 그에 따라 계약을 체결하도록 하는 내용으로 보아야 할 것이다.[538]

(4) 공사도급계약에 관한 총회 의결이 있다고 본 사례

① 조합원들에게 배포한 총회자료집에는 공사도급 조건, 공사금액에 포함되는 사항 등 시공업무의 범위 및 사업비 부담에 관한 상세한 내용이 포함되어 있었고, ② 입찰참여자의 사업제안서를 항목별로 비교한 표를 함께 제공하였으며, ③ 사업참여제안서를 시공사 선정시 계약의 일부를 구성하는 것으로 하였으며, ④ 시공자 선정총회에서 시공자와의 계약체결을 대의원회에 위임하기

538) 서울동부지방법원 2010. 8. 27.자 2010카합1903 결정

로 결의하였으며, ⑤ 사업제안서 내용을 기초로 계약의 세부적인 내용을 확정한 후 대의원회의 의결을 거쳐 시공계약을 체결한 점에 비추어 보면, '시공자의 업무범위 및 관련 사업비의 부담 등 사업시행 전반에 관한 내용'에 대하여 피고의 유효한 사전 총회의결이 있었다고 판시한 사례가 있다.

시공자 선정총회에서 '시공자 선정'과 '시공계약 체결 위임'이라는 두 가지 안건을 함께 상정하여, 당일 선정되는 시공자의 사업제안서 내용이 그대로 시공계약의 내용이 되도록 절차를 단축한 것일 뿐, 시공계약 체결에 관한 총회의결을 생략한 것이 아니다.[539]

(5) 전기, 통신, 가스, 수도 등 지장물 철거공사

전기, 통신 가스, 수도 등 지장물 철거에 관한 공사계약은 정비구역 내 거주자들이 이주를 마칠 때 발생하는 빈집의 누전, 누수, 가스폭발 및 화재 등 안전사고를 예방하기 위해 실시하는 것이다.

전기, 통신 가스, 수도 등 지장물 철거공사는 ① 지장물의 사전 현황조사, ② 도로상의 각 공급지점에서 이주를 마친 각 거주자 소유의 토지경계 또는 건물 외벽(공동주택 등의 경우) 사이에 있는 차단시설 부분의 흙을 파내고 공급을 차단한 후 다시 메워 원상태대로 도로를 포장하는 공사, ③ 기타 관리권자와(한국전력공사, 수도사업소, 한국도시가스 등) 업무협의 등의 공사로서, 기존 건축물 철거를 위한 사전적 공정에 해당한다.

조합은 시공사가 아닌 제3자에게 전기, 통신, 가스, 수도 등 지장물 철거공사를 도급할 수 있다.[540]

(6) 정당한 이유없이 3월이내 계약체결을 하지 않은 경우

사업시행자등은 총회에서 선정된 시공자가 정당한 이유 없이 3개월 이내에 계약을 체결하지 아니하는 경우에는 총회의 의결을 거쳐 해당 선정을 무효로 할 수 있다(계약업무 처리기준 제36조 제3항).

시공자 선정 무효를 위한 총회 의결은 정관에 특별한 규정이 없는 한 조합

539) 서울고등법원 2014. 12. 12. 선고 2014누61714 판결

540) 서울고등법원 2018, 12, 13,자 2018라20991 결정, 서울중앙지방법원 2023. 4. 13. 선고 2021가합549171, 2022가합521798 판결

원 과반수 출석 및 출석 조합원 과반수 찬성으로 의결한다.

도시정비법상 시공자 선정 취소를 위한 총회개최시 조합원 20% 직접 출석을 요구하고 있으나, 시공자 선정무효를 위한 총회개최시 조합원 20% 직접 출석하여야 한다는 규정이 없다. 서울시 재개발 표준정관 제12조 제4항에 의하면 조합원 20% 직접 출석을 규정하고 있다.

시공자가 정당한 이유없이 3월 이내 계약을 체결하지 않는 경우 조합은 낙찰자의 입찰보증금을 몰수할 수 있다.

(7) 조합의 본계약 체결 거부

공사도급계약의 도급인이 될 자가 수급인을 선정하기 위해 입찰절차를 거쳐 낙찰자를 결정한 경우 입찰을 실시한 자와 낙찰자 사이에는 도급계약의 본계약체결의무를 내용으로 하는 '예약의 계약관계'가 성립하고, 어느 일방이 정당한 이유 없이 본계약의 체결을 거절하는 경우 상대방은 예약채무불이행을 이유로 한 손해배상을 청구할 수 있다.[541]

계약의 주요한 내용과 조건은 입찰 공고 및 총회자료 등에 의해 이미 확정되었음에도 불구하고 조합이 계약의 세부적인 사항을 조정하는 정도를 넘어서 계약의 주요한 내용 또는 조건의 변경을 요구하거나 새로운 조건을 추가하는 경우에는 이미 성립된 예약에 대한 조합의 승낙의무에 반하는 것으로 특별한 사정이 없는 한 허용될 수 없다.[542]

(8) 조합의 본계약 체결거절과 손해배상범위

손해배상의 범위는 원칙적으로 예약채무불이행으로 인한 통상의 손해를 한도로 하는데, 만일 입찰을 실시한 자가 정당한 이유 없이 낙찰자에 대하여 본계약의 체결을 거절하는 경우라면 낙찰자가 본계약의 체결 및 이행을 통하여 얻을 수 있었던 이익, 즉 '이행이익' 상실의 손해는 통상의 손해에 해당한다고 볼 것이므로 입찰을 실시한 자는 낙찰자에 대하여 이를 배상할 책임이 있다.

---

541) 대법원 2011. 11. 10. 선고 2011다41659 판결, 대법원 2006. 6. 29. 선고 2005다41603 판결

542) 서울서부지방법원 2022. 11. 3. 선고 2020가합35076 판결

낙찰자가 본계약의 체결 및 이행을 통하여 얻을 수 있었던 이익은 일단 본계약에 따라 타방 당사자에게서 지급받을 수 있었던 급부인 낙찰금액이다.

본계약의 체결과 이행에 이르지 않음으로써 낙찰자가 지출을 면하게 된 직·간접적 비용은 그가 배상받을 손해액에서 당연히 공제되어야 한다.

손해의 공평·타당한 분담을 지도원리로 하는 손해배상제도의 취지상, 법원은 본계약 체결의 거절로 인하여 낙찰자가 이행과정에서 기울여야 할 노력이나 이에 수반하여 불가피하게 인수하여야 할 사업상 위험을 면하게 된 점 등 여러 사정을 두루 고려하여야 한다.[543]

(9) 시공사의 자금인출 미동의와 손해배상

상가 분양사업의 시행사인 갑 주식회사가 분양수입금 관리계좌에 입금된 수입금을 인출하기 위하여는 시공사인 을 주식회사의 동의서를 첨부하여야 한다는 사업약정에 따라 병과의 분양계약 해제에 따른 해약금 인출에 대한 동의를 을 회사에 요청하였으나, 을 회사가 인출에 동의하지 않은 채 관리계좌에서 자신의 공사대금을 변제받고자 우선적으로 금원을 인출함으로써 관리계좌의 잔고가 부족하게 되어 병이 해약금을 반환받지 못하였다.

위 사안에서, 을 회사는 병의 해약금 반환채권이 자신의 행위로 침해됨을 알면서도 병에 대한 관계에서 법률상 우선변제권이 인정되지 않는 자신의 공사대금을 우선적으로 추심하기 위하여 금원을 인출하였고, 을 회사의 이러한 행위는 부동산 선분양 개발사업 시장에서 거래의 공정성과 건전성을 침해하고 사회통념상 요구되는 경제질서를 위반하는 위법한 행위로서, 병은 을 회사의 위와 같은 위법행위로 말미암아 갑 회사로부터 해약금을 반환받지 못하는 손해를 입었으므로, 을 회사는 병에게 그 손해를 배상할 책임이 있다.[544]

(10) 조합설립무효와 공사도급계약

재개발조합의 조합설립인가처분이 법원의 재판에 의하여 취소된 경우 그 조합설립인가처분은 소급하여 효력을 상실하고, 당해 재개발조합이 조합설립인

---

543) 대법원 2011. 11. 10. 선고 2011다41659 판결, 서울고등법원 2020. 5. 28. 선고 2019나204575 판결

544) 대법원 2021. 6. 30. 선고 2016다10827 판결

가처분의 취소 전에 사업시행자로서 한 결의 등 처분은 달리 특별한 사정이 없는 한 소급하여 효력을 상실한다. 따라서 조합총회에서의 시공자 선정결의 및 조합과 시공사간 공사도급계약도 효력을 상실한다.[545]

(11) 조합원의 공사도급계약 무효 주장

조합이 창립총회를 개최하여 시공사를 선정하는 결의를 하고, 공사도급계약을 체결한 경우 조합이 시공사와 체결한 공사도급계약의 효력이 조합에게 미치는지 여부에 대하여 조합원들은 일정한 이해관계를 가지고 있다고 할 것이나, 이러한 이해관계는 단순히 일반적이고 사실적인 것에 불과할 뿐 구체적인 법률상의 이익에는 해당하지 아니한다. 따라서 조합원들은 직접 조합을 상대로 공사도급계약의 무효를 주장할 수 없다.[546]

2. 공사비의 검증

(1) 공사비 검증제도의 도입취지

정부는 2019. 4. 23. 도시정비법을 개정하면서 공사비 검증제도를 도입하였다. 공사비 검증제도는 조합원들의 이해관계에 영향을 미치는 공사비 증액에 관하여 제3자인 검증기관에 의한 객관적 검증절차를 거치게 함으로써 조합원들의 이익을 보호하고 투명하고 합리적인 정비사업을 추진하기 위함이다. 공사비 검증절차는 적정 공사비 규모에 관한 객관적인 자료를 제공하고 조합원들의 합리적인 의사결정에 도움을 주어 궁극적으로는 조합원들의 재산권 등을 보호함과 아울러 조합의 임원과 시공사가 부정한 결탁으로 정비사업의 공사비를 과도하게 부풀리는 불법을 방지하는 순기능을 발휘하게 된다.

(2) 공사비 검증사유

사업시행자는 공사비 검증사유가 발생한 경우 토지주택공사등 또는 한국부

545) 대법원 2012. 3. 29. 선고 2008다95885 판결
546) 대법원 2010. 2. 25. 선고 2009다93299 판결

동산원에 공사비 검증을 요청하여야 한다(법 제29조의2 제1항).

공사비의 검증요청 사유는 다음과 같다.

① 토지등소유자 또는 조합원 5분의 1 이상이 사업시행자에게 검증 의뢰를 요청하는 경우

② 공사비의 증액 비율이 다음의 어느 하나에 해당하는 경우. 증액비율에서 당초 계약금액 대비 누적 증액 규모의 비율로서 생산자물가상승률은 제외함.

- 사업시행계획인가 이전에 시공자를 선정한 경우: 100분의 10 이상
- 사업시행계획인가 이후에 시공자를 선정한 경우: 100분의 5 이상

③ ① 또는 ②에 따른 공사비 검증이 완료된 이후 공사비의 증액 비율이 100분의 3 이상인 경우. 증액비율에서 검증 당시 계약금액 대비 누적 증액 규모의 비율로서 생산자물가상승률은 제외함.

도시정비법 제29조의2 제1항 제3호는 제1호 또는 제2호에 따른 공사비 검증이 완료된 후 공사도급변경계약이 체결된 경우에만 적용이 가능하다.[547)]

국토교통부장관은 한국부동산원, 한국토지주택공사, 지방공사에게 공사비 검증업무를 대행하게 할 수 있다(법 제114조 제6호).

국토교통부는 '정비사업 공사비 검증기준'(국토교통부 고시 제2024-468호. 2024. 9. 5.)을 고시하였다.

시장·군수등 또는 토지주택공사등이 단독 또는 공동으로 정비사업을 시행하는 경우는 공사비 검증이 적용되지 않는다.

(3) 공사비 검증과 공사도급변경계약

도시정비법 제29조의2는 정비사업의 공사비를 과도하게 부풀리는 행위 방지에 있고, 위 규정을 위반한 자에 대한 형사처벌 규정이 존재하지 않으며, 위 규정에서 공사비 검증을 요청해야 하는 종기 등을 특정하지 않은 점 등을 이유로 공사비변경계약이 도시정비법 제29조의2 제1항에서 정한 공사비 검증 요청을 거치지 않고 체결되었다고 하더라도 무효라고 할 수 없다.[548)]

547) 서울행정법원 2024. 8. 22. 선고 2023구합74727 판결
548) 서울고등법원 2025. 1. 8. 선고 2024나2029879 판결, 부산지방법원 2023. 5. 17. 선고 2021가합49693 판결

3. 공사도급변경계약

(1) 공사도급변경과 총회의 의결정족수

물가변동 등 건축 경기의 상황변화, 정부정책의 변경 기타 예측하지 못한 상황이 발생함으로써 공사비가 증액될 경우 조합은 시공사와 공사비의 증액에 관한 합의를 한 후 총회에서 공사비 증액에 관한 안건을 의결할 것이다. 이때 정관에서 특별히 정한 경우가 아니라면 '조합원 과반수 참석'에 '참석 조합원 과반수 찬성'으로 의결하게 된다.

2012. 2. 1. 도시정비법 제45조 제4항이 신설되어 정비사업비가 10% 이상 증액되는 경우 조합원 3분의 2 이상의 찬성으로 의결하여야 한다. 2013. 12. 24. 개정을 통해 '현금청산 금액은 제외한다'는 문언이 추가되었다. 현재는 정비사업비 10% 산정시 생산자물가상승률분도 제외한다.

정비사업비의 일부를 이루는 공사비 증액과 관련된 총회 결의가 별도로 이루어지고 그것이 '조합원의 이해관계에 중대한 영향을 미칠 정도로 실질적으로 변경된 경우'에 해당하는지 여부가 다투어지는 경우 이를 판단함에 있어서는 당해 정비사업의 특성, 정비사업의 진행 경과 및 공사비 증액에 미치는 영향, 공사비 증액에 이르기까지의 경위와 그 구체적 내용과 함께 도시정비법 제45조 제4항의 입법 경위와 규정취지 등도 충분히 고려될 필요가 있다.

공사비 증액에 이르기까지의 협의 과정, 조합원들 다수는 지연손해금이나 금융비용 등 공사비 외의 부분을 포함하여 최종 변경계약에 관한 결의와 함께 관리처분계획을 신속하게 마련하는 것이 조합원들 전체의 이익에 부합하는 것으로 판단한 점 등을 고려해 볼 때 공사비 증액에 관한 총회 결의가 '조합원의 이해관계에 중대한 영향을 미칠 정도로 실질적으로 변경된 경우'에 해당되지 않으므로, 조합원 3분의 2 이상의 결의가 필요하지 않다고 판시한 사례가 있다.[549]

종전 많은 대법원 판례는 '시공자와의 계약서에 포함될 내용'(공사도급변경계약)이 당초의 조합설립동의시 채택한 조합원의 비용분담 조건을 변경하는

549) 서울고등법원 2025. 1. 8. 선고 2024나2029879 판결

것인 때에는 비록 그것이 정관 변경에 대한 절차가 아니라 할지라도 특별다수의 동의요건을 규정하여 조합원들의 이익을 보호하려는 도시정비법 제40조 제1항 제16호, 제3항의 규정을 유추적용하여 조합원의 3분의 2 이상의 동의를 요한다고 판시하였다.[550] 조합이 조합원 3분의 2 이상의 동의를 거치지 아니하고 시공자와 공사도급변경계약을 체결한 경우 그 변경계약은 효력이 없고,[551] 이 경우 민법 제107조의 비진의표시의 법리 또는 표현대리 법리가 적용되지 않는다.[552]

(2) 건설산업기본법 제22조 제5항의 불공정 사유

건설공사 도급계약의 내용이 당사자 일방에게 현저하게 불공정한 경우로서 다음의 어느 하나에 해당하는 경우에는 그 부분에 한정하여 무효로 한다.

① 계약체결 이후 설계변경, 경제상황의 변동에 따라 발생하는 계약금액의 변경을 상당한 이유 없이 인정하지 아니하거나 그 부담을 상대방에게 떠넘기는 경우

② 계약체결 이후 공사내용의 변경에 따른 계약기간의 변경을 상당한 이유 없이 인정하지 아니하거나 그 부담을 상대방에게 떠넘기는 경우

③ 도급계약의 형태, 건설공사의 내용 등 관련된 모든 사정에 비추어 계약체결 당시 예상하기 어려운 내용에 대하여 상대방에게 책임을 떠넘기는 경우

④ 계약내용에 대하여 구체적인 정함이 없거나 당사자 간 이견이 있을 경우 계약내용을 일방의 의사에 따라 정함으로써 상대방의 정당한 이익을 침해한 경우

⑤ 계약불이행에 따른 당사자의 손해배상책임을 과도하게 경감하거나 가중하여 정함으로써 상대방의 정당한 이익을 침해한 경우

건설산업기본법 제22조 제5항은 강행규정이고, 이를 위반한 계약조항은 무

550) 대법원 2009. 1. 30. 선고 2007다31884 판결, 대법원 2009. 6. 25. 선고 2007다31822, 31839 판결, 대법원 2009. 11. 26. 선고 2008다41383 판결, 대법원 2013. 6. 14. 선고 2012두5022 판결, 대법원 2013. 11. 14. 선고 2011다22085 판결

551) 대법원 2011. 4. 28. 선고 2010다105112 판결, 대법원 2011. 4. 28. 선고 2011다5448, 5455(반소), 대법원 2016. 5. 12. 선고 2013다49381 판결

552) 대법원 2016. 5. 12. 선고 2013다49381 판결

효이다.

(3) 설계변경과 계약금액의 조정

국토교통부의 '정비사업 표준공사계약서' 제22조 제1항에 의하면 설계변경 사유는 다음과 같다.

① 설계서의 내용이 불분명하거나 누락 · 오류 또는 상호 모순되는 점이 있을 경우

② 새로운 기술 · 공법사용으로 공사비의 절감 및 시공기간의 단축 등의 효과가 현저할 경우

③ 기타 "도급인"이 설계서를 변경할 필요가 있다고 인정할 경우 등

국토교통부의 '정비사업 표준공사계약서' 제23조 제1항에 의하면 설계변경으로 인한 계약금액의 조정은 다음과 같다.

① 증감된 공사량의 단가는 계약단가로 한다.

② 산출내역서에 있는 품목으로 규격이 상이하거나 시공 부위 · 방법 · 형태 · 조건 등이 상이한 경우 산출내역서상의 품목 단가를 기준으로 하여 계약금액을 조정한다. 이 경우 재료비 단가는 "도급인"과 "수급인"이 협의하여 면적이나 중량의 비율을 적용하여 산정하고, 인건비와 장비비 등은 시공의 난이도를 고려하여 적정 할증율을 협의하여 결정한다.

③ 산출내역서에 없는 품목 또는 비목의 단가(이하 "신규비목"이라 한다)는 설계변경 당시(설계도면의 변경을 요하는 경우에는 변경도면을 "도급인"이 확정한 때, 설계도면의 변경을 요하지 않는 경우에는 계약당사자간에 설계변경을 문서에 의하여 합의한 때, 제22조제3항에 의하여 우선시공을 한 경우에는 그 우선시공을 하게 한 때를 말한다. 이하 같다)를 기준으로 국내에서 발행되는 가격정보지(조달청 발행 가격정보를 포함한다. 이하 같다) 3개 이상을 조사한 단가 중 가장 낮은 자재단가에 ○○%를 곱하여 정하고, 노무비 및 경비는 산출내역서의 해당 품목 혹은 유사 품목의 노무비, 경비를 기준으로 한다. 다만, 특수자재 또는 독과점으로 납품업체가 3개 이하인 경우 "도급인"과 "수급인"이 합의한 1개 업체의 자재단가를 기준으로 ○○%를 곱하여 단가를 정할 수 있

다.

④ ③호에도 불구하고 국내에서 발행되는 가격정보지에 신규품목 단가가 없는 경우에는 "도급인"과 "수급인"의 합의하여 선정한 해당 공종 납품업체 3개 이상의 견적단가 중 가장 저렴한 단가를 기준으로 산정한다.

(4) 물가변동 배제특약

국토교통부의 '정비사업 표준공사계약서' 제24조 제1항 단서에 의하면 "다만, 실착공 이후에는 물가변동으로 인한 계약금액의 조정은 없는 것으로 한다."라고, 같은 조 제3항에 의하면 "제1항의 단서 규정에도 불구하고 해당 공사비를 구성하는 재료비, 노무비, 경비 합계액의 1천분의 ○를 초과하는 특정규격의 자재 가격이 실착공일로부터 100분의 ○○ 이상 증감된 경우에는 "도급인"과 "수급인"이 합의하여 계약금액을 조정할 수 있다."[553]라고 규정하고 있다.

조합은 시공사와 물가변동에 따른 계약금액 조정 조항의 적용을 배제하기로 합의할 수 있다.[554] '계약체결 당시에 물가변동이나 계약기간 연장 등으로 인한 계약금액의 조정은 일체 인정하지 않는다'라고 계약조건이 있는 경우 조합은 물가변동으로 인한 계약금액 조정 의무를 부담하지 않는다.[555]

발주자의 귀책사유로 공사의 착공이 지연되었고, 그동안 철근 가격이 2배가량 상승하였음에도 불구하고 계약금액의 변경을 허용하지 않는다면 이는 수급인에게 현저히 불공정한 경우에 해당한다. 위와 같은 사례에서 물가상승 등으로 도급금액을 증액할 수 없다고 정한 특약사항은 건설산업기본법 제22조 제5항에 의거 무효라고 판시한 사례도 있다.[556]

---

553) 국가계약법 시행령 제64조 제6항은 해당 공사비를 구성하는 재료비, 노무비, 경비 합계액의 '1천분의 5를 초과하는 자재의 가격'이 계약체결일로부터 '100분의 15 이상 증감'된 경우 계약금액을 조정하도록 규정하고 있음

554) 대법원 2017. 12. 21. 선고 2012다74076 전원합의체 판결

555) 서울중앙지방법원 2024. 10. 16. 선고 2022가합508672 판결, 수원지방법원 2024. 11. 28. 선고 2021가합29811 판결

556) 부산고등법원 2023. 11. 29. 선고 2023나50434 판결

(5) 공사비 증액 협상과 중도파기

어느 일방이 교섭단계에서 계약이 확실하게 체결되리라는 정당한 기대 내지 신뢰를 부여하여 상대방이 그 신뢰에 따라 행동하였음에도 상당한 이유 없이 계약의 체결을 거부하여 손해를 입혔다면 이는 신의성실의 원칙에 비추어 볼 때 계약자유원칙의 한계를 넘는 위법한 행위로서 불법행위를 구성한다.[557)]

피고가 국회의 예산승인 후 국방부로부터 승인된 예산 범위 내에서 사업별·과제별 예산을 조정하라는 지시에 따라 스스로 사업별·과제별 예산을 조정할 수 있게 된 때에 이미 추가예산을 확보하였다고 보아야 할 것임에도 불구하고, 피고는 정당한 이유 없이 단지 구체적인 예산집행계획이 수립되지 않았다는 등의 주장을 내세워 위 추가 공사비용을 확정하여 지급하기 위한 협상 내지 조정에 전혀 응하지 아니하였는바, 이는 신의성실의 원칙에 비추어 볼 때 계약자유원칙의 한계를 넘은 위법한 행위로서 불법행위를 구성한다고 판시한 사례가 있다.[558)]

(6) 공사지연과 면책사유

국토교통부의 '정비사업 표준공사계약서' 제48조 제3항 제1호에 의하면 '불가항력의 사유로 인하여 공사이행에 직접적인 영향을 미친 경우로서 계약당사자 누구의 책임에도 속하지 아니하는 경우' 그 해당일수를 지체일수에 산입하지 않는다.

천재지변이나 이에 준하는 경제사정의 급격한 변동 등 불가항력으로 인하여 목적물의 준공이 지연된 경우에는 수급인은 지체상금을 지급할 의무가 없다. ① 이른바, IMF 사태 및 그로 인한 자재 수급의 차질 등은 그와 같은 불가항력적인 사정이라고 볼 수 없고, ② 일반적으로 수급인이 공사도급계약상 공사기간을 약정함에 있어서는 통상 비가 와서 정상적으로 작업을 하지 못하는 것까지 감안하고 이를 계약에 반영하는 점에 비추어 볼 때 천재지변에 준하는 이례적인 강우가 아니라면 지체상금의 면책사유로 삼을 수 없다고 판시한 사례가 있다.[559)]

557) 대법원 2003. 4. 11. 선고 2001다53059 판결
558) 대법원 2004. 5. 28. 선고 2002다32301 판결
559) 대법원 2002. 9. 4. 선고 2001다1386 판결

(7) 공동수급체의 구성원 변경

시공사가 공동수급체(컨소시엄)를 결성하여 공사를 공동으로 수급하는 경우가 있고, 이때 공동이행방식의 건설공동수급체는 민법상 조합의 성질을 가진다.[560]

2인으로 된 조합관계(공동수급체)에 있어 그 중 1인이 탈퇴하면 조합관계는 종료되나, 특별한 사정이 없는 한 조합이 해산 또는 청산절차를 밟지 않는다. 조합원의 합유에 속한 조합재산은 남은 조합원의 단독소유에 속하며, 탈퇴자와 남은 자 사이에는 탈퇴로 인한 계산만이 남는다.[561]

2개 시공사로 구성된 공동수급체가 조합과 공사도급계약을 체결한 후 공동수급체 중 하나의 시공사가 부득이한 사유로 공동수급체에서 탈퇴할 경우 해당 조합에 대한 시공권은 남은 시공사에게 단독으로 귀속되고, 남은 시공사와 조합간 공사도급변경계약을 체결함에 있어 별도로 도시정비법 제29조에 의한 시공사선정절차를 거치지 않아도 된다.[562]

이에 반해 갑, 을 시공사로 구성된 공동수급체중에서 '갑회사가 탈퇴의사를 표시하지 않았음'에도 불구하고 조합이 총회에서 을회사를 단독 시공사로 선정하는 결의를 할 경우 위 총회는 경쟁입찰을 거치지 않아 무효이다.[563]

공동수급체 구성원의 참여비율을 변경하는 것은 도시정비법 제45조 제1항 4호에 해당되지 않아 총회 의결이 필요하지 않다.[564]

---

560) 대법원 2000. 12. 12. 선고 99다49620 판결
561) 대법원 1987. 11. 24. 선고 86다카2484 판결, 대법원 2006. 3. 9. 선고 2004다49693, 49709 판결 대법원, 2013. 5. 23. 선고 2010다102816,102823 판결
562) 서울북부지방법원 2023. 2. 17.자 2022카합20250 결정
563) 서울고등법원 2012. 5. 25. 선고 2011나33605 판결
564) 서울고등법원 2023. 3. 29. 선고 2022나2031960 판결

4. 공사도급계약의 해제 · 해지 등

(1) 시공자 선정취소와 총회결의

시공자의 선정 및 변경은 총회의 의결을 거쳐야 하고(법 제45조 제1항 제5호), 시공자 선정 취소를 위한 총회의 경우에는 조합원의 20% 이상이 직접 출석하여야 한다(법 제45조 제10항).

총회와 병행하여 온라인총회를 개최하는 경우 온라인총회에 참석한 자는 '직접' 출석한 것으로 보고(법 제44조의2 제2항), 전자적 방법으로 의결권을 행사할 수 있다(법 제45조 제6항).

시공자 선정 취소 또는 공사도급계약의 해제는 정관에 특별한 정함이 없는 한 출석 조합원 과반수 출석으로 개의하고, 출석 조합원 과반수 찬성으로 의결한다.

시공사의 선정.변경에 조합총회의 의결이 필요하다고 하여 반드시 조합총회의 시공사 변경에 관한 의결이 있은 후에야 시공사 선정 변경을 위한 ㅈ러차를 진행할 수 있다고 볼 수 없다. 조합은 시공사 선정 변경을 위한 사전준비를 모두 마친 후 조합총회의 의결을 얻어 시공사 선정.변경을 정할 수도 있다.[565] 즉 동일한 총회에서 종전 시공사의 공사도급계약 해제의 안건을 의결한 후 새로운 시공사의 선정 안건을 의결할 수 있다.

(2) '정비사업 표준공사계약서'의 도급인 계약해제사유

국토교통부의 '정비사업 표준공사계약서' 제41조 제1항에 의하면 도급인의 계약해제 및 해지사유는 다음과 같다.

① 정당한 이유 없이 제7조 제2항에 따른 착공시일을 경과하고도 공사에 착수하지 아니할 경우

② "수급인"의 책임 있는 사유로 인하여 준공기일내에 공사를 완공할 가능성이 없음이 명백한 경우

③ 제48조 제1항의 규정에 의한 지체상금이 계약보증금 상당액에 달한 경우로서, 공사기간을 연장하여도 공사를 완공할 가능성이 없다고 판단되는

565) 광주지방법원 2017. 4. 27.자 2017카합50155 결정

경우

④ 「정비사업 계약업무 처리기준」을 위반하거나 입찰에 관한 서류 등을 허위 또는 부정한 방법으로 제출하여 계약이 체결된 경우

⑤ "수급인"의 부도.파산.해산.영업정지.등록말소 등으로 인하여 계약이행이 곤란하다고 판단되는 경우

⑥ 기타 "수급인"이 계약상의 의무를 이행하지 아니한 경우

(3) 시공사의 부도와 계약해지

시공사에게 계약기간 중에 부도가 발생하였다는 사실만으로 당해 계약의 이행이 그의 귀책사유로 불가능하게 되었다고 단정할 수는 없다. 시공사의 부도 발생 전후의 계약의 이행정도, 부도에 이르게 된 원인, 부도 발생 후의 영업의 계속 혹은 재개 여부, 당해 계약을 이행할 자금사정 기타 여건 등 제반 사정을 종합하여 계약의 이행불능 여부를 판단하여야 한다.[566]

따라서 시공사에게 부도가 발생하였다는 사정만으로 조합은 공사도급계약을 해제할 수 없고, 제반 사정을 종합하여 시공사가 계약의 이행이 불능하다고 판단되는 경우에 한하여 공사도급계약을 해제할 수 있다.

(4) 시공사의 귀책사유로 인한 계약해제와 보수청구권

도급계약에서 정한 일의 완성 이전에 계약이 해제된 경우 수급인으로서는 도급인에게 보수를 청구할 수 없음이 원칙이다. 다만 예외적으로 이미 완성된 부분에 대한 수급인의 보수청구권이 인정될 수 있다.[567]

건축공사도급계약이 수급인의 채무불이행을 이유로 해제될 당시 공사가 상당한 정도로 진척되어 이를 원상회복하는 것이 중대한 사회적·경제적 손실을 초래하고 완성된 부분이 도급인에게 이익이 된다면, 해당 도급계약은 미완성 부분에 대하여만 실효되어 수급인은 해제한 상태 그대로 건물을 도급인에게 인도하고 도급인은 특별한 사정이 없는 한 인도받은 미완성 건물에 대한 보수를 지급하여야 하는 권리의무관계가 성립한다.

566) 대법원 2006. 4. 28. 선고 2004다16976 판결
567) 대법원 2023. 3. 30. 선고 2022다289174 판결

이와 같은 경우 도급인이 지급하여야 할 미완성 건물에 대한 보수는 특별한 사정이 없는 한 당사자 사이에 약정한 총공사비에 기성고 비율을 적용한 금액이 되는 것이지, 수급인이 실제로 지출한 비용을 기준으로 할 것은 아니다.

기성고 비율은 공사대금 지급의무가 발생한 시점, 즉 수급인이 공사를 중단할 당시를 기준으로 이미 완성된 부분에 들어간 공사비에다 미시공 부분을 완성하는 데 들어갈 공사비를 합친 전체 공사비 가운데 완성된 부분에 들어간 비용이 차지하는 비율을 산정하여 확정하여야 한다. 다만 당사자 사이에 기성고 비율 산정에 관하여 특약이 있는 등 특별한 사정이 인정되는 경우라면 그와 달리 산정할 수 있다.[568]

시공사 등이 일정한 용적률을 약속하여 이를 전제로 공사 도급계약을 체결하였는데, 시공사가 약정한 용적률대로 사업승인을 받지 못하여 재건축조합이 재건축 사업을 포기한 것이라면 재건축조합은 기투입비용을 반환할 책임이 없다.[569]

(5) 민법 제673조에 의한 계약해제

수급인이 일을 완성하기 전에는 도급인은 손해를 배상하고 계약을 해제할 수 있는바(민법 제673조), 조합은 시공사의 채무불이행 사유가 없다 하더라도 민법 제673조를 근거로 공사도급계약을 해제할 수 있다.

민법 제673조에 의하면 도급인의 일방적인 의사에 기한 도급계약 해제를 인정하는 대신, 도급인의 일방적인 계약해제로 인하여 수급인이 입게 될 손해, 즉 수급인이 이미 지출한 비용과 일을 완성하였더라면 얻었을 이익을 합한 금액을 전부 배상하게 하는 것이므로, 조합이 민법 제673조에 따라 공사도급계약을 해제하게 될 경우 손해배상금을 부담할 수밖에 없어 그에 따른 정비사업비의 변경이 수반된다. 따라서 조합이 민법 제673조에 따라 공사도급계약을 유효하게 해제하기 위해서는 그 해제 및 그로 인한 손해배상에 관하여 총회의결을 얻어야 한다.[570]

---

568) 대법원 2019. 12. 19. 선고 2016다24284 전원합의체 판결

569) 서울고등법원 1998. 5. 15. 선고 96나48192 판결

570) 서울고등법원 2025. 1. 22. 선고 2024나2025204 판결, 수원고등법원 2024. 4. 18. 선고 2023나22237 판결, 대구지방법원 2021. 7. 14.자 2021카합10222 결정, 서울중

이에 반해 조합이 민법 제673조에 따라 공사도급계약을 해제함에 있어 손해배상에 관한 총회 의결이 필요하지 않다는 견해도 있다.

(6) 도급인의 채무불이행 주장과 임의해제 의사 포함 여부

도급인이 수급인의 채무불이행을 이유로 도급계약을 해제하면 수급인에게 손해배상을 청구할 수 있다. 이에 반하여 민법 제673조에 기하여 도급인이 도급계약을 해제하면 오히려 수급인에게 손해배상을 해주어야 하는 처지가 된다. 도급인으로서는 자신이 손해배상을 받을 수 있다고 생각하였으나 이제는 자신이 손해배상을 하여야 하는 결과가 된다면 이는 도급인의 의사에 반할 뿐 아니라 의사표시의 일반적인 해석의 원칙에도 반한다.

따라서 도급인이 수급인의 채무불이행을 이유로 도급계약 해제의 의사표시를 하였으나 실제로는 채무불이행의 요건을 갖추지 못한 것으로 밝혀진 경우, 도급계약의 당사자 사이에 분쟁이 있었다고 하여 그러한 사정만으로 위 의사표시에 민법 제673조에 따른 임의해제의 의사가 포함되어 있다고 볼 수는 없다.[571]

(7) 공사도급계약서의 계약해제 조항과 민법 제673조의 적용배제

공사도급계약 제34조(계약해제)는 상대방의 채무불이행을 원인으로 한 계약해제에 관한 내용이고 민법 제673조는 상대방의 채무불이행과 관계없이 도급인의 해제권을 규정하고 있어 공사도급계약 제34조에 의하여 민법 제673조의 적용이 배제된다고 할 수 없다.[572]

이에 반해 민법 제673조는 임의규정에 불과하므로 당사자의 약정에 의하여 위 규정의 적용을 배제하거나 내용을 달리 정할 수 있는바, 공사도급계약 제36조(계약해제)는 민법 제673조와 다른 내용으로 해제·해지 사유 및 절차, 정산, 손해배상책임 등을 정한 것으로 볼 여지가 있으며, 공사도급계약에서 정

양지방법원 2020. 2. 26.자 2020카합20255 결정

571) 대법원 2022. 10. 14. 선고 2022다246757 판결, 대법원 2025. 5. 15. 선고 2024다282177 판결

572) 서울고등법원 2025. 1. 22. 선고 2024나2025204 판결, 의정부지방법원 남양주지원 2023. 11. 1.자 2023카합5088 결정

한 계약해제 사유 이외에 별도로 조합이 민법 제673조에 따른 공사도급계약 해제 주장을 할 수 없다는 취지로 판시한 사례도 있다.[573)]

(8) 표준사업약정과 도급계약 해제

조합이 사업비 또는 이주비 대여금 등의 보증을 위해 주택도시보증공사(HUG)의 보증을 받게 되고, 금융기관, 조합, 시공사, 주택도시보증공사는 표준사업약정을 체결하게 된다. 표준사업약정서에는 시공권의 양도 및 승계시공사 선정 등에 관한 규정을 두고 있다.

공사도급계약서에는 대주단 등의 동의가 있어야만 해지 또는 해제할 수 있다는 별도의 약정내용을 포함하고 있지 않다. 따라서 조합이 공사도급계약을 해지 또는 해제하면서 대주단 등의 동의를 받지 아니하였다고 하더라도 이는 조합이 대주단 등과 체결한 약정서에서의 의무위반 사유가 될 가능성이 있을 뿐 조합과 시공사 사이에는 공사도급계약의 해지 또는 해제가 효력을 발생하는 데 장애 사유가 되지 않는다.[574)]

이에 반해 표준사업약정서를 근거로 조합의 해제・요건이 충족되지 않았음을 이유로 입찰절차를 중지한 사례가 있다.[575)]

(9) 조합의 일방적 계약해제와 손해배상의 범위

조합의 귀책사유로 인하여 공사도급계약이 해제된 경우 시공사는 조합에 대해 손해배상을 청구할 수 있으며, 손해배상액은 수급인이 이미 지출한 비용(기투입비용)과 일을 완성하였더라면 얻었을 이익(향후 발생할 이익금액)을 합한 금액 상당이다.[576)]

민법 제673조에 의하여 도급계약이 해제된 경우 그 해제로 인하여 수급인이

573) 서울중앙지방법원 2020. 2. 26.자 2020카합20255 결정, 대구지방법원 2019. 7. 1.자 2019카합10218 결정, 정비사업전문관리업자의 계약해지와 관련 약정에서 정한 해지사유 및 절차에 의하지 않고 민법 제689조에 의거 일방적으로 해제할 수 없다고 판시한 사례가 있음(대법원 2019. 5. 30. 선고 2017다53265 판결)

574) 서울고등법원 2020. 3. 26.자 2019라21271 결정

575) 의정부지방법원 2020. 5. 27.자 2020카합5099 결정

576) 대법원 2002. 5. 10. 선고 2000다37296, 37302판결, 대법원 2013. 5. 24. 선고 2012다39769 판결 동일취지

그 일의 완성을 위하여 들이지 않게 된 자신의 노력을 타에 사용하여 소득을 얻었거나 또는 얻을 수 있었음에도 불구하고, 태만이나 과실로 인하여 얻지 못한 소득 및 일의 완성을 위하여 준비하여 둔 재료를 사용하지 아니하게 되어 타에 사용 또는 처분하여 얻을 수 있는 대가 상당액은 당연히 손해액을 산정함에 있어서 공제되어야 한다.[577)]

하급심에서 시공사가 조합의 사업구역에서 공사를 하지 않고 다른 공사현장에서 인력과 장비를 투입해 공사를 시행할 수 있으므로, 이행이익 상당의 손해액 중 20%만 인정한 사례가 있다.[578)]

손해배상청구소송에서 재산적 손해의 발생 사실은 인정되나 구체적인 손해의 액수를 증명하는 것이 사안의 성질상 곤란한 경우, 법원은 증거조사의 결과와 변론 전체의 취지에 의하여 밝혀진 당사자들 사이의 관계, 손해가 발생하게 된 경위, 손해의 성격, 손해가 발생한 이후의 여러 정황 등 관련된 모든 간접사실들을 종합하여 손해의 액수를 판단할 수 있다.[579)]

손해배상책임이 인정되는 때에는 손해액에 관한 증명이 없거나 부족하다고 하더라도 그 청구를 배척할 것이 아니라 석명권을 행사하여 손해액을 심리·판단하여야 한다. 특히 장래의 얻을 수 있었던 이익에 관한 증명에 있어서는 그 증명도를 과거사실에 대한 증명에 있어서의 증명도보다 경감하여 채권자가 현실적으로 얻을 수 있는 구체적이고 확실한 이익의 증명이 아니라 합리성과 객관성을 잃지 않는 범위 내에서의 상당한 개연성이 있는 이익의 증명으로서 족하다.[580)]

구체적 손해액을 판단할 때에는 손해액 산정의 근거가 되는 간접사실들의 탐색에 최선의 노력을 다해야 하고, 그와 같이 탐색해 낸 간접사실들을 합리적으로 평가하여 객관적으로 수긍할 수 있는 손해액을 산정하여야 한다.[581)]

---

577) 대법원 2002. 5. 10. 선고 2000다37296, 37302 판결, 서울고등법원 2020. 5. 28. 선고 2019나2045075 판결

578) 서울중앙지방법원 2019. 8. 29. 선고 2017가합532954 판결

579) 대법원 2004. 6. 24. 선고 2002다6951, 6968 판결, 대법원 2013. 5. 24. 선고 2012다39769 판결

580) 대법원 1992. 4. 28. 선고 91다29972 판결, 대법원 2013. 5. 24. 선고 2012다39769 판결

581) 대법원 2023. 10. 12.선고 2020다246999, 247008 판결, 대법원 2007. 11. 29. 선고 2006다3561 판결 , 대법원 2009. 9. 10. 선고 2006다64627 판결

IMF 당시 시공사가 사업추진을 중단하자 재개발조합이 공사도급계약(1차 도급계약)을 해제하고 새로운 시공사를 다시 선정하여 다시 도급계약(2차 도급계약)을 체결하였다. 재개발조합이 2차 도급계약금액과 1차 도급계약금액의 차액을 손해라고 주장하면서 손해배상을 청구한 사안에서 손해배상청구를 인용한 사례도 있다.[582)]

시공이익의 32%인 130억원을 인정한 사례[583)], 시공이익의 70%인 70억원을 인정한 사례[584)], 시공이익의 60%인 60억원을 인정한 사례[585)] 등이 있다.

(10) 공사도급계약과 연대보증

실무상 조합의 임원은 공사도급계약에 연대보증을 하는 사례가 많다.

임원의 지위에서 보증인이 되었다가 임기종료, 중도 사직 또는 해임되어 임원의 지위를 떠난 때에는 보증계약 성립당시 사정에 현저한 변화가 생긴 경우로 인정되어 보증계약을 해지할 수 있다.[586)] 이 경우 임원은 보증계약 해지 의사표시 이전에 발생한 채무에 대해 연대보증책임을 부담하고, 보증계약 해지 이후 발생할 채무에 대한 채무를 부담하지 않는다.

'조합의 귀책사유' 로 인하여 공사도급계약이 해제된 경우 공사도급계약서에 연대보증한 조합임원들은 계약해제에 따른 원상회복채무 또는 손해배상채무도 부담한다. 따라서 조합임원들의 대여금반환책임이 인정된 사례가 있다.

'공사도급계약' 이 강행법규에 위배되어 '무효' 가 된 경우라 하더라도 공사도급계약에 포함된 '소비대차약정이 유효' 한 경우 임원은 연대보증인으로서 소비대차약정의 대여금을 상환할 의무가 있다.[587)]

'시공사의 귀책사유' 로 인하여 공사도급계약이 해제된 경우 또는 공사도급계약이 강행법규 위반으로 무효되거나 취소된 경우 보증채무의 부종성의 원

582) 서울지방법원 2001. 4. 12. 선고 99가합108982 판결
583) 서울고등법원 2025. 2. 6.자 2023나2048323 화해권고결정
584) 서울서부지방법원 2022. 11. 3. 선고 2020가합35076 판결
585) 서울고등법원 2023. 8. 23. 선고 2022나2049824 판결, 서울고등법원 2024. 10. 14.자 2023나2046655 화해권고결정은 525억원을 손해배상금으로 인정함.
586) 대법원 1996. 12. 10. 선고 96다27858 판결
587) 서울고등법원 2022. 8. 26. 선고 2019나2021017 판결 : 추진위원회와 시공사간 공사도급계약이 무효이더라도 소비대차계약은 유효함. 연대보증인 임원의 대여금 상환의무 인정함.

칙상 해제로 인한 원상회복의무에는 보증채무가 미치지 않게 된다. 연대보증의 내용 역시 조합의 계약의무불이행에 따라 발생하게 되는 시공사에 대한 채무를 조합임원들이 연대하여 책임지겠다는 내용으로 보아야 한다. 따라서 임원들은 대여금반환채무에 대해 책임을 부담하지 않는다고 판시한 사례가 있다.588)

임원들이 재건축조합의 연대보증인으로서 부담하여야 할 보증채무인 '계약의무의 불이행에 따른 채무'에는 계약의 '합의해제'로 인한 원상회복의무는 포함되지 않는다.589)

(11) 계약 해제 · 해지의 효력정지 가처분

계약 해제.해지의 효력정지 가처분에서 계약 해제 등의 효력이 없음이 본안판결에 의하여 확정된다고 하더라도 채권자는 손해배상의 방법으로 구제받을 수 있기 때문에 그 효력정지 가처분에 대한 보전의 필요성 판단에 신중을 기해야 한다.

특히 계약위반으로 인하여 채권자가 입은 손해가 금전에 의한 손해배상으로 전보될 수 있고, 달리 금전적 손해배상의 방법으로는 그 손해를 회복하기 어려운 특별한 사정이 없는 반면, 상대방의 협력 없이 그 계약의 이행 자체를 강제적으로 관철하기 어려운 성질의 계약인 경우에는 그 계약위반 및 이로 인한 손해를 주장.입증하여 손해배상의 권리구제를 받는 것은 별론으로 하고, 계약의 이행을 전제로 하는 가처분에 대한 보전의 필요성을 인정함에는 한층 신중을 기할 필요가 있다.590)

시공자가 이미 투자한 돈이나 채무자의 일방적 계약해제로 입게 되는 손해는 부당이득반환청구권이나 손해배상청구권의 행사를 통하여 보전받아야 할 성질의 것이고, 도급계약의 성격상 조합에게 시공자의 의사에 반하여 공사의 완성 전에 도급계약의 지속을 요구할 권리를 인정하기 어렵다.591)

---

588) 서울고등법원 2015. 8. 26. 선고 2014나38595 판결, 대구고등법원 2012. 11. 7. 선고 2012나2935 판결, 대법원 2012. 9. 27. 선고 2012다45795 판결
589) 대법원 2012. 9. 27. 선고 2012다45795 판결
590) 대법원 2022. 2. 8.자 2021마6668 결정
591) 광주지방법원 2017. 4. 27.자 2017카합50155 결정

해지통보의 효력이 정지되더라도 제3자와 새롭게 체결한 공사도급계약의 효력을 부정할 수 있는 지위가 채권자(시공사)에게 인정되지 아니하고, 이 사건 공사도급계약의 불이행에 대비하여 금전적 손해배상 이외에 그 의무의 이행을 강제할 방법이 없다는 이유로 효력정지가처분을 인정하지 않고 있다.

5. 시공사의 사업비 대출

(1) 공사도급계약과 소비대차약정

조합은 총회에서 시공자를 선정하여야 하고, 이를 위반하여 조합이 총회결의없이 시공사와 공사도급계약을 체결하였다면 당해 공사도급계약은 무효이다. 추진위원회는 시공사를 선정할 권한이 없으므로 주민총회에서 선정한 시공사와 체결한 공사도급계약도 무효이다.

추진위원회 또는 조합이 시공사와 공사도급계약을 체결하면서 자금을 대여하는 내용의 소비대차약정을 포함시키거나 별도로 금전소비대차계약을 체결한 경우 위 소비대차약정 또는 금전소비대차계약의 효력이 문제된다.

추진위원회 또는 조합이 시공자와 공사도급계약과 소비대차약정을 체결할 당시 공사도급계약이 무효로 된다고 하더라도 소비대차약정을 체결, 유지하려는 의사가 있었다고 볼 여지가 있었다면 공사도급계약의 무효와 상관없이 소비대차약정은 유효하다.[592)]

(2) 수주 목적 무이자 대여

갑이 재건축 공사의 수주에 도움을 받기 위하여 을 회사에게 돈을 무이자로 대여한 사안에서, 도시정비법이나 건설산업기본법의 입법취지와 시공사 선정의 공정성 등이 훼손될 수 있다는 점에서 반사회적 요소가 있다고 하더라도, 대여금의 지급을 선량한 풍속 기타 사회질서에 위반되는 민법 제746조에서 정한 불법원인급여에 해당한다고 볼 수 없다고 한 사례가 있다.[593)] 즉 조합은

592) 대법원 2023. 2. 2. 선고 2019다232277 판결
593) 대법원 2011. 1. 13. 선고 2010다77477 판결

시공사에게 대여금 상당의 금원을 부당이득으로 반환하여야 한다.

(3) 사업비의 대여의무

조합운영비, 설계비 및 행정용역비를 제외한 사업추진경비(사업추진경비)의 경우에 공사도급가계약과 소비대차계약의 체결 경위 및 그 내용, 이후 시공사가 재개발조합에 사업추진경비를 대여한 경위 등을 종합하면, 시공사는 공사도급가계약 및 소비대차계약에 따라 재개발조합이 대의원회 또는 임원회의 회의록을 첨부하여 대여를 요청하는 경우에 당해 사업추진경비에 대하여 확정적인 대여의무를 부담한다.

조합운영비의 경우에는 공사도급가계약 제16조 제2항에서 대여금액, 대여시기, 대여기간을 명확히 정하고, 이후 시공사가 재개발조합에 조합운영비를 대여할 때 재개발조합으로부터 별도의 대여 요청 없이 계약상 정해진 일자에 정해진 금액을 지급한 점 등을 종합하면, 시공사는 공사도급가계약의 체결만으로 조합운영비에 대하여 확정적인 대여의무를 부담한다.

설계비 및 행정용역비의 경우에는 공사도급가계약 제16조 제9항에 따라 재개발조합과 시공사 사이의 협의가 있을 때에 비로소 피고들이 확정적인 대여의무를 부담한다.[594)]

(4) 시공사의 사업비 대여 거절사유

일반적으로 재개발조합의 경우 조합원들 개인의 자산 이외에 특별한 자산을 보유하지 않고 있음에도 불구하고 시공자가 재개발조합에 거액의 사업추진경비를 대여하는 것은 재개발조합이 정상적으로 운영되어 재개발사업이 원활하게 진행될 것을 전제로 한다.

시공사가 2012. 5. 2. 대여요청을 거절할 당시부터 이미 재개발사업이 원활히 진행되지 않고 무위로 돌아갈 위험이 있어 시공사가 재개발조합에 사업추진경비나 조합운영비를 대여하더라도 장차 대여금반환청구권을 행사하는 것이 위태롭게 되는 등의 사정변경이 발생하였다고 봄이 타당하다. 이 경우 시공사로 하여금 당초의 계약내용에 따른 대여의무를 이행케 하는 것은 공평과 신의

---

594) 대법원 2021. 10. 28. 선고 2017다224302 판결

칙에 반한다고 볼 수 있으므로, 시공사는 재개발조합에 대하여 사업추진경비 및 조합운영비 대여의무의 이행을 거절할 수 있다.[595)]

(5) 대여금의 상환시기

공사도급계약에 포함된 소비대차약정에서 대여금의 상환시기를 입주지정기간 만료일까지로 정한 경우 위 규정은 공사계약의 효력이 존속하는 경우 대여금의 변제기가 입주지정기간 만료일로 정한 것이고, 공사계약이 중도에 해제된 경우에는 계약해제일에 그 변제기가 도래한다.[596)]

금전소비대차계약에서 대여원리금 전액을 입주지정기간 만료일까지 상환하도록 정한 경우 위 대여금바환채무는 이행기가 불확정기한으로 정해진 채무이고, 조합의 계약해지통지로 인하여 입주지간 지정이 불가능하게 되었다면 위 조합의 계약해지통지링에 대여금 반환의무의 변제기가 도래한 것이다.[597)]

595) 대법원 2021. 10. 28. 선고 2017다224302 판결
596) 대구고등법원 2020. 9. 2. 선고 2020나20570 판결
597) 서울고등법원 2025. 1. 22. 선고 2024나2025204 판결

V. 정비사업전문관리업 제도

1. 정비사업전문관리업의 도입

재개발.재건축사업은 사업기간이 장기이고, 행정절차가 복잡.다양하다. 조합의 임원은 재개발・재건축사업에 관한 전문지식이 부족하고, 사업비 조달능력이 없다.

도시정비법 제정이전 조합은 사업계획 작성이나 사업비 조달을 전적으로 시공자에 의존하였고, 정비사업의 상당부분을 시공사에 의존함으로써 조합 또는 조합원의 입장에서 업무를 처리하기에는 구조적으로 어려움이 있었다.

조합의 행정업무를 지원하였던 기존의 컨설팅사도 영세하고 자격기준이 없어 다른 법에 의해 등록한 용역업체 등에 의해 정비사업과 관련한 컨설팅업무를 수행함에 따라 많은 문제를 낳게 되었다.

조합의 시공사 의존 및 컨설팅사의 부실한 자문 등의 문제를 해결하기 위해 도시정비법은 정비사업전문관리업자의 설립요건을 일정 자본금 및 인력을 확보하고 시.도지사에게 등록하도록 하여 기존의 컨설팅사 등을 제도권으로 흡수하였다.

추진위원회 단계에서도 정비사업전문관리업자를 선정할 수 있도록 하여 전문지식이 부족한 추진위원회에 대해 자문 및 업무를 지원하고 대행하면서 조합원, 조합집행부, 행정청, 시공자 등 다양한 이해관계를 조정하여 갈등의 해소 및 각종 민원을 최소화 하는 등 원활한 사업추진이 이루어질 수 있도록 하고 있다.[598)]

598) 대법원 2019. 9. 25. 선고 2016도1306 판결 유사취지

2. 등록의무 등

(1) 정비사업전문관리업 등록 의무

정비사업전문관리업자는 도시정비법 및 시행령에서 정하는 자본·기술인력 등의 기준을 갖춰 시·도지사에게 등록 또는 변경(경미한 사항의 변경 제외) 등록하여야 한다(법 제102조 제1항). 다만 한국토지주택공사, 한국부동산원은 등록의무를 부담하지 아니한다(법 제102조 제1항, 시행령 제81조 제3항).

정비사업전문관리업의 등록기준은 ① 자본금(자산총액에서 부채총액을 차감한 금액)이 10억원 이상, 법인인 경우에는 5억원 이상이어야 하고, ② 도시정비법 시행령 별표 4에서 정한 인력확보기준에 적합한 상근인력 5인 이상을 확보하여야 하며, ③ 소재지 기준 사무실은 건축법 및 그 밖의 법령에 적합한 건물이어야 한다. 상근인력은 다른 직무를 겸하지 않는 인력을 말한다(시행령 제81조 제1항).

시·도지사는 정비사업전문관리업의 등록 또는 변경등록한 현황, 정비사업전문관리업의 등록취소 또는 업무정지를 명한 현황을 국토교통부장관에게 보고하여야 한다(법 제102조 제3항).

등록기준중 자본금 요건은 정비사업전문관리업무를 적정하게 수행하지 못할 우려가 있는 부실업자를 제재함으로써 정비사업전문관리업체의 건전한 운영을 확보하고 조합이나 주민에게 손해를 끼칠 위험을 방지하기 위함이다. 자본금이 등록기준에 미달하는지 여부는 단순히 표준재무상태표의 형식적 기재만을 기준으로 할 것이 아니라, 미수금 채권 등을 포함한 실제 자본금을 기준으로 살펴보아야 한다.[599]

(2) 정비사업전문관리업자의 결격사유

결격사유에 해당하는 자는 정비사업전문관리업의 등록을 신청할 수 없으며, 정비사업전문관리업자의 업무를 대표 또는 보조하는 임직원이 될 수 없다(법 제105조 제1항).

정비사업전문관리업자의 결격사유는 다음과 같다(법 제105조 제1항)

599) 서울행정법원 2024. 5. 17. 선고 2023구합53348 판결

① 미성년자(대표 또는 임원이 되는 경우로 한정함)·피성년후견인 또는 피한정후견인
② 파산선고를 받은 자로서 복권되지 아니한 자
③ 정비사업의 시행과 관련한 범죄행위로 인하여 금고 이상의 실형의 선고를 받고 그 집행이 종료(종료된 것으로 보는 경우 포함)되거나 집행이 면제된 날부터 2년이 경과되지 아니한 자
④ 정비사업의 시행과 관련한 범죄행위로 인하여 금고 이상의 형의 집행유예를 받고 그 유예기간 중에 있는 자
⑤ 도시정비법을 위반하여 벌금형 이상의 선고를 받고 2년이 경과되지 아니한 자
⑥ 정비사업전문관리업 등록이 취소된 후 2년이 경과되지 아니한 자(법인인 경우 그 대표자를 말함)
⑦ 법인의 업무를 대표 또는 보조하는 임직원 중 ①부터 ⑥까지 중 어느 하나에 해당하는 자가 있는 법인

정비사업전문관리업자의 업무를 대표 또는 보조하는 임직원이 결격사유에 해당하게 되거나 선임 당시 그에 해당하는 자이었음이 판명된 때에는 당연 퇴직하고(법 제105조 제2항), 퇴직한 임직원이 퇴직 전에 관여한 행위는 효력을 잃지 아니한다(법 제105조 제3항).

3. 정비사업전문관리업자의 업무 등

(1) 정비사업전문관리업자의 고유업무

정비사업전문관리업자는 사업시행자로부터 다음의 업무를 위탁받거나 이와 관련한 자문을 할 수 있다(법 제102조 제1항).

① 조합설립의 동의 및 정비사업의 동의에 관한 업무의 대행
② 조합설립인가의 신청에 관한 업무의 대행
③ 사업성 검토 및 정비사업의 시행계획서의 작성
④ 설계자 및 시공자 선정에 관한 업무의 지원

⑤ 사업시행계획인가의 신청에 관한 업무의 대행

⑥ 관리처분계획의 수립에 관한 업무의 대행

2009. 2. 6. 도시정비법 개정시 ① 분양업무 대행, ② 설계도서의 검토 및 공사비 변동내역의 검토, ③ 조합의 업무중 조합이 요청하는 것을 정비사업전문관리업자의 고유업무에서 삭제하였는바, 정비사업전문관리업의 등록을 하지 않은 자도 위 분양업무 대행 등을 할 수 있다.

(2) 미등록 업체와 형사처벌

정비사업전문관리업의 등록을 하지 아니하고 도시정비법 제102조 제1항 각호의 업무를 위탁받은 자는 2년 이하의 징역 또는 2년 이하의 벌금에 처한다(법 제137조 제9호).

'정비사업의 동의에 관한 업무'는 조합설립 또는 정비사업의 시행 여부에 한정되는 것이 아니라 이를 포함하여 정비사업의 시행 과정에서 조합원 등의 권리·의무·법적 지위에 영향을 미치는 사항에 관한 동의 또는 총회 의결과 관련된 전반적인 업무를 의미한다. 총회관련 서면결의서의 징구업무도 '정비사업의 동의에 관한 업무'에 포함된다.[600]

홍보요원이 조합원들로부터 단순히 서면결의서를 수거하는 정도에 불과하다면 도시정비법 위반에 해당되지 않는다.[601]

"관리처분계획의 수립"에는 경미한 사항이 아닌 관리처분계획의 주요 부분을 실질적으로 변경하는 것이 포함된다.[602]

(3) 시장·군수가 선정한 정비사업전문관리업자의 업무

시장·군수 등은 정비사업의 공공지원 업무로서 정비사업전문관리업자의 선정업무를 수행한다(법 제118조 제2항 제2호).

시장·군수등이 선정한 정비사업전문관리업자는 다음의 업무를 수행한다(법 제102조 제1항 제7호).

① 동의서 제출의 접수

600) 대법원 2022. 12. 29. 선고 2022도1486 판결
601) 서울중앙지방법원 2024. 11. 27. 선고 2023노1850 판결
602) 대법원 2019. 9. 25. 선고 2016도1306 판결

② 운영규정 작성 지원
③ 그 밖에 조례로 정하는 사항

(4) 정비사업전문관리업자의 업무제한

정비사업전문관리업자는 동일한 정비사업에 대하여 다음의 업무를 병행하여 수행할 수 없다(법 제103조, 시행령 제83조 제2항).

① 건축물의 철거
② 정비사업의 설계
③ 정비사업의 시공
④ 정비사업의 회계감사
⑤ 재건축진단업무

① 정비사업전문관리업자가 법인인 경우에는 독점규제 및 공정거래에 관한 법률 제2조 제3호의 규정에 의한 계열사의 관계에 있는 자, ② 정비사업전문관리업자와 상호 출자한 관계에 있는 자는 당해 정비사업전문관리업자와 같은 자로 간주된다(시행령 제83조 제1항). 위 계열사 또는 상호 출자관계에 있는 자는 당해 정비사업전문관리업자가 수행중인 추진위원회 또는 조합의 철거, 설계, 시공 등의 업무를 수행할 수 없다.

하급심 판결례에서 도시정비법 제103조는 정비업체가 직접 설계를 하는 것뿐만 아니라 정비업체가 계약당사자가 되어 제3자로 하여금 설계를 하도록 계약체결을 대행하는 것까지 금지하는 강행규정으로 해석한 사례가 있다.

4. 정비사업전문관리업자 선정 등

(1) 정비업자 선정방법

추진위원회가 정비사업전문관리업자를 선정하려는 경우 추진위원회 승인을 받은 후 국토교통부장관이 정하는 경쟁입찰 또는 수의계약의 방법으로 선정하여야 한다(법 제32조 제2항).

시장·군수등의 '추진위원회 승인을 받지 아니하고' 정비사업전문관리업자를 선정한 자, '경쟁입찰의 방법'을 위반하여 정비사업전문관리업자를 선정한 추진위원장은 3년 이하의 징역 또는 3천만원 이하의 벌금에 처한다(법 제136조 제3호, 제4호).

추진위원회 또는 조합은 국토교통부가 고시한 '정비사업 계약업무 처리기준' 및 서울시의 '공공지원 정비사업전문관리업자 선정기준'에 따라 정비사업전문관리업자를 선정하여야 한다.

추진위원회가 시장·군수등이 선정한 정비사업전문관리업자를 선정하는 경우에는 도시정비법 제32조 제2항에 의거 경쟁입찰에 의하지 않아도 된다(법 제118조 제5항).

(2) 정비업자 용역계약의 승계 여부

추진위원회가 선정한 정비업체는 조합설립인가 후 포괄승계규정에 의해 조합으로 승계된다.[603] 추진위원회에서 선정한 정비업자에 대한 '조합원 총회'의 추인은 적법하다.[604]

이에 반해 최근 하급심에서는 추진위원회와 조합의 업무는 준별되므로 조합이 자신의 업무를 위탁할 정비사업전문관리업자를 선정하고 그 위탁 범위를 결정하는 것은 조합의 업무이고, 이것이 추진위원회의 업무에 속한다고 보기 어렵다는 이유로 추진위원회가 선정한 정비업체는 조합으로 승계되지 않는다고 판시한 사례가 있다. 창립총회는 추진위원회가 소집한 주민총회에 불과하므로, 창립총회에서 정비업자의 선정을 추인하였다고 해도 위 창립총회의 결의는 조합을 구속하지 않는다고 판시한 사례가 있다.[605]

추진위원회에서 체결된 정비업자 용역계약이 조합에 승계되지 않음에도 불구하고 정비업자가 조합에 행정용역업무를 제공한 경우 조합은 정비업자에게

603) 전주지방법원 2021. 5. 27. 선고 2020구합2827 판결

604) 대구지방법원 2024. 9. 5. 선고 2024가합200131 판결, 대전지방법원 2020. 7. 17. 선고 2020카합68 결정, 대법원 2023. 10. 12. 선고 2023다245454 판결(지역주택조합 사례), 대구고등법원 2023. 8. 9. 선고 2022나26268 판결(가로주택정비사업 사례)

605) 대구고등법원 2023. 11. 15. 선고 2022나25821 판결, 서울고등법원 2022. 6. 22. 선고 2021나2043911 판결, 서울고등법원 2021. 1. 29. 선고 2020나2015551 판결, 대구지방법원 서부지원 2022. 7. 14. 선고 2021가합51496 판결

조합설립인가를 받은 후부터 계약해지 통지시까지 기간동안 정비업자로부터 제공받은 용역 가치 상당 금원을 부당이득으로 반환하여야 한다.[606)]

서울시 재개발 표준정관 제14조 제2항 및 제13조 제1항 단서에 의하면 추진위원회가 정비사업 계약업무 처리기준에 따라 적법하게 선정하고 계약을 체결한 정비사업전문관리업자는 정관에 의해 선정하고 계약을 체결한 정비사업전문관리업자로 본다.

(3) 민법상 위임규정 준용

추진위원회(또는 조합)와 정비사업전문관리업자의 관계에 관하여 도시정비법에 규정된 사항을 제외하고는 민법 중 위임에 관한 규정을 준용한다(법 제104조). 이는 조합과 정비사업전문관리업자간 계약의 성격이 위임계약임에 기인하기 때문이다.

민법상 위임은 당사자 일방(위임인)이 상대방(수임인)에 대하여 사무의 처리를 위탁하고, 상대방이 승낙함으로써 성립하는 계약이다(민법 제680조). 위임은 타인의 사무를 처리하는 것을 목적으로 하는 것으로서, 위 '사무'에는 법률상 또는 사실상의 모든 행위가 포함된다.

수임인은 위임의 본지에 따라 선량한 관리자의 주의로써 위임사무를 처리하여야 한다. 수임인은 위임인의 청구가 있을 때에는 위임사무의 처리상황을 보고하고, 위임이 종료한 때에는 지체없이 그 전말을 보고하여야 한다. 수임인은 위임사무의 처리로 인하여 받은 금전 기타의 물건 및 그 수취한 과실을 위임인에게 인도하여야 한다. 그리고 수임인이 위임인을 위하여 자기의 명의로 취득한 권리는 위임인에게 이전하여야 한다.

위임은 무상이 원칙이지만 보수의 특약이 있는 때에는 수임인은 위임인에게 보수를 청구할 수 있다. 수임인이 보수를 받을 경우에는 위임사무를 완료한 후가 아니면 이를 청구하지 못하지만 기간으로 보수를 정한 때에는 그 기간이 경과한 후에 이를 청구할 수 있다.

---

606) 대구고등법원 2023. 11. 15. 선고 2022나25821 판결

(4) 민법 제689조에 의한 계약해지 여부

위임계약은 언제든지 해지할 수 있다. 위임은 대인적 신뢰관계를 기초로 하기 때문에 당사자 상호간에 해지의 자유를 인정한 것이다. 다만 당사자 일방이 부득이한 사유 없이 상대방이 불리한 시기에 계약을 해지한 때에는 그 손해를 배상하여야 한다(민법 제689조). 민법 제689조 제1항, 제2항은 임의규정에 불과하므로 당사자의 약정에 의하여 위 규정의 적용을 배제하거나 내용을 달리 정할 수 있다.

당사자가 위임계약을 체결하면서 민법 제689조 제1항, 제2항에 규정된 바와 다른 내용으로 해지사유 및 절차, 손해배상책임 등을 정하였다면, 민법 제689조 제1항, 제2항이 이러한 약정과는 별개 독립적으로 적용된다고 볼 만한 특별한 사정이 없는 한, 약정에서 정한 해지사유 및 절차에 의하지 않고는 계약을 해지할 수 없다. 또는 손해배상책임에 관한 당사자 간 법률관계도 약정이 정한 바에 의하여 규율된다.[607)]

이 사건 업무대행용역계약 제6조에 의하여 위 업무대행용역계약을 해지할 수 있는 사유가 위 제6조 제1항에 열거된 사유로 제한된다고 보더라도, 이는 원.피의 채무불이행 또는 계약의 이행불능으로 인하여 해지 또는 해제할 수 있는 경우가 위와 같이 한정되는 것으로 해석함이 타당하지, 원.피고의 임의해지권을 포기하는 약정을 한 것이라고 해석하기는 어렵다. 결국 이 사건 업무대행용역계약 제6조를 들어 '당사자가 위임계약의 해지사유 및 절차, 손해배상책임 등에 관하여 민법 제689조 제1항, 제2항과 다른 내용으로 약정을 체결한 경우' 에 해당한다고 볼 수 없어 원고와 피고사이에 임의해지권을 포기한 것으로 볼 수 없다고 판시한 사례도 있다.[608)]

607) 대법원 2019. 5. 30. 선고 2017다53265 판결
608) 서울고등법원 2024. 12. 11. 선고 2024나2020841 판결

5. 등록취소 등

(1) 정비사업전문관리업의 등록취소

시・도지사는 정비사업전문관리업자가 다음의 어느 하나에 해당하는 때에는 그 등록을 취소하거나 1년 이내의 기간을 정하여 업무의 전부 또는 일부의 정지를 명할 수 있다(법 제106조 제1항).

① 거짓, 그 밖의 부정한 방법으로 등록을 한 때

② 등록기준에 미달하게 된 때

③ 추진위원회, 사업시행자 또는 시장・군수등의 위탁이나 자문에 관한 계약 없이 도시정비법 제102조제1항 각 호에 따른 업무를 수행한 때

④ 도시정비법 제102조제1항 각 호에 따른 업무를 직접 수행하지 아니한 때

⑤ 고의 또는 과실로 조합에게 계약금액의 3분의 1 이상의 재산상 손실을 끼친 때. 계약금액은 정비사업전문관리업자가 조합과 체결한 총계약금액을 말한다.

⑥ 도시정비법 제107조에 따른 보고・자료제출을 하지 아니하거나 거짓으로 한 때 또는 조사・검사를 거부・방해 또는 기피한 때

⑦ 도시정비법 제111조에 따른 보고・자료제출을 하지 아니하거나 거짓으로 한 때 또는 조사를 거부・방해 또는 기피한 때

⑧ 최근 3년간 2회 이상의 업무정지처분을 받은 자로서 그 정지처분을 받은 기간이 합산하여 12개월을 초과한 때

⑨ 다른 사람에게 자기의 성명 또는 상호를 사용하여 도시정법에서 정한 업무를 수행하게 하거나 등록증을 대여한 때

⑩ 도시정비법을 위반하여 벌금형 이상의 선고를 받은 경우(법인의 경우에는 그 소속 임직원을 포함함)

⑪ 그 밖에 도시정비법 또는 도시정비법에 따른 명령이나 처분을 위반한 때

시・도지사는 정비사업전문관리업자가 ① 거짓, 그 밖의 부정한 방법으로 등록을 한 때, ④ 도시정비법 제102조제1항 각 호에 따른 업무를 직접 수행하지 아니한 때, ⑧ 최근 3년간 2회 이상의 업무정지처분을 받은 자로서 그 정지처분을 받은 기간이 합산하여 12개월을 초과한 때, ⑨ 다른 사람에게 자기

의 성명 또는 상호를 사용하여 이 법에서 정한 업무를 수행하게 하거나 등록증을 대여한 때에 해당하는 경우 그 등록을 취소하여야 한다(법 제106조 제1항 단서). 등록취소는 의무사항이다.

시·도지사는 정비사업전문관리업의 등록취소처분을 하고자 하는 경우에는 청문을 실시하여야 한다(법 제121조 제2호).

(2) 등록취소처분과 업무의 수행 여부

등록취소처분 등을 받은 정비사업전문관리업자와 등록취소처분 등을 명한 시·도지사는 추진위원회 또는 사업시행자에게 해당 내용을 지체 없이 통지하여야 한다(법 제106조 제3항).

정비사업전문관리업자는 시·도지사로부터 등록취소처분 등을 받기 전에 계약을 체결한 업무는 계속하여 수행할 수 있다. 이 경우 정비사업전문관리업자는 해당 업무를 완료할 때까지는 정비사업전문관리업자로 본다(법 제106조 제4항).

정비사업전문관리업자는 다음의 경우 업무를 계속하여 수행할 수 없다(법 제106조 제5항).

① 사업시행자가 등록취소처분사실에 관하여 통지를 받거나 처분사실을 안 날부터 3개월 이내에 총회 또는 대의원회의 의결을 거쳐 해당 업무계약을 해지한 경우

② 정비사업전문관리업자가 등록취소처분 등을 받은 날부터 3개월 이내에 사업시행자로부터 업무의 계속 수행에 대하여 동의를 받지 못한 경우. 이 경우 사업시행자가 동의를 하려는 때에는 총회 또는 대의원회의 의결을 거쳐야 한다.

③ 도시정비법 제106조 제1항 제1호, 제4호, 제8호 및 제9호에 따라 등록이 취소된 경우

6. 정비사업전문관리업자에 대한 감독 등

(1) 정비사업전문관리업자에 대한 조사

국토교통부장관 또는 시・도지사는 정비사업전문관리업자에 대하여 ① 그 업무에 관한 사항을 보고하게 하거나 ② 자료의 제출, ③ 그 밖의 필요한 명령을 할 수 있다(법 제107조 제1항).

국토교통부장관 또는 시・도지사가 정비사업전문관리업자에 대하여 조사할 수 있는 사유는 아래와 같다(법 제107조 제1항).

① 등록요건 또는 결격사유 등 이 법에서 정한 사항의 위반 여부를 확인할 필요가 있는 경우

② 정비사업전문관리업자와 토지등소유자, 조합원, 그 밖에 정비사업과 관련한 이해관계인 사이에 분쟁이 발생한 경우

③ 그 밖에 시・도조례로 정하는 경우

또한 국토교통부장관 또는 시・도지사는 소속 공무원에게 정비사업전문관리업자의 영업소 등에 출입하여 장부・서류 등을 조사 또는 검사하게 할 수 있다(법 제107조 제1항).

국토교통부장관은 도시정비법 제107조에 따른 정비사업전문관리업자에 대한 조사 등의 권한을 시ㆍ도지사에게 위임한다(시행령 제96조 제1항).

출입・검사 등을 하는 공무원은 권한을 표시하는 증표를 지니고 관계인에게 내보여야 한다(법 제107조 제2항).

국토교통부장관 또는 시・도지사가 정비사업전문관리업자에게 업무에 관한 사항의 보고, 자료의 제출을 하게 하거나, 소속 공무원에게 조사 또는 검사하게 하려는 경우에는 행정조사기본법 제17조에 따라 사전통지를 하여야 한다(법 제107조 제3항).

업무에 관한 사항의 보고 또는 자료의 제출 명령을 받은 정비사업전문관리업자는 그 명령을 받은 날부터 15일 이내에 이를 보고 또는 제출(전자문서를 이용한 보고 또는 제출 포함)하여야 한다(법 제107조 제4항).

국토교통부장관 또는 시・도지사는 업무에 관한 사항의 보고, 자료의 제출, 조사 또는 검사 등이 완료된 날부터 30일 이내에 그 결과를 통지하여야 한다

(법 제107조 제5항).

(2) 자료의 제출명령 등

국토교통부장관, 시・도지사, 시장, 군수 또는 구청장은 다음 어느 하나에 해당하는 때에는 정비사업전문관리업자에게 보고 또는 자료의 제출을 명할 수 있으며 소속 공무원에게 그 업무에 관한 사항을 조사하게 할 수 있다(법 제111조 제2항).

① 도시정비법의 위반 여부를 확인할 필요가 있는 경우

② 토지등소유자, 조합원, 그 밖에 정비사업과 관련한 이해관계인 사이에 분쟁이 발생된 경우

③ 그 밖에 시・도조례로 정하는 경우

국토교통부장관, 특별시장, 광역시장 또는 도지사, 시장・군수는 정비사업전문관리업자에게 처분의 취소・변경 또는 정지, 그 밖의 필요한 조치를 취할 수 있다(법 제113조 제1항).

(3) 정비사업전문관리업 정보의 종합관리

국토교통부장관은 정비사업전문관리업자의 자본금 · 사업실적 · 경영실태 등에 관한 정보를 종합적이고 체계적으로 관리하고 시 · 도지사, 시장, 군수, 구청장, 추진위원회 또는 사업시행자 등에게 제공하기 위하여 정비사업전문관리업 정보종합체계를 구축 · 운영할 수 있다(법 제108조).

국토교통부장관은 한국부동산원에 정비사업전문관리업 정보종합체계의 구축.운영에 관한 사무를 위탁할 수 있다(시행령 제96조 제2항 제1호).

(4) 교육의 실시

국토교통부장관, 시.도지사, 시장, 군수 또는 구청장은 정비사업전문관리업자의 대표자 및 기술인력에 대하여 교육을 실시할 수 있다(법 제115조 제1항). 교육의 내용에는 ① 주택건설 제도, ② 도시 및 주택 정비사업 관련 제도, ③ 정비사업 관련 회계 및 세무 간련 사항이 포함된다(시행령 제90조).

VI. 시장 · 군수의 정비사업전문관리업자 선정

1. 시장 · 군수의 정비사업전문관리업자의 선정

(1) 추진위원회 설립지원을 위한 정비사업전문관리업자

정비사업을 공공지원하는 시장 · 군수 등은 정비사업전문관리업자의 선정업무를 수행한다(법 제118조 제2항 제2호).

시장 · 군수등이 선정한 정비사업전문관리업자는 추진위원회 설립에 필요한 ① 동의서 제출의 접수, ② 운영규정 작성 지원, ③ 그 밖에 조례로 정하는 사항을 수행할 수 있다(법 제102조 제1항 제7호).

서울시는 '공공지원 정비사업전문관리업자 선정기준(서울특별시 고시 제2018 - 249호 2018. 8. 9. 개정)'을 고시하였다.

이하에서는 서울시의 '공공지원 정비사업전문관리업자 선정기준'에 따른 공공지원자의 정비사업전문관리업자의 선정절차에 관하여 살펴보기로 한다.

추진위원회가 시장 · 군수등이 선정한 정비사업전문관리업자를 선정하는 경우에는 도시정비법 제32조제2항에 의거 경쟁입찰에 의하지 않아도 된다(법 제118조 제5항).

(2) 협상에 의한 계약[609]

공공지원자는 자격심사기준에 따라 선정된 정비사업전문관리업자와 계약을 체결하고자 하는 경우에는 '공공지원 정비사업전문관리업자 선정기준' 별표 3 '공공지원자 지원용역 협상에 의한 계약체결기준'을 따르도록 하고 있다.

지방자치단체의 장 또는 계약담당자는 계약이행의 전문성 · 기술성 · 창의성 · 긴급성, 공공시설물의 안전성 등의 이유로 필요하다고 인정되는 경우에는 제안서를 제출받아 평가한 후 협상절차를 통하여 지방자치단체에 가장 유리하다고 인정되는 자와 계약을 체결할 수 있다(지방자치단체를 당사자로 하는 계

609) 협상에 의한 계약은 1995. 7. 6. 국가계약법령 제정시 도입되었고, 민간부문에서는 1991년도에 경부고속철도 차량선정사업시 활용되었음.

약에 관한 법률 시행령 제43조).

2. 서울시의 정비업체 선정 방침 수립

(1) 입찰참가자격 결정(입찰보증금 포함)

입찰참가자격은 ① 도시정비법 제102조에 의한 정비사업전문관리업 등록업체이어야 하고, ② 당해 사업에 관한 사업자등록증을 교부받은 자이어야 하며, ③ 현장설명회에 참석한 자이어야 하며, ④ 입찰보증금 지급확약서를 제출한 자이어야 한다. 또한 공고일 기준 국세 및 지방세 체납사실이 없는 자이어야 한다.

입찰보증금은 입찰금액의 100분의 5에 해당하는 금액으로 하고, 입찰참가신청시 입찰보증금 지급확약(지방자치단체를 당사자로 하는 계약에 관한 법률 시행령 제37조 제4항)을 하여야 한다.

2개 이내의 정비사업전문관리업체가 공동이행방식으로 공동도급이 가능하며, 이 경우 공동도급업체의 대표자는 참여지분율이 50% 이상인 업체가 수행하여야 한다.

(2) 입찰방법의 결정

공공지원자가 정비사업정비관리업자를 선정하고자 할 때에는 공개경쟁(일반경쟁, 제한경쟁 또는 지명경쟁) 입찰의 방법으로 선정하여야 한다. 공공지원자는 입찰방법에 있어 일반경쟁, 제한경쟁, 또는 지명경쟁 중 하나를 결정하여야 한다.

제한경쟁에 의한 입찰자격은 ① 추진위원회등과 계약체결 하였던 정비사업실적으로 당해 정비사업의 토지등소유자 수 ② 정비사업전문관리업을 서울특별시에 등록한 자로 제한할 수 있다. 지역제한을 할 경우 공동도급체 2개사 모두 서울시 소재 등록업체이어야 한다.

제한경쟁입찰의 경우 공공지원자는 입찰자격의 제한 사유를 확정하고, 지명경쟁입찰의 경우 공공지원자는 10인 이상의 입찰대상자를 선정하여야 한다.

제한경쟁입찰의 경우 입찰공고 예시안

가. 지방자치단체를 당사자로 하는 계약에 관한 법률 시행령 제13조 및 동법 시행령 제14조에 의한 요건을 갖추고, 공고일 기준 국세 및 지방세 체납 사실이 없는 업체로서 다음 각호에 해당하는 업체

① 지역제한

예시) '도시 및 주거환경정비법 제69조에 의한 '정비사업전문관리업' 등록업체로서 주된 영업소가 입찰공고일 전일부터 입찰일까지 계속하여 서울특별시에 소재한 업체

② 실적제한

예시) 정비사업의 조합설립인가, 사업시행인가 및 관리처분계획인가 실적이 각 각 00명 이상인 정비업체

※ 실적제한은 당해 정비사업의 토지등소유자수를 초과하여 제한할 수 없다.

나. 2개 이내의 정비사업전문관리업체가 공동이행방식으로 공동도급이 가능하며, 이 경우 공동도급업체의 대표자는 참여지분율이 50% 이상인 업체가 수행하여야 함.

(3) 정비사업전문관리용역 제안요청서 작성

공공지원자는 입찰용 안내 자료로서 발주기관, 정비사업전문관리업자 등 계약당사자가 상호 수행하여야 할 조건에 따라 본 용역을 원활하게 수행할 수 있도록 '○○구역 공공지원자 지원 정비사업전문관리용역 제안요청서'를 작성하여야 한다. 위 제안요청서는 ① 제1장 일반사항, ② 제2장 과업설명서, ③ 제3장 과업내용서, ④ 제4장 입찰서 작성지침, ⑤ 제5장 입찰서 평가기준으로 구성되어 있다.

(4) 자격심사기준 결정

제안서 평가를 위한 계약이행능력 심사는 해당 계약을 체결하려는 자의 이

행실적, 기술능력, 사업수행계획, 재무상태 및 입찰가격 등을 종합적으로 고려하여 행정안전부장관이 정한 기준에 따라 지방자치단체의 장이 정한 세부심사기준 및 절차에 의하며, 지방자치단체의 장은 계약을 체결하려는 자가 이를 열람할 수 있도록 하여야 한다(지방자치단체를 당사자로 하는 계약에 관한 법률 시행령 제43조).

서울시는 정비사업전문관리업자의 자격심사기준으로 '자격심사 - Ⅰ' 과 '자격심사 - Ⅱ'를 규정하고 있고, '자격심사 - Ⅰ' 은 공공지원자가 공공지원 정비사업의 규모 등을 고려한 객관적 심사기준이며, '자격심사 - Ⅱ'는 공공지원 정비사업의 규모 등을 고려한 객관적 심사 및 주관적 심사기준을 말한다.

공공지원자는 공공지원 정비사업의 규모, 여건 등을 고려하여 '자격심사 - Ⅰ' 또는 '자격심사 - Ⅱ' 중에서 선택하여야 한다.

평가위원회가 주관적 평가의 평가기준 및 평가방법, 배점기준 등을 수정.보완하고자 할 경우 평가 시작 이전에 위원회에서 결정한다.

(5) 추정가격 또는 예정가격 작성

"추정가격" 이라 함은 물품 · 공사 · 용역 등의 조달계약을 체결함에 있어서 국제입찰 대상여부를 판단하는 기준 등으로 삼기 위하여 예정가격이 결정되기 전에 산정된 가격을 말한다. 지방자치단체의 장 또는 계약담당자는 예산에 계상된 금액 또는 당해 목적물의 규격서 · 설계서 등에 의하여 산출된 금액 등을 기준으로 하여 관급자재로 공급될 부분의 가격을 제외하고 추정가격을 산정한다.

"예정가격" 이라 함은 입찰 또는 계약체결 전에 낙찰자 및 계약금액의 결정기준으로 삼기 위하여 미리 작성 · 비치하여 두는 가액을 말한다.

예정가격은 계약을 체결하고자 하는 사항의 가격의 총액에 대하여 이를 결정하여야 한다. 지방자치단체의 장 또는 계약담당자는 적정한 거래가 형성된 경우에는 행정안전부령으로 정하는 거래실례가격을 기준으로 하여 예정가격을 결정하여야 한다.

지방자치단체의 장 또는 계약담당자는 입찰 또는 수의계약 등에 부칠 사항에 대하여 당해 규격서 및 설계서 등에 의하여 예정가격을 작성하고 이를 밀봉하여 미리 개찰장소 또는 가격협상장소 등에 두어야 하며 예정가격이 누설되지 아니하도록 하여야 한다.

가격제안 평가시 당해 입찰가격이 추정가격 또는 예정가격의 80% 미만인 경우에 당해입찰가격은 추정가격 또는 예정가격의 80%의 가격을 적용하게 되는바, 위 가격평가를 위해 공공지원자는 입찰공고 이전에 추정가격 또는 예정가격을 결정하여야 할 것이다.

3. 입찰서의 제출

(1) 입찰공고

공공지원자가 정비사업전문관리업자 선정을 위한 입찰을 하고자 할 때에는 '지방자치단체를 당사자로 하는 계약에 관한 법률'의 입찰공고 규정을 준용한다.

일반경쟁 또는 제한경쟁의 입찰공고는 현장설명일의 전일부터 기산하여 7일 전에 1회 이상 서울특별시가 주보급지인 일간 신문에 공고하고 클린업시스템에 공개하여야 한다. 입찰공고내용에는 사업의 개요, 입찰의 일시 및 장소, 현장설명회의 일시 및 장소, 입찰참가 자격에 관한 사항 등이 포함되어야 한다.

지명경쟁의 경우 지방자치단체의 장 또는 계약담당자는 지명된 입찰대상자 10인 이상에게 현장설명일의 전일부터 기산하여 7일 전에 입찰내용을 통지하고, 입찰참가여부를 확인하여야 한다.

(2) 현장설명회

공공지원자는 입찰일로부터 10일 이전에 현장설명회를 개최하여야 한다. 공공지원자는 정비사업전문관리업자가 현장설명회에 참가한 경우에만 입찰에 참여할 수 있도록 하여야 한다.

공공지원자는 현장설명회에서 입찰참여자들에게 ① 공공지원 정비사업전문관리업자 자격심사기준(I, II), ② '○○구역 공공지원자 지원 정비사업전문관리용역 제안요청서', ③ 관련 서식 등을 배포하여야 한다.

(3) 입찰서의 접수 및 개봉

입찰참여자는 공공지원자에게 제출기한까지 밀봉된 상태로 입찰서(사업 참여제안서 포함)를 제출하여야 한다. 공공지원자가 나라장터를 이용하여 입찰서를 제출하게 하는 경우에는 입찰공고에 표시한 절차와 방법으로 입찰서를 접수하여야 한다.

입찰보증금은 입찰참가 신청시 입찰보증금 지급확약(지방자치단체를 당사자로 하는 계약에 관한 법률 시행령 제37조)을 하여야 한다. 낙찰자가 소정의 기한 내에 계약을 체결하지 아니할 경우에는 낙찰자는 입찰금액의 5/100에 해당하는 입찰보증금을 공공지원자에게 납부하여야 하며, 부정당업자로 입찰참가자격 제한 처분을 받게 된다.

공공지원자는 입찰참여자가 제출한 서류에 하자가 있는지 여부를 심사하고, 보완이 필요한 경우 공공지원자는 해당 입찰참여자에게 일정 기간을 정하여 서류의 보완을 요구할 수 있다. 그러나 입찰참가신청서 또는 가격입찰서의 중요한 부분이 불분명하거나 날인이 누락된 경우, 청렴계약이행서약서가 누락된 경우에는 입찰의 무효사유일 뿐 보완대상이 아니다.

공공지원자가 입찰서를 개봉하고자 할 때에는 입찰서를 제출한 정비사업전문관리업자의 대표(대리인을 지정한 경우에는 그 대리인)가 참여한 공개된 장소에서 개봉하여야 한다. 다만, 나라장터를 이용하여 입찰서를 제출하게 하는 경우에는 입찰공고에 표시한 절차와 방법으로 입찰서를 개봉하여야 한다.

(4) 입찰의 무효사유

다음에 해당하는 자는 입찰의 무효사유가 된다.

① 입찰참가신청서 또는 가격입찰서를 제출하지 않은 자

② 입찰참가신청서 또는 가격입찰서에 대표자의 인감이 날인되어 있지 않은 자

③ 제출기한 이후에 입찰참가신청서를 제출한 자

④ 공공지원자가 배부한 양식이 아닌 입찰참가신청서 또는 가격입찰서

⑤ 청렴계약이행서약서를 제출하지 않거나 거부한 자
⑥ 입찰보증금 지급확약서를 제출하지 않은 자
⑦ 현장설명회에 참석하지 아니한 자
⑧ 입찰서를 밀봉하지 않거나 우편으로 접수한 자
⑨ 업체현황평가에 필요한 서류를 위조, 변조, 허위 등 부정한 방법으로 작성한 자
⑩ 기술제안서에 회사식별이 가능한 표기를 한 경우

(5) 입찰의 성립

입찰참가자격은 정비사업전문관리업을 등록한 자, 한국토지주택공사, 한국감정원이며, 당해 정비사업의 위탁관리자는 정비업체로 입찰을 할 수 없다.

공공지원자는 일반경쟁에 의한 입찰을 하고자 하는 때에는 입찰참가자격이 있는 자 2인 이상의 입찰참가신청이 있어야 한다. 이 경우 공동참여의 경우에는 1인으로 본다.

제한경쟁에 의한 입찰의 경우 5인 이상이 입찰참가 신청을 하여야 하고, 공동참여의 경우에는 1인으로 본다.

지명경쟁에 의한 입찰의 경우 10인 이상의 입찰대상자를 지명하여 5인 이상의 입찰참가 신청이 있어야 한다.

현장설명회에 참석하지 아니한 자, 입찰보증금을 납인하지 아니한 자 등 입찰의 무효사유에 해당하는 자는 입찰참가신청자 수에서 제외되어야 한다.

4. 자격심사기준

(1) 자격심사(I)에 의한 선정

지방자치단체의 장 또는 계약담당자는 자격심사기준 및 항목별 평가방법에 따라 입찰자들의 자격을 심사한 후 협상적격자를 선정한다.

① 업체현황 평가(객관적 평가) : 20 ~ 30%

- 기술인력 보유상태(40점), 유사용역 수행실적(20점), 경영상태(40점)

② 가격제안 평가 : 70 ~ 80%

(2) 자격심사(II)에 의한 선정(평가위원회)

제안서의 평가를 위하여 지방자치단체에 제안서평가위원회를 설치하여야 하고, 지방자치단체의 장 또는 계약담당자는 위원회의 심의를 거쳐야 한다(지방자치단체를 당사자로 하는 계약에 관한 법률 시행령 제43조).

① 업체현황 평가(객관적 평가) : 20%

- 기술인력 보유 상태(40점), 유사용역 수행실적(20점), 경영상태(40점)

② 기술제안 평가(주관적 평가) : 60%

- 과업내용의 이해도(20점), 과업수행 조직구성(20점), 과업수행 세부계획(40점), 과업수행 지원체계(20점)

③ 가격제안 평가 : 20%

주관적 평가는 최고점수와 최저점수를 준 위원을 제외하고 나머지 위원의 평가점수를 합산하여 산술평균한 점수로 한다. 다만, 최고.최저 점수가 둘 이상인 경우는 하나만 제외한다.

(3) 입찰서의 가격평가점수 산정('자격심사 - I' 과 '자격심사 - II')

입찰서의 가격평가점수는 아래와 같이 산정한다.

평점 = 입찰가격평가 배점한도 × (최저입찰가격 / 당해입찰가격)

① 당해입찰가격이 추정가격의 100분의 80 이상인 경우에 당해입찰가격은 추정가격의 100분의 80 이상인 가격 적용(당해 입찰가격 적용)

② 당해입찰가격이 추정가격의 100분의 80 미만일 경우에는 당해입찰가격은 추정가격의 100분의 80인 가격 적용

③ 최저입찰가격은 입찰에 참가한 업체의 입찰가격 중 최저가격으로 함(단, 최저입찰가격이 추정가격의 100분의 80미만인 경우에는 100분의 80인 가격 적용)

④ 예정가격을 작성한 경우에는 추정가격을 예정가격으로 적용

(4) 가격평가점수 산정례

토지등소유자 500명 미만의 정비구역의 경우 가격평가 점수는 50점임

추정가격(예정가격)이 100원이고, 입찰가격은 갑이 70원, 을이 80원, 병이 90원임

최저입찰가격은 갑의 입찰가격인 70원이나, 추정가격의 80% 미만이므로, 가격평가의 최저입찰가격은 추정가격(예정가격)의 80%에 해당하는 80원을 적용함

갑의 당해입찰가격을 적용함에 있어 갑의 입찰가격은 70원이나, 추정가격(예정가격)의 80% 미만이므로, 갑의 당해입찰가격은 80원을 적용함

갑의 점수는 50점임[50점 × (80원/80원)]

을의 점수는 50점임[50점 × (80원/80원)]

병의 점수는 44.4점임[50점 × (80원/90원)]

5. 적격심사방식과 가격평가점수 산정 사례

(1) 예정가격의 산출

입찰서의 가격평가점수는 아래와 같이 산정한다.

$$\text{예정가격 (입찰자의 평균가격)} = \frac{\text{입찰참가업체의 제안가격 합계}}{\text{입찰참가 업체수}}$$

※ 최고금액과 최저금액은 예정가격 산출에서 제외함. 다만, 입찰참가자가 5개업체 미만인 경우에는 포함

(2) 입찰가격에 따른 점수산정

$$\text{. 가격 점수} = \text{가격배점} \times \left(1 - \left| 1 - \frac{\text{입찰가격}}{\text{예정가격}} \right| \right)$$

※ l l는 절대값 표시, 예정가격을 기준으로 상.하 점수 감점

※ 당해입찰가격이 예정가격보다 2배를 초과할 경우에는 2배에 해당하는 입찰가격 적용[최저 0점까지만 평가, 마이너스(-) 점수 배제]

(3) 가격평가점수 산정례

가격항목점수가 80점이고, 가격항목 이외 점수가 20점으로 정함.
A가 110원을, B가 100원을, C가 90원을, D가 80원을 각각 입찰함.
입찰참가자가 5개 업체 미만이므로, 4개업체 가격 모두 합산
예정가격은 95원[(110 + 100 + 90 + 80) ÷ 4]임.

A의 점수 : 80 × [1 - ∣1 - 110/95∣] = 67.20점
B의 점수 : 80 × [1 - ∣1 - 100/95∣] = 76.00점
C의 점수 : 80 × [1 - ∣1 - 90/95∣] = 75.79점
D의 점수 : 80 × [1 - ∣1 - 80/95∣] = 67.37점

6. 협상절차, 계약 및 용역 착수

(1) 협상적격자 및 협상순위의 선정

제안서 평가결과 기술 및 가격 평가점수의 합산점수가 80점 이상인 자를 협상적격자로 선정한다. 단, 80점 이상인 정비사업관리용역업자가 3개사 미만인 경우 상위 3개사를 협상적격자로 선정하며 60점 미만인 업체는 제외한다.

협상순서는 합산점수의 고득점순에 의하여 결정하되, 합산점수가 동일한 제안자가 2인 이상일 경우에는 기술 평가점수가 높은 제안자를 선순위자로 하고, 기술 평가점수도 동일한 경우에는 기술평가의 평가항목 중 배점이 큰 항목에서 높은 점수를 얻은 자를 선순위자로 한다. 단, 기술평가점수가 배점이 큰 항목에서도 모두 동일한 경우에는 제안서 평가위원회에서 결정한다.

협상적격자와 협상순위가 결정된 경우에는 협상적격자에게 협상순위와 협상일정을 통보한다.

(2) 협상절차 및 협상범위

협상순위에 따라 결정된 협상대상자와 협상을 하며, 협상이 성립된 때에는 다른 협상적격자와 협상을 실시하지 아니한다. 협상대상자와의 협상이 성립되지 않으면 동일한 기준과 절차에 따라 순차적으로 차순위 협상적격자와 협상을 실시한다. 모든 협상적격자와의 협상이 결렬될 경우 협상조건 및 내용을 수정하여 처음의 협상순서에 따라 재협상을 실시할 수 있다.

협상대상자가 제안한 기술제안 내용 및 제안서 평가위원회에서 권유한 내용을 대상으로 협상을 실시하며 협상대상자와 협상을 통해 그 내용의 일부를 조정할 수 있다.

협상대상자와의 가격협상 시 기준가격은 당해 사업예산(예정가격을 작성한 경우에는 예정가격)이하로서 협상대상자가 제안한 가격으로 한다.

협상대상자가 제안한 내용을 가감하는 경우에는 그 가감되는 내용에 상당하는 금액을 당해 사업예산(예정가격을 작성한 경우에는 예정가격) 범위 내에서 조정할 수 있다.

협상기간은 협상개시를 통보한 날로부터 10일 이내로 하되, 당해 사업의 규모, 특수성, 난이도 등에 따라 협상대상자와의 협의에 의하여 3일의 범위 내에서 조정할 수 있다.

(3) 계약의 체결

협상이 성립되면 그 결과를 당해 협상대상자에게 서면으로 통보한다.

협상이 성립된 후 10일 이내에 계약을 체결하여야 한다. 계약의 체결 및 이행에 관하여는 서면통보한 협상결과와 계약의 일반조건, 특수조건, 입찰유의서 및 일반원칙에 따른다.

낙찰자가 소정의 기한내에 계약을 체결하지 아니할 경우에는 낙찰자는 공공지원자에게 입찰금액의 100분의 5 에 해당하는 입찰보증금을 납부(귀속)하여야 하며, 부정당업자로 입찰참가자격 제한의 처분을 받게 된다.

(4) 책임 또는 보조사업관리자의 배치

정비사업전문관리업자는 입찰서의 책임 또는 보조사업관리자를 공공지원 정비사업에 배치하여야 한다. 이 경우 책임사업관리자는 공공지원 정비사업에서 수행중인 용역 중 관리처분계획인가를 기준으로 3건을 초과하여 다른 공공지원 정비사업의 책임사업관리자로 중복하여 배치할 수 없다.

평가서에 기재된 참여 사업관리자가 당해 용역에 참여하지 아니하는 경우, 그 사업관리자에 대한 평가가 업체선정의 중요한 요소인 경우에는 계약해제 또는 해지의 사유가 될 수 있다.

정비사업전문관리업자는 다음의 1에 해당하는 경우에는 책임 또는 보조사업관리자를 교체할 수 있다. 이 경우 교체할 책임 또는 보조사업관리자는 입찰서의 책임 또는 보조사업관리자와 동등이상(단, 책임사업관리자는 자격 및 경력이 동등이상인 자를 말함)의 자격을 갖춘 자로 하여야 한다.

① 입대.이민.3월 이상의 요양을 요하는 부상 또는 질병이 있는 경우

② 퇴사 등 공공지원자 또는 추진위원회등이 부득이하다고 인정하는 경우

정비사업전문관리업자는 책임 또는 보조사업관리자를 교체하고자 하는 경우에는 공공지원자로부터 미리 승인을 얻어야 한다.

참 고 자 료

1. 정비사업 조합설립추진위원회 운영규정

2. 서울특별시 공공지원 재개발정비사업조합 표준정관

3. 정비사업 계약업무 처리기준

참고자료 1.

정비사업 조합설립추진위원회 운영규정

제1조(목적) 이 운영규정은 「도시 및 주거환경정비법」 제31조제1항 및 제34조제1항에 따라 정비사업조합설립추진위원회(이하 "추진위원회"라 한다)의 구성 · 기능 · 조직 및 운영에 관한 사항을 정하여 공정하고 투명한 추진위원회의 운영을 도모하고 원활한 정비사업추진에 이바지함을 목적으로 한다.

제2조(추진위원회의 설립) ① 정비사업조합을 설립하고자 하는 경우 위원장 및 감사를 포함한 5인 이상의 위원 및 「도시 및 주거환경정비법」(이하 "법 "이라 한다) 제34조제1항에 따른 운영규정에 대한 토지등소유자(이하 "토지등소유자 "라 한다) 과반수의 동의를 얻어 조합설립을 위한 추진위원회를 구성하여 「도시 및 주거환경정비법 시행규칙」이 정하는 방법 및 절차에 따라 시장 · 군수 또는 자치구의 구청장(이하 "시장 · 군수등 "이라 한다)의 승인을 얻어야 한다.

② 제1항에 따른 추진위원회 구성은 다음 각 호의 기준에 따른다.

1. 위원장 1인과 감사를 둘 것
2. 부위원장을 둘 수 있다.
3. 추진위원의 수는 토지등소유자의 10분의 1 이상으로 하되, 토지등소유자가 50인 이하인 경우에는 추진위원을 5인으로 하며 추진위원이 100인을 초과하는 경우에는 토지등소유자의 10분의 1 범위 안에서 100인 이상으로 할 수 있다.

③ 다음 각 호의 어느 하나에 해당하는 자는 추진위원회 위원이 될 수 없다.

1. 미성년자 · 피성년후견인 또는 피한정후견인
2. 파산선고를 받고 복권되지 아니한 자
3. 금고 이상의 실형을 선고받고 그 집행이 종료(종료된 것으로 보는 경우를 포함한다)되거나 집행이 면제된 날부터 2년이 경과되지 아니한 자
4. 금고 이상의 형의 집행유예를 받고 그 유예기간 중에 있는 자

5. 법을 위반하여 벌금 100만원 이상의 형을 선고받고 5년이 지나지 아니한 자

④ 제1항의 토지등소유자의 동의는 별표의 ○○정비사업조합설립추진위원회운영규정안(이하 "운영규정안"이라 한다)이 첨부된 「도시 및 주거환경정비법 시행규칙」 별지 제4호서식의 정비사업 조합설립추진위원회 구성동의서에 동의를 받는 방법에 의한다.

⑤ 추진위원회의 구성에 동의한 토지등소유자(이하 "추진위원회 동의자"라 한다)는 법 제35조제1항부터 제5항까지에 따른 조합의 설립에 동의한 것으로 본다. 다만, 법 제35조에 따른 조합설립인가 신청 전에 시장 · 군수등 및 추진위원회에 조합설립에 대한 반대의 의사표시를 한 추진위원회 동의자의 경우에는 그러하지 아니하다.

제3조(운영규정의 작성) ① 정비사업조합을 설립하고자 하는 경우 추진위원회를 시장 · 군수등에게 승인 신청하기 전에 운영규정을 작성하여 토지등소유자의 과반수의 동의를 얻어야 한다.

② 제1항의 운영규정은 별표의 운영규정안을 기본으로 하여 다음 각 호의 방법에 따라 작성한다.

1. 제1조 · 제3조 · 제4조 · 제15조제1항을 확정할 것
2. 제17조제7항 · 제19조제2항 · 제29조 · 제33조 · 제35조제2항 및 제3항의 규정은 사업특성 · 지역상황을 고려하여 법에 위배되지 아니하는 범위 안에서 수정 및 보완할 수 있음
3. 사업추진상 필요한 경우 운영규정안에 조 · 항 · 호 · 목 등을 추가할 수 있음

③ 제2항 각 호에 따라 확정 · 수정 · 보완 또는 추가하는 사항이 법 · 관계법령, 이 운영규정 및 관련행정기관의 처분에 위배되는 경우에는 효력을 갖지 아니한다.

④ 운영규정안은 재건축사업을 기본으로 한 것이므로 재개발사업 등을 추진하는 경우에는 일부 표현을 수정할 수 있다.

제4조(추진위원회의 운영) ① 추진위원회는 법 · 관계법령, 제3조의 운영규정 및 관련 행정기관의 처분을 준수하여 운영되어야 하며, 그 업무를 추진함에 있어 사업시행구역안의 토지등소유자의 의견을 충분히 수렴하여야 한다.
② 추진위원회는 법 제31조제1항에 따른 추진위원회 설립승인 후에 위원장 및 감사를 변경하고자 하는 경우 시장 · 군수등의 승인을 받아야 하며, 그 밖의 경우 시장 · 군수등에게 신고하여야 한다.

제5조(해산) ① 추진위원회는 조합설립인가일까지 업무를 수행할 수 있으며, 조합이 설립되면 모든 업무와 자산을 조합에 인계하고 추진위원회는 해산한다.
② 추진위원회는 자신이 행한 업무를 법 제44조에 따른 총회에 보고하여야 하며, 추진위원회가 행한 업무와 관련된 권리와 의무는 조합이 포괄승계한다.
③ 추진위원회는 조합설립인가 전 추진위원회를 해산하고자 하는 경우 추진위원회 동의자 3분의 2 이상 또는 토지등소유자의 과반수 동의를 받아 시장 · 군수등에게 신고하여 해산할 수 있다.

제6조(승계 제한) 이 운영규정이 정하는 추진위원회 업무범위를 초과하는 업무나 계약, 용역업체의 선정 등은 조합에 승계되지 아니한다.

제7조(재검토기한) 국토교통부장관은 「훈령 · 예규 등의 발령 및 관리에 관한 규정」에 따라 이 고시에 대하여 2018년 7월 1일 기준으로 매3년이 되는 시점(매 3년째의 6월 30일까지를 말한다)마다 그 타당성을 검토하여 개선 등의 조치를 하여야 한다.

부　　칙

이 고시는 2025년 6월 4일부터 시행한다.

[별표]

○○정비사업조합설립추진위원회 운영규정

제1장 총 칙

제1조(명칭) ① 이 재건축/재개발사업조합설립추진위원회의 명칭은 ○○○ 재건축/재개발사업조합설립추진위원회(이하 "추진위원회 "라 한다)라 한다.
② 추진위원회가 시행하는 재건축/재개발사업의 명칭은 ○○○ 재건축/재개발사업(이하 "사업" 이라 한다)이라 한다.

제2조(목적) 추진위원회는 「도시 및 주거환경정비법」(이하 "법" 이라 한다)과 이 운영규정이 정하는 바에 따라 재건축/재개발사업조합(이하 "조합" 이라 한다)의 설립인가준비 등 관련 업무를 충실히 수행하여 원활한 사업추진에 이바지함을 목적으로 한다.

제3조(사업시행구역) 추진위원회의 사업시행구역은 ○○ (시 · 도) ○○ (시 · 군 · 구) ○○ (읍 · 면) ○○ (리 · 동) ○○번지 외 ○○필지(상의 ○○아파트 단지)로서 대지의 총면적은 ○○㎡으로 한다.

제4조(사무소) ① 추진위원회의 주된 사무소는 ○○ (시 · 도) ○○ (시 · 군 · 구) ○○ (읍 · 면) ○○ (리 · 동) ○○ 번지 ○○호에 둔다.
② 추진위원회의 사무소를 이전하는 경우 사업시행구역 내 법 제2조제9호 가목 및 나목에 따른 토지등소유자(이하 "토지등소유자" 라 한다)에게 통지하여야 한다.

제5조(추진업무 등) ① 추진위원회는 다음 각 호의 업무를 수행한다.

1. 설계자의 선정 및 변경
2. 법 제102조에 따른 정비사업전문관리업자(이하 "정비사업전문관리업자" 라 한다)의 선정

3. 개략적인 사업시행계획서의 작성
4. 조합의 설립인가를 받기 위한 준비업무
5. 추진위원회 운영규정 작성(다만, 추진위원회 설립승인시 토지등소유자의 과반수의 동의를 얻은 운영규정을 작성하여 시장 · 군수 또는 자치구의 구청장에게 신고한 경우는 제외한다) 및 변경
6. 조합정관 초안 작성
7. 토지등소유자의 동의서 징구
8. 조합의 설립을 위한 창립총회의 준비 및 개최
9. 그 밖에 법령의 범위 내에서 추진위원회 운영규정이 정하는 사항

② 삭제<2010.9.16>

③ 추진위원회는 주민총회에서 법 제29조에 따른 방법으로 정비사업전문관리업자를 선정하여 제1항제2호를 제외한 제1항 각 호의 업무를 수행하도록 할 수 있다.

④ 시공자 · 감정평가업자의 선정 등 조합의 업무에 속하는 부분은 추진위원회의 업무범위에 포함되지 아니한다. 다만, 추진위원회가 조합설립 동의를 위하여 법 제35조 제10 - 8항에 따른 추정분담금을 산정하기 위해 필요한 경우 감정평가업자를 선정할 수 있다.

제6조(운영원칙) ① 추진위원회는 법, 관계 법령, 이 운영규정 및 관련 행정기관의 처분을 준수하여 운영되어야 하며, 그 업무를 추진함에 있어 사업시행구역 내 토지등소유자의 의견을 충분히 수렴하여야 한다.

② 추진위원회는 법 제31조제1항에 따른 추진위원회 구성승인 후에 위원장 및 감사를 변경하고자 하는 경우 시장 · 군수 또는 자치구의 구청장(이하 "시장 · 군수등" 이라 한다)의 승인을 얻어야 하며, 그 밖의 경우 시장 · 군수등에게 신고하여야 한다.

제7조(추진위원회 운영기간) 추진위원회의 운영기간은 추진위원회 승인일부터 법 제34조제4항에 따라 조합설립인가 후 조합에 회계장부 및 관련서류를 인계하는 날까지로 한다.

제8조(토지등소유자의 동의) ① 추진위원회의 업무에 대한 토지등소유자의 동의는 「도시 및 주거환경정비법 시행령」(이하 "영"이라 한다) 제33조에 따른다.

② 법 제36조의 규정은 제1항의 규정에 의한 동의에 관하여 이를 준용한다.

③ 삭제<2018.2.9.>

제9조(권리 · 의무에 관한 사항의 공개 · 통지방법) ① 추진위원회는 토지등소유자의 권리 · 의무에 관한 다음 각 호의 사항(변동사항을 포함한다. 이하 같다)을 토지등소유자가 쉽게 접할 수 있는 장소에 게시하거나 인터넷 등을 통하여 공개하고, 필요한 경우에는 토지등소유자에게 서면통지를 하는 등 토지등소유자가 그 내용을 충분히 알 수 있도록 하여야 한다.

1. 재건축진단 결과(재건축사업에 한함)
2. 정비사업전문관리업자의 선정에 관한 사항
3. 토지등소유자의 부담액 범위를 포함한 개략적인 사업시행계획서
4. 추진위원회 임원의 선정에 관한 사항
5. 토지등소유자의 비용부담을 수반하거나 권리 · 의무에 변동을 일으킬 수 있는 사항
6. 영 제26조에 따른 추진위원회의 업무에 관한 사항
7. 창립총회 개최의 방법 및 절차
8. 조합설립에 대한 동의철회(법 제31조제2항 단서에 따른 반대의 의사표시를 포함한다) 및 방법
9. 영 제30조제2항에 따른 조합 설립 동의서에 포함되는 사항
10. 삭제<2018.2.9.>

② 제1항의 공개 · 통지방법은 이 운영규정에서 따로 정하는 경우를 제외하고는 다음 각 호의 방법에 따른다.

1. 토지등소유자에게 등기우편으로 개별 통지하여야 하며, 등기우편이 주소불명, 수취거절 등의 사유로 반송되는 경우에는 1회에 한하여 일반우편으로 추가 발송한다.

2. 토지등소유자가 쉽게 접할 수 있는 일정한 장소의 게시판(이하 "게시판"이라 한다)에 14일 이상 공고하고 게시판에 게시한 날부터 3월 이상 추진위원회 사무소에 관련서류와 도면 등을 비치하여 토지등소유자가 열람할 수 있도록 한다.
3. 인터넷 홈페이지가 있는 경우 홈페이지에도 공개하여야 한다. 다만, 특정인의 권리에 관계되거나 외부에 공개하는 것이 곤란한 경우에는 그 요지만을 공개할 수 있다.
4. 제1호의 등기우편이 발송되고 제2호의 게시판에 공고가 있는 날부터 공개 · 통지된 것으로 본다.

제10조(운영규정의 변경) ① 운영규정의 변경은 토지등소유자의 4분의 1 이상 또는 추진위원회의 의결로 발의한다.
② 운영규정이 변경된 경우에는 추진위원회는 시장 · 군수등에게 이를 신고하여야 한다.

제2장 토지등소유자

제11조(권리 · 의무의 승계) 양도 · 상속 · 증여 및 판결 등으로 토지등소유자가 된 자는 종전의 토지등소유자가 행하였거나 추진위원회가 종전의 권리자에게 행한 처분 및 권리 · 의무 등을 포괄 승계한다.

제12조(토지등소유자의 명부 등) ① 추진위원회는 토지등소유자의 명부와 추진위원회 구성에 동의한 토지등소유자의 명부(이하 "동의자 명부"라 한다)를 작성하여 관리하여야 한다.
② 추진위원회 구성에 동의하지 아니한 자를 동의자 명부에 기재하기 위하여는 「도시 및 주거환경정비법 시행규칙」 별지 제4호서식의 추진위원회동의서를 징구하여야 하며, 해당 토지등소유자는 추진위원회 구성에 동의한 토지등소유자가 납부한 운영경비의 동일한 금액과 그 금액의 지연납부에 따른 이자를 납부하여야 한다.

제13조(토지등소유자의 권리 · 의무) ① 토지등소유자는 다음 각 호의 권리와 의무를 갖는다. 다만, 제3호부터 제5호까지의 규정은 추진위원회 구성에 동의한 자에 한한다.

1. 주민총회의 출석권 · 발언권 및 의결권
2. 추진위원회 위원(제15조제1항에 따른 위원을 말한다)의 선임 · 선출권
3. 추진위원회 위원(제15조제1항에 따른 위원을 말한다)의 피선임 · 피선출권
4. 추진위원회 운영경비 및 그 연체료의 납부의무
5. 그 밖에 관계법령 및 이 운영규정, 주민총회 등의 의결사항 준수의무

② 토지등소유자의 권한은 평등하며, 권한의 대리행사는 원칙적으로 인정하지 아니하되, 다음 각 호에 해당하는 경우에는 권한을 대리할 수 있다. 이 경우 토지등소유자의 자격은 변동되지 아니한다.

1. 토지등소유자가 권한을 행사할 수 없어 배우자 · 직계존비속 · 형제자매 중에서 성년자를 대리인으로 정하여 위임장을 제출하는 경우
2. 해외거주자가 대리인을 지정한 경우
3. 법인인 토지등소유자가 대리인을 지정한 경우(이 경우 법인의 대리인은 추진위원회의 위원으로 선임될 수 있다.)

③ 토지등소유자가 그 권리를 양도하거나 주소 또는 인감을 변경하였을 경우에는 그 양수자 또는 변경 당사자는 그 행위의 종료일부터 14일 이내에 추진위원회에 그 변경내용을 신고하여야 한다. 이 경우 신고하지 아니하여 발생되는 불이익 등에 대하여 해당 토지등소유자는 추진위원회에 이의를 제기할 수 없다.

④ 토지등소유자로서 추진위원회 구성에 동의한 자는 추진위원회가 사업시행에 필요한 서류를 요구하는 경우 이를 제출할 의무가 있으며 추진위원회의 승낙이 없는 한 이를 회수할 수 없다. 이 경우 추진위원회는 요구서류에 대한 용도와 수량을 명확히 하여야 하며, 추진위원회의 승낙이 없는 한 회수할 수 없다는 것을 미리 고지하여야 한다.

⑤ 소유권을 수인이 공동 소유하는 경우에는 그 수인은 대표자 1인을 대표소유자로 지정하고 별지 서식의 대표소유자선임동의서를 작성하여 추진위원회에

신고하여야 한다. 이 경우 소유자로서의 법률행위는 그 대표소유자가 행한다.

第14조(토지등소유자 자격의 상실) 토지등소유자가 주택 또는 토지의 소유권을 이전하였을 때에는 그 자격을 즉시 상실한다.

제3장 위원

第15조(위원의 선임 및 변경) ① 추진위원회의 위원은 다음 각 호의 범위 이내로 둘 수 있으며, 상근하는 위원을 두는 경우 추진위원회의 의결을 거쳐야 한다.

1. 위원장
2. 부위원장
3. 감사 _인
4. 추진위원 _인

② 위원은 추진위원회 설립에 동의한 자 중에서 선출하되, 위원장 · 부위원장 및 감사는 다음 각 호의 어느 하나에 해당하는 자이어야 한다.

1. 피선출일 현재 사업시행구역 안에서 3년 이내에 1년 이상 거주하고 있는 자(다만, 거주의 목적이 아닌 상가 등의 건축물에서 영업 등을 하고 있는 경우 영업 등은 거주로 본다)
2. 피선출일 현재 사업시행구역 안에서 5년 이상 토지 또는 건축물(재건축사업의 경우 토지 및 건축물을 말한다)을 소유한 자

③ 위원의 임기는 선임된 날부터 2년까지로 하되, 추진위원회에서 재적위원(추진위원회의 위원이 임기 중 궐위되어 위원 수가 이 운영규정 본문 제2조제2항에서 정한 최소 위원의 수에 미달되게 된 경우 재적위원의 수는 이 운영규정 본문 제2조제2항에서 정한 최소 위원의 수로 본다. 이하 같다) 과반수의 출석과 출석위원 3분의 2 이상의 찬성으로 연임할 수 있으나, 위원장 · 감사의 연임은 주민총회의 의결에 의한다.

④ 임기가 만료된 위원은 그 후임자가 선임될 때까지 그 직무를 수행하고, 추진위원회에서는 임기가 만료된 위원의 후임자를 임기만료 전 2개월 이내에 선

임하여야 하며 위 기한 내 추진위원회에서 후임자를 선임하지 않을 경우 토지등소유자 5분의 1이상이 시장 · 군수등의 승인을 얻어 주민총회를 소집하여 위원을 선임할 수 있으며, 이 경우 제20조 제5항 및 제6항, 제24조 제2항을 준용한다.

⑤ 위원이 임기 중 궐위된 경우에는 추진위원회에서 재적위원 과반수 출석과 출석위원 3분의 2이상의 찬성으로 이를 보궐선임할 수 있으나, 위원장 · 감사의 보궐선임은 주민총회의 의결에 의한다. 이 경우 보궐선임된 위원의 임기는 전임자의 잔임기간으로 한다.

⑥ 추진위원의 선임방법은 추진위원회에서 정하되, 동별 · 가구별 세대수 및 시설의 종류를 고려하여야 한다.

第16조(위원의 결격사유 및 자격상실 등) ① 다음 각 호의 어느 하나에 해당하는 자는 위원이 될 수 없다.

1. 미성년자 · 피성년후견인 또는 피한정후견인
2. 파산선고를 받고 복권되지 아니한 자
3. 금고 이상의 실형의 선고를 받고 그 집행이 종료(종료된 것으로 보는 경우를 포함한다)되거나 집행이 면제된 날부터 2년이 경과되지 아니한 자
4. 금고 이상의 형의 집행유예를 받고 그 유예기간 중에 있는 자
5. 법 또는 관련 법률에 의한 징계에 의하여 면직의 처분을 받은 날부터 2년이 경과되지 아니한 자
6. 법을 위반하여 벌금 100만원 이상의 형을 확정판결 받은 날로부터 5년이 지나지 아니한 자

② 위원이 제1항 각 호의 어느 하나에 해당하게 되거나 선임 당시 그에 해당하는 자이었음이 판명되거나, 위원장 · 부위원장 및 감사가 선임 당시에 제15조제2항 각 호의 어느 하나에 해당하지 않은 것으로 판명된 경우 당연 퇴임한다.

③ 제2항에 따라 퇴직된 위원이 퇴직 전에 관여한 행위는 그 효력을 잃지 아니한다.

④ 위원으로 선임된 후 그 직무와 관련한 형사사건으로 기소된 경우에는 기소

내용에 따라 확정판결이 있을 때까지 제18조의 절차에 따라 그 자격을 정지할 수 있고, 위원이 그 사건으로 받은 확정판결내용이 법 제135조부터 제138조까지의 벌칙규정에 따른 벌금형에 해당하는 경우에는 추진위원회에서 신임여부를 의결하여 자격상실여부를 결정한다.

제17조(위원의 직무 등) ① 위원장은 추진위원회를 대표하고 추진위원회의 사무를 총괄하며 주민총회 및 추진위원회의 의장이 된다.
② 감사는 추진위원회의 사무 및 재산상태와 회계에 관하여 감사하며, 주민총회 및 추진위원회에 감사결과보고서를 제출하여야 하고 토지등소유자 5분의 1 이상의 요청이 있을 때에는 공인회계사에게 회계감사를 의뢰하여야 한다.
③ 감사는 추진위원회의 재산관리 또는 업무집행이 공정하지 못하거나 부정이 있음을 발견하였을 때에는 추진위원회에 보고하기 위하여 위원장에게 추진위원회 소집을 요구하여야 한다. 이 경우 감사의 요구에도 불구하고 위원장이 회의를 소집하지 아니하는 경우에는 감사가 직접 추진위원회를 소집할 수 있다.
④ 감사는 제3항 직무위배행위로 인해 감사가 필요한 경우 추진위원 또는 외부전문가로 구성된 감사위원회를 구성할 수 있다. 이 경우 감사는 감사위원회의 의장이 된다.
⑤ 부위원장 · 추진위원은 위원장을 보좌하고, 추진위원회에 부의된 사항을 심의 · 의결한다.
⑥ 다음 각 호의 경우 해당 안건에 관하여는 부위원장, 추진위원 중 연장자 순으로 추진위원회를 대표한다.
1. 위원장이 자기를 위한 추진위원회와의 계약이나 소송에 관련되었을 경우
2. 위원장의 유고로 인하여 그 직무를 수행할 수 없을 경우
3. 위원장의 해임에 관한 사항
⑦ 추진위원회는 그 사무를 집행하기 위하여 필요하다고 인정되는 때에는 추진위원회 사무국을 둘 수 있으며, 사무국에 상근하는 유급직원을 둘 수 있다. 이 경우 사무국의 운영규정을 따로 정하여 주민총회의 인준을 받아야 한다.
⑧ 위원은 동일한 목적의 사업을 시행하는 다른 조합 · 추진위원회 또는 정비

사업전문관리업자 등 관련단체의 임원 · 위원 또는 직원을 겸할 수 없다.

제18조(위원의 해임 등) ① 위원이 직무유기 및 태만 또는 관계법령 및 이 운영규정에 위반하여 토지등소유자에게 부당한 손실을 초래한 경우에는 해임할 수 있다.
② 제16조제2항에 따라 당연 퇴임한 위원은 해임 절차 없이 선고받은 날부터 그 자격을 상실한다.
③ 위원이 자의로 사임하거나 제1항에 따라 해임되는 경우에는 지체없이 새로운 위원을 선출하여야 한다. 이 경우 새로 선임된 위원의 자격은 위원장 및 감사의 경우 시장 · 군수등의 승인이 있은 후에, 그 밖의 위원의 경우 시장 · 군수등에게 변경신고를 한 후에 대외적으로 효력이 발생한다.
④ 위원의 해임 · 교체는 토지등소유자의 해임요구가 있는 경우에 재적위원 3분의 1 이상의 동의로 소집된 추진위원회에서 위원정수(운영규정 제15조에 따라 확정된 위원의 수를 말한다. 이하 같다)의 과반수 출석과 출석위원 3분의 2 이상의 찬성으로 해임하거나, 토지등소유자 10분의 1 이상의 발의로 소집된 주민총회에서 토지등소유자의 과반수 출석과 출석 토지등소유자의 과반수 찬성으로 해임할 수 있다. 다만, 위원 전원을 해임할 경우 토지등소유자의 과반수의 찬성으로 해임할 수 있다.
⑤ 제4항에 따라 해임대상이 된 위원은 해당 추진위원회 또는 주민총회에 참석하여 소명할 수 있으나 위원정수에서 제외하며, 발의자 대표의 임시사회로 선출된 자는 해임총회의 소집 및 진행에 있어 추진위원장의 권한을 대행한다.
⑥ 사임 또는 해임절차가 진행 중인 위원이 새로운 위원이 선출되어 취임할 때까지 직무를 수행하는 것이 적합하지 아니하다고 인정될 때에는 추진위원회 의결에 따라 그의 직무수행을 정지하고 위원장이 위원의 직무를 수행할 자를 임시로 선임할 수 있다. 다만, 위원장이 사임하거나 해임되는 경우에는 제17조 제6항에 따른다.

제19조(보수 등) ① 추진위원회는 상근하지 아니하는 위원 등에 대하여는 보수를 지급하지 아니한다. 다만, 위원의 직무수행으로 발생되는 경비는 지급할

수 있다.
② 추진위원회는 상근위원 및 유급직원에 대하여 별도의 보수규정을 따로 정하여 보수를 지급하여야 한다. 이 경우 보수규정은 주민총회의 인준을 받아야 한다.

제4장 기관

제20조(주민총회) ① 토지등소유자 전원으로 주민총회를 구성한다.
② 주민총회는 위원장이 필요하다고 인정하는 경우에 개최한다. 다만, 다음 각 호의 어느 하나에 해당하는 때에는 위원장은 해당 일부터 2월 이내에 주민총회를 개최하여야 한다.
1. 토지등소유자 5분의 1 이상이 주민총회의 목적사항을 제시하여 청구하는 때
2. 추진위원 3분의 2 이상으로부터 개최요구가 있는 때
③ 제2항 각 호에 따른 청구 또는 요구가 있는 경우로서 위원장이 2개월 이내에 정당한 이유 없이 주민총회를 소집하지 아니하는 때에는 감사가 지체 없이 주민총회를 소집하여야 하며, 감사가 소집하지 아니하는 때에는 제2항 각 호에 따라 소집을 청구한 자의 대표가 시장 · 군수등의 승인을 얻어 이를 소집한다.
④ 주민총회를 개최하거나 일시를 변경하는 경우에는 주민총회의 목적 · 안건 · 일시 · 장소 · 변경사유 등에 관하여 미리 추진위원회의 의결을 거쳐야 한다. 다만, 제2항 각 호에 따라 주민총회를 소집하는 경우에는 그러하지 아니하다.
⑤ 제2항 및 제3항의 규정에 의하여 주민총회를 소집하는 경우에는 회의개최 14일 전부터 회의목적 · 안건 · 일시 및 장소 등을 게시판에 게시하여야 하며, 토지등소유자에게는 회의개최 10일 전까지 등기우편으로 이를 발송 · 통지하여야 한다. 이 경우 등기우편이 반송된 경우에는 지체없이 1회에 한하여 추가 발송한다.
⑥ 주민총회는 제5항에 따라 통지한 안건에 대하여만 의결할 수 있다.

第21조(주민총회의 의결사항) 다음 각 호의 사항은 주민총회의 의결을 거쳐 결정한다.

1. 추진위원회 승인 이후 위원장 · 감사의 선임 · 변경 · 보궐선임 · 연임
2. 운영규정의 변경
3. 정비사업전문관리업자 및 설계자의 선정 및 변경
4. 삭제<2010.9.16>
5. 제30조에 따른 개략적인 사업시행계획서의 변경
6. 제31조5항에 따른 감사인의 선정
7. 조합설립추진과 관련하여 추진위원회에서 주민총회의 의결이 필요하다고 결정하는 사항

第22조(주민총회의 의결방법) ① 주민총회는 법 및 이 운영규정이 특별히 정한 경우를 제외하고 추진위원회 구성에 동의한 토지등소유자 과반수 출석으로 개의하고 출석한 토지등소유자(동의하지 않은 토지등소유자를 포함한다)의 과반수 찬성으로 의결한다.

② 토지등소유자는 서면 또는 제13조제2항 각 호에 해당하는 대리인을 통하여 의결권을 행사할 수 있다. 이 경우 서면에 의한 의결권 행사는 제1항에 따른 출석으로 본다.

③ 토지등소유자는 규정에 의하여 출석을 서면으로 하는 때에는 안건내용에 대한 의사를 표시하여 주민총회 전일까지 추진위원회에 도착되도록 하여야 한다.

④ 토지등소유자는 제2항에 따라 출석을 대리인으로 하고자 하는 경우에는 위임장 및 대리인 관계를 증명하는 서류를 추진위원회에 제출하여야 한다.

⑤ 주민총회 소집결과 정족수에 미달되는 때에는 재소집하여야 하며, 재소집의 경우에도 정족수에 미달되는 때에는 추진위원회 회의로 주민총회를 갈음할 수 있다.

第23조(주민총회운영 등) ① 주민총회의 운영은 이 운영규정 및 의사진행의 일반적인 규칙에 따른다.

② 의장은 주민총회의 안건내용 등을 고려하여 다음 각 호에 해당하는 자 중 토지등소유자가 아닌 자를 주민총회에 참석하여 발언하도록 할 수 있다.
1. 추진위원회 사무국 직원
2. 정비사업전문관리업자, 건축사 사무소 등 용역업체 관계자
3. 그 밖에 위원장이 주민총회운영을 위하여 필요하다고 인정하는 자
③ 의장은 주민총회의 질서를 유지하고 의사를 정리하며, 고의로 의사진행을 방해하는 발언 · 행동 등으로 주민총회질서를 문란하게 하는 자에 대하여 그 발언의 정지 · 제한 또는 퇴장을 명할 수 있다.
④ 추진위원회는 주민총회의 의사규칙을 정하여 운영할 수 있다

제24조(추진위원회의 개최) ① 추진위원회는 위원장이 필요하다고 인정하는 때에 소집한다. 다만, 다음 각 호의 어느 하나에 해당하는 때에는 위원장은 해당 일부터 14일 이내에 추진위원회를 소집하여야 한다.
1. 토지등소유자의 10분의 1 이상이 추진위원회의 목적사항을 제시하여 소집을 청구하는 때
2. 재적 추진위원 3분의 1 이상이 회의의 목적사항을 제시하여 청구하는 때
② 제1항 각 호의 어느 하나에 따른 소집청구가 있는 경우로서 위원장이 14일 이내에 정당한 이유 없이 추진위원회를 소집하지 아니한 때에는 감사가 지체없이 이를 소집하여야 하며 이 경우 의장은 제17조 제6항에 따른다. 감사가 소집하지 아니하는 때에는 소집을 청구한 자의 공동명의로 소집하며 이 경우 의장은 발의자 대표의 임시사회로 선출된 자가 그 의장이 된다.
③ 추진위원회의 소집은 회의개최 7일 전까지 회의목적 · 안건 · 일시 및 장소를 기재한 통지서를 추진위원회의 위원에게 송부하고, 게시판에 게시하여야 한다. 다만, 사업추진상 시급히 추진위원회의 의결을 요하는 사안이 발생하는 경우에는 회의 개최 3일 전에 이를 통지하고 추진위원회 회의에서 안건상정여부를 묻고 의결할 수 있다. 이 경우 출석위원 3분의 2 이상의 찬성으로 의결할 수 있다.

제25조(추진위원회의 의결사항) ① 추진위원회는 이 운영규정에서 따로 정하

는 사항과 다음 각 호의 사항을 의결한다.

1. 위원(위원장 · 감사를 제외한다)의 보궐선임
2. 예산 및 결산의 승인에 관한 방법
3. 주민총회 부의안건의 사전심의 및 주민총회로부터 위임받은 사항
4. 주민총회 의결로 정한 예산의 범위 내에서의 용역계약 등
5. 그 밖에 추진위원회 운영을 위하여 필요한 사항

② 추진위원회는 제24조제3항에 따라 통지한 사항에 관하여만 의결할 수 있다.

③ 위원은 자신과 관련된 해임 · 계약 및 소송 등에 대하여 의결권을 행사할 수 없다.

제26조(추진위원회의 의결방법) ① 추진위원회는 이 운영규정에서 특별히 정한 경우를 제외하고는 재적위원 과반수 출석으로 개의하고 출석위원 과반수의 찬성으로 의결한다. 다만, 제22조제5항에 따라 주민총회의 의결을 대신하는 의결사항은 재적위원 3분의 2 이상의 출석과 출석위원 3분의 2 이상의 찬성으로 의결한다.

② 위원은 대리인을 통한 출석을 할 수 없다. 다만, 위원은 서면으로 추진위원회 회의에 출석하거나 의결권을 행사할 수 있으며, 이 경우 제1항에 따른 출석으로 본다.

③ 감사는 재적위원에는 포함하되 의결권을 행사할 수 없다.

④ 제23조의 규정은 추진위원회 회의에 준용할 수 있다.

제27조(의사록의 작성 및 관리) ① 주민총회 및 추진위원회의 의사록에는 위원장 · 부위원장 및 감사가 기명날인하여야 한다.

② 위원의 선임과 관련된 의사록을 관할 시장 · 군수등에게 송부하고자 할 때에는 위원의 명부와 그 피선자격을 증명하는 서류를 첨부하여야 한다.

제5장 사업시행 등

제28조 삭제<2010.9.16>

제29조(용역업체의 선정 및 계약) 용역업체의 선정은 법 제29조에 따른다.

제30조(개략적인 사업시행계획서의 작성) 추진위원회는 다음 각 호의 사항을 포함하여 개략적인 사업시행계획서를 작성하여야 한다.

1. 용적률 · 건폐율 등 건축계획
2. 건설예정 세대수 등 주택건설계획
3. 철거 및 신축비 등 공사비와 부대경비
4. 사업비의 분담에 관한 사항
5. 사업완료 후 소유권의 귀속에 관한 사항

제6장 회계

제31조(추진위원회의 회계) ① 추진위원회의 회계는 매년 1월 1일(설립승인을 받은 당해연도의 경우에는 승인일부터 12월 31일까지로 한다.

② 추진위원회의 예산 · 회계는 기업회계원칙에 따르되, 추진위원회는 필요하다고 인정하는 때에는 다음 각 호의 사항에 관하여 별도의 회계규정을 정하여 운영할 수 있다.

1. 예산의 편성과 집행기준에 관한 사항
2. 세입 · 세출예산서 및 결산보고서의 작성에 관한 사항
3. 수입의 관리 · 징수방법 및 수납기관 등에 관한 사항
4. 지출의 관리 및 지급 등에 관한 사항
5. 계약 및 채무관리에 관한 사항
6. 그 밖에 회계문서와 장부에 관한 사항

③ 추진위원회는 추진위원회의 지출내역서를 매분기별로 게시판에 게시하거나 인터넷 등을 통하여 공개하고, 토지등소유자가 열람할 수 있도록 하여야 한다.

④ 추진위원회는 매 회계연도 종료일부터 30일 내 결산보고서를 작성한 후 감사의 의견서를 첨부하여 추진위원회에 제출하여 의결을 거쳐야 하며, 추진위원회 의결을 거친 결산보고서를 주민총회 또는 토지등소유자에게 서면으로 보고하고 추진위원회 사무소에 3월 이상 비치하여 토지등소유자들이 열람할 수 있도록 하여야 한다.
⑤ 추진위원회는 납부 또는 지출된 금액의 총액이 3억 5천만원 이상인 경우에는 「주식회사 등의 외부감사에 관한 법률」 제2조제7호에 따른 감사인의 회계감사를 받는다. 제36조에 따라 중도 해산하는 경우에도 또한 같다.
⑥ 추진위원회는 제5항 따라 실시한 회계감사 결과를 회계감사 종료일부터 15일 이내 시장 · 군수등에게 보고하고, 추진위원회 사무소에 이를 비치하여 토지등소유자가 열람할 수 있도록 하여야 한다.
⑦ 추진위원회는 사업시행상 조력을 얻기 위하여 용역업자와 계약을 체결하고자 하는 경우에는 「국가를 당사자로 하는 계약에 관한 법률」을 적용할 수 있다.

제32조(재원) 추진위원회의 운영 및 사업시행을 위한 자금은 다음 각 호에 따라 조달한다.
1. 토지등소유자가 납부하는 경비
2. 금융기관 및 정비사업전문관리업자 등으로부터의 차입금
3. 지방자치단체의 장이 융자하는 융자금

제33조(운영경비의 부과 및 징수) ① 추진위원회는 조합설립을 추진하기 위한 비용을 충당하기 위하여 토지등소유자에게 운영경비를 부과 · 징수 할 수 있다.
② 제1항에 따른 운영경비는 추진위원회의 의결을 거쳐 부과할 수 있으며, 토지등소유자의 토지 및 건축물 등의 위치 · 면적 · 이용상황 · 환경 등 제반여건을 종합적으로 고려하여 공평하게 부과하여야 한다.
③ 추진위원회는 납부기한 내 운영경비를 납부하지 아니한 토지등소유자(추진위원회 구성에 찬성한 자에 한한다)에 대하여는 금융기관에서 적용하는 연체

금리의 범위에서 연체료를 부과할 수 있다.

제7장 보칙

제34조(조합설립 동의서) ① 추진위원회가 법 제35조제2항부터 제4항까지의 규정에 따라 조합설립을 위한 토지등소유자의 동의를 받는 경우 「도시 및 주거환경정비법 시행규칙」 별지 제6호서식의 조합설립동의서에 동의를 받아야 한다. 이 경우 다음 각 호의 사항에 동의한 것으로 본다.

1. 건설되는 건축물의 설계의 개요
2. 공사비 등 정비사업에 드는 비용
3. 제2호의 비용의 분담에 관한 기준(제1호의 설계개요가 변경되는 경우 비용의 분담기준을 포함한다)
4. 사업완료 후 소유권의 귀속에 관한 사항
5. 조합정관

② 추진위원회는 조합설립에 필요한 동의를 받기 전에 다음 각 호의 정보를 토지등소유자에게 제공하여야 한다.

1. 토지등소유자별 분담금 추산액 및 산출근거
2. 그 밖에 추정분담금의 산출등과 관련하여 시 · 도조례로 정하는 정보

제35조(관련자료의 공개와 보존) ① 추진위원장은 정비사업 시행에 관하여 다음 각 호(제1호부터 제9호까지를 말한다)의 서류 및 관련 자료가 작성되거나 변경된 후 15일 이내에 토지등소유자가 알 수 있도록 인터넷(인터넷에 공개하기 어려운 사항은 그 개략적인 내용만 공개할 수 있다)과 그 밖의 방법을 병행하여 토지등소유자의 주민등록번호를 제외하고 공개하여야 하며, 토지등소유자의 열람 · 복사 요청이 있는 경우 15일 이내에 그 요청에 따라야 한다. 이 경우 복사에 필요한 비용은 실비의 범위 안에서 청구인의 부담으로 한다.

1. 추진위원회 운영규정 등
2. 정비사업전문관리업자 및 설계자 등 용역업체의 선정계약서
3. 추진위원회 · 주민총회 의사록

4. 사업시행계획서
5. 해당 정비사업의 시행에 관한 공문서
6. 회계감사보고서
7. 월별 자금 입금 · 출금 세부내역
8. 연간 자금운용 계획에 관한 사항
9. 정비사업전문관리업자 · 설계자 등 용역업체와의 세부 계약 변경에 관한 사항
10. 토지등소유자 명부

② 추진위원회 또는 정비사업전문관리업자는 주민총회 또는 추진위원회가 있은 때에는 제1항에 따른 서류 및 관련 자료와 속기록 · 녹음 또는 영상자료를 만들어 이를 조합설립 인가일부터 30일 이내에 조합에 인계하여야 하고, 중도 해산의 경우 청산업무가 종료할 때까지 이를 보관하여야 한다.

③ 토지등소유자가 제1항 각 호의 사항을 열람 · 복사하고자 하는 때에는 서면으로 요청하여야 하며, 청구인은 제공받은 서류와 자료를 사용목적 외의 용도로 이용 · 활용하여서는 아니된다.

④ 추진위원회는 제1항에 따라 공개의 대상이 되는 서류 및 관련 자료의 경우 매 분기가 끝나는 달의 다음 달 15일까지 다음 각 호의 사항을 토지등소유자에게 서면으로 통지하여야 한다.

1. 공개 대상의 목록
2. 공개 자료의 개략적인 내용
3. 공개 장소
4. 대상자별 정보공개의 범위
5. 열람 · 복사 방법
6. 등사에 필요한 비용

제36조(승계) ① 추진위원회는 조합설립인가일까지 업무를 수행할 수 있으며, 조합이 설립되면 모든 업무와 자산을 조합에 인계하고 해산한다.

② 추진위원회는 자신이 행한 업무를 조합의 총회에 보고하여야 하며, 추진위원회가 그 업무범위 내에서 행한 업무와 관련된 권리와 의무는 조합이 포괄승

계한다.

제37조(민법의 준용 등) ① 추진위원회에 관하여는 법에 규정된 것을 제외하고는 민법의 규정 중 사단법인에 관한 규정을 준용한다.
② 법 · 민법 기타 다른 법률과 이 운영규정에서 정하는 사항 외에 추진위원회 운영과 사업시행 등에 관하여 필요한 사항은 관계법령 및 관련 행정기관의 지침 · 지시 또는 유권해석 등에 따른다.
③ 이 운영규정이 법령의 개정으로 변경되어야 할 경우 운영규정의 개정절차에 관계없이 변경되는 것으로 본다. 다만, 관계법령의 내용이 임의규정인 경우에는 그러하지 아니하다.

부 칙

이 운영규정은 ○○시장 · 군수 · 구청장으로부터 ○○주택재건축/주택재개발/도시환경정비사업조합설립추진위원회로 승인을 받은 날부터 시행한다.

참고자료 2.

서울특별시 공공지원 재개발정비사업조합 표준정관

제 1 장 총 칙

제1조(목적) 이 정관은 모든 조합원이 지켜야 할 조합의 내부 규범으로서 조합의 사업시행, 의사결정, 조합원의 권리와 의무 등을 규정하여 조합이 관련 법령 및 기준에 적법하게 사업을 안정적·효율적으로 추진할 수 있도록 함을 목적으로 한다.

제2조(명칭) ① 본 조합의 명칭은 ○○○ 재개발정비사업조합(이하 "조합"이라 한다)이라 한다.
② 조합이 시행하는 정비사업의 명칭은 ○○○ (주택정비형, 도시정비형) 재개발사업(이하 "사업" 이라 한다)이라 한다.

제3조(조합 업무규정) 조합 업무규정이란 총회에서 조합원의 의결로 제정하는 조합의 규정을 말하며 다음 각 호로 구성된다.

1. 「서울특별시 정비사업 조합 등 표준 행정업무규정」에 따라 작성된 "조합 행정업무규정"
2. 「서울특별시 정비사업 조합 등 표준 예산·회계규정」에 따라 작성된 "조합 예산·회계규정"
3. 「서울특별시 정비사업 조합 등 표준 선거관리규정」에 근거하여 작성된 "조합 선거관리규정"
4. 「서울특별시 정비사업 의사진행 표준운영규정」을 참고하여 작성된 "조합 의사진행규정"

제4조(사업시행구역) 조합의 사업시행구역은 「도시 및 주거환경정비법」(이하 "법" 이라 한다) 제16조에 따라 지정·고시된 정비구역으로서 서울특별시 ○

○구 ○○동 000-00번지 외 ○○필지(이하 "사업시행구역"이라 한다.)로 하고, 토지의 총면적은 00,000.00㎡(약 00,00평)으로 한다. 다만, 사업시행상 불가피하다고 인정되어 관련법령 및 이 정관이 정하는 바에 따라 추가로 편입 또는 제척되는 토지 등이 있거나, 기본계획 또는 정비계획의 변경, 지적측량 또는 착오의 발견 등에 따라 변경이 있을 경우에는 사업시행구역과 토지의 총면적이 변경된 것으로 본다.

제5조(사무소) ① 조합의 주된 사무소는 서울특별시 ○○구 ○○로 ○○ (○○동, ○○빌딩)에 둔다.
② 조합사무소는 이사회 의결을 거쳐 이전할 수 있으며, 사전에 제8조에 따라 조합원에게 조합사무소의 이전시기·주소 등을 명확히 알 수 있도록 통지하여야 한다.

제6조(시행방법) ① 조합원은 소유한 토지, 건축물 또는 지상권을 조합에 현물로 출자하고, 조합은 법 제23조제2항에서 정한 방법으로 사업을 시행한다.
② 조합은 사업시행을 위하여 필요한 경우 정비사업비 일부를 서울특별시(정비사업 융자금), 총회 또는 대의원회에서 선정한 시공자·설계자·정비사업전문관리업자·금융기관 기타 협력업체 또는 조합원 등으로부터 대여받아 사업을 시행할 수 있다.
③ 조합은 원활한 사업시행을 위하여 법 제102조에 따른 정비사업전문관리업자를 선정할 수 있다.
④ 조합은 조합원 과반수 동의를 받아 법 제25조제1항제1호에서 정한 자와 공동으로 사업을 시행할 수 있다.

제7조(사업기간) 조합의 사업기간은 조합설립등기일부터 제62조 제2항 제5호의 청산종결등기일까지로 한다.

제8조(권리·의무에 관한 사항의 통지·공고방법) ① 조합은 조합원의 권리·의무에 관한 사항(변동사항을 포함한다. 이하 같다)을 조합원에게 성실히 통지·

공고하여야 한다.

② 제1항의 통지·공고 방법은 이 정관에서 따로 정하는 경우를 제외하고는 다음 각 호의 방법에 따른다.

1. 조합원에게 "등기우편등"(등기우편 및 기타 발송이 증명되는 우편이나 우체국택배 등 우편물의 안전한 송달을 보증할 수 있는 방법을 포함한다. 이하 같다)으로 개별 통지하여야 하며, 등기우편등이 반송되는 경우에는 1회에 한하여 일반우편으로 추가 발송할 것. 다만, 조합원이 통지내용물을 직접 수령하기를 원하는 경우 해당 조합원에게 직접 전달하고 해당 조합원으로부터 그 수령을 확인하는 서면을 받는 방법으로 통지할 수 있다.

【주】 직접수령에 관하여는 최초 등기우편등의 발송부터 적용할 것인지, 추가 일반우편 발송에만 적용할 것인지는 달리 정할 수 있을 것이며, 직접수령이 가능한 내용물, 전달할 사람, 수령할 사람, 전달·수령장소 등을 달리 정할 수 있을 것임.

2. 조합은 "게시판"(조합사무소 및 조합원이 쉽게 접할 수 있는 일정한 장소에 둔 게시판을 말한다. 이하 같다)에 14일 이상 공고하고 게시판에 게시한 날부터 3월 이상 조합사무소에 관련서류와 도면 등을 비치하여 조합원이 열람할 수 있도록 할 것

3. 해당 내용은 법 제119조 및 「서울특별시 도시 및 주거환경정비 조례」(이하 "조례"라 한다) 제69조에 따라 서울특별시에서 구축.운영하는 정비사업 종합정보관리시스템(이하 "정비사업 정보몽땅"이라고 한다)에도 공개할 것(조합 공식 인터넷 홈페이지에의 게시 및 문자메세지 등의 발송을 병행 가능). 다만, 특정인의 권리에 관계되거나 외부에 공개하는 것이 곤란한 경우에는 그 요지만을 공개할 수 있다.

③ 제2항제1호의 등기우편등이 발송되고, 제2항제2호의 게시판에 공고가 있는 날부터 조합원에게 통지·공고된 것으로 본다.

【주】 그 밖에 주소 등 우편물송달장소의 신고의무, 그 불이행시의 효과 등에 관하여 규정할 수 있을 것임.

【주】 한편, 조합원이 제공한 개인정보를 활용할 수 있도록 하는 규정을 두어 개인정보보호법위반 문제를 사전에 차단할 수도 있을 것임

제9조(정관의 변경) ① 정관을 변경하려는 경우에는 법 제40조 제3항에 따른

다.

② 제1항에도 불구하고 「도시 및 주거환경정비법 시행령」(이하 "시행령"이라 한다) 제39조에서 정하는 경미한 사항을 변경하는 경우에는 대의원회의 의결로 변경하고, ○○구청장에게 신고하여야 한다.

【주】 법 제40조제4항은 경미한 사항에 대하여 "또는 정관으로 정하는 방법에 따라 변경하고"라고 규정하고 있으므로, 대의원회의 의결로 변경할 수도, 총회의 의결로 변경할 수도 있을 것임

【주】 조합원 100인 이하의 조합이 대의원회를 구성하지 않은 경우 총회 의결로 하되, 경미한 변경사항에 대한 총회 의결요건은 조합 규모 등을 고려하여 별도로 정할 수 있음

③ 정관 변경과 관련하여 조합총회 또는 대의원회의 소집을 요구하는 사람의 대표자는 소집요구서(변경 전・후 비교표 및 변경사유를 기재한 서면)를 작성하여 조합장에게 제출하여야 한다. 조합장은 소집요구 제출일로부터 ○일 이내에 정관변경(안)에 대한 안건 처리를 위한 총회 또는 대의원회 소집계획과 그 내용을 정비사업 정보몽땅 및 게시판에 게시하여야 한다.

【주】 조합장은 조합원 등에 의해 발의된 정관변경(안)을 신속하게 처리하여야 하며, 소집을 요구하는 사람의 대표자가 정관변경을 위한 총회를 소집하려는 경우 제20조에 따라야 함

④ 조합은 정관변경에 대한 조합설립변경인가를 받거나 경미한 변경신고 수리가 완료되면 지체없이 그 사실을 게시판에 공고하고, 변경전・후 비교표 및 변경된 정관 개정 전문을 정비사업 정보몽땅에 공개하여야 한다.

제 2 장 조 합 원

제10조(조합원의 자격 등) ① 조합원은 법 제2조제9호가목에 따른 토지등소유자로 한다.

② 제1항의 규정에 의한 소유권, 지상권등의 권리는 민법에서 규정한 권리를 말한다. 다만, 조례 제2조제1호에 따른 특정무허가건축물로서 무허가건물확인원, 재산세과세대장 그 밖에 소유자임을 증명하는 자료를 통하여 자기소유임을 입증하여 ○○구청장의 확인을 받은 경우에 한하여 해당 특정무허가건축물

소유자를 조합원으로 인정한다.

【주1】 조례 제22조에서 특정무허가건축물 소유자의 조합원 자격에 관한 사항을 정관으로 정하도록 규정하고 있으므로 조합원 의사 및 조합 실정을 고려하여 해당 조항 수정 가능

【주2】 특정무허가건축물의 소유권 입증을 위해 항측도, 측량성과도 또는 세금납부자료 등을 제출하도록 정할 수 있음

③ 1인이 둘 이상의 토지 또는 건축물의 소유권 또는 지상권을 소유하고 있는 경우에는 그 수에 관계없이 1인의 조합원으로 본다. 여러 명의 토지등소유자가 법 제39조제1항제2호에 따른 1세대에 속하는 경우에도 이와 같다.

④ 법 제39조제1항 각 호의 어느 하나에 해당하는 때에는 그 여러 명을 대표하는 1인을 조합원으로 본다. 이 경우 별지 제1호서식에 따른 대표조합원 선임동의서를 작성하여 조합에 신고하여야 하며, 조합원으로서의 법률행위는 그 대표조합원이 하고, 조합의 처분, 법률행위 기타 행위는 그 대표조합원에게 한다.

【주】 그 밖에 대표조합원이 한 법률행위 기타 행위의 효력과 조합이 대표조합원에 대하여 한 처분 기타 행위의 효력이 수인에게 미치는지, 만일 대표조합원을 선임하지 않거나 선임하였는데도 신고하지 않은 경우 수인이 개별적으로 한 법률행위 기타 행위의 효력은 어떻게 볼지 등에 관하여도 정할 수 있을 것임.

⑤ 양도·상속·증여 및 판결 등으로 건축물 또는 토지의 소유권이나 입주자로 선정된 지위 등이 이전된 때에는 조합원이 변경된 것으로 보며, 새로운 조합원은 종전 조합원이 행하였거나 조합이 종전 조합원에게 행한 처분, 조합청산시 권리·의무에 관한 범위 등을 **포괄승계**한다.

⑥ 사업시행구역내의 토지 또는 건축물의 소유권이나 지상권을 양수한 자라 하더라도 법 제39조제2항 본문에 해당하는 경우 조합원이 될 수 없고, 조합원이 될 수 없는 자는 법 제39조제3항이 정하는 바에 따른다.

【주】 해당 사업시행구역의 투기과열지구 지정여부를 확인하여 제6항 작성

⑦ 조합원이 토지 또는 건축물의 소유권 또는 지상권이나 입주자로 선정된 지위 등을 양도하였을 때에는 조합원의 자격을 즉시 상실한다.

⑧ 법 제73조제1항제1호부터 제3호에서 정한 자는 분양신청기간 종료일 다음날, 같은 항 제4호에서 정한 자는 관리처분계획인가고시일 다음날 조합원의

자격을 상실한다.

【주】조합이 법 제72조제4항에 따라 같은 조 제1항부터 제3항까지의 규정에 따른 분양공고 등의 절차를 다시 거칠 경우, 같은 조 제5항에 따라 법 제73조제1항제1호 및 제2호에 따라 조합원 자격이 상실된 토지등소유자에 대하여 조합원 총회의 의결을 거쳐 조합원자격을 다시 부여하는 것으로 정할 수 있을 것임(제44조제2항 참조).

【주】법 제73조제1항에 따라 조합은 분양신청을 하지 아니한 자 등에 대해 관리처분계획 인가 고시된 다음날부터 90일 이내에 손실보상에 관한 협의를 하여야 하며, 분양신청기간 종료일의 다음날부터 손실보상에 관한 협의를 할 수 있다. 법 제73조제1항 각 호에서 정한 손실보상 대상자는 아래와 같음

1. 분양신청을 하지 아니한 자
2. 분양신청기간 종료 이전에 분양신청을 철회한 자
3. 법 제72조제6항 본문에 따라 분양신청을 할 수 없는 자
4. 법 제74조에 따라 인가된 관리처분계획에 따라 분양대상에서 제외된 자

제11조(조합원의 권리·의무) ① 조합원은 다음 각 호의 권리와 의무를 갖는다.

1. 대지 또는 건축물의 분양청구권
2. 총회의 출석권·발언권 및 의결권
3. 임원의 선출권 및 피선출권
4. 대의원의 선출권 및 피선출권
5. 손실보상 청구권
6. 정비사업비, 청산금, 부과금과 이에 대한 연체료 및 지연손실금(이주지연, 계약지연, 조합원 분쟁으로 인한 지연 등을 포함한다)등의 비용납부 의무

【주】분양신청을 하지 않거나 분양계약을 체결하지 않은 현금청산자에 대한 조합원 지위 상실시점까지 발생한 정비사업비용에 대해 이를 부과하는 규정을 두려는 경우에는, 대법원 판례에 따라 별도의 규정에서 매우 구체적으로 규정하여야 할 것임.

7. 이주 및 건축물 해체의 의무
8. 그 밖에 관련법령 및 이 정관, 총회 · 대의원회 및 이사회의 의결사항 준수 의무

② 조합원의 권한은 평등하며 권한의 대리행사는 원칙적으로 인정하지 아니하

되, 법 제45조제5항의 경우에는 그러하지 아니하다. 이 경우 조합원의 자격은 변동되지 아니한다.

【주】 위 규정은 법 제45조제5항에서 정한 "의결권"(단, 제3호의 경우는 다름)에만 국한된 규정임. 그 밖의 조합원의 권리를 대리인이 행사할 수 있게 할 것인지에 관해서는 대리행사를 인정할 사정 내지 상황, 대리인의 자격(대리인이 될 수 있는 자), 특히 대리행사할 권한과 그 범위 등을 정할 수 있을 것임.

【주】 조합원 권한 대리 행사를 위한 별지 제4호서식 등의 위임장, 대리인 지정서 제출 등에 관하여 별도로 정할 수 있으며, 법으로 규정한 사항 외에 대리인 지정서의 구체적인 첨부서류(해외거주자의 추가 필요서류, 법인의 대표자 대리인 지정서 제출 여부 및 제출서류) 및 그 효력 등을 정관으로 정하여 추후 관련 대리권의 다툼을 줄일 수 있을 것임 (이 경우, 제22조제5항과 일치시켜야하며, 해당항을 준용할 수 있음)

③ 제10조제5항에 따라 **조합원이 변경**된 경우 새로운 조합원은 부동산 등기사항증명서 등 증빙서류를 첨부하여 별지 제3호서식에 따른 조합원변경 신고서를 제출하여 조합에 신고하여야 한다. 조합원이 대표조합원, 대리인 또는 조합원의 성명·주민등록번호·주소·연락처·인감 등을 변경한 경우에도 이와 같다. 이 경우 신고하지 아니하여 발생되는 불이익 등에 대하여는 해당 조합원은 조합에 대항하거나 이의를 제기할 수 없다.

【주】 대표조합원 변경신고서, 대리인 변경신고서, 조합원정보 변경신고서 서식을 추가로 작성할 수 있을 것임.

【주】 조합원변경신고 등을 해태한 경우 발생하는 "불이익"의 구체적인 내용과 변경신고 완료 전에 종전 조합원(대표조합원 또는 대리인)이 하거나 또는 종전 조합원(대표조합원 또는 대리인)에 대하여 한 처분, 법률행위 기타 행위의 효력에 대해 정할 수 있을 것임. 변경 전 성명, 주소, 연락처 등에 대하여 한 처분, 법률행위 기타 행위의 효력에 대해서도 마찬가지임.

④ 조합원은 조합이 사업시행에 필요한 서류를 요구하는 경우 이를 제출할 의무가 있으며 조합의 승낙이 없는 한 이를 회수할 수 없다. 이 경우 조합은 요구서류에 대한 용도와 수량을 명확히 하여야 하며, 조합의 승낙이 없는 한 회수할 수 없다는 것을 미리 고지하여야 한다.

제 3 장 시공자 등 협력업체 선정 및 계약

제12조(시공자의 선정 및 계약) ① 시공자의 선정·계약(변경계약을 포함한다. 이하 이 조에서 같다) 및 그 취소는 법 제29조, 조례 제77조, 「정비사업 계약업무 처리기준」 및 「서울특별시 공공지원 정비사업 시공자 선정기준」에 따라야 한다.

【주】법 제25조제1항제1호 및 조례 제73조에 의한 공동사업시행방식의 경우 서울특별시 고시 「공동사업시행 건설업자 선정기준」을 따라야 할 것임

② 조합은 제1항에 따른 시공자의 선정 및 계약에 '서울특별시 정비사업 표준공사계약서'를 적용하는 것을 원칙으로 하며, 선정된 시공자와 체결하는 공사도급계약은 법 제45조에 따라 총회의 의결을 받아야 한다.

【주1】「서울특별시 공공지원 정비사업 시공자 선정기준」제11조에 따라 조합은 현장설명회 시 공사도급계약서(안)을 포함한 공사도급계약서 작성에 대해 건설업자등에게 설명하여야 하며, 같은 기준 제7조에 따라 선정계획(안)에 대하여 공공지원자의 검토를 받은 후 대의원회에서 의결하여야 함

【주2】변경계약체결의 내용 중 조합의 금전적인 부담이 수반되지 아니하는 사항(내역변경 또는 감액계약 등)에 대하여는 총회에서 대의원회 의결로 위임할 수 있을 것이며 이 경우 정관에 관련내용을 명시해야 함 (이하 본 장에서 같다)

【주3】공동사업시행방식의 경우 서울특별시고시「정비사업 표준 공동사업시행 협약서」적용을 원칙으로 함

③ 시공자 선정을 위한 총회는 법 제45조제7항 및 「정비사업 계약업무 처리기준」 제35조에 따라 조합원 과반수가 직접 출석하여야 하며, 출석 조합원 과반수 찬성을 얻은 건설업자등을 시공자로 선정한다. 다만, 총회에 상정된 건설업자등의 수가 3인 이상인 경우 최다득표한 건설업자등을 시공자로 선정할 수 있다.

④ 시행령 제42조제2항제1의2호에 따른 시공자 선정 취소 또는 「정비사업 계약업무 처리기준」 제36조제2항에 따른 시공자 선정 무효를 위한 총회 의결은 조합원 100분의 20 이상 직접 출석 및 출석 조합원 과반수 찬성으로 한다.

【주】법 제45조 및 시행령 제42조에 따라 선정 취소를 위한 총회는 조합원 100분의 20 이상이 직접 출석하여야 하며, 법 또는 정관에 다른 규정이 없으면 출석 조

합원의 과반수 찬성으로 의결함. 「정비사업 계약업무 처리기준」 제36조제2항에 따른 시공자 선정 무효를 위한 총회는 조합원 100분의 20 이상이 직접 출석하여야 한다는 규정이 없으므로 이와 달리 정할 수 있을 것임.

⑤ 조합은 법 제29조의2 및 이 정관에 따른 공사비 검증요청 사유가 발생한 경우 시공자로부터 「정비사업 공사비 검증 기준」에 따른 공사비 검증에 필요한 서류를 제출받아 검증기관에 공사비 검증을 신청하고, ○○구청장에게 통지하여야 한다. 검증보고서는 총회에 공개하여야 하며, 변경계약이 필요한 경우에는 변경계약 체결에 관하여 총회의 의결을 받아야 한다.

【주】법 제29조2에 따른 공사비 검증사유는 아래와 같으며 「서울특별시 정비사업 표준공사계약서」 제8조의2(공사비 검증)에 시공자(수급인)이 공사비 검증에 필요한 서류를 조합(도급인)에게 제출하도록 규정되어 있으므로 공사도급계약 체결시 이 조항을 임의로 변경하지 않아야 함. 또한, 시공자가 검증사유 제2호 및 제3호의 계약금액조정을 청구할 경우 공사비 검증에 필요한 서류를 반드시 첨부하도록 계약서에 명시하여 공사비 검증 절차를 신속하게 추진해야 할 것임

1. 토지등소유자 또는 조합원 5분의 1 이상이 사업시행자에게 검증 의뢰를 요청하는 경우
2. 공사비의 증액 비율(당초 계약금액 대비 누적 증액 규모의 비율로서 생산자물가상승률은 제외한다)이 다음 각 목의 어느 하나에 해당하는 경우
가. 사업시행계획인가 이전에 시공자를 선정한 경우: 100분의 10 이상
나. 사업시행계획인가 이후에 시공자를 선정한 경우: 100분의 5 이상
3. 제1호 또는 제2호에 따른 공사비 검증이 완료된 이후 공사비의 증액 비율(검증 당시 계약금액 대비 누적 증액 규모의 비율로서 생산자물가상승률은 제외한다)이 100분의 3 이상인 경우

⑥ 조합은 「서울특별시 공공지원 정비사업 시공자 선정기준」 제5조제4항에 따라 최초 사업시행계획인가 이후 법 제72조에 따른 분양공고 전에 설계도면, 변경 전·후 물량내역서 및 산출내역서 등 공사비 내역을 증빙하는 서류를 시공자로부터 제출받아 검증기관에 공사비 검증을 요청하여야 한다.

⑦ 조합은 일반분양 후에 공사도급계약금액의 증가를 수반하는 설계변경을 하지 않는 것을 원칙으로 한다. 다만, 사업시행상 불가피한 경우에는 사전에 총회의 의결을 받아야 한다.

⑧ 조합은 최종 공사도급변경계약 및 관리처분계획(변경)인가를 위해 공사비 검증이 필요한 경우에는 입주예정일 1년 전에 시공자에게 공사비 검증관련 서

류를 요청하는 등 해당 절차 이행을 위한 준비에 착수하여야 한다.

【주】 조합은 「주택 공급에 관한 규칙」 제21조에 따른 입주자모집 공고에 명시된 입주예정일을 기준으로 입주지연이 발생하지 않도록 공사계약관리에 만전을 기해야 할 것임

제13조(설계자의 선정 및 계약) ① 설계자의 선정·계약(변경계약을 포함한다. 이하 이 조에서 같다) 및 그 취소는 법 제29조, 조례 제77조, 「정비사업 계약업무 처리기준」 및 「서울특별시 공공지원 정비사업 설계자 선정기준」에 따라야 한다. 다만, 추진위원회가 이 조항 본문에 따라 적법하게 선정하고 계약을 체결한 설계자는 이 정관에 의해 선정하고 계약을 체결한 설계자로 본다.
② 조합은 총회의 의결을 거쳐 설계자를 선정하고 계약을 체결하여야 하며 그 계약내용에 따라 상호간의 권리와 의무가 부여된다. 다만, 총회에 상정된 입찰참여자의 수가 3 이상인 경우 최다득표한 입찰참여자를 설계자로 선정할 수 있다.

제14조(정비사업전문관리업자의 선정 및 계약) ① 정비사업전문관리업자의 선정·계약(변경계약을 포함한다. 이하 이 조에서 같다) 및 그 취소는 법 제29조, 조례 제77조, 「정비사업 계약업무 처리기준」 및 「서울특별시 공공지원 정비사업전문관리업자 선정기준」에 따라야 한다.
② 정비사업전문관리업자에 관하여 제13조제1항 단서 및 제2항을 준용한다. 이 경우 "설계자"는 "정비사업전문관리업자"로 본다.
③ 조합은 정비사업전문관리업자가 법 제106조제1항에 의해 등록취소처분 등을 받은 경우 해당 업무계약의 해지여부에 관해서는 제106조 제3항에 따른 통지를 받거나 처분사실을 안 날로부터 3개월 이내에, 해당 업무의 계속수행에 대한 동의여부에 관해서는 정비사업전문관리업자가 등록취소처분 등을 받은 날부터 3개월 이내에 대의원회의 의결을 거쳐 결정하여야 한다.

【주】 법 제106조 제5항 제1호, 제2호. 이 경우 총회의 의결을 거치도록 할 수 있으며, 100인 이하 조합으로서 대의원회가 구성되어 있지 않은 경우에는 총회 의결로 결정

④ 조합은 정비사업전문관리업자가 법 제106조제5항에 따라 등록취소처분 등

을 받기 전에 계약을 체결한 업무를 계속하여 수행할 수 없게 된 경우에는 즉시 업무를 중지시키고 관련서류를 인계받아야 한다.

제 4 장 임원 등

제15조(임원) ① 조합에는 조합원으로서 법 제41조제1항에 의한 자격을 갖춘 다음 각 호의 임원을 둔다.

1. 조합장 1인
2. 감사 ○인
3. 이사 ○인

【주】조합임원의 수는 시행령 제40조에서 정한 범위(이사 3명 이상, 감사 1명 이상 3명 이하. 다만, 토지등소유자의 수가 100인을 초과하는 경우에는 이사 5명 이상) 조합의 규모 등 실정을 고려하여 정함

【주】시행령 제40조에 따라 감사의 경우에는 "1명 이상 3명 이하"로, 이사의 경우에는 "3명(또는 5명) 이상 ○명 이하"로 정할 수 있을 것이나, 이 경우에는 선임, 보궐선임 또는 연임총회를 하면서 실제 몇 명을 선임할지 여부를 정해야 할 것이고, 그 결정주체, 절차와 방법 등을 규정위계에 맞춰 정관과 선거관리규정에 명확히 규정하여야 할 것임.

② 조합임원은 총회에서 선임한다. 조합장이 임기 중 궐위된 경우에도 이와 같다. 조합장을 제외한 조합임원이 임기 중 궐위된 경우에는 대의원회가 이를 보궐선임한다.

【주】법 제41조제1항에 따라 조합임원은 정비구역에 위치한 건축물 또는 토지를 5년 이상 소유한 자이거나 정비구역에서 거주하고 있는 자로서 선임일 직전 3년 동안 정비구역에서 1년 이상 거주한 사람 중에서 선임하여야 함. 다만, 조합장은 선임일로부터 법 제74조제1항에 따른 관리처분계획인가를 받을 때까지 해당 정비구역에서 거주 또는 영업을 하여야 함

③ 제2항의 총회 또는 대의원회는 조합원 또는 대의원 과반수 출석과 출석 조합원 또는 대의원 과반수의 찬성으로 의결한다. 다만, 조합장을 제외한 조합임원의 입후보자가 선임 또는 보궐선임하려는 수 이하인 경우에는 득표수에 상관없이 모두 선임 또는 보궐선임된 것으로 보며, 조합장을 제외한 조합임원

의 입후보자가 선임 또는 보궐선임하려는 임원 수를 초과한 경우에는 선임 또는 보궐선임하려는 임원 수에 이르기까지 다득표순으로 선임할 수 있다.

【주】 상근이사를 둘 경우 총회에서 선출된 비상근이사들 중에서 대의원회 또는 이사회에서 선출할 수도 있지만, 총회에서 비상근이사와 구별하여 직접 선출할 수도 있는바, 그때에는 선출방법(특히 의결정족수)과 지위(상근이사만을 사임하고 평이사로 남을 수 있는지) 등에 관하여 정하여야 할 것임.

④ 조합장이 궐위되거나 이사 또는 감사의 수가 시행령 제40조에서 정한 수에 미달된 경우 임원 선임(연임, 보궐선임 등)을 위한 조합장 직무대행자, 선거관리위원회 구성 기타 선거관리에 필요한 사항은 조합 선거관리규정으로 정한다.

⑤ 조합임원의 임기는 ○년으로 하되, 총회의 사전 의결을 거쳐 연임할 수 있다. 이 경우 조합설립을 위한 창립총회에서 선임된 조합임원의 임기는 조합설립등기일로부터 개시하며, 그 후임자의 임기는 선임된 날의 다음날부터 개시한다. 다만, 제2항 및 제3항의 규정에 의하여 보궐선임된 임원(조합장은 제외한다)의 임기는 그 선임된 날부터 전임자의 잔임기간으로 한다.

【주1】 법 제41조제3항에 조합임원의 임기는 3년 이하의 범위에서 정관으로 정하되, 연임할 수 있도록 규정하고 있음

【주2】 연임의 기준 및 절차를 정관 또는 조합 선거관리규정에 상세히 규정할 수 있을 것임

⑥ 조합은 안정적인 조합 운영 및 조합업무의 연속성 확보를 위하여 조합임원의 임기만료 전 새로운 임원의 선임 또는 연임 절차를 마쳐야 한다. 다만, 부득이한 사정으로 임기 만료 전 임원 선임 또는 연임 절차가 완료되지 않은 경우에 기존 조합임원은 그 후임자가 선임될 때까지 그 직무를 수행하여야 한다.

제16조(임원의 직무 등)

① 조합임원은 그 임기동안 또는 그 후임자가 선임될 때까지 선량한 관리자의 주의의무를 다하여 그 직무를 수행하여야 하며, 원활한 사업추진과 조합원의 권익 보호에 책임을 다하여야 한다.

② 조합장은 법 제42조제1항 및 제2항에 따라 조합을 대표하고 조합의 사무를

총괄하며, 총회와 대의원회 및 이사회의 의장이 된다.

③ 이사는 상근여부를 불문하고 조합장을 보좌하고, 이사회에 상정된 사항을 심의·의결하며, 이 정관 및 이사회의 의결로 정한 바에 따라 작성한 별지 제2호서식에 따른 조합업무분장(표)에 따라 조합의 사무를 분장한다.

【주】「서울특별시 정비사업 조합 등 표준 행정업무규정」별지 제3호서식의 '업무분장'을 정관의 별지 서식으로 추가하여 조합임원별 업무분장과 대직 체계를 정관으로 명시하도록 함

④ 감사는 조합의 사무 및 재산상태와 회계에 관하여 감사하고 정기총회에 감사결과보고서를 제출하여야 하며, 조합원 5분의 1 이상의 요청이 있을 때에는 공인회계사에게 회계감사를 의뢰하여 공인회계사가 작성한 감사보고서를 총회 또는 대의원회에 제출하여야 한다.

【주】감사와 회계감사의뢰에 필요한 사항에 대하여 구체적으로 정할 수 있을 것임.

⑤ 감사는 조합의 재산관리 또는 업무집행이 공정하지 못하거나 부정이 있음을 발견하였을 때에는 대의원회 또는 총회에 보고하여야 하며, 조합장은 보고를 위한 대의원회 또는 총회를 소집하여야 한다. 이 경우 감사의 요구에도 조합장이 소집하지 아니하는 경우에는 감사가 직접 대의원회를 소집할 수 있으며 대의원회 의결에 의하여 총회를 소집할 수 있다. 이 경우 감사가 대의원회와 총회의 소집 및 진행을 할 때에는 조합장의 권한을 대행한다.

⑥ 감사는 제5항의 직무위배행위 등으로 인해 감사가 필요한 경우 조합임원 또는 외부전문가로 구성된 감사위원회를 구성할 수 있다. 이 경우 감사는 감사위원회의 의장이 된다.

【주】감사위원회 구성에 필요한 사항에 대하여 구체적으로 정할 수 있을 것임.

⑦ 감사는 조합장 또는 이사가 조합과 자기를 위한 계약이나 소송을 할 때에는 조합을 대표한다.

⑧ 조합장이 사임·해임·당연퇴임 등으로 인하여 궐위된 경우 상근이사 중 연장자(궐위 등으로 상근이사가 없는 경우 이사 중 연장자), 법원에서 파견된 직무대행자 순으로 그 직무를 대행한다.

【주】조합장 부재 시 조합의 업추무진에 상당한 지장을 초래할 수 있으므로 직무대행 체제를 조합 임원 구성 등 조합 실정에 맞도록 정하여 정관에 명시해야 함

⑨ 제8항에 따라 조합장의 직무를 대행할 조합임원이 사임·해임·당연퇴임

등으로 부재한 경우에는 조합원 5분의 1 이상의 요구로 법원의 허가를 얻어 조합장 및 조합임원 선임을 위한 총회를 소집할 수 있다. 이 경우에는 요구자 대표로 선출된 자가 총회의 소집 및 진행에 있어 조합장의 권한을 대행한다.

【주】법 제49조에 따라 「민법」 제70조를 준용하여 조합원 5분의 1 이상의 요구로 법원의 허가를 얻어 총회를 소집할 수 있음

⑩ 제8항 및 제9항에도 불구하고 법 제41조제5항 각 호에 해당하는 경우에는 ○○구청장이 선정한 전문조합관리인이 조합임원의 직무를 대행한다.

【주】법 제41조제5항은 조합임원이 사임, 해임, 임기만료, 그 밖에 불가피한 사유 등으로 직무를 수행할 수 없는 때부터 일정기간 이상 선임되지 아니한 경우 또는 총회에서 조합원 과반수의 출석과 출석 조합원 과반수의 동의로 전문조합관리인의 선정을 요청하는 경우에 조합임원의 직무를 대행할 전문조합관리인을 선정할 수 있도록 규정하고 있음

⑪ 조합은 그 사무를 집행하기 위하여 필요하다고 인정하는 때에는 상근하는 임원을 둘 수 있다. 이 경우 상근임원의 선임, 업무, 보수 등에 관한 사항은 조합 업무규정으로 정한다.

⑫ 조합임원은 법 제42조제4항에 따라 같은 목적의 정비사업을 시행하는 다른 조합·추진위원회의 임원 또는 직원을 겸할 수 없으며, 사업과 관련된 시공자·설계자·정비사업전문관리업자 등 관련단체의 임원·위원 또는 직원을 겸할 수 없다.

【주】이에 위반하여 임원 등을 겸하는 경우 그 겸하게 된 지위 중 어느 지위를 인정하지 않을 것인지 정할 수 있을 것임.

⑬ 조합임원은 선임 후 6개월 이내에 법 제115조 및 조례 제63조에 따른 정비사업과 관련된 교육을 20시간 이상 이수하여야 한다. 다만, 선임일 직전 3년 이내에 해당 교육을 이수한 경우에는 그러하지 아니하다.

【주】교육이수여부는 그 증명서등을 정비사업 정보몽땅에 공개하는 방법 등으로 확인할 수 있음

제17조(임원의 결격사유 및 자격상실 등) ① 법 제43조제1항 각 호의 어느 하나에 해당하는 자는 조합임원 또는 전문조합관리인이 될 수 없다.

② 임원이 임기 중 법 제43조제1항 각 호의 어느 하나에 해당하게 되거나 선

임당시 그에 해당하는 자이었음이 밝혀진 경우 또는 법 제41조제1항에서 정한 조합임원 자격요건을 갖추지 못한 경우에는 별도의 해임절차 없이 그 즉시 당연퇴임한다.

③ 제2항의 규정에 의하여 퇴임된 임원이 퇴임 전에 관여한 행위는 그 효력을 잃지 아니한다.

④ 조합임원으로 선임된 후 그 직무와 관련하여 형사사건으로 기소된 경우에는 그 내용에 따라 직무를 수행하는 것이 적합하지 아니하다고 인정될 때에는 ○○까지 제18조제3항의 절차에 따라 그 자격과 직무수행을 정지할 수 있다.

【주】이 규정을 둘 경우 무죄판결이 확정될 경우에 대한 보상대책(상근의 경우 급여, 4대보험 등)에 관한 규정을 둘 필요가 있을 것임.

제18조(임원의 해임 등) ① 임원이 직무유기, 업무태만 또는 관계법령 및 이 정관을 위반하여 조합에 부당한 손해를 초래한 경우에는 법 또는 이 정관에서 정한 바에 따라 해임할 수 있다. 이 경우 해당 임원에게 총회의 청문 등 소명기회를 부여하여야 하며, 청문 등 소명기회를 부여하였음에도 이에 응하지 아니한 경우에는 소명기회를 부여한 것으로 본다.

【주】임원의 해임은 법 제43조제4항에 따라 조합원 10분의 1 이상의 요구로 소집된 총회에서 할 수도 있음.

② 조합임원이 자의로 사임한 경우, 제1항에 따라 해임된 경우 또는 제17조제2항에 따라 당연퇴임한 경우에는 법, 이 정관 및 조합 선거관리규정에 따라 지체없이 새로운 임원을 선출하여야 한다.

③ 제1항에 따른 해임절차가 진행중인 임원이 해임절차가 완료될 때까지 직무를 수행하는 것이 적합하지 아니하다고 인정될 때에는 대의원회의 의결에 따라 해당 임원의 직무수행을 정지하고 조합장이 임원의 직무를 수행할 자를 임시로 선임할 수 있다. 다만, 조합장이 해임되는 경우에는 제16조제8항에 따른 조합장 직무대행자가 대의원회를 소집하여 조합장의 직무수행 정지 여부를 의결할 수 있다.

④ 조합장을 제외한 조합임원이 자의로 사임하고자 하는 경우 조합장에게 그 의사를 서면으로 표시하여야 하며, 조합장은 이를 이사회에 상정하여야 한다. 이 경우 사임의사를 표시한 해당 임원은 사임에 대한 이사회 의결이 있거나

후임 임원이 선임될 때까지 그 임기가 유지되는 것으로 본다. 조합이사 전원이 사임하고자 하는 경우에는 "이사회"를 "대의원회"로 보며, 조합장은 이사회의 개최 없이 대의원회를 바로 소집할 수 있다.

【주】 임원이 사임한 경우, 대의원과 마찬가지로(제24조 제5항) 이사회의 의결이나 수리행위가 있어야 그 효력이 발생하는 것으로 정할 수 있으며, 그 경우에는 수리행위가 종료되어 사임의 효력이 발생할 때까지 직무를 정지시킬 실익이 있을 것임.

제19조(임직원의 보수 등) ① 조합은 상근임원 외의 임원에 대하여는 보수를 지급하지 아니한다. 다만, 임원의 직무수행으로 발생되는 경비 등은 조합 행정업무규정에서 정하는 바에 따라 지급할 수 있다.

② 조합은 조합에 상근하는 유급직원을 둘 수 있으며, 그 수, 채용방법, 보수 등 근무조건 기타 유급직원에 관하여 필요한 사항은 조합 업무규정으로 정한다.

제 5 장 조직 및 운영

제20조(총회의 설치) ① 조합에는 조합원 전원으로 구성하는 총회를 둔다.

② 총회는 정기총회·임시총회로 구분하며 조합장이 소집한다.

③ 정기총회는 매년 1회, 당해 회계연도 종료일 전에 개최하여 다음 회계연도의 정비사업비의 세부 항목별 사용계획이 포함된 예산안을 의결하여야 한다. 다만, 부득이한 사정이 있는 경우에는 대의원회 의결을 거쳐 ○월 이내의 범위안에서 그 사유와 기간을 명시하여 변경할 수 있다.

【주】 「서울특별시 정비사업 조합 등 표준 예산·회계규정」 제19조 제1항은 "조합 등은 부득이한 사유로 회계연도 개시 전까지 당해 연도 예산이 성립되지 아니한 때에는 전년도 동기간 예산에 준하여 집행할 수 있다"고 규정하고 있음. 즉 당해 연도 예산은 회계연도 개시 전에 성립되는 것을 전제로 하고 있음. 그런데 조합예산을 위한 임시총회를 잘 개최하지 않는 현실에서 정기총회마저 새 회계연도에 개최하도록 함으로써, 정기총회에서 예산이 의결될 때까지는 준예산을 집행해야 하는 문제가 매번 발생함. 따라서 대한민국국회처럼 매번 개최하여야

하는 정기총회를 회계연도 개시 전에 개최하도록 하여 그때 예산에 대한 의결이 이루어질 수 있도록 하고, 그럼에도 부득이 해를 넘기는 경우에는 대의원회 의결로 준예산을 집행하도록 하는 것이 바람직함.

【주】 정기총회 개최를 연기해야 하는 부득이한 사유 등에 대해 별도로 정할 수 있을 것이며, 총회개최를 무기한 연기하거나 지체하지 않도록 연기 기간을 정관으로 제한하되, 「서울특별시 조합 등 표준 예산·회계규정」 제19조에 따라 준예산 적용가능 기간은 회계연도 종료일로부터 최대 1년이므로 동일 회계연도 내에 반드시 정기총회가 개최되도록 정해야 함

④ 임시총회는 조합장이 필요하다고 인정하는 경우에 개최한다. 다만, 다음 각 호의 어느 하나에 해당하는 때에는 조합장은 해당일로부터 2월 이내에 총회를 소집하여야 한다.

1. 조합원 5분의 1 이상이 총회의 목적사항을 제시하여 소집을 요구하는 때
2. 대의원 3분의 2 이상이 총회의 목적사항을 제시하여 소집을 요구하는 때
3. 조합원 10분의 1 이상이 정관의 기재사항 중 조합임원의 권리 · 의무 · 보수 · 선임방법 · 변경 및 해임에 관한 사항을 변경하기 위한 총회 소집을 요구하는 때

⑤ 제4항의 각 호의 규정에 의한 요구가 있는 경우로서 조합장이 2월 이내에 정당한 이유없이 총회를 소집하지 아니하는 때에는 감사가 지체없이 총회를 소집하여야 하며, 감사가 소집하지 아니하는 때에는 제4항 각 호의 규정에 의하여 소집을 요구한 자의 대표자가 ○○구청장의 승인을 얻어 이를 소집한다.

⑥ 제2항부터 제4항에 의하여 총회를 소집하거나 일시를 변경하는 경우에는 총회의 목적·안건·일시·장소·변경사유 등에 관하여 미리 이사회의 의결을 거쳐야 한다. 다만, 제5항에 따라 총회를 소집하는 경우에는 그러하지 아니하다.

⑦ 제2항부터 제5항의 규정에 의하여 총회를 소집하는 경우에는 회의개최 14일 전까지 회의목적·안건·일시 · 장소 및 법 제45조제5항에 따른 서면의결권 행사에 필요한 사항 등을 정비사업 정보몽땅 및 게시판에 게시하여야 하며 각 조합원에게는 법 제44조제4항에 따라 회의개최 7일 전까지 제7? 8조제2항제1호의 방법으로 통지하여야 한다. 다만, 제21조제15호의 안건을 의결하기 위한 총회의 경우 회의개최 1개월 전에 법 제74조제5항에서 정하는 사항을 통지하여야 한다.

⑧ 총회는 제7항에 의하여 통지한 안건에 대해서만 의결할 수 있다.

⑨ 제4항에 따라 조합원 또는 대의원의 요구로 총회를 소집하는 경우 조합은 소집을 요구하는 자가 본인인지 여부를 다음의 기준에 따라 확인하여야 한다.

1. 총회의 소집을 요구하는 조합원 또는 대의원은 요구서에 성명을 적고 서명 또는 지장날인을 하며, 주민등록증, 여권 등 신원을 확인할 수 있는 신분증명서의 사본을 첨부할 것
2. 제1호에도 불구하고 총회의 소집을 요구하는 조합원 또는 대의원이 해외에 장기체류하는 등 불가피한 사유가 있다고 인정되는 경우에는 해당 조합원 또는 대의원의 인감도장을 찍은 요구서에 해당 인감증명서를 첨부할 것

<개정 법 제44조 제2항, 시행령 제41조의2 반영>

⑩ 제4항에 따라 조합원 또는 대의원의 요구로 총회를 소집하는 경우 소집요구에 따른 총회가 개의 정족수를 갖추지 못하였거나 요구 안건이 부결된 때에는 당해 조합원의 소집요구서 및 해당 총회에 제출된 서면의결서 등의 효력은 상실된다. <제9항, 제10항 저자 수정>

제20조의2(온라인총회) ①조합은 총회의 의결을 거쳐 제44조에 따른 총회와 병행하여 「정보통신망 이용촉진 및 정보보호 등에 관한 법률」 제2조 제1항 제1호에 따른 정보통신망을 이용한 총회(온라인총회)를 개최할 수 있다.

② 온라인총회는 다음 각 호의 요건을 모두 갖추어 개최하여야 한다. 이 경우 정족수를 산정할 때에는 직접 출석한 것으로 본다.

1. 온라인총회에 참석한 조합원이 본인인지 여부를 확인할 수 있을 것
2. 온라인총회에 참석한 조합원의 접속 기록 등이 보관되어 실제 참석 여부를 확인 · 관리할 수 있을 것
3. 온라인총회에 참석하는 조합원이 본인 여부의 확인이 가능하도록 다음의 어느 하나에 해당하는 방법에 따른 본인확인 절차를 마련할 것
   가. 「전자서명법」 제8조제1항에 따른 운영기준 준수사실의 인정을 받은 전자서명인증사업자가 제공하는 본인확인의 방법
   나. 「정보통신망 이용촉진 및 정보보호 등에 관한 법률」 제23조의3에 따른 본인확인기관에서 제공하는 본인확인의 방법
4. 다음의 체계를 모두 갖추어 온라인총회를 개최할 것
   가. 온라인총회에 참석하는 조합원이 원하는 경우 안건 등에 관하여 의견제시 및 질의응답을 진행할 수 있는 체계

나. 온라인총회의 개최부터 종료까지 조합원이 접속한 기록 및 제시한 의견 내용 등을 확인하고 정관으로 정하는 기간까지 보관할 수 있는 체계
다. 온라인총회가 중단 없이 진행될 수 있도록 기술적 보호조치를 확보한 체계
라. 총회에 참석한 조합원과 온라인총회에 참석한 조합원을 구분하여 관리할 수 있는 체계

③조합은 온라인총회를 개최하려는 경우에는 총회의 소집을 통지할 때 다음의 사항을 함께 통지해야 한다.

1. 온라인총회의 개최 여부
2. 온라인총회에 접속하는 방법

④ 다음의 사유가 발생하여 시장 · 군수등이 조합원의 직접 출석이 어렵다고 인정하는 경우에는 온라인총회를 단독으로 개최할. 수 있다.

1. 「재난 및 안전관리 기본법」 제3조제1호에 따른 재난
2. 「감염병의 예방 및 관리에 관한 법률」 제49조제1항제2호에 따른 집합 제한 또는 금지 조치

⑤ 제4항에 의한 온라인총회의 경우 전자적 방법만으로 의결권을 행사할 수 있고, 전자적 방법에 의한 의결권 행사는 직접 출석한 것으로 본다.

⑥ 제5항에 의거 온라인총회에서 전자적 방법으로 의결권을 행사하는 경우 조합은 제2항 제3호에 따라 전자적 방법으로 의결권을 행사하는 자가 본인인지를 확인하여야 한다.

<개정법 제42조의2, 시행령 제41조의3 반영, 저자 수정>

제21조(총회의 의결사항) 법 제45조 및 시행령 제42조에 따라 다음 각 호의 사항은 총회의 의결을 거쳐 결정한다.

1. 정관의 변경(법 제40조제4항에 따른 정관의 경미한 변경사항은 법 또는 이 정관에서 총회의결사항으로 정한 경우로 한정한다)
2. 자금의 차입과 그 방법 · 이자율 및 상환방법
3. 정비사업비의 세부 항목별 사용계획이 포함된 예산안 및 예산의 사용내역
4. 예산으로 정한 사항 외에 조합원에게 부담이 되는 계약
5. 시공자 · 설계자 · 정비사업전문관리업자의 선정 · 취소 및 변경
6. 감정평가법인의 선정 및 변경(제74조제4항에 따라 구청장이 선정 · 계약하

는 감정평가법인등은 제외한다), 감정평가법인의 선정 및 변경의 위탁에 관한 사항
7. 조합임원 및 대의원의 선임(임기중 궐위된 자를 보궐선임하는 경우는 제외한다) 및 해임
8. 조합임원의 연임
9. 조합장의 보궐선임
10. 정비사업비의 변경
11. 정비사업비의 조합원별 분담내역
12. 조합의 합병 또는 해산에 관한 사항
13. 건설되는 건축물의 설계 개요의 변경
14. 법 제52조에 따른 사업시행계획서의 작성 및 변경(법 제50조 제1항 본문에 따른 정비사업의 중지 또는 폐지에 관한 사항을 포함하며, 시행령 제46조의 경미한 변경은 제외한다)
15. 법 제74조에 따른 관리처분계획의 수립 및 변경(시행령 제61조의 경미한 변경은 제외한다)
16. 법 제86조의2에 따른 조합의 해산과 조합 해산시의 회계보고
17. 법 제89조에 따른 청산금의 징수 · 지급(분할징수 · 분할지급을 포함한다)
18. 법 제93조에 따른 비용의 금액 및 징수방법
19. 법 또는 이 정관에 따라 조합원의 동의가 필요한 사항
20. 그 밖에 법 또는 이 정관에서 총회의 의결을 거치도록 한 사항

제22조(총회의 의결방법) ① 총회는 법 또는 이 정관에서 특별히 정한 경우를 제외하고는 조합원 과반수 출석으로 개의하고 출석조합원 과반수 찬성으로 의결한다.
② 제1항에도 불구하고 법 제45조제4항에 따라 제21조제14호 및 제15호는 조합원 과반수 찬성으로 의결한다. 다만, 정비사업비가 100분의 10(생산자물가상승률분, 법 제73조에 따른 손실보상 금액은 제외한다) 이상 늘어나는 경우에는 조합원 3분의 2 이상의 찬성으로 의결하여야 한다.
③ 제1항에도 불구하고 법 제40조제3항 단서에 해당하는 정관의 변경은 조합

원 3분의 2 이상의 찬성으로 의결하여야 한다.

④ 총회의 의결은 법 및 이 정관에 다른 규정이 없으면 법 제45조제7항에 따라 조합원 100분의 10 이상이 직접 출석하여야 한다. 다만, 시행령 제42조제2항에 따라 창립총회, 시공자 선정 취소를 위한 총회, 사업시행계획서의 작성 및 변경을 위한 총회, 관리처분계획의 수립 및 변경을 위한 총회, 정비사업비의 사용 및 변경을 의결하는 총회 등 중요한 사항을 의결하는 총회의 경우에는 조합원의 100분의 20 이상이 직접 출석하여야 한다.

⑤ 조합원은 서면으로 의결권을 행사하거나 법 제45조제5항 각 호의 어느 하나에 해당하는 경우에는 대리인을 통하여 의결권을 행사할 수 있다. 서면으로 의결권을 행사하는 경우에는 제1항의 출석으로 보며, 대리인을 통하여 의결권을 행사하는 경우에는 제4항의 직접 출석으로 본다.

【주1】 대리인을 통한 의결권 행사와 관련하여 필요한 경우 대리인 지정서의 구체적인 첨부서류, 해외거주자의 추가 필요서류, 법인의 대표자 대리인 지정서 제출여부 등을 정할 수 있음

【주2】 필요한 경우 국토부 지침('23.7.20.)에 따른 과학기술정보통신부로부터 실증을 위한 규제특례를 지정받은 업체와 계약을 체결하여 전자적 방법을 적용하는 것을 정관으로 정할 수 있을 것임

⑥ 조합은 서면의결권 행사에 필요한 다음 각 호의 사항을 정하며 조합원에게 통지하여야 하며, 조합원은 서면의결권을 행사하는 자가 본인임을 확인할 수 있도록 서면결의서에 주민등록증, 여권 등 신원을 확인할 수 있는 신분증명서의 사본을 첨부하여 제출하는 외에 제20조제7항에 따라 조합이 통지한 방법으로도 제출하여야 하며, 조합이 이에 따르지 아니하는 조합원의 서면의결권 행사를 허용하지 않거나 그 효력을 인정하지 않더라도 이의를 제기할 수 없다.

1. 서면의결권의 행사기간
2. 서면결의서 제출장소 및 제출방법
3. 서면결의서 서식을 포함한 작성방법 및 첨부서류 안내

【주1】 법 제45조제6항에서 "조합은 제5항에 따른 서면의결권을 행사하는 자가 본인인지 확인하여야 한다" 고 규정하고, 제9항에서 "서면의결권 행사 및 본인확인방법 등에 필요한 사항은 정관으로 정한다" 고 규정하고 있으므로, 본인확인 방법을 명확하게 규정할 필요가 있음. 해당 내용을 조합원에게 안내해야 하

며, 서면결의서와 특히 신분확인자료의 제출방법은 조합명의 또는 조합장 명의의 휴대폰, 이메일이나 팩스 이용에 관한 사항을 포함하여 구체적으로 정할 수 있을 것임

⑦ 조합원은 제6항의 규정에 따라 서면으로 의결권을 행사하는 때에는 안건내용에 대한 의사가 표시된 서면결의서가 총회 전일까지 조합에 도착하여야 한다. 다만, 서면결의서를 제출한 조합원은 총회 당일에 현장출석하여 투표개시 선언이 이루어지기 전까지 직접 또는 제5항에 따른 대리인을 통하여 서면결의서에 의한 의결권행사를 철회하고 직접 투표할 수 있다.

⑧ 조합원은 다음 각 호의 요건을 모두 충족한 경우에는 전자적 방법(「전자문서 및 전자거래 기본법」 제2조제2호에 따른 정보처리시스템을 사용하거나 그 밖의 정보통신기술을 이용하는 방법을 말함)으로 의결권을 행사할 수 있다. 이 경우 정족수를 산정할 때에 출석한 것으로 본다.

1. 조합원이 전자적 방법 외에 제5항에 따른 방법으로도 의결권을 행사할 수 있게 할 것
2. 의결권의 행사 방법에 따른 결과가 각각 구분되어 확인 · 관리할 수 있을 것
3. 총회를 소집하려는 자가 총회의 소집통지를 할 때 전자적 방법을 통한 의결권의 행사(전자의결)와 관련한 다음의 사항을 함께 통지할 것
   가. 전자의결을 하는 방법
   나. 전자의결 기간
   다. 그 밖에 전자의결의 실시에 필요한 사항
4. 전자의결을 할 때 다음의 어느 하나에 해당하는 방법으로 본인임을 확인할 수 있을 것
   가. 「전자서명법」 제8조 제1항에 따른 운영기준 준수사실의 인정을 받은 전자서명인증사업자가 제공하는 본인확인의 방법
   나. 「정보통신망 이용촉진 및 정보보호 등에 관한 법률」 제23조의3에 따른 본인확인기관에서 제공하는 본인확인의 방법
5. 다음에서 정하는 바에 따라 전자의결 결과를 관리할 수 있는 체계를 갖출 것
   가. 총회에서 개표하기 전까지 전자의결의 집계 결과를 알 수 없도록 할 것
   나. 정비사업의 완료 또는 폐지 시점까지 전자의결 결과를 보관할 것. 다만, 본문에 따른 기간 이후로서 정관에서 전자의결 결과의 보관 기간을 달리

정한 경우에는 그에 따른다.

<개정법 제45조 제6항, 시행령 제42조 제2항 반영, 저자 수정>

⑨ 조합은 제5항 및 제8항에 따라 서면 또는 전자적 방법으로 의결권을 행사하는 자가 본인인지를 확인하여야 한다.

<개정법 제45조 제9항 반영, 저자 수정>

⑩ 총회 소집결과 개의정족수에 미달되는 때에는 재소집하여야 하며, 재소집의 경우에도 개의정족수에 미달되는 때에는 대의원회로 총회를 갈음할 수 있다. 다만, 시행령 제43조의 각 호에 해당하는 사항은 그러하지 아니하다.

⑪ 제4항의 규정에도 불구하고 시공자 선정을 위한 총회는 조합원 과반수가 직접 참석하여 의결하여야 하고, 이 경우 대리인이 참석한 때에는 직접 출석한 것으로 본다. 서면 또는 전자적 방법으로 의결권을 행사한 경우 서면결의서 또는 전자적 방법에 따른 결의서를 철회하고 시공자선정 총회에 직접 출석하여 의결하지 않는 한 직접 참석자에는 포함되지 않는다.

<정비사업 계약업무 처리기준 제35조 제2항 반영, 저자 수정>

제23조(총회운영 등) ① 총회는 이 정관 및 「서울특별시 정비사업 의사진행 표준운영규정」을 따라 운영하되, 별도의 조합 의사진행규정을 제정하여 운영할 수 있다.

② 의장은 총회 안건의 내용 등을 고려하여 다음 각 호에 해당하는 자 등 조합원이 아닌 자를 총회에 참석하여 발언하도록 할 수 있다.

1. 조합직원
2. 정비사업전문관리업자·시공자·설계자 기타 협력업체의 임직원
3. 그 밖에 의장이 총회운영을 위하여 필요하다고 인정하는 자

③ 의장은 총회의 질서를 유지하고 의사를 정리하며, 고의로 의사진행을 방해하는 발언·행동 등으로 총회질서를 문란하게 하는 자에 대하여 그 발언의 정지·제한 또는 퇴장을 명할 수 있다.

제24조(대의원회의 설치) ① 조합에는 대의원회를 둔다.

② 대의원의 수는 ○○인 이상 ○○인 이하로 한다.

【주1】법 제46조에 따라 조합원 수가 100명 이상인 조합의 대의원회 설치는 의무이

며, 대의원의 수는 조합원의 10분의 1 이상이어야 한다. (다만, 조합원의 10분의 1이 100명을 넘는 경우에는 조합원의 10분의 1의 범위에서 100명 이상으로 구성 가능)

【주2】 대의원의 수는 법에서 정한 기준 이상으로 조합의 사정을 고려하여 정하되, 대의원이 궐위되는 경우를 고려하여 가급적 법 제46조제2항에서 정한 최소 대의원의 수보다 일정규모 이상 확보하는 것이 바람직

③ 조합장은 대의원회 의장이 되며, 이 경우 조합장은 대의원으로 본다.

④ 대의원은 후보자 등록 공고일 현재 사업시행구역내 토지 또는 건축물을 ○년 이상 소유한 조합원 중에서 선임하며, 대의원 구성 시 조합의 규모나 거주형태 등을 고려하여 다양한 이해관계가 수렴될 수 있도록 한다.

【주】 대의원의 피선거권 자격에 대하여 조합 현황 등을 고려하여 결정하여야 함

⑤ 제17조제1항부터 제3항은 대의원에 관하여 준용하며, 조합장이 아닌 조합임원은 대의원이 될 수 없다. 그 밖에 대의원의 선임 또는 궐위된 대의원의 보궐선임 방법 및 절차 등은 조합 선거관리규정에서 정한 바에 따른다.

⑥ 대의원의 임기 등에 관하여는 제15조제5항을 준용한다.

⑦ 대의원이 자의로 사임하고자 하는 경우 조합장에게 그 의사를 서면으로 표시하여야 하며, 조합장은 이를 이사회에 상정하여야 한다. 사임의사를 표명한 대의원은 사임에 대한 이사회 의결이 있거나 후임 대의원이 선임될 때까지 그 임기가 유지되는 것으로 본다.

【주】 대의원이 정당한 이유 없이 사임하여 조합운영 및 사업추진에 상당한 지장을 초래하거나 조합원에 부당한 손해를 끼치는 일을 방지하기 위하여 사임 절차를 정관에 명시하여야 하며, 사임절차가 완료되기 전까지는 재적 대의원 수에서 제외하지 않는 것임.

⑧ 대의원이 특별한 사유 없이 3회 이상 연속으로 대의원회에 참석하지 않거나 관계법령 및 이 정관에 위반하여 조합에 부당한 손실을 초래한 경우에는 해임할 수 있다. 이 경우 제18조제1항을 준용한다.

⑨ 제5항, 제7항 및 제8항의 경우에는 제18조제2항을 준용한다.

제25조(대의원회 개최) ① 대의원회는 조합장이 필요하다고 인정하거나 이 정관에 따라 대의원회 의결을 거쳐야 하는 경우 소집한다. 다만, 다음 각 호의

어느 하나에 해당하는 때에는 조합장은 해당일부터 14일 이내에 대의원회를 소집하여야 한다.

1. 조합원 10분의 1 이상이 대의원회의 목적사항을 제시하여 소집을 청구하는 때
2. 대의원의 3분의 1 이상이 대의원회의 목적사항을 제시하여 소집을 청구하는 때

【주】 시행령 제44조제4항에 따라 조합장은 정관으로 정하는 소집요구가 있는 때 또는 대의원 3분의 1이상(정관으로 달리 정할 수 있음)이 회의의 목적사항을 제시하여 요구하는 때 조합장은 해당일로부터 14일 이내에 대의원회를 소집해야 함

② 제1항의 경우 제20조제9항을 준용한다.

③ 제1항 각 호에 따른 소집청구가 있는 경우로서 조합장이 14일 이내에 정당한 이유 없이 대의원회를 소집하지 아니한 때에는 감사가 지체없이 대의원회를 소집하여야 하며, 감사가 소집하지 아니하는 때에는 제1항 각 호에 따라 소집을 청구한 사람의 대표가 ○○구청장의 승인을 얻어 소집한다. 이 경우 감사 또는 소집을 청구한 사람의 대표가 의장의 직무를 대행한다.

④ 대의원회 소집은 회의개최 7일 전까지 회의목적·안건·일시 및 장소를 기재한 서면을 대의원에게 통지하고, 정비사업 정보몽땅 및 게시판에 공고하여야 한다. 다만, 사업추진상 시급히 대의원회 의결을 요하는 사안이 발생하는 경우에는 회의 개최 3일 전에 통지하고 대의원회에서 안건상정 여부를 묻고 의결할 수 있다.

【주】 제20조제7항과 같은 형식으로 규정할 수 있을 것임.

【주】 시행령 제44조제7항에 대의원회의 소집공고 내용은 정관으로 정해야 하며, 법 제46조에 따라 대의원의 의결방법 등은 시행령 제44조에서 정한 범위에서 정관으로 정할 수 있음.

⑤ 제20조제8항은 대의원회에 준용한다. 다만, 사전에 통지하지 아니한 안건으로서 재적대의원 과반수가 직접 참석하고 직접 참석한 대의원 과반수가 그 채택에 동의한 안건은 그러하지 아니하다.

제26조(대의원회 의결사항) 대의원회는 다음 각 호의 사항을 의결한다.

1. 임기 중 궐위된 임원(조합장은 제외) 및 대의원의 보궐선임

2. 예산 및 결산의 승인에 관한 방법
3. 총회 상정을 위한 안건의 사전심의 및 총회로부터 위임받은 사항
4. 총회 의결로 정한 예산 범위 내에서의 용역 계약(법 제45조제1항에 따라 총회의 의결이 필요한 업체의 선정은 제외)
5. 시행령 제39조에 따른 정관의 경미한 변경
6. 법 제50조제1항 단서 조항 및 시행령 제46조에 의한 사업시행계획의 경미한 변경
7. 법 제74조제1항 단서 조항 및 시행령 제61조에 의한 관리처분계획의 경미한 변경
8. 조합 업무규정(행정업무규정·예산회계규정·선거관리규정 등)의 개정
9. 준공인가 후 소송 제기에 관한 사항
10. 그 밖에 이 정관 및 관련법령에서 정한 사항

【주】 법 제46조에 따라 대의원은 시행령 제43조에서 대의원회가 총회의 의결을 대행할 수 없다고 규정한 사항 외에는 총회의 권한을 대행할 수 있으며, 이 외 대의원회의 의결이 필요한 사항을 조합원 의사를 고려하여 추가할 수 있을 것임

제27조(대의원회 의결방법) ① 대의원회는 법 및 이 정관에서 특별히 정한 경우를 제외하고는 재적 대의원 과반수 출석으로 개의하고 출석대의원 과반수의 찬성으로 의결한다. 다만, 제22조제8항에 의하여 대의원회가 총회의 의결을 대행하는 경우에는 재적 대의원 3분의 2 이상의 출석과 출석대의원 3분의 2 이상의 동의를 얻어야 한다.

【주】 시행령 제44조제8항에 따라 대의원회는 재적대의원 과반수의 출석과 출석대의원 과반수의 찬성으로 의결하며, 그 이상의 범위에서 정관으로 달리 정할 수 있음

② 제1항에도 불구하고 재적 대의원의 수가 법 제46조제2항에서 정한 최소 대의원 수(이하 "법정 최소 대의원 수"라 한다)에 미달되더라도 법정 최소 대의원 수의 4분의 3 이상인 경우에는 제26조제3호 중 총회상정을 위한 안건의 사전심의에 한하여 법정 최소 대의원 수의 과반수 출석으로 개의하고 출석대의원 과반수의 찬성으로 의결할 수 있다.

③ 대의원은 대리인을 통해 권한을 행사할 수 없다. 다만, 서면으로 대의원회에 출석하거나 의결권을 행사할 수 있다. 이 경우 제1항의 규정에 의한 출석

으로 본다.

【주1】 대의원회의 서면의결권 행사 가능여부 및 구체적인 행사 방법에 대해 조합 자체적으로 정해야 할 것임

【주2】 조합 실정을 고려하여 대의원회 의결에 전자적 방법을 도입할 수 있을 것이나, 전자적 방법에 따른 의결권 행사 시에는 본인 명의의 휴대폰 또는 아이피를 사용하게 하는 등 본인인증을 위한 적절한 방안이 담보되어야 함

④ 특정한 대의원의 이해와 관련된 사항에 대해 그 대의원은 의결권을 행사할 수 없다.

⑤ 대의원회의 운영에 관하여는 제23조를 준용하며, 이사·감사는 대의원회에 참석하여 의견을 진술할 수 있다.

제28조(이사회의 설치) ① 조합에는 조합의 사무를 집행하기 위하여 조합장과 이사로 구성하는 이사회를 둔다.

② 이사회는 조합장이 소집하며, 조합장은 이사회의 의장이 된다.

③ 이사회를 소집하려면 회의개최 ○일전에 회의목적·안건·일시 및 장소를 기재한 서면으로 이사에 통지하고, 게시판 및 정비사업 정보몽땅에 공고하여야 한다. 다만, 사업추진상 시급한 경우에는 회의 개최 1일 전에 통지하고 이사회를 개최할 수 있다.

【주】 이사회의 사무, 사무처리 일정등을 고려하여 정기 이사회 개최일을 정하여 운영할 수 있을 것임.

제29조(이사회의 사무)

① 이사회는 다음 각 호의 사무를 집행한다.

1. 조합의 예산 및 통상업무의 집행에 관한 사항
2. 총회 및 대의원회의 상정안건의 심의에 관한 사항
3. 조합 업무규정 등의 제정 및 개정안 작성에 관한 사항
4. 총회 또는 대의원회로부터 위임받은 사항의 집행 및 의결
5. 관리처분계획(안)에 대한 공람의견 심사
6. 주된 사무소의 변경에 관한 사항 등 이 정관에서 이사회의 사무로 정한 사항

7. 그 밖에 조합의 운영 및 사업시행에 관하여 필요한 사항
② 이사회는 제1항 각 호의 사항에 관하여 구체적인 범위를 정하여 의장인 조합장에게 위임할 수 있다.

【주】 총회장소나 일시 등의 변경을 위해 이사회를 개최하는 것은 소모적이므로, 조합장에게 구체적인 사항에 대하여 범위를 정하여 위임함으로써 시간단축 및 비용절감을 도모할 수 있을 것임.

제30조(이사회의 의결방법) ① 이사회는 대리인 참석이 불가하며, 조합장을 포함한 구성원 과반수 출석으로 개의하고 출석 구성원 과반수 찬성으로 의결한다.

【주】 조합장이 이사회의 구성원으로 개의 및 의결정족수에 산입하여야 하고, 의결권이 있다는 점을 분명히 하려는 것임.

② 특정 임원의 이해와 관련된 안건의 경우 해당 임원은 그 안건에 대하여 의결권을 행사할 수 없다.

【주1】 이사회의 출석방법(서면 등), 출석인정여부 및 의결권 행사 방법에 대하여 조합실정을 고려하여 별도로 정할 수 있음

【주2】 원활한 사업 추진을 위하여 필요한 경우 조합원 의사를 고려하여 제28조제3항제2호의 총회 및 대의원회 상정안건 심의를 위한 이사회가 개의 정족수 부족으로 2회 이상 개최되지 못하는 경우 등에 한해 조합장이 직권으로 대의원회 또는 총회에 상정하여 조합사업을 원활히 추진할 수 있도록 정할 수 있을 것임. 다만, 이 경우 조합장은 대의원회 또는 총회에 이사회 의결을 거치지 않은 사항임을 보고하여야 함

제31조(감사의 이사회 출석권한 및 감사요청) ① 감사는 이사회에 출석하여 의견을 진술할 수 있다. 다만, 의결권은 가지지 아니한다.
② 이사회는 조합운영상 필요하다고 인정될 때에는 감사에게 조합의 업무에 대하여 감사를 실시하도록 요청할 수 있다.

제32조(의사록의 작성 및 관리) ① 조합임원(청산인을 포함한다)은 총회·대의원회 및 이사회의 의사록을 작성하여 청산 시까지 보관하여야 하며, 총회 또

는 시행령 제94조제3항에서 정한 중요한 회의가 있은 때에는 속기록 · 녹음 또는 영상자료를 만들어 청산 시까지 보관하여야 한다.

【주】 시행령 제94조제3항 각 호에서 규정한 "중요한 회의"란 아래와 같다.

1. 용역 계약(변경계약을 포함한다) 및 업체 선정과 관련된 대의원회 · 이사회
2. 조합임원 · 대의원의 선임 · 해임 · 징계 및 토지등소유자(조합이 설립된 경우에는 조합원을 말한다) 자격에 관한 대의원회 · 이사회

② 총회·대의원회 및 이사회를 개최하는 경우 다음 각 호의 기준에 따라 의사록을 작성하고 관리하여야 한다. 다만, 공인속기사가 작성한 속기록 또는 의사록은 이를 법 제124조제1항제3호에 따른 의사록으로 보며, 제1호 규정은 적용하지 아니한다.

1. 의사록에는 의사의 경과, 주요 논의내용 및 결과를 기재하고 의장 및 출석한 대의원 또는 이사 및 감사가 서명하여야 한다.

【주】 업무의 효율성을 위하여 의사록 작성에 「서울특별시 정비사업 의사진행 표준운영규정」 별지 제15호 "의사록(예시)" 서식을 사용할 수 있음

2. 의사록은 회의개최일로부터 15일 이내에 정비사업 정보몽땅에 게시하고 조합사무소에 비치하여 조합원등이 항시 열람할 수 있도록 하여야 한다.

【주】 「정비사업 정보몽땅 홈페이지 운영지침」에 회의개최일로부터 15일 이내 의사록 등을 정보몽땅에 게시하도록 규정되어 있음

3. 그 밖에 의사록의 작성 및 관리는 법 및 이 정관등에 따른다.

제 6 장 재 정

제33조(조합의 회계) ① 조합의 회계는 매년 1월 1일 (조합설립인가를 받은 당해연도는 조합설립등기일)부터 12월 말일까지로 한다.

② 다음 각 호의 사항에 관한 조합의 예산·회계는 조합 예산 · 회계규정에 따르며, 조합 예산 · 회계규정에서 정하지 아니한 사항은 관련법령, 조례, 이 정관, 「중소기업회계기준」 등을 준용한다.

1. 예산의 편성과 집행기준에 관한 사항
2. 세입 · 세출예산서 및 결산보고서의 작성에 관한 사항

3. 수입의 관리 · 징수방법 및 수납기관 등에 관한 사항
4. 지출의 관리 및 지급 등에 관한 사항
5. 계약 및 채무관리에 관한 사항
6. 그 밖에 회계문서와 장부에 관한 사항

③ 조합은 조합 예산 · 회계규정 별표 2의 회계처리규정 세칙에 따라 결산보고서를 작성하여 매 회계년도 종료일부터 3개월 이내에 대의원회 의결을 거쳐 총회에 보고하거나 조합원에게 서면보고 하여야 한다. 대의원회 의결을 받은 결산보고서는 의결 후 15일 이내에 정비사업 정보몽땅에 공개하여야 하며, 3개월 이상 조합사무소에 비치하여 조합원들이 열람할 수 있도록 하여야 한다.

④ 조합에 대한 「주식회사 등의 외부감사에 관한 법률」 제2조제7호 및 제9조에 따른 감사인의 회계감사에 관하여는 법 제112조에 따른다.

⑤ 조합은 제4항에 의하여 실시한 회계감사 결과보고서는 제출받은 날로부터 15일 이내에 정비사업 정보몽땅에 공개하고, 3개월 이상 조합사무소에 비치하여 조합원들이 열람할 수 있도록 하여야 한다.

제34조(재원) ① 조합의 운영 및 사업시행을 위한 자금은 다음 각 호에 의하여 조달한다.

1. 조합원이 현물로 출자한 토지 및 건축물
2. 조합원이 납부하는 정비사업비 등 부과금
3. 건축물 및 부대시설 · 복리시설의 분양 수입금
4. 조합이 금융기관 및 시공자 등으로부터 조달하는 차입금
5. 서울특별시장, 주택도시보증공사 등으로부터 조달하는 융자금
6. 대여금의 이자 및 연체료 등 수입금
7. 청산금
8. 그 밖에 조합재산의 사용수익 또는 처분에 의한 수익금

② 조합이 자금을 차입한 때에는 자금을 차입한 날부터 30일 이내에 자금을 대여한 상대방, 차입일, 차입액, 이자율, 상환기한 및 상환방법을 기재한 자금차입계약서의 사본을 ○○구청장에게 제출하는 방법으로 신고하여야 한다.

③ 조합이 법 제95조제3항 및 조례 제53조에 따라 서울특별시로부터 사업비를

융자받고자 하는 경우 총회 의결을 거쳐 시장에게 신청하여야 하며, 융자기간・상환방법・이율 등은 융자금 신청 당시의 「서울특별시 융자계획 공고」에 따른다.

④ 제3항에 따른 융자를 받은 후 조합장이 변경될 경우 새로운 조합장은 융자신청 당시 융자원리금의 상환과 관련하여 연대보증하거나 담보 등을 제공한 전 조합장의 지위를 일괄 승계한다. 다만, 조합설립추진위원장에 대해서는 최초로 선임된 조합장이 이를 일괄 승계한다.

⑤ 제3항에 따른 융자를 받은 후 사업이 추진되지 못하는 경우 조합의 융자원리금 상환채무는 그 당시 조합원이 법 제74조제1항제5호에서 정한 가격에 대한 법 제74조제4항제1호에 따른 평가액(법 제74조제4항제1호에 따른 감정평가가 실시되지 않은 경우에는 최종 추정분담금 검증 후 통지된 평가액)의 비율에 따라 이를 인수한다. 제4항에 따라 융자원리금을 지급한 조합장은 조합원들에게 그 인수비율에 따라 구상할 수 있다.

제35조(정비사업비의 부과 및 징수) ① 조합은 사업시행에 필요한 비용을 충당하기 위하여 조합원에게 공사비 등 사업에 소요되는 정비사업비를 부과·징수할 수 있다.

② 제1항의 정비사업비는 총회 의결을 거쳐 부과할 수 있으며, 추후 사업시행구역안의 토지 및 건축물 등의 위치·면적·이용상황·환경 등 제반여건을 종합적으로 고려하여 관리처분계획에 따라 공평하게 금액을 조정하여야 한다.

③ 조합은 납부기한 내에 정비사업비를 납부하지 아니한 조합원에 대하여는 금융기관에서 적용하는 연체금리의 범위 내에서 연체료를 부과할 수 있으며 법 제93조제4항에 따라 ○○구청장에게 정비사업비의 징수를 위탁할 수 있다.

【주】그 밖에 분양신청을 하지 않거나 분양계약을 체결하지 않은 현금청산자 또는 제명자에 대한 조합원 지위 상실시점까지 발생한 정비사업비용에 대해 이를 부과하는 규정을 두려는 경우에는, 대법원 판례에 따라 부과의무의 발생시점, 부과할 정비사업비의 종류와 범위, 해당자에게 부과할 부과금의 액수와 그 산정기준 등에 관하여 매우 구체적으로 규정하여야 할 것임.

제 7 장 사 업 시 행

제36조(이주대책) ① 사업시행으로 주택 등 건축물이 해체되는 조합원은 사업을 시행하는 동안 자신의 부담으로 이주하여야 한다.

② 조합은 이주비의 대출을 희망하는 조합원에게 조합이 직접 금융기관과 약정을 체결하거나, 시공자와 약정을 체결하여 대출을 알선할 수 있다. 이 경우 조합원은 사업시행구역내의 소유 토지 또는 건축물을 담보로 제공하고 자신의 명의로 대출을 받는다.

③ 제2항에 의하여 이주비를 대출받은 조합원 또는 그 권리를 승계한 조합원은 대출받은 이주비를 "신축건축물등"(사업시행으로 건설되는 건축물등을 말한다. 이하 같다.)에 입주 시까지 금융기관 등에 상환하여야 한다.

④ 조합원은 조합이 정하여 통지하는 이주기한 내에 해당 건축물에서 퇴거하여야 하며, 세입자 또는 임시거주자 등이 퇴거하도록 하여야 한다.

⑤ 조합원은 본인 또는 세입자 등이 제4항의 이주기한 내에 해당 건축물에서 퇴거하지 아니하여 기존 주택 등의 해체지연 등 사업시행에 지장을 초래하는 때에는 그에 따라 발생되는 모든 손해에 대하여 변상할 책임을 진다.

⑥ 제5항에 의하여 조합원이 변상할 손해금액과 징수방법 등은 총회의 의결을 얻어 해당 조합원에게 부과한다. 해당 조합원이 이를 납부하지 아니한 때에는 법 제89조에 따른 해당 조합원의 청산금에 그 부과금과 연체료를 부가하여 징수하거나 공제하여 지급할 수 있다.

⑦ 사업시행으로 해체되는 주택의 세입자는 조례 제27조 및 제46조 등에서 정하는 바에 따라 임대주택을 공급하고, 「공익사업을 위한 토지 등의 취득 및 보상에 관한 법률 시행규칙」 제54조제2항 및 제55조제2항 규정의 기준에 해당하는 주거용 건축물의 세입자에 대하여는 동 규칙이 정한 바에 따라 주거이전비 및 이사비를 지급하며, 세부 사항은 관리처분계획기준에 따른다.

⑧ 이주비 지급절차 등에 관한 세부적인 사항은 조합과 시공사 또는 금융기관 등과 정한 약정에 따르며, 이주와 관련한 구체적인 사항은 대의원회에서 정하여 운영한다.

제37조(공가발생 시 안전조치 및 지장물 철거 등) ① 조합은 사업시행계획인가 후 법 제52조제1항제5호에 따른 범죄예방대책을 실시하여야 하며, 관리처분계획인가 후에는 공가(空家)로 인하여 안전사고가 발생하지 않도록 미리 대책을 수립하여 이를 관리하여야 한다.
② 조합은 관리처분계획인가 후 사업시행구역 내의 건축물 등을 해체할 수 있으며, 건축물 등을 해체하고자 하는 때에는 구체적인 해체계획에 관한 내용을 30일 전에 조합원에게 통지하여야 한다.
③ 제2항에도 불구하고 법 제81조제3항 각 호에 해당하는 경우에는 건축물 소유자의 동의 및 ○○구청장의 허가를 받아 해당 건축물을 해체할 수 있으며, 건축물의 해체에도 불구하고 토지등소유자로서의 권리・의무에 영향을 주지 아니한다.
④ 사업시행구역 내의 통신시설·전기시설·급수시설·도시가스시설 등 공급시설에 대하여는 당해 시설물 관리권자와 협의하여 해체기간 및 방법 등을 따로 정할 수 있다.
⑤「건축물관리법」제30조 및 제34조 등에 의한 건축물 및 공작물 해체의 허가(신고) 및 멸실신고는 이주완료 후 조합이 일괄 위임받아 처리하도록 한다.

제38조(손실보상) ① 사업시행을 위한 손실보상 기준 및 절차는 법 제73조 및 시행령 제54조에 따르며, 「공익사업을 위한 토지 등의 취득 및 보상에 관한 법률」(이하 "토지보상법"이라 한다)을 준용한다.
② 조합과 손실보상 대상자 간에 손실보상을 위한 협의가 성립되지 아니하거나 협의할 수 없는 경우, 조합은 토지보상법 제49조의 규정에 의하여 설치되는 서울특별시 토지수용위원회에 재결을 신청한다.
③ 사업시행구역 내의 철거 또는 해체되는 일체의 지장물 중 등기 또는 행정기관의 공부에 등재되지 아니한 지장물은 보상대상이 될 수 없다.

제39조(토지등의 수용 또는 사용) 조합은 사업을 시행하기 위하여 법 제63조 및 제65조에 따라 토지 등을 수용 또는 사용할 수 있다. 이 경우 관련법령에 따른 보상을 하여야 한다.

제40조(재개발임대주택의 매각 등) ① 법 제79조제5항에 따라 재개발사업의 시행으로 건설된 임대주택은 시행령 제68조 및 조례 제41조, 제42조 등 관련 규정에 따라 매각한다.
② 재개발임대주택의 공급대상자 결정(그 판단기준을 포함한다) 및 순위 등은 조례 제46조에 의한다. 다만, 조합은 재개발임대주택에 대한 임차인의 자격 · 선정방법 · 임대보증금 · 임대료 등 임대조건에 관한 기준 및 무주택 세대주에게 우선 매각하도록 하는 기준 등에 관하여 시행령으로 정하는 범위에서 ○○구청장의 승인을 받아 따로 정할 수 있다.
③ 제1항 및 제2항에 따른 임대주택 공급계획은 관리처분계획인가 · 고시로 확정한다.

제41조(지상권 등 계약의 해지) ① 사업시행으로 지상권 · 전세권 또는 임차권의 설정 목적을 달성할 수 없는 권리자가 법 제70조제1항 및 제2항에 따라 계약상 금전의 반환청구권을 조합에 행사하여 해당 금전을 지급한 조합은 해당 조합원에게 이를 구상할 수 있다.
② 조합은 제1항에 따른 구상이 되지 아니한 때에는 해당 조합원에게 귀속될 대지 또는 건축물을 압류할 수 있다. 이 경우 압류한 권리는 저당권과 동일한 효력을 가진다.
③ 법 제74조에 따라 관리처분계획 인가를 받은 경우에는 지상권 · 전세권설정계약 또는 임대차계약의 계약기간에 대하여는 「민법」 제280조 · 제281조 및 제312조제2항, 「주택임대차보호법」 제4조제1항, 「상가건물 임대차보호법」 제9조제1항의 규정은 이를 적용하지 아니한다.

제42조(소유자의 확인이 곤란한 건축물 등에 대한 처분) ① 조합이 조합설립인가일 현재 건축물 또는 토지의 소유자의 소재 확인이 현저히 곤란한 때에는 전국적으로 배포되는 둘 이상의 일간신문에 2회 이상 공고하고, 공고한 날부터 30일 이상이 지난 때에는 그 소유자의 해당 건축물 또는 토지의 감정평가액에 해당하는 금액을 법원에 공탁하고 사업을 시행할 수 있다.

② 제1항의 토지 또는 건축물의 감정평가는 법 제74조제4항제1호를 준용한다.

제 8 장 관리처분계획

제43조(분양통지 및 공고 등) 조합은 사업시행계획인가의 고시가 있은 날(사업시행계획인가 이후 시공자를 선정하는 경우에는 시공자와 계약을 체결한 날)부터 120일 이내에 법 제72조제1항 각 호, 시행령 제59조제1항 각 호 및 조례 제32조제1항 각 호에서 정한 사항을 토지등소유자에게 통지하고, 시행령 제59조제1항 각호에서 정한 사항을 해당 지역에서 발간되는 일간신문 및 정비사업 정보몽땅에 공고하여야 한다.

【주】법 제72조제1항, 시행령 제59조제1항, 조례 제32조제1항 각 호의 내용을 열거하는 방법으로 각 조합의 정관으로 정할 수 있음

제44조(분양신청 등) ① 분양신청기간은 전조에 따른 통지일 이후 30일 이상 60일 이내로 한다. 다만, 조합은 관리처분계획의 수립에 지장이 없다고 판단하는 경우에는 분양신청기간 만료일부터 20일의 범위에서 한 차례만 연장할 수 있다.

② 조합이 법 제72조제4항에 따라 분양공고 등의 절차를 다시 거치는 경우, 총회의 의결을 받아 법 제73조제1항 제1호 및 제2호에 해당하는 조합원에게 분양신청을 다시 하게 할 수 있다.

【주】필요한 경우 안건의 중요성을 고려하여 관련 총회의 직접 참석비율 및 의결요건 등을 별도로 정할 수 있을 것이며, 기존조합원과 차별되는 별도의 패널티를 적용할수도 있을것임

③ 대지 또는 건축물에 대한 분양을 받으려는 토지등소유자는 제1항에 따른 분양신청기간에 시행령 제59조제3항에서 정하는 방법 및 절차에 따라 분양신청을 하여야 한다. 이 경우 우편의 방법으로 분양신청을 하는 때에는 제1항에 따른 분양신청기간 내에 발송된 것임을 증명할 수 있는 등기우편등으로 하여야 한다.

④ 제1항부터 제3항 이외에 분양신청 방법 및 절차 등에 관한 구체적인 사항

은 관련법령 및 조례에 따라 조합이 작성한 분양신청공고 및 분양신청 안내문 등에서 정한 바에 따른다.

【주】 투기과열지구에 해당하는 조합은 재당첨금지에 의한 분양신청 불가 사항을 명시할 수 있음

제45조(분양신청을 하지 아니한 자 등에 대한 조치) ① 조합은 관리처분계획이 인가・고시된 다음 날부터 90일 이내에 법 제73조제1항 각 호에 해당하는 자와 토지, 건축물 또는 그 밖의 권리의 손실보상에 관한 협의를 하여야 한다. 다만, 협의는 분양신청기간 종료일의 다음날부터 시작할 수 있다.

② 제1항의 손실보상 금액은 조합과 토지등소유자가 협의하여 산정하며, 손실보상액의 산정을 위한 감정평가법인 선정에 관하여는 토지보상법 제68조제1항에 따른다.

③ 제1항 및 제2항에 따른 협의가 성립되지 아니할 경우의 수용재결 신청 등은 법 제73조제2항 및 제3항 규정에 따른다.

④ 조합원이 조합에서 통지한 기간 내에 분양계약을 체결하지 않는 경우에는 제1항부터 제3항 규정을 준용한다.

⑤ 분양계약을 체결한 조합원이 분양계약에서 정한 의무를 이행하지 아니하여 조합이 계약을 해지할 경우에는 해당 분양계약에서 정한 바에 따른다.

제46조(관리처분계획의 기준) ① 조합은 "관리처분계획기준일"(법 제72조제1항제3호에 따른 분양신청기간의 종료일을 말한다. 이하같다)의 분양신청 결과를 토대로 법 제76조, 시행령 제63조, 조례 제36조 및 제38조, 국토교통부 및 서울특별시 고시 등 관련 규정, 지침을 준수하여 관리처분계획을 수립하여야 한다.

② 제1항에 의하여 수립된 관리처분계획 기준은 총회의결을 거쳐 ○○구청장의 인가・고시로 결정되며, 관리처분계획을 변경 · 중지 또는 폐지하려는 경우에도 같다. 다만, 시행령 제61조 각 호에서 규정하는 경미한 사항을 변경하는 경우에는 ○○구청장에게 신고하여 그 수리 완료로 결정된다.

③ 관리처분계획은 다음 각 호의 기준을 포함하여 작성하며, 조합의 상황을

종합적으로 고려하여 대지 또는 건축물이 균형있게 분양신청자에게 배분되고 합리적으로 이용되도록 하여야 한다.

【주】아래 각 호의 사항은 법·시행령·조례에서 규정한 관리처분계획 수립기준을 명시한 것으로, 조합은 정관 작성 현재의 관련규정 원문을 확인하여야 함

1. 종전 토지의 소유면적은 관리처분계획기준일 현재 공간정보의 구축 및 관리 등에 관한 법률 제2조제19호에 따른 소유토지별 지적공부에 따를 것. 다만, 1필지의 토지를 여러 명이 공유하고 있는 경우에는 부동산 등기사항증명서의 지분비율을 기준으로 한다.

【주】사업시행방식전환의 경우에는 환지예정지증명원에 의한다.

2. 종전 건축물의 소유면적은 관리처분계획기준일 현재 소유 건축물별 건축물대장을 기준으로 하되, 법령에 위반하여 건축된 부분의 면적은 제외할 것

【주】조례 제34조제3호 단서에 따라 정관으로 따로 정하는 경우에는 소유건축물별 건축물대장이 아닌 재산세과세대장 또는 측량성과를 기준으로 할 수 있으므로 조합원 의사 및 사업여건을 고려하여 조례 제2조제1호에 따른 특정무허가건축물 등에 해당 단서조항을 적용할 수도 있을 것임

3. 종전 토지 등의 소유권은 관리처분계획기준일 현재 부동산 등기사항증명서에 따르며, 소유권 취득일은 부동산 등기사항증명서상의 접수일자를 기준으로 할 것. 다만, 특정무허가건축물인 경우에는 구청장 등이 발행한 무허가건축물 확인원이나 그 밖에 소유자임을 증명하는 자료를 기준으로 한다.

【주】사업시행방식전환의 경우에는 환지예정지증명원에 의한다.

4. 종전의 토지 또는 건축물의 면적 · 이용 상황 · 환경, 그 밖의 사항을 종합적으로 고려하여 대지 또는 건축물이 균형 있게 분양신청자에게 배분되고 합리적으로 이용되도록 할 것
5. 지나치게 좁거나 넓은 토지 또는 건축물은 넓히거나 좁혀 대지 또는 건축물이 적정 규모가 되도록 할 것
6. 너무 좁은 토지 또는 건축물을 취득한 자나 정비구역 지정 후 분할된 토지 또는 집합건물의 구분소유권을 취득한 자에게는 현금으로 청산할 수 있도록 할 것
7. 재해 또는 위생상의 위해를 방지하기 위하여 토지의 규모를 조정할 특별한 필요가 있는 때에는 너무 좁은 토지를 넓혀 토지를 갈음하여 보상을 하거

나 건축물의 일부와 그 건축물이 있는 대지의 공유지분을 교부할 수 있도록 할 것

8. 1세대 또는 1명이 하나 이상의 주택 또는 토지를 소유한 경우 1주택을 공급하고, 같은 세대에 속하지 아니하는 2명 이상이 1주택 또는 1토지를 공유한 경우에는 1주택만 공급할 것
9. 제8호에도 불구하고 법 제76조제1항제7호가목에 따라 조례 제36조제2항제3호 단서규정을 충족하는 경우에는 해당 토지등소유자에게 1주택을 각각 공급할 수 있도록 할 것
10. 제8호에도 불구하고 법 제76조제1항제7호나목에서 정한 다음 각 목의 어느 하나에 해당하는 토지등소유자에게는 소유한 주택 수만큼 공급할 수 있도록 할 것
   가. 근로자(공무원인 근로자를 포함한다) 숙소, 기숙사 용도로 주택을 소유하고 있는 토지등소유자
   나. 국가, 지방자치단체 및 토지주택공사등
   다. 「지방자치분권 및 지역균형발전에 관한 특별법」 제25조에 따른 공공기관지방이전 및 혁신도시 활성화를 위한 시책 등에 따라 이전하는 공공기관이 소유한 주택을 양수한 자
11. 조합원이 소유한 종전의 토지 또는 건축물의 사업시행계획인가 고시가 있은 날(사업시행계획인가 전에 법 제81조제3항에 따라 철거된 건축물은 ○○구청장에게 허가를 받은 날)을 기준으로 한 가격의 범위 또는 조합원이 소유한 종전 주택의 주거전용면적의 범위 내에서 2주택을 공급할 수 있고, 이 중 1주택은 주거전용면적을 60제곱미터 이하로 할 것. 다만, 60제곱미터 이하로 공급받은 1주택은 이전고시일 다음 날부터 3년이 지나기 전에는 전매(매매, 증여 및 그 밖에 권리의 변동을 수반하는 모든 행위를 포함하되 상속의 경우에는 제외한다.)하거나 이의 전매를 알선할 수 없다.

【주】 2주택공급 여부 및 60제곱미터 이하로 공급받은 주택의 분양가격에 대해 조합원의 의사 및 사업여건을 고려하여 가능한 한 정관으로 정하되, 그렇지 아니할 경우에는 관리처분계획으로 확정하여야 함

12. 정비구역의 토지등소유자(지상권자는 제외한다. 이하 이 항에서 같다)에게

분양하되, 공동주택을 분양하는 경우의 분양대상자는 조례 제36조에 따를 것

13. 1필지의 대지 및 그 대지에 건축된 건축물(법 제79조제4항 전단에 따라 보류지로 정하거나 조합원 외의 자에게 분양하는 부분은 제외한다)을 2인 이상에게 분양하는 때에는 기존의 토지 및 건축물의 가격(시행령 제93조에 따라 사업시행방식이 전환된 경우에는 환지예정지의 권리가액을 말한다. 이하 제16호에서 같다)과 시행령 제59조제4항 및 제62조제3호에 따라 토지등소유자가 부담하는 비용의 비율에 따라 분양할 것
14. 분양대상자가 공동으로 취득하게 되는 건축물의 공용부분은 각 권리자의 공유로 하되, 해당 공용부분에 대한 각 권리자의 지분비율은 그가 취득하게 되는 부분의 위치 및 바닥면적 등의 사항을 고려하여 정할 것
15. 1필지의 대지 위에 2인 이상에게 분양될 건축물이 설치된 경우에는 건축물의 분양면적의 비율에 따라 그 대지소유권이 주어지도록 할 것(주택과 그 밖의 용도의 건축물이 함께 설치된 경우에는 건축물의 용도 및 규모 등을 고려하여 대지지분이 합리적으로 배분될 수 있도록 한다). 이 경우 토지의 소유관계는 공유로 한다.
16. 주택 및 부대시설 · 복리시설의 공급순위는 기존의 토지 또는 건축물의 가격을 고려하여 정하되, 그 구체적인 기준은 조례 제38조에 따를 것
17. 그 밖에 관리처분계획을 수립하기 위하여 필요한 세부적인 사항은 관련법령 및 조례 등에 따라 수립하는 관리처분계획기준으로 결정할 것

제47조(국.공유지의 점유연고권 인정기준 등) ① 관리처분계획을 수립함에 있어 국.공유지의 점유연고권 및 점유연고권자는 조례 제34조에 따라 그 경계를 기준으로 실시한 지적측량성과에 따라 인정하고, 점유연고권이 인정된 국.공유지를 법 제98조제4항에 따라 우선 매각하는 기준은 조례 제55조에 따른다.
② 제1항에 따른 점유연고권자는 제44조제1항의 분양신청기간내에 점유.사용하고 있는 국.공유지에 대한 매수 의사를 조합에 서면으로 제출하고 분양신청을 하여야 하며, 관리처분계획인가신청을 하는 때까지 해당 국 · 공유지의 관리청과 매매계약을 체결하여야 한다.

③ 제2항에도 불구하고 점유연고권자가 국.공유지에 대한 매수 포기 의사를 조합에 서면으로 제출하거나, 관리처분계획인가 신청 전까지 해당 국 · 공유지의 관리청과 매매계약을 체결하지 아니할 경우, 해당 국.공유지는 조합이 매수하고 해당 조합원의 권리가액 산정시 제외한다. 점유연고권자와 국 · 공유지의 관리청이 체결한 매매계약이 무효·취소 또는 해제된 경우에도 이와 같다.
④ 국·공유지의 매수 및 사용에 관하여 필요한 사항은 관련법령 및 조례 등에서 규정한 것을 제외하고는 「국유재산법」·「공유재산 및 물품관리법」 등이 정하는 바에 의한다.

제48조(토지 등의 평가 등) ① 분양대상자별 분양예정인 대지 또는 건축물의 추산액, 분양대상자별 종전의 토지 또는 건축물의 사업시행계획인가 고시가 있은 날(사업시행계획인가 전에 법 제81조제3항에 따라 철거된 건축물은 시장 · 군수등에게 허가를 받은 날)을 기준으로 한 가격 및 세입자별 손실보상을 위한 권리 평가액은 법 제74조제4항제1호가목에 따라 ○○구청장이 선정·계약한 2인 이상의 감정평가법인이 평가한 금액을 산술평균하여 산정한다.
② 제1항에도 불구하고 관리처분계획을 변경·중지 또는 폐지하고자 하는 경우에는 분양예정인 대지 또는 건축물의 추산액과 종전의 토지 또는 건축물의 가격을 사업시행자 및 토지등소유자 전원이 합의하여 산정할 수 있다.

제49조(조합원 분양) 주택 및 부대시설·복리시설의 분양대상자와 분양기준은 관련법령, 조례 및 이 정관이 정하는 기준에 적합한 범위 안에서 총회의 의결을 거쳐 관리처분계획인가·고시를 통하여 결정한다.

【주1】 조례 제22조제4호에 따른 "단독 또는 다가구주택을 건축물 준공 이후 다세대주택으로 전환한 주택을 취득한 자에 대한 분양권 부여에 관한 사항" 또는 제5호에 따른 "재정비촉진지구의 도시계획사업으로 철거되는 주택을 소유한 자 중 구청장이 선정한 자에 대한 주택의 특별공급에 관한 사항"을 조합의 실정에 맞게 정관으로 정하여야 함

【주2】 재개발사업의 분양대상자에 관해 조례 제36조 규정을 준수여야 함

제50조(일반분양) ① 대지 및 건축물 중 제49조의 조합원 분양분과 제51조의

보류지를 제외한 잔여 대지 및 신축건축물등을 체비지로 정하여야 한다.
② 체비지 중 신축건축물등은 「주택법」 및 「주택공급에 관한 규칙」이 정하는 바에 따라 일반에게 분양하여야 하며, 그 공급가격은 제48조에 의하여 산정된 가격을 참작하여 따로 정할 수 있다.

제51조(보류지) ① 조합은 분양대상자의 누락·착오 및 소송 등에 대비하기 위하여 보류지(건축물을 포함한다. 이하 같다)를 다음 각 호의 기준에 따라 확보하여야 한다.
1. 토지등소유자에게 분양하는 공동주택 총 건립세대수의 1퍼센트 범위의 공동주택과 상가 등 부대시설·복리시설의 일부를 보류지로 정할 수 있도록 할 것
2. 조합이 제1호에 따른 1퍼센트의 범위를 초과하여 보류지를 정하려면 구청장에게 그 사유 및 증명 서류를 제출하여 인가를 받을 것

② 제1항에 따른 보류지는 다음의 기준에 따라 처분하여야 한다.
1. 분양대상의 누락·착오 및 소송 등에 따른 대상자 또는 조례 제27조제2항제3호에 따른 적격세입자에게 우선 처분할 것
2. 보류지의 분양가격은 법 제74조제1항제3호에 따를 것
3. 제1호에 따라 보류지를 처분한 후 잔여분이 있는 경우에는 조례 제40조에 따라 분양할 것

제52조(분양받을 권리의 양도 등) ① 조합원이 조합원의 자격이나 지위, 입주자로 선정된 지위 등을 양도하는 경우에는 양수자에게 제9조제4항과 제10조제3항의 내용을 설명·고지하여 명확히 하여야 한다.
② 조합은 제10조제3항에 따른 조합원변경 신고 등이 있는 경우, 그 변경의 내용을 증명하는 서류를 첨부하여 ○○구청장에게 경미한 조합설립변경신고를 하여야 한다.

제53조(관리처분계획의 공람 등) ① 조합은 법 제74조에 따른 관리처분계획의 인가를 신청하기 전에 관계서류의 사본을 30일 이상 토지등소유자에게 공람하

게 하여야 하며, 다음 각 호의 사항을 공람 실시 전 각 조합원에게 통지하여야 한다. 다만, 시행령 제61조의 경미한 사항을 변경하는 경우에는 공람 및 의견청취 절차를 거치지 아니할 수 있다.

1. 공람기간 · 장소 등 공람계획에 관한 사항
2. 사업시행계획의 개요 및 관리처분계획(안)
3. 분양대상자별 기존의 토지 또는 건축물의 명세 및 가격과 분양예정인 대지 또는 건축물의 명세 및 추산가액
4. 그 밖에 조합원의 권리·의무와 이의신청 등에 관한 사항

② 조합원은 제1항의 통지를 받은 때에는 조합에서 정하는 기간 내에 관리처분계획(안)에 관한 이의신청을 조합에 제출할 수 있다.

③ 조합은 제2항의 규정에 의하여 제출된 조합원의 이의신청 내용을 이사회에서 검토하여 합당하다고 인정되는 경우에는 관리처분계획(안)의 수정 등 필요한 조치를 취하고, 그 조치 결과를 해당 조합원에게 통지하여야 하며, 이의신청이 이유 없다고 인정되는 경우에도 그 사유를 명시하여 해당 조합원에게 통지하여야 한다.

④ 조합은 제3항의 규정에 따라 관리처분계획(안)을 수정한 때에는 총회의 의결을 거쳐 확정한 후 그 내용을 조합원에게 통지하여야 한다.

⑤ 조합원의 동 · 호수추첨은 한국부동산원 등 추첨기관의 전산추첨을 원칙으로 공정하게 실시하여야 한다.

【주】 조합의 사정상 부득이하게 제5항의 전산추첨이 불가할 경우를 대비하여 '대의원회의 의결을 거쳐 공개 수기 추첨 등의 방법을 할 수 있음' 등을 추가하여 정할 수 있음

제54조(관리처분계획의 통지 등) ① 조합은 관리처분계획의 수립 및 변경을 의결하기 위한 총회의 개최일 1개월 전에 다음 각 호의 사항을 각 조합원에게 문서로 통지하여야 한다.

1. 분양대상자별 분양예정인 대지 또는 건축물의 추산액(임대관리 위탁주택에 관한 내용을 포함한다)
2. 다음 각 목에 해당하는 보류지 등의 명세와 추산액 및 처분방법. 다만, 나

목의 경우에는 제30조제1항에 따라 선정된 임대사업자의 성명 및 주소(법인인 경우에는 법인의 명칭 및 소재지와 대표자의 성명 및 주소)를 포함한다.

가. 일반 분양분

나. 공공지원민간임대주택

다. 임대주택

라. 그 밖에 부대시설 · 복리시설 등

3. 분양대상자별 종전의 토지 또는 건축물 명세 및 사업시행계획인가 고시가 있은 날을 기준으로 한 가격(사업시행계획인가 전에 제81조제3항에 따라 철거된 건축물은 시장 · 군수등에게 허가를 받은 날을 기준으로 한 가격)
4. 정비사업비의 추산액 및 그에 따른 조합원 분담규모 및 분담시기

② 조합은 관리처분계획인가의 고시가 있은 때 지체없이 다음 각 호의 사항을 분양신청자에게 통지하여야 하며, 관리처분계획(변경)의 인가·고시가 있은 때에는 그 변경 내용을 통지하여야 한다.

1. 정비사업의 종류 및 명칭
2. 정비사업 시행구역의 면적
3. 사업시행자의 성명 및 주소
4. 관리처분계획의 인가일
5. 분양대상자별 기존의 토지 또는 건축물의 명세 및 가격과 분양예정인 대지 또는 건축물의 명세 및 추산가액

③ 관리처분계획인가의 고시가 있은 때에는 종전의 토지 또는 건축물의 소유자 · 지상권자 · 전세권자 · 임차권자 등 권리자는 법 제86조에 따른 이전고시가 있는 날까지 종전의 토지 또는 건축물을 사용하거나 수익할 수 없다. 다만, 다음 각 호의 어느 하나에 해당하는 경우에는 그러하지 아니하다.

1. 조합의 동의를 받은 경우
2. 토지보상법에 따른 손실보상이 완료되지 아니한 경우

제 9 장 사업 완료조치

第55조(준공인가 및 입주통지 등) ① 조합이 ○○구청장으로부터 준공인가증을 교부받은 때에는 지체없이 그 사실과 입주기간을 조합원 등 분양받은 자에게 통지하여야 한다.
② 조합은 제1항의 규정에 의하여 통지한 때에는 통지된 날부터 1개월 이내에 소유자별로 통지내용에 따라 등기신청을 할 수 있도록 필요한 조치를 하여야 하며, 보류지 또는 일반분양분에 대해서는 조합 명의로 보존등기한 후 분양받은 자가 이전등기절차를 이행하도록 하여야 한다.

第56조(이전고시 등) ① 조합은 법 제83조제3항에 따른 공사완료의 고시가 있은 때에는 지체 없이 대지확정측량을 하고 토지의 분할절차를 거쳐 관리처분계획에서 정한 사항을 분양받을 자에게 통지하고 대지 또는 건축물의 소유권을 이전하여야 한다. 다만, 정비사업의 효율적인 추진을 위하여 필요한 경우에는 해당 정비사업에 관한 공사가 전부 완료되기 전이라도 완공된 부분은 준공인가를 받아 대지 또는 건축물별로 분양받을 자에게 소유권을 이전할 수 있다.
② 조합은 제1항에 따라 대지 또는 건축물의 소유권을 이전하려는 때에는 그 내용을 해당 지방자치단체의 공보에 고시 및 ○○구청장에게 보고하여야 한다. 이 경우 대지 또는 건축물을 분양받을 자는 고시가 있은 날의 다음 날에 그 대지 또는 건축물의 소유권을 취득한다.

第57조(대지 및 건축물에 대한 권리의 확정) 대지 또는 건축물을 분양받을 자에게 법 제86조제2항에 따라 소유권을 이전한 경우 법 제87조에 따라 종전의 토지 또는 건축물에 설정된 지상권 · 전세권 · 저당권 · 임차권 · 가등기담보권 · 가압류 등 등기된 권리 및 「주택임대차보호법」 제3조제1항의 요건을 갖춘 임차권은 소유권을 이전받은 대지 또는 건축물에 설정된 것으로 본다.

第58조(등기절차 및 권리변동의 제한) 조합은 법 제86조제2항에 따른 이전고시가 있은 때에는 지체없이 대지 및 건축물에 관한 등기를 지방법원지원 또는 등기소에 촉탁 또는 신청하여야 한다.

제59조(청산금 및 청산기준 가격의 평가) ① 조합은 대지 또는 건축물을 분양받은 자가 종전에 소유하고 있던 토지 또는 건축물의 가격과 분양받은 대지 또는 건축물의 가격 사이에 차이가 있는 경우 제86조제2항에 따른 이전고시가 있은 후에 그 차액에 상당하는 금액(이하 "청산금"이라 한다)을 분양받은 자로부터 징수하거나 분양받은 자에게 지급하여야 한다.

② 제1항에도 불구하고 분할징수 및 분할지급에 대하여 제46조의 관리처분계획기준에서 정하고 있거나, 총회의 의결을 거쳐 따로 정한 경우에는 관리처분계획인가 후부터 제86조제2항에 따른 이전고시가 있은 날까지 일정 기간별로 분할징수하거나 분할지급할 수 있다.

【주】 법 제89조제2항에 따라 분할징수 및 분할지급을 정관등으로 정하거나 총회의 의결을 거쳐 따로 정할 수 있음

③ 조합은 제1항 및 제2항을 적용하기 위하여 종전에 소유하고 있던 토지 또는 건축물의 가격과 분양받은 대지 또는 건축물의 가격을 평가하는 경우 그 토지 또는 건축물의 규모 · 위치 · 용도 · 이용 상황 · 정비사업비 등을 참작하여 평가하여야 한다.

④ 대지 또는 건축물을 분양받은 자가 종전에 소유하고 있던 토지 또는 건축물의 가격 및 분양받은 대지 또는 건축물의 가격은 법 제74조제4항제1호가목을 준용하여 평가한다.

【주】 시행령 제76조제4항에 따라 제3항 및 제4항에 의한 건축물의 가격평가를 할 때 층별 · 위치별 가중치를 참작할 수 있음

⑤ 제4항의 분양받은 대지 또는 건축물의 가격산정을 위한 평가를 할 때 다음 각 호의 비용을 가산하여야 하며, 이 경우 법 제95조에 따른 보조금은 공제하여야 한다.

1. 정비사업의 조사 · 측량 · 설계 및 감리에 소요된 비용
2. 공사비
3. 정비사업의 관리에 소요된 등기비용 · 인건비 · 통신비 · 사무용품비 · 이자 그 밖에 필요한 경비

4. 법 제95조에 따른 융자금이 있는 경우에는 그 이자에 해당하는 금액
5. 정비기반시설 및 공동이용시설의 설치에 소요된 비용(법 제95조제1항에 따라 시장 · 군수등이 부담한 비용은 제외한다)
6. 안전진단의 실시, 정비사업전문관리업자의 선정, 회계감사, 감정평가, 그 밖에 정비사업 추진과 관련하여 지출한 비용 등

【주】 시행령 제76조제3항제6호에 규정에 따라 "그 밖에 정비사업 추진과 관련하여 지출한 비용으로서 정관등에서 정한 비용" 을 가산하는 항목에 포함할 수 있음

제60조(청산금의 징수방법) ① 청산금을 납부할 자가 납부하지 아니하는 경우 조합은 지방세 체납처분의 예에 따라 징수할 수 있도록 ○○구청장에게 청산금의 징수를 위탁할 수 있다.

【주】 위탁에 앞서, 국토부표준정관처럼 ○회 이상 납부를 최고하도록 하는 규정을 둘 수 있음.

② 제59조제1항에 따른 청산금을 지급받을 자가 받을 수 없거나 받기를 거부한 때에는 조합은 그 청산금을 공탁할 수 있다.

③ 청산금을 지급(분할지급을 포함한다)받을 권리 또는 이를 징수할 권리는 법 제86조제2항에 따른 이전고시일의 다음 날부터 5년간 행사하지 아니하면 소멸한다.

제61조(조합의 해산) ① 조합장은 이전고시가 있은 날부터 1년 이내에 조합해산을 위한 총회를 소집하여야 한다.

② 조합장이 제1항의 기간 내에 총회를 소집하지 아니한 경우 조합원 5분의 1 이상의 요구로 소집된 총회에서 조합원 과반수의 출석과 출석조합원 과반수의 동의를 받아 해산을 의결할 수 있다. 이 경우 요구자 대표로 선출된 자가 조합해산을 위한 총회의 소집 및 진행을 할 때에는 조합장의 권한을 대행한다.

【주】 조합의 해산절차에 대해서는 법 제86조의2 제1항 및 제2항에 상세하게 규정되어 있으므로 그에 따라야 하며, 같은 조문 제3항에 따라 조합이 정당한 사유 없이 해산을 의결하지 아니하는 경우 구청장이 조합설립인가를 취소할 수 있음

③ 조합이 해산을 의결한 때에는 해산의결 당시 조합장이 대표청산인이 되고, 해산의결 당시의 이사는 청산인이 된다. 다만, 해산 총회에서 ○○구청장에게

대표청산인이 될 전문조합관리인의 선정을 요청하기로 의결한 경우 ○○구청장이 선정한 전문조합관리인을 대표청산인으로 할 수 있다.

【주】 청산인이 될 자를 임원이 아니라 '이사회 구성원'으로 하여 감사가 집행기관인 청산인이 되는 것을 방지할 수도 있을 것임.

④ 관계법령 및 이 정관으로 정한 사항 외에 조합의 해산 및 청산에 관한 업무와 관련하여 필요한 사항은 「민법」의 관련 규정을 준용한다.

제62조(청산인의 임무 및 보수 등) ① 해산한 조합은 청산의 목적범위 내에서만 권리가 있고 의무를 부담한다.

② 청산인 전원으로 청산위원회를 구성하며, 다음 각 호의 업무는 청산위원회의 의결을 거쳐 집행한다. 다만, 청산위원회는 구체적인 범위를 정하여 대표청산인에게 이를 위임할 수 있다.

1. 현존하는 조합의 사무종결
2. 채권의 추심 및 채무의 변제
3. 잔여재산의 처분
4. 「민법」 제85조부터 제86조 규정에 따른 해산등기 및 해산신고
5. 「민법」 제94조 규정에 따른 청산종결의 등기 및 신고
6. 그 밖에 청산에 필요한 사항

③ 청산인의 권리·의무·보수 기타 청산인에 관하여 필요한 사항 및 청산위원회의 운영에 필요한 사항(청산위원회 의결사항 및 의결방법 등을 포함한다)은 제61조에 따른 해산 총회에서 미리 의결하여야 한다.

④ 「민법」제84조에 따라 청산인을 해임할 중 중요한 사유가 있다고 인정될 경우 해산의결 당시 조합원이었던 자는 이해관계인으로서 법원에 청산인의 해임을 청구할 수 있다.

제63조(채무변제 및 잔여재산의 처분) 청산 종결 후 조합의 채무 및 잔여재산이 있을 때에는 이 정관이나 관리처분계획 또는 해산총회 의결로 달리 정한 경우를 제외하고는 해산의결 당시의 조합원에게 분양받은 토지 또는 건축물의 부담비용 등을 종합적으로 고려하여 형평성이 유지되도록 공정하게 배분하여

야 한다.
【주】 해산의결 당시가 아니라 이전고시 당시를 기준으로 삼을 수도 있을 것임.

제64조(관계서류의 이관) 조합은 사업을 완료하거나 폐지한 때에는 조례 제88조에서 정하는 바에 따라 관계서류를 ○○구청장에게 인계하여야 한다.

제 10 장 보 칙

제65조(정비사업 정보몽땅의 사용) ① 조합임원(청산인을 포함한다) 및 직원은 "정비사업 정보몽땅 홈페이지 운영지침"에 따라, 해당 조합의 정비사업 정보몽땅을 관리·담당한다.
② 조합은 관련법령, 조례, 이 정관 및 조합 업무규정에서 정하는 바에 따라 관련자료 등을 공개·등록하고 조합원이 열람할 수 있도록 관리하여야 한다.

제66조(관련자료의 공개와 보존) ① 조합임원 및 청산인은 법 제124조 각 호 및 시행령 제94조 각 호에서 공개하도록 규정한 정비사업의 시행에 관한 아래 각 호의 서류 및 자료를 해당 서류 또는 자료가 작성되거나 변경된 후 15일 이내에 정비사업 정보몽땅과 그 밖의 방법을 병행하여 공개하여야 한다. 다만, 정비사업 정보몽땅 등 인터넷을 통해 공개하는 자료 중 주민등록번호를 제외하고 공개할 수 있다.
1. 추진위원회 운영규정 및 정관등
2. 설계자·시공자 및 정비사업전문관리업자 등 용역업체의 선정계약서
3. 추진위원회·주민총회·조합총회 및 조합의 이사회·대의원회의 의사록
4. 사업시행계획서
5. 관리처분계획서
6. 해당 정비사업의 시행에 관한 공문서
7. 회계감사보고서
8. 월별 자금의 입금·출금 세부내역
8의2. 법 제111조의2에 따라 신고한 자금차입에 관한 사항

9. 결산보고서
10. 청산인의 업무 처리 현황
11. 법 제72조제1항에 따른 분양공고 및 분양신청에 관한 사항
12. 연간 자금운용 계획에 관한 사항
13. 정비사업의 월별 공사 진행에 관한 사항
14. 설계자 · 시공자 · 정비사업전문관리업자 등 용역업체와의 세부 계약 변경에 관한 사항
15. 정비사업비 변경에 관한 사항

【주】 법 제124조제1항 각 호 및 시행령 제94조제1항 각 호에 따라 공개대상이 되는 자료의 목록을 열거한 것이며, 조합이 필요하다고 판단하는 항목을 추가할 수 있음

② 제1항에 따라 공개의 대상이 되는 서류 및 관련 자료의 경우 분기별로 공개대상의 목록, 개략적인 내용, 공개장소, 열람 · 복사 방법 등을 시행령 제94조제2항에서 정하는 방법과 절차에 따라 매 분기가 끝나는 달의 다음 달 15일까지 조합원에게 서면으로 통지하여야 한다.

③ 조합원이 제1항 및 제4항에 따라 공개 및 열람 · 복사 등을 요청하는 경우에는 「도시 및 주거환경정비법 시행규칙」 제22조에 따라 사용목적 등을 기재한 서면(전자문서를 포함한다)으로 하여야 한다.

【주】 조합은 업무처리의 효율성 및 조합원의 편의를 위해 '정보공개 청구서' 서식을 작성하여 활용할 수 있음

④ 조합원이 제1항에 따른 서류 및 법 제124조제4항 각 호를 포함한 정비사업 시행에 관한 서류와 관련 자료에 대하여 제3항의 방법으로 열람 · 복사 요청을 한 경우 조합장은 15일 이내에 그 요청에 따라야 한다. 이 경우 조합은 대의원회의 의결을 거쳐 열람 · 복사 방법 등 세부적인 방법과 절차에 관한 기준을 정할 수 있다.

【주】 열람 · 복사방법은 조합이 재량으로 정할 수 있다는 대법원 판례에 따름

⑤ 제4항의 복사에 필요한 비용은 실비의 범위에서 청구인이 부담한다. 이 경우 비용납부의 방법, 시기 및 금액 등에 필요한 사항은 조례 제87조 및 조례 별표 4에 따른 자료공개에 따른 수수료 금액에서 정한 바에 따른다.

⑥ 제4항에 따라 열람 · 복사를 요청한 조합원은 제공받은 서류와 자료를 사용

목적 외의 용도로 이용 · 활용하여서는 아니 된다.

第67조(계약의 효력) 조합이 사업시행에 관하여 시공자 및 설계자, 정비사업전문관리업자 등 협력업체와 체결한 계약은 관계법령 및 이 정관이 정하는 범위 안에서 조합원에게 효력을 갖는다.

第68조(재개발정비사업조합설립추진위원회(주민협의체) 행위의 효력) 조합설립인가일 전에 조합의 설립과 사업시행에 관하여 추진위원회(주민협의체)가 행한 행위는 관계법령 및 이 정관이 정하는 범위 안에서 조합이 이를 승계한 것으로 본다.

第69조(정관의 해석) 이 정관의 해석에 대하여 이견이 있을 경우 일차적으로 이사회에서 해석하고, 그래도 이견이 있을 경우는 대의원회에서 해석한다.

第70조(분쟁 및 소송) ① 조합과 조합원간에 법률상 다툼이 있는 경우 소송관할 법원은 조합소재지 관할 법원으로 한다.
② 조합은 사업의 시행과 관련하여 분쟁이 발생한 경우 또는 제2항에 따른 소송을 제기하기 전 법 제116조 및 제117조에 따른 도시분쟁조정위원회를 통해 분쟁을 조정할 수 있다.
【주】 조합이 소송을 제기하거나 형사고소 · 고발을 할 경우에는 사전에 그 실익이나 장단점 등에 관하여 비교 · 검토한 결과를 대의원회에 보고하도록 정할 수 있을 것임.

第71조(민법의 준용 등) ① 조합에 관하여는 법에 규정된 것을 제외하고는 「민법」 중 사단법인에 관한 규정을 준용한다.
② 법, 「민법」, 이 정관에서 정하는 사항 외에 조합의 운영과 사업시행 등에 관하여 필요한 사항은 관계법령 및 관련 행정기관의 지침 · 고시 또는 유권해석 등에 따른다.
③ 이 정관이 법 기타 관계법령 및 법 제118조에 따라 서울특별시가 제정하여

운용중인 공공지원 관련 규정의 개정으로 변경하여야 할 경우 정관의 변경절차에 관계없이 변경되는 것으로 본다. 그러나 관계법령의 내용이 임의규정인 경우에는 그러하지 아니하다.

【주】 이 표준정관은 법 · 시행령 · 규칙 및 조례에 규정되어 있는 조합의 의무, 업무처리방법의 근거 조문 및 그 내용을 필요에 따라 최대한 상세히 기재하였으나, 오늘날 법령 등의 개정이 잦은 점을 고려하여 적법한 사업추진을 위해 조합은 법 원문을 수시로 확인해야 함

부 칙

제1조(시행일) ① 이 정관은 조합설립등기일부터 시행한다.

② 변경된 정관은 조합설립변경인가(신고)일을 기준으로 시행한다.

제2조(일반적 경과조치) 변경된 정관의 시행 당시 종전의 정관에 따른 결정 · 처분 · 절차, 그 밖의 행위는 이 정관의 규정에 따라 행하여진 것으로 본다.

참고자료 3.

정비사업 계약업무 처리기준

[국토교통부고시 제2025-290호, 2025. 6. 4., 일부개정.]

제1장 총칙

제1조(목적) 이 기준은 「도시 및 주거환경정비법」 제29조에 따라 추진위원회 또는 사업시행자 등이 계약을 체결하는 경우 계약의 방법 및 절차 등에 필요한 사항을 정함으로써 정비사업의 투명성을 개선하고자 하는데 목적이 있다.

제2조(용어의 정의) 이 기준에서 정하는 용어의 정의는 다음과 같다.

1. "조합등"이란 조합(청산인을 포함한다) 추진위원장 또는 사업시행자인 토지등소유자를 말한다.

1의2. "사업시행자등"이란 조합등, 토지주택공사등 또는 신탁업자를 말한다.

2. "건설업자등"이란 「건설산업기본법」 제9조에 따른 건설업자 또는 「주택법」 제7조제1항에 따라 건설업자로 보는 등록사업자를 말한다.
3. "전자조달시스템"이란 「전자조달의 이용 및 촉진에 관한 법률」 제2조제4호에 따른 국가종합전자조달시스템 중 "누리장터"를 말한다.
4. "시장 · 군수등"이란 특별자치시장, 특별자치도지사, 시장, 군수, 자치구의 구청장을 말한다.

제3조(다른 법률과의 관계) ① 사업시행자등이 계약을 체결하는 경우 관계 법령, 「도시 및 주거환경정비법」(이하 "법"이라 한다) 제118조제6항에 따른 시·도조례로 정한 기준 등에 별도 정하여진 경우를 제외하고는 이 기준이 정하는 바에 따른다.

② 관계 법령 등과 이 기준에서 정하지 않은 사항은 정관등(추진위원회의 운영규정을 포함한다. 이하 같다)이 정하는 바에 따르며, 정관등으로 정하지 않

은 구체적인 방법 및 절차는 대의원회(법 제46조에 따른 대의원회, 「정비사업 조합설립추진위원회 운영규정」 제2조제2항에 따른 추진위원회 및 사업시행자인 토지등소유자가 자치적으로 정한 규약에 따른 대의원회 등의 조직을 말한다. 이하 같다) 또는 법 제48조에 따른 토지등소유자 전체회의가 정하는 바에 따른다.

제4조(공정성 유지 의무 등) ① 사업시행자등 및 입찰에 관계된 자는 입찰에 관한 업무가 자신의 재산상 이해와 관련되어 공정성을 잃지 않도록 이해 충돌의 방지에 노력하여야 한다.
② 임원 및 대의원 등 입찰에 관한 업무를 수행하는 자는 직무의 적정성을 확보하여 조합원 또는 토지등소유자의 이익을 우선으로 성실히 직무를 수행하여야 한다.
③ 누구든지 계약 체결과 관련하여 다음 각 호의 행위를 하여서는 아니 된다.
1. 금품, 향응 또는 그 밖의 재산상 이익을 제공하거나 제공의사를 표시하거나 제공을 약속하는 행위
2. 금품, 향응 또는 그 밖의 재산상 이익을 제공받거나 제공의사 표시를 승낙하는 행위
3. 제3자를 통하여 제1호 또는 제2호에 해당하는 행위를 하는 행위

④ 사업시행자등은 업무추진의 효율성을 제고하기 위해 분리발주를 최소화하여야 한다.

제2장 일반 계약 처리기준

제5조(적용범위) 이 장은 사업시행자등이 정비사업을 추진하기 위하여 체결하는 공사, 용역, 물품구매 및 제조 등 계약(이하 "계약"이라 한다)에 대하여 적용한다.

제6조(입찰의 방법) ① 사업시행자등이 정비사업 과정에서 계약을 체결하는 경우 일반경쟁입찰에 부쳐야 한다. 다만, 「도시 및 주거환경정비법 시행령」

(이하 “영“이라 한다) 제24조제1항에 해당하는 경우에는 지명경쟁이나 수의계약으로 할 수 있다.
② 제1항에 따라 일반경쟁입찰 또는 지명경쟁입찰(이하 “경쟁입찰“이라 한다)을 하는 경우 2인 이상의 유효한 입찰참가 신청이 있어야 한다.

제7조(지명경쟁에 의한 입찰) ① 사업시행자등이 제6조제1항에 따라 지명경쟁에 의한 입찰을 하고자 할 때에는 같은 조 제2항에도 불구하고 4인 이상의 입찰대상자를 지명하여야 하고, 3인 이상의 입찰참가 신청이 있어야 한다.
② 조합등은 제1항에 따라 입찰대상자를 지명하고자 하는 경우에는 대의원회의 의결을 거쳐야 한다.

제8조(수의계약에 의한 입찰) 제6조제1항에 따라 수의계약을 하는 경우 보증금과 기한을 제외하고는 최초 입찰에 부칠 때에 정한 가격 및 기타 조건을 변경할 수 없다.

제9조(입찰 공고 등) ① 사업시행자등이 계약을 위하여 입찰을 하고자 하는 경우에는 입찰서 제출마감일 7일 전까지 전자조달시스템 또는 1회 이상 일간신문(전국 또는 해당 지방을 주된 보급지역으로 하는 일간신문을 말한다. 이하 같다)에 입찰을 공고하여야 한다. 다만, 지명경쟁에 의한 입찰의 경우에는 입찰서 제출마감일 7일 전까지 내용증명우편으로 입찰대상자에게 통지(도달을 말한다. 이하 같다)하여야 한다.
② 제1항에도 불구하고 입찰서 제출 전에 현장설명회를 개최하는 경우에는 현장설명회 개최일 7일 전까지 전자조달시스템 또는 1회 이상 일간신문에 입찰을 공고하여야 한다. 다만, 지명경쟁에 의한 입찰의 경우에는 현장설명회 개최일 7일 전까지 내용증명우편으로 입찰대상자에게 통지하여야 한다.
③ 제1항 및 제2항에도 불구하고 「건설산업기본법」에 따른 건설공사 및 전문공사 입찰의 경우로서 현장설명회를 실시하지 아니하는 경우에는 입찰서 제출마감일로부터 다음 각 호에서 정한 기간 전까지 공고하여야 한다.
1. 추정가격이 10억원 이상 50억원 미만인 경우 : 15일

2. 추정가격이 50억원 이상인 경우 : 40일
④ 제1항부터 제3항까지의 규정에도 불구하고 재입찰을 하거나 긴급한 재해예방 · 복구 등을 위하여 필요한 경우에는 입찰서 제출마감일 5일 전까지 공고할 수 있다.

제10조(입찰 공고 등의 내용) 제9조에 따른 공고 등에는 다음 각 호의 사항을 포함하여야 한다.
1. 사업계획의 개요(공사규모, 면적 등)
2. 입찰의 일시 및 장소
3. 입찰의 방법(경쟁입찰 방법, 공동참여 여부 등)
4. 현장설명회 일시 및 장소(현장설명회를 개최하는 경우에 한한다)
5. 부정당업자의 입찰 참가자격 제한에 관한 사항
6. 입찰참가에 따른 준수사항 및 위반시 자격 박탈에 관한 사항
7. 그 밖에 사업시행자등이 정하는 사항

제10조의2(입찰보증금) ① 사업시행자등은 입찰에 참가하려는 자에게 입찰보증금을 내도록 할 수 있다.
② 입찰보증금은 현금(체신관서 또는 「은행법」의 적용을 받는 은행이 발행한 자기앞수표를 포함한다. 이하 같다) 또는 「국가를 당사자로 하는 계약에 관한 법률」 또는 「지방자치단체를 당사자로 하는 계약에 관한 법률」에서 정하는 보증서로 납부하게 할 수 있다.
③ 사업시행자등이 입찰에 참가하려는 자에게 입찰보증금을 납부하도록 하는 경우에는 입찰 마감일부터 5일 이전까지 입찰보증금을 납부하도록 요구하여서는 아니 된다.

제11조(현장설명회) 사업시행자등이 현장설명회를 개최할 경우 현장설명에는 다음 각 호의 사항이 포함되어야 한다.
1. 정비구역 현황
2. 입찰서 작성방법 · 제출서류 · 접수방법 및 입찰유의사항

3. 계약대상자 선정 방법
4. 계약에 관한 사항
5. 그 밖에 입찰에 관하여 필요한 사항

제12조(부정당업자의 입찰 참가자격 제한) 사업시행자등은 입찰시 대의원회의 의결(조합등인 경우만 해당한다)을 거쳐 다음 각 호의 어느 하나에 해당하는 자에 대하여 입찰참가자격을 제한할 수 있다. 다만, 입찰참가자격 제한 사유가 발생한 날로부터 2년이 경과한 경우에는 제한할 수 없다.

1. 제16조제1항에 해당하여 입찰 또는 선정이 무효가 되거나, 입찰 지침서 등에 제시된 규정에 따라 입찰이 취소된 자(소속 임직원을 포함한다)
2. 입찰신청서류가 거짓 또는 부정한 방법으로 작성되어 선정 또는 계약이 취소된 자

제13조(입찰서의 접수 및 개봉) ① 사업시행자등은 밀봉된 상태로 입찰서(사업참여제안서를 포함한다)를 접수하여야 한다.
② 사업시행자등이 제1항에 따라 접수한 입찰서를 개봉하고자 할 때에는 입찰서를 제출한 입찰참여자의 대표(대리인을 지정한 경우에는 그 대리인을 말한다)와 사업시행자등의 임원 등 관련자, 그 밖에 이해관계자 각 1인이 참여한 공개된 장소에서 개봉하여야 한다.
③ 사업시행자등은 제2항에 따른 입찰서 개봉 시에는 일시와 장소를 입찰참여자에게 통지하여야 한다.

제14조(입찰참여자의 홍보 등) ① 조합등 입찰에 참여한 설계업자, 정비사업전문관리업자 등을 선정하고자 할 때에는 이를 토지등소유자(조합이 설립된 경우에는 조합원을 말한다. 이하 같다)가 쉽게 접할 수 있는 일정한 장소의 게시판에 7일 이상 공고하고 인터넷 등에 병행하여 공개하여야 한다.
② 조합등은 필요한 경우 설계업자, 정비사업전문관리업자 등의 합동설명회를 개최할 수 있다.
③ 조합등은 제2항에 따라 합동설명회를 개최하는 경우에는 개최 7일 전까지

일시 및 장소를 정하여 토지등소유자에게 이를 통지하여야 한다.
④ 입찰에 참여한 자는 토지등소유자 등을 상대로 개별적인 홍보(홍보관 · 쉼터 설치, 홍보책자 배부, 세대별 방문, 개인에 대한 정보통신망을 통한 부호 · 문언 · 음향 · 영상 송신행위 등을 포함한다. 이하 이 항 및 제34조제3항에서 같다)를 할 수 없으며, 홍보를 목적으로 토지등소유자 등에게 사은품 등 물품 · 금품 · 재산상의 이익을 제공하거나 제공을 약속하여서는 아니 된다.

第15조(계약 체결 대상의 선정) ① 조합등은 법 제45조제1항제4호부터 제6호까지의 규정에 해당하는 계약은 총회(법 제44조에 따른 총회, 「정비사업 조합설립추진위원회 운영규정」에 따른 주민총회 및 사업시행자인 토지등소유자가 자치적으로 정한 규약에 따른 총회 조직을 말한다. 이하 같다)의 의결을 거쳐야 하며, 그 외의 계약은 대의원회의 의결을 거쳐야 한다.
② 조합등은 제1항에 따라 총회의 의결을 거쳐야 하는 경우 대의원회에서 총회에 상정할 4인 이상의 입찰대상자를 선정하여야 한다. 다만, 입찰에 참가한 입찰대상자가 4인 미만인 때에는 모두 총회에 상정하여야 한다.

第16조(입찰 무효 등) ① 제14조제4항에 따라 토지등소유자 등을 상대로 하는 개별적인 홍보를 하는 행위가 적발된 건수의 합이 3회 이상인 경우 해당 입찰은 무효로 본다.
② 제1항에 따라 해당 입찰이 무효로 됨에 따라 단독 응찰이 된 경우에는 제6조제2항에도 불구하고 유효한 경쟁입찰로 본다.

第17조(계약의 체결) 조합등은 제15조에 따라 선정된 자가 정당한 이유 없이 3개월 이내에 계약을 체결하지 아니하는 경우에는 총회 또는 대의원회의 의결을 거쳐 해당 선정을 무효로 할 수 있다.

제3장 전자입찰 계약 처리기준

第18조(적용범위) 이 장은 영 제24제2항에 따라 전자조달시스템을 이용하여 입찰(이하 "전자입찰"이라고 한다)하는 계약에 대하여 적용한다.

제19조(전자입찰의 방법) ① 전자입찰은 일반경쟁의 방법으로 입찰을 부쳐야 한다. 다만, 영 제24조제1항제1호가목에 해당하는 경우 지명경쟁의 방법으로 입찰을 부칠 수 있다.

② 전자입찰을 통한 계약대상자의 선정 방법은 다음 각 호와 같다.

1. 투찰 및 개찰 후 최저가로 입찰한 자를 선정하는 최저가방식
2. 입찰가격과 실적·재무상태·신인도 등 비가격요소 등을 종합적으로 심사하여 선정하는 적격심사방식
3. 입찰가격과 사업참여제안서 등을 평가하여 선정하는 제안서평가방식

③ 제1항 및 제2항에서 규정한 사항 외에 전자입찰의 방법에 관하여는 제6조를 준용한다.

제20조(전자입찰 공고 등) ① 사업시행자등이 전자입찰을 하는 경우에는 입찰서 제출마감일 7일 전까지 전자조달시스템에 입찰을 공고하여야 한다. 다만, 입찰서 제출 전에 현장설명회를 개최하는 경우에는 현장설명회 개최일 7일 전까지 공고하여야 한다.

② 영 제24제1항제1호가목에 따른 지명경쟁입찰의 경우에는 제9조제2항을 준용한다.

제21조(전자입찰 공고 등의 내용) ① 사업시행자등이 전자입찰을 하는 경우에는 전자조달시스템에 다음 각 호의 사항을 공고하여야 한다.

1. 사업계획의 개요(공사규모, 면적 등)
2. 입찰의 일시 및 장소
3. 입찰의 방법(경쟁입찰 방법, 공동참여 여부 등)
4. 현장설명회 일시 및 장소(현장설명회를 개최하는 경우에 한한다)
5. 부정당업자의 입찰 참가자격 제한에 관한 사항
6. 입찰참가에 따른 준수사항 및 위반시 자격 박탈에 관한 사항
7. 그 밖에 사업시행자등이 정하는 사항

② 제19조제2항제2호 및 제3호의 방식에 따라 계약대상자를 선정하는 경우 평가항목별 배점표를 작성하여 입찰 공고 시 이를 공개하여야 한다.

제22조(입찰서의 접수 및 개봉) ① 사업시행자등은 전자조달시스템을 통해 입찰서를 접수하여야 한다.
② 전자조달시스템에 접수한 입찰서 이외의 입찰 부속서류는 밀봉된 상태로 접수하여야 한다.
③ 입찰 부속서류를 개봉하고자 하는 경우에는 부속서류를 제출한 입찰참여자의 대표(대리인을 지정한 경우에는 그 대리인을 말한다)와 사업시행자등의 임원 등 관련자, 그 밖에 이해관계자 각 1인이 참여한 공개된 장소에서 개봉하여야 한다.
④ 사업시행자등은 제3항에 따른 입찰 부속서류 개봉 시에는 일시와 장소를 입찰참여자에게 통지하여야 한다.

제23조(전자입찰 계약의 체결) ① 사업시행자등은 전자입찰을 통해 계약대상자가 선정될 경우 전자조달시스템에 따라 계약을 체결할 수 있다.
② 전자입찰을 통해 계약된 사항에 대해서는 전자조달시스템에서 그 결과를 공개하여야 한다.

제24조(일반 계약 처리기준의 준용) 전자입찰을 하는 경우에는 제11조 및 제12조, 제14조부터 제17조까지의 규정을 준용한다.

제4장 시공자 선정 기준

제25조(적용범위) 이 장은 재개발사업, 재건축사업 또는 법 제23조제1항제4호의 방법으로 시행하는 주거환경개선사업-의 사업시행자등이 법 제29조제4항 및 제7항에 따라 건설업자등을 시공자로 선정하거나 추천하는 경우(법 제25조에 따른 공동시행을 위해 건설업자등을 선정하는 경우를 포함한다)에 대하여 적용한다. 이 경우 시공자 선정에 관하여 이 장에서 규정하지 아니한 사항에

대하여는 제2장을 따른다.

제26조(입찰의 방법) ① 사업시행자등은 일반경쟁 또는 지명경쟁의 방법으로 건설업자등을 시공자로 선정하여야 한다.

② 제1항에도 불구하고 일반경쟁입찰이 미 응찰 또는 단독 응찰의 사유로 2회 이상 유찰된 경우에는 총회, 토지등소유자 전체회의 또는 법 제47조에 따른 주민대표회가 자치적으로 정한 규약(법 제53조에 따른 시행규정을 포함한다)에 따른 총회 조직(이하 이 장에서 "총회등"이라 한다)의 의결을 거쳐 수의계약의 방법으로 건설업자등을 시공자로 선정할 수 있다.

제27조(지명경쟁에 의한 입찰) ① 사업시행자등은 제26조제1항에 따라 지명경쟁에 의한 입찰에 부치고자 할 때에는 5인 이상의 입찰대상자를 지명하여 3인 이상의 입찰참가 신청이 있어야 한다.

② 조합은 제1항에 따라 지명경쟁에 의한 입찰을 하고자 하는 경우에는 대의원회의 의결을 거쳐야 한다.

제28조(입찰 공고 등) 사업시행자등은 시공자 선정을 위하여 입찰에 부치고자 할 때에는 현장설명회 개최일로부터 7일 전까지 전자조달시스템 또는 1회 이상 일간신문에 공고하여야 한다. 다만, 지명경쟁에 의한 입찰의 경우에는 전자조달시스템과 일간신문에 공고하는 것 외에 현장설명회 개최일로부터 7일 전까지 내용증명우편으로 통지하여야 한다.

제29조(입찰 공고 등의 내용 및 준수사항) ① 제28조에 따른 공고 등에는 다음 각 호의 사항을 포함하여야 한다.

1. 사업계획의 개요(공사규모, 면적 등)
2. 입찰의 일시 및 방법
3. 현장설명회의 일시 및 장소(현장설명회를 개최하는 경우에 한한다)
4. 부정당업자의 입찰 참가자격 제한에 관한 사항
5. 입찰참가에 따른 준수사항 및 위반(제34조를 위반하는 경우를 포함한다)시

자격 박탈에 관한 사항
6. 그 밖에 사업시행자등이 정하는 사항
② 사업시행자등은 건설업자등에게 이사비, 이주비, 이주촉진비, 「재건축초과이익 환수에 관한 법률」 제2조제3호에 따른 재건축부담금, 그 밖에 시공과 관련이 없는 사항에 대한 금전이나 재산상 이익을 요청하여서는 아니 된다.
③ 사업시행자등은 건설업자등이 설계를 제안하는 경우 제출하는 입찰서에 포함된 설계도서, 공사비 명세서, 물량산출 근거, 시공방법, 자재사용서 등 시공 내역의 적정성을 검토해야 한다.

제30조(건설업자등의 금품 등 제공 금지 등) ① 건설업자등은 법 제29조에 따른 계약의 체결과 관련하여 시공과 관련 없는 사항으로서 다음 각 호의 어느 하나에 해당하는 사항을 제안하여서는 아니 된다.
1. 이사비, 이주비, 이주촉진비 및 그 밖에 시공과 관련 없는 금전이나 재산상 이익을 무상으로 제공하는 것
2. 이사비, 이주비, 이주촉진비 및 그 밖에 시공과 관련 없는 금전이나 재산상 이익을 무이자나 제안 시점에 「은행법」에 따라 설립된 은행 중 전국을 영업구역으로 하는 은행이 적용하는 대출금리 중 가장 낮은 금리보다 더 낮은 금리로 대여하는 것
3. 「재건축초과이익 환수에 관한 법률」 제2조제3호에 따른 재건축부담금을 대납하는 것

② 제1항에도 불구하고 건설업자등은 금융기관의 이주비 대출에 대한 이자를 사업시행자등에 대여하는 것을 제안할 수 있다.
③ 제1항에도 불구하고 건설업자등은 금융기관으로부터 조달하는 금리 수준으로 추가 이주비(종전 토지 또는 건축물을 담보로 한 금융기관의 이주비 대출 이외의 이주비를 말한다)를 사업시행자등에 대여하는 것을 제안할 수 있다.

제31조(현장설명회) ① 사업시행자등은 입찰서 제출마감일 20일 전까지 현장설명회를 개최하여야 한다. 다만, 비용산출내역서 및 물량산출내역서 등을 제출해야 하는 내역입찰의 경우에는 입찰서 제출마감일 45일 전까지 현장설명회

를 개최하여야 한다.
② 제1항에 따른 현장설명회에는 다음 각 호의 사항이 포함되어야 한다.
1. 설계도서(사업시행계획인가를 받은 경우 사업시행계획인가서를 포함하여야 한다)
2. 입찰서 작성방법 · 제출서류 · 접수방법 및 입찰유의사항 등
3. 건설업자등의 공동홍보방법
4. 시공자 결정방법
5. 계약에 관한 사항
6. 기타 입찰에 관하여 필요한 사항

제32조(입찰서의 접수 및 개봉) 시공자 선정을 위한 입찰서의 접수 및 개봉에 관하여는 제22조를 준용한다.

제33조(대의원회의 의결) ① 사업시행자등은 제출된 입찰서를 모두 대의원회에 상정하여야 한다.
② 대의원회는 총회에 상정할 6인 이상의 건설업자등을 선정하여야 한다. 다만, 입찰에 참가한 건설업자등이 6인 미만인 때에는 모두 총회에 상정하여야 한다.
③ 제2항에 따른 건설업자등의 선정은 대의원회 재적의원 과반수가 직접 참여한 회의에서 비밀투표의 방법으로 의결하여야 한다. 이 경우 서면결의서 또는 대리인을 통한 투표는 인정하지 아니한다.
④ 조합은 제1항 및 제2항에 따라 총회에 상정될 건설업자등이 결정된 때에는 토지등소유자에게 이를 통지하여야 한다.

제34조(건설업자등의 홍보) ① 사업시행자등은 입찰공고에 따른 입찰마감일 다음날부터 시공자 선정을 위한 총회 개최일까지의 기간 동안 건설업자등의 합동설명회를 2회 이상 개최하여야 한다. 이 경우 사업시행자등은 총회에 상정하는 건설업자등이 제출한 입찰제안서에 대하여 시공능력, 공사비 등이 포함되는 객관적인 비교표를 작성하여 토지등소유자에게 제공하여야 하며, 건설

업자등이 제출한 입찰제안서 사본을 토지등소유자가 확인할 수 있도록 전자적 방식(「전자문서 및 전자거래 기본법」 제2조제2호에 따른 정보처리시스템을 사용하거나 그 밖에 정보통신기술을 이용하는 방법을 말한다)을 통해 게시할 수 있다.
② 사업시행자등은 제1항에 따라 합동설명회를 개최할 때에는 개최일 7일 전까지 일시 및 장소를 정하여 토지등소유자에게 이를 통지하여야 한다.
③ 건설업자등의 임직원, 시공자 선정과 관련하여 홍보 등을 위해 계약한 용역업체의 임직원 등은 토지등소유자 등을 상대로 개별적인 홍보를 할 수 없으며, 홍보를 목적으로 토지등소유자 또는 정비사업전문관리업자 등에게 사은품 등 물품 · 금품 · 재산상의 이익을 제공하거나 제공을 약속하여서는 아니 된다.
④ 사업시행자등은 제1항에 따른 합동설명회(최초 합동설명회를 말한다) 개최 이후 건설업자등의 신청을 받아 정비구역 내 또는 인근에 개방된 형태의 홍보공간을 1개소 제공하거나, 건설업자등이 공동으로 마련하여 한시적으로 제공하고자 하는 공간 1개소를 홍보공간으로 지정할 수 있다. 이 경우 건설업자등은 제3항에도 불구하고 사업시행자등이 제공하거나 지정하는 홍보공간에서는 토지등소유자 등에게 홍보할 수 있다.
⑤ 건설업자등은 제4항에 따라 홍보를 하려는 경우에는 미리 홍보를 수행할 직원(건설업자등의 직원을 포함한다. 이하 "홍보직원"이라 한다)의 명단을 사업시행자등에 등록하여야 하며, 홍보직원의 명단을 등록하기 이전에 홍보를 하거나, 등록하지 않은 홍보직원이 홍보를 하여서는 아니 된다. 이 경우 사업시행자등은 등록된 홍보직원의 명단을 토지등소유자에게 알릴 수 있다.

제35조(건설업자등의 선정을 위한 총회등의 의결 등) ① 총회등은 조합원 또는 토지등소유자(이하 이 항에서 "조합원등"이라 한다) 과반수가 직접 출석하여 의결하여야 한다. 이 경우 법 제45조제5항에 따른 대리인이 참석한 때에는 직접 출석한 것으로 본다.
② 조합원등은 제1항에 따른 총회등의 직접 참석이 어려운 경우 서면 또는 전자적 방법(「전자문서 및 전자거래 기본법」 제2조제2호에 따른 정보처리시스템을 사용하거나 그 밖의 정보통신기술을 이용하는 방법을 말한다. 이하 같

다)으로 의결권을 행사할 수 있으나, 서면결의서 또는 전자적 방법에 따른 결의서(이하 "서면결의서등"이라 한다)를 철회하고 시공자선정 총회등에 직접 출석하여 의결하지 않는 한 제1항의 직접 참석자에는 포함되지 않는다.
③ 제2항에 따른 서면의결권 및 전자의결권(이하 "서면의결권등"이라 한다) 행사는 사업시행자등에서 지정한 기간 · 시간 및 장소에서 서면결의서를 배부받아 제출하여야 한다.
④ 사업시행자등은 제3항에 따른 조합원등의 서면의결권등의 행사를 위해 조합원등의 수 등을 고려하여 서면결의서등의 제출기간 · 시간 및 장소를 정하여 운영하여야 하고, 시공자 선정을 위한 총회등의 개최 안내시 서면결의서등의 제출요령을 충분히 고지하여야 한다.
⑤ 사업시행자등은 총회등에서 시공자 선정을 위한 투표 전에 각 건설업자등별로 조합원등들에게 설명할 수 있는 기회를 부여하여야 한다.
⑥ 제2항에 따른 전자적 방법의 의결권 행사에 관하여는 법 제45조제6항, 제7항, 제9항 및 제11항을 준용한다.

제36조(계약의 체결 및 계약사항의 관리) ① 사업시행자등은 제35조에 따라 선정된 시공자와 계약을 체결하는 경우 공사비, 공사기간, 공사비 조정방법 및 기타 필요한 사항을 기재한 계약서를 작성하여 기명날인하여야 한다.
② 사업시행자등은 제1항에 따라 기명날인하기 전에 계약서 중 다음 각 호의 사항에 대하여 법 제114조에 따른 정비사업지원기구(이하 "정비사업지원기구"라 한다)에 검토를 요청 할 수 있다.
1. 계약서에 포함된 도서의 종류
2. 제1호에 따른 도서간 우선순위에 관한 사항
3. 공사비 산출 근거에 관한 사항
4. 공사비 및 공사기간 변경 등에 관한 사항
5. 공사비 검증을 포함한 분쟁 해결에 관한 사항
③ 사업시행자등은 제35조에 따라 선정된 시공자가 정당한 이유 없이 3개월 이내에 계약을 체결하지 아니하는 경우에는 총회의 의결을 거쳐 해당 선정을 무효로 할 수 있다.

④ 시공자가 사업시행자등에게 공사비의 증액을 요청하는 경우에는 「정비사업 공사비 검증 기준」 제5조제1항제4호에 따른 자료를 포함하여 서면으로 요청하여야 한다.
⑤ 공사비 검증의 절차, 수수료 등 공사비 검증에 관한 사항은 「정비사업 공사비 검증 기준」에서 정하는 바에 따른다.
⑥ 사업시행자등은 공사비 검증이 완료된 경우 검증보고서를 총회에서 공개하고 공사비 증액범위 등을 의결하여야 한다.

제5장 보 칙

제37조(입찰참여자에 대한 협조 의무) 사업시행자등은 입찰에 참여한 자가 입찰에 관한 사항을 문의할 경우 필요한 서류를 제공하고 입찰에 적극 참여할 수 있도록 협조하여야 한다.

제38조(자료의 공개 등) 사업시행자등은 이 기준에 의한 계약서 및 검증보고서 등 관련서류 및 자료가 작성되거나 변경된 후 15일 이내에 이를 토지등소유자가 알 수 있도록 인터넷과 그 밖의 방법을 병행하여 공개하여야 한다.

제39조(재검토기한) 국토교통부장관은 이 고시에 대하여 「훈령 · 예규 등의 발령 및 관리에 관한 규정」에 따라 2025년 1월 1일 기준으로 매 3년이 되는 시점(매 3년째의 12월 31일까지를 말한다)마다 그 타당성을 검토하여 개선 등의 조치를 하여야 한다.

부칙 <제2025-290호, 2025. 6. 4.>

이 고시는 2025년 6월 4일부터 시행한다.

Ⅰ. 법무법인 (유한) 동인(www.donginlaw.co.kr)

◎ 설립년도 : 2004년 2월

◎ 대표변호사 : 황윤구

◎ 변호사 수 : 240명

◎ 위치 : 서울 서초구 서초대로 74길 4, 17층(서초동, 삼성생명 서초타워)

◎ 전화 : 02-2046-0641,　　팩스 : 02-3482-1177

Ⅱ. 맹신균 변호사

◎ 성균관대학교 정치외교학과 졸업(1996년),

◎ 사법연수원 30기 수료,

◎ 한국가스공사 법무팀 상근(2001 - 2003)

◎ 법무법인 (유한) 동인(2004 - 현재)

◎ 한국주택정비사업조합협회 전문위원

재개발·재건축 조합의 운영

저 자 맹 신 균 편저　　2025년 9월 15일 인쇄

발행인 양 갑 수　　2025년 9월 17일 발행

발행처 법률&출판

서울 서초구 서초동 1712-2 동용빌딩 104호

전 화 : 02-521-8199　팩스 : 598-0332

홈페이지 : www.법률서점.kr

등록번호 : 25100-2005-000110

인 지

정가 40,000원

ISBN : 978-89-9569-07-5-8 93360